साहस और संकल्प : एक आत्मकथा

साहस और संकल्प
एक आत्मकथा

वी.के. सिंह
कुणाल वर्मा

अनुवाद
मोज़ेज़ माइकेल

वाणी प्रकाशन

वाणी प्रकाशन
4695, 21-ए, दरियागंज, नयी दिल्ली 110 002

शाखा

अशोक राजपथ, पटना 800 004

फ़ोन : +91 11 23273167 फ़ैक्स : +91 11 23275710

www.vaniprakashan.in
vaniprakashan@gmail.com

SAHAS AUR SANKALP : EK AATMKATHA
by V. K. Singh, Kunal Verma
Translated by Mozez Michael

ISBN : 978-93-5229-028-4
Autobiography

First published by Aleph Book Company Pvt. Ltd.
प्रथम (हिन्दी) संस्करण 2015
आवृत्ति 2018

मूल्य : ₹ 695

एम.एस. प्रिंटर्स, दिल्ली-110 093 में मुद्रित

वाणी प्रकाशन का लोगो मक़बूल फ़िदा हुसेन की कूची से

समर्पण

यह पुस्तक मैं अपनी अर्द्धांगिनी भारती, जिन्होंने हर कदम पर मेरा साथ दिया, हमारी बेटियों मृणालिनी और योगजा, जिनके प्यार ने इसे सम्भव बनाया और भारतीय सेना के उन सभी बहादुर जवानों व अफसरों को समर्पित करता हूँ, जिनके भरपूर सहयोग और साहस ने मुझे सेना के शिखर तक पहुँचाया।

आभार

इस पुस्तक के लेखन में वैसे तो बहुत से लोगों का योगदान है, जिनकी प्रेरणा, प्रोत्साहन और आग्रह के बिना यह कार्य सम्भव नहीं था। लेकिन सबसे पहले मैं अपने प्रकाशक का आभार व्यक्त करना चाहता हूँ। जब मैं मई 2012 में भारतीय सेना से रिटायर हुआ तो उन्होंने ही सबसे पहले मुझे यह पुस्तक लिखने का सुझाव दिया। आत्मकथा लिखना हमेशा ही बहुत चुनौती भरा काम होता है। बताने के लिए बहुत सारी बातें होती हैं, कुछ तो बहुत ही मामूली होती हैं, लेकिन उनमें इतनी खुशी घुली होती है कि संस्मरणों में उन्हें भी शामिल करना जरूरी मालूम पड़ता है। इसके अलावा इस बात की भी दुविधा रहती है कि पाठक के सामने उस समय की सही घटनाओं के विवरण की जगह कहीं 'मैं' का जिक्र अधिक न हो जाये। इसके लिए मैं कुणाल वर्मा को धन्यवाद देना चाहूँगा, जिन्होंने न सिर्फ घटनाओं पर चर्चा की, बल्कि उनके कारणों की भी पड़ताल की। कुणाल वर्मा इस बात के लिए भी धन्यवाद के पात्र हैं कि इस पुस्तक को पूरा करने में वह मुझे लगातार समय का एहसास कराते रहे। मेरा सौभाग्य है कि मुझे बहुत-से अच्छे लोगों से सम्पर्क का अवसर मिला, जिनमें जवानों से लेकर अफसर, बड़े से बड़े राजनेता और वे सभी अध्यापक गण शामिल हैं, जिन्होंने जीवन में मुझे सही राह दिखाई। मैं स्व. श्री राधा रमन पाठक (जिन्हें हम रमनजी कहते थे) का अत्यन्त आभारी हूँ, क्योंकि उन्होंने मुझे सच्चाई के लिए आवाज उठाने की सीख दी। पिलानी में स्कूल की पढ़ाई के समय वे हमारे प्रधानाचार्य थे। उनके अलावा मेरे जीवन में और भी कई अध्यापकों का योगदान रहा है, जैसे तारा दत्त जोशी, पारीख जी, गोपाल जी राठौड़, ओ.एस. मेहरोत्रा, कैलाश जी, टीएन गोस्वामी, ज्योतसिंहानी जी, गौरांग जी, प्रजापति जी, विभा पार्थसारथी, श्रीमती गैब्रील, श्री व्हीलर, श्री सीले, श्री ऐक्स, श्री ब्रुक्स, श्री क्रौकर, श्री मुकर्जी, शकुन्तला जी, मिस पंडित, मिस मल्कानी, मार्कंडेय उपाध्याय, बीएस भटनागर और वे सारे कर्मचारी, जिन्होंने हॉस्टल में मेरा पालन-पोषण किया। मैं अपने सभी सहपाठियों, सीनियरों और विनियन परिवार का भी आभारी हूँ, जिन्होंने मेरा साथ दिया और मेरे लिए प्रोत्साहन का स्रोत रहे। यह सूची बहुत लम्बी है, लेकिन कुछ सज्जनों का उल्लेख आवश्यक है, बृजराज दहिया, विनोद राय, सत्येन्द्र दहिया, महेन्द्र जून, महावीर शूरा, चरणजीत, बलजीत, प्रवेश कोहली, देवराज कोहली,

किरण कपूर, अशोक यादव, महेन्द्र शर्मा, अनिल (विंडी) चतुर्वेदी, सुरेश जोशी, विजय पुनिया, जोगिन्दर मान, सतेन्द्र सन्धू, जीत मान, दिनेश शर्मा, सुरेन्द्र शर्मा, बजरंग लाल, पृथ्वी और अबोहर-फाजिल्का का पूरा कुनबा, जसजीत, रिछपाल मान, ईश्वर सिंह, विश्वजीत सिंह, नरेन्द्र, मुन्ना भाटी, नरवीर, कोलकाता अध्याय के सभी विनियन, और वे अनगिनत लोग, जिनके विनियन तमगे ने मेरा मनोबल बढ़ाया है।

एनडीए और आईएमए में मेरे इंस्ट्रक्टर एचएस दलाल, सुखविन्दर सिंह, धूपर, अभिजीत मामिक, खंडूरी, डीसी सारस्वत, एएस अधिकारी और वे सभी आभार के पात्र हैं, जिन्होंने मुझे सिखाया और तराशा। जवानों, जेसीओ और काली चिन्दी व 25 राजपूत–सिल्वर पलटन–के अफसरों का विशेष रूप से आभारी हूँ, जिनकी वजह से मुझे मजबूती मिली। मैं अपने सभी सीनियरों और जूनियरों के प्रति सम्मान व्यक्त करते हुए उन्हें धन्यवाद देना चाहता हूँ। सोहराब वकील, देव राज दत्त, भूप सिंह, विजय ध्रुव वर्मा, शैलू वर्मा, अविनाश कपिला, आरएन मलिक, के मोहिन्दर सिंह, केएन मिश्रा, नन्दू गुप्ता, टॉम मैथ्यू, मेल्विन, अशोक, सतीश वशिष्ठ, नान्या, प्रेम, कुमुद, विजय लाल, नन्दू वर्मा, विजय पिल्लै, रणवीर, सुरेन्द्र यादव, प्रदीप (टी2), एके सिंह, वीरेन्द्र गुलिया, अमूल्य, अनिल राठौड़, केएच सिंह, योगेश, भूपि साही, अजय, जिमी अब्राहम, वेलायुधन, नंजप्पा, वेंकट, प्रधान, मनोहर, विजय रेड्डी, हरमन, दशो अतरी, हरिनारायण, शान्ति खालको, गुरिन्दर, विकास, कुट्टी शर्मा, अनिल बाली, सुरेश, अलंकार जैसे कुछ नाम हैं, जो तुरन्त मेरे ज़हन में आते हैं, क्योंकि इन सभी से मुझे लाभ हुआ है। रेजीमेंट के पिता समान कर्नलों और सीनियरों की बड़ी भूमिका रही है। डब्लूएजी पिंटो, आरएस दयाल, अशोक कल्याण वर्मा, राजेश्वर तरागी, निक्की कपूर, एचएस बग्गा, भूपिन्दर सिंह, मिलन नायडू, रवि आइप और मित्र मेरे जीवन के सारथी रहे हैं। मैं यहाँ विंसटन चर्चिल को उद्धृत करना चाहूँगा, क्योंकि ये पंक्तियाँ मेरे लिए बहुत मायने रखती हैं :

“इंसान का एकमात्र मार्गदर्शक उसका अपना अन्तर्मन होता है। उसके अन्तर्मन की एकमात्र ढाल उसकी ईमानदारी है। ढाल के बिना जीवन में आगे बढ़ना नासमझी है, क्योंकि अक्सर हमारी उम्मीदें और हमारे अनुमान धराशायी हो जाते हैं। लेकिन यह ढाल साथ हो तो, हम हमेशा सिर उठाकर आगे बढ़ सकते हैं।”

वी. के. सिंह

अनुक्रम

सच्चाई का क्षण

चमकती काली कार पर भारतीय सेना का झंडा व चार तारों की प्लेट लगी थी। हम तीव्र गति से दिल्ली की सुन्दर सड़कों पर अपने गन्तव्य की ओर चल रहे थे। मैंने अपनी घड़ी को देखा तो आभास हुआ कि हम शायद समय से कुछ पहले गृह मन्त्री कार्यालय पर पहुँच जायेंगे। मैंने अपने एडीसी कैप्टन प्रकाश को कहा कि पायलट गाड़ी को थोड़ा गति कम करने का आदेश दें।

एक सप्ताह पहले ही मैंने सेनाध्यक्ष का पदभार सँभाला था। इसी बीच माओवादी नक्सलियों ने घात लगाकर छत्तीसगढ़ के दांतेवाड़ा जिले के चिंतलनार ग्राम में केन्द्रीय रिजर्व पुलिस बल के 76 जवानों को मार दिया था। यह पुलिस और सीआरपीएफ की 80 जवानों की टुकड़ी बस्तर के इस इलाके में गश्त पर थी। बस्तर का इलाका प्राकृतिक सम्पदा का धनी क्षेत्र है।

बाकी देशवासियों की तरह, हम सब जो सेना मुख्यालय में थे, इस वाकया से और इतने जवानों की मृत्यु से दुःखी थे। यह उस समय तक का सबसे बड़ा हादसा था हमारे सुरक्षा बलों के खिलाफ। इसके विश्लेषण से हम समझ गये कि हमारे जवान गोरिल्ला युद्ध का शिकार हो गये थे। अगले दिन एक प्रेस वार्ता के दौरान मुझसे पत्रकारों ने पूछा कि इतनी बड़ी संख्या में जवान कैसे मारे गये होंगे। जवानों व उनकी कर्तव्यनिष्ठा के प्रति संवेदना व सेना का समर्थन व्यक्त करने के उपरान्त मैंने कहा कि इससे फर्क नहीं पड़ता कि जवान बीएसएफ के थे, या असम राइफल के, या सेना के या सीआरपीएफ के। सबसे आवश्यक है कि ऐसे हमले की सफलता हमें अपने अन्दर झाँकने को मजबूर करती है खासकर अपनी ट्रेनिंग और काम करने के तरीके पर। हालाँकि यह प्रेस वार्ता का एजेंडा नहीं था परन्तु पत्रकारों ने इस टिप्पणी को प्रमुखता देकर सब खबरों में निकाला "सेनाध्यक्ष ने सीआरपीएफ के प्रशिक्षण पर प्रश्नचिह्न लगाया।"

अगले कुछ दिनों में ऐसा लगने लगा कि गृह मन्त्रालय इन समाचारों से विचलित है (गौरतलब है कि इस हादसे के उपरान्त बैठी जाँच कमेटी ने अपने निष्कर्ष में मेरे कथन को पूर्णतया समर्थन दिया) गृह मन्त्रालय की विचलितता शायद इसलिए भी थी कि उस समय उनके और दूसरे सरकारी गलियारों में ऐसी चर्चा थी कि सेना को नक्सलवादियों के खिलाफ ऑपरेशन में लगाया जाये।

गृह मन्त्री से मेरी मुलाकात किसी कारणवश नहीं हो पायी। दांतेवाड़ा हादसे को तीन सप्ताह बीत चुके थे। राजनीति में आने से पहले पलानियाप्पन चिदम्बरम

एक व्यावसायिक वकील थे। वे पिछली दो कांग्रेस सरकारों में महत्त्वपूर्ण सदस्य रहे थे और मुम्बई में 2008 के हमले के उपरान्त उन्हें गृह मन्त्रालय की जिम्मेदारी दी गयी थी। गृह मन्त्री बनते ही उन्होंने घोषणा की थी कि वे नक्सलवाद पर सक्रिय कदम उठायेंगे और इसे समाप्त करेंगे। दांतेवाड़ा का हादसा और ऐसी भावना कि सेनाध्यक्ष ने उनके क्षेत्र में हस्तक्षेप किया है, से मुझे लगा कि मेरी औपचारिक बैठक पर इन सबका साया पड़ने वाला है।

कार नॉर्थ ब्लॉक के आगे रुकी और सुरक्षाकर्मी मुझे गृह मन्त्री के कार्यालय की तरफ ले चले। मैं अन्दर गया और मन्त्री जी ने, जो अपने सफेद कलफ लगी कमीज और झक दक्षिण भारतीय परिधान में थे, मेरा स्वागत किया। वे विनम्रता से मुझे कमरे में बैठने के सोफों की तरफ ले गये और बैठने के लिए कहा।

"जनरल आपके यहाँ सब कैसा चल रहा है।"

"माननीय मन्त्री जी सेना में सब ठीक है।"

बिना विलम्ब गृह मन्त्री चिदम्बरम सीधे अपेक्षित मुद्दे पर आ गये।

"जनरल आपको पता है कि नक्सलवाद एक मुख्य समस्या है, अतः आप यहाँ सेना की तैनाती क्यों नहीं होने देते।"

इस वाक्य से मेरे डर की पुष्टि हो गयी कि वाकई में सरकार नक्सल प्रभावित क्षेत्र में सेना की तैनाती के विषय में सोच रही है। गृह मन्त्री के मुख पर आधी मुस्कान थी और वे मेरी ओर घूर रहे थे। मेरे लिए यह सत्य का क्षण था। कोई भी अधपका, अपरिपक्व उत्तर सेना के लिए सही नहीं हो सकता था। "माननीय मन्त्री जी मैं पूरी समस्या से अनभिज्ञ नहीं हूँ। यह सामाजिक, आर्थिक व शासन की कमजोरी की समस्या है। इसका निवारण भी इन पर ध्यान देने से होगा। यह देश को विभाजित करने वाली समस्या नहीं है अतः अपने ही देशवासियों के खिलाफ सेना का इस्तेमाल सही नहीं होगा।"

मेरे उत्तर का अर्थ यह नहीं था कि कश्मीर व पूर्वोत्तर में सेना की तैनाती का मतलब है कि वहाँ के निवासी हमारे देशवासी नहीं हैं। इन जगहों पर और 80 के दशक में पंजाब में, विद्रोहियों को पड़ोसी देशों में सुरक्षित स्थान व शरण मिल रही थी और सीमा पर से उन्हें उकसाया जाता था तथा सहायता मिलती थी। नक्सल समस्या खतरनाक व नृशंस थी, इसे सेना से नहीं परन्तु देश के दूसरे पुलिस बलों के माध्यम से काबू करना जरूरी था क्योंकि इसके मूल कारण कानून व्यवस्था के दायरे में थे। हम भारतीय सेना की ओर से गृह मन्त्रालय व पुलिस बलों को सहायता देने के लिए तत्पर थे ताकि उनकी ट्रेनिंग अच्छी हो सके। सेना की इस गृह युद्ध में तैनाती उसकी सक्षमता व मजबूती पर गलत असर डाल सकती थी। मेरे मन में कोई संशय नहीं था कि यह सेना के लिए हितकारी नहीं है और मैं संकल्पित था कि सेना की तैनाती तो नहीं होने दूँगा।

गृह मन्त्री की मुस्कान वैसी ही बनी रही, उनकी शिष्टता चेहरे पर किसी भावना को उजागर नहीं होने दे रही थी। परन्तु मुझे आभास था कि मेरा उत्तर उन्हें पसन्द नहीं आया है।

भाग एक

तैयारी के साल

1
नींव का निर्माण आधारशिला

हर साल सर्दियाँ शुरू होते ही त्योहारों के मौसम में हमारा सारा कुनबा गाँव में इकट्ठा हो जाता था। जागा लोग या भाट अपने रावनहाटा लेकर आ जाते और हमारे कुल की गाथाएँ गाना शुरू कर देते, जो घंटों चलता रहता। उनके गानों में परिवार के इतिहास का गुणगान होता था। बचपन में तो मुझे कुछ भी पल्ले नहीं पड़ता था और गाना सुनते-सुनते अक्सर मैं सो जाया करता था। लेकिन जब थोड़ा बड़ा हुआ तो अपने पूर्वजों के नामों से परिचित होने लगा। कुछ समय बाद उनके छन्दों के साथ वे नाम और भी अच्छी तरह याद होते गये। और इसके साथ ही कुल की नैतिक मर्यादाएँ भी मेरे दिमाग में बैठने लगीं। गानों से पता चलता था कि मेरे कुल के लिए इज्जत से बढ़कर और कुछ नहीं था। इसके लिए चाहे कोई भी कीमत चुकानी पड़े, चाहे जिन परिस्थितियों का सामना करना पड़े।

तँवर (तोमर) वंश में जन्म लेने का बस एक ही मतलब था–आप या तो सेना में जायें या फिर खेतों में हल चलाएँ। इन दो विकल्पों के सिवा तीसरा कोई विकल्प नहीं था। मेरे दादा दफेदार मुखराम सिंह, जो तीन बेटों में सबसे छोटे थे, 3 कैवेलरी में नौकरी करते थे। उन दिनों जिसके पास घोड़ा होता था और उसकी देखभाल का खर्च वहन कर सकता था, वह कैवेलरी में नौकरी पा सकता था। मेरे पिता के सभी पाँच भाइयों ने यही किया, जबकि उनकी तीनों बहनों की शादियाँ सेना में हुईं। सबसे बड़े तीन भाई कैवेलरी में गये और बाकी हर कोई राजपूत रेजीमेंट का हिस्सा रहा। रिसालदार मेजर बन्नू सिंह, ओबीआई और दफेदार राम कँवर सिंह (उन्होंने द्वितीय विश्व युद्ध के दौरान अव्वल रिसाला के लिए जीवन न्योछावर कर दिया था) स्किनर्स हार्स का हिस्सा थे। 17 राजपूत तो हमारी जागीर जैसा था। एक भाई के पीछे दूसरे भाई इसमें आते गये। यह संख्या इस सीमा तक पहुँच गयी कि आजादी से पहले और उसके बाद भी कुछ समय तक यूनिट में लगभग सारे सूबेदार मेजर मेरे चाचा थे। इतना ही नहीं, हमारा लगभग आधा गाँव स्किनर्स हार्स का हिस्सा हो गया था। लेकिन जब छठे और सबसे छोटे भाई सेना में नौकरी के लिए आये तो उस वक्त देश में काफी तब्दीलियाँ होने लगी थीं। ब्रिटिश सरकार द्वितीय विश्व युद्ध

से कुछ साल पहले सेना में अधिकारी पदों पर भारतीय लोगों के लिए दरवाजे खोल चुकी थी, जिससे वे सेना में अधिकारी के रूप में नौकरी कर सकते थे। इसलिए जगत सिंह को सेना में अधिकारी की नौकरी मिल गयी और उन्हें भी 17 राजपूत में भेज दिया गया। लेकिन इससे परिवार के रिवाज के हिसाब से बड़ी अटपटी स्थिति पैदा हो गयी। जगत सिंह अपने बड़े भाइयों, जो उसी यूनिट में जेसीओ थे, से जब भी मिलते थे तब पहले चरण स्पर्श करते थे और यह फौज़ी रीति के अनुशासन में बैठती नहीं थी। उन्होंने अपने अधिकारियों से मुलाकात की और उन्हें इस धर्मसंकट के बारे में बताया। इसके बाद फैसला किया गया कि उन्हें 14 राजपूत में भेज दिया जाये।

तँवर राजपूत चन्द्रवंशी कुल के राजसी राजपूत थे। वे मुख्य रूप से उत्तरी भारत के निवासी थे, लेकिन कुछ लोग आज के पाकिस्तानी इलाकों में इधर-उधर बिखर गये थे। तँवर लोग भारत की छत्तीस राजसी जातियों में सबसे आगे की पंक्ति में थे। जागा लोगों के मुताबिक तँवर राजपूत महाभारत में वर्णित अर्जुन के वंशज हैं और इस तरह अर्जुन के पौत्र राजा परीक्षित व प्रपौत्र राजा जनमेजय उनके पूर्वज रहे हैं। पौराणिक मान्यता के अनुसार तँवर वंश की जड़ें हालाँकि पांडवों तक जाती हैं, लेकिन आधुनिक इतिहास में जायें तो हमारा कुल तँवर (तोमर) राजवंश से जुड़ा है, जिसने 11वीं शताब्दी के मध्य में दिल्ली पर शासन किया था। अनंगपाल तोमर-द्वितीय, जिनकी विरासत में लाल कोट का निर्माण शामिल है, के बारे में माना जाता है कि उन्होंने अपने नाती पृथ्वीराज चौहान को अपना उत्तराधिकारी घोषित किया था। कुछ समय बाद अनंगपाल द्वितीय का अपना भी एक पुत्र पैदा हो गया। लेकिन वे अपनी बेटी को दिये गये वचन से पीछे नहीं हटना चाहते थे। इसलिए वे दिल्ली छोड़कर निर्वासन में चले गये। हमारे परिवार को उन्हीं का सीधा वंशज बताया जाता है।

गानों के कुछ छन्द बताते हैं कि पृथ्वीराज चौहान अपने नाना के जीवित रहने तक सिर्फ कार्यवाहक राजा थे। दिल्ली के सिंहासन पर कभी भी पृथ्वीराज चौहान का राजतिलक नहीं किया गया, इसलिए कुछ लोगों का मत है कि चौहान ने अपने नाना के राजसिंहासन पर जबरन कब्जा कर लिया था। एक मान्यता के अनुसार राजा अनंगपाल एक बार जब तीर्थयात्रा पर गये तो उन्होंने पृथ्वीराज चौहान को अपने राज्य का कार्यवाहक राजा बना दिया था, क्योंकि उस समय उनके पुत्र बहुत छोटे थे। जब राजा अनंगपाल वापस लौटे तो पृथ्वीराज ने सिंहासन लौटाने से मना कर दिया। दिल्ली को गँवाने का कारण कुछ भी रहा हो, तोमर वंश की एक शाखा ने खुद को उत्तर भारत के आधुनिक मध्य प्रदेश के ग्वालियर में स्थापित कर लिया। वहाँ तोमर राजा मानसिंह ने एक दुर्ग बनवाया, जो आज भी स्थित है। आगे चलकर मुगल बादशाह अकबर ने 1559 में ग्वालियर पर कब्जा कर लिया। मुगल शासन के दौरान कुछ तोमर राजपूत धर्म बदलकर मुसलमान बन गये। इसी वजह से पश्चिमी

राजस्थान, पाकिस्तान और सिन्ध में तोमर मुस्लिम राजपूत पाये जाते हैं। इस वंश का एक हिस्सा 12वीं शताब्दी में राजस्थान के पाटन में शासक के रूप में स्थापित हो गया था। पाटन उस समय तँवरावाटी राज्य की राजधानी थी। यह राज्य आज भी तँवरों के शासन वाले सबसे पुराने राज्यों में से एक है।

सदियों के कालक्रम में तँवर लोग दिल्ली से हरियाणा (भिवानी, महेन्द्रगढ़ और करनाल जिलों), मध्य प्रदेश (ग्वालियर, मुरैना और भिंड जिलों), पंजाब और राजस्थान (पाटन राज्य और उसके आसपास) चले गये। वे पंजाब से पश्चिमी उत्तर प्रदेश (मेरठ, बदायूँ, बरेली, बड़ौत, मुजफ्फरनगर, गाजियाबाद, अलीगढ़ और बुलन्दशहर), पूर्वी उत्तर प्रदेश और हिमाचल प्रदेश के कुछ हिस्सों तक फैले हुए हैं।

हमारे परिवार की जड़ें 1411 ई. में स्थापित ग्राम बापोड़ा में मिलती हैं, जहाँ हमारे पूर्वज नीमकथाना के निकट पट्टन से चलकर आ गये थे। उस समय बाबा जगसी सिंह ने सभी जातियों—मुख्य रूप से राजपूत और ब्राह्मणों—को बुलाकर यह गाँव बसाने के लिए कहा था, ताकि वह अपने आप में पूरी बस्ती बन जाये। एक बालक के तौर पर मुझे इस बात का बड़ा गर्व होता था कि हम एक गौरवशाली बिरादरी के हैं। हर रोज शाम होते ही हमें अपनी वीरता और सम्मान की कहानियाँ उन गानों में सुनने को मिलती थीं। मेरी दुनिया गाँव वालों, मेरे ताऊ-चाचाओं और उनके परिवारों तक ही सीमित थी। लेकिन तब भी मैं जानता था कि मैं उन लोगों में से हूँ जो अन्याय के आगे किसी भी कीमत पर झुकना नहीं जानते हैं। यह उम्मीद की जाती थी कि इस वंश का हर आदमी अपने ही नियमों के हिसाब से जीता और मरता था। चारपाई के पायताने पर बैठकर लोगों की कहानियाँ सुनने वाला बखूबी जानता था कि उनमें से कोई भी हवा के बहाव के सामने झुकने वाला नहीं है।

माता-पिता की छाँव

मेरी माँ शिंभू सिंह की पुत्री थीं। मेरे नाना प्रथम विश्व युद्ध के कुछ ही दिन बाद ब्रिटिश भारतीय सेना से सूबेदार के पद से रिटायर हुए थे। नानाजी का गाँव बोहरा कलां पुराने गुड़गाँव जिले में आता है। वहाँ जाने के लिए पटौदी रोड रेलवे स्टेशन पर उतरकर आगे का सफर सड़क मार्ग से पूरा करना पड़ता है। उनकी पाँच सन्तानें थीं, तीन बेटे और दो बेटियाँ। दोनों बेटियों का विवाह सेना में हुआ था। मेरे सबसे बड़े मामा शिक्षा के क्षेत्र में थे और दूसरे मामा गाँव में ही लम्बी-चौड़ी खेती का कामकाज सँभालते थे, क्योंकि सूबेदार पद से रिटायर होने के कारण मेरे नाना के पास काफी जमीन थी। गाँव में लोग उन्हें सम्मान के साथ सूबेदार साब कहकर बुलाते थे। मेरे सबसे छोटे मामा वकील थे, जो गुड़गाँव में बस गये थे। गुड़गाँव उस समय दिल्ली से बाहर एक छोटा-सा कस्बा हुआ करता था।

मेरे माता-पिता का विवाह 1949 में हुआ था। उस समय मेरे पिता 14 राजपूत

में कैप्टन थे। दोनों एक-दूसरे से सुखी और सन्तुष्ट दम्पती थे। दुर्भाग्य से उन दिनों फोटो खिंचाने और उसे सहेजकर रखने का ज्यादा रिवाज़ नहीं था, इसलिए मुझे एक ही फोटो मिली है, जिसमें हम तीनों ही हैं। यह फोटो किसी स्टूडियों में खिंचवाई गयी थी और धुँधली हो चुकी है। मेरा जन्म पूना (अब पुणे) के मिलिट्री अस्पताल में 1951 में हुआ। जन्म की इस तारीख को 14 राजपूत डाइजेस्ट ऑफ सर्विसेज़ में दर्ज किया गया। बटालियन में किसी बच्चे के जन्म पर ऐसा ही किया जाता था।

उसके बाद के कुछ वर्षों की धुँधली-सी ही जानकारी है। मेरे माता-पिता शिमला के पास कसौली चले गये थे। पिताजी की यूनिट वहीं थी। बताया जाता है कि हम जहाँ रहते थे, उसके अहाते में एक बड़ा नाग आ गया था। उस समय मैं लगभग एक साल का था और जमीन पर बैठा हुआ था। हमारा घर बटालियन ट्रेनिंग के मैदान के बगल में ही था। कैप्टन जगत सिंह के घर में साँप की खबर जंगल की आग की तरह फैल गयी। देखते ही देखते ढेरों जवान भागकर वहाँ आ गये। बताया जाता है कि उस वक्त मैं उस नाग के साथ खेलते हुए खूब खिलखिला रहा था। मेरी खुशकिस्मती थी कि नाग को मुझसे कोई खतरा महसूस नहीं हो रहा था, इसलिए उसने मुझे नहीं काटा। जवान नाग देवता को मारना नहीं चाहते थे, इसलिए उन्होंने साँप पकड़ने वाले एक सँपेरे को बुला लिया। सँपेरे ने नाग को पकड़ने के बाद उसे नजदीक के जंगल में छोड़ दिया। उसका कहना था कि उसने इतना भला साँप कभी नहीं देखा था।

तभी पता चला कि मेरी माँ को कैंसर है। वे तेजी से बीमार रहने लगीं। उन्हें दिल्ली लाया गया, लेकिन कुछ समय बाद ही उनकी मृत्यु हो गयी। मेरे पिता एक छोटे-से बच्चे के साथ एकदम अकेले हो गये। उस वक्त मैं ठीक से चल भी नहीं सकता था। कुछ समय बाद मुझे मेरे नाना के घर पहुँचा दिया गया। ननिहाल के लोगों ने मेरे पालन-पोषण का जिम्मा ले लिया, क्योंकि मैं उनकी बेटी का अकेला बेटा था। मेरे अपने परिवार के लोग मुझसे उस दौर के बारे में अक्सर पूछते हैं, लेकिन मुझे कुछ भी याद नहीं है, क्योंकि किसी ने मुझे कभी कुछ नहीं बताया। मेरी माँ की मृत्यु के बारे में कोई भी मुझसे बात नहीं करना चाहता था। एक बालक के रूप में मैं जानता था कि कुछ बात हो गयी है। लेकिन माँ की मृत्यु से मेरे ऊपर क्या फर्क पड़ने वाला था, इसका एहसास बहुत समय बाद हुआ।

ननिहाल में मुझे इस दुखद घटना से पूरी तरह बेखबर रखा जा रहा था। वहाँ मैं दूसरे बच्चों की तरह ही नटखट और शरारती था। मैं शारीरिक रूप से बहुत चंचल था। मुझे याद है कि एक बार दरवाजे से जोर से टकराने के कारण मुझे चोट लग गयी थी। नानी ने तुरन्त मेरी चोट पर शहद लगाया था। उन्होंने मुझे बताया कि यह ऐंटीसेप्टिक होता है। मैंने नानी से पूछा कि क्या मैं शहद की पूरी बोतल ले सकता हूँ, ताकि जब भी मुझे चोट लगेगी तो मैं उसे लगा लिया करूँगा। चोट तो

मुझे अक्सर लगती रहती थी। पर ज्यादा शहद की चाहत उसके मीठे स्वाद से थी।

इन्हीं दिनों परिवार के लोगों ने फैसला किया कि मेरे पिता की दोबारा शादी करा दी जाये। मुझे इन सब बातों का उस समय तक जरा भी इल्म नहीं था। इसका एहसास मुझे तब हुआ जब मेरे मामा मेरे पास आये और उन्होंने कहा कि वे मुझे देहरादून मेरे माता-पिता के पास ले जा रहे हैं। मैं अपनी नानी का घर छोड़ने के लिए बिल्कुल तैयार नहीं था, इसलिए मैंने वहाँ जाने से मना कर दिया। मामा ने बहुत बहलाया-फुसलाया लेकिन इसके बावजूद जब मैं टस-से-मस नहीं हुआ तो मुझे जबर्दस्ती ले जाने की कोशिश की गयी। विरोध में हाथ-पाँव चलाते हुए मैंने अपनी पूरी ताकत झोंक दी, यहाँ तक कि परेशान होकर मैंने मामा के गाल पर तमाचा भी लगा दिया। ननिहाल के लोगों के लिए यह बड़ा हृदय विदारक दृश्य था, लेकिन वे जानते थे कि मेरी सही जगह मेरे माता-पिता का घर ही है। बहुत बाद में मुझे पता चला कि नानी ने मामा से करीब साल भर तक बात नहीं की, क्योंकि मुझे वहाँ से हटाने के लिए वे उन्हीं को जिम्मेदार मान रही थीं।

मेरे पिता गम्भीर स्वभाव के व्यक्ति थे। उनको जानने वाले दूसरे लोगों की तरह मैं भी जल्दी ही समझ गया कि उन्हें कभी नाराज करने की जुर्रत नहीं करनी चाहिए। मुझे याद है, जब मैं अपनी नयी माँ से पहली बार मिला तो उन्होंने मुझे एक कप दूध दिया। मैं एकदम सकते में था और सोच नहीं पा रहा था कि कप से दूध कैसे पीऊँ, क्योंकि मुझे सिर्फ गिलास से ही दूध पीना आता था। उन शुरुआती दिनों में मैं अपने पिता के बारे में बहुत कम जानता था। आईएमए, जहाँ वे प्लाटून कमांडर के पद पर नियुक्त थे, के कुछ पूर्व कैडेट बताते हैं कि मेरे पिता नाराज होने पर उन्हें "यू ब्लडी बास्केट" कहकर सम्बोधित किया करते थे, जो उनका पसन्दीदा जुमला हुआ करता था। 2012 में जब मैं रिटायर हुआ तो उसके कुछ दिन बाद मुझे पुराने समय के एक कैडेट की चिट्ठी मिली। वे 1950 के दशक में 14 राजपूत यूनिट में रह चुके थे। उस पत्र में उन्होंने उस समय कैप्टन रहे मेरे पिता जगत सिंह के बारे में बड़े विस्तार से कुछ दिलचस्प बातें बतायीं। उनके मुताबिक, मेरे पिता अपने जवानों के साथ बहुत अच्छा रिश्ता बनाकर रखते थे। उस पत्र के लेखक एस.जे. वासवडा राजपूत रेजीमेंट में एक सिपाही के रूप में भर्ती हुए थे। मेरे पिता ने उनका मार्गदर्शन करने में बड़ी भूमिका निभायी थी और उन्हें सेना में अधिकारी के पद तक पहुँचाने में काफी मदद की थी, जबकि उस समय 14 राजपूत के कमान अफसर इस बात के सख्त खिलाफ थे कि जवानों को अधिकारी कमीशन मिले।

मैं उस वक्त बहुत छोटा था, इसलिए आईएमए की ज्यादा यादें मेरे ज़हन में नहीं हैं। लेकिन कुछ झलकियाँ जरूर अटकी रह गयी हैं—मुझे पालतू जानवरों से बहुत लगाव था। मुझे एक कुत्ता और एक बिल्ली पालने की इजाजत मिल गयी थी। फिर 1955 के आसपास मेरे पिताजी फिर से 14 राजपूत बटालियन में भेज

दिये गये। उनकी यूनिट दिल्ली के आनन्द पर्वत इलाके में तैनात थी, लेकिन जल्दी ही वह बम्बई के सांता क्रूज़ में जाने वाली थी। पूरी बटालियन एक 'विशेष' ट्रेन में सवार कर दी गयी थी। यह सब बड़ा ही रोमांचक लग रहा था। उस समय गर्मी का मौसम अपने चरम पर था, इसलिए रेल के डिब्बों को ठंडा रखने के लिए बर्फ की सिल्लियाँ लाद दी गयी थीं। ट्रेन में हमें एक वायरलैस दे दिया गया था, जो मेरे लिए एकदम नयी चीज थी। मैंने पाया, उसमें बोलने से दूसरी ओर से कोई जवाब देता था। आप उसके जरिये दूर के किसी आदमी से बात कर सकते थे। फिर हम बम्बई में रहने लगे। वहाँ घर पर हर रोज, काजल बनाया जाता था और शाम को मेरी आँखों में लगाया जाता था। इसके लिए सरसों के तेल की बत्ती जलाकर उसकी कालिख एक प्लेट में जमा की जाती थी। माँ जब कुछ दिनों के लिए बाहर चली गयीं तो मैं कैप्टन (बाद में कर्नल) जे.एस. चौहान के घर जाता और वहाँ काजल लगवाता था। काजल लगाने से आँखों में जलन-सी होने लगती और अगर कोई अपनी आँखें मल दे तो वह पूरा जाइंट पांडा नजर आता था।

मेरी माँ जब वापस आयीं तो उनकी गोद में एक बच्चा था। मैंने सोचा कि वे नानी के घर गयी थीं और वहाँ से एक और बच्चा लेकर आ गयी हैं। अब वे पहले से ज्यादा पतली हो गयी थीं। वह बच्चा बहुत रोता था, खासकर रात में।

मेरा एक दोस्त था मनोज जोशी। उसका भाई भी मेरा दोस्त था। वह भी सेना में भर्ती हो गया था। मैं श्रीलंका में जब तैनात था तब वह हमारे यूनिट के साथ तोपखाने के अफसर के रूप में तैनात था। और इतने वर्षों बाद बचपन की याद ताज़ा हुई। उसे शिकार का बहुत शौक था। हम दोनों जंगली सूअर की खोज में जाफना के एलीफेंट के पास से निकलकर आगे बढ़ते गये और एलटीटीई के इलाके में जा पहुँचे। मनोज जोशी डिफेंस विशेषज्ञ और मशहूर पत्रकार बन गये थे। उनके पिता बटालियन के सेकंड-इन-कमांड (2 आइसी) थे। सैक्रेड हार्ट्स स्कूल में प्री-स्कूल क्लास में मेरा नाम लिखा दिया गया। उस छोटी-सी कक्षा में भी बम्बई के अध्यापक हिन्दी ठीक से नहीं पढ़ा पाते थे, जबकि वह हमारी राष्ट्रभाषा है।

जल्दी ही मेरे पिता का तबादला फतेहगढ़ के राजपूत रेजीमेंट सेंटर में हो गया। उस जमाने में वहाँ एक भी अच्छा स्कूल नहीं था। इसलिए तय किया गया कि मुझे पिलानी के बिड़ला पब्लिक स्कूल (बीपीएस) में भेज दिया जाये। मेरे पिता खुद भी पिलानी में पढ़ चुके थे। लेकिन वे दूसरे स्कूल में पढ़े थे। बीपीएस में छात्रावास की सुविधा भी थी। लेकिन अब समस्या यह थी कि क्या मैं वहाँ की प्रवेश परीक्षा में सफल हो पाऊँगा? क्योंकि मेरी हिन्दी बहुत कमजोर थी। इसलिए पलटन के धर्मगुरु जी मुझे हिन्दी सिखाने लगे।

मैं अपने पिताजी के साथ पिलानी गया। मुझे इस बात का बिल्कुल पता नहीं था कि वहाँ मुझे किसलिए ले जाया जा रहा था। प्रवेश की परीक्षा मजेदार थी।

मुझसे एक आदमी का चित्र बनाने को कहा गया। मैंने बना दिया। लेकिन वह आदमी क्या था, बस दो गोल-गोल घेरे थे और उनमें से कुछ लाइनें बाहर की ओर निकली हुई थीं, जो उस आदमी के हाथ और पैर थे।

सभी जरूरी टेस्ट पास करने के बाद (मुझे याद नहीं है कि मैं हिन्दी में पास हो पाया था या नहीं) हम छात्रावास की ओर गये। वहाँ ग्राउंड फ्लोर पर एक क्लासरूम था। उस हॉस्टल का नाम शिशुगृह था। इसे मारिया मांटेसरी के निर्देशों के अनुसार डिजाइन किया गया था। इसके निर्माण के समय वे खुद इसे देखने आयी थीं। वहाँ सब कुछ एक बच्चे की जरूरत के हिसाब से था। बिस्तर छोटे-छोटे थे। खिड़कियाँ नीची थीं, ताकि बच्चे आसानी से बाहर की ओर देख सकें। टायलेट की फिटिंग भी छोटे साइज़ की थीं और बच्चों की सुविधा के अनुसार नीची थीं। वहाँ के असेम्बली हॉल में सभी देशों के झंडे लगे थे, जिन्हें देखकर मुझे वह हॉस्टल बहुत अच्छा लगा। असेम्बली हॉल ग्राउंड फ्लोर पर था और वह हमारी बॉल्कनी जैसी जगह से नजर आता था। इसी जगह पर हमारी अलग-अलग अलमारियाँ थीं।

शाम को मुझे हॉस्टल में छोड़ दिया गया और मेरे पिता दूसरे हॉस्टल में चले गये, जहाँ बच्चों के माता-पिता के रहने का इन्तजाम था। हॉस्टल में पुराने बच्चे नये बच्चों को परेशान करते और फिर उनमें धक्का-मुक्की होने लगती थी। यह मेरे लिए एकदम नया अनुभव था। पहली बार मुझे लगा कि यहाँ तो मुझे बचाने वाला कोई नहीं है और न ही यहाँ भागकर बचने की कोई जगह है। इसलिए मैंने फैसला किया कि मैं यहाँ नहीं रहूँगा। मैं अपने पिताजी को खोजने के लिए निकल गया। जब वे मुझे मिले तो मैं रोने लगा और उन्हें बताया कि मैं वहाँ नहीं रहना चाहता हूँ। उन्होंने मुझे बहलाने की कोशिश करते हुए समझाया कि मुझे हॉस्टल कितना अच्छा लगा था और वहाँ के झंडे व खरगोश कितने सुन्दर थे। लेकिन जब मैं अपनी जिद पर अड़ा रहा तो उन्होंने कहा कि चलो तीन दिन रहकर देखो, उसके बाद वे आकर मुझे ले जायेंगे। मैंने तीन दिन तक उनका इन्तजार किया, फिर कुछ दिन और इन्तजार किया, लेकिन वे नहीं आये। आखिरकार मैं हॉस्टल के जीवन में ढल गया।

स्कूल का जीवन धीरे-धीरे अच्छा लगने लगा। वहाँ दोस्तों में अपनेपन की भावना

पैदा होने लगी। इसलिए वहाँ का माहौल मुझे अनुकूल लगने लगा। सबसे अच्छी बात यह थी कि वहाँ का खाना बहुत अच्छा था, सिवा दूध के, जो हमें तीसरे पहर दिया जाता था। दोस्त लोग आपस में बात करते थे कि यह ऊँट का दूध होता है। स्कूल में हर रोज असेम्बली होती थी, जिसकी शुरुआत प्रार्थना से होती थी। यह प्रार्थना प्रसिद्ध कवि मैथिलीशरण गुप्त की रचना थी। इसके बाद संगीत के अध्यापक भक्ति संगीत सुनाते थे। एक अन्य अध्यापक वेद का श्लोक सुनाकर उसका अर्थ समझाते थे। इसके बाद कोई सीनियर छात्र किसी जनहित के विषय पर बोलता था। एक अध्यापक विभिन्न देशों का झंडा दिखाकर हमारी परीक्षा लेता था। फिर हम कुछ देर शान्त रहने का अभ्यास करते थे। इसके बाद कोई आवाज सुनाकर हमसे उसे पहचानने के लिए कहा जाता था। इस असेम्बली से हमारा ज्ञान बढ़ता था।

मेरी कक्षा में मुझे मिलाकर तीन विजय सिंह थे और इस वजह से मिस फौसबरी, जो शायद ऑस्ट्रेलिया की थीं, को हमारे बीच फर्क करने में सबसे ज्यादा दिक्कत होती थी। इसलिए सबसे सीनियर हाउस नम्बर वाले को विजय सिंह के असली नाम से बुलाया जाता था। उसके बाद मेरी बारी थी और मुझे विजय कुमार कहकर बुलाया जाता था और तीसरे का नाम विजय पाल रख दिया गया था। ऐसा करने से मिस फौसबरी की मुश्किल तो आसान हो गयी थी लेकिन रजिस्टर में दर्ज हमारे असली नाम थोड़े-थोड़े बदल गये थे। उन दिनों बच्चों को गलती करने पर छड़ी से मारना और चाँटा लगा देना आम बात होती थी। मुझे इसका अनुभव तब हुआ, जब मैं तीसरी कक्षा में था। कुछ बच्चों ने मुझे उकसाया कि मैं स्कूल की घंटी बजाकर दोपहर की छुट्टी समय से पहले करा दूँ। मैंने हिम्मत जुटाकर ऐसा कर दिया, लेकिन तुरन्त ही पकड़ा गया। उसके बाद घंटी बजाने वाले लकड़ी के हथौड़े से मेरी पीठ पर ऐसी मार लगी कि घंटी बजाने का पूरा मजा मिल गया।

स्कूल में पढ़ाई के अलावा और भी बहुत-सी गतिविधियाँ थीं। पानी में छलाँग लगाकर तैराकी सीखना, स्केटिंग करना, नाटकों, संगीत और ड्राइंग में हिस्सा लेना। वहाँ सारे त्योहार बड़े धूमधाम से मनाये जाते थे। दीवाली के मौके पर विभिन्न हॉस्टलों के बीच एक अनौपचारिक प्रतियोगिता होती थी और इसमें देखा जाता था कि किसका हॉस्टल सबसे अच्छा सजाया गया है। महीने में एक बार *साहित्यिका* होती थी, जिसमें स्कूल के सामने बच्चे अपनी कविताएँ सुनाते थे और लेख पढ़ते थे। हर शनिवार की शाम को एक फिल्म दिखाई जाती थी। हमने स्कूल में *'कर सेवा'* भी की। इसके लिए हमें स्वीमिंग पूल की खुदाई करनी पड़ती थी। यह बड़ी मेहनत का काम होता था, लेकिन बच्चों को इसमें बहुत मजा आता था।

रविवार के दिन हम पिलानी के सेंट्रल मार्केट घूमने जाते थे। सड़क के किनारे दुकानें होती थीं और आगे जाकर भगवान शिव की मूर्ति बनी थी, जिसके चारों तरफ गोल घेरे में एक नहर थी। इसे शिव गंगा के नाम से जाना जाता था। हमारा

जेब खर्च मात्र 50 पैसा होता था। लेकिन 25 पैसे में हम एक प्लेट समोसा या गुलाब जामुन खा लिया करते थे। एक प्लेट में दो समोसा या दो गुलाब जामुन होते थे। बचे हुए पैसों में हम बच्चों की पत्रिका *पराग* या *चन्दामामा* भी खरीद लेते थे। लेकिन कुछ दिन बाद हमें लगा कि अगर अपने दोस्तों के साथ मिल-बाँटकर खर्च किया जाये तो अलग-अलग तरह की चीजें खायी जा सकती हैं और पत्रिकाएँ भी ज्यादा हासिल की जा सकती हैं।

नेशनल कैडेट कॉर्प्स (एनसीसी) बहुत ज्यादा लोकप्रिय था और पिलानी में 15 अगस्त को स्वतन्त्रता दिवस पर होने वाली वार्षिक परेड में सेना की सभी तीन शाखाएँ—थलसेना, वायुसेना और नौसेना हिस्सा लेती थीं। शुरू में मैं नौसेना की शाखा में था, उसके बाद मुझे थलसेना में शिफ्ट कर दिया गया और स्कूल छोड़ने से कुछ दिन पहले वायुसेना में रख दिया गया। एनसीसी कैडेट के तौर पर हम पब्लिक स्कूल के एनसीसी कैम्प में भी हिस्सा लिया करते थे। यह कैम्प हर साल आयोजित होता था। नौसेना के कैडेट के रूप में मैंने एक बार बंगलौर के केजी विद्यालय (जो अब मिलिट्री स्कूल है) में भी हिस्सा लिया था। वहाँ जनरल (बाद में फील्ड मार्शल) करियप्पा मुख्य अतिथि बनकर आये थे। उन्होंने परेड का निरीक्षण किया था। उन्होंने अपने भाषण में हमें अच्छा नागरिक बनने की सीख दी थी। मुझे याद है, उन्होंने हमसे कहा था कि पैंट में सिर्फ पीछे की ओर जेब लगवाओ ताकि जब तुम अपनी जेब में हाथ डालो तो तनकर खड़े नजर आओ। करियप्पा 1/7 राजपूत रेजीमेंट से थे और बहुत सम्भव है वे मेरे ताऊ और चाचाओं के साथ सेना में रहे हों।

सन् 1962 और 1965 की लड़ाइयों का मेरे दिमाग पर बहुत गहरा असर पड़ा था। उस समय मैं बहुत छोटा था इसलिए कुछ नहीं जानता था कि भारतीय सेना या मेरे पिता के साथ क्या हो रहा है। बस इतना ही जानता था कि मेरे पिता एक फौजी थे। चीन के साथ युद्ध के बाद पूरे देश में एक आक्रोश व्याप्त था। मैं इतना उद्वेलित था कि एक कविता ही लिख डाली, जो स्कूल की पत्रिका में प्रकाशित भी हुई थी और करीब 50 साल बाद वही कविता *आउटलुक* पत्रिका में छपी। पिलानी में बिट्स (बीआइटीएस) में एक हवाई पट्टी थी। भारत और पाकिस्तान के बीच 1965 में जब जंग हुई तो इस हवाई पट्टी को बहुत महत्त्वपूर्ण माना जा रहा था, खासकर हमारे हेडमास्टर की नजर में। इस जंग में उत्तर भारत के ज्यादातर हिस्सों में यह अफवाह जोरों पर थी कि पाकिस्तान हवाई जहाज से छतरीधारी सैनिकों को उतार सकता है। इसलिए सावधान रहने के लिए प्राचार्य के आदेश पर हम पिलानी में घूम-घूम कर लोगों से दुकानों और घरों की बत्तियाँ बुझाने के लिए कहते थे। यहाँ तक कि घोड़ों पर बैठकर आसपास के गाँवों में जाकर गाँववालों को ब्लैकआउट के महत्त्व के बारे में समझाया जा रहा था। उन्हें यह भी बताया जा रहा था कि दुश्मन का हमला होने पर उन्हें क्या करना चाहिए। स्कूल के सबसे ऊँचे कमरे को

कंट्रोल रूम और निगरानी चौकी के रूप में परिवर्तित कर दिया गया था। एनसीसी की यूनिफार्म में लड़के दूरबीन लेकर चौबीसों घंटे आसमान पर नजर गड़ाये रहते थे। यह सब हमारे लिए बहुत रोमांचक था।

हमारे स्कूल में ट्रेकिंग एक आम बात थी। यह हर वर्ष सितम्बर महीने में 15 दिन के लिए आयोजित की जाती थी। एक बार हम रूपकुंड झील की ट्रैकिंग के लिए गये। वहाँ हम कलकत्ता से आये 'रोवर्स' के अभियान दल से मिले। वह दल अपने अभियान के लिए पूरी तरह तैयार था। दल के लड़कों ने सिर पर मंकी कैप लगा रखे थे, क्योंकि बंगाली लोग यह कैप बहुत पसन्द करते हैं। उनके पास पहाड़ की चढ़ाई के लिए और भी कई जरूरी सामान थे। हमारे बीच काफी ही-ही ठी-ठी हो रही थी, क्योंकि हम सभी अपने-अपने झोलों के साथ शार्ट्स में थे। उनके पूरे पर्वतारोहण सामान के बावजूद हम रूपकुंड पहले पहुँचे और वापिस आते समय उन्हें फिर मिले। तब उन्हें अहसास हुआ कि पर्वतारोहण में सामान के अलावा भी कुछ जरूरी है—वह है हिम्मत। बाद के वर्षों में हमने शिमला के पास चकराता से रामनगर तक ट्रेकिंग की थी। हमने मनाली और रोहतांग के रास्ते हमता पास तक की भी चढ़ाई की। उस समय रोहतांग रोड के निर्माण का काम अभी शुरू ही हुआ था।

छुट्टियों में मैं आम तौर पर अपने गाँव चला जाता था या कभी-कभी अपने डैड के पास वहाँ चला जाया करता था, जहाँ उनकी नियुक्ति होती थी। पहले वे फतेहगढ़ में नियुक्त थे और फिर ऊधमपुर में। मुझे याद है कि फतेहगढ़ में खुली छत वाला एक थियेटर था। वहाँ हमने कई फिल्में देखीं, लेकिन जो फिल्म आज भी मेरे ज़हन में है, वह थी *प्यासा*। फिल्म देखने के लिए जाना एक खास मौका हुआ करता था, क्योंकि तब हमें स्नैक के साथ सॉफ्ट ड्रिंक पीने को मिलता था। ऊधमपुर में (1961-62) सेना के अधिकारियों को *बाशा* (कच्ची मिट्टी की ईंटों से बना एक झोंपड़ीनुमा मकान)—बनाने की छूट थी। हमारा बाशा एक पहाड़ी नाले के पास बना था, आजकल सेना का एक काशवाई मैदान इस स्थान के ऊपर है। वहाँ से चिनार काम्प्लेक्स ज्यादा दूर नहीं था, यह उस समय लोगों के मिलने-जुलने की जगह थी। एक बार जब मैं घर गया तो यह देखकर चकित रह गया कि मेरी एक छोटी बहन भी दुनिया में आ गयी थी। अब मेरा परिवार पूरा हो गया था।

स्कूल की छुट्टियों में मैं हमेशा घर अपने पिता के पास नहीं जाता था, बल्कि गाँव चला जाता था। बापोड़ा गाँव पिलानी से अपेक्षाकृत नजदीक पड़ता था। इसलिए मेरे एक बड़े चचेरे भाई पिलानी आकर मुझे अपने साथ गाँव ले जाते थे। मेरे पिता भी वहाँ कुछ दिन के लिए आ जाते थे। गाँव जाने में मुझे ज्यादा मजा आता था, क्योंकि वहाँ मुझे अपने कई चचेरे भाई मिल जाते थे। कभी-कभी मुझे गाँव के स्कूल में भी जाने का मौका मिलता था, जहाँ मैं दूसरे बच्चों को बताता था कि पिलानी में मैंने क्या पढ़ा है। गाँव में दोपहर के समय अक्सर मैं किसी छाँव में

बैठकर किताबें पढ़ता रहता था।

वहाँ लोग कुएँ से पानी भरते थे, क्योंकि उन दिनों हमारे गाँव में पानी के नल नहीं होते थे। हमें घड़ों, टोकनी या मटकों से पानी भरकर लाना पड़ता था। कुएँ बहुत गहरे थे, खासकर वह कुआँ जिसका पानी काफी मीठा होता था। ये कुएँ आम तौर पर गाँव के तालाबों के नजदीक होते थे। कुएँ की औसत गहराई 150-200 फीट होती थी। इतनी गहराई से पानी खींचने के लिए आम तौर पर तीन लोगों की जरूरत पड़ती थी। दो लोग पानी खींचते, और एक का काम कुएँ से आती भरी बाल्टी पर सिर्फ निगाह रखना होता था। उन घड़ों से दूसरे बर्तनों में पानी भर दिया जाता था। गाँव में मैंने भैंस की पूँछ पकड़कर तालाब में तैरना भी सीख लिया था। गाँव का जीवन बहुत मजेदार था। घर के लिए कुएँ से पानी भरना, चारा काटने की मशीन से मवेशियों के लिए चारा काटना, उन्हें नहलाने के लिए तालाब तक ले जाना, पोस्ट ऑफिस जाकर चिट्ठियों के बारे में पता करना, गाँव के स्कूल के बच्चों के बीच अपनी जानकारियों को बाँटना, शाम को कबड्डी या कोई और खेल खेलना और सूरज डूबने के बाद गाँव की छोटी-छोटी दुकानों पर जाना, इन सब वजहों से गाँव बहुत अच्छा लगता था। फसल की कटाई के समय ही मेरे स्कूल की छुट्टियाँ पड़ती थीं। हम अनाज की गाड़ी से बोझ उतारने में मदद करते थे। गर्मी का मौसम होने से धूल भरी आँधियाँ चलती रहती थीं। इस ग्रामीण दिनचर्या से मैं शारीरिक और मानसिक रूप से बहुत मजबूत हो गया था।

स्कूल में मैं पढ़ाई में काफी तेज था और स्कूल के नाटकों में बढ़-चढ़कर हिस्सा लेता था। कई बार मुझे 'अच्छे' कलाकार के तौर पर सराहा गया था। मैं सभी खेलों में हिस्सा लेता था, लेकिन बॉस्केट बाल और एथलेटिक्स में मैं ज्यादा अच्छा था। प्रोत्साहन मिलने से मैं कहानियाँ और निबन्ध भी लिखने लगा था। स्कूल में हमारे प्राचार्य श्री राधा रमन पाठक के चरित्र से हम सभी बहुत प्रभावित थे। वे हमेशा हमें सच्चाई के रास्ते पर चलने और सही बात के लिए लड़ने की सीख देते थे। उनमें देशभक्ति का जज्बा कूट-कूटकर भरा था और हम सभी बच्चे उनसे अभिभूत रहते थे।

एक बार हमारी कक्षा ने पिलानी से जयपुर तक साइकिल से यात्रा करने का फैसला किया। सीकर पहुँचते-पहुँचते हम पूरी तरह थक चुके थे, क्योंकि गर्मी बहुत तेज थी। इसलिए सभी ने फैसला किया कि वहाँ से जयपुर जाने के लिए ट्रेन पकड़ी जाये। ऐसा करने से हमें जयपुर घूमने के लिए ज्यादा समय भी मिल जायेगा। हम अपनी कक्षा के एक सहपाठी के घर पर रुके और फिर वापसी में ट्रेन से ही चिड़ावा तक आ गये। वहाँ से पिलानी का सफर हमने अपनी साइकिलों से तय किया। अपनी साइकिलें जमा करने के बाद हम सभी इस बात पर विचार करने लगे कि हमारे प्राचार्य साहब को अगर पता चल गया कि हमने पूरा सफर साइकिल से नहीं बल्कि ट्रेन से किया है तो क्या होगा। विचार करने के बाद फैसला किया गया कि

हमें सच्चाई बता देनी चाहिए ताकि बाद में यदि कभी शिकायत हुई तो हमारे लिए मुसीबत न हो जाये। इस काम के लिए मुझे चुना गया, क्योंकि मैं अपनी कक्षा का मॉनीटर था और प्राचार्य साहब की नजर में भी मेरी अच्छी छवि थी। मैंने डरते-डरते अन्दर आने की अनुमति ली, ऑफिस के अन्दर गया और सारी बात सच-सच बता दी। वे बहुत नाराज हुए और उन्होंने जोर से मेरा कान खींचा। उन्होंने मुझे छह बेंतें लगायीं और मुझसे कहा कि मैं बाकी बच्चों को अपना बोरिया-बिस्तर बाँधकर स्कूल से निकल जाने को कहूँ और खुद भी वैसा ही करूँ। मैंने लड़कों को उनका सन्देश सुना दिया। दूसरों के साथ मैंने भी अपना सामान बाँध लिया और बस स्टेशन जाने के लिए रिक्शे बुला लिए। हमारे दिमाग में बस यही चल रहा था कि हम अपने अभिभावकों को क्या बताएँगे। हम रिक्शों पर सवार हो गये और जब हम स्कूल के मुख्य दरवाजे पर पहुँचे तो देखा कि प्राचार्य महोदय वहाँ पहले से खड़े थे। उन्होंने मुझसे पूछा कि हम कहाँ जा रहे हैं। हमने बताया कि हम तो सिर्फ उनके आदेश का पालन कर रहे हैं। उन्होंने हमें जोर से डाँटा और वापस अपने-अपने कमरों में जाने को कहा।

उन्होंने हमारी इस सच्चाई की कभी खुलेआम तारीफ नहीं की। लेकिन हम उनके मन का भाव अच्छी तरह समझ रहे थे। बहरहाल, स्कूल से निकाले न जाने से हमारी खुशी का कोई ठिकाना न था। हम उनके प्रति कृतज्ञता के भाव से भर गये और उनके चरणों में गिर पड़े।

कक्षा नौ की छुट्टियों के बाद जब मैं स्कूल लौटा तो मेरे कुछ करीबी दोस्त नेशनल डिफेंस एकेडमी की परीक्षा के लिए फार्म भरने की बात कर रहे थे। उन्होंने मुझसे भी इस बारे में पूछा तो मैंने तुरन्त हाँ कर दी और उनसे एक फार्म माँगा। हम आम तौर पर साथ-साथ ही रहा करते थे और शायद इसीलिए मैं भी आवेदन करना चाहता था, वरना पिताजी की इजाजत के बिना अपने आप मैं कभी फार्म न खरीदता। इस मामले में मैंने न तो पिताजी से सलाह ली थी और न ही उन्हें कुछ बताया था। हमारे एक अध्यापक हमें अक्सर सेना में जाने के लिए प्रोत्साहित करते रहते थे। उन्होंने ही हमें वह फार्म भरने में मदद की। फार्म में मेरे पिताजी के दस्तखत की जगह मेरे हाउसमास्टर ने एक अभिभावक के तौर पर दस्तखत कर दिये थे। वे सही मायने में मेरे अभिभावक थे, क्योंकि मेरे बचपन का अधिकांश जीवन उन्हीं के संरक्षण में बीता था।

सर्दी की छुट्टियों के दौरान मैं गाँव आया और अपने पिताजी से मिला। वे भी कम दिनों की छुट्टी पर वहाँ आ गये थे। मैंने उन्हें अपनी इस परीक्षा के बारे में बताया। उन्होंने कहा कि मैं अपना समय बर्बाद कर रहा हूँ और मुझे बोर्ड की परीक्षा पर ध्यान देना चाहिए। बहरहाल, उन्होंने मुझे प्रवेश परीक्षा में बैठने की इजाजत दे दी। मैंने परीक्षा केन्द्र के रूप में दिल्ली को चुना था। चूँकि अपने दोस्तों

से सम्पर्क नहीं कर पाया था, इसलिए मैंने अपने पिताजी से पूछा कि क्या वे दिल्ली में किसी को जानते हैं, जहाँ मैं दो रात रुक सकूँ। उन्होंने मुझसे धौला कुआँ में ऑफिसर्स एन्क्लेव जाने को कहा। वहाँ उनके रेजीमेंट के एक करीबी मित्र कर्नल प्रहलाद सिंह रहते थे।

मैं धौला कुआँ पहुँचा। जाड़े का मौसम था और सूरज डूब रहा था। मैं कर्नल प्रहलाद सिंह का घर खोजने लगा। लगता था जैसे उन्हें कोई भी नहीं जानता था। मैं परेशान होकर बस स्टेशन या रेलवे स्टेशन पर रात बिताने के विकल्प पर विचार करने लगा। तभी मैंने कॉलेज के तीन लड़कों को अपनी ओर आते देखा। मैंने उन्हें रोककर एक बार फिर कर्नल प्रहलाद सिंह के मकान का पता लगाने की कोशिश की। वे बहुत मददगार थे। उन्होंने कर्नल के बारे में मुझसे कुछ और जानकारी माँगी (उस वक्त मैं शायद उनका नाम भी भूल चुका था और कर्नल प्रभु बताकर उनका पता पूछ रहा था)। मैं अभी उन लड़कों से बात कर ही रहा था कि उनमें से एक–जो सिख था–की माँ वहाँ आ गयीं। उन्होंने मुझसे सारी बात पूछी। जब उन्हें पता चला कि मैं एनडीए की परीक्षा देने आया हूँ, तो उन्होंने अपने बेटे से मुझे अपने घर ले चलने को कहा। उन्होंने मुझे अपने घर में ठहरने की जगह दे दी। थोड़ी देर बाद जब उनके पति आफिस से लौटे तो उन्होंने भी इजाजत दे दी। उन्होंने मुझसे कहा कि वे अगले दिन परीक्षा दिलाने के लिए मुझे मथुरा रोड स्थित दिल्ली पब्लिक स्कूल ले जायेंगे और मुझे किसी बात की फिक्र नहीं करनी चाहिए।

इस घटना का मेरे ऊपर बहुत गहरा असर पड़ा और मैं समझ गया कि सेना एक बड़े परिवार की तरह है। उस परिवार ने मुझे शरण दी और मेरा पूरा खयाल रखा, जबकि मैं उनके लिए पूरी तरह से अजनबी था। उन्होंने अपने बेटे की तरह ही मेरा पूरा ध्यान रखा और प्यार दिया। अपने जीवन में मुझे हमेशा इस बात का पछतावा रहेगा कि उनके प्रति अपनी कृतज्ञता जाहिर करने के लिए मैं उस दम्पती का पता नहीं लगा पाया। मैं उनका हमेशा ऋणी रहूँगा। मैं बाद में जब अंबाला में नियुक्त था तो मुझसे मिलने के लिए आये एक जनरल आफिसर को इस घटना के बारे में बता रहा था। संयोग की बात थी कि वह अफसर उन तीन लड़कों में से एक थे, जिनसे मैं मिला था। वे कर्नल प्रहलाद सिंह के बेटे थे, उन्हीं प्रहलाद सिंह के, जिन्हें मैं तलाश रहा था। उन्होंने मुझे बाकी लड़कों के बारे में बताया, जो उस दिन उनके साथ थे। उनमें से एक मेडिकल अफसर थे, जो डीजीएचएस के पद से रिटायर हुए थे, जबकि खुद वे एएडी में मेजर जनरल के पद से रिटायर हुए। मुझे पता चला कि जिस परिवार के पास मैं रुका था, वह अब चंडीगढ़ में रहता था।

डीपीएस मथुरा रोड पर जब मैं पहुँचा तो मुझे अपने स्कूल के दोस्त मिल गये। वे साउथ एवेन्यू में एक सांसद के घर पर रुके थे। सांसद का पोता हमारे स्कूल में था। सांसद पंजाब से इस घर में तभी आते थे, जब उन्हें दिल्ली में संसद के

सत्र में शामिल होना पड़ता था। उस दिन की परीक्षा देने के बाद मैं अपना सामान लेने के लिए वापस धौला कुआँ गया, क्योंकि अब मैं अपने दोस्तों के साथ रहना चाहता था। लेकिन घर की महिला नहीं चाहती थीं कि मैं वहाँ से जाऊँ, क्योंकि उन्हें लगता था कि उनके घर में परीक्षा की तैयारी के लिए ज्यादा अच्छा माहौल था। मैंने उनकी इस उदारता के लिए सच्चे हृदय से धन्यवाद दिया और फिर वहाँ से अपने दोस्तों के पास चला गया।

परीक्षा देने के बाद हम वापस अपने स्कूल चले गये और बोर्ड परीक्षा की तैयारियों में जुट गये। स्कूल की परीक्षाएँ शुरू ही होने वाली थीं, कि एनडीए के नतीजे घोषित हो गये। मैं उस परीक्षा में सफल हो गया था, लेकिन मेरा कोई भी दोस्त सफल नहीं हो पाया। इसलिए मुझे ज्यादा खुशी नहीं हुई। बोर्ड की परीक्षा के बाद हमने अगली कक्षा की तैयारी शुरू कर दी। तभी सर्विस सेलेक्शन बोर्ड (एसएसबी) के लिए अधिसूचना आ गयी। चूँकि मैंने एयर फोर्स को अपनी पसन्द बताया था, इसलिए मुझे देहरादून में नम्बर 1 एयर फोर्स सेलेक्शन बोर्ड में पहुँचना था। मैंने अपने पिताजी को लिखकर देहरादून जाने की इजाजत माँगी। वे उस समय रुड़की में अपने बटालियन के साथ नियुक्त थे। जल्दी ही उनका जवाब आ गया। उन्होंने देहरादून जाने से साफ-साफ मना कर दिया था। फिर भी मैंने रुड़की जाने का फैसला किया ताकि उनसे आमने-सामने बात कर सकूँ। वे मुझे देखकर बेहद चकित हुए। हमारी बातचीत आगे बढ़ते-बढ़ते इस बात पर पहुँच गयी कि एनडीए में आवेदन के लिए किसने इजाजत दी थी, क्योंकि उन्होंने तो फार्म पर दस्तखत किया ही नहीं था। वे इस बात से भी चिन्तित थे कि मैंने वायुसेना को चुना था थलसेना को नहीं।

वायुसेना को चुनने की वजह यह थी कि मेरे एक रिश्ते के भाई टेस्ट पायलट थे और हम सब लड़कों के लिए वे हमारे आदर्श थे। आगे चलकर वे रिटायर होने से पहले एयर ऑफिसर कमांडिंग-इन-चीफ वेस्टर्न एयर कमांड बन गये थे। चूँकि मैं पहले ही रुड़की में था, इसलिए मेरे पिताजी ने आधे-अधूरे मन से देहरादून जाने की इजाजत दे दी। लेकिन उन्होंने बता दिया था कि मैं या तो थलसेना में जाऊँ या फिर आगे अपनी पढ़ाई जारी रखूँ। उन्होंने मुझसे कहा कि अन्तिम फैसला मेरे प्राचार्य से बातचीत करने के बाद ही लिया जायेगा।

एसएसबी और पीएबीटी के टेस्ट में भी मैं सफल रहा। यह शायद किस्मत का खेल था। फिर मेडिकल टेस्ट के लिए मैं दिल्ली के रेसकोर्स में एयर फोर्स स्टेशन गया। मुझे वायुसेना के लिए फिट पाया गया। अब मुझे मेरिट लिस्ट आने का इन्तजार था। मैं अपने गाँव आ गया और बोर्ड परीक्षा के नतीजे का इन्तजार करने लगा। जून में नतीजे घोषित हो गये। बोर्ड की परीक्षा में मैंने अपनी कक्षा में अव्वल दर्जा हासिल किया था। प्रदेश की मेरिट लिस्ट में अच्छी पोजीशन लाने के कारण मैं

वजीफा पाने का हकदार हो गया था। इसके कुछ दिन बाद एनडीए के नतीजे भी आ गये। उसमें भी मैं एयर फोर्स कैडेट के लिए चुन लिया गया था। मेरिट लिस्ट में मेरा नाम बहुत ऊपर था। इससे मुझे बहुत सन्तोष मिला। अब मेरे पास अपने भविष्य के लिए दोनों ही रास्ते खुले थे।

हमारी पहले की बातचीत के मुताबिक पिताजी थोड़े दिन के लिए गाँव आ गये। वहाँ से हम दोनों स्कूल गये और फिर काफी लम्बा विचार-विमर्श हुआ। प्राचार्य महोदय ने मुझे अकेले में बुलाया और मुझसे पूछा कि मैं क्या चाहता हूँ। मैंने कहा कि चूँकि एनडीए की मेरिट लिस्ट में मुझे काफी अच्छी पोजीशन मिली है, इसलिए मैं एकेडमी में जाना चाहूँगा। फिर रमन जी ने मेरे पिताजी से बात की और उन्हें राजी कर लिया कि मैं एनडीए में जाऊँ। फैसला हो जाने के बाद हम गाँव वापस आ गये। तभी मालूम हुआ कि यूपीएससी के मूल फार्म में मेरे जन्म का वर्ष 1950 भर दिया गया था, जबकि स्कूल के दूसरे प्रमाणपत्रों में मेरे जन्म का सही वर्ष 1951 दर्ज था। यह बात तब पता चली जब यूपीएससी ने मेरे कागजों की जाँच की। एनडीए में आयु की योग्यता के अनुसार इससे कोई फर्क नहीं पड़ता था। इसके बाद इस गलती को सुधारने की कवायद शुरू हुई। बोर्ड ऑफ एजूकेशन का प्रमाणपत्र अभी तक मेरे पास पहुँचा भी नहीं था अतः पिताजी को 14 राजपूत के कमांडिंग अफसर के दस्तखत वाला प्रमाणपत्र आ गया, जिसमें पिताजी ने मेरे जन्म पर सत्यापित किया था कि मेरे जन्म का वर्ष वास्तव में 1951 है। यह सब पूरी तरह से उनके और बटालियन के कागजात के बीच था। जब मेरा जन्म हुआ था तो पिताजी यूनिट में ड्यूटी पर थे। इसके बाद तमाम जरूरी कागज यूपीएससी को भेज दिये गये, जो वहाँ स्वीकार कर लिए गये। मुझे एनडीए ज्वाइन करने के लिए वहाँ से हरी झंडी मिल गयी। सारा मामला सुलझ जाने के बाद मैं एकेडमी में जाने के लिए निकल पड़ा, लेकिन इस झंझट के कारण मैं बैच के बाकी लड़कों की अपेक्षा एक हफ्ता देरी से पहुँचा।

नेशनल डिफेंस एकेडमी

नेशनल डिफेंस एकेडमी पुणे के बाहर खड़कवासला में स्थित है। अब अगले तीन साल के लिए यही मेरा घर बनने जा रहा था। कोर्स की बड़ी संख्या ने 7 जुलाई को एकेडमी को रिपोर्ट किया। मेरे अलावा कुछ और लड़के भी कागजातों की समस्या के कारण वहाँ देरी से पहुँचे थे। देरी का मतलब था कि हम नये 'मुर्गे' थे, जो झुंड की सुरक्षा से वंचित थे। यह मेरे लिए एकदम नया अनुभव था। मैं बहुत छोटी उम्र से ही हॉस्टल में रहता आया था, लेकिन यहाँ का माहौल बिल्कुल अलग था। सबसे पहले मुझसे कहा गया कि मैं अपनी 'वाहियात मूँछ' साफ करूँ। फिर किसी ने मेरे हाथ में एक रेजर पकड़ा दिया। मेरी कुछ समझ में नहीं आ रहा था कि मुझे क्या

करने के लिए कहा जा रहा था। दरअसल, मुझे इस बात का जरा भी एहसास नहीं था कि मेरे ऊपरी होंठ के ऊपर जो रोएँ हैं, उन्हें मूँछ कहा जा रहा है। इसके बाद जो दूसरा आदेश दिया गया वह तो पूरी तरह से मेरी समझ से बाहर था। "अपने स्टुपिड चेहरे से यह बकवास मुस्कान मिटाओ।" यह एकदम अजीब था, क्योंकि हम तो वैसे ही घबराये हुए थे, जैसे किसी कार की हेडलाइट के सामने कोई खरगोश आ जाये। इसके बाद गालियाँ दी जाती थीं। गाली देने वाले को अगर लगता कि हम खुश नजर आ रहे हैं तो गुस्से में आकर और भी गालियाँ पड़तीं। यह बहुत बड़ा दुश्चक्र था और काफी कठोर था। इस वजह से ऐसा लगता था कि पहले टर्म में हमारा दिमाग जैसे सुन्न हो गया था।

हमें रोज तरह-तरह के कठोर शारीरिक अभ्यास करने पड़ते थे। कभी कमरे पर लगी जाली से झूलना पड़ा, कभी लगातार आगे की ओर गोल-गोल लुढ़कना पड़ता तो कभी ए जगह से बी जगह तक साइकिल उठानी पड़ती। इन सब कामों से जब फुरसत मिलती तो हम अपने संस्थान की खूबसूरती को निहारते। वहाँ एक तीन मंजिला सूडान ब्लॉक था, जो जोधपुर के लाल पत्थरों से बना था। उस ब्लॉक में ज्यादातर प्रशासनिक दफ्तर थे। वहाँ ढेरों मेहराब, खम्भे, गुम्बद और बरामदे थे। इसके बाद बटालियन ब्लॉक थे। हर ब्लॉक में चार स्क्वाड्रन रहते थे। इसके अलावा एक परेड ग्राउंड था, जहाँ सलामी मंच पर एक ऊँचा मस्तूल या दंड लगाया गया था। वहाँ बाम्बे स्टेडियम, साइंस ब्लॉक, हबीबुल्ला हॉल, एयर फील्ड और पीकॉक बे था, जहाँ नौकाएँ तैरती रहती थीं। वहाँ कई अस्तबल थे, जहाँ ढेरों घोड़े बँधे रहते थे। एनडीए में सब कुछ बहुत भव्य था और हर तरह की सुविधाएँ उपलब्ध थीं।

उस समय के नियमों के मुताबिक, पहली अवधि के कैडेटों को आइ (इंडिया), जे (जूलियट) या के (किलो) स्क्वाड्रनों में रखा जाता था। उनके साथ तीसरी, चौथी, पाँचवीं और छठी अवधि के कुछ कैडेटों को रख दिया जाता था। मैं के स्क्वाड्रन में था। हम खुद को, 'किलर्स' कहते थे, जो बड़े लय से बोला जाता था। हसनवालिया हमारे सीएसएम थे, जबकि नायर एससीसी थे। डीसीसी राहुल कार बॉक्सिंग टीम में थे। मैं भी इसी टीम का सदस्य था। ड्रिल उस्ताद 1 सिख एलआई के थे। मैंने तुरन्त ही उनका दिल जीत लिया, क्योंकि अपने जूतों के फीते बाँधने में मैंने एनसीसी के तरीके का पालन किया था। वे दूसरे कैडेटों को हमेशा डाँटते हुए कहते, "तुम लोग इस लड़के की तरह क्यों नहीं बन जाते।"

स्क्वाड्रन में पहुँचने पर सबसे पहली बात यह सीखनी होती थी कि किस तरह ठीक से फ्रंट-रोल किया जाये यानी सिर को झुकाकर पहिये की तरह गोल-गोल घूमते हुए आगे बढ़ा जाये। मुझे टेक्निकल स्ट्रीम में जाने के लिए कहा गया क्योंकि मैंने 11वीं कक्षा के कोर्स का तीन महीना पहले ही पूरा कर लिया था। मेरा 36वाँ कोर्स था। हमारे कोर्स के कैडेटों को टेक्निकल और नॉन-टेक्निकल स्ट्रीम में बाँटने का

फैसला किया जा चुका था। हम बड़े गर्व से खुद को प्रयोगात्मक कोर्स वाला बताते थे। पहले यह व्यवस्था थी कि सभी स्ट्रीमों को चार टर्म में बाँट दिया जाता था। परन्तु हमारे साथ दूसरा प्रयोग था। ऐसा करने के पीछे तर्क यह था कि जो लड़के 11वीं में थे या उस कक्षा में अभी आये ही थे, वे टेक्निकल हो जायेंगे और जो लड़के 10वीं के बाद एकेडमी में आये थे, वे नॉन-टेक्निकल हो जायेंगे। टेक्निकल स्ट्रीम का कोर्स बहुत ज्यादा था। साथ ही शुरुआती दिनचर्या का भी पालन करना होता था, इसलिए हम लोगों के लिए वह बहुत कठिन समय था।

अकादमी में आने के तीन दिन बाद एक सीनियर कैडेट ने हमारे कैबिन का निरीक्षण करने का फैसला किया। उसने देखा कि वहाँ मेरी किताबों का ढेर लगा हुआ था। उसने मुझसे पूछा कि सेना की किस शाखा में जाना चाहते हो। मैंने बताया कि मैं एयर फोर्स का कैडेट हूँ और फाइटर पायलट बनना चाहता हूँ। तब उसने मुझे बताया कि मैं शायद गलत स्ट्रीम में हूँ क्योंकि लगभग सभी एयर फोर्स कैडेट उन दिनों में आमतौर पर नॉन-टेक्निकल स्ट्रीम में होते हैं। उसने मुझे सलाह दी मैं इस बारे में प्रिंसिपल से मिलूँ। श्री टी.एन. व्यास एकेडमी में आने से पहले दून स्कूल में बेहद प्रतिष्ठित हाउस मास्टर रह चुके थे। वे अजमेर के मेयो कॉलेज के प्रिंसिपल भी रहे थे। मैं अगले ही दिन उनके पास गया और अपनी स्थिति के बारे में बताया। उन्होंने तुरन्त ही मुझे नॉन-टेक्निकल स्ट्रीम में भेज दिया। यह मेरे लिए बहुत भाग्यशाली साबित हुआ क्योंकि हमारे बैच, जिसे 'एक्सपेरिमेंटल सिस्टम' के हिस्सा के रूप में जाना जाता था, ने कई नये प्रयोग किये थे। इधर-उधर किये जाने से ग्रुप पर बहुत खराब असर पड़ा था, क्योंकि टर्म के अन्त में पढ़ाई के आधार पर लगभग 60 कैडेटों को रैलीगेट किया गया जब मैं एकेडमी में आया था तो आर्टिलेरी अफसर मेजर जनरल रणबीर बक्शी 'मिलिट्री क्रॉस' हमारे कमांडेंट थे। इस रैलीगेशन ड्रिल के लिए कमांडेंट को अपने आफिस से बाहर निकलकर सभी को सामूहिक रूप से बोलना पड़ा था, "तुम सभी को रैलीगेट किया जा रहा है।"

पहले टर्म के बाद जनरल बक्शी का कार्यकाल पूरा हो गया। हम सब उन्हें वहाँ से जाते हुए देखकर बहुत दुखी थे क्योंकि उनकी बेटी पूरे एकेडमी के लिए आकर्षण का केन्द्र थीं। चूँकि कमांडेंट लोग तीनों सेवाओं में आते-जाते रहते हैं, इसलिए इस बार एयर फोर्स में जाने की बारी थी। उनकी जगह एयर वाइस मार्शल एस.एन. गोयल ने ले ली थी। नये कमांडेंट ने सबसे पहला काम यह किया कि उन्होंने अलग-अलग टर्म के सभी कैडेटों को सभी स्क्वाड्रनों में वितरित कर दिया। इस फेरबदल के चलते मुझे एच (हंटर) स्क्वाड्रन में भेज दिया गया। अब अगले ढाई साल के लिए यही मेरा घर होने वाला था। जून 1968 में एक बार फिर कमांडेंट बदल गये। इस बार यह जगह नौसेना के एक अधिकारी रियर एडमिरल आर.एन. बत्रा ने ली थी। इस तरह एकेडमी में मेरी तीन साल की पढ़ाई के दौरान कम-से-कम

दो सेवाओं से कमांडेंट आ चुके थे।

हंटर सबसे ज्यादा एकान्त वाला स्क्वाड्रन था। अब वहाँ बहुत कुछ बदल चुका है और आज उस स्थान पर गोल्फ आ गया है और एनडीए के बाहर की जगह भी निर्माण से भर गयी है। सर्दियों के दौरान हंटर के पीछे के मैदान में गन्ने के खेत होते थे, जहाँ कभी-कभी गन्ने पर 'रेड' की कार्यवाही हो जाया करती थी। हंटर एक अच्छा स्क्वाड्रन था, जहाँ हमारा कुछ अच्छे कैडेटों का ग्रुप था। आश्चर्य की बात थी कि इस स्क्वाड्रन की छवि बाकी अकादमी में कुछ डरावनी थी।

अकादमी में जीवन काफी तेज और मजेदार था। हालाँकि वहाँ क्षमता से अधिक दौड़ना, बार-बार दंड दिया जाना, हाथों में साइकिल उठाकर दौड़ना, सीनियरों का भाषण सुनना या फिर गालियों की बौछार सुनना आम बात थी, लेकिन इससे अन्ततः हम कैडेटों में मजबूती ही आती थी। इसकी महत्त्वपूर्ण बात यह थी कि हम मानसिक रूप से मजबूत हो रहे थे और हमारा दिमाग जीवन में किसी भी विपरीत स्थिति का सामना करने के लिए तैयार हो गया था। इस तरह की व्यवस्था आपको सहनशील, धैर्यवान बनाती है और आप मानसिक रूप से बेहद बलवान हो जाते हैं। साथ ही शारीरिक रूप से हम इतने शक्तिशाली हो जाते हैं कि किसी भी बाधा को पार करने की हिम्मत आ जाती है। पहले टर्म की गतिविधि (जिसे कभी-कभी रैगिंग कहा जाता था) दरअसल हमें गहरे पानी में फेंक देती थी और हम वहाँ से ज्यादा मजबूत व सक्षम होकर निकलते थे। यह शारीरिक यातना से बिल्कुल अलग चीज थी, जो बाद में बहुत भद्दे रूप में आम हो गयी थी और अधिकारियों द्वारा इसे सख्ती से रोकना बेहद जरूरी था। अकादमी में पढ़ाई, शारीरिक मेहनत और रोज के नियमित कामों में सारा समय जैसे पलक झपकते ही निकल जाता था। हमें वहाँ का स्वादिष्ट खाना भी जल्दी-जल्दी खाना पड़ता था, क्योंकि उसके लिए भी हमारे पास सीमित समय ही होता था।

टर्म खत्म होने के बाद कुछ समय के लिए जो छुट्टी मिलती थी, हम उसमें एनडीए स्पेशल ट्रेन में भर जाते थे और दिल्ली तक सफर करने के बाद मैं अपने गाँव बापोड़ा चला जाता था। ट्रेन का सफर बहुत मस्ती भरा होता था। छुट्टियों में अपने घर के लोगों से मिलकर लगता था कि हम अपनी जड़ों की ओर लौट आये हैं।

एनडीए में ट्रेनिंग बहुत अच्छी थी। यह अकेला ऐसा संस्थान है, जहाँ थलसेना, नौसेना और वायुसेना के कैडेट एक साथ ट्रेनिंग करते हैं। उन दिनों वहाँ जो सुविधाएँ उपलब्ध थीं, वे बेहद शानदार थीं। हालाँकि सुधार की गुंजाइश तो हमेशा ही होती है। हम वहाँ कई तरह के खेलकूद में हिस्सा ले सकते थे और अलग-अलग तरह के शौक का अभ्यास कर सकते थे। पढ़ाई का कोर्स भी अच्छा था और हमें बताया गया था कि ग्रेजुएशन की डिग्री पाने के लिए चौथे टर्म और छठे टर्म में हमें बाहरी परीक्षा देनी होगी। परीक्षाएँ अपने निश्चित समय के अनुसार हुईं, लेकिन कुछ प्रशासनिक

अव्यवस्था के कारण फाइनल ग्रेजुएशन की डिग्री से हम वंचित रह गये। यह मुद्‌दा आखिरकार तब हल हुआ, जब कई सालों बाद एनडीए को जवाहरलाल नेहरू यूनिवर्सिटी से सम्बद्ध कर दिया गया। हाल ही में जब मैं सीओएएस था तो मेरी देखरेख में इसमें और भी सुधार किया गया। ऑल इंडिया काउंसिल फार टेक्निकल एजूकेशन (एआइसीटीई) से मंजूरी लेने के बाद एनडीए अब बेचलर ऑफ टेक्नोलॉजी (बी.टेक.) की डिग्री भी देता है और कैडेटों को ऑनर्स का कोर्स भी कराता है।

एनडीए युवाओं को शारीरिक रूप से फिट और मानसिक रूप से मजबूत बनाता है। साथ ही वह विभिन्न विषयों में शैक्षिक ज्ञान भी देता है। इसके अलावा यहाँ इंजीनियरिंग, ड्राइंग, काष्ठकला, धातुकला, वेल्डिंग जैसे अनेक क्षेत्रों में कौशल हासिल किया जाता है ताकि हर कैडेट को हर तरह के काम का अनुभव मिल सके। हमें अपने सुपीरियरों, जो डिवीजनल अफसर और स्क्वाड्रन कमांडर होते थे, की निगरानी में अपनी सेवा की बुनियादी बातें भी सिखाई जाती थीं।

अकादमी में सभी तीनों सेवाओं के लोग होते हैं, लेकिन शैक्षिक मामले में मुख्य रूप से सेना से बाहर के लोग होते हैं। सभी कैडेटों को डिवीजनों में बाँटा जाता है। तीन डिवीजन मिलकर एक स्क्वाड्रन बनाते हैं और चार स्क्वाड्रनों को मिलाकर एक बटालियन बनायी जाती है, प्रत्येक इकाई को नौसेना, वायुसेना और थलसेना के नाम दिये गये हैं।

कैडेटों को तैराकी, शारीरिक ट्रेनिंग और घुड़सवारी का अभ्यास कराया जाता है। उन्हें आउटडोर शिविरों में भेजा जाता है, जहाँ उन्हें ऐसे हालात का सामना कराया जाता है, जो आगे चलकर उनके सामने आ सकते हैं। इन सब अभ्यासों के कारण स्कूल से निकलने वाला लड़का जब एकेडमी से बाहर आता है तो वह आत्मबल से भरा नौजवान बन चुका होता है, जो सेना के अंग के रूप में अपने कन्धों पर तमाम जिम्मेदारियों का बोझ उठाने के लिए तैयार होता है। समय के साथ एकेडमी में सुधार होता रहा है। उसमें कई तरह के बदलाव किये गये हैं—वहाँ पहले से ज्यादा स्क्वाड्रन हैं, एक अतिरिक्त बटालियन है और शिक्षा के मामले में भी कोर्स को बेहतर बनाया गया है। आजकल कैडेटों को विकल्प दिये जाते हैं, जिससे वे अपनी पसन्द के क्षेत्र में विशेषज्ञता हासिल कर सकते हैं। एकेडमी में कैडेटों का लगातार मूल्यांकन होता रहता है, यह काम उनके इंस्ट्रक्टर, सीनियर और साथी कैडेट करते हैं। दरअसल यह पूरी व्यवस्था कैडेटों की नियुक्तियों पर निर्भर है, जो उन पर जिम्मेदारी डालने के साथ शुरू होती है। मैं अपने पाँचवें टर्म में 'कारपोरल' बन गया था और छठे व फाइनल टर्म में बटालियन कैडेट कैप्टन (बीसीसी) नियुक्त हो गया था। बीसीसी के तौर पर कैडेट को दो महीने तक एकेडमी कैडेट कैप्टन (एसीसी) के रूप में काम करना पड़ता है। इस दौरान उसे जो अनुभव मिलता है वह कमाल का होता है और आगे चलकर एक अच्छा अफसर बनने में बहुत मददगार साबित

होता है। पाँचवें टर्म के दौरान सेना की विशेष सेवाओं वाली कक्षाएँ भी शुरू हो गयी थीं। और यहीं मैंने पाया कि मेरे पिताजी ने अपने एक पूर्व शिष्य से अपनी गुरु दक्षिणा माँगी थी। मेजर एच.एस. दलाल मेरे स्क्वाड्रन कमांडर थे और उन्होंने मेरे पिता के अनुरोध पर मुझे वायुसेना की सेवा से थलसेना में स्थानान्तरित कर दिया था।

पासिंग आउट परेड की पूर्व-सन्ध्या पर शायद ही किसी कैडेट ने रात में एक भी झपकी ली हो। हम सभी बेहद रोमांचित थे। अगले दिन जब हम किले के दरवाजे के पीछे जमा हुए तो सुबह की रोशनी में सब कुछ जैसे चमक रहा था। हमारे जूते चमचमा रहे थे, ड्रेस भी दमक रही थी और छड़ियों की नोक पर जड़ी धातु सूरज की रोशनी में जैसे रोशनी फेंक रही थी। एकेडमी के बैंड ने पुराने समय से चली आ रही आरती 'ओम जय जगदीश हरे' शुरू कर दी। हर कैडेट चाहे वह किसी भी धर्म का रहा हो, अपनी जगह स्थिर खड़ा था। किले का दरवाजा खुलने में अभी समय था, जिसके बाद हम तालमेल के साथ एक लय में बाहर की ओर मार्च करने वाले थे।

जल्दी ही बिगुल बज उठे। बीसीसी के रूप में मुझे अपनी बटालियन का नेतृत्व करना था। जोर से चीखते हुए कमांड दिये गये, ब्रास बैंड ने फिर से मार्च करने की धुन बजानी शुरू कर दी और फिर किले के दरवाजे खुल गये। हम मार्च करते हुए बाहर आ गये। मैंने अपने जूतों की एड़ियाँ जमीन में गड़ा दीं। मुझे पता था कि मेरे पीछे बाकी कैडेट भी मेरे कदमों से कदम मिला रहे होंगे। उसके बाद सलामी स्थल तक पहुँचने तक मेरे दिमाग में सब कुछ धुँधला-सा है। वहाँ एक मस्तूल लगा हुआ है, जो नौसेना का प्रतीक चिह्न है। हमारे ऊपर आकाश में भारतीय वायुसेना के विमान उड़ान भरते हुए गरज रहे थे। मैंने जोर से अपना पैर जमीन पर पटका, जो अकादमी में हमारा आखिरी कदम था। थलसेना का कैडेट होने से अब मेरा रास्ता देहरादून की ओर जाने वाला था। वहाँ हमें इंडियन मिलिट्री एकेडमी में पहुँचना था। मेरी खुशी का कोई ठिकाना नहीं था इस पहली मंजिल पार करने पर।

2

दीक्षा का दौर

गरिमा और सम्मान

एनडीए से निकलकर आईएमए में प्रवेश करना भले ही एक अफसर के जीवन में छोटा कदम हो, लेकिन एक कैडेट के लिए तो यह एक लम्बी छलाँग है। अब हम 'जेंटलमैन कैडेट' (जीसी) थे और एनडीए से आने के कारण हमें तीसरे टर्म का दर्जा मिल गया था।

आईएमए देहरादून में मैं पहली बार तब आया था, जब मेरे पिता वहाँ प्लाटून कमांडर हुआ करते थे। मुझे वहाँ नानी के घर से जबर्दस्ती लाया गया था। उस समय मैं इतना छोटा था कि वहाँ की खूबसूरती का कोई गुमान ही नहीं था। दून घाटी देश की कुछ सबसे खूबसूरत जगहों में से एक है। यह शिक्षा संस्थानों के लिए एक आदर्श जगह है। इसके दक्षिण में जंगल से लदी शिवालिक पहाड़ियाँ हैं, जो कि 'जीसी' की ट्रेनिंग के लिए प्राकृतिक रूप से बेहद मुफीद जगह है। एकेडमी टोंस नदी के बायें तट पर स्थित थी। यह शान्त नदी हिमालय की निचली पहाड़ियों से निकलकर उत्तर की दिशा में बहती है। रात में मसूरी की झिलमिलाती रोशनी इस जगह की सुन्दरता में चार चाँद लगा देती है। घाटी के पूरब में गंगा और पश्चिम में यमुना नदी बहती है। आईएमए के सामने की ओर चेटवोड हॉल और ड्रिल स्क्वायर देखते ही बनते हैं। ग्रीको-रोमन और ब्रिटिश शैली के किंग्सले और कॉलिंस ब्लॉक इसकी भव्यता को और बढ़ा देते हैं। इनमें जीसी का आवास था, जबकि हरे-भरे पेड़ों से घिरे रास्तों के इर्द-गिर्द आकर्षक बँगले बने थे। इनमें कमांडेंट और दूसरे सीनियर अफसर रहते थे। आईएमए का परिसर मूल रूप से कभी रेलवे स्टाफ कॉलेज हुआ करता था। लेकिन 1932 में यह सेना के हवाले कर दिया गया और फिर यहाँ भारतीय अफसरों को ट्रेनिंग देने के लिए एकेडमी स्थापित कर दी गयी। भारतीयों को अफसर बनाना भारतीय राष्ट्रवादी आन्दोलन की माँगों में एक प्रमुख माँग थी।

हम जून 1969 के अन्त में आईएमए में पहुँचे थे। बावजूद इसके कि हमारे कॉलरों पर तीसरे टर्म का चिह्न लगा था, हमें पहले टर्म वालों के साथ उन्हीं की भाँति

बर्ताव दिया गया। यह सब पहले टर्म वाले एकेडमी में डायरेक्ट एंट्रीज वाले थे। एनडीए से आने वाले हर जीसी के कागजात पहले ही आ चुके होते थे। लेकिन एक जेसीओ की देखरेख में हमें एक नया फार्म भरने को दिया गया। हम उन्हें सम्मान से 'साहिब' कहते थे। उनकी स्पष्ट हिदायत थी—हमें फार्म में अपने जन्म की वही तारीख भरनी थी, जो यूपीएससी के आवेदन पत्र में दर्ज की गयी थी। जब मैंने उन्हें बताया कि मेरे जन्म की तारीख में संशोधन किया गया था, तो मुझे गालियाँ सुननी पड़ीं और कई बार फ्रंट रोल करने को कहा गया। 'जेसीओ साहब' ने धमकी दी कि मेरे साथ और भी कड़ी कार्रवाई की जा सकती है। मैंने उनके निर्देश का पालन तो कर दिया लेकिन किसी तरह अपनी बात आगे तक पहुँचा दी। फिर प्रशासन ने जरूरी सुधार कर दिये और मेरे आइकार्ड व दूसरे कागजों में सही जन्म तिथि और वर्ष अंकित कर दिया गया। मेरी आयु को लेकर जब जानबूझकर विवाद खड़ा किया गया था, तो मुझे इस छोटी-सी घटना का जिक्र करना पड़ा। एकेडमी में उस समय मैंने इसकी कल्पना भी नहीं की थी। आईएमए शैक्षिक विषयों के साथ सेना से जुड़े विषयों पर विशेष जोर देता है। तीसरे टर्म के जेंटलमैन कैडेट के तौर पर हमारे लिए सेना से सम्बन्धित पक्षों पर ज्यादा जोर दिया जा रहा था। मुझे कैसिनो कम्पनी दी गयी थी। यह कम्पनी एक अस्थायी बैरेक में स्थित थी और एकेडमी के मुख्य ब्लॉक से काफी दूर थी। सीनियर अंडर अफसर (एसयूओ) एचपीएस मान थे, जिनके साथ एनडीए में मेरी कुछ गलतफहमी हो गयी थी। इसलिए शुरू से ही मेरे साथ अलग तरह का व्यवहार किया जा रहा था। मुझे लम्बे समय तक दंड बैठक और फ्रंट रोल करना पड़ता। एक सख्त कैडेट होने से एचपीएस मान की पूरी कोशिश होती थी कि उनकी देखरेख में कम्पनी अच्छा काम करे, इसलिए हम लोगों को रात्रि भोज के बाद क्रॉस-कंट्री दौड़ के लिए बाहर ले जाया जाता था।

आईएमए में हर समय व्यस्त रहना पड़ता था। हम यहाँ से वहाँ साइकिल से चक्कर लगाते हुए उन जगहों पर जाते रहते थे, जहाँ हमारी क्लास होती थी। सेना से सम्बन्धित विषय होने से हम समझ चुके थे कि एक प्लाटून कमांडर की क्या जिम्मेदारियाँ होती हैं। इसके अलावा भी हम बहुत से दूसरे कामों में भी व्यस्त रहते थे। मैं अतिरिक्त गतिविधियों के तौर पर शिकार क्लब का सदस्य बन गया था। इसलिए रविवार के दिन मुझे एकेडमी से बाहर शिकार पर जाने का मौका मिल जाता था। हम दून घाटी में तीतर, जंगली मुर्गों या बत्तखों की तलाश में दूर तक निकल जाते थे। शिकार करने से हमारा निशाना बहुत सटीक हो गया था, जो एक फौजी के लिए जरूरी गुण समझा जाता है।

मेरे प्लाटून कमांडर कैप्टन अभिजीत मामिक 5/11 गोरखा रेजीमेंट से थे और कम्पनी कमांडर मेजर चन्द्रा बी. खंडूरी फर्स्ट गोरखा से थे। मेजर खंडूरी को सेना के इतिहास की बहुत अच्छी जानकारी थी। हम कैडेटों ने उनसे बहुत कुछ सीखा था।

मेरे चौथे टर्म में उनका तबादला हो गया और उनकी जगह राजपूताना राइफल्स से मेजर दीवान चन्द सारस्वत आ गये थे। लेकिन हमारा मुख्य सम्पर्क प्लाटून कमांडर से था। उनके साथ हमारा अच्छा रिश्ता बन गया था। अभिजीत मामिक सेना प्रमुख जनरल जीजी बेवूर के साथ एडीसी का कार्यकाल पूरा करने के बाद आईएमए में आये थे। मामिक अपने काम में बहुत दक्ष थे और जीसी के तौर पर हमने उनसे बहुत कुछ सीखा था।

तीसरे टर्म में कुछ दिन बाद ही कैप्टन मामिक ने मुझे बुलाया और साफ-साफ पूछा कि सीनियर अंडर ऑफिसर मेरे बारे में क्यों बार-बार शिकायत कर रहे हैं कि मैं कम्पनी में समस्याएँ खड़ी करता रहता हूँ। उनके पूछने पर मैंने भी एसयूओ की नाराजगी की वजह के बारे में स्पष्ट बता दिया। फिर शायद मामिक ने एनडीए के मेरे रिकॉर्ड देखे और महसूस किया कि मुझे 'व्यक्तिगत दुश्मनी' का शिकार बनाया जा रहा था। मेरी खुशकिस्मती से एचपीएस मान को एक घटना के कारण टर्म के बीच में ही एसयूओ के पद से हटा दिया गया। घटना यह थी कि बाहर से आयी एक महिला एक कैडेट के कमरे में रात भर रुक गयी थी। बॉबी सैयद हमारे नये एसयूओ बनाये गये और उनके आने के बाद हालात बेहतर हो गये।

मुझे चौथे टर्म में एसयूओ बना दिया गया। अपने पहले के टर्म में सबक सीखने के कारण कम्पनी को सँभालना मुश्किल नहीं था। कैसिनो कम्पनी में हमारे पास अमर औल सीएसएम, बीके शर्मा जेयूओ, बलराज नागल व संदीप गुप्ता सार्जेंट और प्रकाश सिंह सीक्यूएमएच थे। हमारा प्रदर्शन बहुत अच्छा था, जिसके कारण हमने विभिन्न प्रतियोगिताओं में काफी ट्रॉफियाँ जीत ली थीं।

एक दिन मैंने देखा कि कैप्टन अभिजीत मामिक कुछ परेशान दिख रहे थे और सुबह की क्लास में वे रोज की तरह सहज नहीं लग रहे थे। क्लास खत्म होने के बाद वे मुझे एक तरफ ले गये और उन्होंने पूछा, "तुमने कल शाम को यह क्या किया।" मैं हैरान था, मेरी समझ में कुछ नहीं आया कि वे क्या कह रहे हैं, क्योंकि मैंने तो कुछ भी नहीं किया था। फिर उन्होंने मुझे बताया कि एक कैडेट के साथ हाथापाई करने के कारण मुझे पेशी पर 'मार्चअप' करना पड़ेगा। मैंने उन्हें बताया कि मैंने तो ऐसा कुछ भी नहीं किया है। लेकिन उनके आदेश पर मैं 'मार्चअप' के लिए अनुकूल वर्दी बदलने चला गया। एक्यू कैप्टन कँवर कुलदीप सिंह ने मुझे बटालियन कमांडर के ऑफिस में मार्च कराया। बटालियन कमांडर कर्नल गोवर्धन सिंह जमवाल, जो बहुत अच्छे इंसान थे, ने मुझसे पूछा कि क्या मैंने वाकई किसी कैडेट के साथ हाथापाई की है। मैंने जवाब दिया, "नहीं सर।" शिकायत करने वाले को बुलाया गया और मुझसे कहा गया कि मैं उसकी आँखों में आँखें डालकर बताऊँ कि क्या हुआ था। यह एहसास होने पर कि मैं सच बोल रहा था, बटालियन कमांडर ने कमांडेंट मेजर जनरल राजेन्द्र प्रसाद को फोन किया और उन्हें बताया कि

मैं निर्दोष था और जाँच होने के बाद ही सजा दी जानी चाहिए। जाँच में मुझे किसी गम्भीर आरोप का दोषी नहीं पाया गया, लेकिन तय किया गया कि कुछ कार्रवाई करनी होगी क्योंकि जूनियर कैडेट को 'परेशान' किया गया था।

कुछ दिन बाद एक बार फिर मुझे मार्चअप किया गया। इस बार यह काम हमारे कमांडेंट के सामने किया गया। प्रक्रिया शुरू होने से पहले एकेडमी सूबेदार मेजर आशीर्वादम, जो मद्रास रेजीमेंट से थे, मुझे आगे होने वाली ड्रिल का अभ्यास कराते रहे। वे सिखाते रहे कि किस तरह मेरे कान में छह इंच की दूरी से चीखकर मार्च का आदेश सुनाया जायेगा और फिर मेरे कन्धे पर लगे एसयूओ के बैजों को नोचकर अलग कर दिया जायेगा। मार्चअप और दोष सुनने तथा सज़ा होने के एकदम बाद सूबेदार मेजर ने जब पूरे जोश से मेरे कान के पास चीखकर कमांड सुनाया तो जैसे मैं बहरा ही हो गया था, लेकिन किसी तरह उनका आदेश समझ में आ गया था कि मुझे निचला पद देकर जेयूओ बनाया जा रहा था। सूबेदार मेजर को इसकी उम्मीद नहीं थी। वे भौचक खड़े रह गये। हर आदमी एक-दूसरे को देख रहा था। आखिर में सूबेदार मेजर ने आदेश सुनाया, 'जेयूओ' मार्च आउट, और हम वहाँ से चले गये। मेरे चेहरे पर हल्की-सी मुस्कान ने उन्हें और भी बेचैन कर दिया और वे मेरी ओर देर तक घूरते रहे।

करीब महीने भर बाद फिर से मुझे तरक्की दे दी गयी और मैं आईएमए से एसयूओ और सबसे वरिष्ठ इन्फैंट्री अफसर के तौर पर पास होकर निकला। कैसिनो कम्पनी को एकेडमी और चीफ का बैनर दोनों मिला था। कम्पनी को यह उपलब्धि 16 साल के बाद मिली थी। वहाँ मैंने यह सबक अच्छी तरह सीख लिया कि अगर आप सही हैं और आपने कोई गलत काम नहीं किया है तो आपको कभी नहीं डरना चाहिए। इसके साथ ही कम्पनी को सँभालने से मैंने यह भी सीखा कि यदि आप दूसरे की भावनाओं को समझते हैं, विचारशील हैं और दूसरों के लिए उदाहरण पेश करते हैं तो आपके अधीन लोग शानदार काम करके दिखायेंगे।

आईएमए में मेरी पढ़ाई का समय जब पूरा होने वाला था, तो हमारे बीच सारी बातचीत इसी विषय पर होती थी कि कौन-सा रेजीमेंट चुना जाये। अपनी पसन्द बताने की तारीख से कुछ दिन पहले प्लाटून कमांडर ने मुझे बताया कि यह बात कोई मायने नहीं रखती है कि मैं कौन-सा रेजीमेंट चुनता हूँ। उन्होंने कहा, "मैंने फैसला कर लिया है कि तुम 5/11 जीआर में जाओगे।" अभिजीत मामिक एक तरह से मेरी तारीफ ही कर रहे थे, लेकिन यह मुझे बिल्कुल अच्छा नहीं लगा। मैं राजपूत रेजीमेंट में जाना चाहता था, क्योंकि उससे न सिर्फ मेरे पिताजी बल्कि मेरा सारा परिवार जुड़ा रहा था। इसके अलावा मैं यह भी नहीं चाहता था कि आईएमए में मेरे साथ कोई विशेष व्यवहार किया जाये। मैंने मामिक साहब से इस विषय पर मेरे पिताजी से बात करने को कहा। मामिक ने मेरी ओर आँखें तरेरते हुए कहा

कि वे मेरे पिताजी से बात करेंगे, क्योंकि उन्हें लगता था कि मैं निर्णय नहीं ले पा रहा था। उस रात मैंने स्थिति को पहले ही सँभालने का फैसला किया। मैंने तुरन्त अपने पिताजी को पत्र लिखकर समझाया कि मैं क्यों प्लाटून कमांडर के रेजीमेंट में नहीं जाना चाहता हूँ और उसकी जगह मैं अपने परिवार व पिता के कदमों पर चलना चाहता हूँ। इसके बाद मेरे पिताजी ने मामिक को पत्र लिखकर मेरे बारे में उनकी भावनाओं को सराहते हुए कहा कि एक कैडेट को उसकी मर्जी के रेजीमेंट में जाने दिया जाना चाहिए।

मैंने आधी लड़ाई जीत ली थी। फिर मैं राजपूत रेजीमेंट के मेजर एनके कपूर के पास गया और अपना मामला उनके सामने रखा। मामिक ने अपने प्रभाव का इस्तेमाल नहीं किया और मेरिट लिस्ट में मेरा नाम ऊपरी दस में होने से मुझे अपनी पसन्द के अनुसार राजपूत रेजीमेंट मिल गया। मैं इस बात से बहुत खुश था कि मुझे 2 राजपूत मिला था। मेरे पिता 14 राजपूत में थे। अगर मुझे उसमें रखा गया होता तो मुझे अपने पिताजी के साये में रहना पड़ता। मैं अपना रास्ता खुद बनाना चाहता था।

पासिंग आउट परेड सिर्फ कैडेटों के लिए ही नहीं, बल्कि एकेडमी के लिए भी एक विशेष आयोजन होता है। सूबेदार मेजर और एडजुटेंट इस आयोजन को आकर्षक और सफल बनाने के लिए कई दिन पहले से ही अभ्यास कराते रहते हैं। हमारा पासिंग आउट परेड 14 जून, 1970 को हुआ था और इसके रिव्यूविंग अफसर थे लेफ्टिनेंट जनरल जगजीत सिंह अरोड़ा, जो उस समय ईस्टर्न आर्मी कमांडर थे। जब हम भव्य चेडवुड हॉल के सामने ड्रिल स्क्वायर की ओर गये तो हमें क्या पता था कि एक साल बाद हम इसी जनरल के कमांड में जंग के मैदान में उतरने वाले थे। हम कैडेटों को अपनी वर्दी पर एक स्टार लगाये जाने के लिए अभी रात होने का इन्तजार था। यह स्टार हमारे रैंक का प्रतीक होने वाला था। उन दिनों रैंक लगाने का 'पिपिंब' समारोह आधी रात को चेडवुड हॉल में हुआ करता था। मेरे माता-पिता किन्हीं कारणों से उस पासिंग आउट परेड को देखने नहीं आ पा रहे थे। इसलिए मैंने अपने एक सहपाठी के माता-पिता से वहाँ उपस्थित रहने का अनुरोध किया। चार साल की कठोर मेहनत के बाद अफसर बनना हमारे लिए यह एक गर्व का क्षण था, और वह भी उस रेजीमेंट और बटालियन में जिसका इतिहास वीरता से भरा हो।

लाल किला और राष्ट्रपति भवन

आईएमए से पास होकर निकलने के बाद हमें कुछ दिन की छुट्टी दी गयी और मैं बापोड़ा चला गया। भारतीय सेना में नया-नया अफसर बनकर मैं अपने पिताजी के साथ बहुत से लोगों से मिला। मेरे पिताजी मुझे लोगों से मिलाने के लिए काफी इच्छुक थे। हम भिवानी के जिला कमिश्नर एम.जी. देवसहायम से मिले। वे प्रशासनिक

सेवा में आने से पहले मद्रास रेजीमेंट में रह चुके थे। संयोग की बात है कि सेना से रिटायर होकर 42 साल बाद उनसे फिर मुलाकात हुई।

फिर मैं ट्रेन से दिल्ली गया और वहाँ स्टेशन पर लेफ्टिनेंट मान्यपदा नंजप्पा ननाया ने हमें रिसीव किया। वे हमारे सबसे करीबी सीनियर थे। वे शार्ट सर्विस अफसर के तौर पर मार्च में चेन्नई (उस समय मद्रास) के ओटीए से पास होकर निकले थे। 2 राजपूत दिल्ली के ऐतिहासिक लाल किले में स्थित थी और आधी बटालियन राष्ट्रपति भवन में थी। उन दिनों दिल्ली में केवल एक ही इन्फैंट्री बटालियन हुआ करती थी, जिसका काम राजधानी के औपचारिक समारोहों में हिस्सा लेना भर होता था।

जब हम पुरानी दिल्ली पहुँचे तो ननाया ने संक्षेप में बता दिया कि बटालियन में पहले दिन हमारे साथ क्या-क्या हो सकता है। वहाँ हर तरफ कारों, ताँगों और रिक्शों की भारी रेलमपेल थी। जब हम विशाल लाल किले के सामने पहुँचे तो मैं उसकी भव्यता देखकर ठगा-सा रह गया। भारतीय सेना में नया-नया सेकंड लेफ्टिनेंट बने एक युवक के लिए यह सब काफी रोमांचक था। तँवर राजा अनंगपाल द्वितीय ने मूल लाल कोट (लाल किला) बनवाया था, जो मेहरौली के पश्चिम में कुछ किलोमीटर की दूरी पर स्थित था। अनंगपाल तृतीय ने पृथ्वीराज चौहान को जब दिल्ली के सिंहासन पर बैठाया तो उन्होंने इस किले का नाम बदलकर किला राय पिथौड़ा कर दिया। लेकिन 1192 में उनकी पराजय के बाद दिल्ली पर दिल्ली सल्तनत का अधिकार हो गया और बाद में किले को मस्जिद में तब्दील कर दिया गया, जहाँ अब कुतुब मीनार है। मुगल बादशाह शाहजहाँ द्वारा 17वीं शताब्दी में बनाया गया लाल किला वास्तुकला का एक शानदार नमूना है। स्वयं बादशाह की देखरेख में बनाया गया यह किला सलीमगढ़ किले के पास था, जिसे 1546 में इस्लाम शाह सूरी ने बनवाया था। शाहजहाँ ने जब अपनी राजधानी आगरा से हटाकर दिल्ली ले जाने का फैसला किया तो 1638 में इस किले के निर्माण का काम शुरू कर दिया गया। हजारों मजदूरों और कारीगरों की कड़ी मेहनत से यह भव्य इमारत दस साल में बनकर तैयार हुई। बाद में औरंगजेब के शासन में इसमें कुछ और भी निर्माण किये गये। शुरू में इसका नाम किला-ए-मुबारक या 'ब्लेस्ड फोर्ट' था, क्योंकि इसमें शाही परिवार रहता था। यमुना नदी के पश्चिमी किनारे पर स्थित इस किले को लाल पत्थरों से बनी ऊँची दीवारों के कारण लाल किला नाम दिया गया। इन दीवारों की रक्षा के लिए गहरी खाइयाँ बना दी गयीं, जिनमें नदी का पानी भरा होता था।

जब हम मीना बाज़ार की तरफ से लाहौर गेट के रास्ते अन्दर पहुँचे, तो मुझे जैसे विश्वास ही नहीं हो रहा था कि अब यह कुछ महीनों के लिए मेरा नया निवास बनने जा रहा है। किले का भीतरी इलाका काफी सुनसान था, क्योंकि उस दिन रविवार था। ननाया ने मुझे मेरा कमरा दिखाया और कहा कि मैं नहा-धोकर ताजा हो लूँ। इसके बाद वहाँ से मुझे ऑफिसर्स मेस के लिए जाना था, जो बेचलर्स

क्वार्टर्स के बगल में था। यह जगह दीवान-ए-आम के नजदीक थी। बादशाह के जमाने में दीवान-ए-आम में साधारण जनता फरियाद के लिए जमा होती थी। मेस में बैठकर हम हर रोज किले में शाम को चलने वाले 'लाइट एंड साउंड' कार्यक्रम को आसानी से सुन सकते थे।

मैं वहाँ कैप्टन थॉमस मैथ्यु से मिला, जो दक्षिण भारत के मालाबार क्षेत्र के रहने वाले थे। नेशनल डिफेंस एकेडमी से आये 'टॉम' मुझसे तीन कोर्स सीनियर थे। उनका व्यक्तित्व बहुत सुशील था और वे जीवन के प्रति सहज रवैया रखने वाले व्यक्ति थे। इसीलिए अपने जूनियर अफसरों के लिए वे बड़े प्रिय थे। टॉम ने रस्म के अनुसार बीयर के मग के साथ तुरन्त मेरा स्वागत किया। मैंने हलका-सा विरोध करते हुए कहा कि मैं नहीं पीता हूँ, लेकिन मेरी एक नहीं सुनी गयी और बीयर ने मेरा गला तर कर दिया। दो मग बीयर पीने के बाद मेरे ऊपर उसका असर होने लगा, लेकिन टॉम सामान्य थे। बाद में मैंने महसूस किया कि मुझे अल्कोहल से एलर्जी थी, क्योंकि जब भी मैंने अल्कोहल का सेवन किया, मेरी त्वचा पर चकत्ते निकल आते थे, जो दर्द करते थे।

अगली सुबह मैं पीटी परेड के लिए गया। उम्मीद थी कि वहाँ बड़ी बटालियन देखने को मिलेगी। लेकिन मुझे बड़ा ताज्जुब हुआ कि वहाँ सिर्फ पाँच अफसर ही थे, इतने ही जेसीओ और तीन अन्य रैंक के लोग थे। दिल्ली में लाल किले पर 'कब्जा' जमाये चूँकि एक ही बटालियन थी, इसलिए अधिकांश लोग विभिन्न रस्मी ड्यूटी पर तैनात थे, जो बहुत ही तनाव भरा काम लगता था। बटालियन का जो हिस्सा राष्ट्रपति भवन में था, उस पर तो इस तरह की ड्यूटी का कुछ ज्यादा ही दबाव रहता था। उन्हें गार्ड ऑफ ऑनर का अभ्यास करना पड़ता था और जब भी कोई वीआइपी आता तो उसे सम्मान देने के लिए पालम एयरफील्ड पर तैनात किया जाता था। इस नीरसता को तोड़ने के लिए दिल्ली के आसपास के गाँवों में रहने वाले कुछ लोग हर शनिवार बाहर जाने का पास लेकर अपने घर चले जाते और सोमवार की दोपहर तक लौट आया करते थे। इसीलिए लाल किला अक्सर खाली-खाली-सा ही लगता था।

अपना कागजात सम्बन्धी काम खत्म करने के बाद मैं एडजुटेंट कैप्टन एन.के. गुप्ता के पास गया, जिन्होंने बताया कि मुझे 'चार्ली' कम्पनी में रखा जा रहा है। साथ ही उन्होंने संक्षेप में मुझे यह भी बता दिया कि यहाँ मुझे क्या करना चाहिए और क्या नहीं करना चाहिए। कैप्टन गुप्ता वैसे तो मिलनसार थे, लेकिन वे नियमों का कठोरता से पालन करने वाले व्यक्ति थे। उनके नियमों की सूची बहुत लम्बी थी। मुझे कार्यवाहक कमांडिंग अफसर मेजर (बाद में ब्रिगेडियर) भूप सिंह के पास भेजा गया। 2 राजपूत, जिसे 'काली चिन्दी' के नाम से भी जाना जाता था, भारतीय सेना की सबसे पुरानी बटालियनों में से एक थी। इसका गठन 30 नवम्बर, 1798

को हुआ था और उस समय इसका नाम 1/16 बंगाल नेटिव इन्फैंट्री था। अगली डेढ़ शताब्दी में आठ बार इसका नाम बदला गया। 1824 में इसका नाम 33वीं बंगाल नेटिव इन्फैंट्री हो गया था, 1861 में यह चौथी बंगाल इन्फैंट्री बन गयी, फिर 1885 में चौथी रेजीमेंट ऑफ बंगाल इन्फैंट्री, 1890 में चौथी (प्रिंस अल्बर्ट विक्टर्स) बंगाल इन्फैंट्री, 1897 में चौथी (पीएवी) राजपूत रेजीमेंट ऑफ बंगाल इन्फैंट्री, 1921 में सेकंड बटालियन/7वीं राजपूत्स, 1945 में सेकंड बटालियन दि राजपूत रेजीमेंट (पीएवी) और 1950 में इसका नाम सेकंड बटालियन दि राजपूत रेजीमेंट हो गया।

अगर यह कागज पर दिमाग को इतना चकरा देने वाला था, तो मेस में जाने पर तो और भी हैरान कर देने वाली सामग्री थी। वहाँ चाँदी की हर चीज इस बटालियन के इतिहास से जुड़ी थी। यूनिट में अधीनस्थ अफसर होने के कारण हम नौजवानों को ही चाँदी के इन तमगों का रखरखाव देखने की जिम्मेदारी थी। इसके अलावा हमसे इसके पूरे इतिहास को अच्छी तरह याद रखने की उम्मीद की जाती थी। नाम के साथ ही इस बटालियन का प्रदर्शन भी शानदार रहा था। अपने गठन के पाँच साल के भीतर ही बटालियन को जंग में उतरना पड़ा और अपनी वीरता के लिए 1803 में इसे पहला बैटिल ऑनर मिला। इस युद्ध में फ्रांसीसियों को उत्तर भारत से बाहर कर दिया गया था। इसके बाद यूनिट ने कई युद्धों में हिस्सा लिया जिनमें कलेंजरा, कालुनघर, नाहुन, रामपुर और ग्वालियर की लड़ाइयाँ प्रमुख हैं। 1825 में भरतपुर किले पर कब्जा करने के बाद इसे दूसरा बैटिल ऑनर मिला।

भरतपुर युद्ध के दौरान 'चिथड़ा झंडा' की कहानी उल्लेखनीय है, क्योंकि इस कहानी में न सिर्फ राजपूत रेजीमेंट की आत्मा निहित है, बल्कि पूरी भारतीय सेना में मौजूद सम्मान की भावना भी दिखती है। 1805 में अंग्रेजों ने जब भरतपुर के किले को घेर लिया था तो 1 राजपूत लॉर्ड लेक के सशस्त्र बल का हिस्सा थी। 9 जनवरी को किले की दीवार में जब एक छोटी-सी दरार बन गयी तो अंग्रेजों ने हमला बोल दिया, लेकिन उन्हें पीछे भगा दिया गया। फिर 20 जनवरी को दोबारा हमला किया गया और उसे भी नाकाम कर दिया गया। एक महीने तक योजनाएँ बनाने के बाद 20 फरवरी को नयी जगह से तीसरी बार हमला किया गया। इस बार भी हमला नाकाम रहा। अगले ही दिन चौथी और आखिरी बार धावा बोला गया, लेकिन उसमें भी कामयाबी नहीं मिली। चौथे हमले में 1 राजपूत के 400 में से 180 जवान मारे गये। चौथा हमला आंशिक रूप से सफल रहा था, इसलिए बटालियन किले का झंडा किले पर फहरा दिया गया था लेकिन एक के बाद एक जो भी सैनिक झंडा लगाता उसे गोलियों से मार दिया जा रहा था। जल्दी ही बटालियन का झंडा गोलियों से छलनी हो गया। पुराने झंडे की जगह नये झंडे लाने का आदेश हुआ लेकिन प्रातः जब झंडा बदलने की कार्रवाई शुरू हुई तो पता चला पुराना झंडा गायब है। कोई नहीं जानता था कि कहाँ गया। अपितु नये झंडे को विधिवत रस्म

और पूजा के बाद यूनिट में स्थापित कर दिया गया। 20 साल बाद जनवरी 1826 में उसी 1 राजपूत बटालियन ने 2 राजपूत बटालियन के साथ मिलकर भरतपुर किले पर फिर हमला किया और इस बार किले पर कब्जा कर लिया गया। जवानों ने पुराने झंडे के टुकड़ों को लाकर उन्हें नये झंडों के साथ बाँध दिया, ताकि वे याद रखें कि उन्होंने बटालियन में अपने पिताओं के अधूरे काम को पूरा कर दिखाया।

2 राजपूत को अपना तीसरा सम्मान 'काबुल' 1842 में हासिल हुआ, जो उसे प्रथम अफगान युद्ध के दौरान अभूतपूर्व वीरता दिखाने के लिए मिला था। 1845-46 में प्रथम सिख युद्ध के समय इसे दो और वीरता सम्मान 'फिरोजशाह' और 'सोबराँव' मिले। छठा बैटिल ऑनर 'अफगानिस्तान 1870-80' द्वितीय अफगान युद्ध के दौरान मिला था और आजादी से पहले के दौर में आखिरी बार सातवाँ बैटिल ऑनर 'बर्मा 1885-87' बर्मा में बहादुरी भरे प्रदर्शन के कारण मिला। बर्मा में वीरता दिखाने के बाद बटालियन को 'काली चिन्दी' का उपनाम मिल गया था। यह नाम उसकी वर्दी पर लगी पट्टियों की वजह से दिया गया था। इस बटालियन को पूरी भारतीय सेना में इस नाम से जाना जाता है। जम्मू-कश्मीर में कबाइली हमले के तुरन्त बाद बटालियन ने राजौरी का रुख किया। उस समय इसकी साथी बटालियन 1 राजपूत राजौरी-झाँगर इलाके में पाकिस्तानी हमलावरों से लोहा ले रही थी। वहाँ अपनी सीमित कार्रवाई में ही बटालियन को चार वीर चक्र मिले। बहरहाल, 15 साल बाद बटालियन को अपनी वीरता दिखाने का एक और मौका मिला। चीन ने 20 अक्टूबर, 1962 को जब हमला किया तो इस बटालियन को नेफा (आज का अरुणाचल प्रदेश) में थागला इलाके के ठीक नीचे नामका चू नदी के किनारे तैनात कर दिया गया। उस वक्त जवानों के पास ठिठुरती ठंड से बचने के लिए न तो सर्दियों के कपड़े थे, न ही इलाके के अनुकूल कोई साजो-सामान और पर्याप्त गोला-बारूद। लिहाजा बटालियन को तगड़ी शिकस्त खानी पड़ी। इसके चार अफसर, 7 जेसीओ और 286 जवान शहीद हो गये। कमांडिंग अफसर लेफ्टिनेंट कर्नल महा सिंह रिख बुरी तरह घायल हो गये और बटालियन के बचे हुए जवानों के साथ कैदी बना लिए गये। उस मनहूस सुबह हमारे जवान चीनियों की भारी फौज का सामना करते हुए वीरगति को प्राप्त हो गये। कुछ जवान तो हाथों में पत्थर लिए हुए शहीद हो गये थे, क्योंकि उनके पास गोलियाँ खत्म हो चुकी थीं। सेकंड-इन-कमांड मेजर गुरदयाल सिंह (जिन्हें बाद में महावीर चक्र दिया गया) और दूसरे अफसर लड़ते हुए शहीद हो गये। नामका चू में 2/11 गोरखा और असम राइफल्स के कुछ जवानों के साथ राजपूत बटालियन लगभग असम्भव जैसे हालात में डटी रही और अपने इस साहस के चलते उन्होंने 'आखिरी जवान, आखिरी गोली' की कहावत को सच साबित कर दिया था। उस दुखदायी सुबह सेकंड लेफ्टिनेंट भूप सिंह ने अपने सीओ के जीवन की रक्षा करते हुए सीओ के बंकर से अकेले ही दुश्मनों से मोर्चा लिया था। ऊपर की ओर तनी

हुई घनी मूँछों वाले भूप सिंह ने ही मेरा इंटरव्यू लिया। उन्होंने ज्यादातर सामान्य सवाल ही किये, जैसे कि आईएमए की मेरिट में मेरा क्या स्थान रहा, मेरी रुचियाँ क्या हैं और मुझे कौन-सा खेल पसन्द है वगैरह-वगैरह। फिर उन्होंने मुझे आदेश दिया कि मैं बटालियन की ऐथलेटिक टीम का चार्ज सँभालूँ। उन्होंने कहा कि मैं टीम को सुबह दौड़ के लिए ले जाऊँ और उन्हें ट्रेनिंग दूँ।

उनसे मिलने के बाद मैंने 'सी' कम्पनी का रुख किया और कम्पनी जेसीओ सूबेदार उदय प्रताप सिंह से मुलाकात हुई। मैं एनडीए में उन्हें पहले भी देख चुका था। वहाँ उन्होंने राष्ट्रीय पोल वाल्ट चैम्पियनशिप जीती थी। तैराकी का राष्ट्रीय रिकॉर्ड भी उनके ही नाम था। इसके अलावा बॉक्सिंग में भी वे राष्ट्रीय स्तर के खिलाड़ी थे और आईएमए में वे इंस्ट्रक्टर रह चुके थे। उन्होंने मुझे मेरी ड्यूटी के बारे में बताया, क्योंकि उनके पास मेरे काम के बारे में पहले ही सूचना पहुँच चुकी थी कि मुझे ऐथलेटिक टीम का जिम्मा दिया गया है। इसलिए मुझे रोज सुबह के समय बटालियन के बाकी लोगों के पीटी पर जाने से पहले ही ऐथलेटिक टीम को ट्रेनिंग के लिए ले जाना था। फिर वे मुझे यूनिट में ले गये और बैरक के लोगों से मिलाया।

दो एकेडमियों में चार साल बिताने के बावजूद एक अफसर के लिए यह एक वास्तविक दुनिया थी, जहाँ उसे जवानों को सँभालना था। जवान एक नये अफसर की परीक्षा लेते हैं और उसमें असफल होने का विचार ही उस अफसर के लिए डरावना होता है। अगली सुबह सूरज की किरणें अभी निकल ही रही थीं कि ऐथलेटिक टीम जमा हो गयी। मेरे सामने एक और बड़ा खिलाड़ी खड़ा था—सीएचएम नरसिंह चौहान सेना में तिकड़ी कूद के माने हुए खिलाड़ी थे और अब तक टीम का जिम्मा उनके ही पास था। हम यमुना के किनारे शान्ति वन की ओर तेज़ी से चल पड़े। नरसिंह चौहान की पूरी योजना पहले से सोच-समझकर तैयार की गयी थी। लम्बी दूरी के धावकों को आगे खड़ा किया गया था। आईएमए से नया-नया आने के कारण मैंने ठान लिया था कि अगली पंक्ति के साथ बराबर दौड़ता रहूँगा। मैंने जंगली खरगोश की तरह भागना शुरू किया और यह सोचकर पीछे मुड़कर देखे बिना दौड़ता रहा कि बाकी लोग पीछे आ रहे होंगे। दो धावक पहले उत्तर की ओर गये, पुराने पुल से यमुना को पार किया और वापस होकर निजामुद्दीन पुल पहुँचे। फिर वहाँ से वापस दौड़ते हुए शान्ति वन आ गये। वहाँ आकर देखा तो हैरान रह गया। देखा कि दल के बाकी लोग हरी घास पर चित लेटकर बादलों को निहार रहे थे। उन्होंने जब हम तीनों को अपनी ओर आते हुए देखा तो अलसाये हुए उठकर खड़े हो गये। मैंने महसूस किया उन लोगों ने मुझे बुद्धू बनाया है।

जब हम वापस लाल किले में गये तो नरसिंह चौहान ने लोगों को सुनाते हुए जोर से कहा, "साहब दोपहर को रजाई या कम्बल के अन्दर पाँव रखकर लेटिएगा, नहीं तो पाँव भर जायेंगे।"

सुबह की दौड़ के बाद जल्दी ही कैडर का समय हो गया, जो कि मेरा दैनिक नियम होने जा रहा था। वहाँ अपने-अपने रैंक के बैज उतारकर जवानों के साथ बातचीत होती, जिनमें नक्शों के अध्ययन से लेकर हथियारों आदि के बारे में जानकारी दी जाती थी। इस काम से निपटने के बाद मैं अपने ऑफिस चला जाता, जहाँ सूबेदार उदय प्रताप सिंह मुझे कागजी काम के बारे में समझाते कि कौन-से कागजात पर मुझे ज्यादा गौर करने की जरूरत है और कब व कहाँ मुझे दस्तखत करने चाहिए। इसके बाद हम लंच के लिए जाते। उदय प्रताप सिंह के निर्देशानुसार वहाँ से मुझे दिन के ठीक 2.30 बजे फिर सी कम्पनी में पहुँचना होता था। यह बात मुझे अन्दर ही अन्दर परेशान कर रही थी, लेकिन मैं उनसे इस बारे में बात करने से हिचकिचा रहा था। लेकिन एक हफ्ते के बाद आखिरकार मैंने हिम्मत करके उनसे पूछ ही लिया, "साहब, यह हुकुम कौन देता है आपको।" उनका जवाब था, "कोई नहीं देता। हमारा काम है आपको सिखाना।" यह बातचीत मैं कभी नहीं भुला सकता।

यह हमारे एक जूनियर कमीशंड अफसर की काबिलियत थी, जबकि उन दिनों वे आमतौर पर दसवीं पास भी नहीं होते थे और आज के हिसाब से उन्हें अनपढ़ ही माना जाता। सूबेदार उदय प्रताप सिंह की तरह पूरी भारतीय सेना में ऐसे जेसीओ थे जो अपनी ड्यूटी समझकर अतिरिक्त काम किया करते थे।

भारतीय सेना में जेसीओ की भूमिका ठीक से तय नहीं की गयी है। आज चार दशक बाद हर बटालियन में जेसीओ की संख्या कई गुना बढ़ चुकी है। मैं समझता हूँ कि हमें इस महत्त्वपूर्ण संसाधन का फायदा उठाना चाहिए, खासकर ऐसे समय में जब ऑफिसर कैडर में कमी होती जा रही है। लेकिन कमांडिंग अफसर यूनिट में नियन्त्रण का विकेन्द्रीकरण करना नहीं चाहते हैं। नतीजतन जेसीओ अक्सर एक बोझ बन जाते हैं और उनके पास कोई खास जिम्मेदारी नहीं रह जाती है। एक अच्छा एनसीओ रातोंरात गैर-जिम्मेदार जेसीओ नहीं बन सकता है।

मैंने खुद को अपने नये जीवन में ढाल लिया था, ठीक वैसे ही जैसे कोई बत्तख पहली बार पानी में उतरती है। दिल्ली की गर्मी के बावजूद मैं यहाँ काफी खुश था। लेकिन मैं अच्छी तरह जानता था कि अभी मुझे एक बड़ी बाधा पार करनी है, वरना मुझे सेना में हमेशा बच्चा ही बने रहना पड़ेगा। दुर्भाग्य से ऐसा कोई तय कोर्स नहीं है कि एकेडमी में एक-एक बात उँगली पकड़कर सिखाई जाये।

सूरज निकलने से पहले ऐथलेटिक टीम एक बार जमा हुई और हम लाल किले से शान्ति वन के लिए निकल पड़े। इस बार मैंने सख्ती से नेतृत्व सँभाला और नर सिंह चौहान से कहा कि वे दो धावकों को आगे रखें और बाकी दल उनके पीछे रहेगा। मैंने खुद को सबसे पीछे रखा। मैंने उनसे कहा कि अगर मैं दौड़ते हुए किसी से आगे निकल गया तो उसे फिर से पूरी दौड़ लगानी पड़ेगी। हमने दौड़ना शुरू किया। ऐथलेटिक टीम इस बार तेज रफ्तार से साथ-साथ दौड़ती रही, क्योंकि उन्हें

पता चल गया था कि उनकी चाल अब नहीं चलने वाली थी। शान्ति वन वापस लौटने पर सभी बुरी तरह हाँफ रहे थे। लाल किला लौटने पर पहले मैंने सबको जोर से कह दिया, "आप सब आज दोपहर को अपने पाँव कम्बल में रखना, नहीं तो भर जायेंगे।"

हम जब लाल किला में वापस आये तो मैं महसूस कर सकता था कि उन्हें अक्ल आ गयी है। उनके हाव-भाव से यह बात साफ पता चल रही थी। बाद में सभी जवान हँसी-मजाक कर रहे थे और मैं भी उनके साथ शामिल था। सेना में जवानों का अपने अफसर को परखने का एक तरीका है और इस वजह से आपस में एक लगाव और सम्मान पैदा होता है, जो हमेशा बना रहता है।

मुझे एक बार फिर शराब को हाथ लगाना पड़ा, क्योंकि मुझे कमांडिंग अफसर लेफ्टिनेंट कर्नल सोहराव वकील से मिलने जाना था। मैं जब बटालियन में आया था, तब से वे छुट्टी पर थे। कर्नल साहब को वाइन का जबर्दस्त शौक था। सीओ का निवास लाल किले के पिछले हिस्से में था, जहाँ से यमुना नदी दिखाई देती थी। उनके पास वाइन की तरह-तरह की बोतलें थीं, जो वे जामा मस्जिद के बाजार से खरीदा करते थे। जब मैं उनके पास गया तो उन्होंने मुझे भी खास तरह से तैयार की गयी वाइन पेश की। खुशकिस्मती से वाइन से मुझे वैसी कोई दिक्कत नहीं हुई, जैसी कि बीयर से हुई थी।

यह ताज्जुब की बात है कि बटालियन किस तरह आपको अपने में समेट लेती है। हर चीज अपनी भूमिका निभाती है—इसका इतिहास, परम्परा, अफसर और सबसे बढ़कर जवान। हमारी ड्यूटी के स्वभाव और दो जगहों पर बटालियन के बँटे होने के बावजूद 2 राजपूत में लोग खुश थे और लोगों को अपने ऊपर बहुत गर्व था। बटालियन में राजपूत, गुज्जर और बंगाली कम्पनियाँ थीं, जिससे उनके बीच जोरदार प्रतिस्पर्धा रहती थी। हर ग्रुप दूसरे ग्रुप से ऊपर रहने की कोशिश में रहता था। अल्फा और चार्ली कम्पनियाँ राजपूत कम्पनियाँ थीं, जबकि ब्रेवो गुज्जर कम्पनी थी और डेल्टा कम्पनी बंगाली कम्पनी थी। बाद के वर्षों में मैं लम्बे समय तक ब्रेवो कम्पनी में रहा, जहाँ गुज्जर सेना के बहुत से पुराने लोग मुझे पहचानते थे। ब्रेवो कम्पनी अपने आप में अनोखी थी—वे हमेशा ज्यादा घी इस्तेमाल करते, हुक्का पीते और हलवा या चूरमा की दुगनी मात्रा लेते थे। वे शारीरिक रूप से काफी मजबूत थे और उनके मजाक भी काफी गँवई किस्म के होते थे। माना जाता था कि उन्हें कितना भी कठिन काम दिया जाये, वे कर दिखायेंगे। उनके लिए कुछ भी असम्भव नहीं था।

अफसर होने के नाते मुझे हमेशा तमाम चीजों पर नजर रखनी पड़ती थी। अपने इसी काम के कारण मैं बंगाली सैनिकों वाली डेल्टा कम्पनी की तरफ गया। मैं उनके लंगर का निरीक्षण करना चाहता था। मैंने अपने पास खड़े सिपाही से

पूछा कि खाना कैसा है।

उसने जवाब दिया, "मोटा-माटी।"

मैंने तुरन्त कम्पनी के जेसीओ को बुलाया और उसे फटकार लगाने का फैसला किया।

"साब, खाने में मिट्‌टी है।"

जेसीओ घबरा गये। उन्होंने पूछा, "साब, किसने बोला।"

"मैंने जवान से पूछा और वह बोल रहा है कि खाने में मोटा-माटी है।"

जेसीओ, जो अब तक घबराये हुए थे, जोर से हँसने लगे और बोले, "साब, बंगाली में मोटा-माटी के मतलब ठीक-ठाक है।"

मैं बड़ा शर्मिन्दा महसूस कर रहा था। मैंने सोचा कि इस तरह की शर्मिन्दगी से बचना है तो बंगला भाषा सीखनी पड़ेगी। आगे चलकर मैंने यह काफी कुछ सीखी भी, लेकिन इस वजह से अक्सर मैं परेशानी में फँस जाया करता था। मैं अपना प्रभाव जमाने के लिए किसी से एक-दो वाक्य बंगाली में बोल देता तो वे मेरे साथ धारा-प्रवाह बंगाली बोलने लगते।

जवान हमेशा कुछ न कुछ करते रहते। लाल किले से निकलने का रास्ता मीना बाजार से होकर जाता था। हम जब सिविल कपड़ों में बाहर जाते तो यही कोशिश करते थे कि कोई हमारी तरफ ध्यान न दे। लेकिन हमेशा ही कोई न कोई हमें पहचान लेता और पूरे जोर से बोलता, ''राम राम साब।'' और ''सावधान।'' वे जानबूझकर ऐसा करते और फिर लाल किला देखने के लिए जो लोग वहाँ मौजूद होते, हमें देखने लगते।

बटालियन में धीरे-धीरे हर अफसर एक-दूसरे से परिचित होता गया। एडजुटेंट नन्दू गुप्ता मेजर कँवर मोहिन्दर सिंह और हाल ही में विवाह कर चुके मेजर कमल नयन मिश्रा किले में मैरिड क्वार्टर में रहते थे। दूसरे अधिकारियों में मेजर मेल्विन मस्करेनहास, मेजर सतीश वशिष्ट, मेजर अशोक कुमार और 'अंकल' धरम पाल कुकरेती थे। क्वार्टर मास्टर थे कैप्टन प्रकाश सिंह (वे हमेशा इसी कोशिश में रहते थे कि उनका स्टोर एकदम साफ-सुथरा रहे)। मुझे अपने कैरियर की शुरुआत में इतने अच्छे साथी मिल गये थे, जिसकी मैं कल्पना भी नहीं कर सकता था। हमारी पूरी बटालियन एक परिवार की तरह थी।

जब मैं 2 राजपूत में अफसर बना तो मेरे नाना सूबेदार शिंभू सिंह बहुत खुश हुए, क्योंकि वे भी द्वितीय विश्व युद्ध के दौरान इसी बटालियन में रह चुके थे। वे हमें 2/7 राजपूत की कहानियाँ सुनाया करते थे और अलग-अलग ब्रिटिश अफसरों के बारे में बताया करते थे। एक बार एक अंग्रेज सीओ ने सूबेदार साब के गाँव आने का फैसला किया, जहाँ उसका जोरदार स्वागत किया गया। इस आदर-सत्कार से खुश होकर सीओ ने सूबेदार शिंभू सिंह से पूछा कि वह उनके लिए क्या कर सकता है।

नाना ने कहा, "मुझे 12 बोर की एक बन्दूक चाहिए।"

अंग्रेज सीओ ने तुरन्त एक बन्दूक देते हुए कहा, "यह लो मेरी ओर से गिफ्ट।"

नाना ने कहा, "नहीं, मैं इसे खरीदना चाहता हूँ।" फिर कीमत चुकाकर बन्दूक खरीद ली गयी।

नानाजी रिटायर होने के बाद अपनी डिस्चार्ज बुक खो चुके थे। उन्होंने मुझसे कहा कि मैं उसकी जगह डुप्लीकेट प्रति निकलवा दूँ। मैंने अपनी यूनिट में पुराने रिकॉर्ड खँगाले, लेकिन कोई फायदा नहीं हुआ। अपने नाती की इस अक्षमता से उन्हें बहुत खीझ हो रही थी। वे बार-बार कहते, "तुम 2/7 राजपूत में हो। यह काम क्यों नहीं कर सकते।"

फिर मैंने अपनी खोज का दायरा बढ़ाने का फैसला किया और 'डाइजेस्ट ऑफ सर्विस' को देखना शुरू किया। तब मैंने पाया कि प्रथम विश्व युद्ध के समय सूबेदार शिंभू सिंह ने बटालियन से दो कम्पनियाँ लेकर 13 राजपूत के गठन में मदद की थी। वहाँ नयी यूनिट में उनका नाम था। वह यूनिट बाद में सेंटर फॉर दि राजपूताना राइफल्स (शेखावटी) बन गयी थी। यह सूचना हासिल करने के बाद मैंने फतेहगढ़ में रेजीमेंटल सेंटर को पत्र लिखा। उनका जवाब आया कि उस दौर के सभी लोगों से सम्बन्धित रिकॉर्ड दिल्ली में राजपूताना राइफल्स को भेजे जा चुके थे। राजपूताना राइफल्स सेंटर ने बिना देरी किये हुए रिकॉर्ड की प्रतिलिपि भेज दी। आखिरकार मैंने राहत की साँस ली और नानाजी को उनके कागजात भेज दिये। इस तरह मेरी इज्जत फिर से बढ़ गयी।

कुछ समय बाद मुझे राष्ट्रपति भवन भेज दिया गया। यह भव्य इमारत दिल्ली के बीचोबीच रायसीना हिल्स पर स्थित है। जिस तरह लाल किले में मुगल कालीन भारत का दर्शन होता है, उसी तरह यहाँ ब्रिटिश राज की झलक दिखाई देती है। नयी दिल्ली के निर्माण की योजना 1911 में बनायी गयी थी, क्योंकि ब्रिटिश सरकार ने दिल्ली दरबार के बाद अपनी राजधानी कोलकाता से हटाकर दिल्ली ले जाने का फैसला किया था। किंग जॉर्ज पंचम ने अपने दौरे के समय किंग्सवे कैम्प में नयी दिल्ली का शिलान्यास किया था। नयी दिल्ली के अधिकांश हिस्से की योजना सर एडविन लुटियंस और हरबर्ट बेकर ने बनायी थी। वे दोनों ही 20वीं सदी के प्रसिद्ध वास्तुकार थे।

नयी दिल्ली का मुख्य प्रशासनिक केन्द्र ब्रिटिश सरकार की आकांक्षाओं के हिसाब से बनाया गया था। शिलान्यास की शिला को किंग्सवे कैम्प से लाकर रायसीना हिल्स पर लगा दिया गया। इसी जगह पर वायसराय का निवास बनाया जाना था, जो बाद में राष्ट्रपति भवन बन गया। इस इमारत के दोनों तरफ नॉर्थ और साउथ ब्लॉक हैं, जहाँ सरकार के विभिन्न मन्त्रालय हैं। राष्ट्रपति भवन के सामने किंग्सवे (बाद में राजपथ) बनाया गया, जिसे बाद में प्रथम विश्व युद्ध के शहीदों के स्मारक

इंडिया गेट तक बढ़ा दिया गया। इस स्मारक में यूरोप में शहीद होने वाले सभी भारतीय सैनिकों के नाम अंकित हैं। गोलाई में बनाया गया संसद भवन इस पूरे इलाके की शोभा में चार चाँद लगा देता है। इस पूरे निर्माण का ठेका सर शोभा सिंह को दिया गया था और यह 1931 में बनकर तैयार हो गया। वायसराय लॉर्ड इरविन ने 13 फरवरी, 1931 को इसका उद्घाटन किया।

सीओ जब दिल्ली में होते तो मेजर भूप सिंह राष्ट्रपति भवन में रहा करते थे। हमारी दो कम्पनी भी यहीं रहती थीं। हर गुरुवार को 'चेंजिंग ऑफ द गार्ड' होता था और हम राष्ट्रपति भवन से साउथ ब्लॉक, नॉर्थ ब्लॉक होते हुए विजय चौक तक मार्च करते थे। दो टुकड़ियाँ लाइन में खड़ी हो जातीं और फिर निरीक्षण अफसर का इन्तजार करतीं। उस अफसर के साथ एक बेहद खूबसूरत भेंड़ा हुआ करता था। वैसे तो उसे हमारे मीट (गोश्त) के लिए लाया गया था, लेकिन डेल्टा कम्पनी के एक सीनियर जेसीओ सूबेदार पॉल को उस पर दया आ गयी और उसे पाल लिया गया। हर समय कुछ न कुछ खिलाने-पिलाने से वह काफी मोटा-ताजा होकर आकार में किसी छोटे टट्टू जैसा दिखता था। यूनिट जब जम्मू-कश्मीर के तांगधर से दिल्ली आयी थी तो वह बटालियन के लिए भाग्यशाली ताबीज़ जैसा बन गया था। वह अपने अफसर की नकल करते हुए उन जवानों को सिर से ठोकर मारा करता था, जिसकी वर्दी ठीक नहीं होती थी। जवान निरीक्षण अधिकारी से ज्यादा उसी को अपनी वर्दी दिखाने में रुचि रखते थे।

राष्ट्रपति वी.वी. गिरि का बहुत बड़ा परिवार था। इसलिए हमेशा वहाँ कुछ न कुछ चलता रहता था। राष्ट्रपति भवन में स्क्वैश कोर्ट और स्वीमिंग पूल थे, लेकिन हमें शायद ही कभी उनके इस्तेमाल का मौका मिल पाता था, क्योंकि हमें अक्सर यहाँ-वहाँ ड्यूटी पर रहना पड़ता था। राष्ट्रपति भवन में तमाम चमक-दमक के बावजूद हम वापस लाल किला जाना चाहते थे। कारण था पी.बी. मैस का ज्यादा खर्चा ।खाने पर लाल किले में हमारे मैस में 5 रुपये प्रतिदिन का खर्च था जबकि पी.बी. के मैस में दुगना। इसमें दूसरे खर्चों को जोड़ दिया जाय तो यह हमारे आधे वेतन से भी ज्यादा बैठता था।

सेवा में सालाना निरीक्षण होता है, जिसके लिए दिल्ली क्षेत्र के जीओसी मेजर जनरल एस.के. कोरला, डीएसओ, एमसी बटालियन का दौरा करने आये। वे सबसे ज्यादा सुसज्जित और पुराने स्कूल के थे और दिल्ली में एकमात्र इन्फैंट्री बटालियन होने से हर किसी की कोशिश चुस्त-दुरुस्त दिखने की होती थी। दिल्ली में नियमित रूप से विभिन्न समारोहों में व्यस्त रहने के कारण हममें से कोई भी टार्जन झूले में माहिर नहीं था। इस तरह के अभ्यास में पानी से भरी खाई को एक रस्सी से झूलते हुए पार करना होता था। अगर कोई पार करने में असफल रहता तो कीचड़ में गिर जाता और उसे बेहद शर्मिन्दगी का सामना करना पड़ता। चूँकि मैं जल्दी ही

एकेडमी से निकलकर आया था, इसलिए जनरल साहब को प्रभावित करने के लिए मुझे न सिर्फ आब्सटैकिल कोर्स के लिए, बल्कि शूटिंग के लिए भी चुन लिया गया।

निरीक्षण अच्छी तरह से हो गया। परम्परा के अनुसार हमने जीओसी को डिनर पर आमन्त्रित किया। जनरल साहब पीने के लिए मशहूर थे। उन्होंने अपनी प्रतिष्ठा के अनुसार जब इसका प्रदर्शन किया तो हमारे बटालियन के अधिकारी उन्हें हैरत से देखते रह गये। फिर उस जगह से सारी मेज-कुर्सियाँ हटा दी गयीं और जनरल कोरला ने हाईलैंड स्विंग डांस पेश किया जिसको करने में सबको खूब पसीना आया।

बेडर बेरहम बेपछतावा

नवम्बर में बटालियन के साथ मेरे तीन महीने पूरे हो गये। मुझे महू में सेकंड यंग आफिसर्स (वाइओ) कोर्स के लिए भेज दिया गया। रतलाम से मीटर गेज (छोटी लाइन) की ट्रेन में जब मैं बैठा तो इन्फैंट्री के अपने पुराने साथियों से मिलकर मुझे बहुत खुशी हुई।

दिल्ली की तुलना में महू बहुत छोटा शहर था। मुम्बई-आगरा राजमार्ग पर स्थित यह शहर इन्दौर से कुल 23 किमी. दूर था लेकिन भारतीय सेना के एक महत्त्वपूर्ण केन्द्र के रूप में विकसित हो रहा था। हिन्दू पौराणिक कथा के अनुसार यह जगह परशुराम की जन्मभूमि थी। भारतीय संविधान के निर्माताओं में अग्रणी रहे बी.आर. अम्बेडकर भी यहीं के थे।

महू को यह नाम महुआ पेड़ के कारण मिला था। यहाँ के पूरे मालवा क्षेत्र में यह पेड़ बहुतायत में मिलता है (कुछ लोग कहते हैं कि इसका पूरा नाम है मिलिट्री हेडक्वार्टर्स ऑफ वार)। काली मिट्टी के बीहड़ मैदानों में तीतर और तेंदुओं के कारण यह जगह सेना की ट्रेनिंग के लिए बहुत मुफीद है। मालवा का क्षेत्र सैनिक दृष्टि से बहुत महत्त्व रखता है। मुगल सेनाएँ इसी रास्ते से दक्कन की ओर गयी थीं। यहाँ मांडू किला भी है, जो महू से 56 किमी. दूर है। यह किला भी हमारे ट्रेनिंग एरिया का अभिन्न हिस्सा था।

अंग्रेजों ने 1818 में माहिदपुर के युद्ध में मराठा कन्फेडेरेंसी के होलकरों को हराने के बाद इस कैंटूनमेंट की स्थापना की थी। मन्दसौर की सन्धि के बाद होलकरों ने अपनी राजधानी महेश्वर से हटाकर इन्दौर में बना ली थी। महू में अंग्रेजी राज के जमाने के बँगले और अन्य इमारतें थीं। यहाँ कई चर्च और कब्रिस्तान भी हैं। मेजर जनरल ओंकार सिंह कलकट के हाथ में इन्फैंट्री स्कूल का कमान था। इस संस्थान का फार्मेशन चिह्न एक संगीन और हम युवाओं ने इसमें एक मोटो जोड़ दिया था, "बिना भय, बिना करुणा, बिना पछतावा।" कलकट को शारीरिक फिटनेस के लिए एक दीवाने व्यक्ति के रूप में जाना जाता था। वे चाहते थे कि पूरी इन्फैंट्री एकदम फिट रहे। चौड़ी छाती और अच्छे डील-डौल वाला यह सिख जनरल 8 गोरखा से

था। जनरल (बाद में फील्ड मार्शल) सैम मानेकशॉ भी इसी रेजीमेंट से थे। जनरल कलकट हम युवाओं के लिए प्रेरणास्रोत थे। चाहे धूप हो या बारिश वे हमेशा मौजूद रहकर लड़कों को जवाँ मर्द बनते देखते रहते थे।

उन दिनों वाईओ कोर्स नया-नया ही था। सिर्फ एक ही बैच निकला था। एनडीए की तरह यहाँ भी हमारी खूब रगड़ाई होती थी। पहले कोर्स में कोई ग्रेडिंग नहीं थी। हम लोगों को बता दिया गया था कि हमें हर कदम पर ग्रेड दिया जायेगा। कोर्स के सीनियर ए.के. दत्ता थे। वे 3 जाट रेजीमेंट से थे। वे हमसे सीनियर कोर्स के थे और किसी कारण प्रथम कोर्स में नहीं आ पाये थे। उन्हें हमारे कोर्स का सीनियर नियुक्त किया गया। इससे मुझे कुछ राहत हो गयी थी, क्योंकि अपने बैच में मैं सबसे ज्यादा सीनियर इन्फैंट्री अफसर था।

साढ़े चार महीने के कोर्स को तीन हिस्सों में बाँट दिया गया था—वैपन लेग के बाद टैक यानी टैकटिकल लेग था और उसके बाद था कमांडो विंग। एनडीए और आईएमए में बिताये गये चार साल के कड़े अभ्यास ने हमें बहुत ज्यादा फिट बना दिया था। इसलिए यहाँ की शारीरिक ट्रेनिंग हमारे लिए ज्यादा कठिन नहीं थी। दो अभ्यास कुछ कठिन थे। एक था 'कान्फिडेंस जम्प' जिसमें हमें एक विशाल टॉवर पर चढ़ना होता था। फिर वहाँ से एक तंग तख्ते से होकर आगे जाना होता था, जो पानी के टैंक से 20 मी. ऊँचा था। वहाँ से वह टैंक माचिस की डिबिया की तरह नजर आता था। फिर आदेश मिलते ही हमें पैरों को सीधा रखते हुए पानी में गिरना होता था।

आखिरी अभ्यास 'ट्रेजर हंट' था, जो मांडू में कराया जाता था। यह जगह महू से करीब सौ कि.मी. दूर थी। एक दल के रूप में हमें एक खजाने की खोज करनी होती थी और फिर उसे सुरक्षित अपनी निश्चित जगह पर पहुँचाना होता था। हमने एक अफसर को अपने शरीर पर खजाने को छिपाने के लिए चुना और खजाने को खोजने वाले ग्रुप को झाँसा देने के लिए हमने एक अन्य अफसर के इर्द-गिर्द घेरा बना लिया। हमारी चाल कामयाब रही। खजाने को खोजने वाले दूसरे ग्रुप इधर-उधर खोजने में लगे रहे और जिस अफसर के पास खजाना था, वह लापरवाही से चलता हुआ निश्चित स्थान पर पहुँच गया।

कोर्स के अन्त में कोर्स में सर्वश्रेष्ठ रहने के कारण मुझे कमांडो डैगर और सैम मानेकशॉ ट्रॉफी द गयी। इस कोर्स ने प्रोफेशनल और शारीरिक योग्यता के मामले में हमें आत्मविश्वास से भर दिया था।

मायावी प्रमाणपत्र

कोर्स पूरा होने के बाद हमें कुछ दिन की छुट्टी दे दी गयी। मैं अपने गाँव बापोड़ा चला आया, ताकि परिवार के लोगों से मिल सकूँ। गाँव में मेरा स्थायी पता होने के

कारण बहुत सारे पत्र जमा हो गये थे। इन पत्रों में मैट्रिक का मेरा प्रमाणपत्र भी शामिल था, जिसे राजस्थान सेकंडरी बोर्ड ऑफ एजूकेशन ने जारी किया था। इस पर 13 जून, 1966 की मुहर लगी हुई थी। इसे पहले पिलानी भेजा गया था, लेकिन स्कूल ने इसे मेरे पिता के पुराने पते पर 14 राजपूत में भेज दिया था। वहाँ से वह रीवां में ब्रांच रिक्रूटिंग ऑफिस को भेजा गया। वहाँ भी पिताजी के न होने से उसे नारनौल में एनसीसी बटालियन रवाना कर दिया गया। लेकिन जब यह सर्टिफिकेट वहाँ पहुँचा तो पिताजी रिटायर हो चुके थे। आखिरकार वह लिफाफा मेरे गाँव आ गया। लिफाफे के इस अथक सैर के लिए भारतीय डाक विभाग को श्रेय दिया जाना चाहिए।

हालाँकि एनडीए, आईएमए और कमीशनिंग के समय सारे कागजों में मेरे जन्म का वर्ष 1951 दर्ज था, लेकिन मैं जानता था कि मेरे मैट्रिक सर्टिफिकेट को सेना के मुख्यालय में जमा करना होगा। सेना के मुख्यालय में भेजने के लिए इसे उचित चैनल से उस ब्रांच को भेज देने की जरूरत थी।

छुट्टी खत्म हो जाने पर मैं असम के तामलपुर स्थित अपने बटालियन में जाने के लिए निकल पड़ा। सबसे पहला काम मैंने यह किया कि मैट्रिकुलेशन का ओरिजिनल सर्टिफिकेट एजी ब्रांच में भिजवा दिया, क्योंकि वहीं पर इस तरह के सर्टिफिकेट जमा होते हैं। सर्टिफिकेट की जाँच हो जाने के बाद एजी ब्रांच ने इसे मेरे बटालियन को वापस भेज दिया। जब तक मेरा ओरिजिनल सर्टिफिकेट जमा नहीं हुआ था, तब तक कागज पर मेरा कमीशन 'प्रोविजिनल' ही था। सर्टिफिकेट जमा किये जाने के बाद उसे 'परमानेंट' कर दिया गया।

जहाँ तक मेरा सम्बन्ध था, मैं इसे 'लालफीताशाही' ही समझता था, जिसके कारण युवा अफसरों को भारी उलझन झेलनी पड़ती है और कागजों की इस प्रक्रिया में उन्हें अपना कीमती समय बर्बाद करना पड़ता है।

उस समय मुझे एमएस ब्रांच द्वारा प्रकाशित 'आर्मी लिस्ट' के बारे में ज्यादा जानकारी नहीं थी। इस लिस्ट में मेरे जन्म का वही वर्ष प्रकाशित कर दिया गया था, जो गलती से यूपीएससी के फार्म में भर दिया गया था। अगर मुझे पता होता कि आर्मी लिस्ट में मेरे जन्म की तारीख गलत दर्ज हो गयी है तो मैं शायद उसे ठीक कराने की कोशिश करता। आम तौर पर आर्मी लिस्ट लोग यह जानने के लिए देखते हैं कि कौन किससे सीनियर है। लिस्ट में दर्ज मेरी जन्मतिथि कोई खास मायने नहीं रखती थी, क्योंकि मेरे सभी सीनियर यही कहते थे कि अच्छे अफसरों को इन फालतू बातों की चिन्ता नहीं करनी चाहिए। इसलिए मैंने भी इस पर ध्यान नहीं दिया। लोगों ने हमें बताया कि इन सूचियों में बहुत सारी गलतियाँ भरी होती हैं और इनका कोई व्यावहारिक लाभ नहीं है। मुझे यह आभास नहीं था कि एक दिन यह गलत प्रकाशित लिस्ट सिरदर्द बनेगी।

3
युद्ध की कला

अभी मैं महू में ही था कि ईस्टर्न सेक्टर में ऐसे हालात पैदा होने लगे जिससे एक बार फिर उप-महाद्वीप का नक्शा बदलने के आसार बन गये। 12 नवम्बर, 1970 की शाम पूर्वी पाकि़स्तान के तटीय इलाकों में बेहद भीषण तूफान आया जिसमें तकरीबन पाँच लोग मारे गये। किनारे आकर लगी लाशों की तस्वीरें अखबारों में छपीं जिनसे तबाही की भीषणता का पता चलता था। घटनास्थल से बहुत दूर बैठे राष्ट्रपति याह्या खान और केन्द्र सरकार को तो जैसे इससे कोई फर्क ही नहीं पड़ा। तूफान आने के एक हफ्ते बाद छात्रों ने ढाका में बंगालियों के प्रति राष्ट्रपति और पश्चिमी पाकिस्तान की बेपरवाही के खिलाफ प्रदर्शन शुरू कर दिये। मार्च तक हालत बिगड़ते गये और उस समय तो और भी बदतर हो गये जब पाकिस्तानी सेना ने बंगालियों के कौमी जज़्बे को कुचलने के इरादे से ऑपरेशन सर्चलाइट शुरू कर दिया।

पहले तो भारत में बैठे हम लोगों को पाकिस्तानी सेना के इस कत्ले-आम की जानकारी ही नहीं हुई। लेकिन फिर जब नरसंहार और बलात्कार की खबरें आनी शुरू हुईं तो हमने हालात को समझने की कोशिश की। पाकिस्तान की हरकतें समझ से बाहर ही लगती थीं—मारकाट बदस्तूर जारी थी और शरणार्थी, पहले सैकड़ों और फिर हजारों की तादाद में, भारत में पहुँच रहे थे। हालत यह हो गयी कि जल्दी ही हमारे सामने यह साफ हो चला कि अब आजादी के महज चौबीस साल बाद हम पाकिस्तान के साथ तीसरी लड़ाई में जुटने जा रहे थे।

इसके साथ ही बटालियन में कई बदलाव हो चुके थे; वह इस बीच दिल्ली से पूर्वी थिएटर के तामुलपुर में जा चुकी थी। तामुलपुर एक छोटी-सी बस्ती थी जो गुवाहाटी से कोई अस्सी किलोमीटर और दिल्ली की चहल-पहल से दूर थी। इसके लिए ब्रह्मपुत्र को पार कर गुवाहाटी से बायें मुड़कर रंगिया पहुँचना और उत्तर की ओर बोडो इलाके में जाना होता था। उत्तर की ओर भूटान की पहाड़ियाँ दिखाई देती थीं। वैसे यह पूरा इलाका निचला और चौरस था और वहाँ धान के खेत थे जिनमें हर ओर बीच-बीच में बाँस के झुरमुट थे।

लेफ्टिनेंट कर्नल सोहराब बकील ने कमान लम्बे जवाँ मर्द लेफ्टिनेंट कर्नल (बाद

में मेजर जनरल) देवराज दत्त को सौंप दी थी। 2 राजपूत 83 माउंटबेटन ब्रिगेड का हिस्सा थी जिसकी कमान ब्रिगेडियर बीएस संधू के हाथों में थी जो मेजर जनरल आरडी 'रॉकी' हीरा की कमान वाली 23 डिवीजन के तहत आती थी। हमारे नये सीओ अव्वल दर्जे के पेशेवर और कड़ाई से काम लेने वाले थे और उनका मकसद जवानों की बेहतरी रहता था। जब मैं बेहतरीन कमांडो डैगर और सैम मानेकशॉ ट्रॉफी के साथ वापस बटालियन में पहुँचा तो उन्होंने यूनिट दरबार में इसकी खूब तारीफ की और मुझे बेहद अच्छा महसूस हुआ। लेकिन यह महज एक दिन चला। नंदू गुप्ता ने भी एडजुटेंट का कार्यभार कैप्टन कँवर मोहिन्दर सिंह को सौंप दिया था।

मेजर भूपसिंह अब भी टू आई सी थे। मेजर आरके रायजादा जहाँ अल्फा कम्पनी की कमान सँभाल रहे थे, वहीं मेजर जगबीर वर्मा के पास ब्रावो कम्पनी थी। उन्होंने लड़ाई से कुछ ही पहले इसे 20 राजपूत के मेजर धरम भल्ला को सौंप दिया। चार्ली कम्पनी का काम धरम पाल कुकरेती के अधीन था और डेल्टा (बाद में जज एडवोकेट जनरल के पद से सेवानिवृत्त होने वाले) मेजर कमल नयन मिश्र के हाथों में थी। सपोर्ट कम्पनी में टॉम मैथ्यूज़ थे जिनका मुख्य काम यह सुनिश्चित करना था कि मोर्टार पलटन कड़ा प्रशिक्षण ले, जबकि बटालियन में अन्य अफसर थे भूपी साही, वशिष्ठ, सुरेश, मेल्बिन मस्करेन हास, ननया, पीके गुप्ता, अशोक कुमार और रेजिमेंटल चिकित्सा अधिकारी (आरएमओ), कैप्टन बीके रॉय। मुझे गुप्तचर अधिकारी (आईओ) बनाया गया और दूसरे छिटपुट काम भी दे दिये गये।

दिल्ली में महीनों तक उत्सवी और गार्ड ड्यूटी करने का असर बटालियन की लड़ाई की तैयारी पर पड़ा था। दिल्ली के कार्यकाल में मिले दायित्वों के कारण प्रशिक्षण की अनदेखी हुई थी, जबकि प्रशिक्षण किसी भी यूनिट का अभिन्न हिस्सा होता है। और, सीओ का मानना था कि हमें बिल्कुल शुरू से तैयारी करनी होगी। इसकी शुरुआत हुई अफसरों के दस्ते से जिन्होंने हमें यह दिखाया कि किसी सेक्शन और पलटन को कैसे काम करना होता है। उसके बाद कुछ जेसीओ आये, और आखिर में जवान आये जिन्होंने सीओ की निगरानी में वही सब दुबारा करके दिखाया। बुनियादी जंगी कवायदों और तरकीबों का अभ्यास बार-बार, कई बार किया गया।

हड़बड़ी तब और बढ़ गयी जब (भारत की सीमा से लगे पश्चिमी बांग्लादेश के क्षेत्र के अन्तर्गत) मेहरपुर जिला में मध्य अप्रैल 1971 तक तदर्थ सरकार का गठन कर लिया गया, जिसका राष्ट्रपति शेख मुजीबुर रहमान को बनाया गया (हालाँकि उस समय वह पाकिस्तान में जेल में थे)। तब तक पाकिस्तानी सेना और मुक्ति बाहिनी के बीच चल रही लड़ाई सुर्खियाँ बटोर रही थी, जबकि अनुमानित दस मिलियन शरणार्थी असम और पश्चिम बंगाल में डेरा डाले थे।

ब्रिगेड की अन्य दो बटालियनें थीं भारत-भूटान सीमा पर तैनात लेफ्टिनेंट कर्नल अजित चोपड़ा की कमान वाली 3 डोगरा, और लेफ्टिनेंट कर्नल ओपी बिसला

की कमान वाली 8 बिहार जो ब्रिगेड मुख्यालय और एक इंजीनियर कम्पनी के साथ तामुलपुर स्थित सैनिक शिविर का हिस्सा थीं। हालाँकि हमारे आसपास संकट गहराता जा रहा था फिर भी बटालियन को एनसीसी का शिविर लगाने का काम सौंप दिया गया। जैसा कि हमेशा होता आया था, एक बार फिर छिटपुट कामों का जिम्मा मुझे दे दिया गया।

पाकिस्तानी सेना के हाथों बंगालियों का कत्ले-आम बदस्तूर जारी रहा और हजारों को मौत के घाट उतार दिया गया। राष्ट्रपति याह्या खान का यह अटूट विश्वास था कि इस झमेले से निकलने का एकमात्र रास्ता यही था कि कत्ले-आम करो। उन्होंने पूर्वी पाकिस्तान के आला फौजी अफसरों से कह दिया कि उनमें तीन मिलियन को मार डालो और बाकी जो बचेंगे वे हमारे मोहताज होंगे। 25 मई, 1971 की रात पाकिस्तानी सेना ने अभियान को और आगे ले जाने का फैसला किया। जूरा के दक्षिण में मेघालय-बांग्लादेश सीमा पर स्थित एक छोटी-सी भारतीय जाँच चौकी पर रात में हमला कर दिया गया। शरणार्थियों के पार जाने का यह बड़ा ठिकाना था। इस चौकी पर बीएसएफ की 83 वीं बटालियन के तेरह सिपाही तैनात थे, जो मुस्तैदी से जमे रहे और कुछ नौजवान इस मुठभेड़ में मारे गये।

एनसीसी शिविर में मुझे एडजुटेंट की कॉल मिली कि मैं फौरन यूनिट में पहुँचूँ और उनसे मिलूँ। वहाँ पूरी यूनिट में गहमागहमी थी क्योंकि उन्हें मेघालय में जाने का आदेश मिला था। मैं एडजुटेंट के पास गया तो वह आँख उठाकर देख भी नहीं पाये, क्योंकि वह सारा तालमेल करने में व्यस्त थे।

'ये अब तुम्हारी जिम्मेदारी हैं,' उन्होंने कई नक्शों वाला बड़ा-सा फोल्डर मुझे पकड़ाते हुए कहा। 'गुप्तचर अधिकारी के नाते तुम्हें हर समय सीओ के नजदीक रहना है। तुम उनकी आँख और उनके कान, यानी हकीकत में उनकी परछाईं हो। बटालियन को तूरा के दक्षिण में तैनात किया जा रहा है। वह जगह दालू हाट के कहीं आसपास है। यह मेघालय का पश्चिमी कोना है। गुड लक!'

मैंने नक्शे का अध्ययन किया और हमारे प्रस्तावित मार्ग के बारे में अधिक से अधिक जानकारी हासिल करने की कोशिश की, लेकिन गारो पहाड़ियों से सम्बन्धित जानकारी बहुत कम थी। किया तो बहुत कुछ जाना था, पर फैसला यह किया गया कि हम शाम होते-होते लम्बा काफिला बनाकर पूर्व की तरफ कूच करेंगे और फिर दक्षिण में गुवाहाटी की ओर बढ़ जायेंगे। हमने सरायघाट के पुल से ब्रह्मपुत्र को पार किया और एक बार फिर पश्चिम की ओर बढ़े। मेघालय की पहाड़ियाँ हमारे दक्षिण और नदी का फैलाव हमारे उत्तर में रहा। इस दिशा में हम थोड़ी दूर ही गये थे कि यह पता चला कि बटालियन की लाइट मशीन गनों (एलएमजी) के कुछ स्पेयर बैरल पीछे ही छूट गये थे। एडजुटेंट कँवर मोहिन्दर सिंह बदहवास-से हुए जा रहे थे और उन्होंने आधी रात के समय ही सड़क किनारे बटालियन को लड़ाई का मन्त्र

दिया। 'चेक करो, फिर से चेक करो, और फिर जो फिर से चेक किया है उसे चेक करो।' एक समुचित रक्षक दल (इस्कॉर्ट) के साथ एक वाहन को दौड़ाया गया कि स्पेयर बैरल को लाये और यूनिट के साथ आकर मिले।

मैं सीओ के जोंगा वाहन के पीछे इस तरह ठुँसा था कि उससे बाहर देखना भी मुश्किल था और मुझे बाहर देखने के लिए खुद को मोड़ना-मरोड़ना पड़ रहा था जहाँ रात का अँधेरा भोर के धुँधलके में विलीन हो रहा था। रास्ता दिखाने की मेरी काबिलियत का इम्तिहान पहले ही भरपूर हो रहा था, क्योंकि आईओ होने के नाते मुझसे हमेशा ही यह पता होने की उम्मीद की जाती थी कि हम किसी भी समय में कहाँ हैं।

काफिला गोलपाड़ा से ठीक पहले दक्षिण की ओर मुड़ गया और हम सर्पीले घुमावदार रास्ते पर होते हुए पश्चिमी गारो पहाड़ियों में घुसे। कुछ इक्का-दुक्का बस्तियों को छोड़ वह इलाका अधिकतर सुनसान था। दोपहर से पहले हम तूरा के बीएसएफ शिविर पहुँच गये थे। तूरा छोटा-सा कस्बा था जो जिला मुख्यालय भी था। हमने तय किया कि हम थोड़ी-सी देर रुककर फिर तूरा-मेमनसिंह मार्ग पर आगे बढ़ेंगे। अब यह तकनीकी तौर पर बीएसएफ का इलाका था, लेकिन इस चौकी पर पाकिस्तानी हमले के बाद और जंग के समय के कायदों के मुताबिक, सेना यहाँ प्रवेश कर रही थी। दक्षिण की ओर हमारा चलना जारी रहा और दोहपर बाद तक हम अपने नये ठिकाने पर पहुँच चुके थे—यह स्थान दालू हाट की सीमा चौकी से लगभग तीन किलोमीटर इधर पहाड़ियों में धँसा था। यूनिट को रात के लिए व्यवस्थित होने को छोड़, सीओ का दल वाहन से सीमा चौकी पर निकल गया, जहाँ सब कुछ शान्त था, हालाँकि पहले हो चुके हमले के निशान वहाँ दिखाई दे रहे थे।

वहाँ 76 मिमी युगोस्लाव तोपों का दस्ता भी 57 माउंटेन रेजीमेंट से आ गया था और उनकी बटालियन भी हमारे शिविर के पास डेरा डाल रही थी। सड़क की लम्बी यात्रा को पीछे छोड़, जवानों ने झटपट उस जगह को साफ करके वहाँ शिविर लगा दिया था। वहाँ जंगलदार पहाड़ियों की दो नुकीली चोटियाँ थीं जिनके बीच एक सँकरी घाटी थी, और यही हमारी बटालियन का नया ठिकाना था। अँधेरा जल्दी ही हो गया था, इसलिए जवान लम्बे सफर के बावजूद लालटेनों की रोशनी में काम में जुटे थे। बटालियन का मुख्यालय पहले ही जमाया जा चुका था और काम भी कर रहा था और उसके आसपास बाकी सारे तम्बू तेजी से खड़े किये जा रहे थे। मैंने यह पक्का कर दिया कि सीओ का तम्बू लग जाये और उनकी सारी चीजें कायदे से लग जायें, और उसके बाद मैं अपने लिए किसी जगह की तलाश में निकल गया।

घाटी में, साफ जगह पर, दो-एक झूम झोंपड़ियाँ थीं, जो बाँस और फूस से बनी थीं। मैं उन्हीं की तरफ बढ़ गया, लेकिन तीन कम्पनी कमांडर वहाँ पहले से ही रात के लिए डेरा डाले थे। यह साफ था कि लेफ्टिनेंट दर्जे के मेरे बैज मुझे वहाँ

प्रवेश नहीं दिला पायेंगे। और इसलिए मैं फौरन पीछे पलटा और तीनटनी वाहन पर जा चढ़ा। वहाँ लोहे के लहरिया फर्श पर मैंने अपनी कैम्प-खाट लगा ली और रात भर के लिए वहीं पसर गया। मैं पूरी तरह से थक चुका था और मुझे पता भी नहीं चला कि बारिश शुरू हो गयी थी। कुछ ही मिनटों में, मैं गहरी नींद में सो गया।

मेघालय का शाब्दिक अर्थ है बादलों का घर, और जब यहाँ बारिश होती है, तो बस होती ही जाती है! मानसून से लदे मेघ पूर्वी पाकिस्तान के चौरस निचले स्थानों से आते हैं और इतनी बारिश कर जाते हैं कि गारो, खासी और जैंतिया पहाड़ियाँ दैत्याकार वनाच्छादित स्पंजों-जैसी दिखने लगती हैं।

किरमिच के परदे गिरे होने से वह तीनटनी वाहन बाहरी गतिविधि के लिए बेहतरीन कारवाँ साबित हुआ, क्योंकि जल्दी ही बाहर का पानी उसके टेलबोर्ड पर छहरा रहा था। झूम झोंपड़ी में टिके कम्पनी कमांडरों को उसकी झीनी छत से कोई बचाव नहीं मिल रहा था और उस कुदरती बौछार में उनका अधिकतर सामान बह गया था। जब सूरज निकला और मैं तरोताजा और सूखा बाहर आया तो वे तीनों भीगे मेजर कुढ़कर गुप्तचर अफसरों के बारे में बड़बड़ाने लगे कि वे अपने लिए सबसे अच्छा ठिकाना बचाकर रखते हैं।

हमारे नये ठिकाने में जोंकों और साँपों की भरमार थी। हालत इसलिए और भी बदतर हो रही थी कि ये साँप अदबदाकर वहीं निकल आते थे जहाँ सीओ जाते थे। खुशकिस्मती से हमारे साथ साँप के काटने की एक भी वारदात नहीं हुई। वैसे, हर जवान एक दिन में अपने शरीर से कम से कम तीन-चार मोटी-मोटी, गुब्बारों-सी फूली जोंकें जरूर निकाल लेता था। जोंक के काटने से खून बहने की परेशानी लगातार बनी रही, पर कुछ समय बाद किसी ने उनकी परवाह करनी छोड़ दी।

वहाँ आसपास गारो लोग न के बराबर थे, और पूर्वी पाकिस्तान की ओर ढलान पर खड़े होकर, हम मीलों तक देख सकते थे। पश्चिम में करीब पन्द्रह किलोमीटर पर ब्रह्मपुत्र, जिसे यहाँ पर जमुना कहा जाता है, उत्तर-दक्षिण दिशा में बहती थी। हमारे ठीक सामने मेमनसिंह था, जिसे स्थानीय लोग नसीराबाद कहते थे। पूर्व की ओर, थोड़ा आगे जाकर, खासी पहाड़ियों की बगल में, महत्त्वपूर्ण गैरिसन कसबा सिलहट था।

दालू हाट जाने वाली चढ़ाइयों पर अनन्नास की भरपूर खेती थी। लेकिन परेशानी यह थी कि वहाँ कोई भी नहीं था जिससे अनन्नास खरीदे जा सकते। हमें जो कुछेक स्थानीय लोग मिले भी, वे शर्मीले, सीधे-सादे गारो थे। वे हमें देखकर पान से मैले दाँत दिखाकर हँस देते और हमसे पैसे लेने से इंकार करते हुए कहते कि हम अपने आप तोड़ लें। हमारे ठिकाने के पश्चिम में स्थित महेन्द्रगंज में सीमा पर स्थानीय लोगों में अदला-बदली के व्यवसाय का चलन था। 25 में हमें बीस मुर्गे मिल जाते थे। जल्दी ही हम अनन्नास का ताजा रस पी-पीकर और मुर्गा खा-खाकर

अघा गये। राहत की बात, खासकर हमारे गुज्जर साथियों के लिए यह थी कि वहाँ देसी घी की भरमार थी जो सीमा पार से वाजिब दाम पर आता था।

मेरी तम्बू वाली रिहाइश में मेरे नजदीकी साथी रेजिमेंटल मेडिकल ऑफिसर (आरएमओ) कैप्टन रॉय थे, जो आज एक बड़े अस्पताल और स्वास्थ्य सेवा केन्द्र में वरिष्ठ हृदय रोग विशेषज्ञ हैं। रॉय के साथ जोड़ा बनने का एक बड़ा लाभ था, क्योंकि उनकी बड़ी-बड़ी और मोटी-मोटी डॉक्टरी की किताबें उन काठ के तख्तों को सहारा देने के काम आती थीं जो हमारे बिस्तर होते थे।

मुक्ति बाहिनी

हमारी बटालियन के उत्तरदायित्व का क्षेत्र (एओआर) मेघालय की पहाड़ियों की तलहटी पर फैला था। हम पूर्व में बाघमारा और पश्चिम में महेन्द्रगंज तक फैले क्षेत्र के लिए जिम्मेवार थे। समूचा सामने का हिस्सा बीएसएफ के परिचालनीय नियन्त्रण में था, जिनके पास अब सहायता के लिए हमारी कम्पनियाँ तैनात थीं, और इस तरह बटालियन अब परिचालन सम्बन्धी सभी मामलों के लिए जिम्मेवार थी।

आईओ होने के नाते, मुझे काम के सिलसिले में हर उस जगह जाना होता था, जहाँ सीओ जाते थे। अगले दिन मैं उनके साथ हलुआघाट जाने वाली सड़क पर गया, जो हमारे शिविर और बाघमारा के बीच स्थित चौकी थी। वहाँ पहुँचकर हम बीएसएफ चौकी की तरफ गये जहाँ हमारा स्वागत चाय के प्यालों से हुआ।

चौकी की कमान जेसीओ के पद के बराबर सिख सीनियर इंस्पेक्टर के पास थी जिसके कन्धे पर दो सितारे थे। बीएसएफ में आने से पहले, यह इंस्पेक्टर पंजाब सशस्त्र पुलिस (पीएपी) में था। अपने गाँव से बहुत दूर, यह सिख इंस्पेक्टर और उसके जवान इस समय दालू हाट की घटना के बाद से पाकिस्तानी हमले के खतरे में जी रहे थे। चौकी में इधर-उधर देखते हुए, कर्नल दत्त ने पूछा, “अगर पाकिस्तानी आ गये तो क्या करोगे, साब?”

ऐसा सवाल पूछे जाने पर उसे जैसे चिढ़ हुई और फिर उसने खालिस पंजाबी में उसका जवाब दिया, जिसका मोटा-मोटा मतलब था, “साब, यहाँ इतने काँटे और झाड़ियाँ हैं कि यहाँ आने वाले के सारे कपड़े फट जायेंगे। अगर कोई आ भी आ गया तो, हम उन्हें लाठी से मार-मारकर भगा देंगे।”

इस पर सीओ ने कहा, “शाबाश,” और हम जल्दी से निकलकर अगली चौकी की तरफ चल दिये।

शरणार्थी शिविरों की हालत दयनीय थी। पहले तो, अधिकारियों ने मदद देने की कोशिश की, परन्तु वे इतनी बड़ी तादाद में आते रहे कि वहाँ पूरी तरह अफरा-तफरी फैल गयी। यह भी सुनने को मिला कि कुछ बॉर्डर गार्डों और अधिकारियों ने हालात का नाजायज फायदा भी उठाया। ये बातें बेहद परेशान कर देने वाली थीं; खासकर

इसलिए कि भारतीय सेना इन्हीं लोगों की खातिर साथ-साथ पारम्परिक युद्ध की भी तैयारी कर रही थी। सीओ के साथ बँधा होने से, मैंने शिविरों की हालत देखी : बसेरे नाकाफी थे और खाने-पीने के इन्तजाम के साथ गन्दगी थी, और महामारी का खतरा बहुत ज्यादा था।

मुक्ति फौज के सम्पर्क में सबसे पहले डेल्टा कम्पनी आयी क्योंकि वे यूनिट के बाकी लोगों से पहले आगे बढ़ गये थे। वे एफजे सेक्टर का हिस्सा थे जो तूरा के दक्षिण में स्थित था और उसकी कमान ब्रिगेडियर 'बाबा' सन्त सिंह, एमजीसी तथा बार के हाथों में थी। सभी जवान मुफ्ती में काम कर रहे थे, जिसका मतलब यह था कि वहाँ तैनात संतरी भी लुंगी, टी-शर्ट और साधारण जूते-चप्पलों में थे। देवराज दत्त जब जवानों की जाँच करने आये तो, उनका स्वागत जोरदार 'जोय बांग्ला' सैल्यूटों से किया गया। राजदूत सैनिकों को इस वेशभूषा में देख सीओ पहले ही चिढ़े हुए थे और उन्होंने कम्पनी कमांडर से कहा कि लड़के हमेशा की तरह 'राम राम साब' और 'जय हिन्द' ही चलायें। यह सब गोपनीयता बनाये रखने के लिए।

मुक्ति बाहिनी के साथ लक्ष्यों की पहचान के लिए निकलकर हम सब को खूब रोमांच मिलता था। अमूमन मुक्ति सैनिकों के साथ हमारे लड़के भी मिले होते थे। एक बार तो मैं मुक्ति बाहिनी के साथ एक पुल की टोही गश्त पर जा निकला। संतरियों को हमारी मौजूदगी की भनक लग गयी और वे चिल्लाने लगे। मेरे तो हाथ-पाँव जम गये और यह देखकर तो मेरे होश ही उड़ गये कि मेरा पूरा दल अँधेरे में काफूर हो चुका था। लुंगी और टी-शर्ट में ही मुझे अपना वापसी का रास्ता खुद ढूँढ़ना पड़ा।

अगस्त की बात है। बाबा सन्त सिंह यह महत्वाकांक्षी योजना बनाकर आये कि मुक्ति बाहिनी कमालपुर पर कब्जा करने के इरादे से महेन्द्रगंज से हमला करे, और फिर वहाँ से सड़क पर नियन्त्रण बना कर तीन दिन के भीतर मेमनसिंह पहुँच लिया जाये। मेजर ज़िया (बाद में बांग्लादेश के राष्ट्रपति) ब्रिगेड कमांडर थे और उनके पास मुक्ति बाहिनी की तीन-चार यूनिटें थीं जिनमें ईस्ट बंगाल रायफल (ईबीआर) की यूनिटों के काफी सैनिक उनकी कमान में थे। इसमें 2 राजपूत को मदद करनी थी, इसलिए मेजर जगबीर वर्मा के अधीन ब्रावो कम्पनी को हमारी बटालियन टीएसी एचक्यू के साथ महेन्द्रगंज रवाना कर दिया गया।

वह खास घड़ी आ पहुँची और जोरदार गोलीबारी से उसका स्वागत किया गया। हमारी मदद के लिए तैनात 76 मिनी तोपें भी इसमें शामिल हो गयीं, लेकिन मुक्ति बाहिनी की तरफ से आगे बढ़ने और हमला तेज करने की कोई कोशिश नहीं हुई।

एफ जे सेक्टर से फौरन आदेश आया कि ब्रावो कम्पनी को भेजो। तोपों का शोर कान फोड़ देने वाला था, पर हो कुछ नहीं रहा था। मेजर वर्मा ने तुरन्त बटालियन मुख्यालय को सन्देश दिया कि आईओ से कहो कि वह पहली पलटन के साथ रास्ता

दिखाये। मेरी खुशकिस्मती रही कि सीओ ने यह कहकर वर्मा को काम पर लगा दिया कि यह उनकी कम्पनी है और हमले की अगुआई उनके अफसर ही करेंगे। यह सब अभी चल ही रहा था कि गोलीबारी ठंडी पड़ने लगी और उसके साथ ही बाबा सन्त सिंह की हमले की महत्वाकांक्षी योजना भी फुस्स हो गयी। पूरी की पूरी मुक्ति बाहिनी और ईबीआर सेना के जवानों ने मैदान छोड़ दिया था। इसके लिए तमाम तरह के कारण गिनाए गये, जिनमें सबसे आम-पसन्द यह था कि बांग्ला सेना पाकिस्तानी पंजाबी फौजियों के सामने थी, जो गन्दे थे और बंगालियों को गालियाँ दे रहे थे। इससे उन्हें ठेस पहुँची थी और शायद तभी उन्होंने उनकी पहुँच से बाहर हो जाने का फैसला कर लिया था। सच तो यह था कि बांग्ला सेना लड़ाई में तपे पाकिस्तानी फौजियों का सामना कर रही थी जो सामने से होने वाले किसी भी हमले को नाकाम करने के लिए तोप से सटीक गोलाबारी करने में माहिर थे।

कमालपुर की मजबूत किलेबन्दी कर दी गयी थी और वहाँ इरादे के पक्के फौजी तैनात थे और यह हकीकत इस बात से पता चलती है कि जंग छिड़ जाने पर भी इस कस्बे पर कब्जा नहीं किया जा सका। बचाव दल को, मेमनसिंह जाते हुए इसे छोड़कर जाना पड़ा। इस गैरिसन ने 16 दिसम्बर को तब जाकर आत्मसमर्पण किया जब युद्ध विराम घोषित हो गया।

मुक्ति बाहिनी से यह अपेक्षा करना सही नहीं था कि वे नियमित किस्म के जंगी हालात में कुछ कर पायेंगे। उनके काडर में अधिकतर छात्र और असैनिक कर्मी थे जिन्हें जोड़-जाड़कर पाकिस्तान की नियमित यूनिटों और रजाकारों (पाकिस्तानी फौज का अर्धसैनिक बल) से टक्कर लेने को तैयार किया गया था। ईबीआर ने पहले कमालपुर में इसी पाकिस्तानी गैरिसन से भिड़ने की कोशिश की थी और भारी नुकसान उठाया था। मुक्ति बाहिनी के पास नियमित युद्ध का प्रशिक्षण नहीं था, उनका नेतृत्व सीमित था और उनके मन में पाकिस्तानी फौज का डर गहरे बैठा हुआ था। उन्हें पाकिस्तानी फौज ने जैसे सताया था उसे देखते हुए उनका ये डर बिल्कुल वाजिब था।

इस सबके बावजूद, उनके योगदान को कम करके नहीं आँका जा सकता, क्योंकि उन्होंने हमें गाइड दिये, भाषा सम्बन्धी मदद दी और उस इलाके की गहन जानकारी दी। वे मारकर भाग जाने जैसी कवायदों में भी माहिर थे जो पाकिस्तानी सेना का मनोबल तोड़ देने को काफी होते थे। जाती तौर पर, जब से हमारी यूनिटों के साथ काम कर रहे होते थे तो वे कठिन से कठिन परिस्थिति में भी विचलित नहीं होते थे और उनका काम नायाब होता था। जैसे-जैसे वे लड़ाई में तपते गये, उन्होंने कुछ बेहद कामयाब कार्रवाइयाँ कीं।

बटालियन के लिए, पाकिस्तानी सैनिकों के साथ अलग-अलग झड़पें और छापेमारी जंग के लिए तैयार होने का बेहतरीन तरीका था। दिल्ली की दिखावटी

जिम्मेदारियाँ जल्दी ही बीते दिनों की यादें बन गयीं और दिन-ब-दिन जवान असली लड़ाई के लिए भी तेज होते जा रहे थे। मेघालय में हमारा छोटा-सा प्रवास बिल्कुल वही साबित हुआ जिसकी हमें जरूरत थी। अक्टूबर में हमें वापस तामुलपुर जाने का आदेश हुआ। तब सीओ ने पारम्परिक अभियानों में यूनिट की क्षमता का इम्तिहान लेने का फैसला किया और हमें दरंगा रवाना कर दिया, जो बीस किलोमीटर से भी अधिक का पैदल मार्च था।

मुझे दरंगा में एडवांस लैंडिंग ग्राउंड की टोह के लिए भेजा गया, जिसका मकसद था लक्ष्य की तरफ पूरी बटालियन के साथ आगे बढ़कर हमला करना। मैंने वापस आकर बताया कि दरंगा एएलजी का सबसे अच्छा रास्ता था उस अकेले मार्ग पर बढ़ना जिससे हम लक्ष्य तक पहुँच सकते थे, क्योंकि बाकी सारे रास्ते धान के खेतों में से होकर थे। इसके लिए मुझे सभी की खरी-खोटी सुननी पड़ी।

सबने यही कहा—'कैसे गुप्तचर अधिकारी हो तुम? हम उस सड़क पर कैसे चल सकते हैं जो हर हाल में सुरक्षा के घेरे में होगी?'

इस तरह, अँधेरा हो जाने पर, मैं धान के खेतों में होकर चल दिया और तमाम बटालियनें मेरे पीछे थीं। सबसे आगे होने से, यह मेरे लिए सबसे आसान रहा, क्योंकि जब सारे ही लोग पुश्ते की गीली मिट्टी पर चले तो इसके कुछ-कुछ हिस्से ढह गये। जो सबसे पीछे थे उनका हरापन जल्दी ही गायब हो गया और सिर से पैर तक कीचड़ में सन गये। आखिर में बस दो लोग ऐसे थे जो मिट्टी में नहीं धँसे थे—एक भूपसिंह जिन्होंने अमेरिकी सेना का ट्रेंच कोट पहना था जिसमें वह शानदार लग रहे थे और दूसरा मैं। बड़बड़ाते, फिसलते और गिरते-पड़ते, आखिरकार हम धान के खेतों के छोर पर आ गये जहाँ से एक छोटी-सी पगडंडी खुफिया सेक्शन के निशान वाली जगह तक जाती थी। वहाँ जाकर भूपसिंह का पैर एक छोटे-से दिखने वाले लेकिन सच में बड़े-से गड्ढे में पड़ गया। वह पूरे कीचड़ में सन गये और भीग गये, और उनकी इस हालत का उन सबने मज़ा लिया जो कुछ देर पहले उनकी शान और ट्रेंच कोट की सराहना कर रहे थे। तभी बारिश शुरू हो गयी और कुछ ही मिनटों में एएलजी छह इंच गहरे पानी में डूब गया। हमले की कवायद पूरी हो जाने के बाद, सीओ और भूप ने वह रात एएलजी पर पीठ से पीठ जोड़े हुए बिताई, जबकि मैंने वह रात मोर्टार पलटन के कमांडर टॉम के साथ उसी हालत में बिताई।

मैं बपोरा गया और वहाँ अपने तमाम लोगों से मिला। वापसी का सफर आराम से बीत गया, लेकिन गुवाहाटी पहुँचकर मुझे पता चला कि 2 राजपूत पहले ही तामुलपुर से रवाना हो चुकी थी। डेल्टा कम्पनी के कमांडर मेजर केएन मिश्रा भी बटालियन तक पहुँचने की कोशिश में थे, इसलिए हम दोनों ही असम-त्रिपुरा सीमा पर स्थित धर्मनगर जाने वाली रेलगाड़ी में सवार हो गये।

लुमडिंग-हफलोंग लाइन जैंतिया पहाड़ियों का चक्कर काटकर दक्षिण की ओर

जाती थी। यह खूबसूरत रास्ता डकैतियों के लिए भी बदनाम था और तब तो हमें विश्वास ही नहीं हुआ जब किसी ने खिड़की में बने एक बहुत ही छोटे-से छेद से तार डालकर मेजर मिश्रा की कमीज चुरा ली। धर्मनगर में उतरकर हमें पता चला कि बटालियन के बाकी लोग अभी बारह घंटे पहले ही वहाँ पहुँचे थे।

बेलोनिया बल्ज

6 राजपूत की तैनाती उत्तर त्रिपुरा में लेफ्टिनेंट कर्नल हरदेव सिंह के अधीन थी; उन्होंने ही हमारी मेजबानी की। और यूनिट अच्छे मूड में दिख रही थी और भारतीय सेना के बाकी लोगों की तरह ही वे भी कुछ होने का इन्तजार कर रहे थे। शाम के समय 2 राजपूत के सभी अफसर हमारे सम्मान में दिये गये विशेष भोज 'बड़ा खाना' में 'राजेश खन्ना स्टाइल' का कुर्ता पहनकर पहुँचे, जिसका उन दिनों दिल्ली में काफी चलन था। राजधानी की फैशनी हलचल से दूर त्रिपुरा में बैठे हमारे मेजबानों को लगा कि शायद यह 2 राजपूत की वर्दी थी।

अगले दिन हम दक्षिण की ओर और आगे बढ़ गये। हम रात भर चलते रहे। हम अगरतला से आगे निकल गये जहाँ हमारी एक और साथी बटालियन 18 राजपूत तैनात थी, जो अशोक कल्याण वर्मा के अधीन थी। उदयपुर से निकलकर हमने बेलोनिया से कुछ पहले जंगली इलाके में तम्बुओं का शिविर लगा लिया। यह राहत बस कुछ ही दिन के लिए रही क्योंकि हमें जल्दी ही बेलोनिया बल्ज में होकर रास्ता बनाने का काम सौंप दिया गया। ब्रिगेड की योजना आसान थी। बसूरा, गोशीपुर और कहुआ से होकर परशुराम तक के बेलोनिया-फेनी एक्सिस वाले पूरे इलाके की सफाई ब्रिगेड को करनी थी। इसी काम का एक हिस्सा यह था कि हमें असैनिक कपड़ों में काम करते हुए पूर्वी पाकिस्तान के अन्दर सक्रिय मुक्ति बाहिनी की मदद करनी थी। 3 डोगरा को परशुराम की सफाई करनी थी; 2 राजपूत को दक्षिण में गोशीपुर और कहुआ की ओर ब्लॉक बिछाने थे; और 8 बिहार को परशुराम के उत्तर-पश्चिम के इलाके साफ करने थे।

हमने रात में जाकर परशुराम जाने वाले रास्ते काट दिये। यूनिट का यह नया स्थान बिल्कुल साफ था : इस इलाके में एक पोखर था और आधा दर्जन फूँस-छप्पर वाली झोंपड़ियाँ थीं। हमने तेजी से सीओ के लिए एक सही बंकर तैयार किया जो उनकी कमान चौकी के तौर पर भी इस्तेमाल होना था। कम्पनी के स्थानों की पहले ही निशानदेही हो गयी थी और वे अपने रक्षा-स्थल बनाने में खुद जुट गये थे। यह जोर-शोर से काम करने का समय था और फिर यूनिट जल्दी ही वहाँ व्यवस्थित हो गयी। बेलोनिया और परशुराम में हमारे सामने पाकिस्तान की 53 पैदल ब्रिगेड के फौजी थे। दुश्मन के रक्षा-स्थल उस जगह बेलोनिया-फेनी मार्ग पर बसावट वाले इलाकों में थे। ब्रिगेड की तरकीब यह थी कि मुक्ति बाहिनी के साथ सैनिकों को

घुसा दो, और ब्लॉक बना लो। पीछे वाला हिस्सा कटा होने के कारण, उस समय इसकी कोई गुंजाइश नहीं थी कि बाद में कोई कुमक आकर लड़ाई को प्रभावित करेगी। ब्लॉक जम जाने के बाद, हमलावर यूनिटों को अपने रक्षास्थल कम कर देने थे। बांग्ला सेना मेजर रफीक की कुल कमान में थी। 3 डोगरा जब परशुराम की रक्षा युक्तियों को बेअसर कर दे, तब ब्रिगेड को धीरे-धीरे अपने पाँव जमाने थे।

तीसरे दिन, कम्पनी के एक ठिकाने पर 10.30 बजे के आसपास पाकिस्तानी तोपखाने की तोपों ने धुएँ के गोले दागे। ये गिरे ही थे कि हमारे ठिकाने पर चार एफ-86 सेबर विमानों ने हमला कर दिया। रसोई में काम करने वाले एक लड़के ने यह देखने के लिए अपना सिर बाहर निकाला कि ये विमान कर क्या रहे थे और वह हवाई हमले में मारा गया। बांग्लादेश की लड़ाई में मरने वाला वह बटालियन का पहला व्यक्ति था।

बटालियन के मुख्यालय पर भी पाकिस्तान की ओर से भारी गोलाबारी हुई। जब पहली गोलाबारी हुई तब सीओ और मुख्यालय की टुकड़ी बंकर के अन्दर सुरक्षित थे, लेकिन मैं बाहर ही था। मैं फौरन एक छप्परदार झोंपड़ी में घुस गया। जब सीओ की समझ में आया कि हमारे ऊपर गोलाबारी हो रही थी तब मैं बाहर था तो उन्होंने खूब खिंचाई की।

हम सीओ को तो हमेशा बंकर के अन्दर सुरक्षित रखते थे, और मेल्बिन, टॉम मैथ्यूज़ और मैं अक्सर झोंपड़ियों में सो जाते थे। हम पर्ची डालकर यह तय करते थे कि ईंट की दीवार के पास कौन सोयेगा, क्योंकि अक्सर ही गोलीबारी के दीवाने मुक्ति बाहिनी वाले गोलीबारी शुरू कर देते थे। दो-एक बार ऐसा हुआ कि कोई गोली झोंपड़ी में घुस आयी। यह स्वाभाविक था कि छप्परदार झोंपड़ी की तरफ वाली जगह आम-पसन्द नहीं थी।

पाकिस्तान की 105 मिमी तोपें लगातार परेशानी पैदा करती थीं, पर हम जल्दी ही गोलीबारी के आदी हो गये। हाँ, हवाई हमले बिल्कुल अलग चीज़ थे। सेबर विमान दो बार और आये, एक हवाई हमले के दौरान मैं उस समय कुछ जवानों के साथ खुले में फँस गया जब हम 106 मिमी की एक खाली तोप (आरसीएल) को किसी दूसरी जगह ले जा रहे थे। हम जमीन से सट गये और हमारे चारों ओर तोप के गोले छूटते रहे। दूसरी बार हम हवाई हमले की चपेट में आये। तब ब्रिगेड मेजर (बीएम) विमल शिंगल ने यूनिट में फोन किया और वहाँ उनका सम्पर्क टॉम मैथ्यूज़ से हुआ जो एडजुटेंट का काम देख रहे थे। ब्रिगेड के स्थान से उन्हें विमान दिखाई दे रहा था, फिर भी वे खुद हमले की जद में नहीं थे और शिंगल ने टॉम से कुछ करने को कहा।

"क्या करूँ? पत्थर फेंकूँ?" टॉम ने पलटकर कहा।

निष्कर्ष यह रहा कि कुछ एल/70 विमानभेदी तोपें हमारी रक्षा में तैनात कर

दी गयीं, लेकिन इन्हें सीमा से काफी पीछे रखा गया क्योंकि हमारी तरफ से अभी बाकायदा जंग का ऐलान नहीं हुआ था। मामला इसलिए और पेचीदा हो गया कि मुक्ति बाहिनी भी इस इलाके में पाकिस्तानी शस्त्रों की मौजूदगी बता रही थी। हालाँकि टैंक कहीं दिखाई नहीं पड़े थे, फिर भी रात में उनकी आवाज अक्सर सुनाई दे जाती थी। इसका नतीजा यह हुआ कि हमने अपनी 106 मिमी की आरसीएल तोपों को कम्पनी के ठिकानों से भी बहुत आगे जाकर लगा दिया। बेहद भारी, चार सौ किलोग्राम से भी अधिक वजन की इस तोप को जीप या जोंगा पर लगाया जाता है, पर यहाँ तो उन्हें अलग करके खुद ले जाना पड़ता था और टैंकमार व्यवस्था में जमाना होता था। बाद में जाकर पता चला कि इलाके में कोई पाकिस्तानी शस्त्रास्त्र नहीं था और वह आवाज दरअसल एक बुलडोजर की थी जो कभी-कभी रात में काम करता था।

डोगरा रेजीमेंट ने 15 बलूच के कुछ पाकिस्तानी फौजियों को पकड़ लिया था जो परशुराम और बेलोना के बीच एक रेलवे ट्रॉली पर रसद ले जा रहे थे। मेरे सीओ ने मुझे स्थिति रपट (एसआईटीआरईपी) की नकल दी जो 3 डोगरा ने बिग्रेड मुख्यालय को भेजी थी। मैंने घटनाओं के उस लम्बे से विवरण को पढ़ा और सीओ की ओर देखा।

"क्या समझ में आया?" उन्होंने खामोशी से मुझे देखा।

हम (8 बिहार की तरह) उस खास अभियान की निगरानी करते आ रहे थे और हमें बुनियादी बातों की जानकारी थी। "यह तो, सर, स्टोरी ज्यादा है।"

"देखो, यह इसी तरह होता है," देवराज दत्त ने कहा। गुप्तचर अधिकारी के नाते मेरा यह भी दायित्व था कि मैं अपनी स्थिति रपटें दर्ज करूँ और हरेक अभियान के बाद उसकी जानकारी ब्रिगेड मुख्यालय को दूँ। उन्होंने वक्र मुस्कान बिखेरी और दबी ज़बान कहा, "तुम्हारी लिखने की काबिलियत तो इसके टक्कर की होगी ही।"

"मैं वही लिख सकता हूँ जो होता है," मैंने निडरता से जवाब दिया। सीओ ने सिर हिलाया, मुझे गौर से देखा और कागज को मुझसे वापस ले लिया। फिर कभी उसका ज़िक्र नहीं हुआ, पर वह घटना हमेशा मेरे साथ रही। जंग जैसे हालात ऐसी स्थितियाँ पैदा कर देते हैं जहाँ प्रशंसा और पुरस्कार पाने को अत्यधिक लालायित लोग अक्सर घटनाओं को तोड़-मरोड़कर पेश करते हैं जबकि हकीकत कुछ और ही होती है। लड़ाई के दौरान ऐसे उदाहरण भी देखने में आये जिनमें घटना होने से पहले ही उनके प्रशस्ति पत्र लिख दिये गये। इसकी सबसे खराब बात यह थी कि ऐसे लोग भी थे जो हकीकत में लड़ने में व्यस्त थे और उनके पास खुद को जताने का समय नहीं था और इस कारण उन्हें मान्यता नहीं मिली और पुरस्कारों की अन्तिम सूची में उनका नाम छूट गया।

एक और सबक तब सामने आया जब हमारे ब्रिगेड समूह की तीसरी बटालियन,

8 बिहार, का एक अफसर घायल हो गया। उसे समय से वहाँ से नहीं निकाला जा सका और भयातुर जवानों की आँखों के सामने ही खून बह जाने से उसकी मौत हो गयी। मुझ पर इस घटना का जबरदस्त असर हुआ और बाद में जब मैं इस बारे में कुछ करने की स्थिति में आया तो, मैंने इस समस्या के समाधान के लिए भरसक कोशिश की। वह सुनहरा घंटा जब किसी घायल का इलाज होना चाहिए और उसे वहाँ से निकालना चाहिए, बेहद महत्त्वपूर्ण होता है, और हमने इन सम्भावनाओं पर गौर किया कि घायलों को इलाज के लिए कहीं बाहर न ले जाकर घटना स्थल पर ही इलाज उपलब्ध कराया जाये।

नवम्बर के मध्य तक, हम मुक्ति बाहिनी के साथ बेलोनिया बल्ज के इलाके पर पूरा नियन्त्रण कर चुके थे। 2 राजपूत की दो पलटनों और बीएसएफ की एक कम्पनी को भी बेलोनिया रेलवे स्टेशन के आसपास के इलाके की सफाई पर लगा दिया गया था। हमारी 106 मिमी की आरसीएल तोपों ने अधिकांश पाकिस्तानी बंकरों को ध्वस्त कर दिया था। इसके परिणामस्वरूप 2 राजपूत और बीएसएफ की एक-एक पलटन बंकरों की पहली कतार पर अधिकार जमा पायी और आगे की टोह ले पायी। बाकी सेना ने घेराबन्दी करते हुए लीची बागान पर कब्जा कर लिया, और 9 नवम्बर की भोर तक पूरा इलाका खाली करा लिया गया।

जंग का औपचारिक ऐलान जल्द होने वाला है, इस बात का संकेत हमें तब मिला जब हमें कुछ दिन बाद यह कहा गया कि हम फिर से अपनी वर्दियों में लौट सकते हैं। 30 नवम्बर को हमारी यूनिट ने अपना स्थापना दिवस मनाया। जश्न में जोशो-खरोश सामान्य से कुछ ज्यादा ही था और नतीजतन शाम तक इस जश्न में कई लोग होश खो बैठे। उस शाम ब्रिगेड मुख्यालय से यूनिट के पास कुछ काम पूरे करने का सन्देशा आया। सीओ ने अपने *एडजुटेंट* को तलाशा, लेकिन वह कहीं नहीं मिले। फिर सहायक एडजुटेंट को ढूँढ़ने की कोशिश की, पर वह भी नाकाम रही। आखिरकार, मैं उनके हाथ लग गया। मैंने साफ-साफ कह दिया कि 'जश्न' के असर में यूनिट में हर कोई इस समय मदहोश है। चेहरे पर निराश भाव लिए सीओ ने वायरलैस से ब्रिगेड से सम्पर्क साधा और कह दिया कि अपने स्थापना दिवस के कारण 2 राजपूत यूनिट उस शाम उपलब्ध नहीं है। "हमें कल काम सौंपिएगा और हम उसे पूरा करके दिखायेंगे।"

अगले दिन बटालियन को ब्रिगेड मुख्यालय से नया काम मिला। खुफिया सूत्रों के अनुसार, हमारे खिलाफ मोर्चा लिए खड़ी पाकिस्तानी टुकड़ी *चौद्दाग्राम* में बेलोनिया के उत्तर में मजबूत सुरक्षात्मक स्थिति में तैनात थी। कुछ नियमित पाकिस्तानी सैन्य कम्पनियाँ अच्छी संख्या में *रज़कारों* के साथ उस पोजीशन पर मौजूद थीं। यह भी पता चला था कि चौद्दाग्राम से कुछ किलोमीटर पीछे परीकोट व लक्षण के आसपास 105 मिमी की तोपें भी मुस्तैद थीं। ब्रिगेड कमांडर चाहते थे कि एक गश्ती दल

मुक्ति बाहिनी के एक गाइड के साथ पूर्वी पाकिस्तान में जाये और उन तोपों की सही-सही स्थिति का पता लगाये। वह यह भी चाहते थे कि गश्ती दल ऐसी दो जगह भी तलाश करें जहाँ हमारी कम्पनियों को तैनात किया जा सके ताकि हम चौद्दाग्राम में दुश्मन के मोर्चे के पीछे डट सकें और एक असरदार अवरोधक खड़ा कर सकें।

सीओ ने बटालियन के अफसरों को इकट्ठा किया और हमारे सुपुर्द किये गये काम का ब्योरा दिया। उन्होंने पूछा कि कौन इस काम पर जाने के लिए वॉलंटिर है। लेकिन बीच रात में दुश्मन की मार्चेबन्दी के पीछे जाकर खतरे का सामना करना शायद इतना अव्यावहारिक था, कि कोई आगे न आया। एक-एक करके अफसरों को पूछा गया पर हाँ नहीं मिली और आखिरकार सीओ की निगाहें मुझ पर आयीं। “वी के?” अगर मेरे नाम की पुकार के आगे कोई सवालिया निशान लगा था, तो एकबारगी मैं उस पर गौर नहीं कर पाया।

“कोई दिक्कत नहीं सर! आदेश करें, मुझे कब जाना होगा।”

“गुड! तब तुम डेल्टा कम्पनी से एक टीम लो। *मुक्ति बाहिनी* के गाइड से मिलो और शाम को यहाँ से रवाना हो जाओ।” उनकी उँगलियाँ नक्शे पर उस जगह को इंगित कर रही थीं, जहाँ से रवाना होना था।

बाकी सारे अफसरान मेरी ओर उसी तरस के साथ देख रहे थे, जैसे कोई बलि के बकरे को देखता है। “सर मैं”, बिल्कुल निर्विकार भाव से कहने की कोशिश की। “क्या मैं अल्फा कम्पनी से कुछ लड़के ले सकता हूँ?” मैं सोच रहा था कि डेल्टा कम्पनी में सारे बंगाली हैं, इसलिए साथ में कुछ राजपूत जवान होंगे जो शारीरिक रूप से ज्यादा तगड़े होते हैं तो थोड़े बड़े हथियार लेकर जा सकेंगे, ताकि अगर हम फँस जायें तो मुकाबला कर सकें।

“नहीं” सीओ, ने साफ मना कर दिया। “तुम अपनी पसन्द के लड़के ले सकते हो, लेकिन केवल डेल्टा कम्पनी से। गुड लक!” बात खत्म हो चुकी थी।

अगले कुछ घंटों में मैंने नक्शे का बड़ी सावधानीपूर्वक अध्ययन किया और खुद को उस इलाके से वाकिफ करने की कोशिश की। बाकी अफसरों से भी मुझे कई तरह की सलाह मिल रही थी। हर कोई यह बता रहा था कि कैसे जाना बेहतर होगा, किन जवानों को साथ लेकर जाया जाये और कोई भी मुश्किल सामने आने पर उससे कैसे निबटा जाये। यहाँ तक कि ब्रिगेड मुख्यालय से जी3, कैप्टन मुखर्जी ने भी मुझे फोन किया और पूछा कि मैं कैसे यह काम करने की योजना बना रहा हूँ। मैंने सबसे यही कहा कि चिन्ता न करें, काम हो जायेगा। अपने दिमाग में मैं खुद उन तमाम स्थितियों के बारे में सोच रहा था और यह आकलन कर रहा था कि किस स्थिति में मेरा रुख क्या होगा। अगर हमने बेहद सहज तरीके से घुसपैठ की बुनियादी बातों का ध्यान रखा और अगर किस्मत ने साथ दिया तो हम तमाम जरूरी जानकारियाँ जुटाकर लौटेंगे।

मैं डेल्टा कम्पनी के लड़कों को अच्छी तरह जानता था और उनमें से मैंने दस को चुन लिया। उनमें सबसे सीनियर एक एनसीओ था। मैंने उनसे बात की और बताया कि हमें दुश्मन की मोर्चेबन्दी के पीछे लम्बी दूरी तक जाना होगा। लिहाजा यह बहुत जरूरी होगा कि उनकी गति का मेरी गति के साथ तालमेल रहे। यह सुनिश्चित करने के बाद कि हरेक को उसकी जिम्मेदारी अच्छी तरह समझ में आ गयी है, फिर सूरज के ढलने का इन्तजार करने के अलावा कोई काम न था।

तय समय पर हम अन्तरराष्ट्रीय सीमा की ओर बढ़ने लगे। हम सब सादे कपड़ों में थे। लेकिन यह देखकर मैं भौचक्का रह गया कि समूचा इलाका चाँद की रोशनी में नहाया हुआ था। मैं समझ नहीं पा रहा था कि ब्रिगेड ने कैसे इतनी बड़ी बात यानी कि पूर्णिमा के चाँद का ध्यान नहीं रखा। लेकिन तब तक बहुत देर हो चुकी थी और हम जल्द ही उस जगह पहुँच गये जहाँ *मुक्ति बाहिनी* का गाइड हमारा इन्तजार कर रहा था। उसने खामोशी से मुझे समझाया कि पाकिस्तानी पोजीशन के बीच कहाँ-कहाँ जगह है। हम एक कतार बनाकर चलने लगे। हमारी कोशिश यही थी कि चाँद की रोशनी में हम किसी तरह अपने आप को अदृश्य बना सकें। किस्मत ने हमारा साथ दिया और जल्द ही उस खुले देहाती इलाके में कमर की ऊँचाई तक धुन्ध जमा होने लगी। मैंने थोड़ी राहत की साँस ली। धुन्ध में हमारे लिए दूसरों की निगाहों से बचना थोड़ा आसान था।

हमने ऐसा रास्ता पकड़ा जो एक गाँव को जाता था। गाँव के बाहर ही गाइड ने मुझे रोक दिया। वह मेरे कान में फुसफुसाया कि इस गाँव की निगरानी विलेज वॉलंटियर फोर्स (ग्राम स्वयंसेवक बल) कर रही है, जिसे पाकिस्तानी सेना ने यह जिम्मा दे रखा था कि *मुक्ति बाहिनी* का कोई भी व्यक्ति उस इलाके से न गुजर पाये। थोड़े विचार-विमर्श के बाद वह हमारे लड़कों में से एक को साथ लेकर आगे चला गया ताकि गाँव के उन सन्तरियों से आमना-सामना कर सके। कुछ मिनटों तक हम वहाँ बैठे रहे। मेरे ज़हन में तमाम तरह की आशंकाएँ घूम रही थीं। लेकिन हमारा गाइड बड़े जीवट वाला था और उसने गाँव के सारे वॉलंटियरों को एक जगह इकट्ठा कर लिया। इसके पहले कि उनमें से कोई कुछ समझ पाता, हमने तुरन्त उन्हें घेर लिया और सबको काबू में कर लिया। जाहिर है, अब मैं उन्हें पीछे छोड़ जाने का जोखिम तो मोल नहीं ले सकता था, इसलिए मैंने उन सबको गाइड के पीछे कतार बनाकर हमें रास्ता दिखाने को कहा।

हम तीन और गाँवों से गुजरे और हर जगह हमने यही तरकीब अपनायी। इस तरह आखिर में मेरे पास गाइड के पीछे चल रहे दो दर्जन से ज्यादा के लगभग व्यक्ति हो गये थे। मैं थोड़ी दुविधा में था, चूँकि मैं यह नहीं समझ पा रहा था कि परीकोट के नजदीक पहुँचने के बाद इन कैदियों का मैं क्या करूँगा। लेकिन किस्मत ने एक बार फिर हमारा साथ दिया। हम एक वीरान पड़े स्कूल की इमारत पर पहुँचे। मैंने

तुरन्त उन सबको उस इमारत में ठूँसा और बिल्कुल खामोश रहने की चेतावनी देकर सबको एक कमरे में बन्द कर दिया। उनको हमने धमकी दे दी थी कि जरा-सी भी आवाज की तो हम स्कूल की इमारत को उड़ा देंगे। उन बेचारों को इस बात का कोई अन्दाजा ही नहीं था कि आखिर हम हैं कौन। वैसे भी कुछ कलाकारी दिखाने के बजाय उनको ज्यादा खौफ पाकिस्तानी *रज़कारों* के हाथों में पड़ जाने का था।

परीकोट एक छोटी-सी बस्ती थी। नदी के दोनों ओर घर बने थे। नदी पर एक ही पुल था जिसकी चौकसी रज़कारों के हाथों में थी। गाइड ने मुझे बताया कि तोपें दोनों ही तरफ तैनात थीं लेकिन कई बार नदी के पार ही ज्यादातर रहती थीं। अब फैसला मुझे करना था। या तो नदी को तैरकर पार करके पकड़े जाने का जोखिम उठाना था, या फिर पुल पर तैनात गार्डों से मोर्चा लेना था। मैं अपने विकल्पों पर विचार ही कर रहा था कि तभी पाकिस्तानी सेना की एक जीप आयी और एक जेसीओ ऊँची आवाज में सन्तरियों से टोह लेने लगा। जीप तो चली गयी लेकिन अब हमें यह ठीक-ठीक पता चल गया कि चारों सन्तरी कहाँ-कहाँ पर खड़े हैं। मैंने तय किया कि हमारे सामने सबसे अच्छा रास्ता यही था कि हम उनको चुप कराके पुल के पार हो जायें और तोपों का पता लगाने का काम पूरा करके जीप के निगरानी पर फिर लौटने से पहले ही वापस हो लें।

सन्तरियों को रास्ते से हटाने का फैसला करके हम चुपचाप पुल की तरफ बढ़ने लगे। हम आपस में संवाद करने के लिए हाथों के इशारों का काम ले रहे थे। सन्तरियों को खामोश करने की बुनियादी तरकीब हमें कई स्तरों पर सिखाई जाती है। मेरे लिए यह हकीकत से सामना करने सरीखा था। लेकिन तीसरी बार, किस्मत हम पर मेहरबान रही। नदी के उस पार कुछ दबी हुई चिल्लाहट सुनाई दी और उसके बाद 105 मिमी की तोपें चल पड़ीं—पहले तो रात के आसमान में रोशनी चमकी और फिर गोले दागने की आवाज ने रात के सन्नाटे को चीर दिया। एक, दो, तीन, चार, पाँच, छह...एक के बाद एक गोले दूर किसी निशाने पर दागे जा रहे थे। जिन्दगी में और कभी मैं दुश्मन की तोपों को इस तरह से गरजते देखकर खुश नहीं हुआ होऊँगा। मुझे तो अब बस केवल हर तोप की नाली की चमक की रीडिंग भर नोट करनी थी।

अगर हमने पुल पर सन्तरियों को निबटा दिया होता तो यकीनन उसके बाद हमें गुस्से में पीछा कर रहे पाकिस्तानी जवानों से बचने के लिए सीमा की तरफ दौड़ लगानी होती। उस समय हम दुश्मन की मोर्चेबन्दी से पन्द्रह किलोमीटर भीतर थे। तोहफे की तरह उनके हाथों में पड़ जाने के बजाय हमने अपने कदम अब पुल से दूर खींच लिए। मुझे अभी अपनी कम्पनियों के लिए दो सम्भावित लोकेशन भी ढूँढ़नी थी। गाइड की मदद से वो काम भी हो गया। उसके बाद भोर की पहली किरण फूटने से पहले हमें फुर्ती से भारतीय इलाके में पहुँच जाना था। पाकिस्तानी

गश्ती वाहन इलाके में घूम रहे थे। लेकिन मैंने लड़कों को कह दिया था कि रास्ते पर बने रहें और जितनी तेजी से हो सके चलते रहें। सूर्योदय होने वाला था, ठीक लगभग उसी वक्त हमने अन्तरराष्ट्रीय सीमा पार कर ली।

तब तक मैंने अपने वायरलैस रेडियो को पूरी तरह खामोश रखा था। तीस किलोमीटर से भी ज्यादा दूरी तय करने के बाद लड़के पूरी तरह थक चुके थे, लेकिन फिर भी जोश में थे। बीएसएफ की पोस्ट पर गरम चाय के मगों के साथ हमारा स्वागत हुआ। फिर मैंने बटालियन मुख्यालय से सम्पर्क साधा। उन्होंने हमें लाने के लिए वाहन भेजा। मुझे बताया गया कि सीओ हमारी किसी खबर के इन्तजार में पूरी रात नहीं सोए थे। सब तरफ काफी उत्साह था और मैंने पूरे विस्तार से सारा घटनाक्रम बताया। सब कुछ बताने के बाद सीओ ने मुझे कहा, "तुम गाँवों के उन सन्तरियों को अपने साथ क्यों नहीं लेते आंये। अगर तुमने ऐसा किया होता तो मैंने तुरन्त तुम्हारे लिए बहादुरी के पुरस्कार की सिफारिश कर दी होती।" उसके बाद मुझे ब्रिगेड मुख्यालय भेजा गया, जहाँ सारा विवरण फिर से दोहराया गया। बाद में जब कैप्टन मुखर्जी और मैं साथ बैठे थे तो उन्होंने मुझसे कहा, "तुम भी पागल हो! किस बेवकूफ ने तुम्हें पूर्णिमा की रात को ऐसे ऑपरेशन पर जाने को कहा था।"

मैंने उनकी तरफ देखा, "क्या आपको पता था, वह पूर्णिमा की रात थी? यह तो मुझे रवाना होने तक पता ही नहीं चला था।" हम दोनों हँसे। हैरानी की बात है कि कैसे कई बार बेहद बुनियादी बात भी ध्यान से चूक जाती है। हम यकीनन किस्मत वाले थे। उस रात बाद में, यानी 3 दिसम्बर की तड़के पाकिस्तानी लड़ाकू विमानों ने पश्चिमी क्षेत्र में भारतीय हवाईपट्टियों पर कई सारे हमले किये और प्रधानमन्त्री इन्दिरा गाँधी ने ऑल इंडिया रेडियो पर सीधे प्रसारण में इस बात का ऐलान कर दिया कि "भारत पाकिस्तान के खिलाफ जंग का ऐलान करता है।" लेकिन उस सबसे पहले अपनी ब्रीफिंग के बाद, मैं सिर्फ अपनी यूनिट में वापस लौटकर सो जाना चाहता था।

x x x

मेरे बटालियन मुख्यालय लौटते-लौटते चौद्दाग्राम पर हमले के आदेश आ चुके थे। पाकिस्तान की 23 पंजाब कम्पनी सुरक्षा मोर्चे पर थी और मूल ब्रीफिंग के अनुसार सम्भावना यही थी कि हमें दुश्मन की मोर्चेबन्दी के पीछे जाकर अवरोध खड़े करने को कहा जायेगा ताकि इधर से मुख्य हमला बोल देने के बाद उसके परीकोट व लकशम की तरफ पीछे हटने की कोशिश को नाकाम करके उसे घेरा जा सके। जब हमले की योजना सामने आयी तो हमें यह देखकर हैरानी हुई कि 2 राजपूत और 3 डोगरा की जिम्मेदारियों की अदला-बदली कर दी गयी थी। ब्रिगेडियर सन्धू चाहते थे कि हम पाकिस्तानी पोजीशन पर हमला करें जबकि डोगरा को दक्षिण की ओर

से दुश्मन को घेरने और उसका रास्ता रोकने की जिम्मेदारी दी गयी। वहीं, 8 बिहार को उत्तर की ओर से उन्हें घेरने को कहा गया। हालाँकि हम सभी चौद्दाग्राम में सीधे भिड़ने का मौका मिलने से खुश थे, लेकिन तमाम लोग इस बात से भी अच्छी तरह वाकिफ थे कि कमांडर ने दोनों कमांडिंग अफसरों से अपने निजी सम्बन्धों के चलते उनकी भूमिकाओं को पलट दिया था। यह एक और जरूरी सबक था जो मैंने अपने दिमाग में बैठा लिया—कभी किसी का बेवजह पक्ष लेने की कोशिश न करो। टुकड़ी में हर व्यक्ति समझ जाता है कि कहाँ, क्या चल रहा है। हालाँकि जवान अच्छे व बुरे, दोनों फैसलों को स्वीकार कर लेंगे लेकिन कभी कोई बात उनकी निगाहों से छिपी नहीं रह सकती।

कोई आराम मिलने का तो सवाल ही नहीं था क्योंकि सीओ ने मुझे उस दिगी जिस पर मोर्चे थे की खबर लाने के लिए कह दिया। चौद्दाग्राम का मुख्य सुरक्षा इलाका उसी के इर्द-गिर्द था। मुझे एक उपयुक्त फॉर्मिंग अप पॉइंट (एफयूपी) तलाशने का भी जिम्मा दे दिया गया जहाँ हमले के लिए मजबूत आधार खड़ा करने के इरादे से किसी कम्पनी को टिकाया जा सके।

दिगी दरअसल एक तालाब के किनारे बनी बन्ध सरीखी ऊँची मजबूत रोक थी। यह मिट्टी का वो ढेर था, जो तालाब की खुदाई के वक्त निकला होगा। उसके पीछे पाकिस्तानी मोर्चेबन्दी बमुश्किल ही दिख रही थी। बन्ध के ऊपर कुछ पेड़ व झोंपड़ियाँ तो नजर आ रही थीं, लेकिन दुश्मन के बंकरों की पहचान करना मुश्किल था। इसी दिगी के दक्षिण व पश्चिम में चौद्दाग्राम गाँव फैला हुआ था। उस जगह 23 पंजाब की एक कम्पनी से ज्यादा ही बड़ी टुकड़ी मोर्चे पर थी। बटालियन का मुख्यालय थोड़ा पीछे की तरफ था।

मैंने 2 दिसम्बर की रात तक उस इलाके का नक्शा तैयार कर लिया। मैंने लौटकर सीओ को रिपोर्ट की और सुझाव दिया कि हम दिगी से 2 किलोमीटर दूर अंग्रेजी के एल अक्षर के आकार में बनी एक स्कूल की इमारत और उसके परिसर को बेस के तौर पर इस्तेमाल कर सकते हैं। स्कूल व दिगी के बीच एक ऊँची सड़क हमें पाकिस्तानी पोजीशन से बचाती थी। उसके बाद मुझे अल्फा और चार्ली कम्पनियों के कमांडर मेजर रायज़ादा और मेजर कुकरेती के साथ वापस जाने को कहा गया ताकि मैं हमलावर कम्पनी कमांडरों को इलाके से वाकिफ करा सकूँ। मेजर कुकरेती दुश्मन के इलाके में मेरे पीछे चलने के खासे अनिच्छुक थे। वह बार-बार पीछे रह जाते और दबी-दबी आवाज में पूछते रहते थे, *"दुश्मन किधर है?"*

डेल्टा कम्पनी को 3-4 दिसम्बर की रात को होल्डिंग एरिया में जमा दिया गया। सबसे हैरानी की बात यह थी कि ब्रिगेड मुख्यालय ने 4 दिसम्बर को हमें दिन में हमला बोलने को कहा। एक रात पहले जंग के विधिवत ऐलान ने सबको थोड़ी राहत दी थी। हालाँकि तैयारी तो कई माह से चल रही थी और हम लम्बे समय से

युद्ध जैसी स्थिति में थे लेकिन असल जंग वाली बात तो उसमें नहीं थी। वैसे अब इस पर ज्यादा सोचने का वक्त नहीं था क्योंकि जैसे ही अँधेरा नीचे उतरा, डेल्टा कम्पनी ने अन्तरराष्ट्रीय सीमा पार करके अपनी लोकेशन पर मोर्चेबन्दी कर ली। बटालियन के भीतर हम लोगों को इस बात का अचम्भा था कि हमें दिन के उजाले में आगे बढ़ने को क्यों कहा जा रहा है। लेकिन बड़े कैनवास पर 23वीं डिवीजन के हमले का मुख्य दारोमदार हमारे उत्तर की तरफ रहने वाला था। गाँव के लिहाज से चौद्दाग्राम बहुत गैरजरूरी था, लेकिन पाकिस्तानी पोजीशन वहाँ से परीकोट जाने वाली और फिर उत्तर में चाँदपुर की ओर जाने वाली सड़क पर अवरोधक थी। इस लिहाज से यह जरूरी था कि पाकिस्तानी पोजीशन को साफ कर दिया जाये ताकि उस रूट का इस्तेमाल किया जा सके। इरादा यह था कि युद्ध की घोषणा के बाद इस रास्ते को डिवीजन के रखरखाव की मुख्य धुरी के रूप में इस्तेमाल किया जाये। बेलोनीया और परशुराम में पाकिस्तानी पोजीशन के खिलाफ हमें जो पहले कामयाबी मिली थी, उसी से शायद यह संकेत लिया गया था कि पाकिस्तानी सेना मानसिक रूप से कमजोर होगी और सामने से हमला बोलने पर ज्यादा देर टिक नहीं पायेगी। बहरहाल, उनकी मानसिक स्थिति जो भी हो, पाकिस्तानी कम्पनी घिरी हुई थी और 23 पंजाब के सामने लड़ने के अलावा और कोई विकल्प नहीं था। लेकिन दिन के उजाले में सामने से हमला बोलना दुश्मन के हाथों में खेलना था। दिगी पर पाकिस्तानी पोजीशन को नजदीक से देख चुकने के चलते, मैंने सीओ के सामने विरोध जताया। मैंने कहा, "सर, दिन की रोशनी में हमला करना आत्मघाती होगा। वे हमें सीमा पार से आते हुए साफ देख सकते हैं।"

नक्शे को ध्यान से देखते हुए और दिमाग में हर बारीक चीज को बैठाते हुए उन्होंने कहा, "ये आदेश हैं। हमें वही करना होगा जो ब्रिगेड कहती है।"

उसके बाद मेजर रायज़ादा आये और रास्ता दिखाने के लिए सीओ से आईओ को आगे भेजने को कहा। स्वाभाविक रूप से कम्पनी कमांडरों की निगाह में पूरी यूनिट में मैं ही सबसे फिजूल व्यक्ति था। सीओ ने मेजर रायज़ादा की बात काटते हुए कहा, "तुम रास्ता जानते हो, तुम आगे रहो।"

जगदीप वर्मा की जगह ले चुके मेजर धरम भल्ला के नेतृत्व वाली ब्रेवो कम्पनी को हमारे साथ ही इकट्ठा होना था। लेकिन दक्षिण की ओर उसके पास कोई दूसरा लक्ष्य भी था, इसलिए वह चौद्दाग्राम पर तात्कालिक हमले में शामिल नहीं थी। रायज़ादा व सीओ के बीच तकरार के बावजूद आगे मुझे ही रहना पड़ा। अल्फा कम्पनी के पीछे सीओ व टैंक हेडक्वार्टर थे और उनके पीछे कुकरेती के नेतृत्व वाली चार्ली कम्पनी।

हमने अन्तरराष्ट्रीय सीमा के पार पाँव धरे ही थे कि गोलाबारी शुरू हो गयी। साफ था कि दिगी पर पाकिस्तानी सैनिक हमें साफ देख रहे थे। वे परीकोट में तैनात 105 मिमी की तोपों से गोले दाग रहे थे। मेरे दो दिन पहले ही तोपों की

सही-सही लोकेशन बता देने के बावजूद ब्रिगेड मुख्यालय उन तोपों को बेअसर करने के लिए हवाई हमला बुलाने में नाकाम रहा था। हवाई गोले के बाद एक गोला जमीन पर दागा गया, फिर हवा में और उसके बाद फिर जमीन पर और यह सिलसिला चलता रहा। हम हमला शुरू होने से पहले ही नुकसान उठा रहे थे। मैंने अपने पीछे देखा तो अल्फा कम्पनी का कोई नामोनिशान न था। केवल सीओ और बटालियन हेडक्वार्टर थे। ऐसे में जो भी चीज बचाव के लिए मिली, उससे खुद को छिपाते हुए हमने सड़क वाले बन्ध का रास्ता लिया और किसी तरह डेल्टा कम्पनी के बेस तक पहुँच गये।

फायरिंग शुरू होते ही अल्फा कम्पनी भागकर उत्तर की ओर हो ली थी और बाद में बड़े मुश्किल रास्ते से किसी तरह एफयूपी पहुँची। लेकिन मेजर धरमपाल कुकरेती और उनकी चार्ली कम्पनी का कोई नामोनिशान नहीं था। उस समय तक एफयूपी पर भी गोलाबारी शुरू हो गयी थी। अल्फा व चार्ली कम्पनियों के नदारद होने से पूरी तरह भ्रम की स्थिति थी। हमारी मेडिकल पोजीशन तीन किलोमीटर पीछे थी और लिहाजा हमें तुरन्त अपना ध्यान जख्मियों की चिकित्सा पर लगाना था। किसी भी घायल को वहाँ से निकाल पाने की गुंजाइश तो थी नहीं, इसलिए आरएमओ कैप्टन राजीव गर्ग ने स्कूल की इमारत को ही अस्पताल में तब्दील कर दिया। हमारी अपनी तोपें भी दिगी पर फायरिंग कर रही थीं। टॉम मैथ्यू की मोर्टार प्लाटून भी मैदान में उतर चुकी थी। हालाँकि दिगी पर सीधी फायरिंग मुमकिन नहीं थी क्योंकि मिट्टी के टीले और उसके पीछे तालाब हमारी फायरिंग को बेकार कर दे रहे थे।

अल्फा कम्पनी उत्तर के रास्ते एफयूपी पर पहुँच गयी लेकिन चार्ली कम्पनी का तब तक भी कोई पता नहीं था। यह तो हमें बाद में पता चला कि जैसे ही पाकिस्तानी तोपों ने अपना मुँह खोला, कम्पनी कमांडर नीचे होकर छिप गये। नेता के दुबकने के बाद भ्रम व दुविधा में कम्पनी के लड़के इस बात का इन्तजार करते रहे कि उन्हें आगे कुछ करने के लिए कहा जाये। कुछ देर में ब्रिगेड कमांडर खुद वहाँ पहुँचे और उन्होंने मेजर कुकरेती को आगे बढ़ने के लिए धकियाया। उन लोगों ने भी एफयूपी पहुँचने के लिए उत्तर का वही रास्ता लिया जिससे अल्फा कम्पनी पहले जा चुकी थी। उस समय तक सूरज सिर चढ़ चुका था।

चार्ली कम्पनी दिगी के नजदीक पहुँचने लगी। पूर्व से पश्चिम की ओर जा रही ऊँची परीकोट वाली सड़क की बदौलत वे पाकिस्तानी पोजीशन के चार सौ गज के भीतर पहुँच गये। उसके बाद अल्फा कम्पनी की एक प्लाटून ने बन्ध की तरफ सीधा हमला बोला। इस तरह दिगी पर हमला एक तरफ से शुरू हुआ। अल्फा कम्पनी के सारे लड़के धराशायी हो गये। चार्ली कम्पनी ने बन्ध के ऊपर जाने की कोशिश की लेकिन यूएमजी व एमएमजी की फायरिंग ने आगे बढ़ने की हर

कवायद बेकार कर दी।

पाकिस्तानी रणनीतिकार अब भी तोपखाने से गोलाबारी करवाये जा रहे थे। उसके अलावा दिगी पर उनकी पोजीशन से लगातार फायरिंग ने हम लोगों के सामने बारूद की दीवार सी खड़ी कर दी थी। हताहतों की संख्या लगातार बढ़ रही थी। पन्द्रह लोगों की जान जा चुकी थी और उसका तीन गुना जख्मी थे। युद्ध के उस माहौल में मैं एक विशुद्ध फायरमैन की तरह जख्मी सैनिकों को कन्धे पर लादकर इधर से उधर दौड़ रहा था। चार्ली कम्पनी के एमएमजी डिटैचमेंट कमांडर का सिर एक गोली लगने से खुल गया था। लेकिन इन सबके बावजूद लड़के जमे हुए थे ताकि उन्हें खुद को साबित करने का कोई मौका मिल सके।

उधर स्कूल की इमारत में मैं बिल्कुल भौचक्का-सा गर्ग की मदद कर रहा था। शहीद हुए सैनिकों को लाया जा रहा था और घायलों की संख्या भी खतरनाक तरीके से बढ़ती जा रही थी। अब मेरे डॉक्टरी कौशल का भी बखूबी इस्तेमाल हो रहा था। मैं मार्फिन के इंजेक्शन लगा रहा था और जितना सम्भव हो सकता था, जख्मों पर मरहम-पट्टी भी कर दे रहा था। स्कूल की बिल्डिंग के भी निशाना बन जाने से हालात और खराब हो गये थे। दीवार के सहारे मेरे साथ खड़े डेल्टा कम्पनी के तीन जवान मारे गये थे। यह बिल्कुल लॉटरी जैसा था—हममें से कुछ बच गये और कुछ नहीं।

एमएमजी डिटैचमेंट कमांडर का बचना बहुत मुश्किल लग रहा था। गर्ग ने उसकी ओर या यूँ कहा जाये कि उसके बचे-खुचे शरीर की ओर देखा और काम में जुट गये। किताब में लिखे हर कायदे को किनारे करते हुए उन्होंने तुरन्त सर्जरी कर डाली। गर्ग के अद्भुत काम ने उस रोज कई जानें बचायीं। इसने मेरे इस यकीन को भी मजबूत किया कि उस 'नाजुक घंटे' में किसी भी व्यक्ति की जान बचाने के लिए क्या किया जा सकता है, इसका फैसला लेने का अधिकार आरएमओ को दिया जाना चाहिए।

दिन के इस हमले की हवा निकल जाने के बाद दूसरा हमला बोलने के लिए रात के अँधेरे की आड़ का इन्तजार करने के अलावा कोई चारा न था। धरम भल्ला की ब्रेवो कम्पनी को भी हमारे साथ जुड़ने के लिए कहा गया था। उसने अपना रात का काम महज इक्का-दुक्का नुकसान के साथ कामयाबी से पूरा कर लिया था।

सीओ ने अफसरों के साथ मशविरा किया। यह तय किया गया कि हम स्थिति को दुरुस्त करके भोर होने से पहले अँधेरे में फिर से हमला बोलेंगे। सूरज के डूबते ही हमने चार्ली कम्पनी को पीछे खींचा और अल्फा कम्पनी को पूर्व की ओर थोड़ा आगे भेजा। हमारी तरफ से यह सारा काम पूरा ही हुआ था कि पाकिस्तानी कमान ने यूएमजी व एमएमजी टुकड़ियों को सड़क वाले बन्ध की ओर भेजकर वहाँ से ताबड़तोड़ गोलियों की बरसात शुरू कर दी। उससे स्कूल की इमारत को खासा नुकसान पहुँचा और इस सारे भ्रम में ऐसा प्रतीत होता था कि हम पर सीधा हमला

होने जा रहा है। मुझे ऐसा साफ लग रहा था कि पाकिस्तानियों की कोशिश हमें उखाड़ फेंकने की होगी। इसलिए मैंने सीओ को सुझाव दिया कि हमें जल्दी हमला बोल देना चाहिए। लेकिन ब्रेवो कम्पनी अभी अपनी तय जगह की ओर बढ़ ही रही थी, इसलिए यह तय किया गया कि इस पाकिस्तानी गोलीबारी का चुपचाप सामना करें और देखा जाये कि क्या वे जवाबी हमला करने का जोखिम उठायेंगे। कुछ देर में गोलीबारी की तेजी कम हो गयी और बस बीच-बीच में एमएमजी गरज पड़ती थी।

शाम के रात में तब्दील होते ही मैं बाहर गश्त पर जाने की तैयारी करने लगा। डेल्टा कम्पनी के कैप्टन वशिष्ठ उस कमरे के बगल में ही जमीन पर लेटे थे, जिसमें शहीद हुए सारे लोगों को रखा गया था। मुझे देखकर, वह खड़े हो गये और थोड़ा आराम करने को कहा। मैंने उनसे कहा कि मैं आईओ हूँ और गश्त का नेतृत्व करना मेरा काम है। परीकोट की गश्त के बाद से मुझे नींद लेने का कोई मौका न मिला था। लगातार तीन रात की थकान अपना असर भी डाल रही थी। वशिष्ठ ने मुझे मुँह बन्द करके जमीन पर वहाँ सोने को कहा, जहाँ वह लेटे थे। उन्होंने कहा कि गश्ती पार्टी को वह लेकर जायेंगे। मेरा दिमाग उस समय काम करना बन्द कर चुका था, उसमें कहीं कोई भाव न था। मैं जमीन पर उनकी जगह पसर गया और अपने बगल में पड़े मुर्दों से बेपरवाह होकर तुरन्त सो भी गया। वशिष्ठ ने सीओ से कहा कि मुझे सोने दिया ज़ाये और वह खुद बाहर जा रहे हैं। देवराज दत्त ने फिर उसी हिसाब से वशिष्ठ को सारी ब्रीफिंग दी और फिर वह जवानों की एक टुकड़ी को लेकर दिगी की ओर चले गये। उन्होंने दुश्मन की टुकड़ियों द्वारा बीच-बीच में एमएमजी से की जा रही फायरिंग की भी परवाह नहीं की।

कुछ देर बाद ही मुझे जगाकर बताया गया कि वशिष्ठ घायल हो गये हैं और उन्हें भीतर लाया जा रहा है। उनकी गश्ती पार्टी ने पश्चिम की तरफ से दिगी की ओर जाने का एक वैकल्पिक रास्ता ढूँढ़ने की कोशिश की थी। कुछ देर बाद एक जवान ने वशिष्ठ को बताया कि वह इलाका बारूदी सुरंगों से लैस नज़र आता है। तुरन्त ही उस अफसर ने सारे लड़कों को एक कतार में उसके पीछे रहने को कहा और आगे बढ़ते रहे। ऐसे में जो होना था, वो हो ही गया। उन्हें बेहोशी की हालत में वापस लाया गया, उनका एक पंजा उड़ गया था। उसकी मरहम-पट्टी का काम मेरे जिम्मे था। मुझे बाद में बताया गया कि मैंने उस ड्रेसिंग का काम काफी बढ़िया किया और इस कारण उनकी पट्टी खोलने की नौबत अगले दिन सुबह अस्पताल में ही आयी। वशिष्ठ को बाद में इस बहादुरी के लिए वीर चक्र दिया गया।

5 दिसम्बर की सुबह होने से पहले हमने बिल्कुल किताबी शैली में दिगी पर हमला बोला। जवाब में ज्यादा चुनौती नहीं मिली। जितने लोग थे, उन पर तुरन्त काबू पा लिया गया। ज्यादातर पाकिस्तानी टुकड़ी रात में एमएमजी व यूएमजी की फायरिंग की आड़ में पीछे हट गयी थी। दिगी की ढलान चढ़ने के बाद हम वहाँ

मौजूद बंकरों का जाल देखकर हैरान हो गये थे। सारे बंकर रेंगने वाली खाइयों से एक-दूसरे से जुड़े थे। पीछे जहाँ से हम आये थे, वहाँ निगाह डालने के बाद यह बात हैरान करने वाली ही थी कि हमारा सफाया नहीं हुआ था। वह पूरी जगह एक मेज की सतह सरीखी थी। अगर हमने शुरुआती हमला रात में बोला होता तो हो सकता है, हमें कामयाबी मिल जाती, लेकिन दिन का हमला तो आत्महत्या करने से कतई कम न था।

पाकिस्तानी टुकड़ियाँ रात में 11 बजे के करीब निकलनी अलग होनी शुरू हो गयी थीं और पाँच किलोमीटर पीछे परीकोट की तरफ बटालियन मुख्यालय में लौट गयी थीं। वहाँ से पूरी बटालियन परीकोट की तरफ और पीछे हटने लगी, लेकिन तड़के उसके रास्ते में 3. डोगरा द्वारा लगाये गये अवरोधक आ गये। 3 डोगरा ने 3-4 दिसम्बर की रात को ही पोजीशन अख्तियार कर ली थी और वे पाकिस्तानियों के चौद्दाग्राम से भागकर उधर आने का इन्तजार ही कर रहे थे। दरअसल, पूरे दिन डोगरा यूनिट के जवान चौद्दाग्राम व परीकोट के बीच पाकिस्तानियों के रेडियो सन्देशों को इंटरसेप्ट करते रहे थे। वे सुन रहे थे पाकिस्तानी अग्रिम मोर्चे के उन सब रेडियो सन्देशों को जो हमारे ऊपर गोलाबारी के लिए दिये जा रहे थे। पाकिस्तानी टुकड़ी के पास आने पर डोगरा रेजीमेंट के अफसर ने उन्हें हथियार डालने को कहा।

डोगरा पोजीशन के पास वाली पाकिस्तानी टुकड़ी ने संकेत दिया कि वे अपने हथियार डाल रहे हैं। तब कम्पनी कमांडर मेजर गहलोत पाकिस्तानियों को यह बताने के लिए बाहर आये कि उन्हें क्या करना है। लेकिन पाकिस्तानियों ने उन्हें तुरन्त मार गिराया। इस धोखेबाजी वाली हरकत का नतीजा यह हुआ कि डोगरा का हर हथियार पाकिस्तानियों पर बरस पड़ा। उन्होंने पाकिस्तानियों को पूरी तरह से घेर लिया था और मोर्टार व एलएमजी से उन पर हमला बोल दिया। पाकिस्तानी 23 पंजाब को भारी नुकसान हुआ, उसकी लगभग दो कम्पनियों को पूरी तरह नेस्तनाबूद कर दिया गया था। लेकिन उनके बटालियन मुख्यालय की मुख्य टुकड़ी अँधेरे का फायदा उठाकर परीकोट की तरफ भाग निकली। कुछ दिन बाद उसका सामना हमसे जो होना था।

x x x

पीछे स्थिति सुदृढ़ करने और सड़क के रास्ते को अपने कब्जे में करने के लिए एक कम्पनी को छोड़कर हम पूर्वी पाकिस्तान में और भीतर घुस गये। बटालियन मुख्यालय तो पाकिस्तानी फौज छोड़ गयी थी, लेकिन वहाँ बरामद दस्तावेजों से इस बात की पुष्टि हो गयी कि चौद्दाग्राम में हमारा सामना करने वाली बटालियन 23 पंजाब ही थी। हम परीकोट की तरफ बढ़े और शाम तक हमने वहाँ पर नियन्त्रण स्थापित कर लिया। पाकिस्तानियों ने नदी के पार जाने वाला वह पुल उड़ा दिया

था, जहाँ कुछ रातों पहले ही मैं रज़ाकारों से दो-दो हाथ करने की फिराक़ में था। तोपें भी वहाँ से हटा ली गयी थीं। इसलिए हमने देसी नावों पर नदी पार की। लेकिन पुल के टूट जाने से उस जगह से आगे हमारा कोई वाहन नहीं जा पाया।

वाहन न जा पाने का मतलब था कि रसद भी नहीं। हम सब लगातार चल रहे थे बिना इस परवाह के कि रसद की गाड़ियाँ पीछे ही रह गयी हैं। डिवीजनल मुख्यालय भी वहाँ मौजूद था और मैंने सीओ को जीओसी 'रॉकी' हीरा से बात करते देखा। जनरल एक गोरखा अफसर थे। वह वाकई चट्टान की तरह मजबूत थे और बेहद शान्त नियन्त्रण का आभामंडल सरीखा उनसे फूटता था। उनकी जोंगा पर एक सीधा गोला पड़ा था परन्तु वे फिर भी शान्त रहे और इससे उनकी छवि मजबूत हुई थी। जवानों को यह महसूस हुआ था कि जीओसी भी उन्हीं की तरह जोखिम उठा रहे हैं।

हम 6 दिसम्बर की रात तक बिना भोजन के थे। सबके पास आपात राशन के नाम पर बस थोड़े से शक्करपारे थे। बटालियन मुख्यालय के इस हिस्से के साथ मौजूद खानसामा मणि राम भी इस ख़याल से परेशान थे कि हम सब भूखे हैं। मणि *"राम नामका चू"* के बचे हुए शूरवीरों में से थे। उन्हें 1962 की लड़ाई में चीनियों ने कैदी बना लिया था। लगातार चलने के बाद भी किसी तरह मणि राम ने एक बत्तख, थोड़े धान और कुछ अनजान सब्जियों का इन्तजाम कर लिया। बत्तख ने बांग्लादेश की मुक्ति के लिए खुद को बलि चढ़ाया और उस शक्तिदायक गोश्त ने हम सबको मानो नया जीवन दे दिया।

अगली सुबह डोगरा कम्पनी के हमले से बचकर भाग निकले 23 पंजाब के बाकी जवान भी हमारी पकड़ में आ गये। सारे कैदियों को एक पुल पर जमा कर दिया गया। तब मैंने एक कैप्टन को देखा जो उनका एडजुटेंट था। वह उम्र में मुझसे बड़ा था। मैंने उससे पूछा कि उसने कुछ खाया है या नहीं।

"नहीं, पिछले दो दिन से हम लगातार भाग रहे हैं।"

"ये खाओ," मैंने अपने बैग से मुट्ठीभर शक्करपारे निकालकर कैप्टन को दिये। "थोड़े से लो, यह हमारी आपात रसद है," मैंने कहा।

वह ऐसे ही खड़ा रहा, कुछ दुविधा में और काफी डरा हुआ। लेकिन उसने शक्करपारे खाने की कोई कोशिश नहीं की। वह बस उन्हें घूरता रहा।

तब अचानक मुझे अहसास हुआ, "अरे! यह समझ रहा है कि इनमें जहर मिला हुआ है।" तब मैंने उसके हाथ में से कुछ शक्करपारे उठाकर अपने मुँह में डाल लिए। कैप्टन की आँखों में आँसू आ गये।

बाकी कैदियों के साथ-साथ मेरे जवान भी यह तमाशा देख रहे थे। हमारे लगभग सभी जवानों ने अपने बैगों में हाथ डाले और जो मिला वह पाकिस्तानियों को देने लगे। उनमें से कुछ ने तो अपने केतली का पानी भी उनसे बाँट लिया।

उनके एडजुटेंट ने मेरी तरफ देखकर कहा, "शुक्रिया।"

मैं मुड़कर चलने लगा तो उसने अपना हाथ मेरे कन्धे पर रखा। "पता है, मुझे हमेशा यह सिखाया गया कि हिन्दुस्तानी सबसे बड़े कमीने होते हैं—हैवान सरीखे, बेहद बर्बर, जो मारने से पहले हमें बहुत यातना देते हैं। लेकिन यहाँ आप लोग हमें अपना खाना व पानी दे रहे हैं," कहते हुए उसकी आँखों के आँसू उसके चेहरे को भिगोने लगे।

मेरे पास कहने को कुछ न था, इसलिए मैं वहाँ से चल दिया। कम से कम एक पाकिस्तानी फौजी तो इस सारी बेवकूफी पर अफसोस कर रहा था। लेकिन पाकिस्तानी सेना की बर्बरता का चेहरा अभी पूरी तरह हमारे सामने आना बाकी था। हमें सैकड़ों कहानियाँ व घटनाएँ सुनने को मिलीं, जिनमें सबसे हाल की एक डोगरा अफसर को गोली मार देने की थी। एक और रिपोर्ट भी मिली कि हमारे कुछ इंजीनियर यूनिट के जवानों को 15 बलूच ने सड़क पर रोककर मार डाला था। इस बर्बरता और हैवानियत का नतीजा बदले में और ज्यादा अन्धाधुन्ध बर्बरता के रूप में ही होना था। इसलिए पाकिस्तानी युद्धबन्दियों को अब सबसे बड़ा खतरा *मुक्ति फौज* और *मुक्ति बाहिनी* से था। इससे हम इस बारे में तो निश्चिन्त थे कि कोई भी कैदी हमारी कैद से भाग निकलने का जोखिम नहीं उठायेगा। ऐसा होने पर स्थानीय लोग उन्हें वहीं का वहीं पीट-पीटकर मार देते।

डिवीजन ने युद्धबन्दियों का भी एक कैम्प स्थापित कर रखा था। हमने भी अपने कब्जे के बन्दियों को वहाँ छोड़ दिया, जिनके लिए जंग अब खत्म थी। कैम्प में मौजूद एक अन्य पाकिस्तानी लेफ्टिनेंट कर्नल रेवाड़ी के पास का था। उससे कुछ जानी-पहचानी जगहों के बारे में बात सुनना भी बड़ा अजीब लगा।

हमें चलते रहने और चाँदपुर के रास्ते में मुदफ्फर गंज पहुँचने के लिए कहा गया। बड़े कैनवास पर देखा जाय तो हर कोई आगे बढ़ता प्रतीत हो रहा था। भारतीय रणनीति यही थी कि पाकिस्तानी रक्षा पंक्ति को दरकिनार करके आगे बढ़ा जाये। दुश्मन के लिए यह समझ पाना मुश्किल था कि आखिर हो क्या रहा है। ऐसे में वह भीतरी इलाकों की ओर पीछे लौटकर स्थिति सँभालने की कोशिश कर रहा था। वहाँ वे घात लगाकर बैठी हमारी टुकड़ियों के हाथों में पड़ जाते थे। जो बच निकलते थे व आगे बढ़ते रहते थे। इस तरह 7 व 8 दिसम्बर के बीच की रात को एक आम धारणा यह बन रही थी कि हम भी आगे बढ़ रहे थे, पाकिस्तानी भी आगे बढ़ रहे थे और *मुक्ति बाहिनी* के दस्ते भी।

हमें बताया गया कि 1/11 जीआर मुदफ्फर गंज में है और पाकिस्तानियों ने उसे तीन तरफ से घेर लिया है। हमारा तात्कालिक जिम्मा यह था कि उनकी स्थिति को मजबूत करें और पाकिस्तानी घेरेबन्दी को तोड़ें। 1/11 जीआर के आईओ कैप्टन भँवर सिंह हमारे साथ आ मिले और जल्द ही हम उनके नेतृत्व में एक ऐसे रास्ते से गोरखा मोर्चेबन्दी की तरफ बढ़ने लगे जो बारूदी सुरंगों से मुक्त था। कम्पनी

कमांडर को तो पहले ही गोली लग चुकी थी, पाकिस्तानियों ने गोरखाओं की एक अग्रिम चौकी भी नष्ट कर दी थी। हमारे चारों तरफ भी अन्धाधुन्ध फायरिंग हो रही थी, लेकिन दिन निकलते-निकलते हम मोर्चे पर डट चुके थे। नतीजतन, हमेशा की तरह अँधेरे का लाभ उठाकर पाकिस्तानी फौज की मुख्य टुकड़ी पीछे खिसक गयी और हमें उलझाये रखने के लिए एक छोटी-सी टुकड़ी को छोड़ गयी।

मुदफ्फर गंज को काबू में कर लिया गया और उसके बाद एयर फोर्स का एक एमआई-8 हेलीकॉप्टर 1/11 जीआर के लिए रसद लेकर पहुँच गया। हम जहाँ कुछ शक्करपारों और कभी-कभार किस्मत से हाथ लग गयी बत्तख पर दिन काट रहे थे, वहीं उनके लिए ब्रेड, अंडे और तमाम चीजें उतर रही थीं। इसके लिए हमने यह कहते हुए उनकी खिंचाई भी की कि चूँकि 1/11 जीआर जीओसी की बटालियन है, इसलिए उसका खास ध्यान रखा जा रहा है और रसद आपूर्ति बहाल की जा रही है।

x x x

1/11 जीआर को वहाँ से हटा लिया गया और कहीं और तैनात कर दिया गया। उनकी पोजीशन हमने अख्तियार कर ली। अगले दिन, एक अन्य हेलीकॉप्टर नीचे उड़ता हुआ आया और चक्कर काटने के बाद ठीक हमारी पोजीशन के पास उतर गया। उसके रोटर्स चल ही रहे थे जब उसका दरवाजा खुला और एक लम्बा अफसर उतरकर हमारी ओर बढ़ा। 4 कोर्प्स के कमांडर लेफ्टिनेंट जनरल सगत सिंह ने चेतक के शोर के बीच ऊँची आवाज में पूछा, "कौन-सी यूनिट?"

"2 राजपूत।"

"देव राज दत्त को यहाँ बुलाओ, तुरन्त!" सीओ पहले ही जनरल की तरफ तेजी से बढ़ रहे थे। सगत सिंह ने कहा, "मैं अभी चाँदपुर के ऊपर से उड़कर आ रहा हूँ। पाकिस्तानी शहर को खाली कर रहे हैं। तुम अपनी बटालियन लेकर तुरन्त जाओ और उस पर कब्जा कर लो।"

"लेकिन हमारे पास कोई वाहन नहीं है," सीओ ने हलका-सा विरोध जताते हुए कहा।

"ठीक है, इन्तजाम करो। मुझे नहीं पता कि तुम कैसे वहाँ पहुँचोगे, लेकिन पहुँचो," कहते ही जनरल तुरन्त फिर से हेलीकॉप्टर में सवार हुए और देखते ही देखते आसमान में उड़ गये।

हमने चलने वाली हर चीज जुटाना शुरू किया—खस्ताहाल ट्रक से लेकर साइकिल रिक्शा तक। अचानक कुछ लोग एक लाल चमकता फायर इंजन कहीं से ले आये। सीओ तुरन्त उछलकर केबिन में भूप सिंह के साथ जा बैठे। कई और उस पर जहाँ-तहाँ लटक गये। इस तरह चाँदपुर की तरफ दौड़ शुरू हो गयी। बाकी पूरी यूनिट साइकिल रिक्शाओं की कतार में थी।

चाँदपुर मेघना नदी के पूर्वी छोर पर एक मझोले आकार का शहर था। मेघना में उस वक्त खूब पानी था और वह किसी सागर जैसी लग रही थी। पाकिस्तानी फौज के वहाँ से मैदान छोड़ने की प्रक्रिया लगभग पूरी हो चुकी थी। जवानों से लदी आखिरी नाव पानी में उतर ही रही थी। उसे देखते ही फायर इंजन पर सवार हम सभी लोगों के हथियार एक साथ गरज पड़े और वह स्टीमर जल्द ही जलमग्न हो गया। उसके बाद हमने शहर में प्रवेश किया। हर तरफ से 'जोय बांग्ला' का नारा लगाते हुए लोग बाहर निकल रहे थे। वे हँस रहे थे, रो रहे थे, नाच रहे थे और हमारी तरफ अंडे, चिकन व मछलियाँ—सब लेकर आ रहे थे। बड़ा काल्पनिक सा दृश्य था। दरअसल हम सब खुद बड़े भौचक्के थे। हमारे सामने चालू बिजली-पानी वाला एक शहर मौजूद था। अक्टूबर में त्रिपुरा में आने के बाद से हमने अभी तक बिजली नहीं देखी थी।

अगली सुबह हमें चाँदपुर छोड़कर 83 ब्रिगेड के बाकी हिस्से से जुड़ने को कहा गया। वह हमारे उत्तर में कोमिला व फेनी के बीच कहीं मौजूद थी। रात में हमारी यूनिट ने पाकिस्तानी सेना द्वारा पीछे छोड़ दिये गये कुछ इसुजू ट्रकों और जीपों पर कब्जा कर लिया। मुझे कुछ नक्शे जुटाने को कहा गया और उसके बाद मैं एक जीप में सवार होकर एक ड्राइवर और दो लोगों के अपने इंटेलीजेंस सेक्शन के साथ कोमिला रोड पर रवाना हो गया।

वहाँ से निकलकर हम एक तिराहे पर पहुँचे। वहाँ मिलिट्री पुलिस का एक जवान तैनात था। उसे वहाँ इसीलिए खड़ा किया गया था ताकि वह टुकड़ियों को कोमिला को बाईपास करके जाने का रास्ता बता दे। चाँदपुर तक हमें जो मार्च करना पड़ा, उसके चक्कर में हमें इस बात का कोई गुमान ही नहीं था कि हमारे उत्तर में हो क्या रहा है। इस बात से तो हम कतई वाकिफ नहीं थे कि कोमिला अभी तक पाकिस्तान के ही कब्जे में है। हमारे लिए फेनी रोड पर जाने का सीधा रास्ता स्वाभाविक रूप से कोमिला शहर से होकर ही था।

सीएमपी एक सिख जवान था, जिसे इस बात की कतई कोई परवाह नहीं थी कि कौन सा शहर किसके नियन्त्रण में है। जब मैंने उससे पूछा कि क्या मैं सीधा कोमिला शहर के रास्ते होता हुआ जा सकता हूँ तो उसने बिल्कुल टूरिस्ट गाइड वाले अन्दाज में कहा, "जाना है तो चले जाओ।"

हमने बिल्कुल खुशहाल अन्दाज में हाथ हिलाकर उससे विदा ली और कोमिला की ओर रवाना हो गये। हमने आश्वस्त भाव से शहर में प्रवेश किया। पहले तो लोग हमें घूरकर देखते रहे, फिर अचानक उस इलाके में 'जोय बांग्ला' के नारों की गूँज होने लगी। आदमी, औरत व बच्चे सड़कों पर बाहर निकल आये और हमारी अकेली जीप को तमाम तरह के तोहफों से लादने लगे।

कोमिला शहर में मुख्य रूप से *मैनामोती* कैंट ही था। पाकिस्तानी सेना कैंट

इलाके में भीतर जाकर रक्षात्मक पोजीशन अपना चुकी थी। इससे पहले कि कोई पाकिस्तानी गश्त बाहर आकर हमारी 'मुक्ति' पार्टी में पलीता लगाती, समझदारी इसी में थी कि हम चलते रहते। शहर से बाहर होकर हमने राहत की साँस ली। वहाँ से हमने दक्षिण की तरफ मुड़कर फेनी रोड पकड़ ली और फेनी के आगे ब्रिगेड की लोकेशन तक पहुँच गये।

हमारी बटालियन के बाकी लोग पीछे-पीछे उसी तिराहे पर पहुँचे। एडजुटेंट कँवर मोहिन्दर सिंह ने सीएमपी से हमारी जीप के बारे में पूछा। उसने बताया कि हम सीधे कोमिला की ओर चले गये हैं। यह सुनकर एडजुटेंट को झटका लगा क्योंकि वह इस बात से वाकिफ थे कि कोमिला शहर तकनीकी दृष्टि से अभी तक दुश्मन से मुक्त नहीं हुआ था। तुरन्त सलाह-मशविरा करके बटालियन ने यह तय किया कि वह हमारे ही रास्ते पर चलेगी। जैसे ही वह शहर में घुसी, स्थानीय आबादी का जोश व उत्साह और जोरों से फूट पड़ा। किस्मत की बात थी कि बटालियन भी बिना किसी प्रतिकूल घटना के शहर से पार हो गयी। मुझे पता था कि अगर कभी किसी को मेरी समाधि पर पत्थर लगाना पड़ता तो उस पर यही लिखा जाता, 'भारतीय सेना का लेफ्टिनेंट जिसने कोमिला को मुक्ति दिलायी।' उस समय मैनामाती कैंट के भीतर बैठी पाकिस्तानी फौज इस घटना के बारे में क्या सोच रही थी, यह कभी पता नहीं चल पाया।

10/11 दिसम्बर की रात तक हमारी बटालियन ब्रिगेड से जा मिली थी। हम लोगों का लक्ष्य अब चिटागाँव (चट्टाग्राम) था। ज्यादातर इसुजू ट्रकों के क्लच फुँक गये थे क्योंकि हमारे ड्राइवर इतनी एडवांस टेक्नोलॉजी वाले ट्रक चलाने के आदी नहीं थे। चटगाँव पर हमले की योजना बन रही थी और ब्रिगेड में काफी हलचल थी।

अब जो इलाका हमारा सामने था, उसका भूगोल काफी अलग था। चटगाँव के पहाड़ी इलाके (हिल ट्रैक्ट्स) का विस्तार हमारी बायीं ओर उत्तर से दक्षिण तक था। वहीं सड़क का रास्ता बंगाल की खाड़ी और पहाड़ी तराई के बीच समतल मैदानी इलाके से गुजरता था। इसमें कोई दो राय नहीं था कि उस सड़क की सुरक्षा यकीनन पाकिस्तानी फौज के हवाले थी। लिहाजा हमारे पास इसके सिवाय कोई विकल्प नहीं था कि हम हिल ट्रैक्ट्स के जरिये रास्ता खोजें और पाकिस्तानी फौज के पीछे जा धमकें। यह कहना तो आसान था लेकिन करना कहीं मुश्किल। घनी जंगली घाटियाँ पूरब से पश्चिम की ओर थीं। इसलिए हमें पहले नीचे उतरना था और फिर लगातार चढ़ाई करनी थी। रास्ता खोजने वाले के रूप में मेरी शोहरत हर जगह मुझसे पहले पहुँच जाती थी। लिहाजा एक बार फिर मैं अपेक्षाकृत दुर्गम तराई में रास्ता खोजने वाले सेक्शन का नेतृत्व कर रहा था। हमने 12 दिसम्बर की सुबह शुरुआत की और बेहद घने जंगल से जूझते रहे। कुछ समय बाद हमने सड़क व समुद्र तट की दिशा में ढलान की ओर जाने की कोशिश की। तुरन्त ही दुश्मन की ओर

से फायरिंग होने लगी। फिर रुख पहाड़ी जंगल की ओर कर हम चलते रहे...चलते रहे, कभी ऊपर तो कभी नीचे। आखिरकार मैंने इस पागलपन को रोकने का फैसला किया। मेरे सेक्शन में एक जवान लम्बी दूरी का धावक था। जब मैं बटालियन में शामिल हुआ था तो उसने मुझे उल्लू बनाने की खूब कोशिश की थी। उसे पता था कि मैं सेक्शन के बाकी जवानों से ज्यादा चला हूँ। उसने मेरे बूट उतारने में मुझे मदद करने की पेशकश की। लेकिन मैंने उसे कहा कि पहले वह अपने पाँव सुखा ले और यह सुनिश्चित कर ले कि सारे जवानों को थोड़ा आराम मिल जाये। उसके बाद हमने वापसी का दुष्कर सफर शुरू किया।

जब मैंने लौटकर सीओ को रिपोर्ट किया तो रात हो चुकी थी। मैंने उन्हें बताया कि रास्ता बहुत मुश्किल है, इतने सारे लोगों को इतनी दुर्गम तराई से ले जाने में बहुत वक्त लगेगा। सीओ ने यह सन्देश ब्रिगेड मुख्यालय को पहुँचा दिया। तुरन्त मुझे मुख्यालय को भी यह जानकारी देने को कहा गया। जब मैं वहाँ पहुँचा तो ब्रिगेडियर सन्धु के साथ 3 डोगरा के सीओ भी मौजूद थे। मैंने जो कुछ अपने सीओ को कहा था, वो वहाँ भी दोहरा दिया।

अजीत चोपड़ा सीओ 3 डोगरा ने यह निष्कर्ष निकाला कि मैं इलाके को सही तरीके से समझ नहीं पाया हूँ। उन्होंने पहाड़ी इलाके के बीच में नक्शे पर तहसीलों के बीच की सीमा दर्शाने वाली काले बिन्दुओं वाली एक रेखा को इंगित करते हुए कहा कि मैंने उस रास्ते को क्यों नहीं तलाशा जबकि वह नक्शे पर इतना साफ दिख रहा है। किसी लेफ्टिनेंट से जब इस तरह का सवाल पूछा जाये तो वह केवल यह बुदबुदा ही सकता है कि वह कोई रास्ता नहीं है। लेकिन जब उसे यह कहा जाये कि वह बच्चा है और नक्शे को पढ़ना अभी जानता नहीं, तो उसके पास कहने को कुछ नहीं रहता। मुझे आदेश दिया गया कि मैं फिर से गश्त लेकर जाऊँ और उस नामुराद रास्ते को खोज निकालूँ। बहुत साफ था कि मुझे फिर से जाना पड़ेगा और मुझे यह भी पता था कि उससे भूगोल बदलने वाला नहीं था। मैंने डोगरा सीओ की तरफ सीधे देखते हुए कहा, "क्या मुझे कुछ और लोग मिल सकते हैं? हो सके तो डोगरा कमांडो सेक्शन से?"

अजीत चोपड़ा के पास मना करने की कोई वजह नहीं थी खासकर जब ब्रिगेड कमांडर सामने थे। "हाँ, इसमें कोई दिक्कत नहीं। कैप्टन सिरोही दस लोगों को लेकर तुम्हारे साथ जायेंगे।"

सिरोही मुझसे सीनियर थे। इसका मतलब यह था कि गश्त की ऑपरेशनल कमान उन्हीं के पास रहेगी। मुझे इससे कतई कोई दिक्कत नहीं थी। अगर डोगरा सीओ को इस हकीकत का सामना करना ही था कि नक्शे को पढ़ने की उनकी काबिलियत सिफर थी, तो बेहतर था कि उन्हें यह मेरे मुँह से नहीं सुनना पड़ता। तीन घंटे की नींद के बाद हम फिर से रवाना हो गये। हम फिर से जंगल में पहुँच

गये और ऊपर व नीचे का मार्च फिर से शुरू हो गया। हम उस काले बिन्दुओं वाली रेखा को ढूँढ़ते रहे लेकिन इंसानों के जाने का रास्ता तो क्या, हमें जानवरों के चलने का रास्ता तक नजर न आया।

आखिरकार कुछ घंटे उस बेकार की खोज में जाया करने के बाद मैंने सिरोही से कहा, "तुम अब जाकर बता सकते हो कि कहीं कोई रास्ता नहीं है।" उसने गर्दन हिलायी और चौड़ी मुस्कान बिखेरते हुए कहा, "तुम मुझे निबटवा दोगे।"

तब हमारा सामना कुछ शरणार्थियों से हो गया जो एक घाटी में छिपे हुए थे। जब उन्हें पता चला कि हम हिन्दुस्तानी हैं तो उन्होंने उनके पास खाने के लिए जो कुछ भी था, वह हमारे सामने पेश कर दिया। लेकिन हमारी रुचि पाकिस्तानी पोजीशन के बारे में यथासम्भव जानकारी हासिल करने में थी। उन्होंने हमारे सामने काफी साफ-सी तस्वीर रखी। हमने तय किया कि हम अपने निकट की कुछ पोजीशन को टटोलें और तुरन्त ही जवाब में फायरिंग मिली। सूरज ढलने के समय हमने वापसी का सफर शुरू कर दिया।

घाटी में हाथी घास ने हमारे लिए कुछ भी देख पाना नामुमकिन बना दिया। साथ ही तेजी से घिरते अँधियारे ने हमें भटका दिया। अब जरूरी यह था कि कोई भी जवान मुख्य पार्टी से किसी तरह अलग न हो जाये। फिर पाकिस्तानी भी जानते थे कि हम उस इलाके में गश्त पर हैं। इसलिए उनसे किसी मुठभेड़ में फँसने की गलती भी हम नहीं करना चाहते थे। कुछ देर हम भटकते रहे और फिर सिरोही ने यह फैसला किया कि हम सब पास-पास इकट्ठा होकर वहीं बैठ जायें। यह साफ था कि हम रास्ता खो चुके थे। हम आग जला नहीं सकते थे, इसलिए ठंड से बचने के लिए हमने थोड़ी घास काटकर उसे अपने ऊपर ओढ़ लिया। सुबह हुई तो हम फिर रवाना हुए। सूरज की रोशनी से थोड़ी गर्मी मिली और दोपहर तक हम फिर से ब्रिगेड मुख्यालय पहुँच गये।

अगली सुबह 2 राजपूत ने 'दाह' से काटकर रास्ता साफ करना शुरू किया और ब्रिगेड आगे बढ़ी। अब तक हमें यह पता चल चुका था कि ढाका पर शिकंजा कस चुका है। ट्रांजिस्टर खराब सिग्नल के बावजूद आल इंडिया रेडियो पर प्रसारित हो रही मानेकशॉ की इस अपील को पकड़ ही ले रहे थे जिसमें उन्होंने पाकिस्तानी सेना से हथियार डालने को कहा था। हालाँकि हम लोग आगे बढ़ते रहे। जैसे ही 16 दिसम्बर का सूरज उगा, युद्ध-विराम की खबर आ गयी। उस समय जंग जीतने का उन्माद कम और इस बात की राहत ज्यादा थी कि हमें उस पहाड़ी रास्ते पर तकलीफदेह मार्च का कष्ट अब बरदाश्त नहीं करना होगा। समूची ब्रिगेड मानो पहाड़ी के ढलान से लुढ़कती हुई तटीय रास्ते पर आ पहुँची।

वहाँ हमें पाकिस्तान का बर्मा शेल परिसर मिला। उसका मैनेजर एक ब्रिटिश था जो गोरखाओं के साथ रह चुका था। पाकिस्तानी फौज के हथियार डालने की

खबर वहाँ हमसे पहले पहुँच चुकी थी, इसलिए वहाँ हमारे पहुँचने पर शानदार नाश्ता तैयार था। चटगाँव में पाकिस्तानी गैरिसन से सम्पर्क साधा गया। कुछ ही घंटों में पाकिस्तानी सेना की एक टुकड़ी हमें लिवाने आ पहुँची। कलफ लगी उनकी खाकी वर्दियाँ बिल्कुल कड़क थीं, जबकि हम सबकी वर्दियाँ जंगियों जैसी थीं। हालाँकि सबसे बड़ा अन्तर इस बात का था कि पाकिस्तानी हताश व हारे हुए लग रहे थे, जबकि हम लोगों की खिलखिलाहट रोके नहीं रुकती थी। हमने खुशी से मदहोश बंगालियों के कन्धों पर सवार होकर चटगाँव में प्रवेश किया। वह क्षण भावनाओं में बहा ले जाने वाला था। मैं महज बीस साल का था और अब एक ऐसी फौज का हिस्सा था जिसने दूसरे विश्व युद्ध के बाद पहली बार किसी देश की सीमाओं को निर्णायक रूप से बदल दिया था और वह भी महज चौदह दिन में।

चटगाँव में पाकिस्तानी फौज की 97 इंडिपेंडेंट ब्रिगेड काबिज थी, जिसकी कमान ब्रिगेडियर अता मोहम्मद खान मलिक के पास थी। हालाँकि चटगाँव बन्दरगाह पर आईएनएस विक्रान्त से सी हॉक ने जमकर प्रहार किये थे, लेकिन पाकिस्तानी फौज का कोई खास नुकसान नहीं हुआ था। जिम्मेदारी की डिवीजन के तौर पर, 2 राजपूत को फौजदार हाट कैडेट कॉलेज में तैनात किया गया जबकि एक कम्पनी को शहर के भीतर तैनात किया गया। 3 डोगरा चटगाँव कैंट में पहुँच गयी और 8 बिहार को शहर के दूसरे हिस्से में तैनात कर दिया गया। इस बात की आशंका थी कि *मुक्ति बाहिनी* के कुछ लोग बदले की भावना में हिंसा पर उतर सकते हैं, इसलिए बहुत जरूरी था कि स्थिति को नियन्त्रण में रखा जाये। बड़ी संख्या में बिहारी मुसलमान आबादी के चलते भी स्थिति जटिल थी, जिन्होंने पाकिस्तानी सेना की मदद की थी और यहाँ तक कि बंगालियों पर ज्यादतियों में भी हिस्सा लिया था।

17 दिसम्बर को चटगाँव में समर्पण के दो समारोह हुए। बड़ी संख्या में टुकड़ियों—48 बलूच, 2 एसएसजी कमांडो, 60 व 61 विंग रेंजर्स, ब्रिगेड मुख्यालय, लॉजिस्टिक टीम, नौसेना की टुकड़ी और विमान-भेदी टुकड़ियों को मार्च कराके लाया गया। उनके जवान व जेसीओ आश्चर्यजनक रूप से काफी स्मार्ट व अनुशासित लग रहे थे। फौजदार हाट पर हमारे सीओ के सामने हथियार डाले गये जबकि कैंट में ब्रिगेडियर सन्धू के सामने।

पाकिस्तानियों ने अपने शस्त्र व अन्य हथियार समर्पित कर दिये। उनके कई जवानों की आँखों में आँसू थे। उन्हें महसूस हो रहा था कि पाकिस्तानी फौजी कमान ने उन्हें नीचा दिखा दिया है। बार-बार हमें यही बात सुनने को मिल रही थी कि "हमारे पास आपके जैसे अफसर होते तो हमें कोई छू भी नहीं सकता था।"

शुरू में तो मुझे लगा कि पाकिस्तानी सैनिक अपनी भड़ास निकाल रहे हैं। लेकिन जल्द ही हमें अहसास होने वाला था कि उनका आशय क्या था। उस दिन बाद में मैं कुछ अफसरों के साथ चटगाँव मेडिकल कॉलेज गया। वहाँ पहुँचकर

हम भौचक्के रह गये। हम एक 'नस्ल सुधार कैम्प' में पहुँच गये थे। लगभग सौ महिलाएँ, जिनमें से ज्यादातर गर्भवती थीं, हमारी तरफ निर्विकार भाव से ताक रही थीं। उन्हें यह समझने में कुछ वक्त लगा कि वे अब आजाद थीं। लेकिन जब उन्हें यह अहसास हुआ तो वे अपने को गोली मार देने की भीख हमसे माँगने लगीं। बार-बार बलात्कार की शिकार होने के बाद उनके पास अपनी अजन्मी औलादों के साथ जाने का कोई ठिकाना नहीं था। दूसरे विश्व युद्ध में नाजियों की करतूतों के बारे में हमने पढ़ा था। हमारे लिए मेडिकल कॉलेज का दृश्य भी उतना ही भयानक और अविश्वसनीय था।

ढाका में आत्मसमर्पण के बाद ढाका छावनी से भी इसी तरह की खबरें सामने आयीं। वहाँ से पाँच सौ साठ बांग्ला महिलाओं को आजाद कराया गया। उनमें से ज्यादातर को सैनिकों ने यूनिवर्सिटी से या घरों से उठा लिया था और उन्हें सैन्य वेश्याघरों में सेक्स गुलामों की तरह रहने के लिए मजबूर किया गया। इनमें से भी कई लड़कियाँ गर्भवती थीं और उनके पेट में 'युद्ध शिशु' पल रहे थे। चूँकि हमारे सारे कमांडर न केवल अल्पसंख्यक बिहारी समुदाय पर, बल्कि पाकिस्तानी युद्ध बन्दियों के खिलाफ भी *मुक्ति बाहिनी* की किसी भी बदले की कार्रवाई को रोकने को तत्पर थे, इसलिए पाकिस्तानी सेना इन अत्याचारों की सजा पाने से बच ही गयी। यह तथ्य भी हतप्रभ करने वाला था कि उस समय पाकिस्तान की पीठ पर हाथ रखने वाला अमेरिका भी इन सारी करतूतों से वाकिफ था। उस युद्ध के तीस साल बाद अमेरिका ने जब अपने पुराने गोपनीय दस्तावेजों को सार्वजनिक किया तो उनमें यह साफ था कि तत्कालीन निक्सन प्रशासन को पाकिस्तानी सेना द्वारा छेड़े गये इस जनसंहार की विस्तृत खबरें अपने ही लोगों से मिल रही थीं। लेकिन इसके बावजूद अमेरिका न केवल पाकिस्तान को बांग्लादेश में समर्थन देता रहा बल्कि युद्ध को प्रभावित करने के इरादे से उसने अपना सातवाँ बेड़ा भी उस इलाके में भेजा। इससे साफ है कि अमेरिका व पाकिस्तान के सामरिक सम्बन्ध कितने गहरे जुड़े हैं।

सबसे बदतर बात तो यह थी कि *मुक्ति बाहिनी* के हाथों में पड़ जाने से बुरी तरह डरे पाकिस्तानी अफसरों को अपनी इन करतूतों के प्रति जरा भी अफसोस नहीं था। जब मैं युद्धबन्दियों का दस्तावेजीकरण कर रहा था, तब एक पाकिस्तानी अफसर ने मुझसे पूछा कि क्या मुझे पता है, एक गोली से कितने बंगाली एक साथ मारे जा सकते हैं? मुझे इस सवाल पर विस्मित होते देख उसने दुष्टतापूर्ण तरीके से जवाब दिया, "बारह! मैंने कोशिश करके देखा है।"

23 पंजाब के उस एडजुटेंट के अलावा, जो मेरे अपना इमरजेंसी राशन उसे दिये जाने पर फूटकर रो पड़ा था, लगभग सारे के सारे पाकिस्तानी अफसर दुश्मनी से भरे थे। निजी तौर पर सब यही कह रहे थे कि वे 'युद्ध' में 'दखल' देने और 'पाकिस्तान' के टुकड़े कर देने के लिए कभी भारत को माफ नहीं करेंगे। हमें पूरा

यकीन था कि खुदा न खास्ता अगर हमारी और पाकिस्तानी फौजों की स्थिति उलट हो गयी होती और वे हमारी जगह होते तो हमें पाकिस्तानी फौज से इसका छटाँक भी अच्छा बर्ताव न मिला होता। पिछले दिनों में उन्होंने जिन भी भारतीय सैनिकों को पकड़ा था, उनकी बेहद दर्दनाक तरीके से मौत हो गयी थी। हम सभी 22 राजपूत के उन जवानों के बारे में जानते थे जिन्हें मधुमती में पकड़कर पेड़ से बाँध दिया गया था और उनकी आँखें बाहर निकाल दी गयी थीं। एक अन्य घटना में कुमाऊँ के दो जवानों को कपड़े उतारकर जीप के पीछे बाँध दिया गया था और उन्हें लकशम शहर में घसीटा गया था। उसके बाद, उन दोनों बटालियनों ने अपने पास कोई भी कैदी रखने से मना कर दिया था। सेना मुख्यालय ने बेहद सतर्कता दिखाते हुए तुरन्त दोनों बटालियनों को वहाँ से हटाकर पश्चिमी सेक्टर में भेज दिया था। भारतीय फौज ने अपनी तरफ से बदले की कोई कार्रवाई की होती तो *मुक्ति बाहिनी* तो पागल ही हो गयी होती। लेकिन, यह तकलीफ आज भी खलती है कि सैकड़ों लोगों के बलात्कार व जनसंहार के दोषी उन पाकिस्तानी अफसरों को कभी इन युद्ध अपराधों के लिए सजा नहीं मिली।

जाहिर था कि हमारे स्तर पर हम युद्ध के बाद की घटनाओं को शक्ल देने की किसी भी सोच में हिस्सेदार नहीं थे। थल सेनाध्यक्ष के रूप में मैं फिर से चटगाँव गया और कुछ पुरानी जगहों की यादों को ताजा किया। फौजदार हाट कैडेट कॉलेज अब भी वहीं था, हालाँकि पुरानी पाकिस्तानी बर्मा शेल वाली जगह को जाने वाली तटीय सड़क पर अब जहाज के कंटेनरों का जाल था। बांग्लादेश मिलिट्री एकेडमी भी वहाँ स्थापित की जा चुकी थी। पूरे इलाके की शक्ल बदल चुकी थी, क्योंकि पुराने जहाजों को तोड़ने का उद्योग चटगाँव में प्रमुख काम बन चुका था। ज़हन में यह ख़याल आने से खुद को रोक नहीं पाता हूँ कि हम एक देश के रूप में उस समय कितने कम दूरदर्शी थे! बेलोनिया बल्ज फेनी तक जाता था जो चटगाँव से बिल्कुल पास में है। अगर हमने उस समय स्थिति का फायदा उठाया होता तो आज हमारे समूचे पूर्वोत्तर इलाके के सामाजिक-आर्थिक और भू-राजनैतिक परिदृश्य का नजारा कुछ और ही होता। विभाजन से पहले के समय में पारम्परिक व्यापारिक रास्ता दक्षिण मिजोरम से चटगाँव तक केन फुली नदी के जरिये जाता था। लेकिन नयी राजनीतिक सीमाओं के चलते जैसे ही यह रास्ता बन्द हुआ, हमारे समूचे पूर्वोत्तर इलाके की समुद्र तक पहुँच बन्द हो गयी। सबसे निकट का समुद्री बन्दरगाह घूमकर लम्बे रास्ते पर कलकत्ता ही रहा। त्रासदी यह है कि उस समय इन मुद्दों पर चर्चा ही नहीं हुई, वरना क्या हो गया होता यह अब भी उस इतिहास की सम्भावनाओं का हिस्सा है।

x x x

समर्पण की शाम ज्यादातर अफसर चटगाँव क्लब में इकट्ठा हुए। क्लब लोगों से

ठसाठस भरा था। चौद्दाग्राम पर हमारे भरी दोपहरी के हमले के बाद से सबकुछ बड़ी तेजी से घटित हुआ था। युद्ध समाप्त हो चुका था, और हम वो सब कुछ कर चुके थे, जो करने के लिए हमसे कहा गया था। सैकड़ों भारतीय जवानों ने इसके लिए अपनी जान की बाजी लगा दी थी और अब हम सब एक नये राष्ट्र के उदय की रोशनी में सराबोर थे। यह शाम मुजीबुर्ररहमान, इन्दिरा गाँधी, *मुक्ति फौज, मुक्ति बाहिनी* और भारतीय फौज के नाम थी। सब लोग हँस रहे थे और आँखे भी नम थीं। सारा माहौल बेहद उत्साह का था।

उस रात दिमागी और शायद शारीरिक रूप से पस्त, मैंने जब्त किये गये वाहनों में से एक बड़ी ही सुन्दर-सी टोयोटा जीप पर हाथ आजमाने का फैसला किया। वह जीप हमारे सीओ समेत सभी लोगों की नजरों में चढ़ी हुई थी। जीप बेहद शानदार थी और मुझे उसकी सवारी में मजा आने ही लगा था कि अचानक एक रेलवे इंजन रास्ते में आ गया। उस नामुराद के उस समय वहाँ होने का कोई मतलब नहीं बनता था। बेहद जख्मी होकर मुझे खुद को विंडशील्ड के रास्ते बाहर निकालना पड़ा।

वह खूबसूरत टोयोटा, लोहे का बदसूरत मलबा बनकर रह गयी थी। अगर सीओ ने उसे उस समय देखा होता तो जाहिर था कि उन्होंने जवाब तलब कर लिया होता कि क्या हुआ। इसलिए मैंने अपने कुछ जवानों की मदद से उस जीप को पुल से नीचे चटगाँव के गहरे पानी में धकेल दिया। उसके बाद मैं आरएमओ की ओर गया। मेरे सिर पर गहरा घाव था, जिस पर टाँके लगाने की जरूरत थी। लिहाजा मुझे एमआई रूम की तरफ जाना था।

तब मैंने बड़ा दुस्साहस दिखाते हुए कहा, "बगैर एनस्थेशिया दिये इस पर यहीं टाँका लगा दो।"

उधर गर्ग भी बांग्लादेश के जन्म के जश्न के तात्कालिक प्रभावों से जूझ रहा था। मुझे यह समझ नहीं आ रहा था कि किसे ज्यादा तकलीफ हो रही थी क्योंकि उसने मेरे घाव पर छह टाँके लगाने में तीन सुइयाँ तोड़ डाली थीं। मुझे नहीं पता कि अगली सुबह गर्ग ने देव राज दत्त को क्या कहानी बनाकर सुनायी। मैं इतना डरा था कि सीओ के आसपास भी फटकने की हिम्मत न जुटा पाया। उसने बड़ी तत्परता से टोयोटा के बारे में पूछा। लेकिन लोगों के बगलें झाँकने, गोलमोल जवाब देने और एक आईओ के गायब होने से उन्होंने अपने निष्कर्ष निकाल लिए होंगे। उसके बाद उन्होंने कभी टोयोटा की चर्चा नहीं की। न ही अन्य किसी ने की।

बदले की हिंसा लगातार शान्ति को खतरा पहुँचा रही थी। स्थिति पर नियन्त्रण करने के लिए 8 बिहार के साथ दो और कम्पनियाँ शहर में तैनात की गयीं। डॉक्यूमेंटेशन का काम खत्म होने का नाम ही नहीं ले रहा था। दस्तों को समुद्र के रास्ते ढाका भेजा जा रहा था। हमारे हवाई हमलों के चलते बन्दरगाह का ज्यादातर हिस्सा काम के लायक नहीं रहा था। इसलिए हमें एक कामचलाऊ जेट्टी का सहारा

लेना पड़ रहा था। वहाँ समुद्र के ज्वार व भाटे का अन्तर भी साफ पता चल रहा था।

ज्यादातर कैदी भेड़ों की तरह थे—चुपचाप आदेश मान रहे थे और सहयोग कर रहे थे। मेजर जनरल रहीम खान की 39 एड हॉक डिवीजन का मुख्यालय चाँदपुर में था और उसके एओआर में कोमिला व फेनी की बिग्रेड भी शामिल थीं, उन्हें भी चटगाँव खदेड़ा जा चुका था। कोमिला, जिसे मैंने अपने ड्राइवर और इंटेलीजेंस सेक्शन के साथ मिलकर ही आजाद करवा लिया था, ब्रिगेडियर शेख एमएच आतिफ की कमान वाली 117 इन्फैंट्री ब्रिगेड के हाथों में था। आतिफ एक पूर्व पाकिस्तानी हॉकी खिलाड़ी थे और बाद के सालों में उन्होंने अपने देश की अन्तरराष्ट्रीय हॉकी टीम के प्रबन्धन का काम भी सँभाला। उस इलाके में सम्भवतया मैनामोती का सुरक्षा ढाँचा सबसे जटिल था। तारों की बाड़बन्दी, खाइयाँ और उसके बाद बंकरों का जाल। इतना सघन कवच था कि हमला करने वाली फौज के लिए जानमाल की जबरदस्त हानि झेले बिना उसे कब्जे में करना बेहद मुश्किल था। लेकिन 4 कोर की रणनीति का उदाहरण उसी से मिल जाता है, जो उनके साथ वास्तव में घटित हुआ। पाकिस्तानी युद्धबन्दियों से हमें पता चला कि उन्होंने भारतीय ब्रिगेड को अपने सामने मोर्चाबन्दी करते, एफयूपी स्थापित करते और हमले की पूरी तैयारी करते देखा। लेकिन पाकिस्तानी फौज उस हमले का इन्तजार करती रही, जो हुआ ही नहीं। भारतीय फौज उन्हें पूरी तरह बाईपास करके आगे चली गयी।

बेलोनिया के हमारे पुराने साथी 15 बलूच के मेजर हुसैन की पहचान भागने की एक नाकाम कोशिश के रिंगलीडर के रूप में हो चुकी थी। भारतीय फौजों ने उन्हें 1965 में पकड़ा था लेकिन वह भाग निकलने में कामयाब हो गये थे। हमने उसे एक कोठरी में अकेले बन्द रखा और यूनिट के साथ वापस लौट आये अविनाश कपिला ने उसे *मुक्ति बाहिनी* के हाथों में सौंप देने की धमकी दे दी। इस धमकी से उसकी हवा निकल गयी और वह भय के मारे रोने लगा। जैसे ही उसे पता चला कि हम 2 राजपूत से हैं, वह यह दावा करने लगा कि वह 18 राजपूत के सीओ अशोक कल्याण वर्मा का दोस्त है। वर्ष 1969 में फोर्ट बेनिंग में अलायड ऑफिसर्स इन्फैंट्री कोर्स के दौरान वे दोनों साथ थे। उस मेजर को युद्धबन्दियों की आखिरी खेप के साथ ढाका भेजा गया। लेकिन अपने चरित्र के अनुसार वह मेरठ में युद्ध बन्दियों के कैम्प से भी भाग निकला। बाद में वह रेलवे प्रोटेक्शन फोर्स के कांस्टेबल की गोली का शिकार हो गया, जब उसने ट्रेनों से छलाँग लगाने की कोशिश की तो उसे निशाना बना लिया गया।

कुछ दिन बाद सीओ ने मुझे एक प्लाटून लेकर प्रशासन के कुछ सिविल अफसरों के साथ जाने को कहा। वे अफसर *मुक्ति बाहिनी* की एक टुकड़ी को निःशस्त्र करने जा रहे थे। हम उस जगह पर पहुँचे और मैंने तुरन्त अपने जवानों को शस्त्रागार के चारों तरफ तैनात कर दिया। तब तक मुझे स्थिति की गम्भीरता का अन्दाजा नहीं

हुआ था। मुख्य रूप से ईस्ट बंगाल राइफल्स (ईबीआर) के लोगों से बनी मुक्ति फौज और छात्रों से बनी *मुक्ति बाहिनी* के बीच खासा तनाव था। पिछले दिनों में निजी रंजिशें निबटाने और लूट-पाट की कई घटनाएँ देखने को मिली थीं। लिहाजा कानून व व्यवस्था की किसी भी बहाली के लिए उनका हथियार मुक्त होना बेहद जरूरी था।

तत्कालीन *मुक्ति बाहिनी* का समूचा कैडर बेहद उत्तेजित था और सब लोग एक साथ बोल रहे थे। फिर अचानक एक धमाका सुनायी दिया और उसके बाद प्रशासन की एक जीप को पलट दिया गया। उत्तेजित भीड़ ने हमें सब तरफ से घेर लिया था और मुझे *घेराव* के दौरान की बेबसी महसूस हो रही थी। न तो मैं पीछे हट सकता था न ही मैं गोली चलाने के आदेश दे सकता था क्योंकि तब अगल-बगल खासा खून बहता। मैंने बटालियन को मदद के लिए रेडियो सन्देश भेजा और उम्मीद करने लगा कि सब कुछ ठीक हो जायेगा।

अगली सुबह हमारे साथ बेलोनिया में रहा 2 सेक्टर का बांग्लादेशी कमांडर मेज़र रफीक वहाँ पहुँचा और उसने *मुक्ति बाहिनी* के लड़कों को शान्त किया। तब तक वे असली मुद्दा तो भूल चुके थे और इस बात पर आग-बबूला हो रहे थे कि भारतीय फौज ने उन्हें कमरों में ठूँसकर उनकी तरफ एलएमजी तान रखी थीं। सौभाग्य से उस अफसर के पास उस स्थिति को सुलझाने की नैतिक हैसियत और काबिलियत दोनों ही थी। बाद में वह अवामी लीग सरकार में मन्त्री भी बना।

कुछ समय बाद कैदियों को ले जाने के लिए जहाज आने बन्द हो गये। हमारे नियन्त्रण में तब भी कम से कम छह ट्रक भरकर युद्धबन्दी थे। इनमें सिविल पाकिस्तानी महिलाएँ और बच्चे भी शामिल थे। मुझे कहा गया कि मैं उस काफिले को लेकर ढाका जाऊँ और इन कैदियों को 57 डिवीजन के सुपुर्द कर दूँ।

फौज में मुख्यालय का रैंक जितना ऊँचा होता है, उतना ही नीचे के लोग फैसला लेने में हिचकते हैं। पूरी रात के सफर के बाद मैं सुबह बिन मुंडी के मुर्गे की तरह भटक रहा था। वहाँ कोई भी मेरे कब्जे में मौजूद कैदियों की जिम्मेदारी लेने को ही तैयार न था। आखिरकार, राजपूत रेजीमेंट के एक अफसर का बेटा जो मेजर जनरल बीएफ गोंजाल्वेज का एडीसी था, मेरी मदद को आया। उसने मुझे कहा कि मैं कैदियों को ट्रकों से बाहर निकालकर उन्हें जीओसी के दफ्तर के बाहर के मैदान में टाँगें सीधी करने के लिए कह दूँ। मुझे एडीसी के दफ्तर में नाश्ता खिलाया गया। कुछ ही देर में जनरल पहुँचे तो वहाँ का नजारा देखकर बिफर पड़े। तब जाकर हुक्म मिलते ही 2 जाट के अफसर दौड़े आये और मैंने खुशी-खुशी कैदियों को उनके सुपुर्द कर दिया।

उन दिनों में और युद्ध के बाद भी इस बात की खूब चर्चा चलती रही कि कुछ वरिष्ठ भारतीय फौजी अफसरों ने अपने निजी फायदे के लिए सामान की हेराफेरी की थी। यकीनन इन सारी चर्चाओं में थोड़ी सच्चाई तो छिपी थी और कुछ वरिष्ठ

अफसरों का इसके लिए कोर्ट मार्शल भी हुआ। खुद रॉकी हीरा, क्लेयर और हमारी पड़ोसी 311 बिग्रेड के कमांडर मिश्रा के नाम खुलकर उछाले जा रहे थे। जिस तरह युद्ध शुरू होने से पहले हमारे कुछ सीमा रक्षकों और अफसरों ने कई शरणार्थियों का शोषण किया था, उसी तरह इन घटनाओं ने भी मुँह का स्वाद कसैला कर दिया। हर बार वरिष्ठ अफसरों खास तौर पर सीओ के व्यवहार पर बात आकर खड़ी हो जाती है क्योंकि उनका व्यवहार उनके आस-पास के सारे लोगों पर असर डालता है। निश्चित तौर पर कई सारी कहानियाँ बढ़ा-चढ़ाकर भी कही गयीं और असली घटनाएँ कम ही थीं, लेकिन घटनाएँ हुईं यह तो हकीकत थी ही। इन अफसरों ने अपने साथ-साथ भारतीय फौज को भी नीचा दिखाया था और हमें हमेशा इस कलंक के साथ ही रहना पड़ा।

वापस चटगाँव में लोगों ने अपने घरों के दरवाजे हमारे लिए खोल दिये थे। हम बंगाली आवभगत के कायल हो गये। एक परिवार तो त्रिगुणेश मुखर्जी को काफी पसन्द करता था। हम उनके घर में टेनिस खेला करते थे और घर की मालकिन हमारी खातिरदारी लजीज कवानों के साथ करती थी। मैं बीच-बीच में मौका मिलने पर कॉक्स बाजार की तरफ चला जाता था, जहाँ मुख्य रूप से चकमा आदिवासी रहते थे। उनमें से ज्यादातर सिगार फैक्ट्रियों में पत्तियों में तम्बाकू भरने का काम करते थे। किस्मत की बात यह थी कि कॉक्स बाजार को युद्ध से खास नुकसान नहीं पहुँचा था। वहाँ समुद्र तट पर दो-तीन होटल थे और वह जगह अपनी पोम्फ्रेट मछली के लिए दुनिया में सर्वश्रेष्ठ मानी जाती थी।

हमें फरवरी तक चटगाँव में ही रहना पड़ा और वहाँ से लौटने वाली ब्रिगेड की आखिरी बटालियन हमारी ही थी। वापसी में पहले हम कोमिला गये जहाँ मेज़र जिया ने अफसरों की खाने पर मेजबानी की। जिया को तब तक तरक्की देकर ब्रिगेडियर बना दिया गया था। वहाँ से हम करीम गंज पहुँचे जहाँ ट्रेन में लादकर हमें गुवाहाटी पहुँचा दिया गया। तमालपुर छोड़ने के पाँच महीने बाद हम फिर देश लौट आये थे।

भाग दो

ऊँचाइयों की ओर

4
गोली और गुलाब

पूर्वी भूटान

तमालपुर में कुछ बेहद नाटकीय बदलाव हो चुके थे। हमें अपने बाशा को साँपों से सुरक्षित बनाना था, ताकि जब भी हम बाशा में जायें तो अन्दर कहीं कोई साँप न मौजूद हो। हमें बाशा के आसपास की जगह को साफ करने में काफी मेहनत करनी पड़ी, क्योंकि वहाँ ऊँची-ऊँची घास और झाड़ियाँ उग आयी थीं। वहाँ तब तक बिजली और साफ पानी की व्यवस्था हो चुकी थी। किसी जंग में जूझने के बाद बटालियन जब लौटती है तो उसे अपने सामान्य ढर्रे पर वापस आने में कुछ समय लगता है। हमें अभी बहुत से काम करने थे, जैसे हमें यह विश्लेषण करना था कि हमने क्या किया, और क्या हम इससे बेहतर कर सकते थे। हमें अपने शहीदों के परिवार वालों और विभिन्न अस्पतालों में इलाज करा रहे अपने घायल जवानों से भी मिलना जरूरी था।

बटालियन ने जल्दी ही अपनी नियमित ट्रेनिंग फिर से शुरू कर दी और बाढ़ सम्भावित इलाकों का पता लगाने के काम में लग गयी। युद्ध में अफसरों के कामों को लेकर तारीफों और बधाइयों का दौर जोरों पर था, लेकिन जल्दी ही यह माहौल थम गया क्योंकि कुछ अफसरों को युद्धबन्दियों के शिविरों को सँभालने के लिए भेज दिया गया, तो कुछ को दूसरी जगहों पर इंस्ट्रक्टर बनाकर तैनात कर दिया गया था। 83 ब्रिगेड को अपने सालाना काम के तौर पर एक इन्फैंट्री बटालियन को भूटान सेना के साथ तीन महीने के संयुक्त अभ्यास के लिए भूटान भेजना होता था। ज्यादातर यूनिटें इसमें ज्यादा रुचि नहीं रखती थीं, क्योंकि पहाड़ों पर उनके लिए ज्यादा सुविधाएँ नहीं होती थीं, खासकर रहने की सुविधा तो बहुत ही मामूली होती थी। सेना के लोगों को इसके लिए कोई अतिरिक्त भत्ता भी नहीं मिलता था, जबकि वहाँ की ट्रेनिंग बहुत कठिन होती थी। जो यूनिट जंग के मोर्चे से अभी-अभी वापस आयी हो उसके लिए तो यह और भी अनचाहा काम था।

बाकी की बटालियन तमालपुर में रह गयी और हम लोग सामद्रुप जोंखर से होते हुए पूर्वी भूटान में योंगफुला आ गये। यह जगह समुद्र की सतह से 9,000 फीट

की ऊँचाई पर है, इसलिए यहाँ मौसम बेहद ठंडा और शरीर को कँपकँपा देने वाला था। हम ताशीगांग, जो दुज़ोंगखाग का जिला मुख्यालय था, के करीब स्थित उस जगह पर काम कर रहे थे, जहाँ 1962 की नाम का छू जंग में बटालियन के कुछ बचे हुए लोगों ने वापस आने के लिए इस्तेमाल किया था। हमारे उत्तर में आगे की ओर मोनपा के पुराने रास्ते से ब्लेटिंग होते हुए भारत में वापस आया जा सकता था और फिर वहाँ से लुमला और तवांग पहुँचा जा सकता था। योंगफुला से विभिन्न कम्पनियाँ भूटान सेना के साथ काम करते हुए दूसरी जगहों पर फैल गयीं। इसका मुख्य उद्देश्य यह था कि भूटान सेना और भारतीय सेना में तालमेल हो। हालाँकि यह काम बहुत मेहनत का था, लेकिन इसने हमारे अफसरों और जवानों को युद्ध के लिए पूरी तरह फिट बना रखा था।

भूटानी सेना के अफसर भारतीय बटालियनों के साथ काम करते। दोनों के बीच काफी भाईचारा होता था। बांग्लादेश की लड़ाई के बाद उनके मन में भारतीय सेना के प्रति सम्मान की भावना बहुत ज्यादा बढ़ गयी थी। कई ऐसे अफसर थे, जिनका नाता कुछ यूनिटों के साथ कई वर्षों तक बना रहा। 2 राजपूत के साथ ताशी डोरजी और 8 बिहार के साथ बाटू शेरिंग (जो इस समय भूटान सेना के प्रमुख हैं) ऐसे ही अफसर थे। भूटानी सेना के अफसर बहुत ही गरिमा वाले और सरल स्वभाव के थे। हमारे साथ उनका व्यवहार बेहद दोस्ताना और गर्मजोशी से भरा होता था।

सन् 1973 के शुरू में हम वापस तमालपुर आ गये और जैसा कि आमतौर पर सेना में होता है, कई सारे बदलाव किये गये। 3 डोगरा की जगह 3/5 जीआर की तैनाती हो गयी थी। जीओसी रॉकी हीरा की जगह मेजर जनरल बीएम भट्टाचार्यजी, एमवीसी, आ गये थे। उनके कमांड में 4 गढ़वाल राइफल्स ने 1962 में चीन युद्ध के दौरान से-ला और जुंग (जो अब जसवन्तगढ़ के नाम से जाना जाता है) के बीच जबर्दस्त बहादुरी दिखाई थी। हालाँकि वे ज्यादा दिन तक हमारे साथ नहीं रहे और उनकी जगह मेजर जनरल एसके सिन्हा ने ली। सिन्हा भी 3/5 जीआर से थे। ये सारी तब्दीलियाँ हो ही रही थीं कि तभी मुझे बताया गया कि मुझे महू में चार महीने के बटालियन सपोर्ट वैपन्स (बीएसडब्लू) के लिए नामांकित किया गया है। यह नामांकन एकाएक ही हुआ था। मुझे इस बारे में पहले से कोई भी जानकारी नहीं थी। मेरे पास तैयारी का भी समय नहीं था।

जब मैं महू पहुँचा तो बताया गया कि एक प्रवेश परीक्षा ली जायेगी। एमएमजी कोई बड़ी समस्या नहीं थी, क्योंकि यह काफी कुछ एलएमजी जैसा ही था और लड़ाई के दौरान मैं इससे बखूबी परिचित था। मैं आरसीएल गन चलाना भी जानता था। लेकिन मोर्टार सेक्शन मेरे लिए समस्या की बात थी, क्योंकि इस हथियार को कभी भी मैंने ठीक से नहीं चलाया था। एनडीए के मेरे एक साथी प्रकाश सिंह ने मेरी मदद की। वह 6/8 जीआर से था। वह बीएसडब्लू कोर्स के लिए न सिर्फ पूरी

तरह से तैयार होकर आया था, बल्कि उसे एक अतिरिक्त फायदा यह था कि उस समय मोर्टार विंग में एनसीओ से लेकर डिवीजनल कमांडर तक ज्यादातर इंस्ट्रक्टर गोरखा से थे। उसने मुझे समझाया कि जब वह गोरखली भाषा में उनसे बात करेगा तो मैं उसकी एक-एक हरकत की नकल करता चलूँ। यह चाल कामयाब रही। मेरी ज्यादा कठोर परीक्षा नहीं ली गयी और मैं प्रवेश परीक्षा में पास हो गया। मेरे लिए यह बहुत राहत की बात थी।

फिर हम लाल रंग की उसकी एनफील्ड बुलेट मोटरसाइकिल पर बैठकर अपने क्वार्टर की ओर चल पड़े। हम जैसे ही बीएसडब्लू लाइंस की ओर मुड़े कि एक आदमी की मोटरसाइकिल हमसे टकरा गयी। मैं पीछे बैठा हुआ था, इसलिए छिटककर दूर जा गिरा, लेकिन प्रकाश को हैंडल से चोट लग गयी और वह बेहोश हो गया। हम तुरन्त ही उसे अस्पताल ले गये, जहाँ डॉक्टरों ने बताया कि उसे शरीर के अन्दर काफी गम्भीर चोट पहुँची है, जिससे खून बह रहा है। उसके जबड़े में भी फ्रैक्चर हो गया था। शाम होते-होते उसे डीआइ (डेंजरसली इल यानी गम्भीर रूप से बीमार) सूची में रख दिया गया। उसकी जान खतरे में पड़ गयी थी। महू के इन्फैंट्री स्कूल और कॉलेज ऑफ कंबैट दोनों के ही अफसरों की ओर से काफी तारीफों के बावजूद वहाँ के अस्पताल की प्रतिष्ठा अच्छी नहीं थी। वहाँ ज्यादातर डॉक्टर जबलपुर से डेपुटेशन पर आते थे। अस्पताल में जरूरी सुविधाएँ बिल्कुल नहीं थीं। प्रकाश को खून चढ़ाया गया, फिर अस्पताल के डॉक्टरों ने बताया कि उसे सड़क के रास्ते जबलपुर ले जाना होगा। प्रकाश का इलाज कर रहे सर्जन ने कहा कि सुविधाओं का अभाव होने के बावजूद मरीज का ऑपरेशन महू में ही करना ठीक रहेगा, क्योंकि जबलपुर तक पहुँचते-पहुँचते निश्चित ही उसकी मौत हो जायेगी। अस्पताल के अधिकारियों ने तुरन्त ही इस फैसले से अपनी असहमति जताई। उन्होंने सारी जिम्मेदारी उस सर्जन पर छोड़ दी। बहरहाल अस्पताल के सर्जनों ने अपनी तरफ से पूरी कोशिश करके प्रकाश की जान बचा ली। लेकिन जरूरी उपकरणों के न होने से उसके जबड़े में एक हलका सा उभार बना रह गया। कुछ दिनों के लिए प्रकाश के लिए अपना छोटा-मोटा काम करना भी मुश्किल हो गया और उसे मेरे ऊपर निर्भर रहना पड़ता था। हालत यह थी कि मुझे उसकी ओर से उसकी होने वाली पत्नी को पत्र भी लिखना पड़ता था। बाद में जब मैं सेना प्रमुख बना तो दिल्ली में मुझे उसकी पत्नी से मिलने का सुअवसर भी मिला।

मैंने बीएसडब्लू कोर्स के सभी तीनों अंगों में अच्छा प्रदर्शन किया, जिसकी वजह से मुझे इंस्ट्रक्टर्स ग्रेडिंग मिला। युद्ध के बाद तामलपुर लौटने पर देव राज दत्त ने नये एसओपी के साथ नयी नीति लागू करने का फैसला किया, जो युद्ध और शान्ति की ट्रेनिंग में लागू की जानी थी। मुझे एक अतिरिक्त जिम्मेदारी यह दे दी गयी थी कि मैंने बीएसडब्लू में जो कुछ सीखा था, उसे दूसरों को भी सिखाऊँ। सीओ

ने इसके लिए एक विस्तृत नियमावली छपवा ली थी। वे दोपहर को अपने ऑफिस में सभी अफसरों से इसके बारे में पूछताछ करते। इससे एक मजाकिया स्थिति बन गयी थी। ट्रेनिंग के घंटे खत्म होने के बाद बिगुल बज उठता और हम सभी भागकर सीओ के ऑफिस में हाजिर हो जाते। वहाँ सीओ हमसे उस समय तक नियमावली के पालन के बारे में पूछते। कभी-कभी वे किसी अफसर के जवाब से इतने गुस्से में आ जाते कि नियमावली पुस्तिका उठाकर उसके मुँह पर फेंक दिया करते थे। वे गुस्से में चिल्ला उठते, “मैंने यह तुम लोगों के लिए तैयार किया है।” लगभग उन्हीं दिनों सीओ को महू में सीनियर कमांड कोर्स के लिए बुला लिया गया। यह अजीब बात थी, क्योंकि सीओ युद्ध के दौरान पहले ही बटालियन की कमान सँभाल चुके थे। इसी समय ब्रिगेड कमांडर भी बदल दिये गये। इस तरह ब्रिगेडियर सन्धू की जगह आर्मर्ड कॉर्प्स से ब्रिगेडियर ‘बॉब’ महेन्द्र सिंह आ गये।

कोर कमांडर लेफ्टिनेंट जनरल इन्दर सिंह गिल ने इसी दौरान बटालियन का दौरा किया। उनके दौरे को ध्यान में रखते हुए सारी तैयारियाँ कर ली गयीं। अपने तय कार्यक्रम पर वे जीओसी जनरल सिन्हा के साथ वहाँ पहुँचे। सीओ ने उन्हें बटालियन के बारे में जानकारी दी। नियमों के अनुसार सीओ ने उनसे बटालियन का निरीक्षण करने का अनुरोध किया। उस समय बटालियन अपने ट्रेनिंग एरिया में मौजूद थी। जनरल गिल का जवाब था, “कोर कमांडर को यूनिट का निरीक्षण करने की जरूरत नहीं है। मेरी गाड़ी जब गेट से अन्दर आयी तभी मुझे इस बटालियन के बारे में आभास हो गया था। हम मेस में जायेंगे और वहीं पर मैं अफसरों और जेसीओ से बात करूँगा।” जनरल गिल का यह व्यावहारिक तरीका उनके ज्यादातर कामों में नजर आता था। बाद में एक अवसर पर दारंगा रेंज में आर्टिलेरी प्रैक्टिस कैम्प चल रहा था। उस समय तक मुझे एक कार्यवाहक मेजर का पद दे दिया गया था और मैं ब्रेवो कम्पनी का कमांडर बन गया था। मेरा काम था फायर सपोर्ट की जरूरत पूरी करना और रणनीति की रूपरेखा बनाना। तभी वहाँ कोर कमांडर आ पहुँचे और एक चट्टान पर जाकर बैठ गये। फिर वे वहीं से हमें अपना काम जारी रखने का इशारा करने लगे। अचानक उन्हें देखकर हम बेहद अचम्भित थे। थोड़ी देर बाद लंच का टाइम हो गया। कोर कमांडर नजदीक की एक रसोई में पहुँच गये और हमारे साथ खाने लगे। जीओसी की अपनी ही बटालियन 3/5 जीआर ने लंच में कई तरह के पकवान तैयार किये थे, लेकिन इतने बड़े अफसर की मौजूदगी में घबराहट के कारण उसके लोग इधर-उधर भाग-दौड़ लगाये हुए थे। इन्दर गिल ऐसे जनरल थे, जिनकी तारीफ हर कोई करता था।

उन दिनों आर्टिलेरी ब्रिगेड ही अन्तर-बटालियन मोर्टार प्रतियोगिता आयोजित किया करती थी। हमारे पास एक अनुभवी जेसीओ सूबेदार नवाब सिंह थे, जो मोर्टार एक्सपर्ट थे और अमेरिकी सेना की ओर से 1962 में उपहार में मिले 81 मोर्टार चलाने

में तो उनका कोई जवाब ही नहीं था। ये मोर्टार जब से आये थे, तभी से उनमें कुछ गड़बड़ी थी। ज्यादातर तोपों में बेस प्लेट और मोर्टार ट्यूब के बीच काफी ढीलापन था। इसे ठीक करने के लिए हमने ट्यूब के सॉकेट में ऐरलडाइट डाल दिया। नवाब सिंह को निशाना साधने के लिए किसी रेंज फाइंडर या साइटिंग सिस्टम की जरूरत नहीं पड़ती थी। उनका अनुमान हमेशा ही 'तकरीबन ठीक' होता था।

दूसरी तरफ आर्टिलेरी के अफसरों की यही कोशिश होती थी कि इन्फैंट्री की खराब तस्वीर पेश की जाये और यह साबित किया जाये कि इन्फैंट्री के लोगों में मोटार्र की फायरिंग की तकनीकी समझ नहीं है। इसीलिए उन्होंने हमारे लिए असम्भव मापदंड बनाते हुए हमसे 45 डिग्री के कोण पर निशाना लगाने के लिए कहा। इस तरह का निशाना लगाना बहुत कठिन था। लेकिन सवाल यह था कि क्या आर्टिलेरी खुद ऐसा निशाना लगा सकती थी। लेकिन वे ऐसा करने से साफ मना कर देते थे। इसके अलावा वे हमसे यह भी चाहते थे कि पहले हम लाइन करेक्शन करें और उसके बाद डाइरेक्शन करेक्शन करें। यह काफी उबाऊ और समय लेने वाला काम था। इन्फैंट्री की यूनिटें एक साथ ही लाइन करेक्शन और डाइरेक्शन करेक्शन करके निशाना लगाना ज्यादा पसन्द करती थीं, ताकि निशाना लगाने में कम-से-कम समय लगे। आर्टिलेरी के अफसर जब इस पर नाराज होने लगे तो नवाब सिंह और उनके मोर्टार के जवानों को बड़ा अजीब लगा। उन्हें समझ में नहीं आ रहा था कि जब वे किसी झंझट के बिना सिर्फ देखकर ही लक्ष्य पर निशाना लगा सकते थे तो बेकार की कसरत करने की आखिर क्या जरूरत थी।

युद्ध के बाद भूप सिंह का नाम स्टाफ कॉलेज के लिए चुन लिया गया था और धरम भल्ला को टू आइसी बना दिया गया था। इसके बाद देवराज दत्त ने मेजर विजय ध्रुव वर्मा को बटालियन की कमान सौंप दी थी। यह बटालियन भूटान में 1973 और फिर 1974 में भी तैनात रही। वहाँ हमने आईएएस व आईएफएस के प्रशिक्षुओं की मेजबानी भी की थी। इन प्रशिक्षुओं को इस बात का बहुत कौतूहल था कि सेना कैसे काम करती है।

जनवरी 1974 में विजय वर्मा ने अचानक ही मुझे गुलमर्ग में विंटर वारफेयर कोर्स में जाने का आदेश दिया। उनके इस आदेश से मैं हैरान रह गया। मैंने इसका विरोध भी किया, क्योंकि इसके लिए कई दूसरे जूनियर अफसर उपलब्ध थे। लेकिन मुझे साफ बता दिया गया कि सीओ ने मुझे ही इस काम के लिए चुना था। अचानक वहाँ भेजे जाने के आदेश से मैं बिल्कुल भी खुश नहीं था, क्योंकि वहाँ जिस कोर्स के लिए मुझे भेजा जा रहा था, वह पहले ही शुरू हो चुका था और इससे मेरे प्रदर्शन पर असर पड़ सकता था। बहरहाल आदेश तो आदेश था। मैं करीब एक सप्ताह की देरी से गुलमर्ग पहुँचा। वहाँ हमारे प्लाटून कमांडर कैप्टन एनआर नायडू राजपूत रेजीमेंट से थे। वे एक गजब के पर्वतारोही थे। वे बहुत सुबह खिलानमर्ग की चढ़ाई

पर पहुँच जाते और स्कीइंग करते हुए ठीक सात बजे ड्यूटी पर पहुँच जाते थे। पर्वतारोहण सिखाने का उनका तरीका यह था कि सबसे कठिन चढ़ाई को चुना जाये और फिर वहाँ से स्कीइंग करके नीचे पहुँचा जाये। ऐसा करने से कई युवाओं को गिरने से गम्भीर चोट लग जाया करती थी। कैप्टन नायडू की किताब में जो लोग सफल हो जाते उन्हें ही 'सैनिक स्कीइंग' के लिए उपयुक्त सामग्री समझा जाता था।

हम स्कीइंग में लकड़ी की बनी स्की (सरकने वाली पटरियाँ) ही इस्तेमाल करते थे, जो जूतों से बँधी रहती थीं। इसका मतलब यह था कि अगर आप कहीं उछलकर गिरे तो आपके घुटने भले ही अलग हो जायें लेकिन स्की अपनी जगह से टस से मस नहीं होंगी। मैंने रस्सियों से चढ़ाई करना जल्दी से सीख लिया। मेरा प्रदर्शन काफी अच्छा था। इसलिए अगले सीजन में मुझे एडवांस विंटर वारफेयर कोर्स के लिए चुन लिया गया। मैं अभी यूनिट में लौटा ही था कि 1974 के मध्य मुझे महू के इन्फैंट्री स्कूल में प्लाटून वैपन्स डिवीजन में इंस्ट्रक्टर बनाकर भेज दिया गया। ब्रेवो कम्पनी का जिम्मा दिये जाने के समय से ही मैं मेजर के पद पर था, लेकिन यहाँ मुझे वापस कैप्टन बना दिया गया था। प्लाटून वैपन्स डिवीजन में मेरा कार्यकाल कुछ ही महीनों का रहा, क्योंकि बीएसडब्लू कोर्स के एमएमजी विंग के एक अफसर को मेरी जगह नियुक्त कर दिया गया था। बीएसडब्लू में मेजर की जगह न होने से उसे प्लाटून वैपन्स डिवीजन में भेज दिया गया और मुझे बीएसडब्लू में भेज दिया गया, क्योंकि मेरे पास इंस्ट्रक्टर की ग्रेडिंग थी। हमें वहाँ अपने नियमित कामों में बहुत ज्यादा व्यस्त रखा जाता था। लेकिन तब भी मैंने महसूस किया कि ग्रेडिंग सिस्टम में कुछ खामियाँ हैं, इसलिए उसे ठीक करने की जरूरत है। हम कुछ कर तो नहीं सकते थे, लेकिन साफ दिखाई देता था कि कुछ गैर-जरूरी चीजें ग्रेडिंग सिस्टम को प्रभावित कर रही थीं। इसमें दो बड़े कारण थे अलग-अलग रेजीमेंटों के अपने व्यक्तिगत जुड़ाव और कमांडेंट। अगर कोई छात्र अपने इनचार्ज के रेजीमेंट का होता तो उसे ग्रेडिंग में अक्सर पक्षपात का फायदा मिल जाता था।

महू में कई बार रहने से एक अन्य स्तर पर भी अपने रेजीमेंट के प्रति जुड़ाव मजबूत होने में मदद मिली। प्लाटून वैपन्स डिवीजन में मुझे मेजर (बाद में लेफ्टिनेंट जनरल) मिलन नायडू के साथ काम करने का मौका मिला। अत्यन्त मृदुभाषी मिलन की शादी लेफ्टिनेंट कर्नल बी. अवस्थी की बेटी निहारिका से हुई थी। लेफ्टिनेंट कर्नल अवस्थी 1962 के चीन युद्ध में लग्याला गोंपा में शहीद हो गये थे। निहारिका बहुत प्रतिभाशाली गायिका थीं और हमारी पार्टियों में वे हमारे बीच आकर्षण का केन्द्र हुआ करती थीं।

सन् 1975 में मेरे पिता को भोपाल भेज दिया गया, जहाँ वे एनसीसी में फिर से नौकरी पर रखे गये अफसर थे। उनसे मिलने के लिए मैं रात में अपने स्कूटर से ही चार घंटे का सफर करके स्टेशन पहुँच गया। सुबह जब ट्रेन पहुँची तो मैंने

अपने रिवाज के अनुसार पिताजी का चरण स्पर्श किया और फिर उनका सामान उतरवाया। हम अभी प्लेटफार्म पर ही थे कि उन्होंने एक बड़ा धमाका कर दिया, "तुम्हारी शादी तय हो गयी है।"

कुछ न समझते हुए मैंने पूछा, "क्या मतलब।"

उन्होंने बताया "हम लड़की से मिल चुके हैं। तुम जाकर उसे देख लो और फैसला करो।"

उन्होंने मुझे फैसला करने के लिए तो कह दिया था, लेकिन हम दोनों ही जानते थे कि इसका कोई अर्थ नहीं है, फैसला तो उन्हीं का होना था। ईएमई गेस्ट रूम तक पहुँचते-पहुँचते लड़की के बारे में मुझे सारी जानकारियाँ दे दी गयी थीं। पिताजी को इसी गेस्ट रूम में कुछ दिन रुकना था। वहाँ पिताजी की सारी व्यवस्था करने के बाद मैं महू वापस जाने के लिए स्कूटर से चल पड़ा। रास्ते में मैं सोचने लगा कि मेरे लिए बेचलर्स कॉलोनी में रहने के दिन गिने-चुने ही रह गये हैं।

विवाह का बन्धन

भारती के पिता कँवर विजय पाल सिंह गुड़गाँव में एक बड़े वकील थे। वकालत में नाम कमाने के अलावा एक और बात के लिए मशहूर थे। उन्हें शिकार का जबर्दस्त शौक था। वे जंगल से भटके हुए तेंदुओं (वन अधिकारी जिन्हें मारने की अनुमति दे चुके होते थे), जंगली बत्तखों और तीतरों का शिकार किया करते थे। उनके इस शौक के कारण लोग उन्हें, 'शिकारी' के उपनाम ने विभूषित कर चुके थे। उनका परिवार मेरे मामा जगबीर सिंह का परिचित था। मामा जी ने ही इस रिश्ते के लिए मेरे पिता को सुझाव दिया था, जिसके बाद दोनों भारती के परिवार से मिलने के लिए गये थे।

भारती अभी कॉलेज की पढ़ाई कर रही थीं। वे अपने परिवार के साथ मेरे मामा के घर आयीं। वहीं हमारा परिचय कराया गया और हमने एक-दूसरे से संक्षिप्त बातचीत की। इसके बाद हम दोनों ने ही अपनी ओर से शादी की सहमति दे दी। फिर शादी की तैयारियाँ शुरू हो गयीं। उस समय तक 2 राजपूत तामलपुर से सिकन्दराबाद आ चुकी थी और बटालियन की कमान लेफ्टिनेंट कर्नल मलिक के हाथ मैं थी। नियम के अनुसार मैंने शादी की अनुमति के लिए उन्हें अनुरोध पत्र लिखा। उधर महू में मुझे बताया गया कि शादी के लिए अभी मैं सेना के नियमों से कम उम्र का था और 25 साल का होने से पहले मुझे विवाहितों का आवास नहीं मिल सकता था। बहुत हुआ तो शंगरीला में तीन कमरे का मकान दिया जा सकता था। ये दरअसल बैरक थे जो इन्फैंट्री स्कूल में नियुक्त अविवाहित अफसरों को दिये जाते थे। शादी की तारीख 25 जून तय हो गयी थी। मैंने फैसला किया कि मैं अपने बाल बढ़ाऊँगा, ताकि शादी के दिन 'फौजियों' जैसे छोटे बालों में न दिखूँ।

उत्तर भारत में जून का महीना बहुत ज्यादा गरम होता है। इसलिए शादी के ज्यादातर कार्यक्रम रात में ही रखे गये थे। भारती का कन्यादान उनके ताऊ जी करने वाले थे। वे बरेली में एक मशहूर पशु चिकित्सक थे। इनकी कोई बेटी नहीं थी, जबकि भारती की अपनी चार सगी बहनें थीं। इसलिए उनके पिता यह दरियादिली दिखा सकते थे।

शाम होते-होते वहाँ के माहौल में काफी तनाव था। प्रधानमन्त्री इन्दिरा गाँधी पर जयप्रकाश नारायण (जेपी) का दबाव पड़ने से देश की राजनीतिक स्थिति काफी गरम थी। शादी में बहुत से मेहमान ऐसे भी थे जो जेपी आन्दोलन से जुड़े थे। इसलिए भारती के पिता लोगों से अनुरोध कर रहे थे कि वे रात्रि भोज करके तुरन्त अपने घर चले जायें क्योंकि उस रात 'कुछ होने वाला है।'

सुबह जब बारात गुड़गाँव से भिवानी के लिए चली, तो निकलते ही हमें जगह-जगह पुलिस की नाकाबन्दी का सामना करना पड़ा। आधी रात को ही इमरजेंसी घोषित कर दी गयी थी। पुलिस के पास उन तमाम लोगों के नामों की लम्बी सूची थी, जिन्होंने इन्दिरा गाँधी के खिलाफ एक भी शब्द कहा था या उनकी सरकार की कभी आलोचना की थी। बारात में ऐसे कई लोगों के नाम उनकी सूची में थे। उनके खिलाफ मीसा (मेन्टिनेंस ऑफ इंटरनल सेक्युरिटी ऐक्ट) के तहत केस दर्ज करके उन्हें बारात की गाड़ियों से उतरने के लिए कहा गया। अब बारात के कई लोग अगले उन्नीस महीने तक जेल में बन्द रहने वाले थे।

अगले दो दिन तक हमारे गाँव में शादी से सम्बन्धित ढेरों कार्यक्रम होते रहे। परम्परा के मुताबिक भारती को अपने घर वापस जाना था और मुझे भी उनके साथ जाना जरूरी था। पहली बार मैं अपने ससुराल में रात बिताने जा रहा था। शाम होते ही मेरे ससुर जी ने 'शिवास रीगल' की बोतल मेज पर रख दी और मुझे भी ड्रिंक के लिए आमन्त्रित किया। मैंने उन्हें बताया कि शराब से मुझे एलर्जी है, लेकिन मेरी बात पर किसी को विश्वास ही नहीं हुआ। उन्होंने कहा, "अल्कोहल तो एलर्जी को दूर करता है, भला एलर्जी कैसे कर सकता है।" मुझे शक है कि जब मैं महू में था तो होली के अवसर पर भारती के पक्ष के एक 'मुखबिर' ने मेरी जासूसी करते हुए मुझे नशे में देख लिया था। उस दिन मैंने भाँग मिला हुआ पकौड़ा खा रखा था। वह 'मुखबिर' कोई और नहीं बल्कि ब्रिगेडियर कटारिया थे, जो महू में अपने बेटे से मिलने आये हुए थे। उनका बेटा मेरे साथ ही महू में नियुक्त था। ब्रिगेडियर कटारिया मेरी पत्नी के परिवार के करीबी मित्र थे। मुझे भांग के नशे में देखकर उन्होंने समझा होगा कि मैं शराब पीता हूँ और फिर उन्होंने भारती के परिवार को बता दिया होगा। इससे भारती के पिता को लगा कि मैं उनके सामने पीने से झेंप रहा था।

मेरे बार-बार मना करने पर भी वे नहीं माने और जश्न का माहौल बनाते हुए बोतल खुल गयी। मुझे शराब पीनी ही पड़ी, लेकिन कुछ ही मिनटों के भीतर

अल्कोहल ने मेरे ऊपर अपना दुष्प्रभाव दिखाना शुरू कर दिया। मेरे पेट में जोर की जलन होने लगी और नतीजा यह हुआ कि लोगों का जश्न एकाएक घबराहट में बदल गया और पूरी रात मेरा इलाज करने में निकल गयी। अगली सुबह कँवर विजय पाल सिंह ने विधिवत् घोषणा कर दी कि अब वे भविष्य में कभी भी मुझे अपने साथ शराब पीने के लिए नहीं कहेंगे।

जुलाई में महू लौटने का समय आ चुका था। उस समय तक इमरजेंसी का असर दिखना शुरू हो गया था। लोग इस बात से सहमे रहते कि किसी छोटी सी गलती पर भी उन्हें गिरफ्तार कर लिया जायेगा। उस समय यह बात बहुत अजीब लगती थी कि सरकारी कर्मचारी नियत समय पर अपने दफ्तरों में पहुँच रहे थे और लोग नियमों का पालन कर रहे थे। इमरजेंसी में लोग किस कदर डरे हुए थे, इसका अन्दाजा एक छोटी से घटना से ही लगाया जा सकता है। मैं महू जाने के लिए चेतक एक्सप्रेस में सवार हुआ, क्योंकि वह ट्रेन महू होते हुए चित्तौड़गढ़ जाती थी। लेकिन मेरा रेलवे वारंट (पास) दिल्ली से रतलाम रूट का था। रतलाम से सुबह हमें छोटी लाइन की ट्रेन पकड़कर महू जाना पड़ता था। मैंने अपना टिकट टीटी को दिखाकर कहा कि वह मुझे अतिरिक्त शुल्क बता दें, जिसे मैं नगद चुका दूँगा। टीटी वहाँ से चला गया। जब तीन घंटे तक वह कहीं नजर नहीं आया तो मैं खुद ही खोजता हुआ उसके पास पहुँच गया। वह एक जगह बैठकर चार्ट पर नजरें गड़ाये हुए मेरा ही हिसाब बना रहा था। मैंने जब अतिरिक्त शुल्क के बारे में दोबारा पूछा तो उसने कहा, चार रुपये। फिर उसने इस देरी का कारण बताते हुए कहा कि उसे हिसाब लगाने में समय लग गया क्योंकि हिसाब में गलती होने पर उसे जेल जाना पड़ सकता था। इमरजेंसी के साथ ज्यादतियों की ढेरों कहानियाँ जुड़ी हैं, लेकिन इस घटना से उसके एक सकारात्मक पहलू का भी पता चलता है। इससे लगता है कि यदि सख्ती से नियम लागू किये जायें तो देश में बदलाव लाया जा सकता है।

महू में प्लाटून वैपन्स विंग और बीएसडब्लू दोनों के ही अफसरों का एक बड़ा सा झुंड हमारे स्वागत के लिए खड़ा था। वे हमें शंगरीला के नये क्वार्टरों में ले जाने के लिए शादी का कोई बैंड बुला लाये थे। साथ में एक ताँगा भी था। हमें उसमें बैठाकर महू से गुजरते हुए ले जाया गया। भारती के लिए सेना की संस्कृति का यह पहला अनुभव था। प्रबोध भारद्वाज की पत्नी दीपा ने मेरे क्वार्टर के तीनों कमरों को सजाकर घर जैसा बना दिया था। साथ ही उन्होंने घर के लिए राशन सहित सभी जरूरी चीजों का इन्तजाम कर दिया था। भारती को यह देखकर भी काफी अच्छा लगा कि वहाँ लोग हमें रोज ही लंच और डिनर पर आमन्त्रित करते रहते थे। इसलिए न चाहते हुए भी हमें हमेशा कुछ न कुछ खाना पड़ता था। इस तरह कई दिन गुजर जाने के बाद ही भारती को अपना किचेन सँभालने का मौका मिल पाया।

यह जैसे एक नियम-सा बन गया था कि कोर्सों के बीच जब अवकाश होता

था तो सभी इंस्ट्रक्टर छुट्टियाँ मनाने के लिए गोवा चले जाया करते थे। विवाहित जोड़े, कुँवारे, यहाँ तक कि कमांडेंट का बेटा और बेटी भी पुणे के लिए निकल पड़े। वहाँ हमें एक रात के लिए सीएमई में रुकना था। अगली सुबह खड़कवासला जाना अनिवार्य था। भारती ने पहली बार वहाँ एनडीए देखा। उसके बाद हम कोल्हापुर होते हुए दक्षिण में बेलगाँव की ओर बढ़े और फिर साउथ गोवा पहुँचे। वहाँ के समुद्र तट बेहद्र खूबसूरत थे। हम वहाँ कलनगुट में समुद्र तट के किनारे बनी सुन्दर झोंपड़ियों में ठहरे थे। उन दिनों साउथ गोवा में बहुत कम आबादी थी। विदेशी पर्यटकों के लिए कलनगुट एक बड़ा आकर्षण स्थल था। हम वहाँ एक हफ्ता रहे। वापसी का सफर भी बहुत मजेदार रहा, क्योंकि हम कोंकण इलाके में समुद्र तट के रास्ते लौट रहे थे। फिर उत्तर की ओर मुड़कर हम रत्नागिरी होते हुए पुणे आ गये।

अक्टूबर के आसपास दीवाली के समय मेरे पिताजी ने हमारे पास आने का फैसला किया। वह देखना चाहते थे कि शादी के बाद हम किस तरह रह रहे थे। उनके पहुँचने से पहले घर को अच्छी तरह दुरुस्त कर दिया गया। मैं उन्हें इन्दौर रेलवे स्टेशन् पर लेने गया और फिर उन्हें घर लेकर आया। मैंने कुछ दिन की छुट्टी माँगी थी, लेकिन वह नामंजूर कर दी गयी क्योंकि मुझे विदेश भेजने के लिए शार्टलिस्ट कर लिया गया था। फिर जल्दी ही आदेश आया कि मुझे अमेरिका के आर्मी रेंजर्स कोर्स के लिए फोर्ट बेनिंग जाना होगा। अब विदेश यात्रा के लिए जल्दी-जल्दी तैयारियाँ शुरू हो गयीं। मैं फटाफट महू के बाजार में गया और सेना में कपड़े सिलने के लिए मशहूर, बालचन्द की दुकान पर पहुँचा। दुकान के मालिक मुझे बहुत दिनों से एक सूट सिलाने की सलाह देते आ रहे थे, लेकिन किसी न किसी कारण से ऐसा सम्भव नहीं हो पा रहा था। बुजुर्ग टेलरमास्टर ने मुस्कराकर मेरा स्वागत किया। मैंने उनसे आग्रह किया कि वे कल सुबह तक एक सूट सिल दें। बालचन्द जी ने मुस्कुराते हुए जवाब दिया, “आपको आपका सूट कल मिल जायेगा,” और फिर उन्होंने मेरा नाप लेना शुरू कर दिया।

मैंने उनसे पूछा कि क्या कुछ घंटों बाद मैं दोबारा आकर ट्रायल दे दूँ। लेकिन उन्होंने कहा कि इसकी कोई जरूरत नहीं है। कमाल की बात थी कि अगले दिन सुबह ठीक छह बजे सूट सिलकर तैयार हो गया था और कहने की जरूरत नहीं कि वह एकदम फिट था। महू के टेलर कमाल के थे। कुछ को रेजीमेंट के यूनीफार्म सिलने में महारत थी, तो कुछ ब्लू पेट्रोल में। उन्होंने शायद ही किसी को कभी शिकायत का मौका दिया हो।

उधर दिल्ली में भी हड़बड़ी मची हुई थी, क्योंकि विमान पकड़ने में सिर्फ साढ़े तीन दिन रह गये थे। सेना मुख्यालय और रक्षा मन्त्रालय के बीच तालमेल न होने से अफरातफरी की स्थिति बन गयी थी। नागरिक प्रशासन और सेना के बीच सम्बन्धों का यह मेरा पहला अनुभव था। पासपोर्ट और अनेक मेडिकल प्रमाण-पत्रों के लिए

मन्त्रालय से ढेरों अनुमति और मंजूरियाँ लेनी पड़ रही थीं। जैसा कि देखा जाता है, ये मंजूरियाँ एकदम आखिरी मिनट पर ही मिलती हैं। एमटी-1 से जुड़े सिविलियन स्टाफ अफसर को एक-एक औपचारिकता के लिए यहाँ-वहाँ भागना पड़ रहा था। हालाँकि कोर्स के लिए जिन लोगों को जाना था, उनके नाम बहुत पहले ही बता दिये गये थे, लेकिन मन्त्रालय के बाबुओं की यही कोशिश थी कि आखिरी मिनट पर मंजूरी दी जाये। सेना के बाबुओं का हाल भी कुछ बेहतर नहीं था।

मेरी तीन महीने की विदेश यात्रा के दौरान भारती गुड़गाँव में अपने माता-पिता के साथ रहने वाली थीं। इस कोर्स के लिए मेरे साथ राजपूताना राइफल्स के कैप्टन (बाद में मेजर जनरल) मानवेन्द्र सिंह राठौड़ भी जा रहे थे। उनकी शादी भी सिर्फ एक महीना पहले रंजना नाम की लड़की से हुई थी। जल्दी-जल्दी गुडबाय कहकर हम पैन ऐम फ्लाइट में सवार हुए और नवम्बर के मध्य में बड़ी सुबह ही पालम एयरपोर्ट से हमारा विमान उड़ चला। लन्दन में कुछ देर रुकने के बाद हम वाशिंगटन डीसी की ओर उड़ गये। वहाँ से हमने कोलंबस, जार्जिया की फ्लाइट पकड़ी। एयरपोर्ट में अमेरिकी सेना के एक प्रतिनिधि ने हमें रिसीव किया और फिर वह हमें फोर्ट बेनिंग ले गया, जहाँ हमें पहला झटका लगा। दिल्ली में किसी ने कोर्स की तारीख बताने में गलती कर दी थी और रेंजर कोर्स पहले ही शुरू हो चुका था।

अब हम इन्तजार करने के सिवा कुछ भी नहीं कर सकते थे, क्योंकि अगला कोर्स तीन हफ्ते बाद शुरू होने वाला था। एक तरह से यह हमारे लिए अच्छा ही था क्योंकि हम लोग चार दिन के भीतर महू और दिल्ली के सुखद मौसम से निकलकर इस इलाके के ठिठुरा देने वाले मौसम में आ गये थे। तीन हफ्ते के इस अवकाश में हमें न सिर्फ वहाँ के मौसम से तालमेल बैठाने का मौका मिल गया, बल्कि हमें वहाँ के रहन-सहन में भी ढलने में मदद मिल गयी। वहाँ शाम छह बजे ही रात का खाना खा लिया जाता था। क्रिसमस की छुट्टियाँ बहुत नजदीक आ रही थीं, इसलिए मोराल ऐंड वेलफेयर डिपार्टमेंट की ओर से हमें सलाह दी गयी कि हम छुट्टी लेकर ऑरलैंडो में डिज्नी वर्ल्ड घूम आयें। सेना के लोगों के लिए वहाँ कम पैसों में टिकट दिया जाता था। हमें विस्तृत जानकारी दे दी गयी थी कि वहाँ क्या देखना है और क्या करना है। अमेरिकी सेना अपने लोगों के लिए एक-एक चीज का पूरा ख़याल रखती है।

फोर्ट बेनिंग : रेंजर्स कोर्स

अमेरिकी सेना का यह 61 दिन का युद्ध कोर्स है। अमेरिकी लोगों का कहना है कि यह दुनिया में लड़ाई का सबसे मुश्किल कोर्स है, जिसमें अत्यधिक शारीरिक और मानसिक बल की जरूरत होती है। इसके छात्रों को पूरी तरह स्वयंसेवकों की सूची से चुना जाता है और हर छात्र को इसकी कठिन प्रवेश परीक्षा को पास करना पड़ता

है। इसमें किसी को रियायत नहीं दी जाती है, भले ही आप सेना के कितने ही बड़े अधिकारी क्यों न हों, या सऊदी अरब के शाही परिवार से ताल्लुक क्यों न रखते हों। सबके लिए एक ही पैमाना रखा गया है।

मानवेन्द्र और मुझे अच्छी तरह पता था कि इस कोर्स में हमारी अग्निपरीक्षा होने वाली है। हमारी शारीरिक और मानसिक मजबूती को देखते हुए ही हमें अपने देश की ओर से यहाँ भेजा गया था। बहरहाल एनडीए और आईएमए के अनुभवों के अलावा बांग्लादेश की जंग के मैदानी अनुभव के कारण हमें पूरा यकीन था कि हम इस कोर्स में सफल हो जायेंगे।

आकलन चरण रोजर्स कैम्प में रखा गया था। वहाँ हमें चालीस मिनट में पाँच मील की दूरी दौड़कर तय करनी थी। इसके बाद हमें एक निश्चित संख्या में सिट-अप और पुश-अप करने थे। मानवेन्द्र और मैंने इस चरण को आसानी से पार कर लिया। इसके बाद कमबैट वाटर सर्वाइवल टेस्ट हुआ। यह इसलिए था कि हम फ्लोरिडा के पानी से भरे दलदली इलाके में लड़ाई की पूरी तैयारी के साथ कामयाब हो सकें। वहाँ यह बात जरूरी थी कि पानी के भीतर किसी के चेहरे पर घबराहट का कोई संकेत नहीं होना चाहिए।

बुनियादी योग्यता के मापदंडों को पूरा करने के बाद कैम्प रोजर्स और कैम्प डारबी दोनों ही जगहों पर हमारी ट्रेनिंग अच्छे ढंग से शुरू हुई। ये दोनों ही कैम्प बेनिंग फेस का हिस्सा थे। अब यह देखना था कि हममें से कितने लोग इस ट्रेनिंग को वास्तव में पूरा कर पायेंगे। एक तरह से यह हमारे लिए वापस एनडीए में जाने जैसा ही था, क्योंकि यहाँ भी आँख मूँदकर बस आदेशों का पालन करते जाना था। अपने पूर्व अनुभव के साथ मैं अमेरिकी सेना के नियमों के अनुसार बाल कटवाने के लिए लाइन में लग गया। लेकिन यहाँ नियम के मुताबिक सिर के बाल पूरी तरह मुँडवाने थे। मैंने रेंजर सार्जेंट पीबॉडी से कहा, “मेरा नाम सिंह है। बालों को पूरी तरह साफ करना हमारे धर्म के खिलाफ है।”

इस बात पर वहाँ तैनात सभी एनसीओ कुछ परेशान हो गये। आखिरकार उन्होंने नाई से कहा कि मेरे सिर पर आधा मिमी. बाल छोड़ दिया जाये। लेकिन इस बात से वे मुझसे कुछ चिढ़ से गये। कभी कहते, ‘हे हिप्पी, थोड़ा और पुश-अप लगाओ।’ ‘हे हिप्पी, थोड़ा और दूरी तक दौड़ लगाओ।’ बहरहाल मैंने जल्दी ही सबक सीख लिया कि यहाँ हो सके तो किसी का ध्यान अपनी ओर मत खींचो। पहले हफ्ते में हमें हर काम दौड़ते हुए ही करना होता था, साधारण चाल से चलने की मनाही थी। किसी भी बैरक या खाने के हॉल में जाने से पहले हमें दंड-बैठक करना होता था। इन सब चीजों ने हमें एनडीए के पहले दो टर्म की याद दिला दी। हमारे दिन की शुरुआत रात 2.30 बजे ही हो जाती थी, क्योंकि शारीरिक ट्रेनिंग का पहला चक्र सुबह 4 बजे से शुरू हो जाता था। इतनी शारीरिक मेहनत के बाद भी हमें सोने के

लिए बहुत ही कम समय मिलता था। सुबह हमें सिर्फ तैयार ही नहीं होना पड़ता बल्कि अपने बिस्तर को ठीक करना और टॉयलेट की साफ-सफाई भी करनी होती थी। अगले एक घंटे के लिए हमें शारीरिक ट्रेनिंग करनी होती थी, जिसकी शुरुआत बर्फ तोड़ने से होती थी। इसमें हमें बर्फ की चादर तोड़कर ट्रेनिंग एरिया में पहुँचना होता था। दौड़ लगाने, जमीन पर रेंगने, रस्सियों पर चढ़ने जैसे शारीरिक अभ्यासों के कारण कड़कड़ाती ठंडक का जैसे पता ही नहीं चलता था।

हम लोग अपने बैरकों में जब वापस आते तो हमारे कपड़े मिट्टी और कीचड़ में सने होते थे। हमें अपने शरीर पर पहने हुए कपड़ों को साफ करना होता था। ठंडे पानी के कारण यह 'लांड्री' बर्फ जैसी हो जाती थी। खड़े-खड़े नाश्ता करने के बाद हमें फिर तरह-तरह के शारीरिक व्यायामों में जुट जाना पड़ता था। यहाँ स्क्वैड कंबैट ऑपरेशन पर मुख्य जोर दिया जाता था, जिसमें गश्त लगाने के सिद्धान्तों, फील्ड क्राफ्ट और लड़ाई की बुनियादी बातें शामिल होती थीं। 'डारबी क्वीन' सबसे कुख्यात बाधा थी। लड़ाई के ऑपरेशनों में रियेक्ट टु कांटैक्ट, ब्रेक कांटैक्ट, रियेक्ट टु एंबुश, प्लाटून रेड आदि शामिल थे। हमें पूरे दिन इस तरह की कठिन ट्रेनिंग से गुजरना पड़ता था और शाम होते-होते हमारे शरीर का कचूमर बन जाता था। तभी एनसीओ बैरक में आ धमकते और हमारे हथियारों, बिस्तरों और टॉयलेट के साथ-साथ एक-एक चीज का बारीकी से निरीक्षण करते। अगर उन्हें कहीं एक भी दाग-धब्बा दिखाई देता तो पूरे दल को ठिठुरती रात में बाहर जाकर कँटीले तारों के नीचे रेंगना पड़ता। ये तार इतने नीचे होते थे कि आपको पेट या पीठ के बल सरकना पड़ता था।

बेनिंग चरण के तीन हफ्तों में एयरक्राफ्ट या हेलीकॉप्टर से कूदने का अभ्यास भी शामिल था। फोर्ट बेनिंग की पैराशूट ट्रेनिंग के टॉवर काफी दूर से ही नजर आ जाते थे। जल्दी ही हमें कूदने की बुनियादी ट्रेनिंग के बारे में बताया जाने लगा, जबकि हम दोनों ही नॉन-पैराशूटिस्ट थे। अमेरिकी सेना ने हमारे सेना मुख्यालय से कूदने की ट्रेनिंग देने की अनुमति के लिए पत्र लिख दिया था। लेकिन यह पत्र रास्ते में पता नहीं कहाँ अटक गया था या उसे देखा ही नहीं गया था। बहरहाल हम पैराशूट ट्रेनिंग की मैदानी तैयारी कर ही रहे थे, कि आखिरकार दिल्ली से सूचना आ ही गयी। हमें इस तरह की ट्रेनिंग देने से मना कर दिया गया था, क्योंकि हम इन्फैंट्री के अफसर थे और विमान से कूदने के लिए योग्य नहीं थे।

बेनिंग चरण में दिशा का पता लगाना (नेवीगेशन) और जंगल की ट्रेनिंग, दो बेहद महत्त्वपूर्ण पहलू थे। यह सबसे मुश्किल काम था, क्योंकि हमें रात और दिन में नक्शों और कम्पास की सहायता से दिशा का पता लगाना होता था। वास्तविक लड़ाई के अनुभव के कारण मुझे इस ट्रेनिंग को पूरा करने में काफी मदद मिली। दिशा का पता लगाने में अगर किसी तरह की रोशनी का इस्तेमाल किया जाता तो

हमें तत्काल स्कूल से निकाल दिया जाता। किसी छात्र को यदि 'नो गो' कह दिया जाता तो उसे उसी समय स्कूल छोड़ देना पड़ता और वह दोबारा कभी इस स्कूल में प्रवेश नहीं पा सकता था। किसी भी छात्र को दूसरा मौका तभी मिल सकता था, जब वह ट्रेनिंग के दौरान या तो घायल हो जाता या डॉक्टरी तौर पर कोर्स के लिए अक्षम घोषित कर दिया जाता। ऐसे मामलों में भी यह जरूरी नहीं था कि उसे दूसरा मौका मिल ही जाये।

बेनिंग चरण की आखिरी बाधा थी वाटर कान्फिडेंस टेस्ट। यह अभ्यास बिल्कुल वैसा ही था, जो हम महू में वाइयों के दौरान कर चुके थे। मुझे अपने ऊपर पूरा भरोसा था कि मैं दूसरे चरण में पहुँच जाऊँगा। इस टेस्ट में तीन कारनामे थे, जो ऊँचाई और पानी के डर से उबरने की योग्यता की परख करते थे। हमें तालाब से 55 फीट ऊपर रखे गये एक लट्ठे पर जाना था, फिर पानी में कूदने से पहले रस्सी पर सरकना था। हर छात्र को अपना राइफल और लोड-बियरिंग उपकरण को पानी में फेंक देना था। यहाँ यह अभ्यास महू से थोड़ा अलग हो जाता था। दूसरे अभ्यास में हमें सीढ़ी के सहारे दोबारा 70 फीट ऊँचे टॉवर की चोटी पर पहुँचना होता था और वहाँ से एक केबल के सहारे नीचे की ओर आना पड़ता था। फिर सिग्नल मिलते ही पानी में कूदना पड़ता था। इस टेस्ट में बहुत से छात्र असफल हो जाते थे और उन्हें अपमानित करके कोर्स से निकाल दिया जाता था। हम जैसे जो छात्र इसमें सफल हो गये थे, उनके अन्दर रणनीतिक और तकनीकी योग्यता को लेकर अत्यन्त आत्मविश्वास भर गया था। अब हमें कोर्स के अगले चरण माउंटेन फेस के लिए तैयारी करनी थी।

रेंजर्स स्कूल की सबसे खास बात यह थी कि अमेरिकी सेना के पास संसाधनों की भरमार थी, जिसका फायदा छात्रों को भी मिलता था। जरूरत की हर चीज वहाँ उपलब्ध थी—वैपन सिस्टम, गोला-बारूद, हेलीकॉप्टर, डॉग यूनिट, कुछ भी चाहिए, सब पलक झपकते हाजिर था। वहाँ कोर्स का कोई भी हिस्सा कागजों तक सीमित नहीं होता था, उसे व्यावहारिक रूप से मैदान में कराया जाता था। जब मैं स्कूल में था तो मैंने हिमालयन माउंटेनियरिंग इंस्टीट्यूट में पर्वतारोहण की बुनियादी ट्रेनिंग ले रखी थी। उसके बाद ईस्टर्न भूटान में भी कड़ाके की ठंड में 2 राजपूत और भूटानी सेना के साथ इसका अनुभव ले चुका था। विंटर वारफेयर का अनुभव भी मेरे लिए काम आने वाला था। मुझे अपने पहले के अनुभवों से कुछ आइडिया लग गया था कि कैम्प मेरिल में क्या होने वाला है। इसकी ट्रेनिंग जार्जिया राज्य के दाहलोनेगा की पहाड़ियों में होने जा रही थी। यह एक दूर-दराज का इलाका था। वैसे तो फोर्ट बेनिंग में भी बहुत सर्दी थी, लेकिन यहाँ का मौसम तो शरीर को जमा देने वाला था। जाड़े के मौसम में रात के समय यहाँ का तापमान बहुत नीचे चला जाता था और बहुत से छात्र तो सर्दी से अत्यधिक बीमार हो जाया करते थे। वहाँ पहुँचकर हमने तुरन्त ही ट्रेनिंग शुरू कर दी और पर्वतारोहण की बुनियादी बातें सिखायी जाने

लगीं। कुछ ही दिनों में हम इतने माहिर हो गये कि कठिन से कठिन चट्टान या चोटी पर भी चढ़ाई करने की हिम्मत आ गयी थी। योना माउंटेन में दो दिन के अभ्यास के बाद हमारी ट्रेनिंग खत्म हो गयी। इस चरण के दौरान मुठभेड़ का अभ्यास पहले की अपेक्षा कहीं ज्यादा वास्तविक था। इस बार पाँचवीं रेंजर ट्रेनिंग बटालियन अभ्यास करा रही थी। यहाँ समय का कोई मतलब नहीं था। यह सुबह, दोपहर या रात कोई भी समय हो सकता था। बस हमें आदेश मिलने की देर होती थी। आदेश मिलते ही हेलीकॉप्टर हमें ट्रेनिंग की जगह पर ले जाकर छोड़ देता था। इस अवधि में रेंजर के छात्रों के दमखम पर बहुत ज्यादा दबाव पड़ रहा था। आपको किसी भी समय थके-माँदे और भूखे छात्रों की अगुआई करने के लिए चुना जा सकता था। रेंजर के सिद्धान्तों के अनुसार "कठिन इलाका, खराब मौसम, भूख, मानसिक और शारीरिक थकावट के समय ही छात्र की क्षमताओं का पता चलता है।"

इन मिशनों में पहाड़ों को पार करके दूसरे इलाकों में पहुँचना, वाहनों के साथ हमला, संचार और मोर्टार की जगहों पर छापा मारना, नदी पार करना और सीधी ढलान वाले पहाड़ों की चढ़ाई करना शामिल था। हमने अपना लक्ष्य हासिल कर लिया था। इस चरण के दौरान आत्मविश्वास बढ़ाने के दो और टेस्ट थे। पहला टेस्ट था रात में पहाड़ पर 240 फीट की ऊँचाई से रस्सी के सहारे नीचे उतरना। इसके लिए जानबूझकर घुप्प अँधेरी रात का चुनाव किया जाता था। चट्टान से आधी दूरी पार करने के बाद कुछ भी पता नहीं चलता था कि हम कहाँ हैं और अभी कितना नीचे जाना है। हमें सिर्फ आसमान में टिमटिमाते तारे ही नजर आते थे। दूसरे टेस्ट में एक ढलवाँ पटरा और चर्खी होती थी, जो आपको एक झील की ओर तेजी से फेंक देती थी। रेंजर का एनसीओ जैसे ही अपना झंडा नीचे करता था, आपको पानी में छलाँग लगा देनी होती थी। अगर आपने अपने पैर सही तरीके से न रखे तो आप तेजी से सरकते हुए पानी में जा गिरेंगे।

तीसरे और अन्तिम चरण के कोर्स से पहले सूचना यह थी कि हम जैसे ही फ्लोरिडा के एग्लिन एयर फोर्स बेस पर पहुँचेंगे हमें कैदी बना लिया जायेगा। बिना किसी प्रस्तावना के हमारी बुनियादी नौका ट्रेनिंग शुरू हो गयी। हमें 12 दिन की ट्रेनिंग करनी थी, जो फ्लोरिडा के दलदली इलाके में होने वाली थी। यह अभ्यास अगली सुबह तक जारी रहा। उसके बाद हम एक ट्रक पर सबार हुए। हमारे शरीर थक कर चूर हो चुके थे। हमें कैम्प रडर ले जाया गया, जहाँ बताया गया कि हमें अब मुख्य टास्क के लिए तैयार रहना होगा। हम आधी नींद में निढाल हो रहे थे कि अचानक हमारे ऊपर घात लगाकर हमला हो गया और हमें रूसी भाषा बोलने वाले जवानों द्वारा बन्दी बना लिया गया।

इस अभ्यास को 'सर्वाइवल एस्केप एवेज़न ऐंड रेसिस्टेंस ट्रेनिंग' (एसईएआर) नाम दिया गया था। हमें इकट्ठा किया गया और फिर हमारे सिर पर रेत के बोरे

लाद दिये गये, हमारे हाथ बाँध दिये गये और जानवरों की तरह हमें ट्रकों में भर दिया गया। इसके बाद हमें एक जगह ले जाया गया और हमें अपने कपड़े उतारने के लिए कहा गया और तरह-तरह से अपमानित किया गया। अब हमसे पूछताछ की बारी थी। हमसे अपने प्लाटून कमांडर के बारे में सारी जानकारी माँगी गयी। हमें कैदी बनाने वाले लोग बहुत निर्मम थे। वे हमें लातों से मारते, घूँसे मारते और वह सारी ज्यादतियाँ करते जो वास्तव में किसी कैदी के साथ हो सकती हैं।

कुछ देर के बाद लगा कि हमारी मुसीबतें खत्म हो गयी हैं। अचानक वे हमारे साथ अच्छा व्यवहार करते हुए हमें चॉकलेट और दूसरी स्वादिष्ट चीजें खाने के लिए देने लगे। लेकिन साथ ही वे हमसे फिर से वही जानकारियाँ माँगने लगे, जो पहले जबर्दस्ती माँग रहे थे। आखिर में उन्होंने हमें एक लाइन में खड़ा किया और हमें हरे रंग की कोई सड़ी-गली चीज खाने के लिए दी। हममें से कुछ ने उसे खाने से मना कर दिया, लेकिन जिन लोगों ने खाया वे बुरी तरह बीमार पड़ गये।

बहरहाल, अन्ततः हमारा पीओडब्लू (युद्ध बन्दी) वाला अभ्यास खत्म हो गया और हमें ट्रकों में बैठाकर दूसरे कैम्प में ले जाया गया। वहाँ हमसे इस अभ्यास के बारे में कुछ सवाल किये गये और फिर हमें सोने की इजाजत दे दी गयी। हममें से किसी को जानकारी नहीं थी कि उस समय हम कहाँ थे।

अगले दिन हमारा 12 दिन का अभ्यास शुरू हुआ। उन दिनों हमें एक निर्धारित राशन ही दिया जाता था, जो हमें अपने पूरे अभ्यास के समय तक चलाना होता था। लेकिन अचानक पता चला कि हमें सिर्फ छह दिन का ही राशन दिया जा रहा था। बाकी का छह दिन का राशन एक निश्चित जगह पर हेलीकॉप्टर से पहुँचाया जायेगा, लेकिन हमें किसी भी आपात स्थिति के लिए तैयार रहना होगा। इस पूरे अभ्यास में हमारे खिलाफ एक 'एग्रेसर फोर्स' को रखा गया था, जो हमारे दुश्मन की भूमिका में था, इसलिए जो कैदी बना लिया जाता, उसकी मदद ईश्वर ही कर सकते थे। हम पहले ही युद्ध बन्दी होने का स्वाद चख चुके थे। हमें नाव में बैठाकर पहले मुख्य जहाज तक ले जाया गया। फिर वहाँ से एलएसटी में पहुँचाया गया और फिर रबर की छोटी नौकाओं में। इन छोटी नौकाओं से हमें तट पर लाया गया। यह जगह भी बहुत ठंडी थी। जार्जिया की पहाड़ियों के मुकाबले फ्लोरिडा में थोड़ी-सी कम सर्दी थी। वहाँ दलदली जगह का पानी बर्फ जैसा था। इस जगह पर पानी का वाष्पीकरण न होने से जल का स्तर हमेशा एक जैसा ही रहता था। इसलिए हम छाती तक पानी में डूबे थे। इस पानी में हमें अपना टास्क पूरा करने के बाद अपनी नावें ले जाकर कहीं छिपा देनी होती थीं। अपने लक्ष्य पूरे करने के बाद वापस आकर नावों को खोजना था और फिर अगले टास्क के लिए निकल जाना था। पानी में कई तरह के छुपे हुए खतरे मौजूद थे। उनमें सबसे बड़ा खतरा तो मगरमच्छों का था। दूसरे दिन हम पानी में जा ही रहे थे कि पानी के अन्दर से

जोर का धक्का लगा और नाव पर सवार सभी दस लोग पानी में जा गिरे। तुरन्त ही हम तैर कर दूसरी नाव के पास चले गये लेकिन नाव पर सवार सार्जेंट ब्राउनी ने हमें रोक दिया। उन्होंने कहा, "खबरदार, अपनी नाव में वापस जाओ।" उन्होंने हममें से किसी को भी अपनी नाव में नहीं बैठने दिया। हम वापस अपनी नाव की ओर गये। हमारी नाव की चार में से दो ट्यूब फट चुकी थीं। लेकिन खुशकिस्मती से ज्यादातर उपकरण सही-सलामत थे। नाव के चप्पू बेकार हो चुके थे। इसलिए इन उपकरणों से काम चलाते हुए हम अपने अगले लक्ष्य की ओर बढ़े। टास्क पूरा होने के बाद हमारी नाव की मरम्मत की गयी और हम बाकी बचा हुआ अभ्यास पूरा करने में लग गये।

तीसरे या चौथे दिन रेंजर अफसर, जो मेरे दल के साथ थे, ने मुझसे कहा, "सिंह, यू श्योर आर स्मोकिंग इट आउट।" मुझे पता नहीं था कि आगे क्या होने वाला है। मैंने जवाब दिया, "सर, मैं सिगरेट नहीं पीता हूँ।" यह सुनते ही सार्जेंट सहित वहाँ मौजूद सभी लोग जोर से हँसने लगे। बाद में मुझे पता चला कि, 'स्मोकिंग इट आउट' का मतलब था कि तुम बहुत मेहनत कर रहे हो।

हममें से ज्यादातर अमेरिकी छात्रों को भूखा रहने की आदत नहीं थी, इसलिए उनका वजन तेजी से बहुत कम हो गया था। मैं बड़ी खुशी से अपना बीफ टिन दूसरे छात्रों से बदलकर उसकी जगह तीन पौंड केक के टिन ले लेता था। साठ दिन के बाद हमें फुर्सत मिली और हमें एक दिन की पूरी छुट्टी के बाद वापस फोर्ट बेनिंग पहुँचा दिया गया। ग्रेजुएशन समारोह के दिन तेज फुहारें पड़ रही थीं, इसलिए पूरा कार्यक्रम फीका ही रहा। कोर्स की शुरुआत में तीन सौ से ज्यादा छात्र थे, लेकिन सिर्फ 90 लोग ही कोर्स पूरा कर पाये। एक अमेरिकी अफसर के साथ मुझे भी 'ऑनर ग्रेजुएट' की डिग्री मिली, जिसका मतलब था कि हमें 80 प्रतिशत से ज्यादा का ग्रेड दिया गया था। हमें सबसे पहले कन्धों पर रेंजर के बैज लगाये गये। इतना ही नहीं मुझे व्हिस्की कम्पनी, 75 रेंजर बटालियन का फ्लैग दिया गया। यह सम्मान सिर्फ मुझे ही दिया गया था और मैं गर्व महसूस कर रहा था।

बेलगाँव : कमांडो स्कूल

मैं वाशिंगटन होते हुए देश वापस आया और एमटी निदेशालय को रिपोर्ट किया। मैं बीएसडब्लू में डेढ़ साल रह चुका था और अब मुझे बेलगाँव में कमांडो विंग में भेजने का फैसला किया गया। शुरू में वाइओ कोर्स के सभी तीनों चरण महू में हुए थे। करीब दो साल के बाद वाइओ विंग को बेलगाँव में शिफ्ट कर दिया गया था। बेलगाँव में इस विंग को जूनियर लीडर्स (जेएल) विंग के अधीन रखा गया था। बाद के वर्षों में इसमें दूसरे कोर्स भी शामिल कर दिये गये। कुल मिलाकर जेएल विंग इन्फैंट्री स्कूल का अंग बना रहा और सभी इन्फैंट्री अफसरों के लिए वाइओ कोर्स

अनिवार्य कर दिया गया। इसका मतलब था कि सभी युवा अफसरों को फाइनल तीस दिन बेलगाँव में गुजारना होता था।

भारती के साथ मैं महू लौट आया, जहाँ हमने लकड़ी के बड़े-बड़े सन्दूकों में अपना सामान पैक किया और रेलवे के एक डिब्बे में उन्हें रखवाकर हम अगले गन्तव्य की ओर निकल पड़े। जब हम बेलगाँव पहुँचे तो हमने पाया कि हमारे एक सन्दूक के साथ छेड़छाड़ की गयी थी। इसमें अजीब तरह का एक ताला लगा हुआ था। ताले को जब तोड़ा गया तो भारती हैरान रह गयी, क्योंकि उनकी सारी अच्छी साड़ियाँ और दूसरे सामान गायब थे। उन्हें बहुत दुख हुआ, ऊपर से जब शिकायत दर्ज कराने गये तो इतने सारे कागजों को भरना पड़ रहा था कि इस मामले को वहीं छोड़ देना ही मुनासिब लगा।

बहरहाल हम जल्दी ही अपनी नयी जगह के अभ्यस्त हो गये। हमें 'जेसी मैनसन' नाम की एक तीन मंजिला बिल्डिंग में छोटा-सा अपार्टमेंट दे दिया गया। बिल्डिंग के सभी छह अपार्टमेंटों में कमांडो विंग के अफसर रह रहे थे। इसलिए जल्दी ही हमारा एक सामाजिक समूह बन गया।

बेलगाँव वेस्टर्न घाटों के करीब बसा हुआ है। यहाँ बड़े-बड़े जंगल हैं और यहाँ का मौसम साल भर सुहाना बना रहता है। इसलिए अंग्रेजों के समय से ही ट्रेनिंग के लिए यह बहुत मुफीद जगह है। इस शहर में मराठा रेजीमेंटल सेंटर होने का भी विशेष फायदा है। ब्रिगेडियर हरभजन सिंह जेएल विंग के कमांडर थे, जबकि कमांडो विंग की जिम्मेदारी कर्नल पीआर लिमये की थी। वे अमेरिकी सेना के साथ स्पेशल फोर्सेज़ कोर्स कर चुके थे।

हमारा कमांडो कोर्स अमेरिकी सेना के रेंजर कोर्स के बराबर माना जा सकता है, लेकिन दोनों में कुछ बड़े बुनियादी अन्तर हैं। सबसे पहला और सबसे बड़ा अन्तर तो यही है कि रेंजर कोर्स करने के लिए कोई बाध्यता नहीं है, जबकि हमारे यहाँ इन्फैंट्री के सभी अफसरों के लिए कमांडो कोर्स अनिवार्य था। दोनों के कोर्सों के पीछे दूसरा महत्त्वपूर्ण बदलाव यह था कि अमेरिकी सेना बड़े गर्व से एक मापदंड तय कर देती थी और उस मापदंड के आधार पर प्रशिक्षार्थियों को अयोग्य करार देने के बहाने खोजती रहती थी। जबकि भारतीय सेना में प्रशिक्षार्थियों को पूरा जी-जान लगाकर अपना कोर्स पूरा करना पड़ता था। हम स्पीड मार्च का ही एक उदाहरण लेते हैं, जो कि दोनों ही सेनाओं में समान हैं। रेंजर के कोर्स में हम एक दल के तौर पर कदम बढ़ाते थे और राइफलें हमारे सामने होती थीं। इंस्ट्रक्टर, जिसका यही उद्देश्य होता था कि कुछ लोग इस अभ्यास में असफल हो जायें, दल के लिए गति तय कर देता था। वह जानबूझकर अपनी रफ्तार बदलता रहता था, ताकि कोई लय में न चल पाये। नियम यह था कि आपको अपने आगे वाले रेंजर से एक कदम पीछे रहना था। अगर कोई क्षण भर के लिए भी थोड़ा पीछे रह गया तो उसे दो बार चेतावनी

दी जाती थी और उसके बाद भी गलती होने पर सीधा बाहर कर दिया जाता था।

हमारे यहाँ अगर हमने किसी प्रशिक्षार्थियों को फेल कर दिया तो हम जानते थे कि उसके लिए मुसीबत हो जायेगी और हो सकता है कि सेना मुख्यालय तक बात पहुँच जाये। इसलिए स्पीड मार्च में इंस्ट्रक्टर रफ्तार की एक लय बना देता है और कुछ दिशा-निर्देश तय कर देता है—जेंटलमेन, आप इतने किलोमीटर इतनी रफ्तार से चलेंगे। फिर आप दौड़ लगायेंगे और फिर दोबारा चलेंगे। हमारे यहाँ व्यक्ति पर जोर दिया जाता था, जो कि गलत था क्योंकि युद्ध व्यक्ति नहीं, बल्कि पूरा दल लड़ता है। कहने का मतलब यह है कि यह एक टीम वर्क है।

तीसरी बात, अमेरिकी सेना में वास्तविकता पर जोर दिया जाता है और अभ्यास में एकदम युद्ध जैसी स्थितियाँ बनायी जाती हैं। जबकि हमारे यहाँ प्रशासनिक तौर पर काम लिया जाता है। इस तरह हमारे यहाँ ज्यादा उदार व्यवस्था थी। हमें पता होता था कि हर अभ्यास में सही समय पर एक वाहन आ जायेगा और हमें 'हॉट मील' मिलेगा। हमारे यहाँ सबसे लम्बा स्पीड मार्च चालीस किमी. का होता है, जबकि अमेरिकी सेना में यह अधिकतम बत्तीस किमी. का होता है। हमारे यहाँ अधिकारी इस बात से खुश हो जाते हैं कि उन्होंने जवानों को चालीस किमी. का मार्च करा दिया है। बांग्लादेश में मैंने देखा था कि वास्तविक लड़ाई में किस तरह एक के बाद एक चुनौतियाँ आती रहती थीं। हमारी व्यवस्था में दुर्भाग्य से हर गतिविधि के पीछे कोई वैज्ञानिकता नहीं होती थी। एक कैप्टन के तौर पर अगर किसी तरह का सुझाव दिया जाता तो उसे खारिज कर दिया जाता, क्योंकि हमारी व्यवस्था किसी तरह के बदलाव की विरोधी थी। कुछ समय के बाद मैंने भी किसी तरह के बदलाव के सुझाव का विचार त्याग दिया और युवा अफसरों के नये-नये बैचों को अभ्यास कराता रहा। बाद में जब मैं लेफ्टिनेंट कर्नल के पद पर आकर चीफ इंस्ट्रक्टर बना तो अपने स्तर पर मैं जो कुछ परिवर्तन कर सकता था, वह किया। लेकिन मेरे जाने के बाद जल्दी ही उसे भुला दिया गया और वह इस व्यवस्था में कहीं गुम हो गया।

बेलगाँव में कई अच्छे इंस्ट्रक्टर थे। कैप्टनों में सुबीर अहलूवालिया का नाम था, जिन्होंने समय से पहले कर्नल के पद से रिटायरमेंट ले लिया, जैक राइफल से आरएम बरुआ थे, जिनकी यूनिट बाद में मेकेनाइज्ड इन्फैंट्री में बदल गयी, राज राइफल्स से नरेन्द्र सिंह थे, मोहन निकम और एक लम्बे कद के अफसर मोहिन्दर सिंह थे, ये दोनों ही महार रेजीमेंट से थे। डोगरा रेजीमेंट से जसबीर सिंह, सिख लाइट इन्फैंट्री से चन्दगी राम थे, कुछ समय तक मेरे ग्रुप कमांडर रहे थे। वे बेहद चुस्त-दुरुस्त व्यक्ति थे। जब कभी इंस्ट्रक्टर का अभाव होता था तो वे खुद ही सेवा में हाजिर हो जाते थे, चाहे वह स्पीड मार्च ही क्यों न हो।

कमांडो विंग वाइओ का आखिरी चरण होने से युवा अफसरों पर पूरी पकड़ रहती थी, क्योंकि वे जानते थे कि यह उनके लिए करो या मरो का समय होता था।

हमें उन्हें लेकर शायद ही कभी कोई परेशानी आयी, लेकिन कभी-कभी कोई छात्र (अफसर) चालाकी करने की कोशिश कर ही जाता था। मेजर जनरल शाबेग सिंह एटीके ऐंड के. एरिया की कमान में थे। बांग्लादेश की जंग के दौरान उन्हें *मुक्ति वाहिनी* के पीछे की ताकत समझा जाता था। उनका बेटा, जो वाइओ कोर्स कर रहा था, मेरे ग्रुप में था और हर पन्द्रह दिन पर उसकी समीक्षा होती थी। पिछले दो चरणों में उस अफसर को बहुत अच्छा ग्रेड दिया जा रहा था। लेकिन उसका प्रदर्शन देखकर मुझे लगा कि उसके पिता के ओहदे को ध्यान में रखकर उसे इतना अच्छा ग्रेड दिया जा रहा था, न कि उसकी अपनी योग्यता के आधार पर।

मैंने उसकी समीक्षा करते हुए कहा, "अभी तुम्हें और मेहनत करने की जरूरत है।"

अपने पापा के बेटे उस युवा अफसर ने भावहीन मुद्रा में जवाब दिया, "मुझे इंस्ट्रक्टर ग्रेडिंग चाहिए। मेरे पिता एरिया कमांडर हैं।" मैंने महसूस किया कि मेरा पारा चढ़ने लगा था। मुझे यकीन नहीं था कि वह साधारण ग्रेड भी हासिल कर पायेगा और ऊपर से यह युवा लड़का बड़े अक्खड़ तरीके से सबसे ऊपर की ग्रेडिंग की माँग कर रहा था। मुझे बहुत गुस्सा आया। मैंने उससे तुरन्त अपने ऑफिस से बाहर निकल जाने को कहा। मुझे लगा कि इस बात की शिकायत उसके 'पापा' तक पहुँच जायेगी और मुझे वापस यूनिट में भेजा जा सकता था। दुर्भाग्य से मामला यहीं खत्म नहीं हुआ। अगला अभ्यास 40 किमी. का मार्च था। पापा के इस बेटे ने कुछ लड़कों के साथ फैसला किया कि वे बाकी लोगों से आगे रहेंगे। उन्होंने पहले से एक स्कूल बस का इन्तजाम कर रखा था, जो मुख्य मार्ग से थोड़ी दूरी पर एक गाँव में खड़ी थी। कुछ दूर मार्च करने के बाद वे चुपके से सरक लिए और बस में जा बैठे। लेकिन उनके दुर्भाग्य से बस चालू ही नहीं हुई। करीब डेढ़ घंटे तक धक्का लगाने के बाद वे हारकर मुख्य मार्ग पर वापस आ गये और चुपचाप बैठ गये। नतीजा यह हुआ कि वह इंस्ट्रक्टर ग्रेडिंग से वंचित रह गया, हालाँकि प्रशासन में उसे फेल करने की हिम्मत नहीं थी।

इन्हीं दिनों मैं भी पिता बनने जा रहा था। जब हम बेलगाँव गये थे, तभी भारती को पहली सन्तान गर्भ में आ गयी थी। उनमें मातृत्व का स्वाभाविक भाव पनपने लगा था। वे युवा अफसरों को कड़ी मेहनत करते हुए देखतीं तो उन्हें उन पर दया उमड़ने लगती। उन्हें थोड़ा-सा भी मौका मिलता तो वे कुछ अफसरों, खासकर रेजीमेंट के लड़कों को बुलाकर उनकी खूब आवभगत करती थीं। मुझे इस बात से बहुत गुस्सा आता लेकिन वे फिर भी नहीं मानतीं।

बच्चे का जन्म क्रिसमस के आसपास होने वाला था और वह समय आने में अब भी कुछ समय बाकी था। इस समय भी हम अपने स्कूटर पर आते-जाते रहते थे। एक बार गलती से मैं सड़क पर लगे स्पीड ब्रेकर का ध्यान नहीं रख पाया और स्कूटर अचानक तेजी से उछल गया। इससे भारती के पेट में काफी तकलीफ हो

गयी और मैं जल्दी से उन्हें स्त्रीरोग विशेषज्ञ के पास ले गया। डॉक्टर ने सलाह दी कि मैं उन्हें आर्मी अस्पताल ले जाऊँ। इसलिए मैं उन्हें आर्मी अस्पताल ले गया और भारती को रात भर के लिए एडमिट कर दिया और फिर मैं घर वापस आ गया।

अगले दिन सुबह ही मैंने फोन करके भारती के स्वास्थ्य के बारे में पूछा तो उधर से जवाब आया कि मैं पिता बन चुका था और माँ और बच्ची दोनों स्वस्थ थे। यह दिसम्बर की दूसरी तारीख थी। इस तरह हमारी बच्ची समय से तीन हफ्ते पहले ही पैदा हो गयी थी। उसके जन्म से मैं बहुत खुश था, क्योंकि मैं हमेशा से ही बेटी चाहता था। खबर सुनते ही मैं भागकर, बल्कि यह कहूँ कि उड़ता हुआ अस्पताल पहुँचा। हमने पहले से तय कर रखा था कि लड़की हुई तो उसका नाम मृणालिनी रखा जायेगा। यह नाम रवीन्द्रनाथ टैगोर से लिया गया था, जिन्होंने शादी के बाद अपनी पत्नी का यही नाम रखा था। इस शब्द का मतलब कमल के फूलों का समूह।

जेएल विंग में डेमो कम्पनी उस समय राजपूत रेजीडेंट की हुआ करती थी। रिवाज के मुताबिक मैंने लड्डुओं का बड़ा-सा टोकरा जवानों को भेजा। लोगों ने पूछा, "क्या हुआ साब।"

मैंने गर्व से बताया, "लड़की हुई।" इस पर उनके चेहरे उतर गये। उन्होंने कहा, "लड़की हुई और आप लड्डू बाँट रहे हैं।" यह साफ दिखाता था कि समाज में लड़कियों के प्रति लोग कैसी भावना रखते थे। बहरहाल, मुझे जो चाहिए था, वह मिल गया था। बेटी पाकर मेरी खुशी का कोई ठिकाना नहीं था।

मृणालिनी का जन्म समय से पहले हो जाने से पहले से निर्धारित योजना धरी रह गयी। मेरे माता-पिता बच्चे के जन्म के समय उपस्थित रहना चाहते थे। लेकिन वैसा नहीं हो सका। फिर तय किया गया कि बच्ची जब चालीस दिन की हो जायेगी तो भारती उसे लेकर चंडीगढ़ जायेंगी, जहाँ उस समय उनके पिता रह रहे थे। मैं भी पार्ट डी परीक्षा की पढ़ाई कर रहा था, जो कि हमारे लिए अनिवार्य था। इससे मेरे लिए बहुत दिक्कत हो गयी थी, मैं पिता होने की जिम्मेदारी ठीक से नहीं निभा पा रहा था। बच्ची पूरी रात जगाये रखती, जो मेरी पढ़ाई के लिए ठीक ही था। लेकिन इस तरह रात भर जागने से मुझे दिन में नींद-सी आती रहती थी। हमारी सबसे पहली सन्तान होने के नाते भारती और बच्ची पहले गुड़गाँव, फिर चंडीगढ़ और फिर मेरे माता-पिता के पास गयीं।

5
बड़े भेड़िये

घूमता दरवाजा

प्लाटून वैपन्स, बीएसडब्लू और जेएल विंग को मिलाकर अपने तीन साल पूरे करने के बाद मैं सिकन्दराबाद में वापस 2 राजपूत में भेज दिया गया। भारती के लिए बटालियन का यह पहला अनुभव था। मृणालिनी को साथ लेकर हम मेस में एक कमरे में रहने लगे। अगले कुछ दिन आबदार (बारमैन), जो कि एक एनसीई (नान-कम्बैटेंट ऐनरोल्ड) था, मेस में रखी बटालियन की एक-एक चीज से भारती को अवगत कराता रहता था। वह चाँदी के मेडल और अन्य वस्तुओं का इतिहास और उसका महत्त्व समझाया करता था।

लम्बे समय से बटालियन से दूर रहने के कारण मैं अपने जवानों के साथ समय बिताना चाहता था। अब कम्पनी की कमान सँभालने के लिए मेरी वरिष्ठता भी हो गयी थी। सिकन्दराबाद में तीन साल की 'शान्ति' अवधि पूरी होने में अब भी करीब सात-आठ महीने बाकी थे। इसके बाद हमें या तो जम्मू-कश्मीर भेजा जाना था या उत्तर-पूर्व में तैनात किया जाता। इस तरह मुझे हर हाल में अपनी पत्नी और कुछ महीने की बेटी से अलग होना था। मृणालिनी अब तक बिना सहारे के बैठने लगी थी।

महज दस दिन बाद ही एडजुटेंट अविनाश कपिला ने खुशी के भाव में मुझे बताया कि मुझे अपना बोरिया-बिस्तर बाँधकर एक बार फिर महू जाना होगा। उन्होंने कहा, "तुम जेसी कोर्स के लिए जा रहे हो। तुम्हारा नाम सूची में है।" तीन महीने का जूनियर कमांड कोर्स सेना में एक 'कॅरियर कोर्स' के तौर पर जाना जाता था। मैंने इसके बारे में सोचा तक नहीं था। अविनाश ने सलाह दी, "कोर्स एक हफ्ते में शुरू होने वाला है, इसलिए अच्छा है कि तुम जल्दी निकल जाओ।" भारती को मृणालिनी के साथ यूनिट में अकेला छोड़ देना ठीक नहीं लग रहा था। रही बात हमारे माता-पिता के पास जाने की, तो वह कुछ दिन पहले ही वहाँ रहकर लौटी थीं। इसलिए वहाँ भेजने का विचार भी त्याग दिया गया।

आखिरकार बेलगाँव से निकलने के एक महीने के भीतर ही मैं वापस महू आ

गया था। मैंने पहले ही अपने एक मित्र को पत्र लिखकर मकान की व्यवस्था करने के लिए कह दिया था। लेकिन हमारे लिए एक समस्या थी। कोर्स के विवरण में दिखाया गया था कि मैं अब भी इन्फैंट्री स्कूल के नामिनल रोल में था। इसलिए आवास का आवंटन नहीं हो सकता था। मैं एक्यू के पास गया। उन्होंने मुझे धोबी घाट में अविवाहितों के बैरक में एक कमरा दे दिया। मुझे कॉलेज के परिसर में भी एक कमरा आवंटित कर दिया गया था। मेरे सामने इस तरह की घरेलू दिक्कत खड़ी हो गयी थी लेकिन मैं कुछ कर भी नहीं सकता था। जेसी के दौरान कुछ दिन मुझे लेकर मजाक किया जाता था कि "आधा वीके यहाँ और आधा वीके वहाँ, बेचारा वीके क्या करे।"

बहरहाल करीब एक हफ्ते के बाद स्थिति ठीक हो गयी। हमें टेंट रिप्लेसमेंट स्कीम के तहत एक नया मकान दे दिया गया। अपने नाम के विपरीत यह मकान काफी अच्छा था। इसमें एक कमरा, एक छोटा ड्राइंग रूम, डायनिंग रूम और किचेन था।

उस समय सेना में जेसी कोर्स सबसे महत्त्वपूर्ण कोर्स था। हमारे पास बेहतरीन इंस्ट्रक्टर थे। उनमें कई तो बेजोड़ थे, जैसे पंकज जोशी, जो बाद में तीन स्टार जनरल बने और चीफ ऑफ इंटीग्रेटेड डिफेंस स्टाफ के पद से रिटायर हुए। दूसरे थे त्रिर्गणेश मुकर्जी, जो बांग्लादेश की लड़ाई के समय 83 ब्रिगेड में जी3 रह चुके थे। मुकर्जी आखिर में ब्रिगेडियर के पद से रिटायर हुए। वे आज भी लेखन और व्याख्यानों से अपना योगदान देते रहते हैं। ऐसे लोगों में 1 पैरा से अर्जुन कटोच भी थे, जो कर्नल के पद से रिटायर हुए और बाद में यूनाइटेड नेशंस के साथ काम किया। इस कोर्स में हमने बहुत उपयोगी बातें सीखीं। हमने कम्पनी, बटालियन और ब्रिगेड स्तर पर कामकाज के साथ-साथ तरह-तरह के बुनियादी और जटिल सम्बन्धों के बारे में जाना।

बहुत से छात्र पहले से इस कोर्स की तैयारी किये हुए थे, इसलिए मुझे इसमें ज्यादा मेहनत करनी पड़ी। सौभाग्य से 89 दिन इतनी अच्छी तरह नियोजित किये गये थे कि जो लोग थोड़ा कच्चे थे, वे भी कुछ दिन बाद बाकियों के बराबर हो गये।

गहन अध्ययन के बावजूद हम मजा भी कर रहे थे। हमारे पास एक कुत्ता था, जिसका नाम सीज़र था। बाद में पता चला कि सीज़र पूरी तरह बहरा था। मैं रोज घर लौटते ही उसे खोजने लगता था। उसे आवाज देकर बुलाने का कोई फायदा नहीं था। उसे सिर्फ सामने देखकर ही इशारे से घर बुलाया जा सकता था। मृणालिनी अब खड़ी होकर चलना सीख गयी थी। उसे चलते हुए देखकर हमें बहुत अच्छा लगता था। शाम का समय उसके चलने के लिए सुरक्षित रखा गया था।

कमजोर शुरुआत के बावजूद मुझे ए-1 ग्रेड मिला, जो बहुत सन्तोषजनक था। कोर्स पूरा करने के बाद हम फिर सिकन्दराबाद लौट आये और मृणालिनी का पहला जन्मदिन वहीं मनाया गया।

लेफ्टिनेंट कर्नल मलिक अब भी बटालियन की कमान सँभाल रहे थे। यूनिट

के अफसरों के बच्चे मृणालिनी के पहले जन्मदिन के अवसर पर मेस में इकट्ठा हुए। मेरी खुशी का तब कोई ठिकाना नहीं रहा जब मुझे एक कम्पनी की कमान सौंप दी गयी। 54 डिवीजन के हिस्सा के तौर पर कुछ ही दिन के भीतर डिवीजन के अभ्यास के लिए हमें नागार्जुन सागर के बायें किनारे की नहर की ओर जाने के लिए कहा गया। इस अभ्यास में पानी की बाधा को पार करना था। हमारे ब्रिगेड ग्रुप में दो अन्य बटालियनों में एक थी 18 मराठा लाइट, जिसकी कमान लेफ्टिनेंट कर्नल विजय ओबेराय के पास थी। वे बहुत काबिल अफसर थे, जो बाद में लेफ्टिनेंट जनरल के पद तक गये और वाइस चीफ ऑफ आर्मी स्टाफ के पद से रिटायर हुए। दूसरी बटालियन थी 28 मद्रास, जिसकी कमान एक अन्य सक्षम अफसर लेफ्टिनेंट कर्नल शान्ति स्वरूप के हाथ में थी।

मेजर जनरल अशोक हांडू डिवीजन के जीओसी थे। वे बाद में तीन स्टार वाले अफसर के पद तक पहुँचे और आर्मी कमांडर के पद से रिटायर हुए। वे सख्ती से काम लेने वाले अफसर थे। ब्रिगेड कमांडर थे ब्रिगेडियर एस. तिवारी, जो डोगरा रेजीमेंट से थे। हम सभी अफसर अपने ब्रिगेडियर को युद्ध की पूरी वर्दी में इधर-उधर भागते हुए देखकर बड़े हैरान रहते थे। बटालियन को पानी से भरे इलाके से निकलने के बाद नहर को पार करना था। लेकिन जनरल इस आइडिया से खुश नहीं थे कि हमारे दो तैराक नहर को तैरकर पार करेंगे और अपने साथ लायी गयी रस्सी को दूसरे किनारे पर बाँध देंगे, और फिर बाकी लोग उस रस्सी के सहारे अपने साजो-सामान के साथ नहर को पार करेंगे। वे चाहते थे कि सभी लोग एक साथ अपना सारा सामान लेकर नहर को पार करें। बहरहाल योजना के मुताबिक चार्ली कम्पनी, जो कि अगुआ कम्पनी थी, के दो कुशल तैराक सबसे पहले पानी में कूदे। लेकिन थोड़ा आगे बढ़ते ही वे पानी के तेज बहाव में बह गये। अचानक हुए इस हादसे से पूरी यूनिट हिल गयी। इस तरह के अभ्यासों में दुर्घटनाएँ हो जाती हैं, क्योंकि कभी भी कोई अभ्यास शत-प्रतिशत सुरक्षित नहीं हो सकता है। इस हादसे को लेकर दुख इस बात का था कि यह अकारण था। नहर का पानी जब रोका गया तो दो दिन के बाद उनके शव बरामद हुए। जैसा कि हमेशा होता है, इस मामले में भी कोर्ट ऑफ इन्क्वायरी बैठायी गयी और जीओसी ने यह कहकर अपना पल्ला झाड़ लिया कि अगर उनका आदेश गलत था तो ब्रिगेड के सीनियर अफसरों ने उस पर सवाल क्यों नहीं उठाया। सचाई यह थी कि जनरल उस दिन काफी नशे में थे।

वापस सिकन्दराबाद में मुझे एक बार फिर ऐसा ही झटका लगा। हम अभ्यास से अभी लौटे ही थे कि मुझे अविनाश कपिला ने बुलवाया। उन्होंने कहा "तुम्हें एक बार फिर यहाँ से जाना होगा। तुम्हें गुलमर्ग में विंटर वारफेयर एडवांस्ड कोर्स के लिए भेजा जा रहा है।"

मैंने कहा, "मैं इस समय किसी कोर्स के लिए नहीं जाना चाहता हूँ। अगर मुझे

भेजना ही था तो बेसिक कोर्स के तुरन्त बाद ही भेजा गया होता।" इस पर कपिला ने कहा, "तुम्हें सूचना दे दी गयी है। हमने बहुत कोशिश की आदेश वापस ले लिया जाये। लेकिन बात नहीं मानी गयी। तुम जानते हो कि आर्डर इज़ आर्डर। अब जाने की तैयारी करो।" मैं अन्दर ही अन्दर बहुत नाराज था। जब से मुझे वाइओ में खंजर मिला था, तभी से एक के बाद एक कोर्स के लिए या इंस्ट्रक्टर के तौर पर मुझे यहाँ-वहाँ भेजा जा रहा था। मुझे लगा कि जल्दी ही मैं ट्रैनिंग प्रतिष्ठान के लिए सबसे पसन्दीदा चेहरा बन गया हूँ। दरअसल अब मैं कुछ समय अपने जवानों के साथ गुजारना चाहता था। लेकिन मुझे इसका मौका ही नहीं मिल पा रहा था।

हाई अल्टीट्यूड वारफेयर स्कूल छह हफ्ते का विंटर वारफेयर एडवांस कोर्स कराता है। हमारे बैच में सात अफसर थे और बैच के बाकी लोग एनसीओ थे। इस एडवांस कोर्स का मकसद हमें इंस्ट्रक्टर के रूप में तैयार करना था। तीन साल की ट्रेनिंग के बाद कमांडो विंग तक पहुँचने के बाद पर्वतारोहण में मेरी अब कोई रुचि नहीं थी। सौभाग्य से वहाँ पर मेरे ज्यादातर इंस्ट्रक्टर मुझसे जूनियर थे। इसलिए मैंने उन्हें पहले ही बता दिया था कि वे मुझे एआइ रेटिंग न दें। चार साल पहले बटालियन जब भूटान में थी तो मैं बेसिक कोर्स पूरा कर चुका था। मेरे सामने पहली चुनौती उन बुनियादी अभ्यासों को दोबारा सीखने की थी, जिन्हें पहले मैं अच्छी तरह सीख चुका था। परेशानी की बात यह थी कि बैच के ज्यादातर लोग हाल ही में बेसिक कोर्स पूरा कर चुके थे। 12 हफ्ते के बेसिक कोर्स में पहला काम था नौसिखुओं को सबसे कठिन ढलान पर पहुँचाकर उन्हें स्कीइंग करते हुए नीचे भेजना। इस कोशिश में कइयों के हाथ-पैर टूट जाते और कभी-कभी सिर में भी चोट आ जाती थी। वहाँ नरिंदर, "बुल", कुमार हमारे कमांडर थे। उन्हें पर्वतारोहण में गजब की महारत हासिल थी। वे 1965 में एवरेस्ट पर चढ़ाई करने के भारतीय सेना के पहले अभियान का हिस्सा थे, जिसमें मेजर एचपीएस अहलूवालिया ने एवरेस्ट पर विजय हासिल की थी। कराकोरम इलाके में भी वे अपने अनुभवों के लिए जाने जाते थे। हालाँकि अभी तक वे सियाचिन नहीं गये थे। एक बार वे एक बन्द केबिन में सो गये, जहाँ बुखारी (कोयले की अँगीठी) जल रही थी। सौभाग्य की बात थी कि दम घुटने से उनकी मौत नहीं हुई। उन्हें समय रहते ही बचा लिया गया। मौत के मुँह से बच निकलने के बाद वे हमें भी मौत के मुँह में धकेलने के तरीके निकालते रहते थे। स्कीइंग के लिए जामिया वाली गली से लोरन मंडी तक की ढलान सबसे अच्छी थी। लेकिन कुछ कारणों से तय किया गया कि एडवांस कोर्स ग्रुप को गुलमर्ग और युसमर्ग के बीच का इलाका पार करना चाहिए। पीठ पर स्की बाँधे हुए हम लगातार चढ़ाई ही करते रहे और हम किसी तरह खुद को घसीटते हुए पाजन पथरी, तोशा मैदान, रैयार और कछवार होते हुए चढ़ाई करते रहे। हालाँकि वह बहुत खूबसूरत इलाका था, लेकिन वहाँ पहुँचना बेहद कठिन था। ऊपर से परेशानी यह कि हमारे

ग्रुप के दो लोगों ने गलती से मिलिट्री स्की को स्कीइंग समझकर स्कीइंग बूट पहन लिए थे। उस बर्फीली जगह में चलने के लिए वे बूट किसी काम के नहीं थे। नतीजा यह हुआ कि वेणु गोपाल और अनिल मलिक दोनों के पैरों में बर्फ से घाव हो गया। अब अगले आठ दिन तक हम बारी-बारी से अपने स्की के जूते एक-दूसरे से बदलते रहे। खुशकिस्मती से किसी को कोई गम्भीर चोट नहीं आयी और हम आखिर के दौर में स्कीइंग कर सके।

अप्रैल 1978 के अन्त में वापस सिकन्दराबाद में कमांड बदल चुकी थी। मलिक की जगह शैलू वर्मा आ गये थे और यूनिट को पुंछ जाने का आदेश दे दिया गया था। यह जगह गुलमर्ग के दक्षिण में थी। यहाँ हाजी पीर दर्रे से कश्मीर घाटी अलग हो जाती है। इसका मतलब था कि 93 ब्रिगेड के हिस्से के तौर पर हम 25 डिवीजन के सबसे उत्तरी छोर पर तैनात होंगे। यह इलाका नौशेरा और राजौरी से पुंछ तक फैला था। नियन्त्रण रेखा पर यह मेरी पहली तैनाती थी, और वह भी एक कम्पनी कमांडर के तौर पर।

बटालियन के किसी नयी जगह जाने से तीन महीना पहले हमेशा तीन से चार अफसरों की एक एडवांस पार्टी वहाँ भेजी जाती है। धर्मपाल कुकरेती, जो नये सीओ के लगभग बराबर ही सीनियर थे, को दो कम्पनी कमांडरों के साथ एडवांस पार्टी का चार्ज दिया गया। टॉम मैथ्यु और मुझे इसमें शामिल किया गया।

पुंछ चूँकि फील्ड एरिया था, इसलिए भारती को फिर से चंडीगढ़ में अपने माता-पिता के पास जाना पड़ा। जून के अन्त में हम जम्मू पहुँचे, जहाँ हमें अपना 'रियर' स्थापित करना था। टॉम अपने स्टाफ कॉलेज परीक्षा की तैयारी कर रहे थे। इसलिए तय किया गया कि वे जम्मू में ही रहेंगे, जबकि कुकरेती और मैं सड़क के रास्ते पुंछ तक लम्बे सफर पर निकल पड़े।

पुंछ का अनुभव

जम्मू से निकलते ही पहाड़ी रास्ता शुरू हो जाता है और फिर तेजी से इलाका बदलने लगता है। हमारी एडवांस पार्टी ने अखनूर में चेनाब नदी को पार किया। इस जगह के उत्तर में पाकिस्तान के साथ अन्तरराष्ट्रीय सीमा नियन्त्रण रेखा में बदल जाती है। अपने पश्चिम दिशा की ओर बनी नियन्त्रण रेखा के समान्तर चलते हुए पहले हम नौशेरा पहुँचे और फिर राजौरी। रास्ते में हम रातभर के लिए भिम्बर गली (बीजी) के पास 'नारियाँ' में ठहरे थे। सभी लोगों की व्यवस्था हो जाने के बाद मैं अपने कमरे के बाहर बैठ गया और आसपास की पहाड़ियों पर नजर डालीं, जो रात के अँधेरे में डूब गयी थीं। मेरे पिता के दो बड़े भाई ऑनरेरी लेफ्टिनेंट देवी सिंह और ऑनरेरी कैप्टन रंजीत सिंह ने 1 राजपूत में सेवा करते हुए 1947-48 में लश्कर कबीले से लड़ाई लड़ी थी और उन्हें इस जगह से खदेड़ दिया था। उन कबीलों का

पाकिस्तान की सेना से पूरा समर्थन मिल रहा था। नौशेरा में नायक जदुनाथ सिंह को परमवीर चक्र प्रदान किया गया था। आजादी के बाद रेजीमेंट के इतिहास में वे सबसे उच्च सम्मान से अलंकृत सिपाही थे।

मेरा दिमाग अपने गाँव बापोड़ा की ओर लौट गया और मुझे अपने बहादुर रिश्तेदारों पर गर्व का अनुभव होने लगा। मैंने उन लोगों से जंग की पूरी कहानी सुनी थी कि किस तरह वीरता से लड़ते हुए उन्होंने नौशेरा, राजौरी और पुंछ से दुश्मनों को भगाया था। मैं सोचने लगा कि हमारी बटालियन को भी ऐसे ही जंग का सामना करना पड़ सकता है। और तब कम्पनी कमांडर के तौर पर वह मेरा असली इम्तहान होगा। सेना में लगातार आपका मूल्यांकन होता रहता है और यह मूल्यांकन आपके सीनियर, आपके साथी और आपके जवान करते हैं। मैं वर्षों से ऐसे मौके का इन्तजार कर रहा था। मुझे एक बात अच्छी तरह पता थी, अगर दुश्मन ने हमारे ऊपर किसी भी तरह का हमला किया तो हम उसका मुँहतोड़ जवाब देने के लिए तैयार थे।

मैं अपने कमरे में गया, अपने जूते उतारे और कपड़े बदलकर चारपाई पर लेट गया। थोड़ी दूरी पर कहीं कोई कुत्ता भौंका। बगल के कमरे में मेजर धर्मपाल कुकरेती गहरी नींद में सो रहे थे। उनके खर्राटों से मैं कुछ देर जागता रहा और फिर सो गया।

हम पुंछ पहुँचे, जहाँ 1 जेएके राइफल्स की जगह 2 राजपूत लेने वाली थी। टॉम मैथ्यू के मौजूद न होने से कागजी प्रक्रिया का सारा झंझटी काम मेजर कुकरेती और मुझे करना पड़ा। दुर्भाग्य से जैसे ही हमने पुंछ में प्रवेश किया, वैसे ही लगा कि कुकरेती किसी और ही दुनिया में चले गये हों। वे मदहोशी जैसी अवस्था में व्यवहार करने लगे। एडवांस पार्टी का प्रमुख होने के कारण जेएके यूनिट के लेफ्टिनेंट कर्नल भट्टाचार्य से औपचारिक बातचीत का काम उन्हें ही करना चाहिए था। सुबह जैक के सीओ की पत्नी, जो अपने पति से मिलने आयी थीं, कहने लगीं कि उन्होंने रात में एक अजीब सपना देखा था। रात भर उन्हें बंगाली आवाजें सुनाई देती रहीं। उनके मुताबिक यह इस बात का सबूत था कि उन्हें अपने प्रिय शहर कलकत्ता की ओर कोई खींच रहा था। इस पर मैंने यह कहकर उनके सुन्दर सपने को एकबारगी छिन्न-भिन्न कर दिया कि “मैम, 2 राजपूत में बंगाली सैनिकों की पूरी एक कम्पनी ही है।” लेकिन श्रीमती भट्टाचार्य को इस बात पर तभी यकीन हुआ, जब कुछ बंगाली जवानों को उनके सामने बुलाया गया और उनसे बात करायी गयी।

बेतार नाला तंग पुंछ घाटी में उत्तर से दक्षिण की तरफ बहता था। वहीं पर हमारी सेना स्थित थी। पाकिस्तानी सेना ऊँचाई पर थी। हमारी बटालियन की पोजीशन उत्तरी किनारे पर थी और मुख्यालय गुलपुर में था। वहाँ पहुँचने के लिए रात में छिछले पानी वाली जगह से नाले को पार करना पड़ता था। यह काफी कठिन काम था क्योंकि पाकिस्तानी चौकी की नजर से बचने के लिए रात में हम किसी

तरह की रोशनी का इस्तेमाल नहीं कर सकते थे।

धर्मपाल कुकरेती की कुछ अलग ही मनोदशा दिख रही थी। सिकन्दराबाद में यूनिट में दोबारा आने से पहले वे फैजाबाद में आर्मी स्कूल ऑफ मेकनिकल ट्रांसपोर्ट (एएसएमटी) में थे। संगठन में कुछ घटनाओं के कारण कुकरेती काफी गुस्सा थे और वे क्वार्टर गार्ड जा पहुँचे, जहाँ गढ़वाली जवानों की गाई थी। उन्होंने उनसे गढ़वाली में बात की और फिर उनसे शस्त्रागार की चाभी लेकर गोलियों से भरा हथियार उठा लिया। फिर उन्होंने गार्ड से कहा कि वे लोग अब उनके कैदी हैं। इससे अफरा-तफरी मच गयी। आखिरकार एएसएमटी के कमांडेंट ब्रिगेडियर नन्दल खुद उनके पास गये और उन्हें समझा-बुझाकर उनका हथियार वापस रखवाया। कुकरेती को औपचारिक रूप से गिरफ्तार किया गया और उनका कोर्ट मार्शल हुआ। लेकिन कुकरेती ने इलाहाबाद हाइकोर्ट में अपील की और उसके बाद यह मामला सुप्रीम कोर्ट तक पहुँचा।

जेसी कोर्स पूरा करके मेरे सिकन्दराबाद लौटने के बाद एक दिन उन्होंने मुझे अपने दफ्तर में बुलाया। मेरे सुसर जी वकील होने के साथ राज्य विधानसभा में उपाध्यक्ष भी थे। कुकरेती ने मुझसे पूछा कि क्या मामले को रफा-दफा करने में वे उनकी कुछ मदद कर सकते थे। मैंने उनसे साफ कह दिया कि मुझे कानूनी मामलों की कोई जानकारी नहीं है, लेकिन मैं इस बारे में अपने ससुर जी से बात कर सकता हूँ। फिर मैंने भारती के पिताजी को फोन पर सारी बातें बतायीं। अपना वादा पूरा करने के बाद मैंने इस मामले को वहीं भुला दिया था।

पुंछ में उन्होंने मुझसे एक बार फिर पूछा कि उस मामले में क्या हुआ। मैंने उन्हें बताया कि मेरे ससुर जी ने सारे मामले का पता लगाने को कहा है और तभी वे शायद कुछ कर पायें। कुकरेती काफी तनाव में थे, इसलिए उन्होंने बेस से बाहर आने से मना कर दिया। उनकी मनोदशा देखकर मैंने उन्हें अकेला छोड़ देना ही उचित समझा। मैं जानता था कि वे अन्दर से सचमुच परेशान थे और बांग्लादेश की लड़ाई के दौरान कई बार उनका व्यवहार अजीब-सा दिखाई दिया था। कुकरेती को भी पता था कि मैं उनकी मनोदशा से वाकिफ था और उनके बारे में मेरी क्या राय थी। आगे चलकर कुछ घटनाओं पर इसका असर भी होने वाला था।

कामकाज की सारी प्रक्रिया में मेजर कुकरेती की कोई रुचि न होने से काफी शर्मिन्दगी झेलनी पड़ रही थी और मेरा काम भी दुगना हो गया था। सीनियर अफसर के तौर पर उन्हें ही कर्नल भट्टाचार्य से काम का जिम्मा लेना चाहिए था और फिर मुख्य यूनिट के आने पर उसकी जानकारी हमारे सीओ शैलू वर्मा को देना चाहिए था। जैक के सीओ की भौंहें तब तन गयीं, जब कुकरेती की जगह मैं उनके पास औपचारिक प्रक्रिया पूरी करने के लिए गया। उन्होंने सारी औपचारिक जानकारी देने के बाद तीन बार उसे दोहराया ताकि अपने सीओ को जानकारी देते समय मैं

कहीं कोई चूक न कर बैठूँ।

बटालियन के बेस से विभिन्न चौकियों तक चढ़ाई करने में करीब दो से तीन घंटे लगते थे। शारीरिक तौर पर यह काफी कठिन काम होता क्योंकि इस काम के लिए अकेला मैं ही एक अफसर उपलब्ध था। नियन्त्रण रेखा पर न सिर्फ हर चौकी की अपनी जटिलताओं को समझना पड़ता था, बल्कि अलग-अलग चौकियों के बीच सम्पर्क के रास्तों को भी चेक करना पड़ता था। शारीरिक मेहनत के बावजूद मुझे यह काम अच्छा लग रहा था, क्योंकि इससे बटालियन के वहाँ पहुँचने तक मैं उससे बखूबी परिचित हो चुका था। गुलपुर में बटालियन को पहुँचते देखकर मुझे बहुत राहत महसूस हुई। उस समय बारिश हो रही थी और रात का समय था। सेना ने अपने भारी-भारी वाहनों के साथ पहाड़ के ढलानों पर खिसकते हुए बेतार नाला पार किया। अविनाश कपिला 2 आइसी थे और धर्मपाल कुकरेती ने चार्ली कम्पनी का जिम्मा सँभाला था। विजय पिल्लई (बाद में तीन स्टार) एडजुटेंट थे। गुलपुर में हमारे साथ 2/5 जीआर भी था, जिसकी कमान लेफ्टिनेंट कर्नल वान्दना के हाथ में थी। गोरखा यूनिट को सरला बटालियन के नाम से जाना जाता था, जबकि हमें दुर्गा बटालियन कहा जाता था। हमारे एओआर में ये मुख्य चौकियाँ थीं। किस्मत से मुझे अल्फा कम्पनी की कमान सौंपी गयी थी और दुर्गा मेरी कम्पनी लोकेशन हो गयी। आईएमए से नया निकला एक मणिपुरी अफसर, जो कि एक दुर्लभ बात थी, भी हमारी बटालियन में आ गया था। दुर्गा में कोंसम हिमालय सिंह मेरी कम्पनी का जूनियर अफसर नियुक्त हुआ।

पुंछ में मोतीमहल पैलेस से सीधा उत्तर की ओर देखने पर प्रीतम नाम की एक पहाड़ी चोटी के ठीक नीचे दुर्गा चौकी नजर आती थी। गुलपुर से साढ़े तीन घंटे की सीधी चढ़ाई के बाद हम अपनी चौकी तक पहुँचे थे। पर्वत श्रेणी के आगे पश्चिम की ओर पहाड़ी पगडंडियाँ जाती थीं, जो पाकिस्तानी बंकरों से मिल जाती थीं। दोनों तरफ के फौजी चीड़ के पेड़ों से ढँके जंगल के आरपार चिल्लाकर एक-दूसरे से बात कर सकते थे।

हर कम्पनी कमांडर को एक मोटी नियमावली दी गयी थी, जो देखने में टेलीफोन डायरेक्टरी की तरह दिखती थी। इस पुस्तिका में अलग-अलग परिस्थितियों में अपनाये जाने वाले तरीकों के बारे में विस्तार से बताया गया था। लेकिन पाकिस्तानी सेना के लिए किसी तरह की बन्दिश नहीं थी। वे हमारी किसी भी गतिविधि पर अपने मूड और अपनी मर्जी से गोलीबारी कर सकते थे। अक्सर वे बिना किसी उकसावे के ही गोलीबारी शुरू कर देते थे। सैकड़ों किमी. तक फैली पूरी नियन्त्रण रेखा पर यह एक आम बात थी।

हमारी तरफ, कम से कम दुर्गा में बिल्कुल भी नागरिक गतिविधि नहीं थी। दूसरी तरफ पाकिस्तानी लोग अक्सर हमें उकसाते रहते थे। उनका एक आदमी तो

हमेशा ही मौसम ठीक होने पर प्रतिबन्धित इलाके में आ जाता था। हमारे एसओपी में लिखा था कि कम्पनी कमांडर जोर से चिल्लाकर उसका ध्यान खींचे और तीन बार सीटी बजाकर उसे सावधान करे। अगर वह फिर भी न माने तो मुझे अपने बटालियन को फोन करके चेतावनी देने के लिए गोली चलाने की इजाजत लेनी थी।

सीओ फोन पर मुझसे पूछते, "क्या तुमने चिल्लाकर उसे आवाज लगायी और तीन बार सीटी बजायी।"

"यस सर।"

"ठीक है, फिर से ऐसा ही करो।"

फोन पर सीओ को सुनाते हुए हम जोर से आवाज लगाते, ताली बजाते और फिर सीटी बजाते। वे हमें पाँच बार ऐसा करने के लिए कहते।

फिर वे ब्रिगेड को फोन लगाते हुए हमसे कहते, "ठहरो" कमांडर सीओ से पूछते, "क्या तुमने आवाज लगवायी और तीन बार सीटी बजवायी।"

"यस सर।"

ब्रिगेड कमांडर का आदेश होता था, "ठीक है, फिर से ऐसा करो।" इस बार कमांडर और सीओ दोनों को फोन पर आवाज लगाकर सुनाया जाता। फिर ब्रिगेड कमांडर कहते, "ओके, एक मिनट रुको" और फिर वे शायद जीओसी से बात करते।

इतनी देर में वह पाकिस्तानी हमारा मजाक उड़ाते हुए कहता, "जनाब, तुम्हारा आर्डर तो दिल्ली से आता है।" यह सब हमारे लिए बहुत अपमानजनक होता था। ऐसा कई दिन तक चलता रहा। अब तो हाल यह था कि जब हम सीटी बजाते तो वह पाकिस्तानी अपनी लुंगी ऊपर उठाकर हमें अपना गुप्तांग दिखाने लगता था। फिर वह ऊबकर एक बड़ी-सी चट्टान पर आराम से बैठ जाता और दो-तीन घंटे के बाद अपने मवेशियों को जमा करके वहाँ से चला जाता। इस तरह हम मनोबल के स्तर पर काफी कमजोर पड़ रहे थे।

हमने अपनी कम्पनी में फैसला किया कि अब बहुत हो चुका। हमने अपने एक निशानची से कहा कि वह उस चट्टान पर निशाना लगाये, जहाँ वह चरवाहा जाकर आराम करता था। मैंने अपने निशानची से कहा कि वह उसे जान से न मारे, बस उसके पैरों के बीच लुंगी पर निशाना साधकर गोली चला दे।

पाकिस्तानी चरवाहा अपने नियमित समय पर वहाँ दिखाई दिया। नियम के मुताबिक मैंने चिल्लाकर उसे आवाज लगायी और फिर सीटी बजायी। लेकिन उस दिन भी वह अश्लील इशारा करके हमारा मजाक उड़ाता रहा और फिर थककर उसी चट्टान पर जाकर बैठ गया। उसके दोनों पैर घोड़े पर सवारी करने के अन्दाज में फैले हुए थे। हमारे निशानची ने सही मौका देखकर गोली चला दी। गोली उसके दोनों पैरों के बीच चट्टान से इतनी जोर से टकरायी कि पाकिस्तानी चरवाहा किसी स्प्रिंग की तरह हवा में ऊपर उछल गया और फिर पागलों की तरह सरपट वहाँ से

भाग खड़ा हुआ। उस दिन के बाद से वह आदमी दोबारा नजर नहीं आया।

हमारी कुछ चौकियों पर दुश्मन पूरी तरह हावी था। नागर खेत की चौकी पर एक प्लाटून तैनात थी। मैंने वहाँ जवानों के साथ कुछ दिन बिताये। हम पाकिस्तानी पोजीशनों के नीचे एक पहाड़ी में स्थित थे। अगर वे चाहते तो बड़े-बड़े पत्थर नीचे लुढ़काकर ही हमें मार सकते थे। लांगुर भी ऐसी ही एक चौकी थी। वहाँ भी एक कम्पनी तैनात थी। वहाँ चढ़ाई करना काफी खतरनाक था। कुलियों से खाने-पीने का सामान मँगाने में भी खतरा था। इसलिए कभी-कभी हमें जंगली फलों को तोड़कर पेट भरना पड़ता था।

एक दिन जब मैं सीओ को टेलीफोन पर रिपोर्ट दे रहा था तो अचानक मेरे सिर के पीछे बहुत जोर से झटका लगा। मैं कुछ सेकंड के लिए अचेत सा हो गया। जब होश सँभाला तो देखा कि लेफ्टिनेंट केएच सिंह मेरे सामने बैठकर मुझे घूर रहे थे।

मैंने गुस्से से पूछा, "यह तुमने क्या शरारत की।" मुझे विश्वास ही नहीं हुआ कि मेरा अपना कम्पनी अफसर इस तरह मेरे ऊपर हमला करेगा।

उसने कहा, "सर, आप फोन पर बात कर रहे थे। फिर आप एकदम चुप हो गये।" दरअसल हमारे बंकर पर आकाश से बिजली गिरी थी। उस इलाके में बिजली गिरने की घटनाएँ होती रहती थीं। लेकिन हमारे लिए यह पहला अनुभव था। मेरे बंकर के बाहर एक कटआउट था और एक कटआउट अन्दर था। बिजली गिरने से टेलीफोन की सारी लाइनें, कटआउट और टेलीफोन का उपकरण जलकर राख हो गये थे। लेकिन कटआउटों ने मुझे बिजली लगने से बचा लिया था।

शैलू वर्मा ने दुर्गा में अल्फा कम्पनी का दौरा किया। जवानों से बात करने के बाद उन्होंने मुझसे पूछा कि अगली चौकी तक पहुँचने के लिए सबसे अच्छा रास्ता क्या रहेगा। मैंने कहा, "सीधे नीचे और फिर ऊपर।" उन्होंने सोचा कि मैं शायद होश में नहीं हूँ। "सर, मैं हर दूसरे दिन इस रास्ते से जाता हूँ। हम यहाँ किसी भी रास्ते से जायें, पाकिस्तानी सैनिक हमें हर हाल में देख सकते हैं। अगर हम चाहते हैं कि हमारे आदमी चौकी से बाहर जायें और इलाके में गश्त करें तो हमें यह खतरा मोल लेना ही होगा।"

जवानों का मनोरंजन करने के लिए हमें नये-नये तरीके निकालने पड़ते थे। किसी काम से अगर हमें नीचे गुलपुर में बटालियन के मुख्यालय तक जाना होता था तो इसमें दो घंटे लगते थे और वापस आने में तीन घंटे। हम इसका समय नोट कर लेते और फिर अगली बार अपने समय में सुधार लाकर बेहतर रिकॉर्ड बनाने की कोशिश करते। जो रिकॉर्ड समय में वापस नहीं पहुँच पाता उसे विजेता को हलवा खिलाना पड़ता था। मेरी छोटी-सी दुनिया दुर्गा तक सीमित थी। मैं अपने जवानों के साथ होता था, जो मेरे लिए स्वर्ग के सुख से कम नहीं था। जिन्दगी मुश्किल थी, लेकिन मैं वहाँ बहुत खुश था।

कटु अनुभव

शैलू वर्मा, अविनाश कपिला और धर्मपाल कुकरेती, ये सभी लगभग एक ही समय में 2 राजपूत में आये हुए थे। इसलिए उनमें एक करीबी रिश्ता था। कपिला उनमें सबसे स्थिर स्वभाव के व्यक्ति थे। उनके पुंछ छोड़कर 16 राजपूत का जिम्मा सँभालने के लिए जाने से शायद बाद में होने वाली घटनाओं पर असर पड़ा। कुकरेती, जो उस समय तक चार्ली कम्पनी के कम्पनी कमांडर थे, ने भी 2 आइसी की भूमिका ले ली थी। जब मुझसे दुर्गा से नीचे आने और बटालियन के हेड क्वार्टर में उनसे मिलने के लिए कहा गया था, उस समय कपिला यूनिट में ही थे। उनसे मिलने के बाद कम्पनी की कुछ कागजी कार्रवाई के लिए मैं हेड क्लर्क के पास गया। उसने मुझे एक फाइल थमा दी, जिसके कवर पर मेरा नाम लिखा हुआ था। मैं उसे ऊपर से नीचे के क्रम में पढ़ने लगा। बटालियन के पुंछ पहुँचने के बाद सेना मुख्यालय ने यूनिट को लिखा था कि मुझे 1 पैरा कमांडो में शिफ्ट किया जा रहा है। शैलू वर्मा ने मुझसे इस बारे में कोई भी बात किये बिना ही जवाब दे दिया था कि वह अफसर (यानी मैं) वहाँ नहीं जाना चाहता है। इसके बाद सेना मुख्यालय की ओर से कोई जवाब नहीं आया। लेकिन तीन महीने बाद उन्होंने फिर से भूटान के इमट्राट भूटान में इंस्ट्रक्टर के तौर पर शार्टलिस्ट करके भेज दिया। इस बार भी सीओ ने इनकार भरा जवाब भेज दिया। लेकिन इस बार सेना मुख्यालय ने वापस लिखा कि अफसर यदि मना कर रहा है, उसे अपने दस्तखत के साथ जवाब देना होगा।

यह बिल्कुल अविश्वसनीय बात थी, लेकिन सब कुछ शीशे की तरह साफ था। मैंने फाइल को दोबारा पढ़ना शुरू किया, लेकिन बीच में ही मुझे टोक दिया गया। एक आदमी ने आकर कहा, “सीओ आपको बुला रहे हैं।”

मैं उनके कमरे में गया, उन्हें सलामी दी और फिर इजाजत लेकर बैठ गया। सीओ ने बिना किसी प्रस्तावना के सीधे कहा, “मैं चाहता हूँ कि तुम इमट्राट भूटान में जाने से इनकार कर दो। तुम्हें भविष्य में अभी और भी बहुत से अच्छे प्रस्ताव मिलेंगे। यह महत्त्वपूर्ण नहीं है।”

यह अजीब बात थी। मैंने अपने मेरिट के आधार पर ग्रेड हासिल किया था और मेरे कमांडिंग अफसर मुझसे इस प्रस्ताव को ठुकराने के लिए कह रहे थे। सेना मुख्यालय ने अगर जोर नहीं दिया होता तो मुझे तो इस प्रस्ताव के बारे में पता भी नहीं चलता। अब स्थिति बड़ी अटपटी हो गयी थी, और हम दोनों ही इस बात को समझ रहे थे। प्रस्ताव को स्वीकार करने का मतलब यह नहीं था कि वह पक्के तौर पर मिल ही जायेगी, क्योंकि मुझे अभी शार्टलिस्ट ही किया गया था। बहरहाल, मैंने उनसे कहा, “सर, मैं पूरे सम्मान के साथ कहना चाहता हूँ कि मैं इस प्रस्ताव को स्वीकार करना चाहूँगा।” शैलू वर्मा ने अपना चेहरा दूसरी तरफ कर लिया। जाहिर था वे मेरे फैसले से नाखुश थे।

मैंने फार्म पर दस्तखत किया और फिर अपने दो जवानों के साथ दुर्गा चौकी पर वापस चढ़ाई के लिए चल पड़ा। रास्ते में पैरा कमांडोज़ और इमट्राट जल्दी ही मेरे दिमाग से निकल चुका था। अब तो सिर्फ यही दिमाग में था रिकॉर्ड समय में वापस पहुँचकर हलवा खाने को मिलेगा। वहाँ काम करते हुए महीना भर बीत गया। भारती चंडीगढ़ से मुझे नियमित रूप से पत्र लिखती रहती थीं। एक दिन पत्र आया कि मृणालिनी की तबीयत ठीक नहीं थी। मैंने एक हफ्ते की छुट्टी लेने का फैसला किया।

शैलू वर्मा कहीं बाहर गये हुए थे और उनकी जगह कुकरेती सीओ का कार्यभार देख रहे थे। उन्होंने तुरन्त छुट्टी मंजूर कर दी। मैंने अपना सामान रखा और केएच सिंह व कम्पनी के जेसीओ को जरूरी निर्देश समझा दिये। फिर मैं नीचे गुलपुर की ओर चल दिया। वहाँ बटालियन के हवलदार मेजर मेरे पास आये और उन्होंने मुझे छुट्टी का सर्टिफिकेट थमा दिया, जिस पर ओसी रियर मेजर आनन्द वर्मा के दस्तखत थे। सर्टिफिकेट देखकर मैं हैरान रह गया, उसमें सात दिन की जगह दस दिन की छुट्टी मंजूर की गयी थी। मैंने तुरन्त आनन्द से सम्पर्क किया तो उन्होंने बताया कि उन्हें दस दिन की छुट्टी देने के लिए कहा गया था। फिर उन्होंने बटालियन के मुख्यालय में एडजुटेंट विजय पिल्लई को फोन करके कहा, “वीके ने तो एक हफ्ते की छुट्टी माँगी थी, लेकिन उन्हें दस दिन की छुट्टी दे दी गयी है।” पिल्लई का जवाब था, “मैंने उनकी छुट्टी का आवेदन पत्र कार्यवाहक सीओ को भेज दिया था। उन्होंने ही दस दिन की छुट्टी दी होगी।”

इस पर आनन्द ने कहा, “क्या आप उनसे इस बारे में दोबारा पूछ सकते हैं। अंकल कुकरेती इतने उदार कैसे हो गये।”

“2 आइसी अभी पूजा कर रहे हैं, इसलिए अभी दो घंटे तक वे नहीं मिल पायेंगे।” बहरहाल, बात वहीं खत्म हो गयी। घर जाने के लिए वहाँ से सेना के काफिले के साथ जम्मू जाना पड़ता था और इसमें दो दिन लग जाते थे, क्योंकि ‘नारियाँ’ में रात में रुकना होता था। जम्मू के ट्रांज़िट कैम्प से निकलते ही हमारी छुट्टी की गिनती शुरू हो जाती थी। वापसी में भी ऐसा ही होता था। वापसी में सेना के काफिले को ऊपर पहुँचने में 48 घंटे लग जाते थे। इस तरह एक हफ्ते की छुट्टी का मतलब अपनी ड्यूटी से 11 दिन के लिए गैरहाजिर होना था।

हालाँकि यह एक निश्चित प्रक्रिया थी, लेकिन कुछ लोग इस नियम का पालन नहीं करते थे। हम गुलपुर से निकलते ही अपना कार्ड पंच कर देते थे और फिर जल्दी से जल्दी कोई भी सार्वजनिक बस पकड़कर जम्मू के लिए चल पड़ते थे। वहाँ से अगली सुबह मैं चंडीगढ़ पहुँच गया। यह तरीका अपनाने से एक हफ्ते की छुट्टी का मतलब ड्यूटी से सिर्फ सात दिन ही बाहर रहना था। इसके बावजूद आनन्द वर्मा से मिलकर जाने के बाद मैंने पिल्लई को फोन किया और उनसे निवेदन किया कि वे एक बार फिर से जाँच कर लें कि मेरी छुट्टी सात दिन की थी, या दस दिन

की। मैंने कहा अगर यह क्लर्क की गलती से हुआ है, तो मुझे बता दिया जाये। जब अँधेरा हो गया तो मैंने बेतार नाला पार किया और बड़ी सुबह ही पुंछ से जम्मू के लिए बस में सवार हो गया। बटालियन की ओर से कोई खबर नहीं आयी। इसलिए मैं दसवें दिन गुलपुर में वापस बटालियन में हाजिर हो गया। तमाम औपचारिकताएँ पूरी करने के बाद मैंने सुबह दुर्गा जाने की योजना बनायी। घर पर बिताये गये कुछ दिन बहुत सुखद रहे।

लेकिन बटालियन पहुँचने के कुछ मिनट बाद ही मुझे एक सीलबन्द लिफाफा थमा दिया गया। यह लिफाफा कार्यवाहक कमांडिंग अफसर की ओर से भेजा गया था। यह एक औपचारिक पत्र था, जिसमें कहा गया था कि मैं दसवें दिन हाजिर हुआ था, जबकि मुझे मात्र सात दिन की छुट्टी दी गयी थी। मुझे तो इस पर एकबारगी विश्वास ही नहीं हुआ। इस बात से न सिर्फ मुझ पर एडब्लूओएल होने का आरोप लग रहा था, बल्कि इसका यह अर्थ भी निकल रहा था कि मैंने छुट्टी के सर्टिफिकेट में हेराफेरी की थी। मुझे बेहद गुस्सा आया और मैंने लिखित में जवाब दिया कि मेरी ईमानदारी पर सवाल उठाया जा रहा है जो मुझे मंजूर नहीं है। अगली सुबह मैंने दुर्गा जाने के लिए चढ़ाई शुरू कर दी।

कुकरेती को भेजे गये मेरे जवाबी पत्र का खासा असर हुआ। उन्होंने तुरन्त ही एडजुटेंट और ओसी रियर पर मेरे साथ मिलीभगत करने का आरोप लगाया और कहा कि हम तीनों मिलकर उनके साथ साजिश कर रहे थे। संयोग से तभी शैलू वर्मा छुट्टी से वापस आ गये थे। उनके लिए तो जैसे कोई ब्रेकिंग न्यूज़ था। अगले ही दिन मैं दुर्गा से नीचे उतरकर फिर से सीओ के पास पहुँचा।

मैंने उन्हें विस्तार से सारी बातें क्रमवार ढंग से बता दीं और अपनी छुट्टी का प्रमाणपत्र उनके सामने पेश कर दिया। लेकिन अंकल कुकरेती के नाटकीय व्यवहार ने शायद सीओ को प्रभावित कर दिया था। उन्होंने मेरे ऊपर नाराजगी दिखाते हुए मेरी बेल्ट, मेरी जर्सी और मेरे जूतों पर ही अपनी फटकार सुना दी। मैं समझ गया कि अब स्थिति बिगड़ चुकी थी। शैलू वर्मा इससे पहले डीक्यू थे, उन्होंने मेरे खिलाफ कानूनी कार्रवाई करने का फैसला किया। उन्होंने कहा, "हम एब्सट्रैक्ट ऑफ एवीडेंस रिकॉर्ड करेंगे।"

हालाँकि मुझे कानूनी बातों की ज्यादा समझ नहीं थी, लेकिन इतना मैं जानता था कि समरी ऑफ एवीडेंस में आरोपी के तौर पर मैं गवाहों से सवाल कर सकता था, जबकि एब्सट्रैक्ट ऑफ एवीडेंस में मुझे किसी से भी सवाल करने की इजाजत नहीं थी। इसका मतलब था कि कुकरेती को अपना पक्ष रखने की पूरी छूट होती। अगर मैं चाहता तो अपना बयान दे सकता था, लेकिन यह अनिवार्य नहीं था। सबका बयान ले लेने के बाद उसे दर्ज करने वाला व्यक्ति अपना फैसला सुनाता। मैं अपने दिमाग में एकदम स्पष्ट था, क्योंकि मैंने कोई गलती नहीं की थी और सारा

मामला शीशे की तरह साफ था। लेकिन मैं महसूस कर रहा था कि इन सब बातों से मेरा कैरियर प्रभावित हो सकता था।

मैंने कहा, "सर, मैं चाहता हूँ कि मेरा बयान भी दर्ज किया जाये।" उन परिस्थितियों में मैं बस यही कर सकता था। मुझसे अगले दिन आने के लिए कहा गया। मैं वापस दुर्गा चला गया। अगले एक हफ्ते तक ऐसा ही चलता रहा, मुझे बुलाया जाता और दो-ढाई घंटे पैदल चलने के बाद जब वहाँ पहुँचता तो मेरा बयान लिए बिना ही वापस भेज दिया जाता और इस तरह फिर मुझे तीन-चार घंटे की चढ़ाई करनी पड़ती। इस तरह परेशान करने के पीछे असली मंशा यह थी कि थक-हार कर अपने हाथ खड़े कर दूँ और उनके आगे झुक जाऊँ। लेकिन मैं हार मानने वाला नहीं था। उलटे मैं अपने उतरने-चढ़ने के समय में सुधार करने लगा। जब वे मुझे इस तरह नहीं तोड़ पाये तो शैलू वर्मा ने मुझे इससे भी ज्यादा परेशान करने का फैसला किया। मुझे ब्रिगेड कमांडर के पास जाने के लिए कहा गया और ब्रिगेडियर पीएन कक्कड़ के सामने पेश किया गया। मैं जब एडवांस पार्टी के साथ यहाँ आया था, तो वे पहले ही मुझे देख चुके थे। उन्हें जरूर एहसास रहा होगा कि एडवांस पार्टी के सीनियर अफसर के तौर पर गुलपुर में धर्मपाल कुकरेती जानबूझकर अपने बंकर से बाहर नहीं आना चाहते थे। उन्होंने मेरी बात विस्तार से सुनी। सारा मामला जानने के बाद ब्रिगेडियर ने शैलू वर्मा से कहा, "मैंने सारे सबूत देख लिए हैं। छुट्टी का सर्टिफिकेट मौजूद है। इसमें किसी तरह की हेराफेरी नहीं की गयी है। फिर क्या समस्या है।" फिर वे मुझसे मुखातिब हुए, "तुम अपने सीओ से माफी माँग लो और बात खत्म करो।" फिर मैं वहाँ से चला गया। कमांडर के ऑफिस के बाहर मैंने अपने सीओ से कहा, "सर, अगर आपको लगता है कि मैंने कोई गलती की है तो मैं माफी चाहता हूँ। लेकिन मैंने कुछ भी गलत नहीं किया है।"

हम बटालियन के हेड क्वार्टर लौट आये। शैलू और कुकरेती एक बन्द कमरे में आपस में बात करने लगे और मैं बाहर खड़ा इन्तजार करता रहा। कमरे से बाहर आने के बाद उन्होंने मुझसे लिखित रूप में माफीनामा देने के लिए कहा। मैंने सीओ से जो कहा था, वैसा ही लिखकर दे दिया। इस पर उन्होंने आपत्ति जताते हुए कहा कि इसमें 'अगर' और 'मगर' क्यों लिखा गया है। हम फिर विवाद पर अटक गये थे। इसी समय अचानक कुकरेती का दिमाग फिर गया। उन्होंने तुरन्त ब्रिगेड कमांडर को फोन लगाया और ब्रिगेडियर कक्कड़ को गालियाँ देने लगे। इतने से भी जब उन्हें सन्तुष्टि नहीं हुई तो उन्होंने ब्रिगेड मेजर को फोन लगाया और उन्हें भी अपशब्द बोलने लगे।

ब्रिगेड ने तुरन्त बीएम को बुलाकर उनके साथ एक एंबुलेंस भेजने के लिए कहा ताकि कुकरेती को मनोरोग विशेषज्ञ के पास ले जाया जा सके। तभी सीओ ने हस्तक्षेप करते हुए उन्हें रोका और उन्हें भरोसा दिलाया कि वे कुकरेती को सँभाल

लेंगे। उनके ऐसा कहने पर एंबुलेंस वापस चली गयी और कुकरेती पुंछ के अस्पताल में जाने से बच गये।

यह सब होने के बाद भी ड्रामा जारी रहा। सीओ ने अब सोचा कि मुझे ब्रिगेडियर कमांडर के पास भेजना तकनीकी रूप से गलत था, क्योंकि मैं मेजर के रैंक पर था। मुझे जीओसी के पास भेजा जाना चाहिए था। मेजर जनरल नरेन्द्र सिंह 25 डिवीजन के कमांडर थे और जब उन्होंने शैलू वर्मा की योजना को सुना, तो उन्हें बताया कि यह तो रेजीमेंट का मामला था, इसलिए उनके पास लाने की जरूरत नहीं थी। कानूनी धाराओं को उद्धृत किया गया और सुनवाई के लिए एक तारीख निश्चित कर दी गयी। एक बार फिर मुझे दुर्गा से चलकर राजौरी में जीओसी ऑफिस में पेश होना पड़ा।

सीओ दफ्तर के अन्दर जनरल के साथ थे और वे जो कुछ भी बोल रहे थे, उसका एक-एक शब्द मुझे बाहर सुनाई दे रहा था। "वह बहुत गरम दिमाग का आदमी है, इसलिए उसे सबक सिखाना जरूरी है। जब रेजीमेंट के कर्नल ने उसे बुलाया था, तो उसने नान-स्टैंडर्ड बेल्ट पहन रखा था।" वे मेरे खिलाफ कान भरते जा रहे थे। फिर अपनी बात खत्म करके बोले, "सर, मैं चाहता हूँ कि आप उसे एक करारा झटका दें।"

अब मुझे अन्दर बुलाया गया। उन्होंने कहा, "मैंने तुम्हारा बयान पढ़ा और मैं उससे सन्तुष्ट नहीं हूँ। तुमने सात दिन की छुट्टी माँगी थी, इसलिए तुम्हें सात दिन के भीतर वापस आना चाहिए था।" मैं चुपचाप सुनता रहा और सोचने लगा कि मेरे साथ यह सब क्या हो रहा था। मैंने सोचा कि सेना में मेरा कैरियर अब खत्म हो गया था। "तुम्हारे सीओ की सिफारिश पर मैं मौखिक रूप से अपनी नाराजगी जाहिर कर रहा हूँ, लेकिन तुम्हारे डाजियर में इसे दर्ज नहीं किया जायेगा। अब तुम यहाँ से जा सकते हो।" मैंने उन्हें सैल्यूट किया और वापस चला आया। मैंने महसूस किया कि सीओ के कहने के बावजूद जीओसी ने मेरे खिलाफ कोई सख्त कदम नहीं उठाया था। सीओ और मैं जीप में एक साथ बैठकर बटालियन में लौट आये। रास्ते में हमने बिल्कुल भी बात नहीं की।

इमट्राट के लिए मेरे आदेश पहले ही पहुँच चुके थे। दो दिन के बाद मुझे नयी पोस्टिंग पर जाने के लिए कह दिया गया। अब तक दिसम्बर का महीना आ चुका था।

इस घटना के बाद अभी एक बड़ा ड्रामा होना बाकी था। मेरे खिलाफ कोई कड़ी कार्रवाई न होने से धर्मपाल कुकरेती बहुत गुस्से में थे। उनका कहना था कि राजनीतिक दबाव के कारण ही जीओसी ने मेरे साथ नरमी दिखायी थी। वे आगे भी ब्रिगेड कमांडर और हर उस व्यक्ति को गालियाँ देते रहे, जिसने मेरे मामले में उनके मन मुताबिक काम नहीं किया था। कुछ दिन के बाद वे पहली बार बटालियन

जनरल वी.के. सिंह

फोटो सौजन्य : कुणाल वर्मा/कैलिडो इंडिया

मेरे पिता (एकदम बायें) और राजपूत रेजिमेंट में रह चुके उनके दो बड़े भाई : मान्य लेफ्टिनेंट देवी सिंह (बायें से दूसरे) और मान्य कैप्टेन रणजीत सिंह (बायें से चौथे)

मेरे माता-पिता और मैं, लगभग 1952

प्री-बोर्डिंग स्कूल, लगभग 1955

स्कूल से ट्रेकिंग पर (छड़ी लिए, बीच में)

खड़कवासला, एनडीए के सूडान ब्लॉक का ऊपर से लिया चित्र

बटालियन कैडेट कैप्टेन,
हंटर स्क्वाड्रन, 1967

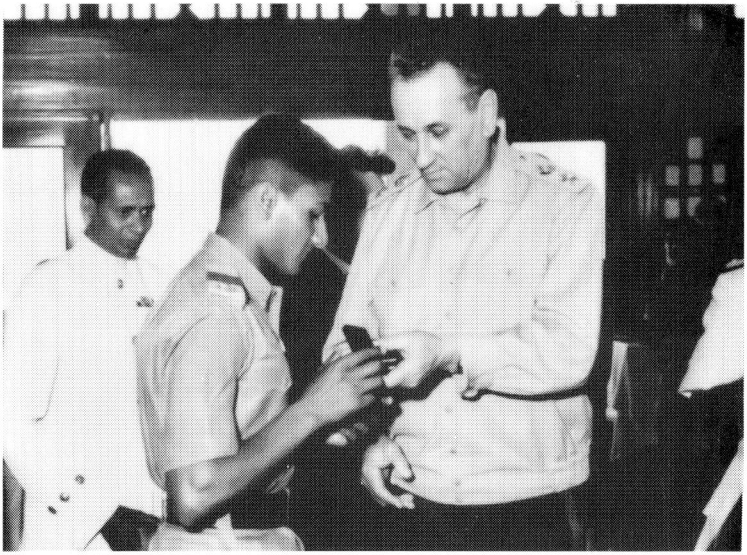

सोवियत मार्शल ग्रेच्को से एनडीए में पदक प्राप्त करते हुए

एक अभ्यास के दौरान, बायें से दूसरे, एनडीए, खड़कवासला

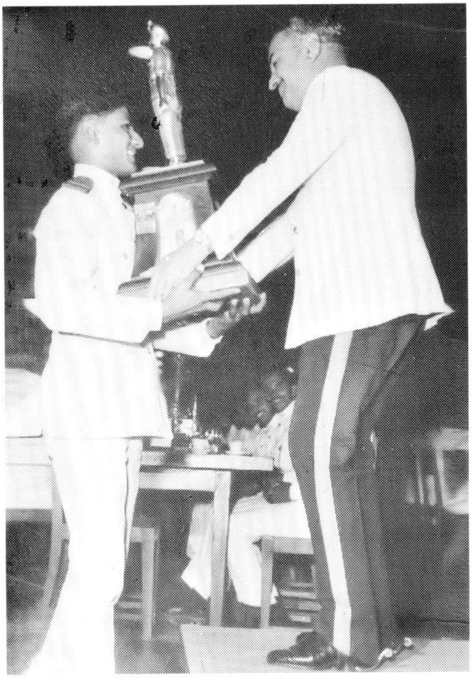

कमांडेंट, आईएमए, से ट्रॉफी प्राप्त करते हुए, 1970

अंडर-अफसर के रूप में, दूसरी पंक्ति मध्य में

बांग्लादेश युद्ध के दौरान बेलोनिया में 2 राजपूत के अधिकारी के रूप में

बांग्लादेश युद्ध के दौरान आईएनएस विक्रान्त से संचालित नौसैनिक सी हॉक विमानों के हवाई हमले के बाद चटगाँव हार्बर का दृश्य

गुड़गाँव में हमारे विवाह के अवसर पर लिए गये चित्र, मई 1975

रेंजर कोर्स, फोर्ट बेनिंग, जॉर्जिया, अमेरिका, 1976

इमट्राट, भूटान में क्रिकेट खेलते हुए, 1980

मृणालिनी, भूटान में, 1980

योगजा के साथ, वेलिंग्डन में,
1983

स्टाफ कॉलेज के अध्ययन दौरे के समय एक नौसैनिक पोत पर,
1983

शान्ति सेना के बटालियन अफसरों के साथ, 1989, लेफ्टिनेंट अलंकार भारद्वाज, मेजर ए.के. सिंह और कैप्टेन राकेश द्विवेदी

मृणालिनी और योगजा के साथ, फैजाबाद में, 1993

अमेरिका के कार्लाइल स्थित वॉर कॉलेज से पढ़ाई पूरी करने के समय, 2000

ग्रेजुएशन समारोह, कार्लाइल, अमेरिका, 2000

जीओसी II कोर की हैसियत से 14 राजपूत के दौरे पर, 2007

विक्टर फोर्स के भूतपूर्व जीओसी—गुरदीप सिंह, आर.के. कौशल, शान्तनु चौधरी, आर.एस. जामवाल, प्रकाश मेनन और अनिल नंडल के साथ

राजपूत रेजिमेंट के जनरल अफसर, 2008; साथ में वी.एस. टोंक, मुकेश सभरवाल, टॉम मैथ्यूज़, मिलन नायडू, आर.के. करवाल और आनन्द वर्मा

ईस्टर्न कमान के जीओसी-इन-सी का पदभार ग्रहण करने के बाद गोरखा सैनिकों से बात करते हुए, 2008

विजय दिवस, फोर्ट विलियम, दिसम्बर 2009

मेजर जनरल अशोक कल्याण वर्मा (बायें से दूसरे) और जनरल शंकर राय चौधुरी (बायें से छठे) के साथ

भारती के साथ, कोलकाता में, 2010

फोटो सौजन्य : कुणाल वर्मा/कैलिडो इंडिया

के बेस से बाहर आये और फैजाबाद के अपने कारनामे की तरह ही कम्पनी के एक पोजीशन पर 'कब्जा' कर लिया। इससे फिर अफरा-तफरी मच गयी। शैलू वर्मा उनसे बात करने के लिए उनके पास गये। उन्होंने एक-दूसरे को अपनी-अपनी कहानियाँ सुनायीं और रो पड़े। सीओ अकेले ही बाहर आये। कुकरेती तब तक दो ग्रेनेड लेकर एक बंकर में चले गये। सभी लोग सकते में आ गये। विचार किया गया कि कम्पनी पोजीशन पर हमला करके उन्हें पकड़ लिया जाये। लेकिन खुशकिस्मती से ऐसा नहीं हुआ। घटना की सूचना मिलने के बाद कार्प्स कमांडर हेलीकॉप्टर से वहाँ पहुँचे और व्यक्तिगत रूप से अन्दर जाकर कुकरेती को गिरफ्तार किया। शैलू वर्मा को अपना जिम्मा ठीक से न निभाने के कारण हटा दिया गया। उनकी जगह 18 राजपूत के लेफ्टिनेंट कर्नल सीएम चौधरी को लाया गया। इस तरह पुंछ में इस हंगामे का अन्त हुआ। मेरे ज़हन में बैठी वह घटना आज भी मुझे हैरान करती है।

ड्रुक राज्य

मैंने पुंछ छोड़ने के साथ ही वहाँ घटी घटनाओं को पूरी तरह भुला देने का फैसला किया। चंडीगढ़ में दो दिन रहकर अपना सामान बाँधने के बाद मैं भारती और मृणालिनी के बिना ही भूटान के लिए रवाना हो गया। भूटान जाने का मतलब एक तरह से विदेश की पोस्टिंग थी, हालाँकि ऐसा सिर्फ कागज पर ही था। मैं एक बार फिर पूरब की ओर जा रहा था। मैं हा दज़ांग के इंडियन मिलिट्री ट्रेनिंग टीम (आइएमटीआरएटी) मुख्यालय में हाजिर हुआ।

आइएमटीआरएटी की कमान ब्रिगेड ऑफ गार्ड्स के मेजर जनरल आइजे खन्ना सँभाल रहे थे। मद्रास रेजीमेंट के लेफ्टिनेंट कर्नल एएम मल्लिक जी-1 थे और डोगरा रेजीमेंट के पीएस सन्धू एक्यू थे। वांगचुक लो जौंग मिलिट्री स्कूल की स्थापना अक्तूबर 1962 में की गयी थी, जिसका उद्देश्य रॉयल भूटान आर्मी के लोगों को भारत में होने वाले विभिन्न कोर्सों की ट्रेनिंग देना था। मेरा काम भूटान के अफसरों को ट्रेनिंग देना था, ताकि वे इंस्ट्रक्टर के तौर पर भूटान में अपने लोगों को ट्रेनिंग दे सकें। पैराशूट रेजीमेंट के मेजर जेएस मेहलवार डब्लूएलडीएमएस की कमान सँभाल रहे थे। हमारी करीब तीस लोगों की बिल्कुल कसी हुई टीम थी, जिसमें इंडो-भूटान फ्रैंडशिप हॉस्पिटल (आइबीएफएच) में नियुक्त मेडिकल अफसर भी शामिल थे। हालाँकि मुख्य प्रशासनिक परिसर हा दज़ांग में था, लेकिन कमांडेंट खुद थिम्पू में रहते थे, जो सड़क के रास्ते तीन घंटे की दूरी पर था।

भूटानी और भारतीय लोगों के बीच हमेशा से प्रगाढ़ रिश्ता रहा है। 1960 के दशक के शुरू में जब से आइएमटीआरएटी का गठन हुआ था, तभी से दोनों देशों के बीच परस्पर सम्मान और विश्वास का ऊँचा स्तर बना रहा है। जहाँ तक सेना का सम्बन्ध था, रॉयल भूटान आर्मी के अफसर पूरी तरह भारतीय सेना पर निर्भर

थे। इतना ही नहीं भूटान की सेना में जो हथियार थे, वे भी भारतीय मूल के थे। उच्च स्तर पर जनरल खन्ना और चौथे ड्रक ग्यालपो (ड्रैगन किंग–इस राजवंश की स्थापना 1907 में हुई थी) जिग्मे सिंग्ये वांगचुक के बीच बहुत अच्छा सम्बन्ध था। 1974 में मात्र 18 साल की उम्र में राजा बने वांगचुक ने भूटान को कई मायनों में एक नये दौर में पहुँचाया और 2006 में उन्होंने यह ताज अपने बेटे को पहना दिया। चतुर और बुद्धिमान होने के साथ वे बहुत अच्छे स्पोर्ट्समैन भी थे। वे अक्सर कमांडेंट के घर पर आ जाया करते थे।

थिम्पू, हा जौंग, पारो, वांगड्, फोडरांग और पूरब में यांगफुला में इंडो-भूटान फ्रैंडशिप हॉस्पिटल के कारण भी स्थानीय जनता में भी भारत के प्रति अपनेपन की भावना थी। इसके अलावा इंडियन आर्मी मेडिकल कॉर्प्स और बॉर्डर रोड्स आर्गेनाइजेशन के कार्यों के चलते भी दोनों देशों के बीच मित्रता काफी प्रगाढ़ हो गयी थी।

पुंछ में मैं कार्यवाहक मेजर के रैंक पर था, लेकिन भूटान आकर मैं वापस कैप्टन के रैंक पर पहुँच गया था। हा जौंग में हममें से ज्यादातर को 'इंस्ट्रक्टर क्लास सी' का पद दिया गया था, जिसके लिए महू में होने वाला जेसी कोर्स न्यूनतम योग्यता थी। इसलिए हमें प्लाटून वैपन्स या टैक्टिकल विंग जैसा कोई भी कोर्स कराने का काम दिया जा सकता था। पाँच अफसरों की हमारी एक छोटी-सी टीम साथ-साथ रहती थी। हमारे अपने कोर्स के साथियों में कैप्टन अरुण यादव और पीवी रेड्डी, आर्टिलेरी से एनके राय, सिग्नल्स से एएस बख्शी, डेट ईस्ट में महार से सुबीर अहलूवालिया थे। इनके अलावा मेजर के रैंक के अफसरों में डोगरा रेजीमेंट से वीके राय, महार से देवेर, गार्ड्स से सुधीर शर्मा, आर्मर्ड कॉर्प्स से वीके कपूर, इंजीनियर्स से ललित मल्होत्रा, ब्रिगेड ऑफ गार्ड्स से अरुण रॉय, जाट से केके खन्ना, सिग्नल्स से एसआरआर आयंगर, राजपूताना राइफल्स से मानवेन्द्र राठौड़ और एनवी सिंह थे।

मुझे रहने के लिए लकड़ी से बना एक घर दे दिया गया था, जिसमें एक बेडरूम, स्टडी रूम, एक छोटी-सा डायनिंग व ड्राइंग एरिया और किचेन व बाथरूम था। समुद्र से 9,000 फीट की ऊँचाई पर स्थित हमारा स्थान एक घाटी में था। वहाँ हा चू नदी बहती थी। हमारे एक तरफ पहाड़ थे, जो हमें पारो वैली से अलग करते थे और हमारी दूसरी तरफ एक अन्य पर्वत शृंखला थी, जो तिब्बत की सीमा से मिलती थी। घाटी में शाम के समय बहुत तेज हवाएँ चलती थीं। वहाँ का मौसम बहुत ठंडा था, इसलिए हर कमरे में बुखारी (अँगीठी) होती थी। हम हर सुबह उसी पर पानी गर्म करते थे, क्योंकि पानी जम जाया करता था। करीब पन्द्रह दिन बाद मुझे अपना परिवार लाने के लिए छुट्टी दे दी गयी।

दूरदराज का इलाका होने और सीमित सुविधाएँ होने से हमें गोल्फ खेलने के लिए प्रोत्साहित किया जाता था। इसके अलावा स्क्वैश कोर्ट भी एक विकल्प था।

हमारे मनोरंजन के लिए एक छोटा-सा मूवी थियेटर था, जहाँ हफ्ते में एक हिन्दी फिल्म दिखायी जाती थी।

हा दज़ांग में जिन्दगी बहुत कठिन थी, खासकर परिवारों के लिए। वहाँ कुछ भी पैदा न होने से हर चीज भारत के सिलीगुड़ी से सड़क के रास्ते मँगायी जाती थी। इन वस्तुओं में ताजा सब्जियाँ भी शामिल थीं। सबसे बड़ी समस्या दूध की थी, क्योंकि हर परिवार को महीने में सिर्फ तीन टिन अमूल मिल्क दिया जाता था, और अगर परिवार में कोई बच्चा है तो साथ में लैक्टोजिन का भी तीन डिब्बा दिया जाता था। वहाँ बिजली की भी सप्लाई नहीं थी, इसलिए हमें जेनरेटरों पर निर्भर रहना पड़ता था। जेनरेटर शाम को छह बजे चार घंटे के लिए चलाये जाते थे।

तमाम कठिन परिस्थितियों के बावजूद भारती और मृणालिनी ने खुद को वहाँ के अनुरूप ढाल लिया था। वहाँ एक छोटा-सा गैरिसन स्कूल था, जिसमें तीन साल की मृणालिनी का नाम लिखा दिया गया। उनकी क्लास टीचर का नाम रूबी शर्मा था। उनके पति लेफ्टिनेंट जनरल सुधीर शर्मा क्यूएमजी के पद से रिटायर हुए। एक या दो महीने बाद रूबी ने मुझे बुलाया। उन्होंने कहा, “वीके, तुम अपनी बेटी की पढ़ाई के लिए हर महीने पचास रु. की फीस देते हो, उसे मैं तुम्हें वापस कर दूँगी। अपनी बेटी को घर पर ही रखो।”

मैं जानता था कि मृणालिनी थोड़ी शरारती थी, लेकिन रूबी अगर इतना परेशान हो गयी थीं, तो जाहिर था उसने कोई बड़ी शरारत की थी। मैंने पूछा, “क्या बात हो गयी, मैडम।”

उन्होंने बताया, “मैं रेस्ट रूम में गयी और तभी तुम्हारी बेटी ने मुझे अन्दर ही लॉक कर दिया। और फिर उसने जोर से चीखकर सभी बच्चों को घर जाने के लिए कह दिया।”

मैंने बड़े विनीत भाव में क्षमा माँगी और भरोसा दिलाया कि मृणालिनी अब ऐसा कभी नहीं करेगी।

हा दज़ांग बहुत सुन्दर जगह थी। मैं मृणालिनी को गोल्फ कोर्स के पास घुमाने ले जाया करता था। हमें अपनी ड्यूटी के तहत रॉयल भूटान आर्मी के साथ लम्बे गश्त पर जाना होता था। इसलिए हम वहाँ के इलाके से अच्छी तरह परिचित हो गये थे। हर सुबह हमारे दिन की शुरुआत हमेशा एक ही जैसी होती थी। हमारे लिए रखे गये खच्चर वाले सुबह हमारे पास आते और कहते कि रात में उनके खच्चर कहीं भाग गये।

खच्चर वाला कहता, “वह तो चला गया।” और फिर बड़े भोलेपन से एकटक हमारी तरफ देखने लगता।

हम उसका भाव समझ जाते और थ्री एक्स भूटानी रम की बोतल खोलकर उसे दो बड़े पेग थमा देते, वह एक ही घूँट में गटक जाता और अपने हाथ के उलटे तरफ

से मुँह पोंछकर सलाम ठोंकता। फिर दस कदम पीछे जाकर एक सीटी बजाता, और कुछ ही सेकंड में उसके खच्चर भागते हुए वहाँ हाजिर हो जाते। मालिक की माँग पूरी होने के बाद दोनों देशों की दोस्ती में जैसे नया जोश आ जाता था।

एक दिन पहाड़ों में गश्त लगाते हुए मैंने बहुत करीब से एक कस्तूरी मृग देखा। ज्यादातर दूसरे हिरनों के विपरीत कस्तूरी हिरनों को सींग नहीं होती है, लेकिन नर हिरनों के मुँह में एक बढ़ा हुआ दाँत होता है, जो नीचे की ओर झुका होता है। हालाँकि वे इंसानों से दूर ही रहते हैं, लेकिन वह हिरन निर्भीक होकर मुझे निहारने दे रहा था। दुख की बात है कि शिकारियों के लिए यह सबसे पसन्दीदा हिरन होता है। वे इनकी सुगन्ध ग्रन्थि के लिए इनका शिकार करते हैं। उनकी यह सुगन्ध ग्रन्थि जानवरों के अवैध बाजार में 45,000 डॉलर प्रति किलो के भाव से बिकती है। माना जाता है कि पुराने जमाने में राज परिवार के लोग कस्तूरी हिरनों का सुगन्ध इस्तेमाल करते थे, और यह भी माना जाता है कि यह कामोद्दीपक का काम करता है। कुछ लोगों का अन्धविश्वास है कि अगर कोई आदमी मर रहा हो और उसे इसकी गन्ध सुँघा दी जाये तो वह चमत्कारिक ढंग से बच जाता है। जो भी कारण रहा हो, भूटानी सेना को उन्हें शिकारियों से बचाने का आदेश दिया गया था।

उस ऊँचे पहाड़ी इलाके में तीतर और अन्य पक्षियों की भरमार थी। इनमें रंग-बिरंगे मोनल तीतर तो बेहद आकर्षक थे, जिनकी लम्बाई करीब दो-ढाई फीट होती है। वहाँ बर्फ में रहने वाले तेंदुए भी पाये जाते थे, लेकिन मैंने उन्हें कभी नहीं देखा। एक कटे हुए पंजों वाला भालू जरूर दिखाई दिया जो शायद किसी शिकारी के जाल में फँसकर अपने पंजे गँवा चुका था। एक बार गश्त लगाते हुए हमें एक बड़ा सा भालू नजर आया, जो लगभग अपने ही बराबर वजन वाले साँड़ को खींचकर ले जा रहा था। हम अभी कुछ सोच पाते उससे पहले ही भूटानी सिपाही ने उस पर गोलियाँ चलानी शुरू कर दीं और पूरी मैगजीन खाली होने के बाद ही गोलियाँ चलानी बन्द कीं। इससे बुरी तरह घायल साँड़ की जान बच गयी। भालू की खाल उतारी गयी और फिर उसके मांस के छोटे-छोटे टुकड़े करके कैम्प में ले जाया गया। भालू के मांस को कुछ देर तक सड़ने के लिए छोड़ दिया गया। जब उसमें से सड़ने की गन्ध आने लगी तो उसे बाँटकर वहाँ के भूटानी जवानों ने उसे पकाकर खा लिया।

डेढ़ महीने के बाद हम थिम्पू चले गये, जहाँ मैं कार्यवाहक डिटैचमेंट कमांडर था। इस बीच हमारे दोस्तों का दायरा तेजी से बढ़ गया था। जनरल खन्ना के पास एक कुत्ता था, जिसका नाम टाइनी था। वह आकार में काफी बड़ा था। मृणालिनी बिना किसी डर के उसके पास चली जाती थी और अपने हाथ से उसे खिलाती थी। लोग यह देखकर हैरत में पड़ जाते थे कि एक छोटी लड़की उस बड़े से कुत्ते को कैसे काबू में रखती थी। बाद में हमें पता चला कि वह उसके लिए खाने की चीजें चुरा लिया करती थी, इसीलिए वह मृणालिनी के आगे-पीछे पूँछ हिलाता रहता था।

भूटान में रहते हुए आइएमटीआरएटी में बहुत से सीनियर अफसर आते रहते थे। सेना की परम्परा के मुताबिक किसी महत्त्वपूर्ण व्यक्ति के आने पर हमें लाइन में खड़े होकर अपना परिचय देना होता था। लेकिन दो महत्त्वपूर्ण व्यक्तियों के दौरे दिमाग में अंकित हैं। पहला था लेफ्टिनेंट जनरल एरिक वास का दौरा। हम अपना परिचय देने ही जा रहे थे कि उन्होंने ऐसा करने से मना कर दिया। उनका कहना था कि इसकी कोई जरूरत नहीं थी, क्योंकि डोज़ियर में वे हमारा नाम पढ़ चुके थे। जनरल वास को भूटान के बारे में अच्छी जानकारी थी। उन्होंने बाद में इस पर 'ड्रैगन किंगडम' नाम से एक पुस्तक भी लिखी। दूसरा दौरा तत्कालीन डिप्टी चीफ, लेफ्टिनेंट जनरल (बाद में जनरल) कृष्ण राव का था। वे परम्परा को तोड़ते हुए सीधे हमारे पास आ गये और हरेक अफसर से खुलकर बातें करने लगे।

आइएमटीआरएटी का वार्षिक मेला बड़े धूमधाम से मनाया जाता था। इस मेले में आसपास के सभी लोग जुटते थे। मेले के समय ही डिटैचमेंट कमांडर्स कान्फ्रेंस भी हुआ करता था। 1980 में हममें से कुछ लोगों को मिसामारी में प्री-स्टाफ सेशन के बारे में बताया गया। भूटान की ठंडी जगह से निकलकर हम असम के गर्म इलाके में आ गये थे। तेजपुर से कुछ ही दूरी पर स्थित मिसामारी उन दिनों वन-हार्स मिलिट्री कैंटोनमेंट था, जो उत्तरी किनारे पर असम रेलवे लाइन तक फैला हुआ था। सेना ने हाल ही में वहाँ कुछ नये क्वार्टर बनाये थे, जिनमें सर्वेंट रूम भी था। हमें सेशन भर के लिए इन्हीं कमरों में ठूँस दिया गया था। वहाँ से हम उत्तरी बंगाल के रास्ते भूटान वापस आये। हमें रेल की एक बोगी में भर दिया गया। वहाँ सिर्फ एक ही विंडो सीट थी, बाकी के लोग कॉरीडोर में खड़े थे। ताजा हवा पाने के लिए हम बारी-बारी से खिड़की वाली सीट पर आ जाते थे। मेरी बारी तब आयी जब ट्रेन उत्तरी बंगाल की सीमा पर पहुँच चुकी थी। किसी ने तभी वैक्यूम का पाइप अलग करके ब्रेक लगा दिया और ट्रेन की रफ्तार धीमी हो गयी। मैं अभी कुछ सोच पाता कि क्या हुआ, मेरी कलाई घड़ी गायब हो चुकी थी। मेरी ही तरह ट्रेन के कई और मुसाफिरों के कीमती सामान गायब हो गये थे। थोड़ी देर बाद ट्रेन ने फिर से रफ्तार पकड़ ली। अगले स्टेशन पर गुस्साये यात्रियों ने पुलिस कंट्रोल रूम में जाकर शिकायत की, लेकिन पुलिस का कहना था कि यह लूटपाट पश्चिम बंगाल पुलिस के क्षेत्र से बाहर हुई थी। बाद में हमें पता चला कि इस तरह की लूटपाट वहाँ आम बात थी।

जनवरी 1980 में मुझे एक सन्देश मिला कि मेरे लिए एक टेलीग्राम आया था, जो सरहदी कस्बे फुंतशोलिंग में पड़ा हुआ था। उन दिनों हा दज़ांग में टेलीग्राम पहुँचने की कोई व्यवस्था नहीं थी। इसलिए टेलीग्राम के सन्देश को टेलीफोन पर पढ़कर सुना दिया जाता था। टेलीफोन ऑपरेटर ने धीरे-धीरे लेकिन स्पष्ट सन्देश पढ़कर सुनाया—मेरे पिता का देहान्त हो गया था।

उस समय मेरे पिता की उम्र पचपन-छप्पन साल के आसपास थी। उन्हें किसी

तरह की बीमारी भी नहीं थी। मैं यहाँ इतनी दूर ड्यूटी कर रहा था। खबर सुनकर सभी अफसर मेरे घर आये। अरुण रॉय और उनकी पत्नी ने मेरा सामान पैक कराने में मेरी मदद की, जबकि मेजर कटोच, जो कि स्कूल के नये कमांडिंग अफसर थे, ने अलीपुर दुआर तक जाने के लिए एक जोंगा जीप की व्यवस्था की। हम आरक्षण के बिना ही ट्रेन में सवार हो गये। रेल कर्मचारियों ने भी पूरी मदद की। उन्होंने भारती और मृणालिनी के लिए एक सीट की व्यवस्था कर दी और उसका कोई चार्ज भी नहीं लिया।

दिल्ली पहुँचकर हम जल्दी से भिवानी पहुंचे और फिर वहाँ से बापोड़ा। मेरे पहुँचने तक अन्तिम संस्कार हो चुका था। पिता जी को नहाते समय जोर का दिल का दौरा पड़ा था। वे बिना कुछ बोले ही चल बसे थे। अजीब बात थी कि उसी दिन वे अपने बड़े भाई को हार्ट के चेकअप के लिए अस्पताल ले जाने वाले थे। बाद में पता चला कि एक हफ्ता पहले उन्हें हलका-सा हार्ट अटैक हुआ था, लेकिन उन्होंने उस पर ध्यान नहीं दिया था।

तीन बेटों और एक बेटी में सबसे बड़ा होने से परिवार की सारी जिम्मेदारी मेरे ऊपर आ गयी थी। भूटान में पोस्टिंग होने से दिक्कत और भी बढ़ गयी थी, क्योंकि मेरी बहन की शादी दिसम्बर में करने का फैसला हो चुका था। संयुक्त परिवार होने से काफी मदद मिल गयी थी। मृणालिनी को उसके दादाजी की मृत्यु के बारे में नहीं बताया गया था। उससे कह दिया गया था कि वे छुट्टी पर कश्मीर गये थे। मैं कुछ समय तक अपने पिता की ओर से उसे पत्र लिखा करता था।

आइएमटीआरएटी में दो साल का कार्यकाल खत्म हो गया था। हा दज़ांग में हम काफी व्यस्त रहते थे, फिर भी परिवार के साथ रहने का पर्याप्त समय मिल जाता था। रात में जनरेटर बन्द होने के बाद हवा की साँय-साँय ही सुनाई देती थी। उसके बाद लैम्प जला ली जाती थी, जिसकी मन्द रोशनी में हम पढ़ा करते थे। मैं हा दज़ांग से जाने के लिए मानसिक रूप से अभी तैयार नहीं था। आखिरकार अपना सामान बाँधना पड़ा और मैंने हा दज़ांग और भूटान को अलविदा कह दिया। वहाँ से हम अलीपुर दुवार पहुँचे। फिर तिनसुकिया मेल के ब्रेक वैन में सामान रखवाने के लिए हमें रम की बोतलें बाँटनी पड़ीं। इसके सिवा और कोई चारा नहीं था। ट्रेन के मैदानी इलाकों में पहुँचने के बाद मैं खिड़की से बाहर का नजारा देखकर सोचने लगा कि अब मुझे कहाँ जाना था। मुझे यूनिट में वापस बुला लिया गया था। हमारी यूनिट केरी में थी, जो अब भी राजौरी डिवीजन का हिस्सा है। बहरहाल, मेरी फौरी चिन्ता यह थी कि दिल्ली पहुँचकर मैं अपना सामान कहाँ रखूँगा।

6
ऊँचे लोग

एक नयी दुनिया

दिल्ली में मैं अपनी यूनिट के अफसर मेजर कँवर मोहिन्दर सिंह से मिला, जो मिलिट्री सेक्रेटरी (एमएस) ब्रांच में नियुक्त थे। सेना की इस शाखा के बारे में जानने और कार्यशैली पहचानने की यह एक शुरुआत भर थी।

"तुम यूनिट में वापस नहीं जा रहे हो...जाओ भूपिन्दर से मिलो, वे ही तुम्हारी पोस्टिंग का मामला देख रहे हैं।" केएमएस ने कहा।

मैं चुपचाप भूपिन्दर से मिलने के लिए चल पड़ा। वे आगे चलकर लेफ्टिनेंट जनरल बने और रिटायर होने के बाद अंडमान निकोबार द्वीप समूह के लेफ्टिनेंट गवर्नर बनाये गये थे।

उन्होंने मुझसे पूछा, "तुम इमट्राट से क्यों चले आये।" उन्हें जैसे विश्वास ही नहीं हो रहा था कि करीब 1,600 किमी दूर से चलकर मैं सेना मुख्यालय में उनके सामने खड़ा था।

मैंने जवाब दिया, "मेरा रीलीफ वहाँ आ गया, इसलिए मुझे आना ही था।"

"हमने तुम्हारी नियुक्ति फतेहगढ़ में 25 राजपूत में कर दी है..." यह मेरे लिए एक बड़ा झटका था, क्योंकि 2 राजपूत में मेरा भावनात्मक लगाव हो चुका था। पीवी रेड्डी, जो आइएमटीआरएटी में मेरे साथ थे और जो मेरे बराबर ही सीनियर थे, उन्हें भी 25 राजपूत में भेजा जा रहा था। मैंने इस ओर उनका ध्यान दिलाया।

इस पर उनका जवाब था, "यह रेजीमेंट के कर्नल का आदेश है। अपनी यूनिट से बाहर सभी अफसरों को नयी खड़ी होने वाली यूनिटों में भेजा जा रहा है।"

इसके बाद तुरन्त ही एडिशनल एमएस ने मुझसे कहा कि मैं डिप्टी एमएस ब्रिगेडियर सूद से मिलूँ। चूँकि वे छुट्टी पर थे, इसलिए एमएस की जगह कर्नल कर्मबय्या से मिलने के लिए कहा गया। मुझे बताया गया कि नयी नीति में किसी तरह के बदलाव की सम्भावना नहीं थी। कर्नल ने कहा, "पहले नयी बटालियन में पहुँचो और फिर आवेदन पत्र दो, हम उस पर विचार करेंगे।" मुझे नयी बटालियन में

ज्वाइन करने के लिए एक महीने का समय दिया गया था। मैं वहाँ से चला आया। मुझे पता था कि एक बार नयी बटालियन में चला गया तो वहाँ से निकलने का अनुरोध करना मेरे लिए असम्भव था। कलम के एक ही झटके में मुझे दुनिया में इन्फैंट्री की सबसे पुरानी बटालियनों में से एक 2 राजपूत से हटा दिया गया था।

मैंने भारती और मृणालिनी को चंडीगढ़ में छोड़ दिया था, क्योंकि भारती के भाई की शादी होने वाली थी। फिर मैं कुछ दिन अपने गाँव में रहा। इसके बाद 1 मार्च, 1981 को मैं फतेहगढ़ पहुँच गया। गंगा नदी के दक्षिणी किनारे पर स्थित इस शहर का नाम एक पुराने किले के नाम पर रखा गया था और फर्रुखाबाद जिले का यह प्रशासनिक मुख्यालय था। कैंटोनमेंट में राजूपत रेजीमेंटल सेंटर (आरआरसी) था, जिसका वहाँ पूरा एकाधिकार था। एक दशक बाद सिख लाइट इन्फैंट्री सेंटर को भी फतेहगढ़ में शिफ्ट कर दिया गया था। इससे इस शहर का दर्जा बढ़कर टू-हार्स टाउन का हो गया था।

मेरे नये कमांडिंग अफसर थे लेफ्टिनेंट कर्नल जिमी अब्राहम, जो 1971 की जंग में अपना जौहर दिखा चुके थे। वे 18 राजपूत से थे। युद्ध के समय उन्होंने चार्ली कम्पनी की कमान सँभाली थी, जो कि ब्राह्मण कम्पनी थी और जिसने बहुत वीरता का प्रदर्शन किया था। ढाका में सबसे पहले उसी कम्पनी के अफसरों ने प्रवेश किया था। कर्नल जिमी एक रेलवे अधिकारी के बेटे थे और उनके दो भाई भी सेना में रह चुके थे। उनकी पत्नी ऊषा डॉक्टर थीं। उनके परिवार में भी कई लोग सेना में काम कर चुके थे। 1965 में 18 राजपूत के गठन के समय से ही इसका हिस्सा रहे जिमी बहुत व्यावहारिक रवैया रखते थे। अत्यन्त उत्साही स्वभाव वाले सीओ 'दि डर्टी डजेन' जैसी फिल्मों से बहुत प्रभावित रहते थे। कई कठिनाइयों के बावजूद जिमी अब्राहम ने 25 राजपूत को एक मजबूत नींव दी थी।

चूँकि हममें से ज्यादातर लोग सुदृढ़ यूनिटों से आये थे, इसलिए यहाँ की संस्कृति देखकर हमें बड़ा अजीब लगा। यहाँ करने के लिए कुछ भी नहीं था। हम पखाल पर बैठकर या पेड़ के नीचे चटाई पर बैठ जाते और दूसरी यूनिटों से भेजे गये लोगों से सवाल करते ताकि हम नयी रेजिंग के लिए पर्याप्त आदमी जुटा सकें। वहाँ छोटे से छोटे काम पर भी ध्यान लगाना मुश्किल हो जाता था, क्योंकि बहुत तेज गर्मी थी और गंगा तट से रेत उड़ा करती थी। इतना ही नहीं, वहाँ मक्खियों की फौज नाक में दम कर देती थी।

हम जैसे जीवों के लिए भले ही जिन्दगी कठिन हो गयी थी, लेकिन फतेहगढ़ के कुछ दूसरे जन्तुओं के लिए मजा ही मजा था। वहाँ हमारे ऑफिसर्स मेस से स्कॉच की ढेरों बोतलें गायब होती जा रही थीं, इसलिए इसकी जाँच के लिए एक बोर्ड बनाया गया, जाँच करने वालों में हमारे सेकंड-इन-कमांड मेजर एके सिंह भी थे। जाँच का काम आगे बढ़ा तो पता चला कि फतेहगढ़ के चूहे अंग्रेज साहबों की

तरह बोतल की सील खोलना सीख गये थे। वे अपनी पूँछ बोतल में डाल देते और सींक की तरह उसका इस्तेमाल करके सारी बोतल खाली कर देते थे।

बहरहाल कुछ दिन बाद फतेहगढ़ में सब कुछ ज्यादा पेशेवर होने लगा था। ब्रिगेडियर प्रेम कुकरेती सेंटर कमांडेंट थे और कुछ वर्षों में रेजीमेंट के अफसरों की ओर से कड़ी मेहनत की जाने लगी, जिससे फतेहगढ़ एक बेहतर जगह बनने लगी थी। बटालियन के मेस के लिए एक कमरा था, जिसमें टूटा-फूटा पुराना सोफा रखा था। उसे गिरने से बचाने के लिए ईंटों का सहारा देना पड़ता था। बहुत कोशिश के बाद सेंटर ने हमें एक गलीचा खरीदने की इजाजत दे दी। फिर शाहजहाँपुर से कार्पेट मँगायी गयी। लेकिन इस कार्पेट की चमक भी जल्दी ही फीकी पड़ गयी, क्योंकि सेंटर कमांडेंट इसकी खरीदारी से नाराज थे। उनका कहना था कि हमने बहुत ज्यादा पैसा बर्बाद कर दिया। उस कार्पेट की कीमत 10,000 रु. थी।

एक महीने बाद मैं अपना परिवार फतेहगढ़ ले आया। हमें दो बेडरूम का सैट बैरक में आवंटित कर दिया गया था। इस मकान के पिछवाड़े एक ढका हुआ बरामदा भी था, जो किचेन के रूप में इस्तेमाल होता था।

हमारी यह पहली बटालियन थी, जिसमें सभी तरह के लोग शामिल थे, यह सेना में भर्ती की बिल्कुल नयी नीति थी, जबकि अंग्रेजों के जमाने में बंगाल आर्मी के गठन के समय से ही जातियों के आधार पर बटालियन तैयार की जाती थी। पहले की यूनिटों में कम्पनी के स्तर पर राजपूत, गुज्जर या बंगाली कम्पनियाँ थीं। अब दो नयी बटालियनों में हालाँकि तीस प्रतिशत राजपूत, तीस प्रतिशत गुज्जर और बाकी के चालीस प्रतिशत में ब्राह्मण, जाट, मुस्लिम और बंगाली जवान थे, लेकिन सभी को सेक्शन स्तर पर आपस में मिला दिया गया था।

मुझे डेल्टा कम्पनी दी गयी थी। अब उसे ही तैयार करना बाकी रह गया था। तब तक दूसरी कम्पनियों ने अन्य यूनिटों से अच्छे-अच्छे लोगों को चुन लिया था। मुझे अब बचे हुए लोगों में से चुनाव करना था। जो लोग बच गये थे, उनमें ज्यादातर फिट नहीं थे और योग्यता के मानकों पर खरे नहीं उतर रहे थे। हम काफी आवेदकों को अयोग्य पाकर उन्हें वापस करते जा रहे थे, जिससे सेंटर कमांडेंट को खीझ होने लगी थी। लेकिन हम अपना मानदंड कम करना नहीं चाहते थे। आखिरकार यह तय हुआ कि मुझे नये रंगरूटों में से पचास प्रतिशत लोग दे दिये जायेंगे। यह बड़ी अजीब बात थी।

जिमी अब्राहम को इस स्थिति से अवगत कराया गया और सुझाव दिया गया कि हम डेल्टा कम्पनी को फतेहगढ़ से बाहर एक लघु-अभ्यास पर ले जायें। उन्होंने इस सुझाव को तुरन्त मान लिया। बीस दिन के कड़े अभ्यास के बाद मैंने महसूस किया कि हमारे जवानों का दल अब अच्छी तैयारी के रास्ते पर चल पड़ा है। इसके कुछ ही दिन बाद बटालियन को कुछ चुनौती भरे काम दिये गये, जिसमें डेल्टा कम्पनी

का प्रदर्शन काफी अच्छा रहा।

जून में हमें राजस्थान के अलवर में जाने का आदेश दिया गया। मुझे एडवांस पार्टी के साथ जाने के लिए चुना गया। फतेहगढ़ से निकलकर मुझे बहुत राहत महसूस हुई। कुछ दिन बाद बाकी की बटालियन भी वहाँ आ गयी और सितम्बर में हम एक नयी जगह में आ गये थे। मानसून के बाद वह पूरी जगह एकदम हरी-भरी हो गयी थी। लेकिन कैंट में घुसने पर हमारे कई वाहनों के पहिए कीचड़ में फँस गये। अपने सूखे इलाके के लिए मशहूर राजस्थान में इस तरह के स्वागत की उम्मीद शायद ही की जा सकती थी।

अलवर : राजपूताना का द्वार

हम अलवर पहुँचे और हमें 20 ब्रिगेड दे दी गयी, जो 18 डिवीजन का हिस्सा थी। इस डिवीजन की कमान जैक राइफल के मेजर जनरल 'बाबा' गिरि के हाथ में थी। ब्रिगेड का नेतृत्व ब्रिगेडियर सुखदेव सिंह सँभाल रहे थे। वे एक बहुत अच्छे गनर अफसर थे। हम 16 जेएके आरआइएफ, जो उस समय मेकेनाइज्ड बटालियन और 3/11 जीआर में तबदील हो रही थी, के साथ नयी जगह में स्थित थे। हमें इटाराणा कैंटोनमेंट का चार्ज लेने को कहा गया। यहाँ एक वीरान महल था। इस महल का निर्माण अलवर के राजपरिवार के लिए शिकारगाह के तौर पर किया गया था। लेकिन कभी भी इसका इस्तेमाल नहीं हुआ, क्योंकि इस महल के साथ कुछ विचित्र कहानियाँ जुड़ी हुई थीं। महल बनकर तैयार हो जाने के बाद महाराजा ने इसके लिए इंग्लैंड से फर्नीचर मँगाने का आदेश दिया था। लेकिन फर्नीचर लाने वाला पानी का जहाज समुद्री तूफान में फँसकर डूब गया। महाराजा ने नया फर्नीचर मँगाने का आर्डर दिया। इस बार भारत आने वाले जहाज में आग लग गयी और वह नष्ट हो गया। अब महाराजा को लग गया कि यह महल मनहूस है, इसलिए इसे ढहा देना चाहिए। लेकिन उनके सलाहकारों ने समझाया कि महल का सिर्फ सामने का हिस्सा गिरा दिया जाये और शेष हिस्से को छोड़ दिया जाये। बाद में यह महल सेना को सौंप दिया गया।

महल के साथ जुड़ी 'बदकिस्मती' का एक बार मेरे ऊपर भी असर पड़ा। इटाराणा का शिकारगाह धीरे-धीरे आवारा मवेशियों को छोड़े जाने की जगह बन गयी थी। कुछ समय बाद इन पशुओं के अपने झुंड बन गये, जो अपनी आजादी में किसी का दखल बिल्कुल बर्दाश्त नहीं करते थे। वहाँ 'जंगली' गायों और नीलगायों की भरमार हो गयी थी। वीरान जगह होने से मोर, तीतर, रंग-बिरंगे तोतों और बुलबुलों के झुंड शोर मचाते रहते थे। एक बार मैं अपने स्कूटर पर जा रहा था कि एक गाय ने मेरे ऊपर से कूदने की कोशिश की। लेकिन ऊँची छलाँग न लगा पाने से वह मुझसे टकरा गयी और मैं उसके साथ घिसटता हुआ कुछ दूर तक चला गया। संयोग से मुझे गम्भीर चोट नहीं आयी।

अलवर का नजारा काफी खूबसूरत है। यह दिल्ली से ज्यादा दूर नहीं है और इसे राजपूताना का द्वार भी कहा जा सकता है। अलवर का इतिहास काफी रोचक रहा है। 1500 ईसा पूर्व में यह उस मत्स्य राज्य का हिस्सा था, जो भरतपुर, धौलपुर और करौली तक फैला हुआ था। प्राचीन काल में कछवाहा परिवार के एक सदस्य ने अलवर की स्थापना की थी। बाद में यह मेवाड़ राज्य के अधीन हो गया। रणनीतिक रूप से महत्त्वपूर्ण और दिल्ली के नजदीक होने के कारण 1427 में दिल्ली सल्तनत ने अलवर किले पर हमला किया, लेकिन मुगलों ने करीब सौ साल बाद बड़ी कठिनाई से इस पर कब्जा किया।

मुगल बादशाह औरंगजेब ने जब इसे जयपुर के सवाई जयसिंह को सौंप दिया तो भरतपुर के जाटों ने अलवर के किले पर कब्जा कर लिया। फिर अलवर की स्थापना करने वाले वंश के वंशज लालावट नारुकाओं ने इसे जाटों से खाली कराया। उसके बाद ठाकुर प्रताप सिंह के नेतृत्व में नारुकाओं ने अलवर पर शासन किया। 1803 में अंग्रेजों ने मराठों के खिलाफ लड़ाई में उनका साथ देने के एवज में अलवर ठाकुरों को महाराजा की पदवी दी, हालाँकि आजादी मिलने तक उन पर नजर रखने के लिए अंग्रेजों की छावनी वहाँ तैनात थी। इसके बाद यह राज्य भरतपुर, करौली और धौलपुर में मिल गया और संयुक्त राज्य मत्स्य बन गया। 1949 में मत्स्य राज्य का राजस्थान में विलय हो गया।

किले के अलावा अलवर का सिटी पैलेस भी बहुत आकर्षक था और अच्छी हालत में था। अलवर के सरकारी संग्रहालय में कुछ बेहतरीन वस्तुएँ रखी हुई हैं, जिनमें हाथी के दाँत पर बने दुर्लभ लघु चित्र भी शामिल हैं। अरावली पहाड़ियों के बीच बना यहाँ का अनूठा रेलवे स्टेशन इस शहर की शोभा को बढ़ा देता है। मेहनत पसन्द और खुशमिजाज जिमी अब्राहम के नेतृत्व में 25 राजपूत अपने मूल स्थान से पहली बार बाहर निकली थी, इसलिए अपना बेहतरीन प्रदर्शन करने के लिए प्रतिबद्ध थी। इटाराणा में दूर-दूर तक जंगली झाड़ियाँ फैली हुई थीं, लेकिन पेड़ इक्के-दुक्के ही दिखाई देते थे। वहाँ हमारे लिए टेंट रिप्लेसमेंट हट (टीआरएच) की व्यवस्था की गयी थी। उनमें रहना काफी कठिन था, लेकिन जाड़े का मौसम नजदीक था, इसलिए उम्मीद थी कि हम जल्दी ही गर्मी से निजात पा जायेंगे। फतेहगढ़ में यूनिट की रेजिंग के समय जिमी अब्राहम ने फैसला किया था कि बटालियन के लिए कोई शुभंकर (भाग्यशाली वस्तु) होनी चाहिए। इसलिए हमने एक खूबसूरत नर नीलगाय को शुभंकर के तौर पर पकड़ लिया था। उसके बाद पंडित से उसकी पूजा करायी गयी और उसके कान छेदकर सोने की बालियाँ पहना दी गयीं ताकि उसकी पहचान की जा सके। वह जल्दी ही हम लोगों से हिल-मिल गया, लेकिन परेशानी यह थी कि हम जो भी पड़े-पौधे लगाते थे, वह उन्हें चट कर जाता था। धीरे-धीरे वह बड़ा भी होने लगा था। इसलिए अनमने भाव में फैसला किया गया कि उसे किसी नयी

जगह पर छोड़ दिया जाये। लेकिन उसे छोड़कर जैसे ही लोग वापस आते, वह भी पीछे-पीछे चला आता था और सूँघता हुआ यूनिट के लंगर में पहुँच जाता था। हम उसका यह प्रेम देखकर अभिभूत थे। लेकिन विवश होकर जिमी अब्राहम और कुछ दूसरे अफसरों ने फैसला किया कि इस बार उसे कम-से-कम सौ किमी. दूर किसी जंगल में छोड़ा जाये। हो सकता था कि किसी दिन वन्यजीव प्रेमियों को सोने की बाली पहने हुए एक नीलगाय दिखाई पड़ जाये।

मैं कम्पनी कमांडर एचएन शर्मा और देविन्दर अत्री के साथ डिफेंस सर्विसेज स्टाफ कॉलेज (डीएसएससी) की प्रवेश परीक्षा में बैठने के लिए दिल्ली में राजपूताना राइफल्स सेंटर गया। किस्मत से हम तीनों को एक ही कमरा मिल गया था। शर्मा हमेशा इधर-उधर के सवाल करते रहते थे। हालाँकि हमारी रहने की व्यवस्था राजपूताना राइफल्स सेंटर में रखी गयी थी, लेकिन भारती के पिता के सौजन्य से मैं और अत्री हरियाणा भवन में आ गये थे। अत्री मुझसे विषय से हटकर सम्भावित प्रश्नों के बारे में सवाल करते रहते। मैं कहता, "भूल जाओ। इस तरह के सवाल नहीं आयेंगे।" वे फिर पूछते, "लेकिन आ गये तो।" फिर हम उस पर चर्चा करते थे। ताज्जुब की बात है कि उनकी आशंका के मुताबिक सचमुच कुछ वैसे ही सवाल परीक्षा में पूछ लिए गये थे।

एक दिन सुबह एक पेपर की परीक्षा से पहले उन्होंने फिर वैसा ही सवाल किया। वे चाहते थे कि मैं उन्हें एप्रीसिएशन ऑन इनफिल्ट्रेशन का विषय समझाऊँ। मैंने कहा, "भूल जाओ। यह परीक्षा में पहले चार बार पूछा जा चुका है। अब इसकी कोई सम्भावना नहीं है।"

"सर, फिर भी आप मुझे बता दीजिए।" आखिरकार हमने उस विषय को विस्तार से पढ़ लिया। मजे की बात थी कि परीक्षा में सचमुच वह प्रश्न पूछ लिया गया था। परीक्षा के बाद मैंने उनसे पूछा कि पेपर कैसा हुआ। उन्होंने उदास होकर कहा, "ठीक नहीं हुआ।" अत्री को बहुत अच्छे अंक मिले, लेकिन टैक बी में वे फेल हो गये।

सन् 1981 के अन्त में हम चार महीने के एक डिवीजनल अभ्यास के लिए गये, जिसे 'शिकार' नाम दिया गया था। यह अभ्यास हनुमानगढ़ के पास झाकरावाली में रखा गया था। उस समय तक हमारी बटालियन पूरे जोश से काम कर रही थी। पहले हमने बटालियन के स्तर का अभ्यास किया और फिर इसे ब्रिगेड स्तर पर ले गये। वीरेन्द्र गुलिया हमारे एडजुटेंट थे। उन्होंने हमारी बटालियन के लिए अपना अलग कोड बना लिया। उदाहरण के लिए अगर हम किसी चीज पर कब्जा कर लेते तो हमें सन्देश भेजना होता था—जवानी ढल गयी। जाहिर बात है कि कोई भी आदमी यह बात वायरलैस पर नहीं बोलना चाहता था। इसलिए उधर से बार-बार पूछा जाता था, "जवानी ढली या नहीं ढली" कि सवाल सुनकर लोग खूब हँसते थे। हमारी यूनिट में यह अच्छा मजाक बन गया था। अभ्यास के अन्तिम दिन मैं कुछ

लोगों के साथ रेत के टीले पर बैठा था। तभी रेडियो सेट पर मुझे एक फोन काल आया। दूसरी तरफ से भारती बोल रही थीं। उन्होंने बताया कि मैं स्टाफ कॉलेज की परीक्षा में पास हो गया था। बाद में जब हम अलवर लौट रहे थे तो खबर आयी कि काम्पिटेटिव वैकेंसी में भी सफल हो गया था।

वेलिंगटन जाने में अब भी नौ महीने बाकी थे। इसलिए हम यूनिट की अपनी सामान्य दिनचर्या में लगे थे। उस समय भारती फिर से गर्भवती थीं। बेलगाँव के अनुभव के बाद मैं इस बार किसी तरह का खतरा नहीं उठाना चाहता था। प्रसव की सम्भावित तारीख से दो महीना पहले उन्हें चंडीगढ़ में उनके माता-पिता के घर पहुँचा दिया गया, जबकि मृणालिनी मेरे पास ही रह गयी, क्योंकि वह अलवर पब्लिक स्कूल में पढ़ रही थी। बेचारी को मेरे हाथ के बने पकवानों का स्वाद लेना पड़ रहा था, जो अंडे से शुरू होकर अंडे पर ही खत्म हो जाता था। प्रसव की तारीख नजदीक आने पर मैंने छुट्टी ले ली। भारती ने हमारी दूसरी बेटी योगजा को जन्म दिया। इस बार भी लड़की होने से घर के लोग थोड़ा दुखी थे, लेकिन मैं अपनी दो बेटियों को पाकर बहुत खुश था। दिसम्बर में भारती और बच्चियाँ अलवर आ गयीं और एक बार फिर हमने अपना सामान बाँधना शुरू कर दिया।

डीएसएससी वेलिंगटन

किसी भी पेशेवर फौजी के जीवन में डिफेंस सर्विसेज़ स्टाफ कॉलेज का साल भर का कोर्स बहुत महत्त्वपूर्ण होता है। एनडीए से निकलने के बाद पहली बार तीनों सेवाओं के माहौल में वापस आना होता है। डीएसएससी और मद्रास रेजीमेंटल सेंटर मिलकर वेलिंगटन कैंटोनमेंट बनाते हैं। यह तमिलनाडु में नीलगिरि पहाड़ियों पर स्थित है। इन पहाड़ियों को ब्लू माउंटेंस भी कहा जाता है। नीलगिरि पहाड़ियाँ वेस्टर्न घाटों का हिस्सा हैं। इस इलाके में डोडा नाम की जनजाति रहती है, जिसके बारे में 1810 में अंग्रेजों ने पता लगाया। फिर इसके एक दशक बाद अंग्रेजों ने पाया कि यह जगह उनके रहने के लिए एकदम अनुकूल थी। इसीलिए उन्होंने कुन्नूर और ऊटी में ढेरों रिहायशी मकान बनवाये। बाद में अंग्रेज गर्मियों में अपनी सरकार पहाड़ों पर ले जाने लगे। उन्होंने यहाँ आने-जाने के लिए सड़कें बनवायीं और रेल लाइनें बिछवायीं।

फतेहगढ़ और अलवर की गर्मी के बाद पहाड़ी जगह में आकर बहुत राहत महसूस हुई, खासकर भारती और नयी बच्ची के लिए। हमारा कोर्स जनवरी में शुरू होनेवाला था। रेल से वहाँ तक का सफर बहुत रोमांचक था। हम अपना सारा सामान लेकर अलवर से दिल्ली गये और फिर वहाँ से चेन्नई (उस समय इसका नाम मद्रास था) गये। यह 48 घंटे का बहुत लम्बा सफर था। मद्रास सेंट्रल पर बहुत गहमागहमी होती थी, क्योंकि इस कोर्स के लिए आने वाले सेना, नेवी और एयरफोर्स के लोग वहाँ पहुँचते थे और फिर वहाँ से नीलगिरि एक्सप्रेस पकड़ते थे, जो रातभर के सफर

के बाद कोयम्बटूर पहुँचाती थी। कुछ देर रुकने के बाद ट्रेन नीलगिरि पहाड़ियों की तलहटी में उसके साथ-साथ उत्तर की ओर मेत्तुपलायम के लिए चल पड़ी। दिल्ली से वहाँ तक लगभग चार दिन की यात्रा के बाद हमारा ट्रेन का सफर पूरा हुआ। फिर हम कॉलेज के लिए चल पड़े। वहाँ हर चीज बहुत व्यवस्थित थी और हम दल बनाकर पहाड़ियों के बीच से आगे बढ़े। रास्ते में सुपारी के पेड़ थे। वहाँ कुन्नूर और फिर वेलिंगटन के लिए छोटी रेल लाइन भी थी।

जैसी कि उम्मीद थी, स्टाफ कॉलेज अत्यन्त सुव्यवस्थित था। वहाँ पहुँचते ही हमें अपने-अपने क्वार्टर दे दिये गये। ये क्वार्टर हमारी वरिष्ठता के आधार पर दिये गये थे। बड़े डैडियों यानी सीनियर छात्रों को नीलगिरि हिल्स में जगह दी गयी थी। यह कॉलेज की बिल्डिंग के बहुत करीब था। उनसे जूनियर लोगों, जिनमें मैं भी शामिल था, को गोरखा हिल्स पर बने क्वार्टरों में रखा गया था। जो सबसे जूनियर थे, उन्हें सर्कल क्वार्टरों में जगह दी गयी थी। ये पुराने क्वार्टर कॉलेज से सबसे ज्यादा दूर थे। इस तरह की व्यवस्था के कारण मेरे ज्यादातर सहपाठी—जिनकी संख्या करीब 15 थी—एक ही लाइन में रह रहे थे।

कॉलेज ने तीनों सेनाओं के लोगों को आपस में मिला दिया। एनडीए में जो सहपाठी आपके साथ रहे थे और अब वायुसेना और नौसेना का हिस्सा थे, वे अपनी-अपनी सेनाओं की सोच और उनके तौर-तरीकों में रंग चुके थे, इसलिए तीनों सेनाओं के अफसरों के विचारों में काफी फर्क आ चुका था। मुझे हमेशा लगता था कि थलसेना की व्यवस्था ज्यादा ठोस और कठोर थी। उदाहरण के लिए थलसेना के अफसरों को स्टाफ कॉलेज तक पहुँचने में कड़ी प्रतियोगिता से गुजरना पड़ता था, जबकि नौसेना और वायुसेना के अफसरों को यहाँ तक पहुँचने के लिए सिर्फ नामांकित किया जाता था।

स्टाफ कॉलेज के कमांडेंट थे लेफ्टिनेट जनरल बालाराम, जो सिग्नल रेजीमेंट से थे। मेरे अपने रेजीमेंट से डायरेक्टिंग स्टाफ कर्नल रवि आइप थे (वे आर्मी कमांडर के पद से रिटायर हुए), जो नामका चू की जंग में बच गये थे और बाद में उन्हें 18 राजपूत की कमान दी गयी थी। तीसरे दिन पूरा कॉलेज, जिनमें सभी की पत्नियाँ भी शामिल थीं, कमांडेंट के भाषण के लिए एकत्र हुआ। जनरल बालाराम पिछले कोर्स के आखिरी हिस्से के समय कमान पर आये थे। उन्होंने छात्रों की समस्याओं से हमें अवगत कराया, उन्हें लगता था कि छात्रों को अपने कोर्स पर ज्यादा ध्यान देना चाहिए, न कि पार्टियों के जरिये आपसी मेल-मिलाप को बढ़ावा देने पर। मेल-मिलाप, छात्रों और डीएस के बीच मेलजोल आदि में व्यस्त होने से छात्रों पर अनावश्यक रूप से काम का अतिरिक्त बोझ पड़ जाता था। उन्होंने कहा, "छात्र यहाँ पढ़ने के लिए आते हैं और डायरेक्टिंग स्टाफ का काम है उनके कामों को सुधारना, जिसके लिए उन्हें काफी मेहनत करनी होती है। इसलिए आप लोगों को किसी भी

डीएस के घर जाने की जरूरत नहीं है। उन्हें अपना काम करने दें और आप अपना काम करें।" डीएस स्टाफ का चक्कर लगाने से छुटकारा मिलने से कोर्स की पढ़ाई पर बहुत सकारात्मक प्रभाव पड़ा। जनरल ने और भी कई महत्त्वपूर्ण बातें अपने भाषण में कहीं, लेकिन उन्होंने जिन शब्दों के साथ अपनी बात खत्म की, वे शब्द हमेशा के लिए मेरे दिमाग में बैठ गये और मैं दूसरे अफसरों को भी वही बात बताया करता था—"भविष्य की चिन्ता मत करो—तुम कहाँ जाओगे, तुम क्या बनोगे चिन्ता मत करो बस आज पर ध्यान दो और जो काम तुम्हें सौंपा गया है उसे अच्छी तरह पूरा करो। भविष्य किसी ने नहीं देखा है। उसकी तरफ देखोगे तो अपना आज बर्बाद करोगे।"

कमांडेंट ने बताया कि हमें काफी लिखित कार्य करना होगा, जिसे डीएस जाँचेगा और फिर अन्त में कमांडेंट उन जाँची गयी कापियों को देखकर जो निर्देश देंगे, डीएस उसके अनुसार नोट बनाएगा। कई बार हमारी कापियों पर लाल स्याही से तीन या चार पेज के नोट लिखे होते थे। इस पर जब हम डीएस की ओर सवालिया नजरों से देखते तो उनका जवाब होता, "यह तुम्हारे लिए नहीं है। किसी और के लिए है।"

कमांडेंट को सहयोग देने के लिए कुछ बेहतरीन अफसरों की टीम थी। चीफ इंस्ट्रक्टर (थलसेना) थे ब्रिगेडियर 'गुड्डी' ग्रेवाल, जो आर्मर्ड अफसर थे। जिस डिवीजन में मैं था, उनके प्रमुख थे जेएके राइफल्स के ब्रिगेडियर गुरु बख्शी। वे बहुत काबिल अफसर थे।

स्टाफ कॉलेज के कोर्स का उद्देश्य मूल रूप से हमें भविष्य में सेना के कमांडर बनाना था, ताकि हम अलग-अलग परिस्थितियों में बड़े स्तर पर महत्वपूर्ण फैसले ले सकें। हालाँकि हमारा तात्कालिक काम ब्रिगेड स्तर का होता था, लेकिन वहाँ हमने सीखा कि सारी चीजें कैसे आपस में जुड़ी होती हैं।

जनरल बालाराम ने सख्त निर्देश दे रखा था कि हमें जो भी काम करना था, वह कॉलेज के परिसर के भीतर ही होना चाहिए। उस काम को घर ले जाना मना था, ताकि अफसर अपने परिवार के साथ समय गुजार सकें, कई बार हमें शाम को देर तक काम करना पड़ता था।

एक अत्यन्त व्यावहारिक कमांडेंट के होने से स्वाभाविक रूप से हम काफी प्रभावित थे और उनके गुणों को अपनाने की कोशिश करते थे। कुछ अफसरों को लगता था कि कमांडेंट कुछ ज्यादा ही आदर्शवादी थे, क्योंकि वे सब्जियाँ खरीदने के लिए खुद ही अपनी पत्नी के साथ स्कूटर से बाजार चले जाते थे। परम्परा के मुताबिक ऊटी हंट का अवसर जब नजदीक आया तो हम छात्रों को खबर मिली कि कमांडेंट के आदेश के अनुसार छात्रों की तरह डीएस भी बसों में बैठकर ऊटी जायेंगे। यह बात कुछ डीएस को बहुत नागवार लगी, वे छात्रों के साथ बस में नहीं जाना चाहते थे। इसलिए डीएस के कुछ लोग हलके वाहनों से चले गये। लेकिन उन्होंने जब कमांडेंट को खुद ही बस से उतरते देखा तो बहुत लज्जित हुए।

दस दिन का हमारा इंडस्ट्रियल टूर बहुत मजेदार था। हमने बंगलौर, हैदराबाद और पुणे का सफर किया और फिर नीलगिरि वापस आ गये। हमारे साथ रेलवे का एक अफसर भी था, जो हमारे साथ कोर्स कर रहा था। उसके साथ होने से ट्रेन के सफर में हमें बहुत सुविधा रही। स्टाफ कॉलेज में हम छात्र लोग मध्यावधि छुट्टियों में अक्सर कोई मिनी बस किराये पर ले लेते थे और दक्षिण भारत के दर्शन पर निकल जाते थे। हर छात्र मदुरै, कोचीन, त्रिवेन्द्रम, गुरुवायूर जाना चाहता था। परिवार के साथ इन जगहों की सैर करने में बहुत मजा आता था।

सेना के अफसरों के बच्चों को तो वेलिंगटन शायद ही कभी भूलेगा। मृणालिनी वहाँ होली इनोसेंट स्कूल में पढ़ती थी। योगजा का पहला जन्मदिन पूरी धूमधाम से गोरखा हिल में मनाया गया। कोर्स के शुरू में हम सभी को अपने बच्चों के साथ होम्योपैथी के डॉक्टर के पास भेजा गया था, जिसने हमें मीज़ल और चिकन पोक्स से बचाव के लिए दवा दी थी। दुर्भाग्य से हमें यह नहीं बताया गया था कि छह महीने के बाद हमें एक बूस्टर डोज़ भी दिलाना था। मृणालिनी को चिकन पोक्स हो गयी। नन्ही योगजा को इन्फेक्शन से बचाने के लिए मृणालिनी को उससे दूर रखा जा रहा था, लेकिन जल्दी ही योगजा भी इसकी गिरफ्त में आ गयी थी।

स्टाफ कॉलेज में हमें अपने प्रदर्शन पर ग्रेड दिया जाता था, लेकिन इसकी कोई मेरिट लिस्ट नहीं होती थी, क्योंकि नतीजे कभी भी घोषित नहीं हुए। इसलिए अफवाह थी कि जाते समय मिले मूवमेंट आर्डर के सीरियल नम्बर के आधार पर हमारे प्रदर्शन का पता चलता था। मुझे यह देखकर बहुत खुशी हुई कि मुझे सेना मुख्यालय में मिलिट्री ऑपरेशंस डायरेक्टरेट में नियुक्ति दी गयी थी। यह सम्मान आमतौर पर तीन सर्वश्रेष्ठ प्रदर्शन करने वालों को दिया जाता था। ज्यादातर छात्रों को ब्रिगेड मेजर्स (बीएमएस) में नियुक्त किया गया था। जब पोस्टिंग के आदेश प्रकाशित हो रहे थे तो अफसरों की पत्नियों को बड़ी उत्सुकता थी कि उनके पतियों को किस पद पर पोस्टिंग मिली थी। वे अपने पतियों के बारे में पता करने इधर-उधर भाग रही थीं। मेरी पोस्टिंग को लेकर कोई चर्चा नहीं हो रही थी, इसलिए भारती को मेरी पोस्टिंग के महत्त्व के बारे में कोई जानकारी नहीं थी। लेकिन जब मेरे दोस्तों ने उन्हें बधाई देना शुरू किया तब उनकी समझ में आया। वे भारती से मजाक में कहते कि वीके को अगर पोस्टिंग अच्छी नहीं लग रही तो वह अदला- बदली कर ले हमसे।

गुलाब की जंग

भारत के इतिहास में 1984 का साल बहुत नाटकीय था। स्टाफ कॉलेज का कोर्स पूरा करने के बाद मुझे सेना मुख्यालय में भेजने का आदेश आया। मुझे वहाँ उस अफसर को रिपोर्ट करना था, जिनकी जगह मुझे काम करना था। हालाँकि उसे फरवरी में वहाँ से जाना था पर मुझे जनवरी में वहाँ जाने को कहा गया। मेरी अब

तक की नौकरी में सेना मुख्यालय, जो भारतीय सेना का हृदय स्थल माना जाता है, में यह पहली पोस्टिंग थी। सेना मुख्यालय में सबसे महत्त्वपूर्ण विभाग था एमओ (मिलिट्री ऑपरेशन), जिसके इर्द-गिर्द सारी चीजें घूमती थीं। एमओ 3 में जीएसओ 2 के तौर पर हमें सभी काम करने पड़ते थे। किसी जूनियर अफसर को दिल्ली में उस समय मकान मिलना बहुत कठिन था, क्योंकि कैंटोनमेंट एरिया में फ्लैट का इन्तजार करने में दो से तीन साल लग सकते थे। बहरहाल मुझे तिहाड़ जेल के पास एक डीडीए फ्लैट मिल गया। उस समय उसे जी-8 एरिया कहा जाता था और अब उस जगह का नाम माया एन्क्लेव हो गया है। वह फ्लैट मेकेनाइज्ड इन्फैंट्री के किसी कर्नल का था। मकान में कोई काम नहीं कराया गया था। कर्नल साहब का सुझाव था कि पहले हम उसमें शिफ्ट हो जायें, फिर वे अलमारी वगैरा बनवा देंगे।

हम उसमें शिफ्ट हो गये, लेकिन कर्नल साहब ने अपना वादा पूरा नहीं किया। आखिरकार मैं उनके पास गया। उन्होंने बड़े रूखेपन से कह दिया कि उनके पास पैसे नहीं थे। मैंने उनसे अनुरोध किया कि वे कम से कम दो अलमारियाँ ही खरीद दें ताकि हम कपड़े वगैरा तो रख सकें। इस पर वे आगबबूला हो गये। मुझे भी गुस्सा आ गया। मैंने फ्लैट की चाभी उछालकर उनकी मेज पर फेंक दी और कहा कि अगले कुछ घंटों में मैं उनका मकान खाली कर दूँगा।

घर लौटकर मैंने भारती से कहा कि वे रेफ्रिजरेटर पड़ोस में रहने वाले नौसेना अधिकारी के घर रखवा दें और बाकी का सारा सामान सड़क पर पहुँचा दिया। फिर एक बड़ी-सी तिरपाल से उसे ढँक दिया। इसके बाद भारती हमारी बेटियों—मृणालिनी और योगजा को लेकर अपने माता-पिता के घर चली गयीं। करीब एक हफ्ते तक मैंने दूसरे मकान की खोज की। मकान की खोज में मैं गाजियाबाद के पास हिंडन तक चला गया। संयोग से उसी कॉलोनी में आइआइटी के एक प्रोफेसर ने हमें अपना मकान रहने के लिए दे दिया और हमारा सामान सड़क पर एक हफ्ता पड़ा रहने के बाद नये घर में पहुँचा दिया गया।

जनवरी के महीने में सुबह के समय कोहरा पड़ रहा था। मैं अपने स्कूटर से सेना मुख्यालय पहुँचा और उदय बापट (बाद में मेजर जनरल) से मिला। वे कुमायूँ रेजीमेंट के इन्फैंट्री अफसर थे। मुझे उन्हीं को रिलीव करना था। कर्नल अजिन्दर सिंह 'जिंजर' बाल मेरे बॉस थे, जो डेक्कन हार्स से एक आर्मर्ड कॉर्प्स अफसर थे। 'जिंजर' बाल ने मेरे आने की जानकारी डीडीजी, ब्रिगेडियर (बाद में लेफ्टिनेंट जनरल) डीडी सकलानी को दी, जो कुमायूँ रेजीमेंट से थे और उसके बाद वे जम्मू-कश्मीर के राज्यपाल के सुरक्षा सलाहकार बने। दूसरे नम्बर पर मेजर जनरल वीके 'टबी' नायर थे। वे भी बहुत काबिल अफसर थे, जो वेस्टर्न आर्मी कमांडर के पद से रिटायर हुए और रिटायरमेंट के बाद नगालैंड व मणिपुर के राज्यपाल रहे। पैराट्रुपर रह चुके, 'टबी' सीधी बात करने वाले व्यक्ति थे। इस पूरे प्रतिष्ठान में सबसे ऊँचे पद पर

थे लेफ्टिनेंट जनरल सीएन सोमन्ना, जो रेजीमेंट की परम्परा का निर्वाह करते हुए हमेशा अपने साथ एक कंघी और ब्रुश रखते थे और समय-समय पर उससे अपनी मूँछों को सँवारते रहते थे।

बापट ने मुझे मेरा काम समझाया और वहाँ कमांड की पूरी कड़ी के बारे में परिचित कराया। इसके बाद मैं डीजीएमओ से मिला जिन्होंने पूरी गर्मजोशी से हाथ मिलाकर मेरा स्वागत किया। उन्होंने कहा, "बेटे, तुम यहाँ जीएसओ2 बनकर आये हो। यहाँ एमओ में काम करने की एक संस्कृति है, जिसमें तुम मुक्त होकर अपनी राय दे सकते हो, भले वह कितनी ही अलग हो। फिर मैं उस पर विचार करूँगा कि उसमें कुछ दम है या नहीं। इसलिए तुम निडर होकर अपनी राय देना।"

जनरल सोमन्ना कूर्ग के रहने वाले थे। इस क्षेत्र से भारत को कई नायाब जनरल मिल चुके हैं, जिनमें सबसे पहले भारतीय सी-इन-सी, जनरल (बाद में फील्ड मार्शल) केएम 'किपर' करियप्पा और जनरल केएस थिमैया शामिल हैं। जनरल सोमन्ना के पास एक अच्छी टीम थी, जिसमें हाथ से लिखे नोट्स पर जोर दिया जाता था और टाइप किये हुए कागजात सिर्फ सीओए (चीफ) के लिए होते थे। इससे मुझे अपने विचार लिखने की छूट मिल गयी। सम्पर्क का यह सिस्टम बहुत अच्छा था, खासकर इसलिए भी कि हम विभिन्न विषयों पर काम करते थे। उन दिनों सेना मुख्यालय में एक मजाक चलता था कि जिस किसी भी विषय के बारे में कोई नहीं जानता था, वह एमओ3 में आ जाता था (ऐसा शायद आज भी चल रहा है)। नतीजतन अगर अभी हम जीएमक्यूआर के बारे में बात कर रहे हैं, तो अगले ही क्षण परमाणु नीति पर विचार कर रहे होते थे। इससे हमारे लिए हर विषय पर गहन अध्ययन करना जरूरी हो जाता था और कुछ भी लिखते समय हमें बहुत सूझबूझ से काम लेना पड़ता था।

एमओ-3 में पूरे पश्चिमी सेक्टर के मसलों को देखा जाता था, जिसमें कश्मीर से पंजाब, राजस्थान और गुजरात तक का क्षेत्र आ जाता था। एमओ-1 के तहत ईस्टर्न थियेटर और एमओ-2 के तहत आन्तरिक सुरक्षा के मामले होते थे। उस समय एमओ में 'सियाचिन' की चर्चा जोरों पर थी। हमारा ज्यादातर ध्यान उसी पर केन्द्रित था। उस समय यूएस एयरफोर्स के नक्शों में दिखाये गये कुछ इलाकों को लेकर हम काफी चिन्तित थे। उन नक्शों में एनजे 9842 (तुरतुक के पास चालुंका वाली जगह) से शुरू होने वाली सीमा रेखा सीधे पूर्वी छोर पर कराकोरम दर्रे तक चली जाती थी। इस जगह को अक्साई चिन क्षेत्र के नाम से जाना जाता है। 1972 तक पाकिस्तान, यूनाइटेड नेशंस के नक्शों में युद्धविराम रेखा को लगभग सही रूप में दिखाता था। लेकिन यूनाइटेड स्टेट्स डिफेंस मैपिंग एजेंसी (बाद में जिसे नेशनल जियोस्पेशियल इंटेलीजेंस एजेंसी कहा जाने लगा) ने उसमें हेरफेर करना शुरू कर दिया। अमेरिकी नक्शे को आधार बनाकर दूसरी एजेंसियों ने भी अपने नक्शों में गड़बड़ी करनी शुरू कर दी। इनके मुताबिक नुब्रा-श्योक जंक्शन के उत्तर में पूरा

इलाका, जिसमें सियाचिन का करीब 5,000 वर्ग किमी का पूरा इलाका शामिल था, पाकिस्तान के नियन्त्रण में दिखाया जा रहा था।

इसके कारण कर्नल नरेन्द्र 'बुल' कुमार के नेतृत्व में सेना की एक टीम सियाचिन के सुदूर उत्तरी छोर तक गयी। उस छोर के आगे शक्सगाम घाटी आती थी। उन्हें वहाँ एक जगह पर कई देशों के पवर्तारोहण अभियानों के सबूत दिखाई दिये। कर्नल नरेन्द्र की टीम को पाकिस्तानी सेना के हेलीकॉप्टर भी दिखाई दिये। तब फैसला लिया गया कि हमें ग्लेशियर पर पहुँचकर दो मुख्य दर्रों बिलाफोंड ला और सिया ला में आ जाना चाहिए जहाँ से उत्तर-दक्षिण सालतोरो रेंज का रास्ता जाता था और वह जगह सियाचिन के पश्चिमी किनारे से लगती थी।

नार्दर्न आर्मी कमांडर थे लेफ्टिनेंट जनरल एमएल छिब्बर। वे गोरखा अफसर थे, जो अपनी बुद्धिमानी के लिए जाने जाते थे। रिटायर होने के बाद उन्हें पद्म भूषण से सम्मानित किया गया था। उस समय 15 कॉर्प्स, जिसका मुख्यालय श्रीनगर में स्थित था, के तहत कश्मीर घाटी और पूरा ट्रांस-हिमांयलन ज़ोन आता था। इस ज़ोन में जंसकार, बालतिस्तान का कुछ इलाका, लद्दाख, नुब्रा घाटी और कराकोरम दर्रे तक का क्षेत्र आता था। कराकोरम दर्रे पर दौलत बेग ओल्डी (डीबीओ) में हमारी मौजूदगी थी। लेफ्टिनेंट जनरल पीएन हून, जो डोगरा रेजीमेंट के अफसर थे, कॉर्प्स कमांडर थे और उनके एमएस थे एनसी विज़। वे भी डोगरा रेजीमेंट से थे और बाद में सेना अध्यक्ष बने।

उससे पिछले साल कॉर्प्स कमांडर की अगुआई में एक टीम अलपाइन और आर्किटिक उपकरण की खरीद के लिए यूरोप गयी थी, ताकि इन उपकरण की मदद से हम पाकिस्तान द्वारा हथियाये गये इलाके पर फिर से कब्जा कर सकें। इस टीम ने यूरोप से जानकारी दी कि पाकिस्तानी सेना के लोग भी इसी तरह के उपकरण की खरीद के लिए वहाँ गये हुए थे, जो इस बात का संकेत था कि वे ग्लेशियर पर बिलाफोंड ला और सिया ला तक आना चाहते थे ताकि हमारी तरफ से होने वाली किसी भी कोशिश को रोका जा सके। इस सूचना से पूरे मामले में तुरन्त कदम उठाने की जरूरत महसूस की गयी।

फरवरी-मार्च 1984 तक ऑपरेशन मेघदूत के लिए योजना बनायी जाने लगी। लेकिन हमारे सामने सबसे बड़ी समस्या यह थी कि उस इलाके का जो नक्शा उपलब्ध था, वह बिल्कुल भी स्पष्ट नहीं था। मैंने इंडियन माउंटेनियरिंग फेडरेशन (आईएमएफ) की पुरानी पत्रिकाओं को खोजना शुरू किया ताकि विभिन्न अभियानों से मिलने वाली सूचनाएँ हासिल कर सकूँ। उस समय तक हमारी योजना सिर्फ दो मुख्य दर्रों पर कब्जा करने की थी, लेकिन मैंने जब आईएमएफ की पत्रिकाओं को देखा तो उन अभियानों के बारे में भी पता चला, जो अन्य दर्रों के रास्ते की थीं। उनमें से 1912 के एक अभियान ने मेरा ध्यान विशेष रूप से खींचा। उस अभियान

में एक अमेरिकी पर्वतारोही फैनी बुलक वर्कमैन सियाचिन ग्लेशियर पर ग्योंग ला के रास्ते लोलोफोंड ग्लेशियर पर आये थे। उस अभियान में ब्रिटिश सर्वेक्षक ग्रांट पीटरकिन भी शामिल थे। उन्होंने ग्लेशियर के ऊपरी हिस्से का विस्तृत अध्ययन किया था। वर्कमैन ने ही स्थानीय नाम सियाचिन को प्रचलित कराया, जो एक फूल के नाम पर रखा गया था। यह जंगली गुलाब फूल नुब्रा नदी के उद्गम स्थल के नजदीक पाया जाता है। बाल्टी भाषा में 'सिया' का अर्थ गुलाब और 'चुन' का अर्थ प्रचुर या असंख्य होता है। मैंने इस जानकारी के आधार पर हाथ से लिखा एक नोट तैयार किया और ऊपरी अधिकारियों को भेज दिया। मैंने सलाह दी कि ग्यांग ला दर्रे को भी हमारी योजना में शामिल किया जाना चाहिए। 15वीं कॉर्प्स, जिसका दावा था कि वहाँ तैनात रहने के कारण उसे उस इलाके की ज्यादा जानकारी थी, ने मेरे इस सुझाव को खारिज कर दिया।

फिर सारी योजना प्रधानमन्त्री इन्दिरा गाँधी के सामने रखी गयी। उस समय रक्षा मन्त्री आर. वेंकटरमन (जो बाद में भारत के राष्ट्रपति बने), रक्षा सचिव एसके भटनागर (जो बाद में बोफोर्स मामले में आरोपी थे, हालाँकि आगे चलकर वे सिक्किम के राज्यपाल रहे), और मेयो कॉलेज के पूर्व छात्र रहे जेएसजी अजय विक्रम सिंह भी मौजूद थे। इन्दिरा गाँधी ने हमारी योजना को मंजूरी दे दी। उसके बाद 'ऑपरेशन मेघदूत' शुरू करने की तारीख 13 अप्रैल तय की गयी।

पाकिस्तान को हमारी ओर से कार्रवाई होने की उम्मीद थी। वे सोच रहे थे हम यह कार्रवाई मई या जून के उन्हीं महीनों में करेंगे, जिन महीनों में पिछले साल हमारी जाँच टीम इलाके का मुआयना करने गयी थी। हमारी चिन्ता वहाँ के मौसम और ताजा बर्फ के स्तर को लेकर थी, लेकिन हमारा शुरुआती ऑपरेशन बहुत कामयाब रहा। हमारे हेलीकॉप्टर एक बार में केवल एक या अधिक से अधिक दो सैनिकों को उनके उपकरणों और हथियारों के साथ उठा सकते थे। हमारे जवान सिया ला और बिलाफोंड ला तक पहुँच गये। हर दर्रे पर साठ लोगों की टीम तैनात करने की योजना थी, लेकिन जब पूरा विश्लेषण किया गया तो वहाँ पर केवल तीस लोगों की टीम ही रह सकती थी। कुमायूँ और लद्दाख स्काउट सैनिकों को लगाया गया, जो कि उस समय लगभग असम्भव काम समझा जा रहा था। कर्नल डीके खन्ना 19 कुमायूँ की कमान सँभाल रहे थे और मेजर आरएस सन्धू जमीन पर होने वाली कार्रवाई का संचालन देख रहे थे। बिलाफोंड ला में तिरंगा लगाने का सम्मान कैप्टन संजय कुलकर्णी को मिला। वहाँ पर कब्जा जमाने के बाद बाकी के लोग कैप्टन पीवी यादव के नेतृत्व में आगे बढ़ गये। बहुत से जवानों को बर्फ से घाव हो गया था। हमारे हेलीकॉप्टरों ने भी उतनी ऊँचाई पर शानदार काम किया। पाँच सैनिकों की एक छोटी-सी टीम को इन्दिरा कोल पर उतार दिया गया। जैसा कि पहले तय किया गया था, हमें ग्यांग ला को छोड़ देना था, लेकिन जब ऑपरेशन

करीब आया तो महसूस किया गया कि ऐसा करना बहुत बड़ी गलती होगी। इसके बाद अन्तिम क्षणों में ग्लोंग ला को भी योजना में शामिल कर लिया गया। लेकिन वहाँ उपलब्ध सभी हेलीकॉप्टरों को पहले के दो दर्रों के लिए ही तैयार किया गया। इसलिए ग्योंग ला के लिए पैदल ही चलने का फैसला किया गया। दुर्भाग्य से हमारी एक प्लाटून जब दिन की रोशनी में आगे बढ़ रही थी तो जोर का हिमस्खलन (बर्फ का खिसकना) शुरू हो गया और उसकी चपेट में पूरी प्लाटून का सफाया हो गया। इसके बाद हम आगे नहीं बढ़ सके, क्योंकि तब तक पाकिस्तान की बुरज़िल फोर्स उस इलाके पर कब्जा जमाने के लिए पहुँच चुकी थी। पच्चीस साल बीत जाने के बाद आज भी पाकिस्तान ने वहाँ अपने पैर जमा रखे हैं।

ग्योंग ला पर कब्जा जमाने में विफल रहने से ग्लेशियर के मध्य वाले हिस्से तक हमारी सम्पर्क की लाइनें प्रभावित हो गयीं और हमें एक अत्यन्त खतरनाक और अस्थिर इलाके से होकर वैकिल्पक रास्ता अपनाना पड़ा। यह बहुत दुखद बात थी, क्योंकि वह इलाका बहुत जोखिम वाला था और इस वजह से हमें अपने कई जवानों को खोना पड़ा। दूसरी तरफ सिया ला और बिलाफोंड ला हमारी मजबूत चौकियाँ बन गयीं। अप्रैल के अन्त और मई के शुरू के दिनों तक पाकिस्तानियों ने हमला किया, लेकिन वे हमें वहाँ से नहीं हटा सके।

ऑपरेशन मेघदूत का नाम चौथी शताब्दी के महान नाटककार कालिदास के नाटक के नाम पर रखा गया था। हमारी सेना ने शानदार प्रदर्शन किया, हालाँकि इसके लिए उन्हें देश में जो वाहवाही मिलनी चाहिए थी, वह नहीं मिली, क्योंकि इस कार्रवाई को गुप्त रखा गया था। इस ऑपरेशन ने दिखा दिया कि यदि राजनीतिक इच्छाशक्ति हो तो हमारी सेना असम्भव काम को भी सम्भव करने की क्षमता रखती है।

चूँकि सियाचिन को राष्ट्रीय मुद्दे की तरह लिया जा रहा था, इसलिए उसे लेकर सारे जरूरी कदम उठाये जाने लगे। हमारी सबसे पहली जरूरत बर्फ पर चलने वाले वाहनों की थी। कर्नल एपीएस चौहान, जो बाद में मेजर जनरल के पद से रिटायर हुए, एमओ 4 के प्रमुख थे। इंजीनियरिंग अफसर चौहान हाई अल्टीट्यूड वारफेयर स्कूल में इंस्ट्रक्टर रह चुके थे। उन्होंने बाजार में उपलब्ध सभी जरूरी उपकरणों का फटाफट विश्लेषण किया। अन्त में उन्हें ऑस्ट्रियन ओवर-स्नो वेहिकल (ओएसवी) पसन्द आया, जिसे बिना देरी किये मँगवा लिया गया।

लेकिन हमारे सामने अगली समस्या यह थी कि ओएसवी को ग्लेशियर तक कैसे पहुँचाया जाये। इसके लिए तीन टन वाहन की चौड़ाई बढ़ाने के लिए उसमें पटरे लगाये गये और दुनिया की सबसे मुश्किल जगह पर उसे पहुँचा दिया गया। यह किसी चमत्कार से कम नहीं था। इस असम्भव-से लगने वाले काम ने फिर उस पुरानी कहावत को सही साबित कर दिया कि जहाँ चाह, वहाँ राह। मुझे यहाँ काम करते हुए ऐसा लग रहा था जैसे मैं फिर से एनडीए में आ गया था, क्योंकि

यहाँ शायद ही कभी मुझे बैठने का मौका मिल पाता था। सियाचिन ऑपरेशन को पूरी तरह गुप्त रखा गया था और हर रिपोर्ट 'अति गोपनीय' के रूप में आती थी। जीएसओ2 के तौर पर मुझे ही वे सूचनाएँ प्राप्त करनी होती थीं। हमारे पास जो भी जानकारियाँ आती थीं, उनसे हम अपना डेटा बेस तैयार कर रहे थे। इन सूचनाओं में आकाश से ली गयी तस्वीरें भी होती थीं। कुल मिलाकर मेरे लिए वह बहुत व्यस्त और रोचक दौर था।

विसैन्यीकरण : एक भावनात्मक विचार

रिटायरमेंट के बाद आर्मी और कॉर्प्स कमांडर लेफ्टिनेंट जनरल छिब्बर और हूण ने सियाचिन पर अपने विचार व्यक्त करते हुए कुछ लेख लिखे। जाहिर है इस विषय पर वर्षों की चर्चाओं के बाद उनके विचार प्रभावित हुए होंगे।

हमने 1984 में सियाचिन में कदम क्यों रखा, इस सवाल का जवाब एकदम साफ था—सियाचिन हमारे देश का हिस्सा था और नक्शे में अमेरिकी दावे को बर्दाश्त नहीं किया जा सकता था। जहाँ तक श्रीमती गाँधी का सवाल था, उनके लिए यह बहस वहीं शुरू होकर वहीं खत्म हो जाती थी। 1983 में 15 कॉर्प्स कमांडर जनरल हूण ने पाकिस्तान से खतरे की सम्भावना का जायजा लिया था, जिसमें उस समय दुश्मन की ओर से खतरे को बढ़ा-चढ़ाकर पेश किया गया था। इस आकलन में खरदुंग ला और लेह पर खतरा जाहिर किया गया था।

अमेरिकी व्याख्या शिमला समझौते की मूल भावना के खिलाफ थी। उस समझौते में स्पष्ट कहा गया था कि सीमा को एनजे 9842 तक और फिर उत्तर से ग्लेशियरों तक चिह्नित किया गया था। हमारे रवैये को दो बातों ने प्रभावित किया था। एक तो यही कारण था कि हम अपने इलाके पर अपना दावा जताना चाहते थे और फिर सिर्फ गर्मी के महीनों में हम वहाँ मौजूद रहेंगे। दूसरा कारण यह था कि हम शिमला समझौते की मूल भावना के खिलाफ नहीं जाना चाहते थे, इसलिए दंसुम पर कब्जा नहीं करना चाहते थे। सभी तीनों दर्रे उत्तर में सिया ला, मध्य में बिलाफोंड ला और दक्षिण में ग्योंग ला दंसुम में आकर मिल जाते थे। दंसुम एक सपाट घाटी है, जिसकी ऊँचाई लेह के बराबर है और यह जगह हेलीकॉप्टरों से होने वाले संचालनों के लिए एकदम मुफीद है। यहाँ कब्जा करने से पाकिस्तान सालटोरो से पूरी तरह कट जाता। दंसुम में पाकिस्तान के 323 ब्रिगेड का मुख्यालय बनने वाला था। दंसुम पर कब्जे के विकल्प पर विचार किया गया लेकिन बाद में उसे खारिज कर दिया गया क्योंकि यह इलाका एनजे 9842 के पश्चिम में पड़ता था।

उस समय हमारी नीति सियाचिन के कारण पूरी तरह से पाकिस्तान पर केन्द्रित थी और कश्मीर पर हम अपना वैधानिक व नैतिक दावा बनाये रखने के लिए प्रतिबद्ध थे। प्रधानमन्त्री इन्दिरा गाँधी में फैसला लेने की अच्छी क्षमता थी। वे

कुछेक सवाल पूछतीं और फिर समस्या को गहराई से समझ जाती थीं। आगे चलकर सियाचिन को लेकर कई घटनाएँ हुईं, जिनमें 8 जेएके एलआइ द्वारा 22,000 फीट की ऊँचाई पर क़ैद चौकी पर कब्जा करना भी शामिल था। यह एक शानदार कार्रवाई थी, जिसके लिए नायब सूबेदार बाना सिंह को परमवीर चक्र से सम्मानित किया गया और उस चौकी का नाम बदलकर बाना टॉप रख दिया गया। पाकिस्तान कुछ भी दावा करे लेकिन सियाचिन ग्लेशियर पर उसका कोई प्रभाव नहीं है। उसकी उपस्थिति सालतोरो रिज के पश्चिमी ढलानों से काफी नीचे है। पाकिस्तान के साथ बाद में होने वाली कई बातचीत में हमने उन्हें बताया कि रियासत के समय में भी सालतोरो एक विभाजन रेखा थी, जो बालतिस्तान को लद्दाख से अलग करती थी। श्योक और नुब्रा नदियाँ हमेशा से लद्दाख के इलाके में मानी जाती रही हैं और पाकिस्तानी आज जहाँ मौजूद हैं, उस जगह को हमेशा ही बालतिस्तान समझा जाता था।

सियाचिन की ही बात नहीं है, जम्मू-कश्मीर के व्यापक सन्दर्भ में देखें तो पाकिस्तान का कभी भी पूरी तरह से दावा नहीं रहा था। हम इस बात को जितना जल्दी समझ जायें उतना ही अच्छा है। 2007 में एक अमेरिकी एजेंसी की देखरेख में भारत और पाकिस्तान के दो ब्रिगेडियरों—दोनों देशों से एक-एक—ने एक योजना पर काम किया, जिसमें सियाचिन ग्लेशियर में विसैन्यीकरण पर जोर दिया गया था।

पाकिस्तान ने 1963 में चीन को शक्सगाम घाटी सौंप दी थी। दोनों देशों के बीच हुए उस समझौते में साफ कहा गया कि जम्मू-कश्मीर का मसला हल होने के बाद इस समझौते की समीक्षा की जायेगी। यह एक प्रकार से इस बात की स्वीकृति थी कि 1963 में चीन ने उस इलाके को विवादित क्षेत्र मान लिया था और पाकिस्तान को शक्सगाम घाटी सौंपने का कोई हक नहीं था।

फिर आता है अक्साई चिन का मामला। यह इलाका चीन की सीमा से लगे कराकोरम दर्रे के पूर्व में स्थित है। केके दर्रा डीबीओ से थोड़ा-सा ऊपर है, जो सिंकियांग और जम्मू-कश्मीर को विभाजित करता है। यह पुराना दर्रा था जो इन दोनों देशों को जोड़ता था। डीबीओ वह जगह थी, जहाँ उधर से गुजरने वाले कारवाँ रुका करते थे—दौलत बेग की मौत वहीं हुई थी। इस समय डीबीओ में लद्दाख स्काउट और आइटीबीपी के जवान मौजूद हैं।

व्यापक सन्दर्भों में सोचें तो सियाचिन को खुला छोड़ देने से हमारे ऊपर गम्भीर असर पड़ेगा। इससे पाकिस्तान और चीन को वहाँ किसी भी तरह की गतिविधि के लिए पूरी आजादी मिल जायेगी और तब हम उसका विरोध करने की हालत में नहीं होंगे। यहाँ तक कि हमें यह भी नहीं पता चल पाएगा कि वहाँ क्या हो रहा है, जैसा कि करगिल में हुआ था। और एक बार वे इस इलाके में आ गये तो पूरी नुब्रा घाटी पर खतरा आ जायेगा, क्योंकि दुश्मन तुरतोक तक आ सकते हैं और फिर वहाँ से सीधे ग्लेशियर तक पहुँच जायेंगे। इसके साथ ही सियाचिन से पूर्व की

ओर रीमो ग्लेशियरों से होकर कई रास्ते उपलब्ध हैं जो कराकोरम दर्रे तक जाते हैं। कल अगर चीन और पाकिस्तान के हित मेल खाते हों तो उन्हें लद्दाख में घुसने से रोकना बहुत कठिन हो जायेगा।

आज सियाचिन में स्थिति पूरी तरह स्थिर है और जम्मू-कश्मीर में युद्धविराम होने से सब कुछ सामान्य है। हमारे सैनिक संसाधनों में बहुत तरक्की हो चुकी है। अपने सैनिकों के लिए हमारे पास पर्याप्त जरूरी सामग्री मौजूद है। सड़कें बहुत अच्छी हो गयी हैं और हमारी टुकड़ियाँ बहुत अच्छी दशा में हैं। पिछले 25 साल की तमाम जरूरी सूचनाओं का भी हमें पूरा फायदा मिल रहा है।

विसैन्यीकरण के पक्ष में बोलने वाले मानवता का भी मुद्दा उठाते हैं। उनका कहना है कि सियाचिन जैसे जानलेवा इलाके में सैनिकों को भेजना बिल्कुल अमानवीय है। यहाँ हमें यह भी याद रखना चाहिए कि सियाचिन अकेली ऐसी खतरनाक जगह नहीं है, हमारी सेनाएँ तुरतुक, चोरबाटला, बाटालिक, द्रास और अन्य जगहों पर भी तैनात हैं, जहाँ उन्हें इसी तरह की समस्याओं का सामना करना पड़ा है, खासकर जाड़ों में। उधर पूर्वी मोर्चे पर उत्तरी सिक्किम का पठार बुम ला भी जानलेवा जगह है। यानी सियाचिन जैसे हालात कई मोर्चों पर मौजूद हैं, हमें अपने देश की सीमाओं की रक्षा तो करनी ही है। देश की रक्षा के लिए हमें इस तरह के भावुक विचारों को दरकिनार करना होगा। पाकिस्तान के साथ भरोसा कायम करने के प्रयास (सीबीएम) तो करते रहने चाहिए, लेकिन देश की सुरक्षा की कीमत पर बिल्कुल नहीं।

पहली बड़ी भूल

मई 1984 के अन्त तक पंजाब में स्थिति बहुत तनावपूर्ण हो चुकी थी, क्योंकि खालिस्तान आन्दोलन अपने चरम पर था। पाकिस्तान इस स्थिति का पूरा फायदा उठाते हुए अलगाववादियों के इस आन्दोलन को हवा दे रहा था। खालिस्तान के समर्थक भारत के पंजाब में एक अलग सिख देश बनाना चाहते थे।

सन् 1947 में अकाली दल के नेतृत्व में पंजाबी सूबा आन्दोलन में भाषा के आधार पर अलग पंजाबी राज्य की माँग की गयी थी। लेकिन राज्य पुनर्गठन आयोग का मानना था कि हिन्दी और पंजाबी भाषा में ज्यादा अन्तर नहीं है, इसलिए वह माँग ठुकरा दी गयी। यह मुद्दा आगे भी बना रहा और 1955 में पंजाबी भाषा को मान्यता दिये जाने की माँग सड़कों पर दिखाई देने लगी। पुलिस को स्थिति पर नियन्त्रण करने का आदेश दिया गया और कई अकाली नेताओं को गिरफ्तार कर लिया गया, जिनमें मास्टर तारा सिंह, गुरचरण सिंह तोहड़ा, अकाल तख्त के जत्थेदार अच्छर सिंह भी शामिल थे। पुलिस जब आन्दोलनकारियों की ओर बढ़ी तो भीड़ ने खुद को बचाने के लिए सिखों के सबसे पवित्र पूजा स्थल स्वर्ण मन्दिर में शरण ले ली।

मूल गुरुद्वारे का निर्माण 1574 में किया गया था। उसके समीप ही एक छोटी-सी

झील थी। कुछ समय बाद तीसरे सिख गुरु अमर दास से मिलने के लिए मुगल बादशाह अकबर वहाँ आये। उन्होंने गुरु की बेटी को भाई जेथा के साथ शादी के मौके पर एक जागीर उपहार में दी। भाई जेथा बाद में चौथे सिख गुरु बने और गुरु रामदास कहलाये। उस समय झील बड़ी हो गयी थी। इसके बाद पाँचवें गुरु, गुरु अर्जन ने गुरुद्वारे का पूर्ण रूप से निर्माण कराया। यह निर्माण 1588 में शुरू हुआ और 1604 में बनकर तैयार हो गया। इसमें स्थित हरमन्दिर साहिब को कुछ इस तरह डिज़ाइन किया गया था, जिससे विश्व के बारे में सिखों के नजरिये का पता चलता था। आम तौर पर पूजा स्थलों को ऊँची जगह पर बनाया जाता है, लेकिन यह गुरुद्वारा निचली धरातल पर बनाया गया था ताकि इसमें प्रवेश के समय श्रद्धालुओं को नीचे झुकना पड़े। यह सभी चारों दिशाओं से सभी लोगों के लिए खुला था। इसके बाद गुरु अर्जन ने यहाँ गुरु ग्रन्थ साहिब को स्थापित किया और बाबा बुद्धा को इसका पहला वाचक, यानी ग्रन्थी नियुक्त किया। 1764 में जस्सा सिंह अहलूवालिया और दूसरे सिख मिस्लों ने आपस में मिलकर गुरुद्वारे का पुनर्निर्माण कराया। 19वीं शताब्दी के शुरू में महाराजा रंजीत सिंह ने हरमन्दिर साहिब की ऊपरी मंजिल को सोने से ढकवाया।

1965 में भारत-पाकिस्तान युद्ध के बाद पंजाब का विभाजन करके दो नये राज्य हिमाचल प्रदेश और हरियाणा का गठन किया गया। उसी समय पंजाबी को पंजाब की राजकीय भाषा के रूप में मान्यता दे दी गयी।

पंजाब में धर्म और राजनीति के बीच विभाजन रेखा हमेशा ही ढुलमुल रही है। 1971 में न्यूयार्क टाइम्स में पहली बार एक विज्ञापन छपा, जिसमें खालिस्तान के निर्माण की घोषणा की गयी थी। इसके नाम पर अगले कुछ वर्षों में लाखों डॉलर जमा किये गये और फिर 1980 में इस आन्दोलन के मुखिया जगजीत सिंह चौहान को प्रधानमन्त्री इन्दिरा गाँधी से मुलाकात करने की इजाजत दे दी गयी। इसके कुछ ही समय बाद चौहान ने आनन्दपुर साहिब में नेशनल कौंसिल ऑफ खालिस्तान के गठन की घोषणा कर दी और खुद को उसका प्रेसीडेंट और बलबीर सिंह सन्धू को महासचिव घोषित कर दिया। अमृतसर में खालिस्तान की घोषणा वाले डाक टिकट और करेंसी नोट जारी कर दिये गये। भारत सरकार चिन्तित होकर यह सब देखती रही। हरचन्द सिंह लोंगोवाल के नेतृत्व में अकाली दल ने कांग्रेस पर मिलीभगत का आरोप लगाते हुए सत्ताधारी पार्टी के खिलाफ पूरे जोर-शोर से आन्दोलन चलाया।

पाकिस्तान का खुला समर्थन पाकर खालिस्तान के कुछ समर्थक उग्रवाद की राह पर चल पड़े। उनमें जरनैल सिंह भिंडरांवाले का नाम सबसे ऊपर था। सरकार के खिलाफ आग उगलने के कारण उसके समर्थकों की संख्या बढ़ती जा रही थी। सन् 1982 में लोंगोवाल ने भिंडरांवाले और उसके अनुयायियों को स्वर्ण मन्दिर में रहने के लिए आमन्त्रित किया। लोंगोवाल उम्मीद कर रहे थे कि भिंडरांवाले जैसे जोशीले

नेता का इस्तेमाल वे सरकार के खिलाफ एक हथियार के रूप में करेंगे। भिंडरांवाले भारी हथियारों से लैस अपने समर्थकों को लेकर स्वर्ण मन्दिर के भीतर गुरुनानक निवास में घुस गया। उसके बाद स्थिति और बिगड़ती चली गयी। दिसम्बर 1983 में भिंडरांवाले ने मुख्य ग्रन्थी ज्ञानी कृपाल सिंह के विरोध के बावजूद सबसे पवित्र माने जाने वाले अकाल तख्त पर कब्जा जमा लिया। मन्दिर में स्वचालित राइफलें और लाइट मशीनगनें पहुँचायी जाती रहीं, लेकिन पंजाब पुलिस और सरकार मूक दर्शक बनकर सब कुछ देखती रही। भिंडरांवाले को मन्दिर में पूरी किलेबन्दी करने का मौका मिल गया।

एमओ निदेशालय पंजाब में बिगड़ते हालात पर करीब से नजर बनाये हुए था। वहाँ तमाम सम्भावित स्थितियों की चर्चा की जा रही थी, जिसमें पाकिस्तान की ओर से सक्रिय भूमिका निभाने की सम्भावना पर भी विचार किया गया था। हर तरह की गुप्तचर सूचनाएँ मिल रही थीं। आखिरकार प्रधानमन्त्री इन्दिरा गाँधी ने सेना की मदद लेने का फैसला किया। उन्होंने अपने निवास पर एक बैठक बुलायी, जिसमें सीओएएस जनरल अरुण श्रीधर वैद्य और डीजीएमओ ने हिस्सा लिया। उस बैठक में पश्चिमी आर्मी कमांडर लेफ्टिनेंट जनरल कृष्णास्वामी सुन्दरजी भी शामिल थे। वे चाँदमन्दिर से सीधे वहाँ पहुँचे थे। बैठक के बाद कुछ उदास दिख रहे जनरल सोमन्ना एमओ निदेशालय में आये। प्रधानमन्त्री के साथ बैठक की जानकारी तुरन्त कमांड की पूरी कड़ी तक पहुँच गयी। बैठक में इन्दिरा गाँधी ने स्वर्ण मन्दिर की स्थिति पर चर्चा की थी। उन्होंने पश्चिमी आर्मी कमांडर की ओर मुखातिब होकर पूछा कि स्वर्ण मन्दिर के भीतर भिंडरांवाले और उसके उग्रवादी साथियों को क्या निकाला जा सकता था। जनरल सुन्दरजी ने हाँ में जवाब दिया। उन्होंने कहा कि अगर स्वर्ण मन्दिर को मुक्त कराने की जरूरत पड़ी तो इस काम में जरा भी देरी नहीं होगी। अगर मौके की माँग हुई तो सेना का इस्तेमाल किया जा सकता था। इसमें कोई समस्या नहीं होगी। सुन्दरजी के इस रुख से सीओएएस बड़ी असमंजस की स्थिति में पड़ गये। जनरल वैद्य चाहते थे एमओ निदेशालय के सुझाव पर अमल करते हुए 'देखो और इन्तजार करो' की नीति अपनायी जाये। वे (जनरल वैद्य) अभी बात समझा ही रहे थे कि इन्दिरा गाँधी ने उन्हें बीच में रोक दिया और पूछा कि आखिर वे क्यों हिचक रहे हैं, जब खुद आर्मी कमांडर का कहना है कि सैनिक कार्रवाई में किसी तरह की समस्या नहीं होगी।

जनरल सुन्दरजी हमेशा ही जल्दबाजी करने वाले व्यक्ति नजर आते थे। 1971 में श्रीमती गाँधी के सामने ऐसी ही स्थिति आयी थी, जब साल के शुरू में ही वे सेना को पूर्वी पाकिस्तान में भेज देना चाहती थीं। तब सेना प्रमुख जनरल सैम मानेकशॉ ने कड़ाई से अपने रुख पर कायम रहते हुए सलाह दी थी कि हमें अभी इन्तजार करना चाहिए और अपनी स्थिति मजबूत कर लेनी चाहिए, उसके बाद सही

समय पर युद्ध में उतरना चाहिए। मजबूर होकर इन्दिरा गाँधी ने उनकी बात मान ली थी। इस बार आर्मी कमांडर काफी भरोसे के साथ सैनिक कार्रवाई की सलाह दे रहे थे। इसलिए प्रधानमन्त्री ने स्वर्ण मन्दिर में सेना भेजने का फैसला ले लिया।

इसके बाद जो हुआ, वह देश के इतिहास में एक काला अध्याय है।

इसमें दो मूलभूत बिन्दुओं की अनदेखी की गयी थी, जो मेरे दिमाग में गहराई से बैठ गये हैं। ऐसा दूसरी बार हो रहा था जब आजाद भारत में प्रधानमन्त्री ने सेना प्रमुख की सलाह न मानकर उसके मातहत अधिकारी की सलाह पर अमल किया था। 1962 में इन्दिरा गाँधी के पिता, प्रधानमन्त्री जवाहर लाल नेहरू ने भी यही काम किया था। वे लेफ्टिनेंट जनरल बृज मोहन कौल की सूचनाओं पर भरोसा कर रहे थे। कौल उस समय चीफ ऑफ जनरल स्टाफ थे, जबकि सेना प्रमुख की सलाह एमओ निदेशालय की सूचनाओं पर आधारित थी, न कि उनकी अपनी राय पर। देखा जाये तो उस बैठक में जनरल सुन्दरजी का उपस्थित होना ही एक बड़ी गलती थी।

दूसरा बिन्दु इससे भी ज्यादा बुनियादी था—सेना का इस्तेमाल अपने ही लोगों के खिलाफ एक हथियार के तौर पर किया जा रहा था, जो एक दर्दनाक विषय है, चाहे वह पूर्वोत्तर, जम्मू-कश्मीर, पंजाब या देश के किसी भी हिस्से में हो। हालाँकि इस विषय पर बहस हो सकती है। स्वर्ण मन्दिर में सेना भेजना अपने ही सीने में खंजर भोंकने जैसा ही था। इस फैसले से इन्दिरा गाँधी ने ऐसी स्थिति पैदा कर दी थी, जिसमें सैनिक कार्रवाई के मामले में सेना मुख्यालय की भूमिका दूसरे दर्जे की हो गयी थी और पश्चिमी कमान की भूमिका प्रधान हो गयी थी। आर्मी कमांडर के बहादुरी भरे फैसले पर अमल शुरू हो जाने के बाद कमांड एचक्यू के हाथ-पैर फूलने लगे, क्योंकि स्वर्ण मन्दिर परिसर के नक्शे के बारे में उसके पास कोई भी जानकारी नहीं थी। हैरानी की बात है कि उसके पास मन्दिर का टूरिस्ट नक्शा तक नहीं था। एमजीजीएस वेस्टर्न कमांड ने एमओ निदेशालय को फोन करके स्वर्ण मन्दिर परिसर की फोटो माँगी। हमने उन्हें बताया कि हमारे पास ऐसी कोई तस्वीर नहीं थी। फिर उन्होंने दोबारा फोन करके आसमान से ली गयी उसकी तस्वीर माँगी। उनका यह अनुरोध तुरन्त एयर एचक्यू को भेज दिया गया, जिसके बाद जगुआर विमान से स्वर्ण मन्दिर की तस्वीर ली गयी।

वेस्टर्न कमांड ने ऑपरेशन की योजना तैयार की। लेफ्टिनेंट जनरल रंजीत सिंह दयाल चीफ ऑफ स्टाफ थे। वे बहुत अच्छे स्पोर्ट्समैन और पैराट्रुपर थे। 1965 की लड़ाई में मेजर के पद पर रहते हुए उन्होंने रात के समय हाजीपीर दर्रे पर कब्जा कर लिया था, जिससे पुंछ को कश्मीर घाटी से अलग कर दिया गया था। उनके इस शानदार काम के लिए उन्हें महावीर चक्र से सम्मानित किया गया था। एक सिख अफसर होते हुए भी उन्हें अमृतसर में लोगों पर नियन्त्रण करने की महत्त्वपूर्ण जिम्मेदारी सौंपी गयी थी।

आर्मी कमांडर लगातार चौंकाने वाले फैसले लिए जा रहे थे। अमृतसर में स्थित 15वीं डिवीजन को मन्दिर परिसर के बारे में कुछ जानकारियाँ थीं और उसकी कमान मेजर जनरल जामवाल के पास थी, लेकिन उसकी जगह यह काम मेरठ में स्थित 9वीं डिवीजन को दे दिया गया और जल्दी से एक ब्रिगेड शहर में बुला ली गयी। मेजर जनरल कुलदीप सिंह 'बुलबुल' बराड़, जो दून स्कूल में पढ़े सिख अफसर थे, को मन्दिर पर हमले का नेतृत्व सँभालने की जिम्मेदारी सौंपी गयी। मराठा लाइट रेजीमेंट में भर्ती हुए बराड़ ने बांग्लादेश की लड़ाई में अपनी बटालियन की कमान सँभाली थी और जमालपुर के मोर्चे पर लड़ने के लिए वीर चक्र से सम्मानित किये गये थे। वहाँ उनकी बटालियन का सामना उसी 31 बलूच से हुआ था, जिसने अगस्त 1971 में *मुक्ति बाहिनी* के हमले को नाकाम कर दिया था।

क्या ऑपरेशन ब्लू स्टार को अलग तरह से संचालित किया जा सकता था।

इतिहास में इस सवाल पर 'अगर', 'मगर' हो सकता है, लेकिन सेना मुख्यालय में हमारे मुताबिक पश्चिमी आर्मी कमांडर यह मानकर चल रहे थे कि स्वर्ण मन्दिर में बैठे उग्रवादी सेना को घेराबन्दी करते देखकर हथियार डाल देंगे। हमें मन्दिर के अन्दर पूरी मोर्चेबन्दी की खुफिया सूचना मिल चुकी थी। मेजर जनरल शाबेग सिंह की देखरेख में उग्रवादियों ने सुरक्षा का पुख्ता इन्तजाम कर रखा था और अकाल तख्त व आसपास की इमारतों को पूरी तरह सील कर दिया गया था। बचाव के सभी हथियार जमीन से कुछ ही इंच ऊपर तैनात किये गये थे। इसका मतलब यह था कि हमला करने वाले जैसे ही आगे बढ़ते उन्हें आसानी से निशाना बनाया जा सकता था। हम उनकी तरफ अगर रेंगकर भी आगे बढ़ते तो हमारे सिरों को गोलियों से छलनी कर दिया जाता। साफ कहें तो जनरल सुन्दरजी बड़ी विकट स्थिति में फँस चुके थे। एक तरफ तो उन्होंने प्रधानमन्त्री से कह रखा था कि वे मन्दिर को आसानी से मुक्त करा लेंगे, दूसरी तरफ हमले के लिए तैयार यूनिट के पास मन्दिर के बारे में कोई भी बुनियादी खुफिया जानकारी नहीं थी।

हमले से कुछ समय पहले 'बुलबुल' बराड़ ने नागरिक कपड़ों में मन्दिर के अन्दर घूमकर स्थिति का जायजा लेने का फैसला किया। शाबेग सिंह ने उन्हें तुरन्त पहचान लिया, लेकिन किसी भी उग्रवादी ने उन पर हमला नहीं किया। वहाँ का मुआयना करने के बाद बराड़ को समझ में आ गया कि यह ऑपरेशन आसान नहीं होगा, लेकिन अब तक बहुत देर हो चुकी थी। इस ऑपरेशन में एक बड़ी समस्या यह भी थी कि हरमन्दिर साहिब (जिसके अन्दर गुरु ग्रन्थ साहिब है) को हर कीमत पर नुकसान होने से बचाना था। जवानों को आदेश दिया गया था कि उकसाने वाली कार्रवाई होने के बावजूद कोई भी उस दिशा में गोली नहीं चलाएगा। खून-खराबा से बचने की अब एक ही उम्मीद थी कि अन्दर बैठे उग्रवादी आत्मसमर्पण कर दें।

इसके बाद 5 जून की रात सेना मुख्यालय में हर जगह तनाव दिख रहा था।

दो भारी गलतियाँ इस जटिल स्थिति को और ज्यादा बिगाड़ सकती थीं। पहला, गुरु अर्जन की शहादत की वर्षगाँठ थी, जिससे हमले से पहले वाले दिन मन्दिर में श्रद्धालुओं की भारी भीड़ जमा हो गयी थी और उग्रवादियों ने ज्यादातर श्रद्धालुओं को कमरों में बन्द कर दिया था और उन्हें मन्दिर से बाहर निकलने पर रोक लगा दी गयी थी। एक तरह से उन्हें बन्धक बना लिया गया था। दूसरा, उस समय चाँदनी रात थी और संगमरमर से बने परिक्रमा स्थल के कारण चन्द्रमा की रोशनी में सब कुछ साफ नजर आ रहा था।

सुन्दरजी की योजना मुसीबतों से घिर गयी थी। हमले की योजना में किसी इमारत पर हमला करने की बुनियादी बातों की भी अनदेखी की गयी थी। 1 पैरा कमांडो को पश्चिमी दरवाजे से हमला करना था, लेकिन तभी स्पेशल फोर्सेज की एक टीम गैस के कनस्तरों के साथ वहाँ आयी। उसने बताया कि 'मैडम' ने उग्रवादियों को बाहर निकालने के लिए गैस का इस्तेमाल करने का आदेश दिया है। इसके बाद तुरन्त एएन-32 से गैस मास्क मँगाये गये, ताकि हमारे कमांडो गैस के प्रभाव से बचने के लिए उन्हें पहन लें। गैस के ये कनस्तर ग्वालियर के पास टेकनपुर में बीएसएफ के ट्रेनिंग सेंटर से मँगाये गये थे। उन पर चेतावनी भरा सन्देश लिखा हुआ था कि '1978 के बाद इस्तेमाल न करें।'

हमारे जवानों के लिए यह हमला बहुत साहसपूर्ण था। यह एक तरह से आत्मघाती हमला साबित होने जा रहा था, खासकर जब उन्हें रॉकेट लांचरों के इस्तेमाल और हरमन्दिर साहिब की दिशा में गोलीबारी करने की मनाही थी। जैसी कि उम्मीद थी, गैस के कनस्तर फटे ही नहीं और एलएमजी फायर का मतलब अपने दर्जनों जवानों से हाथ धोना था। उत्तर की ओर अकाल तख्त और दक्षिणी ड्योढ़ी तक पहुँचना लगभग असम्भव था। एसएफएफ और पैरा कमांडो आगे बढ़ने में असमर्थ थे, इसलिए 10 गार्ड्स के जवानों को पूरबी दरवाजे से अन्दर भेजा गया।

उस रात भारतीय सेना के 83 लोग मारे गये और 220 घायल हुए, जो हर मापदंड से बहुत बड़ी क्षति थी। इसके अलावा दुख की बात यह भी थी कि बहुत बड़ी संख्या में बन्धक बनाये गये श्रद्धालु, जिनमें औरतें व बच्चे भी शामिल थे, मारे गये। उग्रवादियों की ओर से कड़ा मुकाबला होने से, 'बुलबुल' बराड़ को आखिरकार टैंक और बीएमपी मँगाने पड़े, जबकि शुरू में आरएल जैसे बुनियादी हथियारों का भी इस्तेमाल नहीं करने दिया जा रहा था। टैंकों की मदद लेने के बाद अकाल तख्त से उग्रवादियों का सफाया हो गया।

उस समय एमओ निदेशालय में मेजर के पद पर होने से मेरी भूमिका बहुत सीमित थी, लेकिन ऑपरेशन ब्लू स्टार से जो सबक मिले, वे मेरे ज़हन में घर कर गये। धीरे-धीरे तरक्की होने के साथ ये सबक और भी पुख्ता होते गये। सबसे बड़ा सबक तो यही था कि कमांड की कड़ी की अनदेखी कभी नहीं करनी चाहिए।

समस्या की जड़ वहीं से शुरू हो गयी थी जब प्रधानमन्त्री ने सैनिक कार्रवाई के लिए पश्चिमी आर्मी कमांडर को बैठक में बुलाया था। उसी गलती के चलते बाद में प्रधानमन्त्री को खुद अपनी जान गँवानी पड़ी। इस पूरे मामले में सेना मुख्यालय की भूमिका महज एक मूक दर्शक की हो गयी थी। मैंने महसूस किया कि हमें कुछ गलत होता हुआ देखकर चुप नहीं बैठना चाहिए था, बल्कि उसे स्पष्टता के साथ बताना चाहिए था। इस ऑपरेशन में सेना और आम लोगों की जितनी मौतें हुईं वे किसी भी तरह से सही नहीं ठहरायी जा सकतीं। अन्त में यह भी कहना चाहूँगा कि सेना द्वारा टैंकों के इस्तेमाल से नकारात्मक असर पड़ा। पश्चिमी कमान ने अगर योजनाबद्ध तरीके से इस ऑपरेशन को अंजाम दिया होता तो जान-माल का इतना नुकसान न हुआ होता।

x x x

ऑपरेशन ब्लू स्टार का ही नतीजा था कि प्रधानमन्त्री इन्दिरा गाँधी की हत्या हो गयी। उनकी सुरक्षा में लगे दो सिख जवानों ने 31 अक्टूबर 1984 को उनके ही निवास पर उन्हें गोलियों से छलनी कर दिया। गोलियाँ लगने के बाद तुरन्त ही उन्हें जब ऑल इंडिया इंस्टीट्यूट ऑफ मेडिकल साइंसेज (एम्स) ले जाया गया तो एमओ ने पूरी स्थिति पर नजर रखना शुरू कर दिया था। शाम को बीबीसी और ऑल इंडिया रेडियो ने प्रधानमन्त्री के मरने की खबर सुना दी। इस पर दिल्ली भर में दंगे शुरू हो गये और सिखों को निशाना बनाया जाने लगा। उन्हें बड़ी निर्ममता से मारा जाने लगा। निश्चित ही वह समय हमारे इतिहास के सबसे काले दौर में से एक था।

मेरी राय में उस समय नीति का पूरी तरह अभाव था। सेना को तुरन्त बुलाना चाहिए था, लेकिन ऐसा नहीं किया गया और 48 घंटों तक सड़कों पर हर तरफ अराजकता का आलम था। उस पूरी रात हमारे ब्लैक ऐंड व्हाइट टीवी सेटों पर दूरदर्शन की ओर से सिर्फ श्रद्धांजलि के दृश्य दिखाये जाते रहे और मातमी संगीत सुनाया जाता रहा। अगले दिन सुबह मैं तिहाड़ जेल के पास अपने घर से सेना मुख्यालय के लिए निकला। आसमान में हर तरफ धुएँ के बड़े-बड़े गुबार दिख रहे थे, क्योंकि लोगों को घरों से खींचकर वाहनों के साथ जिन्दा जला दिया गया था। दिल्ली पुलिस ने शहर को मानो राजनेताओं के इशारों पर चलने वाले असामाजिक तत्त्वों के हाथों में खुला छोड़ रखा था। वे पूरी आजादी से लूटमार मचाये हुए थे।

बाद में मेरठ और अलवर से सेना की टुकड़ियाँ बुलायी गयीं। लेकिन तब तक काफी देर हो चुकी थी। दुख की बात थी कि ट्रेनों में सफर कर रहे सेना के सिख जवानों और अफसरों को भी नहीं बख्शा गया। विभाजन के दिनों में जिस तरह के दंगों के बारे में सुना और पढ़ा था, वैसा ही दृश्य दिखाई दे रहा था। सिख विरोधी दंगों ने देश के अन्तर्मन पर गहरा असर छोड़ा। वैसी दुखद स्थिति फिर कभी नहीं

पैदा होनी चाहिए। लेकिन इतिहास से सबक न लेते हुए कई बार वैसी स्थितियाँ बनती रही हैं।

एमओ निदेशालय की तात्कालिक चिन्ता यह थी कि सेना के जवानों और अफसरों की सुरक्षा सुनिश्चित की जाये, क्योंकि कई जगहों पर बगावत की वारदातें हो चुकी थीं। सबसे बड़ी घटना वह थी, जिसमें बिहार के रामगढ़ में सिख रेजीमेंटल सेंटर में कमांडेंट ब्रिगेडियर एससी पुरी और कुछ अफसरों को गोली का निशाना बनाया गया था। खुशकिस्मती से सेना के भीतर स्थिति कमोबेश नियन्त्रण में थी। उस समय राजनीतिक नेतृत्व के स्तर पर काफी कमजोरियाँ नजर आयीं। सरकार की ओर से कोई आदेश न मिलने के कारण सेना खामोश बैठी रही, जबकि वह स्थिति से निपटने के लिए बिल्कुल तैयार थी।

सेना में भावनाएँ अपने चरम पर थीं, लेकिन सिख सैनिकों वाली यूनिटों को पूरी तरह नियन्त्रण में रखा गया था। इसका पूरा श्रेय कमांडिंग अफसरों को जाता है, जिन्होंने बड़ी सूझबूझ से काम लिया, क्योंकि धार्मिक मामलों पर कभी भी गुस्सा भड़कने की सम्भावना रहती है। ऑपरेशन ब्लू स्टार के बाद से ही कुछ अनिष्ट होने की सम्भावना थी, और उससे निपटने के लिए तैयार बैठे थे, लेकिन जब समय आया तो हम बेबस बैठे रहे। सिख विरोधी दंगे बिल्कुल नहीं होने चाहिए थे। सन् 1984 का अन्त हुआ और पूरे देश ने राहत की साँस ली। साल के अन्त में हुए चुनावों में सहानुभूति की लहर पर सवार होकर कांग्रेस को भारी जीत हासिल हुई। उसे 542 सदस्यों वाली लोकसभा में अभूतपूर्व 411 सीटें मिलीं और सिर्फ 40 साल की उम्र में इन्दिरा गाँधी के पुत्र राजीव गाँधी देश के प्रधानमन्त्री बने। एक युवा प्रधानमन्त्री होने से उन्होंने देश में नयी उम्मीदें जगायीं और 'लाइसेंस राज' को खत्म करने जैसे नये विचार हमारे सामने रखे।

7

शान्ति सेना और संग्राम

जनरल के. की नासमझी : दूसरी बड़ी भूल

1986 बीतते-बीतते, भारत ने अगले साल में होने जा रहे अभ्यास ब्रासटैक्स की तैयारियाँ शुरू कर दी थीं। यह अब तक का सबसे बड़ा जंगी प्लान था, जिसमें हजारों जवानों और हथियारों को शामिल किया गया था और यह केवल सेना तक सीमित नहीं था। इसमें नकली जंग की स्थितियों में कई नये विचारों को परखा जाना था और यह किसी भी लिहाज से बहुत बड़ा अभ्यास था। चूँकि यह राजस्थान में पाकिस्तानी सीमा पर होने जा रहा था, इसलिए यह ध्यान रखना बेहद जरूरी था कि हमारी किसी हरकत से पाकिस्तानी सेना को कोई मूर्खतापूर्ण कदम उठाने का बहाना न मिल जाये। इसलिए, दोनों देशों के बीच आम नियम-कायदों को निभाते हुए पाकिस्तानी सेना के आला कमान को इस अभ्यास में होने वाली सैनिक गतिविधियों की इत्तिला कर दी गयी थी।

एमओ 3 में आम भागमभाग वाला दिन बिताने के बाद, मैंने अपना बैग तैयार किया और घर के लिए निकल लिया जहाँ भारती किसी सामाजिक समारोह में जाने के लिए बेसब्री से मेरा इन्तजार कर रही थी। मैं घर पहुँचा ही था कि फोन की घंटी बज उठी। मुझे वापस सेना मुख्यालय बुलाया गया था। अपनी नाराज पत्नी को छोड़ मैं स्कूटर पर साउथ ब्लॉक चल दिया।

अभी कुछ समय पहले जिस एमओ निदेशालय को मैं लगभग सूना छोड़कर आया था वहाँ अब हलचल थी। वहाँ सेना के गुप्तचर अधिकारी भी मौजूद थे, और वे हैरान-परेशान थे कि यह गहमागहमी किस वजह से थी। सब लोग आ गये तो कर्नल जिंजर बाल ने कहना शुरू किया—"हमसे कहा गया है कि हम सरहद पार हो रही किसी भी गतिविधि पर नजर रखें, चाहे वह ट्रेनिंग हो या कुछ और। हमारा काम है कि हमारे पास पाकिस्तानी टुकड़ियों की स्थिति के बारे में जो भी जानकारी है उसका आकलन करें और यह देखें कि उनके व्यवहार में कुछ असामान्य या कोई बदलाव तो नहीं है।" अगले चार-पाँच घंटे हमने तमाम जानकारी पर मशक्कत

की और इस नतीजे पर पहुँचे कि पश्चिमी मोर्चे पर सब कुछ शान्त था। इस तरह डीजीएमओ के लिए ब्रीफ तैयार कर दिया गया कि वे उसे सीओएएस को पहुँचा दें।

कुमाऊँ रेजीमेंट के लेफ्टिनेंट जनरल आरएन महाजन ने सोमन्ना की जगह ली थी। पर्सपेक्टिव प्लानिंग से आने वाले वे पहले डीजीएमओ थे। हमने जी ब्रीफ तैयार किया था उसे लेकर वही सीओएएस जनरल के. सुन्दरजी के पास गये जिन्होंने जनरल वैद्य के रिटायर होने के बाद यह सर्वोच्च पद हासिल किया था। टेक्नोलॉजी और आधुनिकीकरण की बात करने वाले सुन्दरजी के प्रधानमन्त्री और उन लोगों के साथ मधुर सम्बन्ध थे जो राजनीतिक निर्णय करते थे, और यह अत्यन्त प्रशंसा योग्य था।

महाजन ने ब्रीफ के बाद सुन्दरजी को यह साफ-साफ कह दिया कि पाकिस्तान की तरफ से किसी समस्या का कोई संकेत नहीं था। मगर सुन्दरजी को उससे सन्तोष नहीं हुआ। उन्होंने फिर भी यही कहा कि "उनकी 10 कोर को फिर से देखो। यह फौजियों को उत्तर की तरफ क्यों बढ़ा रहा है?" पाकिस्तान का यह जमाव मुर्री के आसपास था और अगर यह उत्तर की ओर बढ़ता तो इससे जम्मू-कश्मीर सीमा पर खास असर पड़ना था।

हमने हर जानकारी को हर कोण से दोबारा जाँचा। नतीजा फिर भी वही निकला। हमने हर तरह से देख लिया मगर पाकिस्तान की तरफ से हमें कुछ भी ऐसा नहीं दिखा जिस पर शक किया जा सकता। एक बार फिर इस आशय का ब्रीफ तैयार किया गया कि सब कुछ ठीक था। इसे भी सुन्दरजी को दिखाया गया, मगर वह इस बार भी सन्तुष्ट नहीं हुए। अभी पिछली रात तक सारा ध्यान अभ्यास ब्रासटैक्स पर था। अब यह जो हो रहा था उसमें कोई तुक नहीं था।

सेना प्रमुख का कहना था, "मान लो हरकत होती है। तब क्या होगा?"

यह सवाल काल्पनिक था और इसका कोई तर्कपूर्ण उत्तर नहीं हो सकता था। यह सच था कि ब्रासटैक्स के लिए सभी भारतीय टुकड़ियाँ अपनी नियत जगह में जा रही थीं और इससे पंजाब का सुरक्षा कवच हट-सा गया था। फिर भी, जब सेना प्रमुख ने अभ्यास का खाका बनाया था तो उस समय इस पहलू को भी ध्यान में रखा ही गया था।

ऐसा लग रहा था कि शायद वह अपने अनुमान पर दोबारा सोच रहे थे और परेशान हो रहे थे। उन्होंने सोच-विचार कर आखिर कहा, "हमारे सारे फौजी, हमारा सारा ध्यान राजस्थान क्षेत्र में है, और इस तरह पंजाब को हमने पाकिस्तानी घुसपैठ के लिए खुला छोड़ दिया है। वे 10 कोर को आगे बढ़ाकर खालिस्तान का ऐलान कर सकते हैं।" फिर उन्होंने हुक्म दिया कि "सेना मुख्यालय के एक रिजर्व को 10 कोर के क्षेत्र के सामने तैनात कर दो," जिससे डीजीएमओ और उस कमरे में मौजूद सभी लोग दंग रह गये।

इसके जो नतीजे हो सकते थे उसे भाँपकर मैं जिंजर बाल के दफ्तर में जा

पहुँचा। मैंने कहा, "सर, हमने दो दिन तक हर जानकारी को खँगाला है और हम आश्वस्त हैं कि पाकिस्तानी कोई गड़बड़ी नहीं कर रहे हैं। सिर्फ मैं ही नहीं, बल्कि हममें से जिससे भी इस मामले की जाँच को कहा गया वे सभी आश्वस्त हैं कि सरहद पर ऐसा कुछ भी नहीं हो रहा। लेकिन अगर हमने अपनी रिजर्व टुकड़ियों को आगे बढ़ाया तो उनके पास जवाबी कार्रवाई के अलावा कोई चारा नहीं होगा, फिर हम उसके जवाब में कार्रवाई करेंगे और इस तरह यह सिलसिला चल पड़ेगा और जल्दी ही सरहद पर हमारी लामबन्दी हो जायेगी।"

बाल ने मुझे उदासीनता से देखा और बोले, "हाँ, मगर तुमने चीफ की बात सुन ली है। आदेश आदेश होता है।"

"मैंने चीफ की बात सुनी है और मैं जानता हूँ वह क्या कह रहे हैं, मगर स्टाफ अफसर होने के नाते यह मेरा फर्ज बनता है कि मैं इस आदेश के खतरों के बारे में आगाह करूँ। मैं आपको एक नोट देने वाला हूँ, सर। आप चाहें तो इसे फाड़ दें या ऊपर भेज दें, यह आप पर है।"

मैंने लगभग यही बातें लिखकर तीन पेज की एक रिपोर्ट तुरन्त तैयार की और एमओ की संस्कृति के अनुसार बाल को सौंप दी। मुझे नहीं पता उस नोट का क्या हुआ। अगले दिन, मुझे बुलाकर कहा गया कि मैं सेना मुख्यालय की रिजर्व टुकड़ियों की रवानगी के लिए हिदायतें जारी करना शुरू करूँ। इस तरह अगले कुछ दिनों में आदेश तैयार किये गये और रिजर्व टुकड़ियों की लामबन्दी शुरू हो गयी। कैसे न कैसे ऑपरेशन ट्राइडेंट चालू हो गया था।

लगभग दस दिन बाद ही पाकिस्तान के डीजीएमओ ने हॉटलाइन पर भारत में अपने समकक्ष से बात की। पाकिस्तानी जनरल ने कहा कि भारत ने ब्रासटैक्स से सम्बन्धित सभी सैनिक गतिविधियों के बारे में तो पाकिस्तान को अवगत करा दिया था, मगर जो अन्य गतिविधियाँ हो रही थीं उनकी तो कोई जानकारी नहीं दी गयी थी। जनरल महाजन ने बस यही कहा कि उन्हें इसकी कोई जानकारी नहीं थी। पाकिस्तानी जनरल ने यह कहते हुए बात खत्म कर दी कि अगर भारत यह सोचता है कि ब्रासटैक्स से अलग कोई गतिविधि नहीं हो रही, तो ऐसा ही सही। कुछ दिन बाद हमारे पास यह जानकारी आने लगी कि पाकिस्तान ने जम्मू-कश्मीर में रक्षात्मक मोर्चा सँभाल लिया है। लेफ्टिनेंट जनरल अशोक हांडू तब उत्तरी सेना कमांडर थे और पाकिस्तानी गतिविधि के जवाब में उन्होंने अपनी आर्टिलरी गनों और कुछ यूनिटों को एलओसी (नियन्त्रण रेखा) की तरफ आगे बढ़ा दिया। जम्मू, अखनूर, राजौरी, पुंछ, उरी और उस तमाम क्षेत्र में हाई अलर्ट की स्थिति में, हमें पंजाब में पाकिस्तानी सेना की गतिविधि के बारे में और भी जानकारी मिली, जहाँ उनकी एआरएस (आर्मी रिजर्व साउथ)—मुल्तान में तैनात 37 इन्फैंट्री डिवीजन और फर्स्ट आर्मर्ड डिवीजन—ने एक ब्रिगेड को उत्तर की ओर सतलुज और रावी के बीच

के गलियारे में भेज दिया था। जल्दी ही यह साफ हो गया कि पाकिस्तान पेशावर और क्वेटा में स्थित क्रमशः 11 और 12 कोर से मदद लेकर एआरएन (आर्मी रिज़र्व नॉर्थ) में भी इजाफा कर रहा था। तब जनरल सुन्दरजी के लिए एक नोट तैयार किया गया और यह जानकारी उन तक पहुँचा दी गयी।

उन्होंने कहा, "देखा, मैंने तुम लोगों से कहा था, वे पंजाब में हरकत कर रहे हैं।" दुर्भाग्य से, हालत और भी बदतर होने वाली थी। "वे चालबाजी कर रहे हैं! यह ज़ीरो वार्निंग वाली स्थिति है।"

उन्होंने जानना चाहा कि हमारी रक्षात्मक टुकड़ियाँ कहाँ थीं ताकि उन्हें लामबन्द किया जा सके। डीजीएमओ को इल्म नहीं था कि उनको क्या कहना था। वे बोले, "वे ब्रासटैक्स के लिए राजस्थान में तैनात हैं, सर।"

अब सुन्दरजी ने अपने डीजीएमओ को घूरकर देखा और इस जानकारी को ऐसे लिया मानो ब्रासटैक्स के बारे में वे पहली बार सुन रहे हों। "उन्हें वापस हटाओ। फौरन।" नये आदेश के बाद अफरातफरी मच गयी, टुकड़ियाँ इधर से उधर हटती नजर आयीं। ऑपरेशन ट्राइडेंट की वजह से, ब्रासटैक्स का आकार आधा हो गया। मझे लगने लगा कि ऑपरेशन ब्लू स्टार के विनाशकारी परिणाम ब्रासटैक्स और ट्राइडेंट के इस नाटक के मुकाबले कुछ भी नहीं थे। स्थिति जल्दी ही इतनी विस्फोटक हो गयी कि दोनों में से किसी भी पक्ष का कोई गैर-जिम्मेदार अफसर या सैनिक मुकम्मिल जंग शुरू कर सकता था। मगर खुशकिस्मती रही कि निचले स्तर के अफसरों ने सेना मुख्यालय में तैनात अपने सीनियर अफसरों से अधिक परिपक्वता दिखायी।

चारों तरफ बन रहे युद्धोन्माद के बीच, सैकड़ों हजार लोगों ने वह क्षेत्र खाली कर दिया। भारतीय और पाकिस्तानी दोनों प्रधानमन्त्री धमकियाँ दिये जा रहे थे और युद्ध सिर पर दिखाई देता था। इस गम्भीर स्थिति में, विशिष्ट 11 कोर की कमान सँभाल रहे पूर्व एडीजीएमओ लेफ्टिनेंट जनरल हनूत सिंह ने सेना प्रमुख से एक महत्त्वपूर्ण सवाल किया, "अगर हम युद्ध करते हैं तो, मैं जवानों को क्या बताऊँगा? हम किसलिए लड़ रहे हैं?" आम तौर पर खूब बोलने वाले सेना प्रमुख के पास इसका कोई जवाब नहीं था।

सबसे बड़ा नुकसान तो ब्रासटैक्स का ही हुआ। जनरल सुन्दरजी जिन हथियार बन्द विचारों की वकालत कर रहे थे उनका जमीनी परीक्षण होना था, मगर ऐसा पूरे तौर पर हो नहीं पाया क्योंकि बीच में ऑपरेशन ट्राइडेंट चलाकर सीओएस ने जैसे अपने पाँव में कुल्हाड़ी मार ली थी। जल्दी ही यह एक स्पष्ट ढर्रा बन जाने वाला था— कि जमीनी हकीकत पर कोई ध्यान मत दो और बस दौड़ पड़ो। बाद में यह पता चला कि सुन्दरजी को उत्तर में 10 कोर की शुरुआती रहस्यपूर्ण गतिविधि के बारे में जो जानकारी मिली थी वह उचित प्रक्रिया से गुजरे बगैर सेना प्रमुख को भेजी गयी थी। यह डीजीएमआई के जरिये डीजीएमओ को भेजी जानी चाहिए थी, उसका

आकलन होना चाहिए था और अगर उसमें कुछ दम होता तभी उसे सेना प्रमुख के सामने पेश किया जाना था। इस मामले में हुआ यह था कि एक अति महत्त्वाकांक्षी अफसर ने इसे चीफ की नजरों में चढ़ने का मौका मानते हुए सारी व्यवस्था को ही दरकिनार कर दिया था, जिसके भयंकर परिणाम हुए थे। इसमें कोई शक नहीं कि जनरल सुन्दरजी के पास एक तेज दिमाग और कुछ बेहतरीन विचार थे। फिर भी जैसे वे लगातार उलझन में फँस जाते थे। जो कोई उनसे अलग राय रखता वह उनके गुस्से का शिकार होता था : "तुम लोग विस्तार से नहीं सोच सकते। तुम्हारे दिमाग बस टैक्टिकल एपॉइंटमेंट के लायक हैं।"

ड्रैगन की करवट

प्रधानमन्त्री राजीव गाँधी ने रक्षा मन्त्रालय अपने पास ही रखा था। राज्य मन्त्री के तौर पर योग्य अरुण सिंह के होते हुए भी, वे अपनी माँ के समान ही बार-बार सुन्दरजी की बातों में आ जाते थे। वैसे सुन्दरजी के झगड़ालूपन का नतीजा हमेशा ही बुरा नहीं होता था।

भारत-चीन सीमा-विवाद अरसे से चला आ रहा टेढ़ा मामला है। पाकिस्तान पर ध्यान होने और चीनी सीमा के दूर होने की वजह से यह मसला लोगों की निगाह में नहीं आ पाता। कई दौर की बातचीत के बाद भी इस मसले का हल दूर की कौड़ी ही लगती है। इसके उलट, चीन लावारिस इलाकों में चालाकी से और चोरी-छिपे घुसपैठ करता रहा है। इसकी मिसाल पहले झेनबाओ की घटना में देखने को मिली, और यह पश्चिमी (लद्दाख और लाहौल स्पीती) और पूर्वी (अरुणाचल और सिक्किम) दोनों क्षेत्रों में लगातार होता आ रहा है। भारत की तरफ से कमजोरी दिखते ही, चीन और भी आक्रामक और हावी होता है।

1962 में पीएलए (पीपुल्स लिबरेशन आर्मी) के हाथों शिकस्त मिलने के बाद से, भारतीय सेना नामका चू वापस नहीं लौटी और हाथुंग ला रिज पर ही रुक गयी जहाँ दक्षिण से अभागी नदी घाटी दिखाई देती है। घाटी के उत्तर की ओर से थाग ला पहुँचा जाता था, जो मैकमोहन रेखा का स्थल था जिसे ब्रिटिश, भारतीय और तिब्बती सरकारों ने 1914 में मंजूर किया था। 1980 के दशक तक, सेना ने तय कर लिया था कि अगर चीन के साथ फिर कोई झड़प हुई तो तवांग फारवर्ड लाइन होगी और मुख्य रक्षा लाइन उसके दक्षिण में स्थित से ला दर्रा पर होगी। जनरल कृष्णा राव के कार्यकाल में सोच बदल चुकी थी और फॉरवर्ड लाइन एक बार फिर हाथुंग ला रिज हो गयी थी।

1983 से, आईबी (इंटेलीजेंस ब्यूरो) के अभियानों में सुमदोरोंग की टोह ली गयी जो नामका चू और न्यामजंग चू के संगम के उत्तर-पूर्व में स्थित है, मगर मैकमोहन रेखा पर भारतीय सीमा के अन्दर ऐसी ही गश्त अगले कुछ सालों में घाटी में भी

की गयी और चीनियों ने राजनयिक माध्यमों से इसका प्रतिकार किया था। सेना की तरफ से बार-बार घाटी में न जाने की सलाह मिलने के बावजूद आईबी ने वहाँ अभियान दल भेजने जारी रखे जो सुमदोरोंग चरागाहों में ठहरते और सर्दी में वापस आ जाते थे। 1986 में, जब आईबी टीम घाटी में पहुँची तो उन्होंने देखा कि चीनी दल वहाँ पहले ही पहुँच चुका था, और गश्ती दल जैसे घिर गया। सेना को उन्हें सुरक्षित वापस लाने के लिए सैनिक भेजने पड़े।

लम्बे तगड़े इंजीनियर अफसर, लेफ्टिनेंट जनरल एनएस नरहरि उस समय IV कोर की कमान सँभाल रहे थे। बहादुरी से कार्रवाई करते हुए, 9 गार्ड्स ने चीनियों के आसपास तमाम ऊँची जगहों पर फटाफट कब्जा कर लिया और आईबी टीम को वहाँ से निकाल लिया। अतिरिक्त बल हाथुंग ला के दक्षिण में स्थित झिमिथोंग तक पहुँचा दिया गया। इससे पूरी सीमा पर तनाव तो बना मगर चीनी सैनिक आखिरकार सुमदोरोंग इलाके से पीछे हट गये। फिर भी उन्होंने घाटी के मुहाने पर एक छोटी-सी चौकी बना ही ली। वे इतने अलग-थलग पड़ गये थे कि कहते हैं उनके एक सैनिक ने आत्महत्या कर ली।

इसी तरह, लद्दाख में यह महसूस किया गया कि हम अपने ही इलाके में बहुत भीतर की तरफ थे—सिन्धु नदी के किनारे भी और चांग ला पर भी। इस स्थिति को दुरुस्त करने की योजना अशोक हांडू ने उसी समय बना ली थी जब वह XV कोर के बीजीएस (ब्रिगेडियर जनरल स्टाफ) थे, मगर चीनियों की नाराजगी के डर से कोई भी शायद जमीनी स्थिति को बदलना नहीं चाहता था। 1987 में अभ्यास चेकरबोर्ड के बाद ऑपरेशन कारतूस हुआ; उसमें चीनियों के बरक्स लद्दाख में हमारी मौजूदा प्रतिरक्षा लाइन का विश्लेषण किया गया था। ऑपरेशन कारतूस हांडू की योजना को लागू करने और हमारी सैन्य पोजीशन को वास्तविक जमीनी पोजीशन तक ले जाने के इरादे से बनायी गयी थी, जिसमें वास्तविक नियन्त्रण रेखा (एलऐसी) और हमारी वास्तविक प्रतिरक्षा रेखा के अन्तराल को खत्म करना था। इस तरह, जिन शिखरों को अनदेखा कर दिया गया था उन पर कब्जा कर लिया गया। चेकरबोर्ड के बाद, बीएमपी को भी लद्दाख में लगा दिया गया, जो सेना प्रमुख की व्यापक दृष्टि का नतीजा था। इसके लिए जनरल सुन्दरजी की प्रशंसा करनी चाहिए।

25 राजपूत

एमओ निदेशालय में मेरे ढाई साल हो जाने के बाद, मेरे कार्यकाल के आखिरी दौर में, मुझे धौला कुआँ में निवास मिल गया था, और हम तिहाड़ जेल के पास वाले अपने मकान से छावनी के शान्त वातावरण में आ गये। इससे योगजा को दिल्ली एरिया प्राइमरी स्कूल (डीएपीएस) में अपना कॅरियर शुरू करने का मौका मिल गया। भारती के दो भाई, संदीप और विक्रान्त, भी हमारे साथ रह रहे थे, और वे मृणालिनी

के साथ आर्मी पब्लिक स्कूल (एपीएस) जाते थे। उछलते-कूदते स्कूल आते-जाते बच्चों का यह एक खुशगवार झुंड होता था।

मेरी तैनाती वापस 25 राजपूत में हो गयी जो अरुणाचल के बूम ला से पुणे आ गयी थी, और इस समय मेरठ में स्थित थी। जब ऑपरेशन ट्राइडेंट शुरू हुआ, तब यह बटालियन पुणे में थी, और भारतीय सेना की अधिकांश यूनिटों की तरह वह अगले कुछ महीनों में तमाम जगहों पर तैनात रही। जनवरी 1987 में जब मुझे ज्वॉइनिंग के आदेश मिले तब यह बटालियन मेरठ फायरिंग रेंज में थी। कमान कर्नल एमसी नंजप्पा के हाथों में थी और 21 सी वेंकट रमणन थे। सेना में मुझे सत्रह वर्ष हो गये थे, और वरिष्ठ मेजर की हैसियत से मैं अब एक कम्पनी कमांडर के तौर पर वापस इस बटालियन में था।

हम कुछ महीने मेरठ में रहे और आखिरकार मई में वापस अपनी लाइन्स में आ गये जहाँ तब तक सब कुछ गड्ड-मड्ड हो चुका था। वहाँ चीजों को ठीकठाक करके उन्हें दोबारा काम लायक बनाने के लिए काफी सफाई की दरकार थी। उन्हीं दिनों मेजर जनरल ने एक नये जीओसी को कार्यभार सौंपा और उन्होंने उस दौरान ब्रिगेड का मुआयना करने का फैसला किया जब हम अपनी मैदानी फायरिंग में लगे थे। जनरल के दौरे को सँभालने का काम मुझे सौंपा गया।

मेजर जनरल हरकीरत सिंह गार्ड्स ब्रिगेड से थे और वहाँ से किसी वरिष्ठ अधिकारी के मुआयने पर आना सबसे भयंकर बात थी—उस दिन आप पर क्या बीतेगी, इसका अन्दाजा भी नहीं लगाया जा सकता। जीओसी ने पहले हमारी सहयोगी बटालियन '12 गढ़वाल' में आने का फैसला किया और वे सीधे उनके अफसर मेस में गये और उनके फ्रिज का मुआयना किया। वहाँ उन्हें बहुत गड़बड़ी मिली, अनधिकृत चीजें बेतरतीब भरी थीं और यह भारतीय सेना के नियम-कायदों के खिलाफ था। हमारे स्रोत हमें आँखों देखा हाल की तरह इस मुआयने की जानकारी दे रहे थे और इस तरह हम अपनी बारी के लिए तैयार हो गये थे। कुछ ही देर बाद, हतप्रभ गढ़वाली बटालियन को छोड़, हरकीरत हमारे यहाँ आये। वह मुझे फौरन पहचान गये, क्योंकि मैं तब स्टाफ कॉलेज का छात्र था जब वह वहाँ शिक्षक हुआ करते थे। "मैंने तुम्हें पढ़ाया है, इसलिए यूनिट में सब कुछ बढ़िया ही होगा," उन्होंने जैसे अपनी ही तारीफ करते हुए कहा।

"जी, सर, यूनिट में सब कुछ बढ़िया है," मैंने उनकी बात दोहरायी।

जनरल ने चहकते हुए कहा, "बहुत अच्छे।" मगर सालों तक गार्ड्स ब्रिगेड में रहने की अमिट छाप तो पड़ती ही है। उनसे रहा नहीं गया और उन्होंने पेड़ से थोड़ा-सा लटकते तार की ओर इशारा करके कहा, "उसे ठीक करो, करोगे न?" और चले गये।

12 गढ़वाल और 2 मराठा एलआई के साथ हमने 76 ब्रिगेड बनायी जिसकी कमान राजपूत रेजीमेंट के ब्रिगेडियर आईएम धर सँभाल रहे थे। जून खत्म होते-

होते, हमें पता चल गया कि कुछ बड़ा होने जा रहा है, क्योंकि हमें आनन-फानन में श्रीलंका जाने को कहा गया। हाल के महीनों में कुछ ज्यादा ही गहमागहमी रही थी जिनमें भारतीय वायुसेना का श्रीलंका के ऊपरी भाग में तमिलों के लिए रसद गिराना शामिल था। अखबारों और टीवी की खबरों से मैं अन्दाजा लगा सकता था कि उस समय तक एमओ 3 में कैसे मधुमक्खी के छत्ते की तरह चहल-पहल और हलचल हो रही होगी। बहरहाल, यूनिट के स्तर पर यह समय किस्म-किस्म के विमानों में लदान का हिसाब करने और उसी के हिसाब से सारे साजो-सामान की पैकिंग करने का था।

भारती इस भौगोलिक-राजनीतिक घटनाक्रम से सुखद रूप में अनजान थीं; वे दिल्ली का निवास छोड़ ठीक उसी समय लड़कियों के साथ पुणे आ गयीं। उन्हें यह देखकर दहशत हुई कि सब कुछ बाँधा जा चुका था या हड़बड़ी में बाँधा जा रहा था। सेना के नियम-कायदों के मुताबिक, हम अपने परिवारों को यह नहीं बता सकते थे कि हम कहाँ जा रहे हैं, इसलिए मैं उनकी बातों का गोलमोल जवाब देता रहा। मगर मेरी यह कोशिश बेकार गयी, क्योंकि भारती को ब्रिगेड कमांडर से पता चल गया कि हम श्रीलंका जा रहे थे। 'आनन-फानन' की परिभाषा बदलती रही; कभी यह बहत्तर घंटे हो गयी, कभी उससे ज्यादा, और कभी उससे कम, क्योंकि लामबन्दी के लिए हर तरह के सन्देश जल्दी-जल्दी आ-जा रहे थे। इस बीच, टेलीफोन पर काफी समय बिताकर यह सुनिश्चित किया गया कि दिल्ली वाला निवास छोड़ा नहीं जायेगा और स्कूल के ट्रांसफर सर्टिफिकेट लौटा दिये जायेंगे।

श्रीलंका और भारत के बीच 29 जुलाई, 1987 को समझौता हुआ। भारतीय हस्तक्षेप का उद्देश्य शान्ति स्थापना मिशन के तौर पर लिट्टे (एलटीटीई) और श्रीलंकाई सेना के बीच युद्ध समाप्त करना था। इसकी शुरुआत एक अमंगलकारी घटना से हुई जब गार्ड ऑफ ऑनर में शामिल श्रीलंका के एक नौसैनिक ने प्रधानमन्त्री राजीव गाँधी पर अपनी रायफल के कुन्दे से हमला कर दिया। उसी रात हमें कूच का आदेश हुआ—और हम पुणे के वायुसेना अड्डे लोहेगाँव के लिए चल दिये। हवाई अड्डे पर अफरा-तफरी का माहौल था; इंडियन एयरलाइंस की सभी उड़ानें रद्द कर दी गयीं और विमान पर विमान अपना मार्ग बदलकर सैनिकों को चेन्नई ले जा रहे थे जहाँ से भारतीय नौसैनिक पोत से हमें एमरल्ड आइल भेजा जा रहा था। पुणे में उतरने वाले अधिकांश विमानों को भी नहीं पता था कि हो क्या रहा है—वे एयर होस्टेस और पूरी खाद्य सामग्री लेकर वहाँ पहुँच रहे थे। वे तो हैरानी से उन रवाना होते सैनिकों को देख रहे थे जो तमाम तरह के साज-सामान से लैस थे, जिनमें थंडर बॉक्स भी थे।

मेरी कम्पनी के लोग पहले ही दो अलग-अलग विमानों में सवार हो चुके थे जबकि एक विमान के पास बहुत हल्ला-गुल्ला था। मैं थोड़ी दूर से यह सब देख

रहा था कि ब्रिगेड कमांडर ने आकर मुझसे यह पता लगाने को कहा कि वहाँ क्या हो रहा था। मैंने वहाँ जाकर देखा, एक वरिष्ठ पैराट्रूपर, बटालियन हवलदार मेजर (बीएचएम) तेज सिंह इंडियन एयरलाइंस के कुछ जमीनी कर्मियों के साथ, आवेश में कुछ बात कर रहा था। "क्या समस्या है?" मैंने यूँही पूछ लिया।

बीएचएम ने बताया, "साब, यह क्वार्टर गार्ड पोल लोड नहीं हो रहा।"

मैंने उनसे पूछा कि अभी तक उन्होंने इसके लिए क्या कोशिश की है। पहले, उन्होंने पोल को फ्यूसलेज में घुसेड़ने की कोशिश की थी मगर प्रवेश के पास उस पहले मोड़ को पार करने में नाकाम रहे थे जहाँ आम तौर पर एयरहोस्टेस हाथ जोड़कर खड़ी होती और यात्रियों का अभिवादन करती है। फिर उन्होंने उसे विमान के ऊपर बाँधने की कोशिश की थी, मगर तब कैप्टन ने तकनीकी हवाला देकर इसे रोक दिया था। इसलिए अब वे पोल को विमान के पेंदे में बाँधने की कोशिश कर रहे थे।

"मूर्ख मत बनो," मैंने कहा और बीएचएम को हिदायत दी कि पोल को बटालियन के वाहनों के साथ ट्रेन से चेन्नई ले जायें। मेरे आदेश पर उन लोगों ने मुझे अविश्वास से देखा। बटालियन अपने क्वार्टर गार्ड पोल के बगैर आखिर कैसे कूच कर सकती है। मगर, खुशकिस्मती से, आदेश आदेश होता है और इस तरह यह मामला यहीं सुलट गया और उस पर आगे कोई बहस नहीं हुई।

फिर मैंने दूसरे विमान पर गौर किया जिस पर अभी बहुत सारा साज-सामान लादा जाना था। सामान रखने की जगह वैसे ही पूरी भरी लग रही थी, और यह बात इसलिए आश्चर्य में डालने वाली थी क्योंकि हमने वजन का हिसाब-किताब पहले ही कर रखा था। मैंने विमान के होल्ड (माल-असबाब रखने की खाली जगह) में सिर घुसेड़कर देखा, वहाँ बड़े-बड़े बर्तन रखे थे जो सारी जगह घेर रहे थे।

मैंने सिर बाहर निकाला तो मेरी टक्कर कम्पनी के जेसीओ गिरधारी सिंह से हो गयी। मैंने जेसीओ से पूछा कि बाकी सामान का क्या होगा।

"बड़े पतीले रख दिये हैं," जेसीओ ने कहा। "चालीस लोगों के सेट का क्या हुआ?" मैंने पूछा। सूबेदार साब ने कहा, "उसमें यूनिट का खाना नहीं बन सकता।" मैंने तय किया कि मैं उसका विरोध नहीं करूँगा, और जवानों को आदेश दिया कि बाकी सामान मुख्य केबिन में ठूँस दें। तब तक विमानकर्मी इतनी दहशत में आ गये थे कि उन्होंने और कोई शिकायत नहीं की, और बड़े-बड़े पतीलों को होल्ड में जमाकर दरवाजे बन्द कर दिये गये। इस तरह, हुआ यह कि शायद हमारी इकलौती बटालियन थी जो श्रीलंका में उतरने के बाद जवानों को खिलाने का दम रखती थी।

लदान का नाटक अभी खत्म नहीं हुआ था। मेरे जवानों ने आकर मुझे बताया कि पहली लाइन और दूसरी लाइन का पूरा मोर्टार गोला-बारूद मेरे वाले विमान में लाद दिया गया था। "बहुत अच्छे," मैंने कहा, "कहाँ?" "होल्ड में, आपके पाँवों के

नीचे," उन्होंने गर्व से मुझे बताया। काफी घना लेकिन बेहद भारी मोर्टार गोला-बारूद बड़ी अच्छी तरह से होल्ड में समा गया था। गैर-सैनिक लदानकर्मियों को तिरस्कार से भगा दिया गया था और जो होना था सो हो चुका था। मेरे विमान में पचपन जवान थे। मैंने उनसे फैल जाने को कहा ताकि सैनिकों का पूरा जत्था वहाँ दिखाई दे। गोला-बारूद के अतिरिक्त वजन की भरपाई हो जाये। विमान चालक ने आकर पूछा कि कितने आदमी 'दिखाये' गये थे। हमने उसे पिचानबे बता दिये। उन्होंने गिनती की तो सौ से ऊपर निकले; फिर दोबारा गिनती की तो चालीस तक कम निकले। दो-तीन बार और कोशिश करने के बाद चालक कर्मियों ने यह कहकर अपनी कोशिश छोड़ दी कि वे यात्रियों की संख्या एक सौ मानकर चलेंगे। उन्होंने दरवाजे बन्द कर दिये और विमान रात के समय आकाश में चेन्नई के लिए उड़ चला।

हम मीनंबक्कम हवाई अड्डे पर पहुँचे तो चालकों को मशक्कत करनी पड़ रही थी, जाहिर था विमान में क्षमता से ज्यादा भार था। चालकों के कौशल का यहाँ पूरा इम्तिहान था और उन्होंने इसमें खरे उतरते हुए विमान को सफाई से रनवे पर उतार लिया। जब सामान उतराई का काम शुरू हुआ तो, उत्सुक विमान कर्मी यह देखने होल्ड के पास आ गये कि क्या सामान उतर रहा था। तीन ट्रक ठोस केस उतारे गये, जिसके बाद वरिष्ठ चालक ने पूछा कि बक्सों में क्या है। "मोर्टार बम हैं," उसे जवाब मिला।

"जिन्दा?" उसने यूँही पूछ लिया। और जब उसे जवाब मिला, "हाँ साब, बिल्कुल ज़िन्दा," तो उस चालक दल ने कसम खायी कि आइन्दा भारतीय सेना को लेकर कभी उड़ान नहीं भरेंगे।

दिन भर हम एयरफील्ड के पास ठहरे रहे। शाम को हमसे शहर में होकर मद्रास हार्बर जाने और वहाँ आइएनएस 'मगर' में सवार होने को कहा गया। आइएनएस 'मगर' नया-नया एलएसटी पोत था जो हमें पाक (Palk) स्ट्रेट होते हुए श्रीलंका पहुँचाने वाला था।

'मगर' खूबसूरत जहाज था। किन्तु सागर में उतरे उसे अभी एक महीना भी नहीं हुआ था, इसलिए उसके साथ बहुत सारी शुरुआती मुश्किलें थीं। सैनिकों को ढोने की दृष्टि से सबसे बड़ी मुश्किल थी कारगो होल्ड में इक्जॉस्ट का काम न करना। मैंने एक नौसैनिक सद्भावना क्रूज़ पर काम किया हुआ था, इसलिए मुझे नौसैना के साथ चलने का थोड़ा अनुभव था। जहाज पर चढ़ने वाली हमारी बटालियन पहली थी, सो मैंने जवानों को हेलीडेक के आसपास जगह दिलवायी और अफसरों को सिक बे में रखा गया। अगली बटालियन 12 गढ़वाल आयी और उसके जवानों और अफसरों को कारगो होल्ड में जगह दी गयी। मराठों के आते-आते जहाज में जगह की कमी हो गयी और उन्हें जैसे-तैसे ठुँसना पड़ा।

एलएसटी चपटे पेंदे वाला पोत है और समुद्र में यह बुरी तरह से हिचकोले

खाता है। सिक बे में सफर कर रहे अफसरों के पास सोने के लिए स्थिर पलँग थे, किन्तु सभी लोग, खासकर गढ़वाली और मराठों के चेहरे जल्दी ही देखने लायक हो गये। यहाँ तक कि हमारे सीओ की तबीयत भी दो रात और एक दिन के इस पूरे सफर में खराब रही जबकि उन्हें एक केबिन दिया गया था। सफर तय करने में हमें सामान्य से ज्यादा वक्त लगा क्योंकि हमारी आखिरी मंजिल त्रिंकोमाली थी जहाँ थोड़े लम्बे रास्ते से पहुँचा गया।

श्रीलंका की राजधानी कोलम्बो से तकरीबन 250 किलोमीटर उत्तर-पूर्व में स्थित 'त्रिंको' प्रमुख बन्दरगाही शहर है जिसके पास गहरे पानी वाला एक सबसे अच्छा प्राकृतिक बन्दरगाह है। यह शहर पूर्वी तट पर जाफना से तकरीबन 182 किलोमीटर की दूरी पर दक्षिण में स्थित है, और श्रीलंका के पूर्वी प्रान्त की प्रशासनिक राजधानी है। वहाँ का प्राकृतिक परिदृश्य तो बेहद खूबसूरत था किन्तु जुलाई का महीना होने से गरमी और उमस चरम पर थी। फिर भी, सैनिक जवान जमीन पर होने से इतनी राहत महसूस कर रहे थे कि कोई भी शिकायत नहीं कर रहा था।

सेना में अगर आप कोई खास काम बेहतरीन ढंग से कर देते हैं तो बार-बार आपको उसी काम पर लगाया जाता है। ब्रिगेड का स्टाफ एलएसटी पर सामान लादने की 25 राजपूत की काबिलियत से इतना प्रभावित हुआ था कि अब कुछ भी उतारने का काम हमें पकड़ा दिया जाता था। लड़कों ने फटाफट एक रैम्प बना लिया था जिस पर वे ईंधन से भरे दो सौ किलोग्राम के बड़े-बड़े ड्रम लुढ़काने में लग गये थे। यह जुगाड़ तैयार होते ही ब्रिगेड स्टाफ कूद पड़े और यह काम उन्होंने गढ़वालियों को सौंप दिया जबकि राजपूतों से कहा गया कि वे होल्ड में ले जाये जा रहे थाक के थाक आटे को उतारने की तरकीब भिड़ाएँ। एक बार फिर हमारे जुगाड़ू जेसी अफसरों ने आटे को जहाज से उतारने की इतनी बढ़िया तरकीब निकाली कि पानी में जरा भी आटा नहीं गिरा। जल्दी ही हमने पूरी ब्रिगेड का सामान उतार दिया और बैठकर अगले आदेश का इन्तजार करने लगे।

सबसे पहला आदेश हमें यह मिला कि सभी अफसर और जवान अपने जंगी हेल्मेट पहन लें। बांग्लादेश के अनुभवी हममें से अधिकांश जिन्होंने ऐसे हेल्मेट के बगैर ही लड़ाई लड़ी थी, उन्हें यह आदेश खासकर गरमी और उमस के हालात में हास्यास्पद लगा। इस तरह हुआ यह कि जब ब्रिगेड का कोई अफसर उस इलाके में आता तो हेल्मेट निकल आते और उसके जाते ही फटाफट गायब हो जाते थे। कुछ देर बाद ब्रिगेड कमांडर वहाँ खुद आये। उनका स्वागत सीओ ने डॉक पर किया और दो मिनट में ही मेस वेटर ने उन्हें चाय दी।

ब्रिगेडियर धर की आँखें अविश्वास में सिकुड़ गयीं, "तुम लोग चाइना कपों में चाय दे रहे हो?" और उन्होंने चाय देने वाले सैनिक से ट्रे ले ली और सब कुछ समुद्र में फेंक दिया। हम निराशा में प्यालों को जाते देखते रहे। फिर फटाफट टिन

के मगों में चाय दी गयी। ब्रिगेडियर शान्त और खुश हो गये।

दो घंटे बाद श्रीलंकाई सेना की एक टुकड़ी ने हमारा बाकायदा स्वागत किया और वे हमें मंकी-ब्रिज नाम की जगह ले गये। यह श्रीलंका का सैनिक ठिकाना था जिसे हमारे लिए खाली कर दिया गया था। वहाँ पूरी ब्रिगेड के लिए उपयुक्त जगह थी, बंक बेड थे और सचमुच के गद्दे थे। श्रीलंका के दो अफसरों को भारतीय सैन्य-कर्मियों की देखभाल का जिम्मा सौंपा गया था। तभी, ब्रिगेड फिर सक्रिय हो गयी और आदेश पारित कर दिये गये कि कोई भारतीय सैनिक कुटियों में नहीं सोयेगा और हमें तम्बू लगाकर उनमें रहना होगा। श्रीलंकाई अफसरों की आँखों में आँसू आ गये। उनका कहना था कि उन्होंने हमारे सैनिकों के लिए अपना शिविर खाली किया था और हमारी देखभाल करना उनका काम था। ब्रिगेड जहाँ थी वहीं रही और तीनों यूनिटों ने तकलीफदेह बंक बेड से कुछ सौ गज की दूरी पर रात बितायी।

गिरधारी सिंह के वे विशाल पतीले जिन्होंने विमान के होल्ड की पूरी जगह घेर ली थी, अब वे हमारे लिए राहत का सबब बने। केवल 25 राजपूत ही नहीं बल्कि दूसरी यूनिटों के जवानों को भी गरमागरम खाना मिला। दुनिया की कोई भी सैनिक नियमावली उन विशालकाय पतीलों को साथ ढोने की कभी इजाजत नहीं देगी, किन्तु आखिर में एक नये माहौल में अच्छा खाये-पिये और भूखे जवानों के बीच अन्तर उन्हीं से पड़ा।

अगली सुबह हलचल इस खबर के साथ शुरू हुई कि श्रीलंका के सेना प्रमुख शिविर के दौरे पर आ रहे हैं। ब्रिगेड स्टाफ के सदस्य दौड़ते हुए हमारी यूनिट में आये और हमसे ठीकठाक टी सेट की माँग की। हमसे जवाब दिये बिना नहीं रहा गया, "लेकिन, वह तो कमांडर ने समुद्र में फेंक दिया!"

एथिरी यार? एंगे?

हलके-फुलके लमहों के बावजूद, बटालियनों ने अच्छी तैयारी कर ली थी और सैनिक लड़ाई के लिए तैयार थे और उनका मनोबल ऊँचा था। अगले पूरे दिन और भी जहाज आते रहे और उनमें से कुछ में बीएमपी से लैस मेकैनाइज्ड यूनिटें थीं। जहाजों से जैसे ही सामान उतरा, ये आदेश आ गये कि 25 राजपूत मेकैनाइज्ड कम्पनी के साथ जमीनी इलाके में घुसें और उत्तर दिशा में कैंडी-जाफना राजमार्ग पर वावुनिया की ओर बढ़ें। हम मंकी-ब्रिज शिविर से निकले और कुछ ही घंटों में अपने नये ठिकाने पर पहुँच गये, हममें से अधिकांश बीएमपी वाहनों पर सवार थे। बटालियन फौरन हमारी कम्पनियों को स्थापित करने, रक्षा तन्त्र तैयार करने और शिविर लगाने के गम्भीर काम में जुट गयी। थोड़ी देर बाद ही वहाँ लिट्टे के नुमान्इदे आ गये (उस समय लिट्टे से हमारी लड़ाई नहीं थी) और शिविर लगाने में हमारी मदद की पेशकश की। हमारा तुरुप का पत्ता 21 सी वेंकट रमणन था जो खुद भी तमिल था

और स्थानीय बोलियों का अच्छा जानकार था। उसने जल्दी ही उनसे मेलजोल बना लिया और हम लिट्टे के बारे में जो भी जानना चाहते थे वह हमने जान लिया; दरअसल, उस समय हम उनके बारे में बहुत कम जानते थे।

वावुनिया में तीन दिन बीत जाने पर, हमसे किलिनोच्चि होते हुए उत्तर में और भी आगे एलिफैंटपास जाने को कहा गया। इस तरह हम जाफना क्षेत्र में जा पहुँचे, क्योंकि एलिफैंटपास जमीन की सँकरी पट्टी थी जिसके पश्चिम में जाफना लगून था और पूर्व में बंगाल की खाड़ी। यह काफी दलदली इलाका है जहाँ दूर-दूर तक कछारी वनस्पति मिलती है। हमारी तैनाती श्रीलंकाई सेना और लिट्टे के ठिकानों के बीच की गयी थी, जिसमें लिट्टे ने खुद को बड़ी चतुराई से छिपा रखा था। दरअसल, यह जानते हुए भी कि लिट्टे हमारे आसपास ही थे हमें उनकी वास्तविक मौजूदगी का आभास तब हुआ जब हम जंगली सूअर खोज रहे थे। जब हम लिट्टे शिविर के ऐन नजदीक जा पहुँचे तब उनके काडर हमारे सामने आये। तब हमें पता चला कि लिट्टे और श्रीलंकाई सेना के ठिकानों के बीच एक किलोमीटर से भी कम का फासला था और हम उनके बीचोबीच जमे थे।

उस समय हमारा स्थानीय जमीनी ज्ञान न के बराबर था। हम सीलोन के बेहद पुराने नक्शों का इस्तेमाल कर रहे थे और प्रशासनिक दृष्टि से बहुत असुविधाजनक स्थिति में थे। 76 ब्रिगेड का मुख्यालय 12 गढ़वाल के साथ त्रिंकोमाली में बना रहा जबकि मराठा की तैनाती कहीं आगे दक्षिण में बट्टीकालोआ के पास थी। घर से हमारा कोई सम्पर्क नहीं था—टेलीफोन तो छोड़िए चिट्ठियों का जवाब देने की भी कोई व्यवस्था नहीं थी। हम श्रीलंका में श्रीलंकाई सेना और लिट्टे के बीच शान्ति स्थापित करने के लिए थे, इस अपुष्ट जानकारी के अलावा हमें सच में यह नहीं बताया गया था कि भारतीय शान्ति सेना (आईपीकेएफ) की भूमिका क्या होगी।

श्रीलंकाई सेना को अभी तक हमने जितना देखा था, उससे तो यही लगता था कि यह खिचड़ी दल था। एलीफैंटपास में उनके सैनिक अलग-थलग और लिट्टे से घिरे दिखाई देते थे, जबकि लिट्टे उनसे बेहतर स्थितियों में तो थे ही, वे लगूनों में होकर गायब हो जाने की काबिलियत भी रखते थे। सेना का मुख्य काम था उत्तर की ओर जाफना में जाने वाले हरेक वाहन को चेक करना। यह काम बेहद थकाऊ था क्योंकि इसमें एक-एक सामान को उतारकर उसे चेक करना और वापस वाहन में चढ़ाना होता था, और तब उसे आगे जाने का इशारा किया जाता था। दक्षिण की ओर, आगे वावुनिया में श्रीलंका की एक ब्रिगेड थी, जिसकी कमान ब्रिगेडियर परामी कुलतुंगा के हाथों में थी (बाद में लिट्टे ने उनकी हत्या कर दी)। वावुनिया में तैनात सैनिक सतर्क और तेज थे, और यही हाल त्रिंकोमाली में तैनात उनकी अन्य टुकड़ियों का भी था।

इन दोनों के बीच तैनात हम अगले आदेश का इन्तजार कर रहे थे। खासकर,

श्रीलंका में हमारी भूमिका से सम्बन्धित जानकारी आधी-अधूरी और अस्पष्ट थी। इसे हलके में कहा जाय तो, यह बड़ी अटपटी स्थिति थी; श्रीलंकाई सेना विनम्र तो थी पर हमसे दूरी बनाकर रहती थी, क्योंकि उन्हें लगता था कि हम वहाँ खासकर तमिलों की हिफाजत करने और उनके सैन्य अभियानों में कटौती करने के लिए थे। वैसे, यूनिट के स्तर पर इस दूरी को पाटने में ज्यादा वक्त नहीं लगा, क्योंकि श्रीलंकाई सेना के अधिकतर अफसरों को हमारी प्रशिक्षण संस्थाओं का कुछ न कुछ तजुर्बा था। दूसरी ओर, लिट्टे, जिनका प्रभाव जाफना से पूरे पूर्वी प्रान्त में बट्टीकालोआ तक था, वे भी हमारी थाह लेने की कोशिश कर रहे थे। पूरे तमिल क्षेत्रों में उनका सम्पर्क तन्त्र और प्रशासनिक नियन्त्रण कमाल का था।

एलिफैंटपास में हमारी तैनाती के एक हफ्ते बाद, एक कम्पनी को आदेश मिला कि वे पश्चिमी तट पर जायें और मन्नार में अड्डा बना लेने के बाद उसकी खबर दें। अभी हमें त्रिंकोमाली में आये दस दिन भी नहीं बीते थे और यह हमारा चौथा कूच था। मन्नार श्रीलंका के उत्तरपश्चिमी स्कन्ध पर स्थित है और एक नावमार्ग के जरिये भारत के रामेश्वरम से जुड़ा है। पुर्तगाल, हॉलैंड और फिर ब्रिटेन के कब्जे में आने से पहले, जाफना प्राचीन जाफना राज्य का अभिन्न अंग था। यह लिट्टे का एक प्रमुख गढ़ था।

मन्नार पहुँचने पर, हमें श्रीलंकाई सेना की वहाँ मौजूद यूनिट ने बताया कि हम एक पुरानी मछलीगाह में अपना अड्डा बना सकते हैं। वहाँ मछली की बेहद बास तो थी ही, वह इमारत जर्जर भी हो रही थी। फिर भी, जवानों ने आस्तीनें चढ़ाईं और तुरन्त उस जगह को रहने लायक बनाने में जुट गये। अगली सुबह, टापू का हमारा मार्गदर्शनविहीन दौरा जारी रहा—हमसे कहा गया कि हम मन्नार की मछलीगाह वाली जगह को छोड़ दें और मुल्लैत्तिवु के लिए कूच कर दें। हमारे पुराने नक्शे हमारी परेशानियों में बेहद इजाफा कर रहे थे क्योंकि हाल ही में बनी सड़कों और अन्य निर्माणों के विवरण उनमें गायब थे।

अभी हम इस तरह जल्दी-जल्दी ठिकाने बदलने के अविश्वसनीय आघात से उबरे भी नहीं थे और मन्नार से निकले ही थे कि हमें यह आदेश मिला कि हम पिछली हिदायतों पर ध्यान न दें और जहाँ हैं वहीं रुक जायें। ऐसा लगा कि जीओसी एलिफैंटपास में पहुँचे थे और वहाँ उन्हें 25 राजपूत के बाकी जवान मिले थे। "तुम लोग यहाँ क्या कर रहे हो?" उन्होंने जानना चाहा। "त्रिंकोमाली में आग लगी है और तुम लोग यहाँ बैठे हो। फौरन त्रिंकोमाली लौटो।" सीओ ने मुझे रेडियो सन्देश भेजा कि मैं वापस त्रिंकोमाली जाऊँ और बाकी बटालियन से मिलूँ। एक बार फिर नक्शे निकाले गये और मैं कोई उपयुक्त मार्ग ढूँढ़ने लगा। हमें श्रीलंका के आर-पार एक सड़क मिल गयी। और हम अनुराधापुरा होते हुए त्रिंकोमाली के रास्ते पर चल दिये। यह मार्ग अलग था क्योंकि यह वावुनिया के दक्षिण से जाता था; इस क्षेत्र को

हम श्रीलंका के तूफानी दौरे में पहले ही देख चुके थे। बौद्ध मठों वाला अनुराधापुरा हमें बेहद मनमोहक लगा, और फिर यह एक नया मार्ग था।

हमारे अगले प्रयाण से डिवीजनल मुख्यालय में अच्छा-खासा हंगामा खड़ा हो गया; तब हमें यह पता नहीं था कि सिंहली क्षेत्रों में घुसने पर पाबन्दी थी। चौथी शताब्दी ई.पू. से ग्यारहवीं शताब्दी ई. तक अनुराधापुरा सिंहल राज्य की राजधानी रही थी। अनुराधापुरा में एक प्रसिद्ध बोधि वृक्ष था जहाँ पूरी कम्पनी ने रुककर कुछ मिनट प्रार्थना के लिए निकाले; हमारे आसपास हैरानी से घूरते भिक्षु और सिंहली लोग थे जिन्होंने तब तक अपने क्षेत्र में भारतीय सैनिकों को कभी नहीं देखा था। बौद्धों के लिए पवित्र यह प्राचीन नगर सिंहली लोगों का केन्द्र था। मुश्किल यह थी कि किसी ने भी निचली कमान को यह बताने की जहमत नहीं की थी कि हमें वहाँ नहीं जाना है।

त्रिंकोमाली जाने की जरूरत क्यों पड़ी, यह हमारे लिए हमेशा रहस्य रहेगा, क्योंकि जब हम वहाँ पहुँचे तो सब कुछ बिल्कुल सामान्य था। अब हमें एयरफील्ड और समुद्र के बीच जगह दी गयी। यह पूरा क्षेत्र झाड़-झंखाड़ से भरा था, जिसे अगले अड़तालीस घंटों में हमने सायास साफ किया। हमारे आश्चर्य का ठिकाना न रहा जब हमें उस पूरे स्थान में निर्माण के निशान मिले। स्पष्ट था, इसी क्षेत्र का इस्तेमाल द्वितीय विश्व युद्ध के दौरान सैनिकों ने किया था जब त्रिंकोमाली रॉयल नेवी का महत्त्वपूर्ण नौसैनिक अड्डा हुआ करता था। जल्दी ही हमने अपनी पूरी यूनिट को जमा लिया और बिजली के कनेक्शन भी लगा लिए।

श्रीलंका में पहुँचने के समय से ही हम तरह-तरह के वाहनों का इस्तेमाल कर रहे थे। पहले सैनिक विमान में पुणे से आये और फिर पूरा जमीनी परिवहन रेल से आया। फिर नियम-कायदों के अनुसार इन वाहनों से सारा ईंधन निकाल दिया गया और उन्हें जहाजों में लादकर त्रिंकोमाली ले जाया गया जहाँ वे यूनिट के क्वार्टर गार्ड फ्लैगपोल के साथ पहुँचे (जिसे हम किसी भी विमान में नहीं रख पाये थे)। अब हमारे पास अपना परिवहन था तो आला अफसर हमें कभी भी कूच का आदेश दे सकते थे; और हमें फौरन आमपारा जाने को कहा गया जो बट्टीकालोआ के दक्षिण में था जहाँ से पहाड़ियों की चढ़ाई शुरू होती थी। यह प्रमुख रूप में एक सिंहल क्षेत्र था।

वाहन बिल्कुल तैयार नहीं थे, क्योंकि एक प्रक्रिया होती है जिसे पूरा करना होता है और उन्हें सड़क पर उतारने से पहले टैंकों को फ्लश किया जाता है। सीओ से इसका विरोध किया गया, पर 'आदेश आदेश है' की तर्ज पर मामला वहीं दब गया। 20.00 बजे, बटालियन के काफिले ने दक्षिण की ओर रेंगना शुरू किया। दो घंटों के भीतर ही एक के बाद एक वाहन फटर-फटर करके रुक गये। अब इसके अलावा कोई चारा नहीं था कि प्रकाश होने का इन्तजार किया जाये और फिर से आगे बढ़ा जाये, और इस बीच वाहनों को दुरुस्त करते चला जाये। हम बीच दोपहर में बट्टीकालोआ पहुँचे जहाँ हमारी भेंट मराठों से हुई, और फिर हम आमपारा की

ओर आगे बढ़े। मैं आरसीएल जीप में था जो आमपारा से कोई दो किलोमीटर पहले दम तोड़ देने वाला आखिरी वाहन था। मेरे पीछे पूरी बटालियन की कतार लगी थी जिसमें हर जत्था अपने खराब वाहन के पास जमा था। स्थानीय लोग खासकर एक टन वजनी निसान ट्रकों को देखकर दंग थे जो सड़क किनारे खड़े थे, उनके बोनट खुले थे। वे रुकते, अपना सिर हिलाते, और हँसकर अपनी भाषा में कहते, "सार, निसान गाड़ी है।"

यूनिट नयी जगह में एक सामरिक योजना के तहत तैनात हुई। अभी हम वहाँ जमे ही थे कि जीओसी ने दौरा करके सीओ से कहा कि बाकायदा शिविर की तरह हमारी दोबारा तैनाती कर दें और एनसीसी यूनिटों के कायदे के अनुसार साफ-सुथरे तम्बुओं की कतारें लगायें। अभी इस आदेश को हम लागू भी नहीं कर पाये थे कि बटालियन के कूच की नयी हिदायत दे दी गयी जिसके अनुसार हमें एक कम्पनी और पलटन को छोड़कर पूर्व दिशा में अक्काराईपट्टू जाना था। अब यह श्रीलंका में हमारा रोजमर्रा का काम होता जा रहा था कि 25 राजपूत के जवान अपने वाहनों पर थके से, साज-सामान और हेल्मेट लादे चढ़ते और हम फिर किसी और ठिकाने की ओर चल पड़ते। अब कम्पनी का मुख्यालय बन चुके इस स्थान से मैं उन्हें जाते हुए देखता रहा—अभी हमें आईपीकेएफ में तीन हफ्ते पूरे नहीं हुए थे और हम वहाँ काफी कुछ देख चुके थे।

मैंने अपना ध्यान अपने क्षेत्र को जानने में लगा दिया। आमपारा में एक एयरफील्ड (विमान क्षेत्र) था और आसपास के जंगल में हाथियों की बहुतायत थी। वैसे यह क्षेत्र सिंहली था, पर पूर्व में कुछ इलाके थे जहाँ लिट्टे सक्रिय थे। मेरे सम्बन्ध श्रीलंकाई सेना गैरिसन से भी बहुत मधुर बन गये जिसकी कमान एक आर्म्ड कोर अफसर लेफ्टिनेंट कर्नल कालुफना के हाथों में थी जो हमारे समन्वय अधिकारी भी थे। उनका एडजुटेंट (सहायक) कैप्टन चित्ररंजन एक सिग्नल अधिकारी था जो हाल ही में भारत में एक कोर्स करके आया था। मुझे इस बात से बेहद खुशी हुई कि मैं उनसे बेहतरीन, ताजा-तरीन नक्शे हासिल करने में कामयाब रहा जो एक बड़ा वरदान था, क्योंकि वैसे तो हम इस क्षेत्र के बेहद बेकार चार्टों पर निर्भर थे।

सितम्बर के शुरू में, हमने आमपारा में बीएमपी की एक पलटन मँगवायी, जिससे हमारी ताकत काफी बढ़ गयी। मैं अक्सर कलमुनई जाता जो अक्काराईपट्टू-बट्टीकालोआ सड़क मार्ग पर मुख्य जंक्शन था, और मैं लिट्टे से मिलकर हमेशा उस क्षेत्र के बारे में अपनी जानकारी बढ़ाने की कोशिश करता रहता था। पहला हफ्ता बीतते-बीतते हमें अचानक यह खबर मिली कि लिट्टे ने एक गैर-सैनिक बस को अगवा कर लिया है जिसमें सैंतीस लोग सवार थे। हमें बस को ढूँढ़ने और यात्रियों को बचाने में स्थानीय पुलिस का सहयोग करने का काम सौंपा गया।

बीएमपी वाहनों पर सवार होकर हम धड़धड़ाते हुए पूरी रफ्तार से पीबीसी

राजमार्ग पर स्थित माइल पोस्ट जंक्शन की ओर चल दिये जबकि अँधेरा हो चुका था। सफर लम्बा था और अचानक एक मोड़ के पीछे छिपा श्रीलंकाई सेना का चेकपॉइंट अँधेरे में दिखाई दिया। बीएमपी के पास एक ही चारा था कि अगर वह श्रीलंकाइयों को रौंदना नहीं चाहता तो तेजी से सड़क से उतर जाये। इस कोशिश में वाहन एक गड्ढे से उछलकर उस पर जा टिका और जैसे-तैसे करके वापस सड़क पर आ गया था। शुक्र था कि इसमें कोई हताहत नहीं हुआ। मैंने भी और कोई चारा न देख टरेट को पकड़कर अपनी जान बचायी। मुझे यकीन है कि श्रीलंकाई कर्मी हमारी सामर्थ्य के इस प्रदर्शन से काफी प्रभावित हुए होंगे।

हमने जल्दी ही उस परित्यक्त बस को ढूँढ़ लिया, किन्तु उसके यात्रियों का कोई अता-पता नहीं था। अगली सुबह हमने लिट्टे के हमारे सम्पर्कों से कुछ जानकारी हासिल करने की कोशिश की। बाद में पता चला कि बस को स्थानीय अपराधियों ने अपने कब्जे में कर लिया है और वे उन्हें एक किलोमीटर दूर एक इमारत में ले गये हैं। अपनी जान के डर से उन्होंने आवाज तक नहीं निकाली थी जबकि उन्हें पता था कि स्थानीय पुलिस उन्हें तलाश रही है।

बस कांड के बारे में जब लिट्टे से हमारी बातचीत हुई तो, मुझे ऐसा लगने लगा कि हमारे प्रति उनके नजरिये में खासा बदलाव आ गया था। उससे पहले वे त्रिंकोमाली, वावुनिया, एलिफैंटपास और कालमुनई, हर जगह हमारे साथ बेहद खुशमिजाजी से पेश आये थे। हमने जो भी जानकारी माँगी—चाहे वह क्षतिग्रस्त हुई इमारतों के बारे में हो या श्रीलंकाई सेना के कब्जे वाले क्षेत्रों के बारे में—हमें हर जानकारी तुरन्त मुहैया करा दी गयी, और अक्सर तो उसकी साफ टाइप की हुई कई-कई प्रतियाँ हमें दी गयीं। बस कांड का अपने आप में कोई खास महत्त्व नहीं था, परन्तु इससे सन्देश यह जाता था कि तमिल लोग निश्चित रूप में एक कदम पीछे हट रहे थे। "कुछ न कुछ होने वाला है," अपनी रिपोर्ट दर्ज करते हुए मैंने सीओ से कहा।

नेतृत्वविहीन रेवड़ या कुटिल षड्यन्त्र?

1948 में अंग्रेजों से आजादी मिलने के बाद से ही, सीलोन (श्रीलंका का तत्कालीन नाम) में बहुसंख्यक सिंहलियों और अल्पसंख्यक तमिलों के बीच असन्तोष पनप रहा था। इसका मूल कारण यह था कि सिंहल बहुमत वाली सरकार ने (जिसमें तमिल कांग्रेस भी शामिल थी) कुछ ऐसे कानून पारित किये थे जो भेदभावपूर्ण थे। 1970 के दशक में, दो प्रमुख तमिल पार्टियों ने मिलकर तमिल यूनाइटेड लिबरेशन फ्रंट (टीयूएलएफ) बना लिया, जिसने संघीय ढाँचे के तहत और अधिक स्वायत्तता के लिए उत्तरी और पूर्वी श्रीलंका में अलग तमिल ईलम राज्य के लिए आन्दोलन छेड़ दिया। परन्तु, अगस्त 1983 में श्रीलंका के संविधान में छठवाँ संशोधन किया गया

जिसके अनुसार सभी अलगाववादी आन्दोलन असंवैधानिक हो गये। जल्दी ही अधिक आक्रामक कार्रवाई की हिमायत करने वाले वैकल्पिक तमिल गुट उभर आये जिनमें लिट्टे भी शामिल था, और जातीय विभाजनों ने आगे चलकर हिंसक गृह युद्ध का रूप ले लिया। ऐतिहासिक दृष्टि से, इन दोनों समुदायों के बीच संघर्ष लगभग तीन हजार साल पुराना था। पीछे मुड़कर देखने पर यह लगता है कि उस समय बातचीत की जो कोशिशें हो रही थीं उनसे भी ज्यादा की दरकार थी।

शुरू में भारत की सरकारों ने श्रीलंका में चल रहे तमिल विद्रोह से इसलिए हमदर्दी रखी क्योंकि उन्हें भारत के तमिलनाडु राज्य से भारी समर्थन मिल रहा था। तमिलनाडु में मौजूद समर्थकों ने अलगाववादियों को सुरक्षित शरणस्थली दे रखी थी और वे श्रीलंका में चोरी-छिपे हथियार और गोला-बारूद ले जाने में लिट्टे की मदद कर रहे थे। इस तरह लिट्टे जल्दी ही उस द्वीप में सबसे बड़ी ताकत बन गयी। भारत के क्षेत्रीय और स्थानीय हित तमिलों और सिंहलियों के इस नस्लीय मुद्दे में विदेशी हस्तक्षेप को लगाम देना चाहते थे। इसी मकसद से, इन्दिरा गाँधी सरकार ने श्रीलंकाई राष्ट्रपति जूनियस रिचर्ड जयवर्धने से स्पष्ट शब्दों में कह दिया कि अगर राजनयिक स्तर पर समाधान नहीं हुआ तो भारत के पास तमिल आन्दोलन के समर्थन में सैनिक हस्तक्षेप का विकल्प होगा।

1983 के जुलाई के महीने में हुए दंगों के परिणामस्वरूप नागरिक हिंसा का पहला दौर शुरू हुआ जिसमें श्रीलंकाई सेना के तेरह जवानों के मारे जाने से तमिलों के खिलाफ जनसंहार हुआ और तकरीबन चार सौ तमिल मारे गये। लड़ाकू (उग्रवादी) गुटों, खासकर लिट्टे, ने थोड़ा समय लेकर 1985 में अनुराधापुरा पर आक्रमण किया और बोधि वृक्ष विहार पर हमला बोला। एक घंटा चले इस हमले में अनुमानित डेढ़ सौ नागरिक मारे गये।

उसके बाद, भारत सरकार ने तमिल लड़ाकुओं को दी जाने वाली खुली मदद को रोक लिया और समस्या के सियासी समाधान की ओर अधिक सक्रिय हो गयी। श्रीलंकाइयों ने तमिल विद्रोहियों को भारत से मिलने वाले समर्थन में यह कटौती देखी तो उन्होंने पाकिस्तान और इजरायल जैसे देशों से मिलने वाले सक्रिय समर्थन के बूते अपनी विद्रोह-विरोधी गतिविधि तेज कर दी। दक्षिण भारत में इन घटनाक्रमों के जो सियासी नतीजे हुए सो हुए, भारत सरकार श्रीलंका में इस अशान्ति का फायदा पाकिस्तान को नहीं उठाने दे सकती थी।

मई 1987 आते-आते, श्रीलंकाई सेना ने जाफना को घेर लिया था और उसमें भारी तादाद में नागरिक हताहत हुए; 4000 से अधिक सैनिक हेलीकॉप्टर गनशिपों और जमीनी आक्रमण वाले विमानों की मदद से लिट्टे के ठिकानों पर गोले बरसा रहे थे। अपने यहाँ तमिल प्रतिक्रिया के बढ़ते खतरे को देखते हुए, भारत ने बिना हथियार वाले जहाजों के एक बेड़े को इंसानी मदद लेकर जाफना रवाना कर दिया।

इस बेड़े को श्रीलंकाई नौसेना ने बीच में ही रोककर जबरन वापस भेज दिया। उसके बाद, 4 जून को, भारतीय वायु सेना के एएन-32 विमानों ने जंगी विमानों की रखवाली में पच्चीस टन सामग्री गिरायी। मदद के अलावा भी, भारत ने इस कार्रवाई से यह जता दिया कि वह इस स्थिति को कितनी गम्भीरता से लेता है, और उसने श्रीलंका में सशस्त्र हस्तक्षेप के विकल्प की भी पुष्टि कर दी। यहाँ तक तो सब ठीक था, लेकिन यहाँ से तो जैसे भारत के लिए सब गड़बड़ हो गया।

1987 का भारत-श्रीलंका समझौता गृह युद्ध को सुलटाने के लिए किया गया था। कोलम्बो सत्ता के हस्तान्तरण और उत्तरी तथा पूर्वी प्रान्तों से सैनिकों की वापसी को राजी हो गया था जबकि तमिल विद्रोहियों को अपने हथियार समर्पित करने थे। परेशानी तब खड़ी हुई जब श्रीलंका के धुर उत्तरी बन्दरगाह कंकेसन-थुरई के नौसैनिक अड्डे पर जहाजों से उतरने के बाद, भारतीय मैकेनाइज़्ड कॉलम जाफना की ओर बढ़ने लगे। तमिल नागरिक उनका रास्ता रोकने सड़कों पर आ गये, और एक कमसिन लड़की ने एक बीएमपी पर अपना सिर पटक दिया, जिससे बहुत सारा खून बहा और नाटक शुरू हो गया। उससे जो अफरा-तफरी मची और गतिरोध पैदा हुआ, उसमें किसी को समझ नहीं आया कि करें तो क्या करें।

यह अनिश्चितता खुद शान्ति समझौते से पैदा हुई थी जिसमें कुछ स्पष्ट नहीं था। यह समझौता भारत सरकार और श्रीलंका सरकार के बीच हुआ था जिसमें लिट्टे को पक्ष नहीं बनाया गया था। लिट्टे प्रमुख वेलुपिल्लै प्रभाकरन इस खामी से अच्छी तरह से परिचित था और उसने रुको और देखो की नीति अपनायी थी जिसमें वह यह थाह ले रहा था कि भारत के साथ सहनशीलता की किस हद तक जाया जा सकता है। दूसरी तरफ, हम पूरी तरह से समझौते से बँधे थे। हमसे यह अपेक्षा थी कि हम उन तमिलों की हिफाजत करें जो हमारे काबू में नहीं थे, और फिर भी हमारा समझौता श्रीलंकाइयों के साथ था। समझौते के पीछे जिसका भी दिमाग रहा हो, वह जमीनी हकीकत को समझ नहीं पाया था। यह साफ तौर पर राजकाज की नितान्त विफलता थी।

मेरी राय में इसके पीछे तीन लोग थे; जेएन दीक्षित कोलम्बो में भारत के उच्चायुक्त थे और वे लिट्टे को बेहद नापसन्द करते थे। राष्ट्रपति जयवर्धने कोलम्बो में भारतीय कूटनीतिज्ञों के साथ काम करते हुए राजीव गाँधी को एक ऐसा समझौता करने के लिए राजी करने में कामयाब रहे जो कभी कारगर हो ही नहीं सकता था। इस कड़ी के तीसरे शख्स थे सेना प्रमुख जनरल सुन्दरजी जिन्होंने बार-बार यह जताया था कि जमीनी हालात जितने पेचीदा और खतरनाक होंगे, सेना उतनी ही बहादुरी से कार्रवाई करेगी। ब्लू स्टार में, और ब्रासटैक्स तथा ट्राइडेंट अभियानों में यही हुआ था और श्रीलंका में पहले दिन से यही हो रहा था।

पहले महीने में ही, हमने अपने आपको और लिट्टे को भी यह दिखा दिया था

कि हमारा कोई साफ मकसद नहीं था और यूँ ही एक से दूसरी जगह भागते फिर रहे थे। अगर हमारा मकसद सचमुच शान्ति सेना की भूमिका निभाना था तो, हमारी तैनाती पूर्वी और उत्तरी प्रान्तों और शेष श्रीलंका की सीमा के बीच एक बफर के तौर पर होनी चाहिए थी जैसे कि साइप्रस में लड़ रहे गुटों के बीच संयुक्त राष्ट्र ने तैनाती की थी। परन्तु हो यह रहा था कि हम सभी जगह मारे-मारे फिर रहे थे और एक तरह से तमिलों के हरेक गढ़ में घुसे जा रहे थे। इसका कोई मतलब नहीं था और सितम्बर शुरू होने तक हममें से अधिकतर लोग श्रीलंका में हमारे मकसद को लेकर बिल्कुल हैरान हो चुके थे।

जिस सेना का यह दावा था कि इसे बुनियादी सैनिक प्रशिक्षण भारत में मिला था और ज्यादातर साज-सामान तमिलनाडु से मिला था, उसके लिए भारतीय सेना के खिलाफ हथियार उठाने का कोई मतलब नहीं बनता। हमारे नजरिये से भी, भारतीय शान्ति सेना श्रीलंका में तमिलों की हिफाजत के पक्के इरादे से आयी थी। दो-एक महीनों में ही लिट्टे का हमारे निशाने पर आ जाना हमारी नीतियों के बारे में बहुत कुछ कह जाता है।

आने वाले महीनों में, जब लिट्टे के साथ लड़ाई ने गम्भीर रूप धारण कर लिया तो, कई वरिष्ठ कमांडरों ने कनिष्ठ नेतृत्व पर और कहीं-कहीं तो सैनिकों पर दोष लगाकर भ्रम पैदा करने की कोशिश की। दुर्भाग्य से यह सबसे बड़ा झूठ था—विफलता आला अफसरों के स्तर पर हुई थी और कैसी भी लीपापोती करके इस सच को बदला नहीं जा सकता कि निचले अधिकारियों के नेतृत्व और जमीनी कार्रवाई के बूते ही आखिर में बात बन पायी थी। पहले दो-एक महीनों में जो हम चकरघिन्नी हुए, तालमेल का जो नितान्त अभाव रहा, और शान्ति सेना के मकसद को लेकर जो हम अँधेरे में रहे, इसका जबरदस्त असर हमारे वरिष्ठ कमांडरों पर देखने को मिला।

लिट्टे के खामोश हो जाने पर, वापस आमपारा पहुँचकर मैंने अपना ध्यान सिंहली लोगों और क्षेत्र को जानने की तरफ लगाया। हमने ढेरों मित्र बनाये, जिनमें पूर्वी क्षेत्र का अस्सी वर्षीय प्रधान पुरोहित भी था जों हमारे पश्चिम में स्थित मठ में रहता था। एक बार उसने मुझसे घुटनों में भयंकर दर्द की शिकायत की, और इसलिए अगली बार मैं आरएमओ को अपने साथ लेता गया। डॉक्टर ने पुरोहित की जाँच की और मुझे बताया कि इसमें कुछ नहीं किया जा सकता क्योंकि यह बुढ़ापे से जुड़ी परेशानी थी। इस बीच पुरोहित पूरी श्रद्धा और उम्मीद से सेना के उस डॉक्टर को देखता रहा।

"अपना आला उसके घुटने में लगाओ," मैंने डॉक्टर से कहा, और जब मैंने दोबारा आदेश दिया तो उसने विरोध किया। उसने कर्तव्यनिष्ठा से आले को पुरोहित के घुटने पर लगाया और एक ओर सिर झुकाकर गौर से सुनने लगा। उसने दूसरे

घुटने पर भी आला लगाकर सुना। फिर हम एक कोने में जाकर सिर से सिर जोड़कर बतियाने लगे जबकि पुरोहित हमें श्रद्धा और आदर भाव से देखता रहा।

"उसे कुछ रंगीन गोलियाँ और विटामिन बी कॉम्पलेक्स का इंजेक्शन दे दो," मैंने आरएमओ से कहा और वह बड़ी संजीदगी से सिर हिलाकर इस काम में जुट गया।

विटामिन ने अपना असर दिखाया और बूढ़े पुरोहित के चेहरे पर खुशी साफ दिखाई देने लगी। उसके बाद तो अपने शिष्यों को उपदेश की शुरुआत में वह यह जरूर कहता कि "भारतीय सेना के डॉक्टर बहुत अच्छे हैं... उन्होंने मेरे घुटने की भी आले से जाँच की और मुझे एक इंजेक्शन भी दिया।" हमने जो साख बनायी उसका अन्दाजा इस बात से लगाया जा सकता है कि जब राष्ट्रपति जयवर्धने आमपारा के दौरे पर आये तो उन्होंने क्षेत्र में सिंहलियों और भारतीय सेना के सम्बन्धों की जमकर तारीफ की। वैसे वह श्रीलंका में भारतीय सेना की मौजूदगी से खुश नहीं थे।

जयवर्धने के भाषण के और भी परिणाम सामने आये। उच्चायुक्त जेएन दीक्षित ने फौरन ब्रिगेड से सम्पर्क करके यह जानना चाहा कि हमने आमपारा में ऐसा क्या अलग किया था, और उन्होंने दौरे का कार्यक्रम भी बना डाला। मैंने उन्हें बताया कि कैसे हमने प्रधान पुरोहित के साथ साख बनायी थी, और फिर उनसे गुजारिश की कि वे मठ को एक गलीचा भेंट करें। प्रधान पुरोहित की बात राष्ट्रपति से हुई और वह गलीचा पाकर और भी खुश हो गया और उसने अपने उपदेश में एक पंक्ति और जोड़ ली कि "यह अद्भुत गलीचा जिस पर मैं बैठा हूँ, यह मुझे भारत से उपहार में मिला है।"

इस बीच जमीनी हालात तेजी से बदल रहे थे। 4 अक्टूबर को श्रीलंकाई नौसेना ने पॉइंट पेड्रो के पास लिट्टे की एक नौका को रोका। कोलम्बो का दावा था कि लिट्टे काडर पाक स्ट्रेट के पार चोरी-छिपे हथियार पहुँचा रहा था, और इसलिए उन्हें रियायत नहीं दी गयी। लिट्टे ने इन आरोपों का खंडन करते हुए यह दावा किया कि उसके जवान समझौते के अनुसार दस्तोवेजों को मद्रास से जाफना ले जा रहे थे। कैदियों में कुछ साल पहले अनुराधापुरा में हुए बोधि वृक्ष नरसंहार के सम्बन्ध में वांछित पुलेंद्रन, कुमारप्पा आदि जैसे कुछ नामी-गिरामी टाइगर भी थे, और श्रीलंकाई उन पर मुकदमा चलाने की ठाने हुए थे।

लिट्टे ने शान्ति सेना से सुरक्षा मजबूत करने की गुहार लगायी जिसने विद्रोहियों को हिरासत में लिया हुआ था। दूसरी ओर, श्रीलंकाई अड़े हुए थे कि कैदियों को कोलम्बो भेज दिया जाये। शान्ति सेना के नाते, इस मसले पर कोई बहस नहीं होनी चाहिए थी, परन्तु जेएन दीक्षित लिट्टे बन्दियों को श्रीलंकाई सेना को सौंप देने पर आमादा थे। उनके और नयी दिल्ली के बीच इस पर गरमागरम चर्चा हुई। जैसे ही बन्दियों को यह साफ हो गया कि जीत श्रीलंका की होगी, उन्होंने अपने मुँह में छिपाकर रखे सायनाइड के कैप्सूल चबाकर सामूहिक आत्महत्या कर ली।

उनकी मौत का मौजूदा हालात पर जबरदस्त असर हुआ, वे अब काबू से बाहर हो गये। 5 अक्टूबर की रात, जाफना में सिंहलियों का व्यापक नर संहार हुआ और वे आठ श्रीलंकाई कैदी भी मार दिये गये जिन्हें उस समय बन्धक बनाकर रखा गया था। जाफना के आसपास भारतीय सैनिकों और लिट्टे के बीच सशस्त्र झड़पों की खबरें भी आयीं।

तीन दिन बाद, लिट्टे ने भारतीय ठिकानों पर मोर्टार से गोलाबारी कर दी। भारतीय रक्षा मंत्री अरुण सिंह और सेना प्रमुख जनरल सुन्दरजी तब कोलम्बो में थे जब जयवर्धने ने यह धमकी दी कि अगर शान्ति सेना ने जवाबी कार्रवाई नहीं की तो वे श्रीलंकाई सेना को फिर तैनात कर देंगे। देश दहशत में देखता रहा और यह साफ हो गया कि अब हमें उन्हीं लोगों से लड़ना था जिनकी हिफाजत करने हम आये थे। भारतीय शान्ति सेना को अब लिट्टे से लड़ना था।

भारतीय सेना का पहला आक्रमण ऑपरेशन पवन के कोड नाम से शुरू हुआ जिसमें लिट्टे के तवाडी और कोक्कुविल स्थित प्रसारण केन्द्रों को निशाना बनाया गया और लिट्टे प्रायोजित दो अखबारों के छापाखानों को भी नष्ट कर दिया गया। तकरीबन दो सौ लिट्टे कारिन्दे पकड़ लिए गये। बदले की कार्रवाई में, लिट्टे ने घात लगाकर तेल्लिप्पल्लई के नज़दीक सीआरपीएफ के काफिले पर हमला कर दिया जिसमें चार जवान मारे गये। उन्होंने शान्ति सेना की एक चौकी पर भी हमला किया और बाद में 10 पैरा कमांडो की एक जीप को अपने कब्जे में कर लिया और उसमें सवार सभी पाँच लोगों की हत्या कर दी।

10 अक्टूबर की सुबह, ब्रिगेडियर जे रल्ली के नेतृत्व में 91 ब्रिगेड ने तीन पैदल बटालियन और बीएमपी वाहनों के साथ जाफना में घुसना शुरू किया। योजना यह थी कि लिट्टे की कमान शृंखला को ध्वस्त करके या अपने कब्जे में लेकर, शहर में और उसके आसपास लिट्टे की संचालन क्षमता को बेकार कर दिया जाये—और इस तरह तमिल आन्दोलन को दिशाहीन बना दिया जाये।

अक्टूबर आया और दक्षिण में, आमपारा और अक्काराइपट्टू में लिट्टे में मौजूद हमारे सम्पर्क सूत्र जैसे गायब ही हो गये। जिस दिन हमारी सहायक ब्रिगेड जाफना में घुसी, सीओ की जीप को आईईडी से उड़ा दिया गया। कर्नल नंजप्पा भाग्यशाली रहे कि उन्हें मामूली चोटें ही आयीं, परन्तु हमारे एक जवान की रीढ़ की हड्डी को नुकसान पहुँचा। हमने फौरन कारगर कार्रवाई करते हुए लिट्टे के पूर्वी प्रान्त के सैन्य कमांडर डेविड और लिट्टे के अन्य सन्दिग्ध पुरुष काडर को पकड़ लिया। उन आदमियों को छाती पीटती और दहाड़ें मारती औरतों से अलग किया गया जो अच्छा-खासा तमाशा खड़ा कर रही थीं, और धमाके की जगह के पास एक खुले मैदान में बैठा दिया गया।

उनसे कहा गया कि "हमारे सीओ की जीप को निशाना बनाया गया है और हम

बदले में वैसा ही तांडव कर सकते हैं जैसा श्रीलंका स्पेशल टास्क फोर्स करती है। परन्तु हम उनकी तरह नहीं हैं। यह इस तरह की पहली और आखिरी हरकत होनी चाहिए। आइन्दा अगर ऐसा कुछ हुआ तो, शायद हम गुस्से को काबू नहीं रख पायेंगे।"

हमने सबको जाने दिया। पहले तो स्थानीय लोग मुँह बाये हमें देखते ही रह गये, उन्हें यकीन ही नहीं हो रहा था कि हमने कुछ लोगों को पकड़कर उन्हें गोली नहीं मारी। 25 राजपूत के इस आचरण के बहुत लाभ मिले; लिट्टे के काडर जब भी हमारे क्षेत्र में आते, हमें उसकी जानकारी मिल जाती। बाद में मेरे कॉलम को उड़ा तो दिया गया, पर यह हमारी ही गलती से हुआ, क्योंकि हमें जो जानकारी मुहैया करायी गयी थी उसे हम समझ नहीं पाये। अगर हम हालात को ठीक-ठीक समझ लेते तो, मेरे तीन जवान मारे नहीं जाते।

भारतीय शान्ति सेना और लिट्टे के बीच लड़ाई 12-13 अक्टूबर की रात उस समय तेज हो गयी जब लिट्टे के जाफना यूनिवर्सिटी मुख्यालय पर हेलीकॉप्टर से हमला किया गया। पैरा कमांडो और सिख एलआई के सैनिकों ने इस त्वरित कार्रवाई को अंजाम दिया। भारतीय गुप्तचर सेवाओं ने लिट्टे के आला नेतृत्व की मौजूदगी विश्वविद्यालय में बतायी थी और उम्मीद की जा रही थी कि इस कार्रवाई से जाफना की लड़ाई का तुरन्त अन्त हो जायेगा। जब हेलीकॉप्टर वहाँ पहुँचे, लिट्टे घात लगाकर इन्तजार कर रही थी क्योंकि उन्होंने शान्ति सेना के रेडियो सन्देश को पहले ही पकड़ लिया था। इसमें सिख एलआई के जवान तो सारे के सारे मारे गये जबकि पैरा कमांडो के छह सदस्य भी खेत रहे। आखिर में आर्मर्ड रेजीमेंट की एक टुकड़ी ने जिन्दा बचे लोगों को वहाँ से सफलतापूर्वक निकाल लिया।

तब तक, पूरे पूर्वी तट पर भारतीय शान्ति सेना और लिट्टे के बीच छोटी-मोटी झड़पें शुरू हो गयी थीं। कुछ ही समय में, पीएलओटीई और ईपीआरएलएफ जैसे प्रतिद्वन्द्वी तमिल गुट लिट्टे के बारे में जानकारी लेकर आगे आने लगे। हमने इन गुटों का स्वागत किया जो केवल जानकारी ही नहीं दे रहे थे बल्कि खास-खास विरोधियों को पहचानने में हमारी मदद भी कर रहे थे। लेकिन हम दोस्त और दुश्मन के बीच फर्क करने में फिर भी पारंगत नहीं हुए थे। थोड़ी जानकारी मिलने पर, मैंने गैर-सैनिक वाहनों को लेकर त्वरित अभियान शुरू कर दिया। अपनी पहचान गुप्त रखते हुए, हमने जल्दी ही दो कारिन्दों को अपनी गिरफ्त में ले लिया, जिनमें एक उस क्षेत्र में लिट्टे का एक बड़ा सरगना था। हमें यह देखकर बड़ी कोफ्त हुई कि हमने जैसे ही उसे पकड़ा, आसपास की झोंपड़ियों से औरतों का हुजूम निकल आया और वे कहने लगीं कि जिसे हमने पकड़ा है वह उनका बेटा, भाई, पति या दोस्त था जिसका लिट्टे से कोई सरोकार नहीं था। मेरे सीओ ने कहा, "सर, मैं सोचता हूँ हमें इस आदमी को छोड़ देना चाहिए। शायद हमने गलत बन्दे को पकड़ लिया है।" मैंने उसे छोड़ दिया और औरतों ने हमें दुआओं से लाद दिया। बाद में,

लिट्टे के उसी कारिन्दे ने एक भारतीय कॉलम पर हमले को अंजाम दिया। जल्दी ही हमारी समझ में आ गया कि वे रोती-दहाड़ती औरतें उस आदमी को जानती भी नहीं थीं। उनकी असली लगने वाली यह नौटंकी अरसे से चली आ रही थी और वे इसमें महारत हासिल कर चुकी थीं।

जाफना के लिए लिट्टे ने भीषण लड़ाई लड़ी थी। सारे सम्पर्क मार्गों पर मारक क्लेमोर बारूदी सुरंगें और रिमोट-नियन्त्रित आईईडी लगा दी गयी थी; जिनसे कितने ही भारतीय हताहत हुए। उम्दा रायफलों और इंफ्रारेड दूरबीनों से लैस घात लगाकर हमला करने वालों को भारतीय अफसरों और रेडियो संचालकों की पहचान करने में विशेषज्ञता हासिल थी। इसके अलावा भारतीय आला कमान की अस्पष्ट सोच थी जिन्होंने भारी हथियारों की तैनाती पर व्यापक प्रतिबन्ध लगाकर शुरू में अपने ही सैनिकों को अपंग कर दिया था। कुछ ही दिनों में, यह स्पष्ट हो गया कि और भी सेना की जरूरत होगी, और वह भी खासकर इसलिए कि नयी दिल्ली का आग्रह था कि विरोध के क्षेत्रों को नजरअन्दाज किये बगैर ही जाफना पर कब्जा किया जाये।

एक पखवाड़े की खामोशी के बाद फिर से आगे बढ़ना शुरू किया गया, जिसमें टी-72 टैंकों, बीएमपी वाहनों और एमआई-35 गनशिपों और नौसैनिक मरीन कमांडो को साथ लिया गया। आखिरकार, 28 नवम्बर को जाफना फोर्ट का पतन हो गया और लिट्टे जाफना से रफूचक्कर हो गये। उनके कट्टर लड़ाके अभेद्य निट्टकैकुलम क्षेत्र के आड़े-तिरछे जलमार्गों में आश्रय लेकर पॉइंट पेड्रो से एलीफैंटपास तक तट का चक्कर लगाते हुए वावुनिया और मुल्लैत्तिकु के आसपास के सुरक्षित जंगलों में, दक्षिण की ओर चले गये। और जाफना नगर हाथ से निकल जाने के बावजूद, लिट्टे ने—आईईडी और कार्मिक-विरोधी बारूदी सुरंगों का इस्तेमाल करते हुए—54 डिवीजन के अपनी स्थिति मजबूत करने की कोशिशों को पलीता लगाना जारी रखा।

1987 बीतते-बीतते, 36 डिवीजन भी, मेजर जनरल जमील महमूद के नेतृत्व में श्रीलंका पहुँच गयी थी। 54 डिवीजन ने जाफना को पूरे तौर पर सँभाल लिया तो 36 डिवीजन ने त्रिंकोमाली के दक्षिण के क्षेत्र का संचालन अपने नियन्त्रण में ले लिया। 76 ब्रिगेड को नयी व्यवस्था में भेज दिया गया। जनरल महमूद पैदल सेना के अफसर थे और जनरल सुन्दरजी के सैन्य सहायक रह चुके थे। मैं जब एमओ निदेशालय में था तो वहाँ उनसे एकाध बार मिल चुका था। परिचय के दौरान वे जल्दी ही आमपारा आये। मैं अपनी टूटी-फूटी आरसीएल जीप में उन्हें घुमाने ले गया; यात्री सीट को गुदगुदी बनाने के लिए उस पर मैंने एक अतिरिक्त कम्बल लगा दिया था। जनरल महमूद में यह खूबी थी कि वे किसी को असहज नहीं होने देते थे। कम्बल देखकर वे बोले, "वीके, यह बहुत बढ़िया है। यह तुमने अच्छा किया कि मेरे लिए अलग से एक कम्बल लगा दिया।"

उन्हें घुमाने के बाद, हम दोनों आम इलाके की जानकारी के लिए कम्पनी

मुख्यालय की ओर चल दिये। जमील अहमद कुछ भी नहीं सुन रहे थे; वह तो बोर्डों पर लगे नक्शों को देखे जा रहे थे। "ये कैसे नक्शे हैं?"

"श्रीलंकाई सेना के नक्शे," मैंने कहा। वे उनके पास गये और उन्हें गौर से देखने लगे। अचानक मेरे ध्यान में आया कि उनके पास वही पुराने नक्शे थे जो तब हमारे पास थे जब हम श्रीलंका आये थे। मैंने फोन उठाया और श्रीलंकाइयों से कहा कि वे मुझे दो सेट तुरन्त मेरे जीओसी के लिए भेज दें। जब तक मैं जानकारी पूरी करता, जीओसी के लिए नक्शे आ चुके थे, लेकिन यह बड़ी अजीब बात थी, मुझे इस पर यकीन नहीं हो रहा था। श्रीलंका में हमें चार महीने हो गये थे और भारतीय सेना को किसी भी अभियान के लिए इतने जरूरी ये ताजातरीन नक्शे मिले ही नहीं थे। मेरी समझ में नहीं आ रहा था कि हम श्रीलंकाई सेना से कोई मदद क्यों नहीं ले रहे थे। मंकी-ब्रिज कैम्प की बैरकों में अपने जवानों को रखने से मना करने समेत हम मुश्किल रास्ते इख्तियार किये जा रहे थे। मुद्दा इस सबब और उलझ गया था कि उन दिनों ऊपरी मुख्यालयों से जो आदेश आ रहे थे वे निरे हास्यास्पद थे।

आम तौर पर ऐसे आदेश आते थे, "जंगल में जाओ और उसे साफ करो!" यह तो जैसे किसी को समझ में ही नहीं आ रहा था कि आप दुश्मन के इलाके में घुसकर उनका खात्मा नहीं कर सकते। अक्सर ही लिट्टे के लोग हमें आते देखते और अपने पिछवाड़े के दलदलों और लगूनों में गायब हो जाते थे। जंगलों में, वे स्थान ढूँढ़कर जब चाहें हम पर घात लगाकर वार कर सकते थे। यह तो पहले से समझ लेना चाहिए था कि वहाँ आईईडी और छिपे हुए फन्दे होंगे, और इस जानकारी को सैनिकों तक पहुँचा देना चाहिए था। लेकिन ऐसा कुछ नहीं हुआ; हमें बस एक से दूसरी जगह जाने के आदेश मिलते रहे। यह एक चमत्कार जैसा ही था कि 25 राजपूत को अक्काराईपट्टू से नहीं हटाया गया था, और मुझे काफी समय तक आमपारा में बने रहने दिया गया था। यह भी कम आश्चर्य की बात नहीं थी कि दूसरे क्षेत्रों में हम दर्जनों घातक घटनाओं को न्योता दे रहे थे।

फरवरी 1988 तक, 57 डिवीजन भी श्रीलंका आ गयी थी, और एक बार फिर हम वहीं के वहीं रह गये जबकि शेष 36 डिवीजन वहाँ से कूच कर गयी। 76 ब्रिगेड को जल्दी-जल्दी दूसरी बार नयी डिवीजन में भेज दिया गया जिसकी कमान राजपूताना रायफल्स के मेजर जनरल टीपी सिंह सँभाल रहे थे। 57 डिवीजन को श्रीलंका में ईस्टर्न थियेटर से लाया गया जहाँ वह प्रति-विद्रोह (सीआइ) अभियान में लगी थी। इस डिवीजन के एसओपी बिल्कुल स्पष्ट थे; उसमें एक जीओसी था जो इस बारे में बिल्कुल स्पष्ट था कि लिट्टे से कैसे निपटना है। लड़ाई में भी एक उल्लेखनीय अन्तर था।

उस समय तक, लिट्टे सचमुच हमारे साथ खिलवाड़ कर रही थी। मुझे याद है, एक रात मैं बट्टीकालोआ में ब्रिगेड के मुख्यालय में ठहरा था। अँधेरा होते ही एक

तमिल टाइगर ने अचानक एएससी (आर्मी सर्विस कोर) के एक ठिकाने पर फायरिंग कर दी। चौकी ने तुरन्त जवाबी कार्रवाई की और फिर जल्दी ही उस इलाके में मौजूद दूसरे भी शुरू हो गये। आखिर में, बीएमपी भी इसमें शामिल हो गये और माहौल में हर तरफ गोलियाँ सनसनाने लगीं।

नये जीओसी ने सबसे पहले यह काम किया कि वह बट्टीकालोआ के दौरे पर गये, जहाँ 76 ब्रिगेड के कमांडर ने उनका स्वागत किया। जनरल ने कहा, "मैं शहर देखना चाहता हूँ।" बिग्रेड धर ने हिचकिचाहट दिखायी तो, जनरल ने झंडे और स्टार प्लेट सहित खुद ही गाड़ी चलाने का फैसला किया। उनका कहना था कि "हमें सबको साफ-साफ जता देना चाहिए कि—शहर पर नियन्त्रण हमारा है, लिट्टे का नहीं।" सैनिकों पर इसका जबरदस्त असर हुआ, उन्हें आखिरकार ऐसा जनरल मिल गया था जैसा उन्हें चाहिए था। "लिट्टे का जंगलों में जोर है तो, होने दें। हम शहरों और आबादी वाले केन्द्रों पर नियन्त्रण करेंगे। देर-सबेर, टाइगरों को अगर लोगों का समर्थन चाहिए तो उन्हें शहरी इलाकों में आना होगा। जब ऐसा होगा, हम उनका इन्तज.(करते होंगे।"

पूर्वी प्रान्त

1988-1989 के पूरे दौर में, भारतीय सेना ऐसे युद्ध में लगी रही जिसमें दोनों पक्षों का नुकसान हो रहा था; वह एक ऐसे दुश्मन से निपट रही थी जो आईईडी और क्लेमोर बारूदी सुरंगों के इस्तेमाल में खास माहिर थे। 'यहाँ जाओ' और 'वहाँ जाओ' के दौर से अलग, अब हम किसी भी कूच को लेकर सचेत रहते थे। 25 राजपूत की बटालियन का मुख्यालय अक्काराईपट्टू में ही रहा जबकि अन्य कम्पनियों को कालमुनाई और पोट्टुविल के बीच फैला दिया गया (जो उत्तर में आमपारा तक पसरे लाहुगला नेशनल पार्क के बगल में था)।

लगभग एक किलोमीटर की दूरी से अक्सर रिमोट से नियन्त्रित होने वाली आईईडी के कारण ये आदेश हुए थे कि सैनिक हर बार पैदल ही कूच करेंगे। यह अच्छा आदेश था जिससे सचमुच कई जानें बचीं, लेकिन हमारे लिए यह उस समय एक खराब सपना ही साबित हुआ जब हमसे आमपारा से तीस किलोमीटर दूर अक्काराईपट्टू के आसपास अभियान चलाने को कहा गया। पैदल चलना कोई मसला नहीं था, लेकिन यह असम्भव था कि हम इतनी दूर चलकर जायें और किसी को पता न चले। हमारे वहाँ से गुजरने की जानकारी होने पर, हम पर घात लगाकर वार होने की सम्भावनाएँ बेहद ज्यादा थीं। मैंने एसओपी को नजरअन्दाज करने का फैसला करते हुए श्रीलंकाई सेना से गुजारिश की कि मुझे एक गैर-सैनिक बस मुहैया करायी जाये। मैंने बस पर दो पलटनों को चढ़ाया और कम्पनी के एक टन के वाहन और मेरी खस्ताहाल जीप को साथ लेकर हम अक्काराईपट्टू चल दिये।

25 राजपूत में दो अफसर थे जिनमें एक को जवान 'भाग्यशाली' और दूसरे को 'दुर्भाग्यशाली' मानते थे। विकास उप्पल छोटी उम्र का था जो अपने साथ हमेशा सौभाग्य लेकर आता था, क्योंकि वह जहाँ भी जाता वहाँ बटालियन को सफलता मिलती थी। उसके ठीक उलट 'कुट्टी' शर्मा था जिसकी मौजूदगी में (हालाँकि इससे उसका कुछ लेना-देना नहीं था) हमेशा या तो शिकार भाग जाता था, बटालियन के हाथ कुछ नहीं लगता था। जो भी हो, मुझे यह देख खुशी हुई कि अक्काराईपट्टू में विकास उप्पल हमारा इन्तजार कर रहा था और सचमुच, हमारा अभियान सफल रहा जिसमें हमने लिट्टे के तीन टाइगरों को पकड़ा। इस कामयाबी से उत्साहित, हम बटालियन मुख्यालय की ओर जा रहे थे कि मुझे लगा कि कहीं कुछ भारी गड़बड़ है। हम अक्काराईपट्टू बस्ती से निकल रहे थे तो, मैंने पूछा, "यहाँ हमेशा ऐसी ही खामोशी रहती है क्या?"

"जी, सर," उप्पल ने कहा, "यहाँ पर ऐसा ही होता है।" हम अक्काराईपट्टू और बटालियन मुख्यालय के बीच सड़क किनारे के एक खुले इलाके से निकल रहे थे।

यूनिट में, नवविवाहित आरएमओ ने एक छोटी-सी पार्टी दी, जिसमें थोड़ा अतिरिक्त मीठा तो बनता ही था। रात के खाने के दौरान, मैंने कर्नल नंजप्पा से कहा कि मैं फौरन ही आमपारा जाऊँगा, क्योंकि कम्पनी का सारा गोला-बारूद और हथियार महज एक सेक्शन की निगरानी में थे। तभी हमें यह खुफिया जानकारी मिली कि यूनिट और कसबे के बीच सड़क पर कहीं एक पुरानी आईईडी दबी थी। इस खबर का स्रोत एक पोस्टमास्टर था जो अमूमन बहुत भरोसे लायक था। उसने सीओ को यह भी बताया कि आईईडी काफी पुरानी थी और इसे दागने के लिए लिट्टे को कोई गाँव वाला नहीं मिल पाया था।

इस जानकारी को हमने यथावत लिया। यह उम्मीद करते हुए कि पोस्टमास्टर सही था और आईईडी दागा नहीं जायेगा, हमने जाने का फैसला किया। अधिकांश जवान बस में निकले। मैं उनके पीछे अपनी आरसीएल में चला जिसमें हेडलाइट नहीं थी, और इस पीछे आ रहे एक टनी वाहन की रोशनी के सहारे अपना रास्ता बना रहा था। जब हम एक खुले स्थान पर आये तो, मुझे फिर वही अजीब-सा एहसास हुआ कुछ भयंकर गड़बड़ जरूरी थी। तब तक हम इस चौरस स्थान के बीच पहुँच चुके थे और मुझे याद है कि उस समय मेरे मन में यही ख़याल आया था कि आईईडी के लिए यह बिल्कुल माकूल जगह थी। ठीक तभी एक हलका धमाका हुआ और मैंने घूमकर देखा कि एक टनी वाहन जमीन से उड़ गया था। उसके बाद जो अँधेरा हुआ, उसमें छोटे हथियार चल पड़े और उस इलाके में गोलियों की बौछार हो गयी। हमने गोलियों की चमक की तरफ जवाबी फायरिंग की। धमाका सुनकर, बस आगे रुक गयी थी और जवान दुश्मन से निपटने के लिए फैल गये थे। एक टनी वाहन एक गहरे गड्ढे में टूटा-फूटा पड़ा था और उसमें से धुआँ उठ रहा था, घायल दर्द से कराह रहे थे। कुछ ही सेकंड में लिट्टे के लोग रात के अँधरे में गायब हो गये

और हमने अपने हताहतों का जायजा लिया। एक जेसीओ और दो जवान मारे गये थे और अन्य गम्भीर रूप से घायल हुए थे।

धमाके की आवाज बटालियन के ठिकाने तक पहुँची थी, और जल्दी ही सैनिक आकर घायलों को वहाँ से निकालने में हमारी मदद करने आ पहुँचे। श्रीलंकाई वायु सेना के हेलीकॉप्टर मँगाये गये और वे हमारी दागी हुई चमकदार लपटों के सहारे पल झपकते आ भी गये।

कुछ ही मिनट में, ब्रिगेड हमारे मामले की जाँच में लग गयी। सबसे पहले तो वही अनिवार्य सवाल पूछा गया, "जब पैदल के आदेश थे तो तुम लोग गाड़ियों में क्यों थे?" मुझे गुस्सा आया। मेरे मन में इस बात को लेकर कोई सन्देह नहीं था कि अगर हम वापसी में पैदल आते तो, लिट्टे ने तकरीबन तीस किलोमीटर के उस रास्ते में कहीं न कहीं हम पर घात लगाकर हमला कर दिया होता। संवेदनशील न होना एक बात थी, लेकिन हकीकत से बिल्कुल आँखें मूँद लेना अलग बात थी। बहरहाल, कर्नल नंजप्पा चट्टान की तरह मेरे पीछे खड़े थे, और इसलिए ब्रिगेड ने और कोई चारा न देख इस मामले को विशुद्ध सहज बोध (कॉमनसेंस) के आधार पर वहीं छोड़ दिया।

मैं अल्फा कम्पनी के साथ आमपारा से अपना काम करता रहा। उन दिनों, 25 राजपूत को बाकायदा 76 से 24 ब्रिगेड स्थानान्तरित कर दिया गया था जो 57 डिवीजन का हिस्सा थी, और उसने अपना मुख्यालय हवाई अड्डे के बगल में बना लिया था। पहली रात, पूरी ब्रिगेड हरकत करती रही, शोर-शराबा करती रही, जवान टिन की प्लेटों को पीटते और पूरा जोर लगाकर चीखते रहे। ऐसा हो-हल्ला मचा था कि लग रहा था कि तकरीबन दो सौ किलोमीटर उत्तर में जाफना में बनी लिट्टे की चौकियों में भी उसे सुना गया होगा।

इस वजह से रात भर सो नहीं पाये ब्रिगेड कमांडर ब्रिगेडियर लोगनाथन अगली सुबह बहुत गुस्सा हुए। असम रेजीमेंटल सैनिकों वाले ब्रिगेड शिविर के सीओ की पेशी हुई क्योंकि सबसे ज्यादा शोर उन्हीं की यूनिट कर रही थी। "हाथी सर," सीओ ने उस शोर-शराबे की सफाई में कहा। असम के सैनिकों ने यह समझ लिया था कि श्रीलंका के हाथी केवल तमिल समझते हैं और इसलिए वे उनकी सीमित शब्दावली का अभ्यास कर रहे थे, 'पो, पो,' चिल्ला रहे थे। जेसीओ ने अगली सुबह सीओ से कहा था, "साब, तमिल हाथी हैं। सिर्फ तमिल समझते हैं।"

24 ब्रिगेड ने आखिरकार अपना मुख्यालय कालमुनई में बना लिया। 25 राजपूत की तैनातियाँ भी बदल गयीं, और मैं कालमुनई-अक्काराईपट्टू मार्ग पर कराईनिषु में पहुँच गया। यहाँ हमने एक परित्यक्त सरकारी इमारत में अपना ठिकाना बना लिया। एक कम्पनी अक्काराईपट्टू में बटालियन मुख्यालय और अन्य सहायक तत्त्वों के साथ थी, एक कम्पनी थिरूकोविल में थी, और एक दक्षिण में पोट्टूविज में, जबकि एक पलटन कोमारी में थी। हमारी एक कम्पनी आखिरकार कालमुनई स्थित ब्रिगेड

मुख्यालय के साथ चली गयी और उसने कालमुनई में हुई एक साम्प्रदायिक वारदात के बाद 13 गार्ड्स के तत्त्वों की जगह ले ली।

उसके कुछ ही समय बाद हमने एक स्थानीय आतंकी को पकड़ा और उससे जंगल में स्थित एक शिविर की जानकारी उगलवाने में कामयाब रहे। मेरे साथ मेहनती कुटटी शर्मा और अन्य आतंकी समूहों के कुछ काडर थे जो लिट्टे के खिलाफ काम कर रहे थे। जंगल में मेरी हमेशा यही कोशिश होती थी कि 'मित्र देशों के वासियों' (फ्रेंडलीज) को आगे रखकर चलूँ क्योंकि वे बेहद सुप्रशिक्षित होते थे और पेड़-पौधों के बीच भूतों की तरह चलते थे। उनके बाद मैं आता था और उनके नजदीक रहता था जबकि मेरे बाकी जवान जो खामोशी से चलने में इतने माहिर नहीं थे, मेरे पीछे फैले होते थे। दरअसल, लिट्टे का हमेशा यही कहना होता था कि भारतीय सैनिक जंगल में ऐसे चलते थे जैसे बाँसों के बीच हाथी।

शिविर के खाली स्थान में झोंपड़ियों के दो झुंड थे; एक तो कुछ नीची भूमि पर था जबकि दूसरा उसके ऊपर स्थित था। मैंने अन्दाजा लगाया कि लिट्टे रणनीति के लिहाज से ऊपरी जमीन पर रहते होंगे, और मैंने उन झोंपड़ियों से खुद निपटने का फैसला किया। कुट्टी शर्मा को निचली झोंपड़ियों में रहना था। उसी के मुताबिक हम तैनात हो गये, और अपने निशानों की तरफ बढ़ने लगे। अचानक मुझे संगीत सुनाई पड़ा, और मैंने उसे देखने के लिए एक स्काउट को आगे भेज दिया। उसे पहरेदारी करता एक टाइगर मिला और अपनी उत्तेजना में स्काउट ने फायरिंग की और उसे मार दिया। इससे बाकी लिट्टे काडर जो खाना खा रहे थे होशियार हो गये और अपने हथियार लेकर वहाँ से बड़े खरगोशों की तरह फौरन भाग लिए। ऐसा होता रहता था।

हम बटालियन मुख्यालय से बहुत दूर थे और अब लिट्टे को पता चल गया था कि हम जंगल में थे। मरने वाला अगर हमारा जवान होता तो, शव को वहाँ छोड़ देने का सवाल ही नहीं उठता था, लेकिन मैं एक मृत टाइगर को अपने साथ ले जाकर अपने जवानों की सुरक्षा को खतरे में नहीं डाल सकता था। आगे कोई भी झमेला न करते हुए, हमने फुर्ती से मृत पहरेदार को दफना दिया, शिविर की तलाशी ली, बाकी राशन जला दिया, और उस इलाके से निकल आये।

ब्रिगेड कमांडर ने पूछा भी कि हम उस मरहूम को लेकर क्यों नहीं आये। वे पैराटूपर थे और अच्छे अधिकारी थे; उस इलाके में घूमते समय वे अपना झंडा फहराने में झिझकते नहीं थे। कुछ दिन बाद, ब्रिगेडियर ने मुझसे उनके साथ हेलीकॉप्टर की सवारी करने को कहा क्योंकि वे पोट्टुविल में राजपूत कम्पनी के दौरे पर जा रहे थे। हम घने जंगल के ऊपर से निकले तो, मैंने उन्हें जंगल की वह साफ जगह दिखायी जहाँ झोंपड़ियाँ थीं। वह इलाका देखकर कमांडर ने माना कि एक मृतक के साथ यहाँ से निकलने की कोशिश और हरकत करना आत्महत्या के बराबर होता,

खासकर तब, जब मृतक हमारा जवान नहीं था। वह बात वहीं खत्म हो गयी।

आधा 1988 बीतते-बीतते, मुझे लेफ्टिनेंट कर्नल के पद पर तरक्की मिल गयी और मैंने 21 सी की हैसियत से वेंकट रमणन से कार्यभार सँभाल लिया। इससे मुझे करईतिवु से निकलना पड़ा जहाँ वीरेन्द्र गुलिया ने मुझसे कम्पनी का काम सँभाल लिया। सीओ के साथ मेरे कामकाजी रिश्ते बहुत अच्छे रहे; उन्होंने मुझसे कहा कि मैं संचालन का काम देखता रहूँ और बाकी सब वे सँभाल लेंगे।

खुफिया तन्त्र-आधारित अभियान

'जीत और आपदा' के बीच महीन रेखा खुफिया तन्त्र है। जनरल टीपी सिंह के नेतृत्व वाली 57 डिवीजन इसे बहुत अच्छी तरह से समझती थी और वहाँ वर्चस्व को कम करने के लिए एसओपी थे। पहले 54 और फिर 36 डिवीजन के तहत 76 ब्रिगेड के साथ काम करते समय अगर हमें ऐसा लगता कि हम गलती से पड़ोसी बटालियन के एओआर में घुस सकते हैं तो हमें उन्हें पहले से चेता देना होता था। कभी-कभी आपको मात देने के चक्कर में अति उत्साह से भरकर, स्थानीय सीओ उस इलाके को छान मारता और हमारे हाथ कुछ भी नहीं लगता था। टीपी सिंह काफी व्यावहारिक थे और वे इंसानी अहं की भंगुरता को समझते थे। उसी के मुताबिक नये आदेश जारी किये जाते थे। अब हमें उस बटालियन को पहले से आगाह नहीं करना पड़ता था जिनके इलाके में हम घुस रहे होते थे; बल्कि वहाँ पहुँच जाने पर भी हम उन्हें बता सकते थे। नीति में इस छोटे-से बदलाव के बेहद अच्छे परिणाम सामने आये।

इसमें पूरा जोर 'खुफिया सूचना-आधारित अभियानों' पर था। शीर्ष पर रॉ (रिसर्च ऐंड एनालिसिस विंग) और अन्य 'उच्चस्तरीय' खुफिया संगठनों के बीच गहरा अविश्वास था। हम इस या उस लोकेशन को चेक करने के लिए अक्सर ही दिल्ली से जानकारी हासिल करते रहते थे। अक्सर ही यह भी होता था कि यह जानकारी हम तक पहुँचने से पहले ही हमारे अपने स्रोत हमें उन जगहों पर पहुँचा देते थे, लेकिन इस जानकारी की 'अत्यधिक गुरुता' के कारण अक्सर हमें पूरी क्रिया फिर से दोहरानी होती थी। श्रीलंका के पूर्वी प्रान्त में समुदायों के बीच घुलना-मिलना बेहद कम होता था, यहाँ तक कि तमिल समुदाय में भी हिन्दू गाँवों और मुस्लिम गाँवों में अलगाव होता था। तमिल बच्चे तमिल स्कूलों में पढ़ते थे, सिंहली अपने सिंहल स्कूलों में और तमिल मुस्लिम अपने बच्चों को अपने मदरसों में ही तालीम दिलवाते थे। इस तरह के विभाजन से समुदायों के बीच मतभेद बढ़ते थे। ऐसे विभाजित समुदाय में, हमारी जानकारी के सबसे अच्छे स्रोत हमेशा विरोधी तमिल गुट और स्थानीय लोग होते थे जो उन पर लिट्टे के नियम-कायदे थोपने वाले तमिल टाइगरों से तंग हो चुके थे।

कभी-कभी सचमुच भाग्य हमारा साथ देता था। 13 गार्ड्स उस समय कालमुनई

में थे और वहाँ 'व्यापक खोज अभियान' चला रहे थे। उनके सीओ कर्नल राम सिंह को अतिरिक्त सैनिकों की जरूरत पड़ी तो, 24 ब्रिगेड ने गार्ड्स बटालियन की मदद के लिए 25 राजपूत से एक कम्पनी उन्हें दे दी। मेरा काम यह था कि बाहर जाने के दो रास्तों पर अपने सैनिक तैनात कर दूँ, ताकि उनका उल्लंघन न होने पाये। तभी मेरे एक स्रोत से मुझे जानकारी मिली कि लिट्टे पास के इलाके में भर्ती अभियान चलाने वाले हैं। मैंने 13 गार्ड्स के सीओ से सम्पर्क कर उन्हें बताया कि मेरे पास लिट्टे के बारे में ठोस खुफिया जानकारी है।

अपने काम में लगे कर्नल रामसिंह ने कहा, "आप अपना काम करें। आप हमसे जुड़े हैं।"

मैंने थोड़ी देर इस बारे में सोचा और फिर नपा-तुला खतरा लेने का फैसला किया। मैंने अपने अवरोधों को हटा दिया और एक पलटन जुटाई। जवानों ने फटाफट गैर-सैनिकों के कपड़े पहने और तीन स्थानीय वाहन बुला लिए गये। मैं तो यही यकीन कर रहा था कि मेरा स्रोत ठोस है, लेकिन अगर यह धोखे की टट्टी साबित होती तो फजीहत भी हो सकती थी। हम धड़धड़ाते हुए एक स्थानीय खेल स्टेडियम में घुस गये जहाँ लिट्टे के पाँच वरिष्ठ कारिन्दे भर्ती में लगे थे। वे पूरी तरह चौंक गये और इधर-उधर भागने लगे। उनमें से दो को पूरे स्टेडियम के सामने निपटा दिया गया, जबकि बाकी तीन को उस समय पकड़ लिया गया जब वे बचकर आसपास के मकानों में छिपने की कोशिश कर रहे थे। उनमें से दो टाइगरों को मैं जानता था—उनमें से एक वरिष्ठ सैन्य अधिकारी था जो रिश्ते बिगड़ने से पहले मेरे सम्पर्क में रहता था। दूसरा उस सैन्य अधिकारी का दूसरा कमांडर था। दूसरे पकड़े गये टाइगरों में एक 'सियासी बॉस' था, एक 'आर्थिक बॉस' और बेरुत अड्डे का नेता था। यह बेरुत अड्डा उनका प्रशिक्षण अड्डा था और हथियारों का भंडार भी। उनके पकड़े जाने की खबर अन्तरराष्ट्रीय मीडिया ने पूरी दुनिया में पहुँचा दी, और बीबीसी ने तो इस अभियान पर एक खास रिपोर्ट जारी की।

इस बीच, उस 'व्यापक खोज अभियान' में कुछ भी हाथ नहीं लगा था। मैंने नंजप्पा को फोन पर बताया कि हमने लिट्टे के पाँच सरगना पकड़ लिए हैं। कर्नल राम सिंह जिनका फोन मैं इस्तेमाल कर रहा था, उन्होंने दुखी होकर कहा कि "हमें कोई नहीं मिला।"

"मुझे नहीं लगता था कि तुम्हें कोई मिलेगा," मैंने दो टूक जवाब दिया। "अभियान जितना बड़ा होगा, इन बन्दों को पकड़ने का मौका उतना ही कम होगा।" इस महत्त्वपूर्ण सबक को सीखने में भारतीय सेना को खासा वक्त लगा। जहाँ तक मेरी बात है, मैं इसे कभी नहीं भूला और जिसे भी बता सकता था मैंने बताया। अपने खुफिया स्रोतों पर भरोसा करो और दिमाग को साफ रखते हुए अपना ध्यान भटकने न दो। यह उस समय भी मेरा मन्त्र रहा जब कई साल बाद मैंने कश्मीर

घाटी में विक्टर फोर्स की कमान सँभाली।

वैसे यह मन्त्र हर बार काम नहीं आया, क्योंकि भाग्य की भी बड़ी भूमिका रही। एक और बड़ी मछली जिसके पीछे हम थे, वह था प्रभाकरन का एक अहम सिपहसालार करुणा, जिसने बाद में लिट्टे छोड़कर तहलका मचा दिया था। जीओसी जनरल टीपी सिंह ने बिना लाग-लपेट मुझसे कह दिया, "अड़तालीस घंटों में। मुझे करुणा चाहिए।"

मैं हँस दिया। करुणा कोई पेड़ से लटकता नारियल नहीं था कि कोई आये और उसे तोड़ ले। और फिर पूरी भारतीय सेना एक साल से उसकी तलाश में थी। "तुम्हें यह बात मजेदार लग रही है?" जीओसी ने गुर्राकर कहा।

"नहीं, सर," मैंने कहा और अपने चेहरे पर फौरन 'मैं करुणा को पकड़ूँगा' वाला भाव ले आया।

वह एक नहीं बल्कि चार बार मेरी पकड़ में आते-आते रह गया। उन दिनों उसके कर्म अच्छे चल रहे थे और मेरा भाग्य इतना साथ नहीं दे रहा था। अड़तालीस घंटों की समय-सीमा बीत जाने के काफी बाद जब टीपी से मैं टकराया तो उन्होंने पूछा, "हाँ?" मैंने उन्हें करुणा के बाल-बाल बच निकलने की वारदातों के बारे में सच-सच बताया। बदले में मुझे यह भाषण सुनना पड़ा कि सफल अभियान कैसे चलाये जायें और करुणा को पकड़ने की कवायद में अपनी यूनिट के एओआर का कैसे अतिक्रमण किया जाये। अफसोस, ऐसा हुआ नहीं।

अपने एओआर पर 25 राजपूत की पकड़ तेजी से किंवदन्ती बनती जा रही थी। आठ महीनों से, जबसे हमने लिट्टे के पाँच सरगनाओं को खेल स्टेडियम से पकड़ा था, हमारे एओआर में हमारी तूती बोल रही थी। लिट्टे कोई भी हरकत करते, उन्हें जानें गँवानी पड़तीं। जाफना में बैठे लिट्टे के आला कमान को इसका इल्म था। धमाका करने की गरज़ से ग्यारह चुने हुए टाइगर हमारे इलाके में घुस आये। अक्काराईपट्टू से छह टाइगर उस दल में शामिल हो गये और उन्होंने मिलकर हमारे धुर दक्षिणी छोर पर हम पर हमले का फैसला किया। उस दल ने कोमारी में पलटन की जगह और पोट्टुविल में कम्पनी के ठिकाने के बीच घात लगाकर जोरदार हमला किया।

टाइगरों ने तीन दिन तक इन्तजार किया; आखिरकार उन्होंने राशन लेने पोट्टुविल जा रहे एक वाहन को घात लगाकर निशाना बनाया। लिट्टे ने बड़ी बेरहमी से जेसीओ और तीन अन्य जवानों को गोलियों से भून दिया और हमेशा की तरह घटनास्थल से भाग निकले।

बड़ा दर्दनाक दृश्य था; हमारे लड़कों को कोई मौका ही नहीं मिला। जब उनके शव वहाँ लाये गये तो, पोट्टुविल के कार्यवाहक कम्पनी कमांडर के तो होश ही उड़ गये। मुझे कॉलर पकड़कर उन्हें झिंझोड़ना पड़ा, क्योंकि जवानों के सामने इस तरह होश नहीं खोये जा सकते। अन्तिम संस्कार के बाद, हम बहुत देर तक वहाँ खड़े जलती चिताओं को देखते रहे, एक-एक मृतक का चेहरा हमारे सामने आ रहा

था। ऐसा बहुत कम हुआ है कि मैंने मैदान में गुस्से को खुद पर हावी होने दिया है, लेकिन उस दिन मैंने कसम खायी कि जिन्होंने भी यह किया है उन्हें हम छोड़ेंगे नहीं।

सुराग की तलाश में मैं वापस घटना स्थल पर गया। दबी-कुचली घास, खाली कारतूस, और जमीन पर खून के निशान, हर चीज को हमने बारीकी से देखा। तभी हमें एक छोटा-सा कागज मिला जो दरअसल सिगरेट की डिब्बी के अन्दर का फ्लैप था और उस पर हमलावर दल के बारे में जानकारी मिली कि वे तीन दिन से हमारा इन्तजार कर रहे थे। हमें यह भी पता चला कि उनमें से छह हत्यारे लिट्टे की अक्काराईपट्टू टुकड़ी से थे।

अक्काराईपट्टू में बटालियन मुख्यालय वापस पहुँचने पर मैंने अपने तमाम मुखबिरों को बुलाया और उनसे कहा कि जो भी मुझे उन छह हत्यारों का सही पता देगा, उसे तीस हजार रुपये दिये जायेंगे। यह रकम कहाँ से आयेगी, इसका मुझे कुछ पता नहीं था।

तकरीबन पन्द्रह दिन बाद, नंजप्पा ने बटालियन के हिसाब-किताब के ऑडिट के साधारण-से काम के लिए बैठक बुलायी थी। बैठक के दौरान मुझे सन्देश मिला कि मेरा एक स्रोत बाहर मेरा इन्तजार कर रहा है। उसकी टूटी अंग्रेजी और मेरी उतनी ही टूटी-फूटी तमिल में यह जानकारी निकलकर आयी कि वे छह आदमी अक्काराईपट्टू के एक मकान में एकत्र थे। मैंने बैठक स्थल में झाँककर सीओ से कहा कि कोई जरूरी काम आ गया है और मैं जल्दी ही लौट आऊँगा। हिसाब-किताब की नीरसता में ऊबे नंजप्पा ने मेरी बात पर कोई ध्यान नहीं दिया। मैंने एक-47 उठायी और जो भी वहाँ मौजूद था उसे अपने साथ जुटाने लगा। 'भाग्यशाली' शुभंकर विकास उप्पल वहाँ था, और जेसीओ सहायक भी। रेजीमेंट की पुलिस ड्यूटी पर तैनात दो-एक लड़के, दो सिग्नल पलटन के लड़के और रनर, ये सब मिलकर जल्दी ही दस जवानों का एक दल बन गया। इस जत्थे के साथ उस मकान की पहचान की गयी; उस तक दो तरफ से पहुँचा जा सकता था। एक वाहन में चार जवानों के साथ उप्पल को एक तरफ से जाना था, और मुझे दूसरी तरफ।

सन्देश मिले मुझे पन्द्रह मिनट भी नहीं हुए थे। दो गैर-सैनिक धड़धड़ाते हुए वहाँ पहुँचे और बाहर निकलने के रास्ते को बन्द कर दिया। एक अकेले पहरेदार ने गोलीबारी शुरू कर दी। हमने जवाबी फायरिंग की। एक और टाइगर ने यह देखने के लिए सिर बाहर किया कि क्या हो रहा है—हमने उन दोनों को मार गिराया। अब मैं फँस गया था—मेरे पास भारी हथियार नहीं थे, हथगोले तक नहीं थे। अभी मैं सोच ही रहा था कि क्या किया जाये, तभी टाइगरों ने खिड़की से दो हथगोले लुढ़का दिये। हाथ के इशारे से मैंने उप्पल को बताया कि हम अन्दर जा रहे हैं। तभी तीन टाइगर बन्दूकें दागते दौड़ते हुए बाहर आये। हमने उन्हें गोली मार दी। इस गरमी को बनाये रखना था, सो मैं दरवाजा तोड़कर अन्दर चला गया। आखिरी

टाइगर घायल हो गया था, लेकिन वह एक कोने में छिपा था और अपना हथियार उठाने की कोशिश कर रहा था। हमने उसे भी मार दिया। अभियान खत्म हुआ और नंजप्पा को संख्याओं से लड़ने के लिए अकेला छोड़ने के एक घंटे के भीतर, हम बटालियन मुख्यालय में लौट आये थे।

हम जो कर सकते थे और हमने जो किया, उससे हमारे मृत जवान तो कभी वापस आने वाले नहीं थे। श्रीलंका में, 25 राजपूत ने कर्नल नंजप्पा के नेतृत्व में उस पहली घटना से ही बड़ी ईमानदारी से अपना खेल खेला था, जिसमें हम सभी को छोड़ दिया था। सीओ ने मेरा नाम युद्ध सेवा मेडल के लिए सुझा दिया जिससे मुझे बड़ी उलझन हुई, क्योंकि आखिर मैं उनका 21 सी था।

(ब्रिगेड और डिवीजन को ध्यान में रखते हुए), बटालियन ने जैसे-तैसे हिसाब-किताब को सँभाल लिया, और इस तरह हम अपने स्रोत को तीस हजार रुपये देने का वादा निभा पाये। यह एक और महत्त्वपूर्ण सबक था जो हमेशा मुझे याद रहा। अगर आपको जानकारी चाहिए तो, कभी-कभी आपको उसकी कीमत भी चुकानी होती है। उसके बाद से, मैंने हमेशा यह सुनिश्चित किया कि मेरे मातहत काम करने वाली यूनिटों को यह आजादी हमेशा मिले।

जनरल टीपी के कार्यकाल में पूर्वी श्रीलंका में भारतीय शान्ति सेना बेहद कारगर रही। इससे इस बात को बल मिला कि निचले स्तर पर सुचारु काम-काज के लिए ऊपरी स्तर की कमान बहुत अहम होती है। अफरा-तफरी के शुरुआती दिनों के लिए घटिया नेतृत्व के अलावा किसी और चीज को जिम्मेदार ठहराना, यह उस झूठ को सच ठहराने जैसा होगा जिसे कुछ लोगों ने खुद को दोषमुक्त करने के लिए फैलाया है।

टीपी सिंह अपनी कमान पूरी करने के बाद चले गये और उनकी जगह गोरखा के मेजर जनरल अशोक मेहता ने ली। जनरल हरकीरत की तरह वे भी उस समय स्टाफ कॉलेज की डीएस बॉडी में थे जब मैं वहाँ छात्र था।

डिवीजन की कमान बदलने के कुछ दिन बाद, मेरे स्रोतों ने मजेदार खुफिया जानकारी दी कि सिंहली क्षेत्र की सीमा पर स्थित एक शिविर में साठ टाइगर रंगरूट दस प्रशिक्षकों से ट्रेनिंग ले रहे थे। मेरे पास कार्रवाई के लिए समय बहुत कम था; मैंने पाँच फ्रेंडलीज़ और नौ जवानों को लेकर उन पर अचानक हमला करने की योजना बनायी। कार्य-योजना तय करके, मैंने सीओ को उसके बारे में वताया।

"तुम लेफ्टिनेंट कर्नल हो, तुम नहीं जा सकते," नंजप्पा ने कहा। उन्होंने जोर दिया कि हमें ब्रिगेड मुख्यालय को इसकी जानकारी देनी चाहिए।

"उसके लिए हमारे पास वक्त नहीं है," मैंने कहा, लेकिन नये जीओसी के आने से सब कुछ बदल गया था। ब्रिगेड ने हाँफते-काँपते इस अभियान को मंजूरी देने से इनकार कर दिया और उसे डिवीजन की तरफ बढ़ा दिया। अशोक मेहता ने जब जवानों की अनुमानित संख्या देखी तो उन्होंने उस पर दोबारा विचार किया।

उन्होंने कहा, “बिल्कुल नहीं। यह हमला बटालियन प्लस ही होगा।” ‘जैम साइड सिंड्रोम’ पहले ही बन चुका था। “ठीक है,” मैंने नंजप्पा से इस अन्दाज में कहा कि देखा-मैंने-आपसे-कहा था, “मैं आपका 21 सी बनूँगा।” विस्तृत, रंगीन नक्शे तैयार किये गये (वे बहुत प्रभावशाली दिख रहे थे और स्टाफ कॉलेज में अच्छे-अच्छों को इनसे जबरदस्त टक्कर मिल सकती थी) और योजना के निर्णायक क्षणों में, अतिरिक्त सैनिक लगा दिये गये। मदद के लिए तोपें तैनात कर दी गयीं और बढ़िया प्रभाव के लिए एमआई-25 हमलावर हेलीकॉप्टर लगा दिये गये। केवल जीओसी ही नहीं, बल्कि शान्ति सेना के सैन्य कमांडर भी ऑपरेशन गौल्डन कतार को देखने वाले थे। 21 सी की हैसियत से मैंने अपने लिए सामरिक महत्त्व का ठिकाना ले लिया जहाँ से मैं घटनाक्रम को देख सकता था। मैंने पास ही मोर्टार पलटन भी तैनात करवा ली।

तोपें गरज उठीं और उन्होंने आसपास के वन्यजीवों को जरूर चौंका दिया होगा। लिट्टे ने भाँप लिया था कि कुछ गड़बड़ है, और वे युगों पहले ही वहाँ से रफू-चक्कर हो चुके थे। फिर हमलावर हेलीकॉप्टर ने परित्यक्त शिविर को गुँजाकर, उस शोर को और भी बढ़ा दिया। अब जीओसी और सैन्य कमांडर ने हेलीकॉप्टर से वहाँ उतरने का फैसला किया। अतिशय उत्साह से भरे एस्कॉर्ट दलों ने जंगल में जबरदस्त गोलाबारी कर दी कि कहीं शुरुआती हमले में लिट्टे बच न गये हों। गोलाबारी की आवाज सुनकर आला अफसरों को लेकर आ रहे हेलीकॉप्टर वहाँ से निकल गये। इस हमले में जंगल में खूब तबाही हुई।

श्रीलंका में एक कमांडर के तौर पर अशोक मेहता की परीक्षा हुई तो, वह किताबी और जोश भरने में नाकाम साबित हुए और उनके नेतृत्व में 57 डिवीजन की चमक चली गयी शान्ति सेना में अपना कार्यकाल पूरा कर लेने के कुछ ही समय बाद, जनरल एसएफ रॉड्रिग्स ने, जो सुन्दरजी से सेना प्रमुख का पदभार सँभाल चुके थे, मेहता से कहा कि वे नैतिकता के आधार पर इस्तीफा दे दें, और इस तरह वे सेना से बेआबरू होकर निकले।

अप्रैल 1989 तक, 25 राजपूत ने श्रीलंका में अपना सामरिक दौरा पूरा कर लिया था और हमें बम्बई जाने का आदेश मिला। एडवांस पार्टी पहले ही मुख्य दल से पहले रवाना हो चुकी थी, और जून में हम अक्काराईपट्टू से त्रिंकोमाली के सफर के लिए निकल पड़े। हमें यह देखकर बेहद अचम्भा हुआ कि अक्काराईपट्टू और कालमुनई के बीच तमिलों, मुसलमानों और सिंहलियों की गैर-सैनिक आबादी हमसे रुकने की विनती कर रही थी। यह गौरवशाली क्षण था, और कर्नल नंजप्पा और राजपूत रेजीमेंट के सीधे-सादे जवानों के लिए श्रद्धांजलि थी जिन्होंने पूर्वी प्रान्त के लोगों पर ऐसा प्रभाव छोड़ा था। अभी एक दशक पुरानी भी नहीं हुई इस यूनिट ने भारत का गौरव बढ़ाया था। मैं इस बेहतरीन टुकड़ी का हिस्सा होकर नत मस्तक था।

8
शाही ज़िन्दगी

बॉलीवुड

1989 तक, राष्ट्रपति जयवर्धने की जगह रणसिंहे प्रेमदासा ले चुके थे, और वह भारतीय शान्ति सेना को बाहर का रास्ता दिखाना चाहते थे। यहाँ तक कि उन्होंने शान्ति सेना के खिलाफ लड़ाई में लिट्टे का समर्थन किया। भारत में प्रधानमन्त्री राजीव गाँधी की जगह वीपी सिंह आ गये थे और वे भी शान्ति सेना को वापस भारत बुलाने के पक्ष में थे। दक्षिण भारत में इसे लेकर नकारात्मकता की भावना इस कदर थी कि तमिलनाडु के मुख्यमन्त्री करुणानिधि ने मद्रास के सैनिक अस्पतालों में भर्ती घायलों से मिलने से भी मना कर दिया। हमारी बटालियन श्रीलंका से निकली थी तो उस समय हमारा सिर गर्व से ऊँचा था; वहाँ लड़ने वाली लगभग सभी सैन्य इकाइयों ने जमीनी स्तर पर अच्छा काम किया था। श्रीलंका में हम गये तो थे तमिलों की रक्षा करने, लेकिन वहाँ हमें जो करना पड़ा वह किसी के ध्यान में नहीं था।

हमारे अफसरों और जवानों के पार्थिव शरीर 1,200 से अधिक चिताओं पर भस्म हो गये थे। तमिलों के खिलाफ श्रीलंकाई सेना की मुहिम को 1987 में भारत ने रोका, जिसके हाथ में उस समय सारे पत्ते थे, और उसके पास तमिल बाशिन्दों के पक्ष में सशस्त्र हस्तक्षेप का विकल्प भी था (जबकि तमिल, हमें समझना चाहिए, सारे के सारे लिट्टे में शामिल नहीं थे)। 25 राजपूत के हटने के कुछ ही समय बाद शेष शान्ति सेना ने भी खुद को उस द्वीप देश से समेटना शुरू कर दिया और यह काम मार्च 1990 तक पूरा हो गया। भारत और भारतवासियों के लिए श्रीलंका हमारा वियतनाम हो गया—शारीरिक स्तर पर नहीं तो मानसिक तौर पर अवश्य ही ऐसा हुआ।

डेढ़ दशक बाद, जब राष्ट्रपति पर्सी महिंदा राजपद ने तमिलों के खिलाफ मुहिम को फिर से शुरू करने का फैसला किया और अन्तिम अभियान शुरू किया तो, भारत ने परदे के पीछे से उनकी मदद की। फिर जो कुछ हुआ वह ऐसा था कि विडम्बना के उस्ताद शेक्सपियर को भी हैरान कर दे। बिना किसी दाब-दबाव के, श्रीलंकाई सेना ने लिट्टे का, और उसके साथ तमिलों का सफाया कर दिया। आज

हम धर्म संकट में हैं : क्या हम नरसंहार की निन्दा करके श्रीलंका से दुश्मनी मोल लें और चीन के लिए उनके दरवाजे खुलने का जोखिम उठाएँ (1987 में श्रीलंका में पाकिस्तान और इजरायल की मौजूदगी वाली अजीब स्थिति को याद करें); या हम श्रीलंकाई सेना के कत्ले-आम की निन्दा न करके समूचे तमिलनाडु से दुश्मनी का खतरा मोल लें?

श्रीलंका में जान गँवा देने वालों को जो लोग याद करते हैं, उनके लिए यह जानकारी तसल्ली देने वाली होगी कि श्रीलंका ने शान्ति सेना के हमारे शहीद सिपाहियों के लिए 2008 में एक स्मारक बनाया है। भारत में हमारे शहीदों के नाम केवल सैनिक परिसरों के भीतर मौजूद स्मारकों में पत्थर पर खोदे गये हैं। शेष भारत, खासकर राजनेता वर्ग, तो उनकी परवाह भी नहीं करता। मरने वालों का दुर्भाग्य है कि उनका अपना देश उन्हें बहुत पहले ही भुला चुका है।

भारतीय सेना के भीतर भी श्रीलंका प्रकरण का पर्याप्त विश्लेषण नहीं हुआ। महू के हायर कमान कोर्स में गये जनरल रॉड्रिग्स (जो श्रीलंका अभियान के अधिकांश समय उपप्रमुख रहे थे) उस समय बड़ी उलझन में पड़ गये जब उनसे उन अधिकारियों ने श्रीलंका के बारे में सवाल किये जो शान्ति सेना में अपनी-अपनी यूनिट की कमान खत्म कर चुके थे। रॉड्रिग्स ने इस वार्ता का बहिष्कार कर दिया और बाद में हायर कमान को 'श्रेणीबद्ध' कोर्स में बदलने की कोशिश की, जिससे यह स्पष्ट सन्देश गया कि आलोचना बरदाश्त नहीं की जायेगी। रॉडी के बाद जनरल बिपिन जोशी सेना प्रमुख बने। वह भी डीजीएमओ और कमान-शृंखला का हिस्सा रह चुके थे। अधिकांश समय लड़ाई में रह चुके हम मध्यम दर्जे के अफसरों ने इस घटनाक्रम पर नजर रखी और यह संकल्प किया कि अगर हमें मौका मिला तो हम, अपने शहीद साथियों की स्मृति की खातिर ही सही, सारा हिसाब बराबर कर देंगे।

हम दो साल पहले त्रिंकोमाली में आये थे, और अधिकांश जवान इस यात्रा से काफी परेशान हो गये थे। अब हमारी बटालियन गैंगवे की खड़ी चढ़ाई तय करके भारतीय जहाजरानी निगम के यात्री पोत एमवी अकबर में सवार हो गयी। विशाल जहाज समुद्र में उतरकर, भारत से दूर दक्षिण दिशा में चल पड़ा और श्रीलंका द्वीप के दक्षिण सिरे का चक्कर लगाकर उत्तर की ओर अरब सागर में मुड़ गया। दो दिन बाद, हम नीले रंग की उन ढेरों मछलीमार नौकाओं के पास से गुजरते हुए जमीन के पास पहुँचे जिन पर मँझोले आकार के भारतीय झंडे लहरा रहे थे। तभी अचानक सुबह की चमकदार रोशनी में हमें मुम्बई का क्षितिज दिखाई दिया।

हम बन्दरगाह पर उतर गये और धड़धड़ाते हुए एक काफिले की शक्ल में लायन गेट से 'भारत माता की जय' और 'इंडियन आर्मी की जय' के नारे लगाते निकले। शहर में हम घुसे तो बस मुँह बाये देखते रह गये : श्रीलंका के देहाती इलाकों की खामोशी के बाद वहाँ की जबरदस्त भीड़-भाड़ और शोर-शराबा सचमुच स्तब्ध कर

देने वाला था। दूसरी ओर, हमने कभी इतना सुरक्षित महसूस नहीं किया था। हम क्लेमोर बारूदी सुरंगों और दूर-नियंत्रित आईईडी की चिन्ता किये बगैर मरीन ड्राइव पर गाड़ी दौड़ा सकते थे। हम अपने घर में थे, हम जिन्दा थे और हम अपना फर्ज निभाकर आये थे। हमें खुद को लेकर अच्छा लग रहा था।

मेजर वीरेन्द्र गुलिया, जो अब नहीं रहे, एडवांस पार्टी के साथ आये थे, बटालियन ने 20 राजपूताना रायफल्स से कार्यभार ले लिया था। अब हम महाराष्ट्र, गुजरात और गोवा एरिया में आते थे, जिसकी कमान 54 डिवीजन के हमारे पुराने जीओसी मेजर जनरल हरकीरत सिंह के हाथों में थी। शुरू-शुरू में जवानों को तालमेल बैठाने में बेहद मुश्किल हुई, क्योंकि मुम्बई में हमारे जिम्मे बहुत सारे काम थे, जिनमें से अधिकांश प्रशासनिक किस्म के थे। एरिया मुख्यालय की माँगों को पूरा करने वाली हमारी इकलौती पैदल बटालियन थी, और इसका नतीजा यह हुआ था कि जल्दी ही हमारी अच्छी-खासी कवायद हो गयी। जब हम कोलाबा में थे, उस समय जूहू में भी हमारी एक छोटी-सी टुकड़ी थी। हमें अस्पतालों को खून मुहैया कराने से लेकर आने-जाने वाली हस्तियों के लिए अफसर या एनसीओ अनुरक्षक (एस्कॉर्ट) का इन्तजाम करने तक कुछ भी करना पड़ सकता था। हमारा एओआर मुम्बई से भी पार निकलता था : हमारे पास भामा ऐटमिक रिसर्च सेंटर (बीएआरसी) और टाटा थर्मल पावर स्टेशन, ट्रॉम्बे; आईएएफ हवाई अड्डा, बाड़मेर, उत्तरलई; राजस्थान ऐटमिक पावर स्टेशन, कोटा और अन्य कई महत्त्वपूर्ण स्थानों की सुरक्षा का जिम्मा था।

महू के कॉलेज ऑफ कम्बैट में हायर कमान कोर्स के लिए कर्नल नंजप्पा का नामांकन होने पर 25 राजपूत की प्रतिष्ठा में चार चाँद लग गये। पूरी यूनिट ने उनके चुनाव की खुशी मनाई, और इसे श्रीलंका में बटालियन के बेहतरीन काम का पुरस्कार माना। कुल मिलाकर, कमान में नंजप्पा का कार्यकाल बेहद कामयाब रहा था। लड़ाई के दौरान एक बटालियन के सीओ के तौर पर, सैनिकों के साथ उनका रिश्ता खास था। 21 सी में मेरा काम था इस बेहतरीन अफसर को यूनिट से माकूल विदाई देना।

विभिन्न विदाई समारोहों के अन्त में नंजू को फूलों से सजी जीप में ले जाया गया, जिसके बाद हममें से कुछ अफसर उन्हें विदा करने सांताक्रूज़ हवाई अड्डे तक गये।

"वीके!" एक जानी-पहचानी आवाज मेरे कानों में गूँजी। "तुम यहाँ क्या कर रहे हो?" मैंने मुड़कर देखा। बांग्लादेश युद्ध के समय हमारी सहयोगी बटालियन 3 डोगरा के पूर्व सीओ अजित चोपड़ा मेरी बगल में खड़े थे। मैंने थोड़े समय के लिए उनके साथ बेलगाम में कमांडो विंग में भी काम किया था। वे अब मेजर जनरल थे और बेलगाम में जेएल विंग की कमान सँभाल रहे थे।

"मैं 25 राजपूत का सेकंड-इन-कमान हूँ, सर," मैंने कहा। "हमारे सीओ का नॉमिनेशन हायर कमान कोर्स के लिए हुआ है।"

"तुम सही बंदे हो। मैं चाहता हूँ तुम कमांडो विंग में चीफ इंस्ट्रक्टर (सीआई)

बनकर बेलगाम आ जाओ।" मैंने यह कहकर एतराज जताया कि हम अभी-अभी श्रीलंका से लौटे थे और यह जरूरी था कि मैं यूनिट के साथ रहूँ, खासकर इसलिए कि आने वाले सीओ शायद बटालियन से बाहर के होंगे। अजित चोपड़ा पर मेरी किसी भी बात का कोई असर नहीं हुआ, उन्होंने खुशी-खुशी हाथ हिलाया और गायब हो गये।

श्रीलंका से लौटने के बाद मैंने एमएस ब्रांच से अनौपचारिक तौर पर पता कर लिया था कि मुझे क्या आदेश मिलने वाले थे, और मुझे भरोसा दिलाया गया था कि जब तक फुल कर्नल के लिए मेरा बोर्ड नहीं हो जाता मैं 25 राजपूत में ही रहूँगा। लेकिन कुछ दिन बाद ही मुझे दहशत में जलने वाला सिग्नल मिला कि मेरा तबादला कमांडो विंग के सीआई के तौर पर बेलगाम कर दिया गया है और मुझे 29 अगस्त तक ड्यूटी पर पहुँच जाना है। मेरे मन में आया कि यह सच नहीं हो सकता। मैं दौड़ता हुआ एरिया कमांडर के पास गया और उन्हें इस बारे में बताया। उन्होंने भी मुझसे सहमत होते हुए यही कहा कि "यह सही नहीं है। बटालियन में नये सीओ आ रहे हैं और वह बाहरी हैं। तुम्हारा यहाँ रुकना जरूरी है। मैं देखूँगा।" मुझे तसल्ली हो गयी कि एरिया कमांडर इस मामले में मेरे साथ हैं, और मैं बटालियन का संचालन करता रहा। कुछ ही दिनों में नये सीओ आ गये और मैं उन्हें जानकारी देने में व्यस्त हो गया। सच पूछें तो, तबादले की बात तो मैं भूल ही गया।

ड्यूटी पर पहुँचने के दो दिन रह गये थे कि जनरल हरकीरत सिंह का फोन आया, "वीके, तुम्हें बेलगाम जाना है।"

इससे अच्छी-खासी भगदड़ मच गयी। भारती और बेटियाँ मुम्बई में थीं। मृणालिनी को तो केन्द्रीय विद्यालय में दाखिला मिल गया था, लेकिन योगजा को फोर्ट क्षेत्र के सेंट ऐन स्कूल में भर्ती करने में मुझे बहुत पापड़ बेलने पड़े थे। सबसे पहला काम मेरे सामने दोनों लड़कियों के ट्रांसफर सर्टिफिकेट निकलवाना था। सेंट ऐन की मदर सुपीरियर चिढ़ में मुझसे बोली, "कर्नल, आप बहुत गैर-जिम्मेदार हैं।" और फिर उन्होंने मुझे बच्चों को पालने-पोसने के बारे में लम्बा-चौड़ा भाषण पिलाया। मैंने बीच में हलकी आवाज में अपने देश और अपने फर्ज के बारे में बोला भी, पर उन्होंने कुछ नहीं सुना। मैं अब भी नहीं तय कर पाया हूँ कि बदतर क्या था—दाखिले के लिए महीनों जूझना या यह घंटे भर का भाषण।

बेलगाम में, मैंने कमांडेंट को अपने आने की सूचना दी। वह चहककर बोले, "मैंने कहा था न कि कब क्या होगा हमें नहीं पता।"

"मैं यहाँ आना नहीं चाहता था," मैंने इस मामले में अपनी भावनाओं को छिपाया नहीं।

साफ था कि मेरी भावनाओं से जनरल का कोई सरोकार नहीं था। मेरे एतराज को दरकिनार करते हुए उन्होंने कहा, "बटालियन का 21 सी होना कोई काम थोड़े ही है। मैं चाहता हूँ तुम इस जगह को होशियारी से चलाओ। तुम यहाँ की व्यवस्था जानते हो, मैं तुम्हें जानता हूँ।"

इस बीच असल में क्या हुआ था, इसकी जानकारी मुझे एमएस ब्रांच के मेरे मित्रों से मिली। मुम्बई हवाई अड्डे में जनरल चोपड़ा से मेरी आकस्मिक मुलाकात के दूसरे दिन, वह सेना मुख्यालय में कर्नल एमएस 2 के दफ्तर में दनदनाते हुए पहुँचे थे। अभिवादन आदि के बाद, जनरल चोपड़ा ने दफ्तर की बदहाली पर निराशा में निगाह दौड़ाई और कहा था, "तुम लोगों को कुछ नये परदे चाहिए। और यह अपहोल्सट्री..." उन्होंने अपनी बात अधूरी छोड़ दी। "मैं अपने फंड से 5,000 रुपये दे सकता हूँ।" तब तक कर्नल एमएस 2 अपनी कुर्सी से उठकर अतिथियों के लिए रखी कुर्सियों पर आ गये थे और जनरल चोपड़ा के साथ बेतकल्लुफ हो रहे थे।

नये परदे और ताजा अपहोल्सट्री उनकी नैतिक कमजोरी थी और जनरल चोपड़ा ने इसे भाँपकर उस पर चोट कर दी थी। "मैं आपके लिए क्या कर सकता हूँ सर?" घूस का तीर निशाने पर लग गया था।

"अरे, ज्यादा कुछ नहीं," अजित चोपड़ा ने कहा था, "बस मुझे कमांडो विंग के लिए एक रेंजर काबिल सीआई चाहिए।" इसके साथ ही मेरी किस्मत का फैसला हो गया था।

कॉन्फिडेंस जंप

सेना में अपनी नौकरी के दौरान मैं पहली बार किसी जगह दोबारा जा रहा था। एमएस ब्रांच मेरा काफी लिहाज करती थी और उन्होंने पक्का कर रखा था कि मेरी तैनाती एक ही जगह दोबारा नहीं होगी। मैं ठगा-सा महसूस कर रहा था, फिर भी मैंने इस मौके का पूरा फायदा उठाने और कुछ सार्थक बदलाव करने का निश्चय कर लिया; मेरे पास रेंजर कोर्स का और कमांडो विंग में प्रशिक्षक के काम का अनुभव तो था ही। सौभाग्य से मेरे पास भारतीय सेना के कुछ बेहतरीन अफसर थे—लगभग सभी के सभी। उन सबका काम बेहतरीन रहा है और आज भी सेना में सबसे बढ़िया है। इनमें एमआर बाबू, सीपी करिअप्पा, संतोष कुरूप, पेम त्शेरिंग, शिवेन्दर सिंह, एके सिंह, अनुज भल्ला, दयाचंद शामिल थे। मैं इसमें कितने ही नाम और जोड़ सकता हूँ, क्योंकि वे सब के सब अपने काम में माहिर थे।

सीआई होने के नाते, मैं अब सचमुच बदलाव कर सकता था। कमांडो विंग में का काम बेहद गहन था और वहाँ कुछ न कुछ होता ही रहता था। वैसे तो सभी प्रशिक्षकों और स्टाफ से उम्मीद की जाती थी कि वे वाईओ के सारे काम करने में माहिर होंगे—और यह परम्परा थी कि कमांडो विंग में तैनात होने के बाद आप से तब तक कोई हाथ नहीं मिलाएगा जब तक आप कॉन्फिडेंस जंप करके नहीं दिखाते—फिर भी, सच यह था कि हमारे पास हमारे अपने 'विशेषज्ञ' थे। हमारे पास हमेशा ऐसे अफसर होते थे जो साँपों को पकड़ने में माहिर थे; और कॉन्फिडेंस जंपिंग के विशेषज्ञ होते थे जो अपने शरीर और पैरों को बिल्कुल सीधा तानकर

टॉवर से नीचे पानी में कूद जाते थे।

बेलगाम पहुँचने के एकाध महीने बाद, डीएस कूर्द ने घबराहट में मुझे फोन किया। कोई आला अफसर आने को थे और हमारा कॉन्फिडेंस जंप विशेषज्ञ कैप्टन रावत छुट्टी पर था। अब यह तो हो नहीं सकता था कि हमारा कोई प्रशिक्षक अपने हाथ-पैर लहराता आसमान से गिरे!

"हमें उसे वापस बुलाना होगा," डीएस कूर्द ने कहा, "दूसरे तो, देखिए..."

"ठीक है, बुला लें रावत को," मैंने कहा, "पर यह आखिरी बार होगा।" मैंने आदेश जारी कर दिये कि आज से मुख्य प्रशिक्षक के नेतृत्व में सभी अफसर महीने में एक बार कॉन्फिडेंस जंप करेंगे। मैं यह बिल्कुल नहीं चाहता था कि प्रशिक्षक लोग छात्र अफसरों की उन क्रियाओं का आग्रह और मूल्यांकन करें जिनमें वे खुद सौ फी सदी माहिर नहीं थे।

हमने एसएएस *सरवाइवल गाइड* की तर्ज पर एक किताब पर काम करना भी शुरू किया। उसके सम्पादकों ने सरवाइवल यानी विषम स्थितियों में जीवित बचे रहने के विभिन्न पहलुओं पर जानकारी इकट्ठी की, चाहे वह खाने लायक पौधों के बारे में हो, जहरीले साँपों के बारे में हो, सितारों से दिशा का पता लगाने के बारे में हो या फिर अन्य तमाम विषयों के बारे में। कलिंपोंग के कैप्टन पेम त्शेरिंग ने उसके लिए कुछ बेहतरीन चित्र तैयार किये। कुल मिलाकर, हम अपने प्रयास से बेहद खुश थे, और हमें विश्वास था कि वाईओ ने कमांडो कोर्स में जो कमी कर दी थी, उसकी काफी कुछ भरपाई इससे हो जायेगी। जनरल चोपड़ा ने इस मोटी किताब के पन्ने पलटे और वे भी इससे बेहद खुश हुए। उन्होंने तो मेरे लिए पुरस्कार की सिफारिश भी कर दी, और साथ ही किताब की पांडुलिपि सेना मुख्यालय भेज दी कि वे इसे एसएएस के रूपाकार में ही छापें।

सेना मुख्यालय की प्रतिक्रिया ठण्डी रही; उनका कहना था कि वे इस किताब के अंश परचे के रूप में प्रकाशित करेंगे। हम सभी को जबरदस्त निराशा हुई और मेरे विचार में सेना एक ऐसी किताब से वंचित रह गयी जिससे युवा अफसरों को काफी फायदा हो सकता था। परचा परचा ही होता है, और किताब किताब होती है!

बेलगाम में हमारी ज़िन्दगी बेहद व्यस्त थी, सुबह से शाम तक हमें आराम नहीं मिलता था। मृणालिनी और योगजा अपने नये स्कूल केन्द्रीय विद्यालय में जम गयी थीं। साल खत्म होते-होते खबर आयी कि मेरे ससुर का गुड़गाँव में देहान्त हो गया था। उनका निधन तब हुआ जब वे अपने कुछ मित्रों को लतीफा सुना रहे थे। वे हँसते-हँसते ही ढेर हो गये थे। पहले तो उनके साथियों ने यही समझा कि शायद यह चुटकुले का ही हिस्सा था, पर यह जानकर उन्हें दहशत हुई कि वे तो चल बसे थे। मैं फौरन परिवार को लेकर मुम्बई होते हुए दिल्ली पहुँचा।

x x x

कमांडो विंग में मेरी कोशिश यह रही कि जहाँ तक हो सके हकीकत के नजदीक रहा जाये। हमने 'सरवाइवल' और 'नेवीगेशन' को मिला दिया और 'इस्केप तथा इवेजन' पर काफी जोर दिया। हमने वेस्टर्न घाट के जंगलों में मौजूदा सड़कों और मार्गों की जगह नये स्थान चुने।

रेंजर कोर्स के दौरान, मुझे कुल प्रशिक्षण में बेहद व्यावहारिक और अहम साबित होने वाले कई पहलू सूझे थे। इसलिए हमने प्रशिक्षण में एडवांस स्तर के पर्वतारोहण को शामिल कर लिया (जिसमें पीटॉन की मदद से सन्तुलित चट्टानी चढ़ाई शामिल थी)। पीटॉन को हथौड़ी की सहायता से चट्टान की दरार में ठोंकना होता था। पीटॉन के सिरे में एक छेद होता है जिससे होकर हम एक Karabiuer लगाते थे जिसे फिर नायलॉन की रस्सी से जोड़ा जाता था। नजदीकी घाट में हमें एक चट्टानी सतह मिल गयी थी जो हमारे प्रशिक्षण के लिए बिल्कुल सही थी। ऊपर से नीचे गहराई में देखने पर कोई भी भयभीत हो सकता था। छात्र अफसरों के मन से उस भय को दूर करने के लिए उन्हें रस्सी के सहारे नीचे उतरने को कहा जाता था।

अभ्यास में नेवीगेशन और प्रैक्टिकल सरवाइवल को एक साथ लिया जाता था। मुर्गों को खुला छोड़ दिया जाता था और छात्र अफसरों को उन्हें पकड़ने के लिए जाल लगाना होता था। अगर वे मुर्गा पकड़ लेते थे तो ठीक, वरना उन्हें भूखा रहना पड़ता था। आखिर में एक अभ्यास होता था जिसमें सबको हर तरह की छूट होती थी। यह अभ्यास छोटे से कलंडिगाड फोर्ट में होता था, जिसके नियम-कायदे खुद छात्र तय करते थे। वहाँ डीएस बॉडी का काम बस यह देखना होता था कि सुरक्षा के नियमों से कोई समझौता न हो। इस अभ्यास से कम से कम नौजवानों के कौशल की परीक्षा तो हो ही जाती थी।

1989 बीतते-बीतते मेरा बोर्ड सम्पन्न हो चुका था और अब मैं किसी बटालियन की कमान सँभाल सकता था। जल्दी ही तैनातियाँ शुरू हो गयीं और मेरे कुछ साथियों को कमान भी मिलने लगे थे। बधाई के पत्र आने शुरू हुए तो मुझे 26 राजपूत के सीओ की तरफ से अर्ध-सरकारी पत्र मिला कि मैं उनकी जगह ले रहा हूँ। ऐसे ही कुछ और पत्र आये जिनमें मेरी तैनाती दूसरी इकाइयों में बतायी गयी। फिर मुझे वह सन्देश मिला जो महत्त्वपूर्ण था : रेजीमेंट के कर्नल, मेजर जनरल अशोक कल्याण वर्मा, ने मुझे पत्र लिखकर कहा कि उन्होंने मुझे 24 राजपूत के लिए चुना है।

मैंने अपनी मूल बटालियन 2 राजपूत को ठीक एक दशक पहले छोड़ा था। मुझे भूटान में आईएमटीआरएटी के दौर के बाद उस बटालियन में वापस आने की उम्मीद थी, लेकिन उस समय रेजीमेंट के कर्नल का आदेश था कि अपनी यूनिट से दूर सभी अफसरों को नयी जगहों में भेजा जाये। तब से, मैं 25 राजपूत का

हिस्सा रहा था। बांग्लादेश में मैं 2 राजपूत के साथ लड़ा था, और फिर श्रीलंका में मैं 25 राजपूत का अनिवार्य हिस्सा रहा था। मैं बेलगाम के जेएल विंग में अभी-अभी आया था और इन दो में से किसी भी यूनिट में जगह खाली होने का इन्तजार कर सकता था।

2 राजपूत में कमीशन पाने के बाद, ख़ुद जनरल अशोक वर्मा (उस समय कैप्टन) को 1962 के चीनी युद्ध के दौरान आईएमए में प्लाटून कमांडर बनाया गया था। नामका चू की घटना के बाद उन्होंने अपनी बटालियन में वापसी के लिए कड़ा संघर्ष किया। लेकिन उन्हें एक नयी बटालियन 18 राजपूत में भेज दिया गया, जिसकी कमान उन्होंने बांग्लादेश युद्ध के दौरान सँभाली। रेजीमेंट के कर्नल के तौर पर, वे मेरे इस आग्रह से बिल्कुल भी खुश नहीं थे कि मुझे 2 या 25 राजपूत में भेज दिया जाये। मैंने सँभलकर कहा कि मैं इन्तजार करने को तैयार हूँ।

"ऐसा नहीं होता," उन्होंने मजबूती से कहा, "तुम 24 राजपूत में जा रहे हो।"

मेरा सोचना था कि अगर मैं 24 राजपूत में गया तो रेजीमेंट में बिल्कुल जड़ विहीन हो जाऊँगा। वहीं अगर मैंने बहुत ज्यादा जोर दिया तो, रेजीमेंट के कर्नल से मेरा टकराव भी हो सकता है। मैंने अतिरिक्त एमएस, मेजर जनरल सीके कपूर से समय माँगा और मिलने चला गया; वह ग्रेनेडियर्स से थे। मुझे जल्दी ही समझ में आ गया कि यहाँ भी मेरी बग्त नहीं बन रही थी।

"तुम्हें पता है तुम्हारे आग्रह के मायने क्या हैं? तुम अड़ियल और जिद्दी हो रहे हो, अपने रेजीमेंट के कर्नल की इच्छा के खिलाफ जा रहे हो। तुम यह नहीं समझ रहे कि इन्तजार करने से तुम्हारा क्या नुकसान होगा।" लेकिन मैं अपनी बात पर अड़ा रहा। मेरे लिए सेना में मेरी नौकरी की सबसे बड़ी बात थी *मेरी बटालियन* की कमान सँभालना।

मुझे कर्नल एमएस, कर्नल कौशल (जो मेजर जनरल के पद से रिटायर हुए) के पास भेज दिया गया कि मैं अपनी बात लिखित में दूँ। कुमाऊँ रेजीमेंट से निकले कौशल एमएस ब्रांच में हायर कमान कोर्स करने के बाद आये थे जहाँ जनरल अशोक वर्मा उनके कमांडर थे। उन्हीं की निगरानी में हायर कमान के अफसरों ने जनरल रॉड्रिग्स और वायुसेना प्रमुख पॉली मेहरा से भारतीय शान्ति सेना के लक्ष्यों और उद्देश्यों के बारे में पूछताछ की थी। इस घटना से जनरल वर्मा के कॅरियर का तो फैसला हो गया, लेकिन पैदल सेना के अफसरों में अब भी उनकी खूब प्रतिष्ठा थी, और भक्त भी थे। मैंने अपना पत्र लिखा तो कौशल बोले, "तुम मेरे गुरु की इच्छा के खिलाफ जा रहे हो।" जब मैंने उसे पूरा कर लिया और दस्तखत करके उन्हें पकड़ाया तो, उन्होंने उसे गम्भीरता से पढ़ा और लम्बी साँस भरकर कहा, "ठीक है। अब जब तुमने लिखकर दे ही दिया है तो, मैं देखूँगा कि तुम्हें न तो 2 राजपूत मिलेगी और न 25 राजपूत।"

मैं बेलगाम लौट आया। मुझे यह तो पक्का नहीं था कि मैंने अपने पाँवों में कुल्हाड़ी मार ली है लेकिन यह विश्वास जरूर था कि अगर आप सही हैं तो आखिर में कुछ न कुछ अच्छा ही होगा।

उन्हीं दिनों जनरल अजित चोपड़ा रिटायर हो गये और उनकी जगह मेजर जनरल पीसी पुरी ने ले ली। पुरी भी मेरी रेजीमेंट से थे, वे 19 राजपूत की कमान सँभाल चुके थे। वह बेहतरीन अफसर थे और पहले लद्दाख में 3 डिवीजन की कमान सँभाल चुके थे। मैं कर्नल जेरी गोंज़ाल्वेज़ के छुट्‌टी पर चले जाने की वजह से कमांडो विंग की कमान सँभाले था। जनरल पुरी कमांडो विंग में अपनाये जा रहे प्रशिक्षण के तौर-तरीकों के खिलाफ मन बना कर ही आये थे। उनका खास एतराज इस बात को लेकर दिखाई देता था कि हम बहुत आगे जा रहे थे और नौजवान अफसरों को बेवजह पेल रहे थे। पहला टकराव वही हेयरकट के पुराने मुद्‌दे को लेकर हुआ।

"तुम लोग इन भयंकर हेयरकट्स पर क्यों आमादा हो," उनका सवाल था। "अब ये लड़के एनडीए या आईएनए में नहीं हैं।" हेयरकट सचमुच काफी भयंकर थे, भले ही निकलने के वक्त तक वाईओ अपने सिर पर काले रंग की पतली परत चढ़ा लेते थे। मैंने कहा था : "सर, यह धूल-पसीने की वजह से है, उन्हें गड्‌ढों और झाड़-झंखाड़ों में होकर रेंगना पड़ता है। उनके लिए अपने बाल सँभालना बहुत मुश्किल होता है।"

जनरल पुरी को तसल्ली नहीं हुई। "मैं वाईओ से बात करना चाहता हूँ। देखें उनका क्या कहना है।" कोर्स वालों को बुलाकर जनरल के सामने पेश किया गया। जनरल से उनसे कहा कि वे कैदियों जैसे दिखते हैं। उन्होंने वाईओ को साफ संकेत दिया कि इस बारे में उनकी अपनी क्या राय है, और फिर उनसे उनका नजरिया जानना चाहा। हर वाईओ ने लगभग एक-सी बात कही। "सर, यह धूल-पसीने की वजह से है, हमें गड्‌ढों और झाड़-झंखाड़ों में होकर रेंगना पड़ता है। हमारे लिए बाल सँभालना बहुत मुश्किल होता है।"

पीसी पुरी ने मुड़कर, बिना कुछ कहे, मेरी तरफ सवालिया नजरों से देखा। मुझे पता था वह यह मानकर चल रहे थे कि हमने वाईओ को पट्‌टी पढ़ा दी थी।

उन्होंने अब सिलेबस पर सवाल उठाया। "तुम उन्हें नेवीगेशन क्यों पढ़ा रहे हो? यह तो वे आईएमए में सीख ही चुके हैं।"

"तकनीकी तौर पर यह सही है, सर। लेकिन हम देख रहे हैं कि वे इस विषय में बिल्कुल सिफर हैं।"

"यह कैसे हो सकता है?"

"हम कल नेवीगेशन पर एक अभ्यास करने जा रहे हैं जिसमें हम उन्हें रिफरेंस के पाँच पॉइंट देते हैं। उन्हें तीन पॉइंट दिन में कवर करने होते हैं और दो रात में, लेकिन बहुत कम हैं जो दिन में एक या दो से आगे जा पाते हैं," यह कहकर मैंने

एक नक्शा निकाला और ग्रिड पॉइंट दिखाये, जो एक-दूसरे से तकरीबन पाँच से छह किलोमीटर दूरे थे। "वे एक-दूसरे के पीछे नहीं जा सकते क्योंकि तकरीबन बयानबे परक्यूटेशन और कंबिनेशन हैं।"

दूसरे दिन, मैं पीसी पुरी को पहले पॉइंट पर ले गया। हमने पहले जोड़े के आने का इन्तजार किया। उन्हें वे ग्रिड रिफरेंस दे दिये गये जो उन्हें नक्शे पर ढूँढ़ने थे। डीएस को साफ हिदायत थी कि हस्तक्षेप न करें; अगर छात्र एक तय सीमा से अलग जायें, तभी वे कोई सलाह दे सकते थे। पहले जोड़े ने गलती की। कुछ देर बाद, दूसरा और फिर तीसरा जोड़ा आया और उन्होंने भी गलती की और उनसे भी दोबारा करने को कहा गया। आम पैमाने पर भी ये सभी फिसड्डी थे! अब तो जनरल को और भी विश्वास हो गया कि हम अपनी बात को सही साबित करने के लिए साजिश कर रहे थे। वह हतप्रभ दिखाई दे रहे थे।

"यह नहीं हो सकता," आखिर उन्होंने अविश्वास में अपना सिर हिलाते हुए कहा, "आईएमए इतनी गलती नहीं कर सकती। मैं दूसरे पॉइंट पर जाना चाहता हूँ।"

हालात अच्छे नहीं दिख रहे थे। इससे भी छोटी-छोटी बात पर कइयों की नौकरी अधर में अटक चुकी थी। मैंने एक नक्शा बिछा दिया जिस पर सारे पॉइंट सफाई से दिखाए हुए थे। यह रूसी रूलेट जैसा था। "पॉइंट चुनिये, सर," मैंने कहा।

मुझे यह देखकर दहशत हुई कि पीसी पुरी की उँगली उस पॉइंट पर आकर टिकी जो कहीं धुर बीचोबीच था और जहाँ सड़क मार्ग से नहीं पहुँचा जा सकता था और वहाँ मुश्किल चढ़ाई भी थी। मैंने जनरल को बताया कि यह कठिन इलाका है। वे बोले, "कोई बात नहीं, हम पैदल जायेंगे।" रास्ता वाईओ के लिए भी बेहद मुश्किल था; कोई वरिष्ठ और उम्रदराज अफसर चाहे कितना भी दुरुस्त क्यों न हो, उसके लिए यह दिल की अच्छी-खासी वर्जिश का सबब था। पीसी पुरी तीन बार गिरे, लेकिन उठकर फिर चल दिये। सूरज डूब जाने से हालात और भी बदतर हो गये, और जल्दी ही, अँधेरे ने हमें घेर लिया। तभी पास की एक पहाड़ी से गूँजती चीख सुनाई दी, "कमांडो! कमांडो!"

"वे चिल्ला क्यों रहे हैं?"

"वे खो गये हैं," मैंने कहा।

पीसी पुरी को यकीन नहीं हुआ। वे बोले, "तुम लोग मुझे बहला रहे हो। अब इस जोड़े को देखते हैं।"

कुछ देर बाद हमें वे दो छात्र अफसर मिले। "तुम चिल्ला क्यों रहे हो?" जनरल ने पूछा। उन्होंने कहा वे रास्ता भटक गये हैं। जनरल ने कहा, "सितारों को देखो, चाँद को देखो..."

"हमने सब करके देख लिया है, सर, पर हमें फिर भी रास्ता नहीं सूझ रहा," छात्र अफसरों ने बताया। आखिर हम उन्हें सेंटर पॉइंट पर ले गये, जहाँ डीएस ने

उन्हें उनके नये कोऑर्डिनेट दिये। वे हिसाब लगाने लगे और हम उन्हें देखते रहे। तब डीएस ने उनसे दो-टूक कह दिया कि वे उसे फिर से करें। कुछ ही देर बाद, एक और जोड़ा आ गया। उनके साथ भी वही नतीजा रहा।

हम अँधेरे में वापस चल दिये, जनरल दो बार फिर लड़खड़ाये। हम बहरा कर देने वाली खामोशी में गाड़ी में वापस बेलगाम चल पड़े। जब हम घर पहुँचे तो सुबह के चार बज रहे थे।

अगली शाम मेरे घर पहुँचने के बाद घंटी बजी। भारती ने जाकर दरवाजा खोला तो मुझे पीसी पुरी की आवाज सुनायी दी, "मेरे और वीके के लिए एक प्याला चाय हो जाये?" सिलेबस में नेवीगेशन को दोबारा शामिल करने के बारे में फिर कभी और कोई बात नहीं हुई। कमांडेंट को अकादमी के शिक्षण स्तर की बात सचमुच चुभी जो जमीनी हकीकत से काफी दूर था। मुझे बांग्लादेश में जो अनुभव हुआ था उससे मेरी तैयारी और भी बेहतर हो गयी थी : दुश्मन के पीछे हमने कोई पन्द्रह-सोलह किलोमीटर के दायरे में नेवीनेशन का एक परीक्षण कोर्स तैयार किया था। इस प्रशिक्षण को पूरा कर लेने के बाद, किसी वाईओ को मार्गदर्शन के लिए डीएस की जरूरत नहीं होती थी।

समय गुजरता गया और मैंने खुद को चुस्त-दुरुस्त बनाये रखा, मैं दौड़ता रहा और वाईओ का साथ पकड़े रहा। मैंने लिखकर दे ही दिया था कि मैं इन्तजार करने को तैयार हूँ, इसलिए मैं बस इन्तजार ही कर सकता था कि सिक्का किस करवट गिरेगा। फिर खबर आयी कि एमएस ब्रांच के कर्नल कौशल इन्फैंट्री स्कूल में आ रहे हैं और मुझसे मिलना चाहते हैं। मुझे पता नहीं था कि क्या होगा, पर मैं उनसे मिलने गया। मुझे देखकर वह बोले, "खूब लड़े, ब्लू। लाल की जीत हुई है," और उन्होंने मुझे एक लिफाफा पकड़ा दिया। मैंने उसे खोला। उसमें मेरी तैनाती का आदेश था। मुझे 2 राजपूत का कार्यभार सँभालना था।

उस समय मुझे कोई आभास नहीं था कि परदे के पीछे क्या हुआ था। बाद में मुझे पता चला कि बांग्लादेश युद्ध के दौरान मेरे सीओ रहे देवराज दत्त और नौशेरा में बटालियन की कमान सँभाल रहे टॉम मैथ्यूज़, दोनों ने ही रेजीमेंट के कर्नल से मेरी जोरदार वकालत की थी कि मुझे 2 राजपूत भेजा जाये। "अपनी मिसाल याद रखो, अशोक," देवराज दत्त ने कहा था। "तुम्हें अपनी मूल बटालियन में वापस जाने के लिए कितना जूझना पड़ा था। वीके भी तकरीबन वही कर रहा है। वह बटालियन के लिए अच्छा रहेगा।" इस आखिरी जुमले ने शायद मेरे हक में बात पक्की कर दी थी। रेजीमेंट में सबको पता था कि अशोक वर्मा ने 18 राजपूत की कमान सँभाली तो थी पर उनका दिल हमेशा काली चिंदी में ही रमा रहा।

बेटियाँ तेजी से बढ़ रही थीं और मृणालिनी को तो खास तौर पर स्थिरता चाहिए थी क्योंकि वह अपने अहम स्कूली दौर में दाखिल हो रही थी। हमने बेलगाम में अलग पारिवारिक आवास के लिए आवेदन का फैसला किया। परिवार नौशेरा से बेहद दूर हो जाना था, पर पढ़ाई जारी रखने के लिए यह कीमत कोई ज्यादा नहीं थी।

मैं अपने साथियों से पहले ही एक साल पिछड़ गया था। उनको अपनी-अपनी बटालियन की कमान सँभाले एक साल से ऊपर हो चुका था। मुझे इस समय सेना में तकरीबन इक्कीस साल हो गये थे। जब मैं वैष्णो देवी के फटाफट दर्शन के इरादे से जम्मू रेलवे स्टेशन पर उतरा, तब तक मैं लेफ्टिनेंट कर्नल ही बना हुआ था। स्टेशन पर, 2 राजपूत के एडजुटेंट, कैप्टन अनुराग चौहान मुझे लेने आये। मुझे अपनी तीर्थयात्रा को भूलना पड़ा, क्योंकि हमें तुरन्त बटालियन जाना था। कार्यक्रम में बदलाव हो गया था और कर्नल टॉम मैथ्यूज़ को दो दिन में चला जाना था।

मैंने एक दशक से भी पहले बटालियन छोड़ी थी जब यह उसी की सेक्टर थी। यह नौशेरा लौट गयी थी और 80 ब्रिगेड के हिस्से के तौर पर यह अब नियन्त्रण रेखा (एलओसी) पर तैनात थी। 80 ब्रिगेड उन चार ब्रिगेड में पहली थी जिनसे मिलकर 25 डिवीजन बनी थी जिसका एओआर उत्तर की ओर सीमा पर पुंछ और उसके आसपास के इलाकों तक फैला था। कर्नल टॉम मैथ्यूज़ से कार्यभार लेने-देने का काम फटाफट कर लिया गया, और फिर वे यह गये और वह गये। सेना में आने वाले तकरीबन हर नौजवान अफसर की तरह, मेरी महत्वाकांक्षा भी यह थी कि मैं उस बटालियन की कमान सँभालूँ जिसमें मुझे कमीशन मिला था। अब जबकि मेरे मन की मुराद पूरी हो गयी थी तो मैं अपना सर्वश्रेष्ठ देने को कृत संकल्प था। वह मेरे जीवन का शायद सबसे भावनात्मक क्षण था जब सीओ की छड़ी मुझे दी गयी।

एक दशक बीत जाने पर भी, पुरानी पैदल बटालियनों का एहसास कमोबेश वही रहता है, भले ही काफी चेहरे, खासकर अफसरों में, कुछ-कुछ नये थे। मेरे 21 सी विजय लाल थे। अल्फा कम्पनी की कमान मेरे पुराने कम्पनी अफसर कोनसोम हिमालय सिंह के हाथों में थी। ब्रावो थे अमूल्य मोहन के मातहत और चार्ली और डेल्टा की कमान क्रमशः योगेश त्यागी और सुलाखन सिंह संधू के हाथों में थी। सूबेदार मेजर जालिम सिंह तोमर सैनिक परिवहन के विशेषज्ञ थे जो मध्य प्रदेश की चंबल घाटी इलाके से थे। केएच सिंह और अमूल्य मोहन कुछ महीनों बाद तबादले पर चले गये और शरद कपूर की वापसी हुई। मेरे अफसरों और जीसीओ की टीम ठीकठाक ही थी।

2 राजपूत की सभी कम्पनियाँ नियन्त्रण रेखा पर तैनात थीं और बटालियन रियर रूमली धारा में थी। हमारे अलावा, 11 डोगरा, 11 जाट, 17 पंजाब, 5 बिहार और एक बीएसएफ बटालियन मिलकर 80 ब्रिगेड में थीं। हमारे ब्रिगेड कमांडर

कुमाऊँ रेज़ीमेंट के उग्रसेन यादव थे। मैं उन्हें महू में प्लाटून वेपंस के अपने दौर से और बाद में पुंछ से जानता था जहाँ 8 कुमाऊँ हमारे साथ हुआ करती थी। 25 डिवीजन की कमान सँभाल रहे जीओसी मेजर जनरल केएस सेठी थे; वह गनर थे और इसलिए मशहूर थे कि वह अपनी डिवीजन में नये सीओ के आने के कुछ ही दिनों के भीतर बटालियन के दौरे का कार्यक्रम उन्हें भेज देते थे। जीओसी तब यूनिट के ब्रॉशर वगैरह देखते और जानकारी लेने के बाद एक-दो सवाल पूछते थे। जैसे : "तुम्हारी बटालियन इन्वेंट्री में कितने हथगोले हैं?" बेचारे सीओ के पास दो ही रास्ते होते थे : अगर वह कहता कि उसे नहीं पता तो, उसे सबके सामने जीओसी की फटकार खानी पड़ती। दूसरी ओर, अगर वह कहता '480 हथगोले' या फिर जितने भी हथगोले होते तो, जीओसी उसे हिकारत से देखते हुए कहते, "सीओ होकर तुम्हें यहाँ बैठकर हथगोले गिनने से बेहतर और कोई काम नहीं है?" शायद यह उनका अपना तरीका था नये सीओ को व्यस्त रखने का या उनके अहं के गुब्बारे को फोड़ने का। उस समय, मुझे पता था कि जीओसी के आने से पहले मेरे पास मेरी सभी चौकियों का दौरा करने को ज्यादा से ज्यादा एक हफ्ता था।

टॉम के जाते ही, मैं निकटतम कम्पनी चौकियों के लिए निकल पड़ा। मेरे पास एक ही रास्ता था कि मैं जहाँ-जहाँ भी जा सकता था जाऊँ और जीओसी दौरे का कार्यक्रम आने से पहले वहाँ की जानकारियाँ जुटा लूँ। 2 राजपूत नौशेरा कसबे के रास्ते की सुरक्षा करती रिज के सहारे-सहारे फैली थी। वहाँ एओआर काफी बड़ा था और बेहद दुर्गम पैदल क्षेत्र में फैला था। कुल मिलाकर, हमारे पास कोई बीसेक चौकियाँ थीं, जिनमें वे छोटी-मोटी चौकियाँ शामिल नहीं थीं जो बदलती रहती थीं।

मुख्य तौर पर, 2 राजपूत उस सादाबाद गैप की सुरक्षा में थी जो *अदियाना गाला* होते हुए *भीमबेर* जाता है। यह ऐतिहासिक मुगल मार्ग भी था। हमारे सामने पाकिस्तान अधिकृत कश्मीर की *समाहनी* घाटी थी, जिस पर अधिकतर हमारा बोलबाला था। हमारे ठिकानों के सामने पाकिस्तानी सेना की एक बलूच और एक पंजाब बटालियन थी। 1982 में प्रकाशित रवि रिख्ये की किताब *द फोर्थ राउंड : इंडो-पाक वॉर 1984 (फ्यूचर हिस्ट्री)* का उद्घाटन सादाबाद गैप से पाकिस्तानी आक्रमण के साथ हुआ। यह 1947 के संग्राम के दौरान कबायलियों (कबायली लश्करों) के लिए घुसने का प्रमुख मार्ग भी हुआ करता था।

जैसा कि होना ही था, मुख्यालय 25 डिवीजन ने दौरे का कार्यक्रम चौथे दिन भेजा, और दो दिन बाद जीओसी यूनिट में आ धमके। बटालियन के लिए उनका आना कोई ज्वलन्त मुद्दा नहीं था क्योंकि असल में निशाने पर तो मुझे ही होना था। जानकारी लेने के दौरान, जनरल सेठी ने मुझसे पूछा, "क्या तुम चौकियों में गये?"

"जी, सर।"

"तो?"

"कुछ जगहें हैं जहाँ हमें कुछ काम दोबारा करने होंगे। कुछ डिफेंसों की मरम्मत करनी होगी," मैंने कहा।

सौभाग्य से उन्होंने मुझसे फालतू सवाल नहीं पूछा। बहरहाल, उनके जाने के एक घंटे के भीतर ही, ब्रिगेड कमांडर मेरे मामले पर लग गये। यहाँ तक कि टेलीफोन की घंटी भी मुझे गुस्से से भरी और तीखी सुनाई देती थी। जनरल ने उनसे मेरे बारे में कह दिया था कि मैं नियन्त्रण रेखा पर डिफेंसों में बदलाव कर रहा था क्योंकि मेरे विचार से उन्हें दोबारा बनाने की जरूरत थी। उन्होंने गुस्से में मुझसे पूछा, "क्या बदलाव कर रहे हो तुम?"

"बदलाव? मैं कोई बदलाव नहीं कर रहा। मैंने जीओसी से बस यह कहा था कि कुछ जगहों पर हमें कुछ चीजें दोबारा करने की जरूरत है।"

"तुम्हारे कहने का मतलब है कि जो लोग तुमसे पहले थे वे काम नहीं कर रहे थे?" उनके स्वर में व्यंग्य साफ झलक रहा था। जाहिर था कि मुझे तेजी से कुछ सोचना था, क्योंकि स्पष्ट था कि मुझे अपने निकटतम बॉस को शान्त करना था और कमान के अधिकारियों के आगे यह साबित करना था कि मैं कोई स्वयंभू सीओ नहीं हूँ।

कार्यभार सँभालने के एक महीने के भीतर, गुप्तचर अनुभाग के एक एनसीओ ने आत्महत्या कर ली। मामला थोड़ा शान्त हुआ तो मैंने उसके रिकॉर्ड मँगवाये। उसने अभी तीन साल पहले ही बटालियन ज्वाइन की थी। यह हैरानी की बात थी, क्योंकि यूनिट के नियम ये थे कि कोई भी जवान चाहे वह कोई भी क्यों न हो, उसे कम से कम पाँच साल की नौकरी हो जाने पर ही किसी विशेषज्ञ पलटन में भेजा जायेगा। मुझे मृतक के दस्तावेजों में ऐसा कुछ नहीं मिला जिससे इस असामान्यता की वजह साफ होती। मैंने बटालियन के वरिष्ठ जेसीओ अधिकारियों को बुलवाया और उनसे पूछा कि यह कैसे हो गया।

"साब, वो पढ़ा-लिखा था और अच्छा लिखता था। इसलिए उसको इंटेलीजेंस में डाल दिया गया।"

पैदल बटालियनें, खासकर दो सौ साल के इतिहास वाली 2 राजपूत जैसी पुरानी स्थापित यूनिटें कड़े नियम-कायदों पर चलती हैं। यूनिट की अलिखित नियमावली के अनुसार कामकाज होता है। इस अभागे जवान के मामले में, नियमों का उल्लंघन ही इस हादसे के रूप में सामने आया था। पढ़ा-लिखा होने की वजह से उस पर तरक्की करते हुए अफसर के पद पर पहुँचने का दबाव जानलेवा साबित हुआ था। एकबारगी गुप्तचर शाखा में तैनात कर दिये जाने की वजह से उसे उन जवानों के साथ सम्बन्ध बनाने का कभी मौका नहीं मिल पाया जो उसे पार लगा सकते थे। बदकिस्मती से, इन बरसों में 2 राजपूत के नियम-कायदे कुछ हद तक ढीले पड़ गये थे। बाद में, जब मैं वरिष्ठ हो गया, मैंने बटालियनों से हमेशा यूनिट के नियम-

कायदों के बारे में बात की और उन्हें बताया कि स्थापित नियम-कायदों का पालन करना कितना जरूरी है।

नियन्त्रण रेखा के उस पार मौजूद पाकिस्तानी हमेशा की तरह खुराफात कर रहे थे और हमसे इक्कीस रहने की कोशिश में लगे रहते थे। 2 राजपूत में नया सीओ आने की खबर उन्हें जल्दी ही मिल गयी। बस वे बेहताशा चार्ली कम्पनी के ठिकानों पर अन्धाधुन्ध गोलीबारी करने लग गये। योगेश तरागी ने फौरन फोन उठाया और मुझसे जवाबी फायरिंग की इजाजत माँगी। "जरूर करो," मैंने कहा, "पर मैं कल 05:30 बजे वहाँ पहुँचकर देखूँगा कि दूसरी तरफ कितना नुकसान हुआ है।"

नियन्त्रण रेखा पर पूरी रात फायरिंग की आवाजें गूँजती रहीं। मैं अँधेरा रहते ही चार्ली कम्पनी के ठिकाने पर पहुँच गया। तड़के के उजास में मैंने अपनी खास छोटी दूरबीन से पाकिस्तानी बंकरों का जायजा लिया। वहाँ मुझे कोई नुकसान दिखाई नहीं दिया। मैंने तरागी से पूछा कि उसने दूसरी तरफ कितने आदमी मार गिराये। उसने कहा कि उसे कोई अन्दाजा नहीं है। निगरानी चौकी पर जहाँ मैं लेटा था वहाँ से एक बड़ा खतरा यह था कि पाकिस्तानी ट्रेसर राउंड से आसपास की घास में आग लग जायेगी। आग को काबू करना बेहद मुश्किल होता, धुएँ से दम घुटता और लपटें चौकी तक पहुँच सकती थीं जहाँ जिन्दा गोला-बारूद जमा था।

मैंने कम्पनी कमांडर से कहा कि अब और जवाबी फायरिंग न की जाये, बल्कि हमारी तरफ से कोई गोलीबारी होनी ही नहीं चाहिए। एक-एक कर हमारी चौकियाँ खामोश हो गयीं। शुरू में, पाकिस्तानियों ने फायरिंग तेज कर दी, और अगली रात और भी ज्यादा गोलीबारी की। दो दिन बाद, उन्हें समझ में आया कि वे अपना समय बर्बाद कर रहे थे, और जो जवाब ही नहीं दे रहा उस पर लगातार गोली बरसाते जाने में कोई तुक नहीं थी, इसलिए वे खामोश हो गये और मामला वहीं खत्म हो गया। समाहनी घाटी में हमारा दबदबा ऐसा था कि हम अगर उनके इलाके में कुछ राउंड भी चला देते तो उस तरफ रहने वाले सारे गैर-सैनिक पाकिस्तानी सेना के पीछे पड़ जाते। मेरे निर्देश स्पष्ट थे, हम केवल अधिकतम प्रभाव के लिए बदले की कार्रवाई करेंगे और टुच्ची-मुच्ची गोलीबारी में शामिल नहीं होंगे। नौशेरा में मेरे बाकी दो वर्षों के दौरान कोई बड़ी वारदात नहीं हुई।

बटालियन के कुछ तत्त्वों ने पुंछ सेक्टर में हुए किरनी ऑपरेशन में शिरकत की। पाकिस्तानियों में नियन्त्रण रेखा के इस पार एक-दो बंकर बना लिए थे और उन्हें ध्वस्त करना था। किरनी पॉइंट 405 (या राजा रानी) के पूर्व में शाहपुर चौकी की तरफ था। 2 राजपूत की फायर सपोर्ट पलटनों ने पाकिस्तानी घुसपैठ का सफाया करने में 19 पंजाब और 15 राजपूत की मदद की। इस अभियान के दौरान दुश्मन भारी संख्या में हताहत हुए।

अखनूर से गुरेज़ तक, पूरी नियन्त्रण रेखा पर तमाम तरह के किस्से चलते

हैं, और उनमें से ज्यादातर पीर बाबाओं से जुड़े हैं। हमारा इलाका खोरी बाबा की हिफाजत में था। स्थानीय भाषा में 'खोरी' का मतलब होता है गुफा, और ऐसी मान्यता थी कि कबायली जब 1947 में सादाबाद गैप से होते हुए आये तो, वे उस इलाके में रह रहे पीर बाबा से मिले जो उस क्षेत्र के सबसे प्रभावशाली शख्स थे। कबायलियों ने पीर से कहा कि वे लोगों से पाकिस्तान का साथ देने और उसमें शामिल होने के लिए कहें। पीर ने जब ऐसा करने से मना कर दिया तो, कबायलियों ने उनके परिवार को पकड़कर उनके सामने ही मौत के घाट उतार दिया। कबायली छापामारों ने पीर से फिर उनकी बात मानने को कहा। पीर ने कहा उन्हें सोचने के लिए वक्त चाहिए और एक गुफा में चले गये, और वहाँ से निकल ही नहीं पाये। कबायलियों ने उन्हें बहुत खोजा पर वे उन्हें नहीं मिले। खोरी बाबा के परिवार वालों के शव हमारी एक चौकी के पास दफनाये गये थे। यह पूज्य स्थल था और लोग हर जुमरात वहाँ चढ़ावा चढ़ाते थे। यह नियम-सा बन गया था कि, खोरी बाबा को इज्जत बख्शते हुए, जुमेरात और जुमे के दिन कोई भी मांस-मदिरा का सेवन नहीं करता था। सभी जाति-धर्मों के लोग इन पवित्र हस्तियों का मान करते और स्थानीय रिवाजों को मानते हैं।

सादाबाद गैप के साथ एक और दिलचस्प किस्सा जुड़ा था। मुगलों के जमाने में यह सड़क हाथी पाँव गैप नाम के इलाके से होकर जाती थी। एक स्थानीय किंवदंती के अनुसार जिस चट्टान से होकर सड़क गुजरती थी उसके दोनों ओर दो हाथियों के बुत तराशे गये थे; बुत इतने असली लगते थे कि वहाँ आ रहा मुगल कारवां यह सोचकर वहीं का वहीं रुक गया कि उनके सामने जंगली हाथी थे। मुगल बादशाह को जब यह इल्म हुआ कि पत्थर के हाथियों ने उन्हें रोक दिया तो, वह आग बबूला हो गया। गुस्से में, उसने उन्हें तोड़ने का हुक्म दे दिया। उनके शरीर के ज्यादातर हिस्से पूरे इलाके में बिखेर दिये गये, जबकि मूल कला के नाम पर सिर्फ पाँव बचे—इसलिए इस जगह का यह नाम पड़ा।

x x x

ब्रिगेड कमांडर चार-पाँच महीनों के बाद चले गये। उनकी जगह डोगरा रेजीमेंट के ब्रिगेडियर जितेंदर सिंह ने सँभाली। जल्दी ही बटालियन में खबर आयी कि नये कमांडर हाथी पाँव जाना चाहते हैं। मैंने ब्रिगेडियर की अगवानी की और उन्हें सड़क के छोर तक ले गया जहाँ से हमें पैदल जाना था। उसके लिए काठी वाले टट्टू का इन्तजाम किया गया था, पर जितेंदर सिंह ने उस पर सवारी से मना कर दिया। हम पैदल चल पड़े। आधा घंटे बाद, कमांडर बहुत हैरान दिखाई दिये। "और कितना चल । है?" उन्होंने पूछा। मैंने कहा, अभी तो काफी दूर है।

रास्ता खड़ी चढ़ाई पर तो था ही, गैप पक्का तीन-चार किलोमीटर दूर था।

ब्रिगेडियर टूटे हुए बुतों को देखकर कलाकार के हुनर की तारीफ तो कर रहे थे परन्तु पैदल वापसी का ख़याल उन्हें परेशान किये हुए था। जब उन्होंने ब्रिगेड मुख्यालय में अपने स्टाफ से पूछा था कि उन्हें कितना पैदल चलना पड़ेगा तो, उन्हें बताया गया था कि बस पचास मीटर का रास्ता है—तभी तो उन्होंने टट्टू लेने में बेइज्जती समझी थी। यहाँ सबक यह था कि अक्सर ही पीछे बैठे अफसरों को जमीनी हकीकत का पता नहीं होता।

कुछ दिनों बाद, 1992 के शुरू में, जनरल सेठी भी चले गये, और उनकी जगह एक और डोगरा अफसर, सुरजीत सांगरा ने, जीओसी 25 डिवीजन की हैसियत से कार्यभार सँभाल लिया। कोर के स्तर पर भी बदलाव हुआ था, और लेफ्टिनेंट जनरल शंकर रॉयचौधुरी ने ह्वाइटनाइट (XVI) कोर का कार्य सँभाल लिया था। इस आर्मर्ड कोर अफसर ने बाद में (जनरल बिपिन जोशी की नौकरी में रहते हुए मृत्यु के उपरान्त) सेना प्रमुख का पद सँभाला। वह बटालियन में आये, जिससे वह टॉम मैथ्यूज़ की बदौलत अच्छी तरह से परिचित थे। जब वह चौकियों के दौरे पर थे तो, अचानक उन्होंने एक बंकर में जाने का फैसला किया। कम्पनी कमांडर को तनाव में देख, उन्होंने शालीनता से कहा, "मैं बंकर का मुआयना नहीं कर रहा। मैं टैंक का आदमी हूँ। मैं कभी इस फायरिंग प्लेटफॉर्म के अन्दर नहीं गया जो जमीन से छह फुट से भी ज्यादा दूरी पर है। मैं बस एहसास करना चाहता हूँ।" वह बेहद व्यावहारिक व्यक्ति थे और लोगों को तनाव से मुक्त करना बखूबी जानते थे। फिर भी उन्होंने अन्दर जाकर देख ही लिया कि जवान उस सीमित जगह से आराम से फायर कर सकते हैं कि नहीं, उन्होंने दूसरों की राय पर भरोसा किया।

यह कोर कमांडर रूढ़ियों से हटकर चलते थे और युद्धाभ्यास के परिदृश्य से अलग जमीनी अनुभव में यकीन करते थे। कोर स्तर का एक अभ्यास नागरोटा में उस क्षेत्र में चल रहा था जो 2 राजपूत का एओआर था। हमारी बटालियन, या ब्रिगेड की किसी और यूनिट का कोई अफसर वहाँ मौजूद नहीं था। एक चौकी पर दुश्मन सेना के हमले को युद्धाभ्यास के निर्णायकों ने 'गिवेन' करार दिया था। जनरल रॉयचौधुरी ने अभ्यास रोक दिया और वास्तविक चौकी में आकर उस स्थल को खुद देखने का फैसला किया। वहाँ जाकर, जनरल ने रक्षा पंक्तियों का मुआयना किया। फिर, एक जेसी विचार-विमर्श की तरह, उन्होंने जेसीओ, कम्पनी कमांडर और अन्य अफसरों को बुलाया और सैद्धान्तिक जमीनी हालात पर विचार-विमर्श किया। जल्दी ही यह साफ हो गया कि कोर अभ्यास के दौरान जिस दिशा से हमला किया गया था वह खालिस चट्टान थी और किसी भी तरह से वहाँ से सम्बन्धित स्थान पर निशाना नहीं लगाया जा सकता था। वेद अपने स्टाफ की तरफ मुड़कर बोले, "हमले को नाकाम घोषित कर दो।"

x x x

1992 में, मूसलाधार बारिश हुई। मैदान में निचाई पर बना चिनाब का पुल तक बह गया। हमारे इलाके में, हमारी एक चौकी तक आने वाला रास्ता पूरी तरह से तबाह हो गया। ब्रिगेड कमांडर ने मुझे खबर दी कि कोर कमांडर अगले अड़तालीस घंटों में चौकी पर आ रहे हैं। "लेकिन वहाँ तो कोई सड़क नहीं है", मैंने ब्रिगेडियर से कहा, "वह तो इस बारिश में पूरी टूट गयी है।"

"जो कर सकते हो, करो," कमांडर ने कहा।

मैंने 2 राजपूत, जेसीओ अधिकारियों और जो भी जवान मुझे मिला उन सबको जमा किया। 'पलटन की इज्जत का सवाल है।' सीओ के इन जादुई शब्दों का जबरदस्त असर हुआ। अड़तालीस घंटों तक हमने हाड़तोड़ काम किया, और अफसरों, जेसीओ, सफाईकर्मियों, रसोइयों वगैरह किसी ने भी बीच में छुट्टी नहीं ली। मुझे यकीन है, अगर पत्नियाँ वहाँ मौजूद होतीं तो वे भी शामिल हो जातीं।

तय समय पर, कोर कमांडर आ गये और मैं उन्हें चढ़ाई वाले रास्ते से चौकी पर ले गया। वे यह देखकर काफी प्रभावित हुए कि धुआँधार बारिश के बावजूद चौकी अच्छी दिख रही थी और सभी लोगों को अपना काम ठीक तरह से आता था। कोर कमांडर के जाने के बाद, ब्रिगेड कमांडर मुझसे मुखातिब हुए, "तुमने तो शायद यह कहा था कि कोई सड़क ही नहीं है।"

"नहीं थी," मैंने कहा; मुझे अपनी बटालियन पर बेहद फख्र हो रहा था कि उन्होंने एक नामुमकिन से काम को कर दिखाया था।

"मैंने भी यही सोचा था। यह ऐसी चिकनी सड़क थी कि पुरानी तो हो ही नहीं सकती थी," कमांडर ने सोचते हुए कहा।

जनरल शंकर रॉयचौधुरी से सीखने को बहुत कुछ था। शायद आर्मर्ड कोर अफसर होने की बदौलत, वे बिल्कुल बेलाग होकर वह सब पूछ लेते थे जिसमें बाकी अधिकांश लोग ऐसी जरूरत नहीं समझते थे। कुछ साल पहले, एक सिख एल 1 अफसर, मेजर (बाद में ब्रिगेडियर) नवीन मैनी ने एक अभूतपूर्व परचा लिखा था 'अटैक इन स्कर्मिश ऑर्डर'। जाहिर था, मैनी ने पहले शंकर रॉयचौधुरी के अधीन काम किया था, और जनरल ने मैनी के प्रस्तावों पर चर्चा के लिए जम्मू में सेमिनार बुलाया था। सेमिनार के दौरान, कोर कमांडर ने तय किया कि इस सिद्धान्त को अमल में लाना चाहिए और यह काम 80 ब्रिगेड के जरिये 2 राजपूत को सौंपा गया।

इस प्रदर्शन में जिन्दा गोला-बारूद का इस्तेमाल और हमलावर सैनिकों को निशाने पर भेजना शामिल था। जवानों को उसी के मुताबिक तैयार किया जाना और हादसे के जोखिम को खत्म करना था। जैसा कि इस तरह के प्रदर्शनों में अधिकतर इकाइयाँ करती हैं, हमने उस जगह की थोड़ी साज-सफाई कर दी थी। रॉयचौधुरी आये तो उन्होंने साफ कह दिया कि उनकी दिलचस्पी साज-सज्जा में नहीं बल्कि अभ्यास में थी। खुशकिस्मती से, प्रदर्शन बिल्कुल ठीकठाक सम्पन्न हुआ और जनरल

जमीनी कार्रवाई से बहुत सन्तुष्ट हुए। वह 1992 में चले गये और उनकी जगह डोगरा के एचएस बेदी आ गये।

बेलगाम में, जब मैं कमांडो विंग में था, मैंने व्यक्तिगत स्तर पर बेसिक कम्प्यूटर ऐप्लीकेशन में कोर्स किया था। 2 राजपूत में हमने बटालियन मुख्यालय के लिए कम्प्यूटर खरीद लिया और उसे चलाने के लिए किसी उपयुक्त व्यक्ति की तलाश करने लगे। बहुत मान-मनौवल के बाद, हम बटालियन के एक क्लर्क को यह काम करने के लिए राजी कर पाये। कम्प्यूटर चालू होते ही, काम बनने लगे। कम्प्यूटर क्लर्क को अब बस कुछ फॉर्मैट तैयार करके उसमें डाटा भर लोड करना होता था। जब भी 'प्रिंट' बटन दबाया जाता, तमाम जवान यह देखने को आतुर हो जाते कि कागज कैसे अनायास सरकता जाता है और सब कुछ सफाई से छपता जाता है। यह किसी चमत्कार से कम नहीं था। नौशेरा छोड़ने तक हालत यह हो गयी कि बाकी क्लर्क टाइपराइटर छोड़कर कम्प्यूटर की माँग करने लगे थे।

अलग-अलग बटालियन चौकियों में जाना बेहद खतरनाक काम था। सभी जगहों पर, चाहे वे कितनी भी बड़ी या छोटी हों और चाहे वहाँ कितने भी जवान हों, मेरा स्वागत चाय के मग से होता था। 'चाय' शब्द से उस पेय का ठीक-ठीक अन्दाजा नहीं लगाया जा सकता जिसमें एक-तिहाई चीनी और दो-तिहाई दूध होता था, और उसे रंग देने के लिए उसमें चाय की पत्तियाँ बुरक दी जाती थीं।

एसएम जालिम सिंह तोमर मेरे ऑफिस में आया, चिन्ता उसके चेहरे पर साफ झलक रही थी। "आज चौकी पर आप नाराज थे क्या?" उसने पूछा। मेरे चेहरे पर कोई भाव न देख वह बोला कि "आपने चाय पीने से मना कर दिया था न, इसलिए।" मैंने उसे समझाया कि बेशुमार चीनी वाली बेशुमार चाय पीना मेरे हाजमे के लिए ठीक नहीं है।

वह और भी चिन्ता में पड़ गया। अगर उसके बस में होता तो अब तक उसने चिल्लाकर मेडिकल वालों को बुला लिया होता; "आपको शुगर का प्रॉब्लम है क्या?"

अगले दिन यह साबित करने के लिए कि मैं बिल्कुल चुस्त-दुरुस्त था, मैं यूनिट के पंडितजी के साथ एसएम को ले गया। मुझे पता था कि यूनिट में इस तरह की खबरें कैसे फुर्ती से फैलती हैं और मैं जानता कि यूनिट के हर आदमी को विश्वास था कि मुझे शुगर की प्रॉब्लम है, और वे कदम-कदम पर मुझ पर नजर रख रहे थे। कुछ दिन जब उन्होंने मुझे चुस्ती से मेरा काम करते और 'चाय' से मना करते देखा तो उन्होंने इसे मेरी सनक मानकर जाने दिया।

मुझे यह सोचकर अच्छा लगता है कि नौशेरा में कमान का मेरा दो साल का कार्यकाल बटालियन के लिए अच्छा दौर था। जवान भी बेहद उत्साहित थे, खासकर नियन्त्रण रेखा पर उनके बेहतरीन प्रदर्शन और कोर कमांडर के लिए किये गये फायर-ऐंड-मूव प्रदर्शन की कामयाबी के बाद। मेजर जनरल आरएस 'मुन्ना' तरगी

ने अशोक कल्याण वर्मा से रेजीमेंट के कर्नल का कार्यभार सँभाल लिया था और वे हमारे यहाँ इसी दौरान आये। मुन्ना तरगी पहले सबाल्टर्न हुआ करते थे और मेरे पिताजी के साथ काम कर चुके थे।

1992 बीतते-बीतते, हमें फैजाबाद (अयोध्या) जाने के आदेश मिल गये; वहाँ हमें 1 मराठा एल 1 की जगह लेनी थी जो 2 राजपूत की जगह लेने नौशेरा जा रहे थे। पहले कभी बारिश में चिनाब को जो नुकसान पहुँचा था उसकी अभी मरम्मत नहीं हुई थी, और बटालियन ने थोड़ा आगे नियन्त्रण रेखा की तरफ वाले क्रपमैन ब्रिज का इस्तेमाल किया। हम बड़ी ब्राह्मण रेलवे स्टेशन पर आ गये जहाँ से हमें फैजाबाद के लिए विशेष ट्रेन लेनी थी; फैजाबाद सैनिक छावनी थी जो अयोध्या नगरी के निकट थी। रेलवे की वजह से हमें एक पखवाड़े की देर हो गयी, और इस बीच जवानों को व्यस्त, चुस्त और सुरक्षित रखना मेरा काम था। मैंने उसमें आध्यात्मिकता का पुट देना ठीक समझा और यह प्रतियोगिता रखी कि कौन-सी कम्पनी सबसे कम समय में वैष्णो देवी तक दौड़कर वापस आ सकती है।

विशेष रेल यात्राएँ हमेशा ऐसी ही—खास—होती हैं—और आखिरकार हम बटालियन की सुबह की पीटी के लिए रुकते हुए शाही अन्दाज में रवाना हुए। ट्रेन में यूनिट की सर्विस की डाइजेस्ट का जायजा लेते हुए मुझे पता चला कि हम 101 साल बाद फैजाबाद लौट रहे थे। 1892 में, 2 राजपूत को आजमगढ़ क्षेत्र में डकैतों की समस्या से निपटने के लिए फैजाबाद में तैनात किया गया था। 6 दिसम्बर 1992 में बाबरी मस्जिद ढहा दिये जाने के बाद, फैजाबाद अब उत्तर प्रदेश के मध्य में स्थित वह चैनपसन्द, शान्त स्थान नहीं रह गया था। अब यह जिन्दा बम था।

भिड़ का छत्ता

जैसे ही हमें यह पता चला कि बटालियन फैजाबाद जा रही है, मैंने एमएस, लेफ्टिनेंट जनरल पीके सिंह से यह लिखित दरख्वास्त की कि मुझे तीन साल का कार्यकाल दिया जाये क्योंकि मृणालिनी अब स्कूल के अन्तिम वर्ष में थी। बहुत कम सीओ इतने समय तक अपनी यूनिट में रुकने को तत्पर नहीं होते थे, इसलिए एमएस ब्रांच ने मुझे विश्वास दिलाया कि मैं वही रहूँगा। किसी शान्ति स्थल में चले जाने के बाद, बेलगाम में पृथक पारिवारिक आवास को अपने पास रखना सम्भव नहीं था। जब बटालियन की ऐडवांस पार्टी फैजाबाद चले जाने पर, मैंने छुट्टी ली और परिवार को अयोध्या ले गया जहाँ उन्हें यूनिट के नौशेरा से आने तक अस्थायी आवास में रहना था। दोनों लड़कियों को फैजाबाद के केन्द्रीय विद्यालय में ट्रांसफर कर दिया गया। यहाँ उन्हें सांस्कृतिक स्तर पर आघात-सा लगा; बेलगाम के स्कूल में बेहतरीन फैकल्टी थी, जबकि फैजाबाद में मुझे लगा कि वहाँ बहुत चैनपसन्द, पान-चबाऊ माहौल था।

6 दिसम्बर, 1992 को, उस जमीन पर भगवान राम की जन्मभूमि के तौर पर दावा करने की कोशिश में बाबरी मस्जिद को ढहा दिया गया। इस तोड़फोड़ से पूरे उप-महाद्वीप में सनसनी फैल गयी। और, शहर में तनाव होने के बावजूद, सेना के वाहनों के आने-जाने पर कोई पाबन्दी नहीं थी। बाबरी मस्जिद टूटने के लगभग अड़तालीस घंटों बाद, मैंने भारती के साथ मस्जिद स्थल पर जाने का फैसला किया। मुझे उम्मीद थी कि वहाँ कुछ मलबा और तोड़-फोड़ के अवशेष देखने को मिलेंगे। पर वहाँ तो ऐसा लग रहा था जैसे कुछ हुआ ही नहीं था। पहले के ढाँचे की जगह एक साफ-सुथरा कगार था और वहाँ ऐसा कुछ भी नहीं था जिससे यह पता चलता कि अभी कुछ घंटे पहले ही यहाँ की सूरत बिल्कुल फर्क थी। कुछ भी तो नहीं था। वहाँ तैनात कुछ सुरक्षाकर्मियों ने हमारी तरफ देखा तक नहीं, जबकि कपड़े के एक मंडप के नीचे दो मूर्तियाँ थीं जिन्हें राम जन्मभूमि की निशानी की तरह वहाँ रख दिया गया था।

नौशेरा से बटालियन आ जाने के बाद, हमने इस विध्वंस के किसी भी दुष्परिणाम से निपटने की दृष्टि से, तमाम घटनाओं पर गौर किया था। जब कार सेवक मस्जिद की ओर बढ़े थे तो, तमाम स्थानीय लोगों ने वहाँ तक जाने वाली, सँकरी गलियों को फर्नीचर से रोक दिया था। गलियाँ बन्द हो जाने से सुरक्षा बलों का वहाँ से निकलना बेहद टेढ़ी खीर साबित होता। इसके साथ ही, ढाँचा ढहाने वालों ने थोड़ा-सा भी ईंट-रोड़ा वहाँ नहीं छोड़ा था, जिससे यह बिल्कुल साफ था कि जिसने भी तोड़फोड़ की योजना बनायी थी, बड़ी सफाई से बनायी थी, जिसमें छोटी से छोटी बात का ध्यान रखा गया था।

उस दौरान फैजाबाद में काम करने वाले हम सभी लोगों—सेना, पैरामिलिट्री या पुलिस बलों—को जो खास बात वहाँ दिखाई दी वह यह थी कि हिन्दू और मुस्लिम समुदायों के बीच किसी प्रकार का कोई बैर नहीं था। अगर उन पर छोड़ दिया जाता तो शायद वे दोनों पक्ष इस मसले को एक दिन में ही हल कर लेते। बहरहाल, जैसा कि इन भावनात्मक मामलों में हमेशा होता है, कड़ा रुख उन लोगों ने अपनाया जिनका अपना व्यक्तिगत और सियासी एजेंडा था। समर्थन पाने के लिए ये लोग, जो मौका-ए-वारदात पर कहीं नहीं थे, और भी ज्यादा उग्र होते चले गये।

हम एक बार फिर अब 7 ब्रिगेड का हिस्सा थे; तीस साल पहले, उसी फॉर्मेशन के हिस्से के तौर पर नेफा (अरुणाचल) के नामका चू में यह बटालियन लड़ी और हताहत हुई थी। मद्रास रेजीमेंट के ब्रिगेडियर महाबीर सिंह ने ब्रिगेड की कमान सँभाली थी जिसमें सोली पावरी के नेतृत्व वाली 7 कुमाऊँ और सीएस 'चेरी' संधू के अधीन 2 बिहार भी शामिल थीं। यह ब्रिगेड रेड ईगल्स (4 डिवीजन) का हिस्सा बनी रही जिसकी कमान एक गनर, मनजीत सिंह दुग्गल, वीर चक्र के हाथों में थी।

हमें फैजाबाद आये कुछ ही दिन हुए थे कि हमें खबर मिली कि 1 कोर जीओसी,

वाईएम बम्मी, बटालियन में आयेंगे। मेरे कमांडर ने मुझे बता दिया कि बम्मी बाल की खाल निकालने वालों में से हैं और यूनिट की प्रशिक्षण सुविधाओं का मुआयना करने को बेहद तत्पर हैं। प्रस्तावित कार्यक्रम के मुताबिक, 2 राजपूत के दौरे के बाद, कोर कमांडर को लंच के लिए 2 बिहार में जाना था। यह थोड़ा अटपटा लग रहा था, इसलिए मैंने सुझाव दिया कि वे लंच भी हमारे अफसर मेस में लें। उसके बाद युद्ध स्तर पर तैयारियाँ शुरू कर दी गयीं; उस स्थान को साफ-सुथरा और उठने-बैठने लायक बनाने की जरूरत थी क्योंकि जब से मराठा नौशेरा गये थे, उसमें कोई नहीं रह रहा था। यूनिट जितनी पुरानी होती है, उतना ही ज्यादा सामान उन बरसों में उसके पास इकट्ठा हो गया होता है और नयी जगह जमने में समय लगता है।

फैजाबाद में हमारे पहुँचने के उन्नीसवें दिन कोर कमांडर आये। तब तक हम यूनिट को थोड़ा बहुत व्यवस्थित कर चुके थे और बटालियन मुख्यालय बाहर से ऐसा दिखता था मानो खूब सक्रिय हो। मैंने अपनी तरफ से जानकारी दे दी तो, उसके बाद कोर कमांडर ने मुझसे नौशेरा में बटालियन के काम को लेकर ढेर सारे सवाल पूछ डाले। जानकारी लेने-देने का यह दौर खत्म हो जाने के बाद, मैंने जनरल को बताया कि हम उन्हें बटालियन के प्रशिक्षण क्षेत्र में ले जाने को तैयार थे। जनरल बम्मी ने मुझे अविश्वास से देखा, "ट्रेनिंग? मैं यहाँ ट्रेनिंग देखने नहीं आया। तुम लोग यहाँ चार साल फील्ड में बिताने के बाद आये हो। जब तुम पूरी तरह से जम जाओगे और यूनिट व्यवस्थित हो जायेगी, तब मैं आकर तुम्हारी ट्रेनिंग देखूँगा। मैं चाहता हूँ लड़के शान्ति के माहौल में व्यवस्थित हो जायें और ट्रेनिंग में लग जाने से पहले तुम सभी प्रशासन के काम में सक्रिय रहो।"

मैंने बिग्रेड कमांडर को देखा, पर वह जानबूझकर कहीं और देख रहे थे। हम लंच के लिए गये और उस दौरान बम्मी ने प्रशंसापूर्वक मेस का जायजा लिया। "तुम्हारे लड़कों ने सचमुच व्यवस्थित होने में काफी मेहनत की है। कितने दिन हुए यहाँ आये हुए?"

"उन्नीस," मैंने बताया।

जनरल एक गोरखा अफसर थे और उस बटालियन की कमान सँभाल चुके थे जो उनकी निगरानी में एक से दूसरे स्थान में आती-जाती रही थी। जानकारी लेने-देने के दौरान भी उनके सवाल और टिप्पणियाँ यूनिट के पक्ष में संवेदनशील और बेहद तर्कपूर्ण थे। लंच के बाद, जब हम उन्हें विदा करने की तैयारी में थे, उन्होंने बिग्रेड कमांडर से मुखातिब होकर कहा कि वह खुद सकते में थे कि उन्होंने कमांडर होते हुए, बटालियन पर इतना बोझ क्यों डाला। "तुम कम से कम इतना तो कर सकते थे कि लंच ब्रिगेड मेस में रखते।" कोर कमांडर की कार आगे बढ़ी तो, मैंने कोर कमांडर को कनखियों से देखा। मुझे फौरन लग गया कि मेरे लिए मुसीबत खड़ी हो गयी है।

उनका सीओ होने के नाते, महाबीर सिंह यह उम्मीद कर रहे थे कि मैं उनके साथ मेलजोल में और ज्यादा समय बिताऊँ। जनरल बम्मी के दौरे के दो-एक दिन बाद, हमारी यूँही भेंट हो गयी और उन्होंने मुझसे पूछ लिया कि अन्य दो बटालियनों में क्या हो रहा है। मैंने उन्हें देखकर कहा कि मैं 2 राजपूत के बारे में तो किसी भी सवाल का जवाब दे सकता हूँ, पर कुमाऊँ और बिहार यूनिटों के बारे में उन्हें जो भी पूछना है वह उन्हें उन दो यूनिटों के सम्बन्धित सीओ से पूछना होगा। तब कमांडर ने संरक्षक के अन्दाज में मुझे भाषण पिलाया कि उन पर चढ़ते, तरक्की करते अफसर के लिए अपनी आँखों और कानों को खुला रखना कितना अहमियत रखता है। उनके उपदेश के बाद, मैंने फिर कह दिया कि मेरा सरोकार बस इस बात से है कि मेरे घर में क्या हो रहा है, और मुझे नहीं लगता इससे मुझे कोई बहुत वाहवाही मिली होगी।

महाबीर सिंह पहले एमटी (मिलिट्री ट्रांसपोर्ट) स्कूल में इंस्ट्रक्टर हुआ करते थे। उन्होंने तब बटालियन के वाहनों की जाँच का फैसला किया। उन्होंने वहाँ खड़ी एक गाड़ी के रेडिएटर में उँगली डाली और कहा कि पानी बहुत कम है। इंजनों की बुनियादी समझ रखने वाला कोई भी व्यक्ति कमांडर को बता सकता था कि खड़ी की गयी गाड़ियों में पानी लबालब भरा नहीं होता। वह गाड़ियों की कतार का मुआयना करके बेकार की टिप्पणियाँ करते रहे और मैं मजबूरन कहता रहा, "सर, हम गलती सुधार लेंगे।"

एक महीना बीत गया, कोई बड़ी घटना नहीं हुई थी। तब बीएम, यानी सिख रेजीमेंट के एक बेहतरीन अफसर जेपी संथनम का फोन आया। उन्होंने मुझे बताया कि कमांडर बटालियन से खुश नहीं थे।

"सर, कमांडर ऐसा मानते हैं कि आपकी इकाई पर्याप्त बाउट (बोट एज़ॉल्ट यूनिवर्सल टाइप) अभ्यास नहीं कर रही। कमांडर ने टिप्पणी की है कि बटालियन शाम को खेल खेलती है जबकि अन्य दो यूनिटें सारा दिन अभ्यास करती हैं। 2 राजपूत इसमें समय नहीं दे रही।" हमारे नये फॉर्मेशन की भूमिका नदियों और नहरों को पार करने पर केन्द्रित थी। इस मकसद से, सेना चपटे पेंदे वाले ऐल्युमिनियम के जुगाड़ों पर निर्भर करती थी जिन्हें बाउट (बीएयूटी) कहते थे। ये बेहद भारी थे और कवायद के दौरान जवानों को इन्हें उठाकर डेढ़-दो किलोमीटर तक जाना होता था।

सच कहूँ तो, मुझे इस फोन से कोई आश्चर्य नहीं हुआ, क्योंकि महाबीर सिंह को अधिकाधिक ऐसा लगने लगा था कि मैं उनसे बीस बनने की कोशिश कर रहा था। कोई सीओ विरोध करने वाला कमांडर नहीं चाहता। मैंने बहुत सावधानी बरतते हुए, बीएम को समझाया कि मेरे लड़के सुबह से दोपहर तक बाउट अभ्यास कर रहे थे। प्रशिक्षण दोपहर तक चलता था, जिसके बाद कायदे अनुसार जवान पुरानी चली आ रही दिनचर्या का पालन करते थे। यह इसलिए भी अहम था क्योंकि यूनिट

साढ़े चार साल तक फील्ड और संशोधित फील्ड में रही थी। जवानों के लिए यह बेहद जरूरी था कि वे खेल खेलें, जहाँ वे अफसरों और जेसीओ अधिकारियों के साथ घुल-मिल सकते और विभिन्न अन्तर और अंतः-कम्पनी मैचों के जरिये आपसी सम्बन्धों को मजबूत कर सकते थे। आखिर में मैंने संथनम से कहा कि वे कमांडर से बता दें कि मेरे लड़के बेहद चुस्त-दुरुस्त हैं और 2 राजपूत उन्हें कभी नीचा नहीं देखने देगी। अगर कमांडर को लगता है कि यूनिट के कायदे अहम नहीं हैं तो, वे ऐसा कहने को आजाद हैं।

बटालियन के सिर पर नौकाएँ रखकर सारा दिन भागते फिरने से मना करके भले ही मैंने मामले को गम्भीर बना दिया था, पर मेरी किताब तो यही कहती थी कि यूनिट के कायदे के साथ समझौता नहीं किया जा सकता। ब्रिगेड मुख्यालय की तरफ से इस विषय पर फिर कोई संवाद नहीं हुआ। हमने बाउट प्रशिक्षण जारी रखा, और मुझे विश्वास था कि दूसरी बटालियनें कितना भी अभ्यास क्यों न कर लें, हम उन्हें आसानी से पछाड़ सकते हैं।

फोन सन्देश से पहले जो मनमुटाव हलका-सा मौजूद था वह अब और भी मुखर हो गया था। कमांडर लगभग नियम से हर शाम यह कहते कि दूसरे दिन सुबह-सुबह कान्फ्रेंस करना जरूरी है, या किसी और छोटे-मोटे मामले पर बात करते। अगले दिन न कोई कान्फ्रेंस होती न कुछ, वही रोजमर्रा के काम होते, मानो पिछली शाम कोई बातचीत ही नहीं हुई।

कुछ दिन बाद, यह मामला खासा तूल पकड़ गया। रात के खाने के बाद, मैंने भारती के साथ सरयू घाट पर टहलने का फैसला किया। अभी हम निकले ही थे कि कमांडर का फोन आ गया। मृणालिनी ने फोन उठाया, वह उस समय स्कूल की अन्तिम परीक्षा की पढ़ाई कर रही थी। "अंकल, वे टहलने गये हैं", उसने कमांडर से कहा। कमांडर ने उससे और भी सवाल कर डाले। परेशान बच्ची ने अपनी तरफ से सही जवाब दिये। जब हम घर पहुँचे तो, वह बेहद घबराई हुई थी। उसे शान्त करने के बाद, मैंने महाबीर सिंह को फोन मिलाया।

मैंने विनम्रता से उनसे पूछा कि क्या जंग का ऐलान हो गया या फिर कोई तुरन्त कार्रवाई करने की जरूरत आ गयी। उन्होंने सुबह सात बजे कान्फ्रेंस करने के इरादे की बाबत कुछ बुदबुदाया।

तब तक मेरा पारा चढ़ चुका था। मैंने कमांडर से कहा कि आइन्दा अगर ब्रिगेड को शाम सात बजे के बाद स्टाफ के किसी आम मसले पर मुझसे बात करने की जरूरत होती है तो, फोन बटालियन के एक्सचेंज के माध्यम से किया जाये। फिर मैंने उन्हें सख्ती से गुडनाइट कहा, रिसीवर रखा और फोन काट दिया। 2 राजपूत एक्सचेंज से जुड़ा यूनिट का फोन चालू रहा कि कहीं शायद कोई बेहद जरूरी बात न हो। उसके बाद हम सोने चले गये।

अभी मैं सोने गया ही था कि दरवाजे की घंटी बजी। मैंने दरवाजा खोला तो देखा सामने स्पैरो (ब्रिगेड सिग्नल्स अधिकारी) खड़ा था, और आँखें मिचमिचा रहा था। उसके साथ दो लाइनमेन थे जो टेस्टिंग के अपने आम उपकरण लिए थे।

"सर, आपका फोन खराब है। कमांडर ने खुद फोन करके मुझसे कहा है कि इसे तुरन्त ठीक करो," स्पैरो ने कहा; वह एक नौजवान कैप्टन था जो इस बात से डरा हुआ था कि उसे सीओ को जगाना पड़ रहा है। मैंने अपनी घड़ी देखी। लगभग आधी रात का समय था। मैंने कैप्टन से कहा कि मेरे फोन में कोई खराबी नहीं है और मैंने जानबूझकर इसे काट दिया था, और वह कमांडर से कह सकता है कि अगर वे मुझसे बात करना चाहते हैं तो यूनिट एक्सचेंज के जरिये कर सकते हैं। मैं वापस सोने चला गया, मैं सोच रहा था कि क्या मुझे इस स्थिति से अलग ढंग से निपटना चाहिए था। एक बात तो पक्की लगती थी; मैंने अपनी इस महत्वाकांक्षा को सफल कर लिया था कि मैं कमान सँभालूँ और अपने पिता के बराबर पद पर पहुँचूँ ताकि कमांडर के बैरी होने के बावजूद मुझे भविष्य की कोई चिन्ता नहीं हो। एक गुस्सैल सीनियर अफसर से निपटने के संकट से मुझे सचमुच कोई छुटकारा नहीं दिखाई दे रहा था।

जैसा कि तय था, परेशान करना शुरू हो गया और दो दिन बाद ही महाबीर सिंह ने बैटल फिजिकल इफीशेंसी टेस्ट्स में यूनिट को जाँचने की पेशकश कर दी। यूनिट ने इसमें अच्छा प्रदर्शन किया और उसके 80 फीसदी कारिन्दों ने 'एक्सीलेंट' ग्रेड हासिल किया। शाम को हमें बताया गया कि कमांडर का मानना था कि दूरियाँ सही नहीं थीं और दौड़ दोबारा होगी। मैंने उन्हें आमंत्रित किया कि वे आयें और खुद दूरी नापकर उस पर दौड़ करायें। दौड़ शुरू होने से पहले मैंने लड़कों से कहा, "पलटन की इज्जत का सवाल है और मुझसे पीछे कोई नहीं आना चाहिए।" इस बार एक्सीलेंट की श्रेणी में 96 फीसदी रहे। यूनिटें अपनी इज्जत को लेकर बहुत सजग रहती हैं।

नहर पार करने के लिए डिवीजन स्तर का अभ्यास जल्दी ही आयोजित हुआ। महाबीर सिंह ने तय किया कि 7 कुमाऊँ और 2 बिहार दो एज़ॉल्ट यूनिटें होगी जबकि 7 ब्रिगेड में अभी हाल में शामिल हुई 2 राजपूत रिजर्व बटालियन होगी। अपनी आदत के मुताबिक ही, कमांडर ने किसी पर भरोसा नहीं किया और किसी को कोई जिम्मेदारी नहीं सौंपी, और वे अभ्यास क्षेत्र में भाग-दौड़ कर यह सुनिश्चित करते रहे कि आला अफसरान के आने से पहले सब कुछ वैसे ही हो जैसे वे चाहते थे। उनके अपने बीएम को भी निठल्ला बैठना पड़ा क्योंकि कमांडर ने उन्हें कोई निर्देश ही नहीं दिया था। मेजर संथनम उन आदेशों का अनुसरण करने की भरसक कोशिश कर रहे थे जो कमांडर देने वाले थे, पर महाबीर सिंह सम्पर्क में नहीं थे, वे दो यूनिटों से आये अफसरान के साथ एज़ॉल्ट के रूट बनाने में व्यस्त थे।

डिवीजन स्टाफ आ जाने और तय जगह सँभाल लेने के बाद, कवायद शुरू हुई और फिर सब कुछ गड़बड़ हो गया। बाउट को सरकंडे से ढके क्षेत्र में होकर ले जाना था। हाथी घास के झुंडों ने जल्दी ही सब कुछ उलटा-पुलटा कर दिया, क्योंकि जवानों के लिए निशान लगे मार्गों पर चलना असम्भव सा हो रहा था। जल्दी ही अफरा-तफरी का माहौल हो गया और बाउट पार्टियों के पीछे चल रहे जीओसी ने अपनी नाराजगी जाहिर कर दी थी। जैसे-तैसे, दो बटालियनें जूझती हुई नहर के किनारे पर पहुँच गयीं, जिसमें उस समय पानी नहीं था।

हम रेडियो पर सारी जानकारी ले रहे थे। पहली नावें सूखे किनारों पर पहुँचते ही, महाबीर सिंह ने हमें भी रवानगी का आदेश दे दिया। इस आदेश का कोई मतलब नहीं था, क्यों जब एज़ॉल्टिंग (आक्रमणकारी) बटालियनें अपने लक्ष्य पर कब्जा कर लेती हैं और अपनी जमीनी स्थिति को मजबूत कर लेती हैं, तभी रिजर्व बटालियन जा सकती है। अगर हम आदेश मानते तो, हम सभी नहर के पुश्ते पर चक्कर मार रहे होते। कमांडर के साथ मेरे जो सम्बन्ध उस समय थे उसे देखते हुए, मुझे पता था कि यह जो गड़बड़ी हो रही थी उसका सारा दोष मेरे मत्थे डाला जायेगा। मैं किसी पेशेवराना मुसीबत में बिल्कुल नहीं पड़ना चाहता था।

'कृपया प्रामाणिक करें', मैंने जवाबी रेडियो सन्देश दिया, मैं समय निकालने को बेताब था।

प्रामाणिक करने की एक प्रक्रिया होती है, जिसमें आदेश देने वाला अधिकारी एक निश्चित कूट (कोड) शब्द जारी करता है जिससे यह पुष्टि होती है कि वह सचमुच वही व्यक्ति है जिसने आदेश जारी किया है। बीएम दूर एक पेड़ के नीचे बैठे थे, इसलिए महाबीर सिंह कुछ भी प्रामाणिक करने की स्थिति में नहीं थे। प्रामाणिक करने की प्रक्रिया सम्पन्न होने में लगभग चालीस मिनट लग गये, और इस दौरान दो एज़ॉल्ट यूनिटों ने कुछ जरूरी काम कर लिए थे। वैसे तो रिजर्व को चालू करने का अभी भी उचित समय नहीं हुआ था, पुश्ते पर 2 राजपूत के पहुँचने को एक हद से आगे दोषी नहीं बताया जा सकता था। मेरी पेशेवर हैसियत बच गयी थी, पर मेरे निकटतम बॉस के साथ मेरे रिश्तों में और भी खटास आ गयी थी।

एक सार्वभौमिक नियम है जो सिर्फ भारतीय सेना पर नहीं बल्कि दुनिया भर के तमाम संगठनों पर लागू होता है। वह नियम है—अपने बॉस को नाराज मत करो। मैं अपनी गर्दन पर फन्दा कसता महसूस कर रहा था। अपने कमांडर के बारे में सच-सच कहूँ तो, वह लगातार मुझे बचा रहे थे, मुझसे कह रहे थे कि अगर मुझे उज्ज्वल भविष्य चाहिए तो मुझे उनके नियमों के अनुसार चलना होगा। मैं कमांडर की मानसिकता को समझ ही नहीं पाया और उनके नियम मुझे मंजूर नहीं थे। अब हालात क्योंकि जाती शक्ल लेते जा रहे थे तो, मेरे पास इसके सिवाय कोई चारा नहीं था कि मैं जो सही समझूँ वह करूँ और किसी भी तरह बटालियन को नुकसान

से बचाऊँ। उस समय, मुझे कोई आभास नहीं था कि हालात अभी बिगड़ने शुरू ही हुए थे और उससे भी बदतर अभी होने को था।

मैंने कुछ दिन की छुट्टियाँ ली थीं और बटालियन से दूर था कि ब्रिगेड मुख्यालय ने 2 राजपूत को अन्तर-ब्रिगेडीय मुक्केबाजी प्रतियोगिता कराने का काम सौंपा। उस समय, 21 सी भी मौजूद नहीं थे। फिर भी, अफसर लोग फौरन तमाम जरूरी इन्तजाम करने में जुट गये। मैं छुट्टी से एक दिन पहले ही लौट आया और मेरे अधिकारियों ने मुझे बताया कि मुक्केबाजी चैम्पियनशिप चल रही है। रेफरी और अम्पायर तीनों बटालियनों से लिए गये थे, पर जिन मुकाबलों में 7 कुमाऊँ के मुक्केबाज हिस्सा ले रहे थे, उनमें से लगभग सभी में कोई न कोई परेशानी खड़ी हो रही थी क्योंकि खास यूनिट के खिलाफ सभी फैसलों का विरोध हो रहा था।

मैं छुट्टी पर था, शायद इसलिए मुझे वहाँ नहीं जाना चाहिए था, पर क्योंकि अफसर लोगों ने कहा था कि उन्हें परेशानी हो रही है, इसलिए मैंने फाइनल मुकाबलों में जाने का फैसला किया जो उस शाम हो रहे थे। विभिन्न वजन श्रेणियों के मुकाबले शुरू हुए और शाम बीतते-बीतते सभी बटालियनों के समर्थन की आवाजें और भी तेज हो गयीं। जल्दी ही, 2 राजपूत के मुक्केबाज के साथ 7 कुमाऊँ के मुक्केबाज का मुकाबला हुआ। यह मुकाबला बेहद जबरदस्त था, जिसमें दोनों मुक्केबाज सिर्फ अपने लिए नहीं बल्कि अपनी-अपनी बटालियन की इज्जत के लिए लड़ रहे थे। धीरे-धीरे राजपूत मुक्केबाज बढ़त लेने लगा। कुमाऊँ के मुक्केबाज ने शायद हताशा में, अपने विपक्षी के खिलाफ फाउल (गलत) कर दिया और रेफरी ने फौरन उसे चेतावनी दे दी। फिर वही हुआ, और फिर रेफरी ने चेतावनी दे दी। तब, कुमाऊँ समर्थक एक दर्शक ने उठकर एक रेफरी अनुराग चौहान के सिर पर बाँस की छड़ी से प्रहार कर दिया। चौहान, जो मेरा एक अफसर था, वहीं गिर पड़ा।

इस घटना से पूरा कुहराम मच गया। अखाड़े में किसी वाइल्ड वेस्ट मूवी के शराबखाने में होने वाले हंगामे जैसे हालात बन गये। राजपूत और कुमाऊँ के सैनिक एक-दूसरे से उलझ गये और दूसरी बटालियन का जो भी हत्थे चढ़ा उसे गिराने लगे। यह अफरा-तफरी कुछ सेकंड तो चली ही होगी, क्योंकि मैं कूदकर बीच में पहुँच गया और झगड़ा कर रहे सैनिकों को अलग करने लगा। कुछ और अफसर मेरे साथ आ गये जबकि दूसरों ने फौरन महिलाओं और बच्चों का बचाव किया। इस चक्कर में, मैंने शायद अपनी यूनिट के दो-एक लड़कों के साथ, उन्हें शान्त करने के मकसद से, हाथापाई, धक्कामुक्की कर दी। दिलचस्प बात यह रही कि 7 कुमाऊँ के वरिष्ठ अफसर बटालियन के 21 सी थे। इस पूरी लड़ाई के दौरान, वह बस महिलाओं के साथ सोफे पर बैठे चुपचाप तमाशा देखते रहे।

तब 7 कुमाऊँ के जवानों को समझ में आया कि वे फँस गये हैं, क्योंकि वे हमारे इलाके में थे। उनमें से काफी कुछ मुक्केबाजी अखाड़े से निकलकर अपनी

लाइनों में वापस चले गये। यह सैनिक अनुशासन टूटने की अभूतपूर्व और स्तब्ध कर देने वाली घटना थी; मैंने अपने कॅरियर में ऐसा पहले कभी नहीं देखा था। बार में तो रेजीमेंट या सर्विस के मुद्दों पर उत्तेजित नौजवान अफसरों के बीच लड़ाई होती रहती थी; एक यूनिट के बीच या विभिन्न यूनिटों के बीच होने वाले हॉकी, फुटबॉल और बास्केटबॉल के मुकाबलों में हमेशा ही भावनाओं के उफान में धक्का-मुक्की भी हो जाती थी। अब इस सूची में मुक्केबाजी भी जुड़ गयी थी। मैं अपने जवानों से बहुत गुस्सा था कि वे भड़कावे में क्यों आये और मैं दोषियों को सजा देने पर आमादा था। यूनिट में अनुशासन की जिम्मेदारी पूरी मेरी थी और यूनिट के नियम-कायदों का तकाजा था कि मैं उसे सुलटाऊँ। ठीक यह बात कर्नल सोली पावरी और 7 कुमाऊँ के जवानों पर लागू होती थी।

डोगरा रेजीमेंटल सेंटर के कमांडेंट ब्रिगेडियर सचदेवा स्टेशन कमांडर भी थे। यह बवाल क्योंकि अनुशासन से जुड़ा मामला था, इसलिए मैंने घटनाओं की रिपोर्ट तफसील से सचदेवा को सौंप दी और उसकी एक औपचारिक नकल 7 ब्रिगेड मुख्यालय और अन्य सभी सम्बन्धित यूनिटों को भेज दी। इस घटना में घायल अनुराग चौहान की सिर की चोट सौभाग्य से गम्भीर नहीं थी। यह अपने आप में एक वरदान था, क्योंकि अनुराग पर बाँस के डंडे से भरपूर वार किया गया था।

ब्रिगेड मुख्यालय जल्दी ही हरकत में आ गया। दोनों सूबेदार मेजरों को फौरन उनकी यूनिटों से हटाकर ब्रिगेड मुख्यालय में रख दिया गया और उनके खिलाफ जाँच के आदेश दे दिये गये। ब्रिगेड ने घटना का जो सारांश तैयार किया, उसमें सारा दोष 2 राजपूत पर मढ़ा गया। उसके बाद महाबीर सिंह का फोन तो आना ही था। उनकी आवाज में हमदर्दी टपक रही थी : "वीके, मुझे अपनी बटालियन से तीन-चार नाम दे दो, मैं तुम्हें बचा लूँगा।"

मैंने फोन रख दिया। दोपहर बाद, ब्रिगेड मुख्यालय से इसी आशय का पत्र मिला—हमें कुछ नाम दें। मैंने कागज-कलम उठाया। अगर कमांडर को नाम चाहिए थे तो, उन्हें नाम देने का मेरा पूरा इरादा था।

ब्रिगेडियर महाबीर सिंह को वह सूची मिली तो वे उखड़ गये। कागज पर तीन सौ नाम थे; ये सभी 2 राजपूत के अफसर, जेसीओ और जवान थे जो मुक्केबाजी के अखाड़े में मौजूद थे; और ये नाम वरिष्ठता के क्रम में लिखे गये थे। यूनिट में सबसे वरिष्ठ होने के नाते, सूची में सबसे ऊपर मेरा ही नाम था। 1 कोर और 4 डिवीजन के मुख्यालयों को घटना की रिपोर्ट 7 ब्रिगेड मुख्यालय से मिली और पूरी सम्भावना थी कि घटना के लिए वे पूरे तौर पर हमें ही दोषी ठहराएँगे। दोनों बटालियनों के सूबेदार तो अटैच कर ही दिये गये थे और उनकी जाँच हालाँकि अभी चल ही रही थी, 2 राजपूत को भंग करने के चर्चे भी दबी जुबान से हो रहे थे। हालात इससे बदतर नहीं हो सकते थे।

पूरी छावनी में इस घटना के चर्चे थे। यह एक छोटा-सा स्टेशन था, इसलिए सबको पता चल गया था कि क्या हो रहा है; और शायद वे 2 राजपूत के खिलाफ ब्रिगेड मुख्यालय के पूर्वग्रह से भी परिचित थे। जिन ब्रिगेडियर को सचदेवा को घटना की सबसे पहले रिपोर्ट दी गयी थी, उन्होंने फोन करके मुझे सलाह दी कि मैं सेना कमांडर से बात करूँ और उनके सामने अपना पक्ष रखूँ, क्योंकि 7 ब्रिगेड मुख्यालय में माहौल माकूल नहीं था। जनरल दो-एक दिन में फैजाबाद आने वाले थे। ग्रेनेडियर्स में कमीशन पाये लेफ्टिनेंट जनरल वाईएन 'योगी' शर्मा बांग्लादेश युद्ध के दौरान एक पैर गँवा चुके थे। इस शारीरिक अक्षमता के बावजूद, जनरल भारतीय सेना के डगलस बेडर बनकर उभरे थे; वे सर्वोच्च पदों पर रहते हुए आखिर में वाइस चीफ के ओहदे से रिटायर हुए थे।

मैंने तय किया कि मेरा आर्मी कमांडर के पास अकेले जाना ठीक नहीं होगा। हमने इकट्ठा आर्मी कमांडर से मिलने का समय माँगा, जो हमें उनके स्टाफ अफसर ने फौरन दे दिया। दो गुमराह स्कूली लड़कों की तरह, हमने जनरल को उस घटना के बारे में वह सब बता दिया जो हमें मालूम था। सोली उस अभागी शाम अखाड़े में मौजूद नहीं थे। हमने मिलकर आर्मी कमांडर से कहा कि जो हुआ, कभी नहीं होना चाहिए था, हालाँकि बटालियनों के बीच होने वाले मुकाबलों में अधिकतर गरमा-गरमी हो ही जाती है। दूसरी बात, दो सम्बन्धित बटालियनों के सीओ होने के नाते, आवश्यक अनुशासनात्मक कार्रवाई करने की जिम्मेदारी हमारी थी। हमारे दो सूबेदार मेजरों को अटैच करके, ब्रिगेड मुख्यालय हालात को बद से बदतर ही कर रहा था।

जनरल योगी शर्मा ने हमें गौर से देखा और अपने स्टाफ अफसर से ब्रिगेड कमांडर को तुरन्त बुलाने को कहा। उन्होंने महाबीर सिंह से कहा कि उनके निर्देशों को लिख लें—(क) दोनों सूबेदार मेजरों को तुरन्त उनकी यूनिटों में वापस भेजा जाये; (ख) जाँच पन्द्रह दिन के भीतर पूरी कर ली जाये; और (ग) आवश्यक कार्रवाई दोनों कमांडिंग अफसरों पर छोड़ दी जाये। उन्होंने यह साफ कह दिया कि किसी को भी बेवजह सताया न जाये और फिर इस मामले को बन्द कर दिया जाये।

डिवीजन और कोर मुख्यालय इस घटनाक्रम को लेकर खुश नहीं थे, क्योंकि सोली और मैं दोनों स्टेशन कमांडर की सलाह पर आर्मी कमांडर के पास गये थे, इसलिए वे हमें सीधे वहाँ तक पहुँचने के लिए दोषी नहीं ठहरा पाये। उसके बाद दोनों यूनिटों के दोषियों की पहचान की गयी और उन्हें सजा दी गयी और कम से कम मुक्केबाजी वाला मामला वहीं खत्म हो गया। बहरहाल, फैजाबाद आने के बाद से ही मैं निशाने पर था और अब घोड़ा दबाने की बारी कमांडर की थी। वैसे तो, ब्रिगेडियर महाबीर सिंह की तैनाती कहीं और हो गयी थी, फिर भी उन्होंने मेरी सालाना गोपनीय रिपोर्ट (एसीआर) लिख ही दी। नियम के मुताबिक, जिस अफसर

की रिपोर्ट होती है उसे दिखायी जाती है और उस पर उसके दस्तखत जरूरी होते हैं। कमांडर ने मुझे मेरी रिपोर्ट दी तो उनके हाथ बेतहाशा काँप रहे थे। वह मुझसे आँखें चुरा रहे थे और बुदबुदा रहे थे कि एसीआर 'ऐसी खराब नहीं' थी। मैं ब्रिगेडियर महाबीर सिंह को यह सुख नहीं देना चाहता था कि वे मुझे उनकी टिप्पणियाँ पढ़ते देखें। इसलिए, मैंने बस उस पर दस्तखत कर दिये। "आपको पता है, सर, मैं आपकी एसीआर का विरोध करूँगा," मैंने रिपोर्ट पर दस्तखत कर फाइल लौटाते हुए कहा।

बाद में, मैंने एससीआर पढ़ी, जो ऐसी थी जैसे किसी डूबते आदमी के सिर पर पतवार से वार किया जाये। वह रिपोर्ट सचमुच मेरी नौकरी लील जाने वाली थी। डिवीजन और कोर को पक्षपातपूर्ण जानकारी देने के सबब से, इस बात की पूरी सम्भावना थी कि उच्चतर मुख्यालय उसकी पुष्टि करेंगे। वैसे, मेरे लिए अहम यह था कि मैं खुद को बचाने के लिए घटना की गलत बयानी करने के दबाव में नहीं आया था। यूनिट ने भी इसे समझा था, और मैं देख सकता था कि वे इस बात से खुश थे कि आला अधिकारियों के दबाव के बावजूद किसी बेकसूर को सजा नहीं मिली थी।

बरसों से यह होता आया है कि खेल के मैदान में कभी-कभार अनुशासन तोड़ने के ऐसे ही खराब मामलों में सेना ने गलती करने वाली यूनिटों को साथ-साथ लम्बे मार्च पर भेजा है। और अमूमन हुआ यह है कि आखिर तक ज्यादातर बैर खत्म हो जाते हैं।

9

पुनरुत्थान

भय और आतंक

1993 के मध्य में, 4 डिवीजन में शीर्ष स्तर पर एक बदलाव हुआ, मद्रास रेजीमेंट के मेजर जनरल डीएस चौहान ने पदभार सँभाला। जीओसी पहले आईपीकेएफ में रहते हुए श्रीलंका में एक ब्रिगेड की कमान सँभाल चुके थे। 7 ब्रिगेड को भी सिख रेजीमेंट के ब्रिगेडियर वीपी मल्होत्रा के रूप में नया कमांडर मिल गया था।

नये कमांडर, भारतीय सेना में उनकी जैसी वरिष्ठता वाले अधिकांश अफसरों की तरह, एक पेशेवर सैनिक थे और उनके पास उनके पूर्ववर्ती की तरह नाटकबाजी के लिए कोई कम नहीं था। ब्रिगेड ने यूनिट को ढेरों व्यावसायिक काम दे दिये और उन्हें खामोशी व दक्षता से पूरा कर दिया गया। वरिष्ठ अफसर को किसी बटालियन की योग्यता परखने में ज्यादा समय नहीं लगता, और 2 राजपूत हर मोर्चे पर सफल रहे, सिवाय उन छोटे-मोटे मुद्दों के, जिनका सामना तकरीबन सभी यूनिटों को करना होता है। हम जल्दी ही व्यवस्थित हो गये और ब्रिगेड मुख्यालय के साथ अच्छा तालमेल बैठाकर काम करने लगे, एक नहरी बाधा के पार हमले की नयी तकनीकें बनाने लगे; इस प्रोजेक्ट का अंजाम एक बेहतरीन जमीनी प्रदर्शन के रूप में सामने आया। इन पिछले कुछ महीनों के बाद, पेशेवराना सैनिक कार्य में लौटना अच्छा लग रहा था। कुल मिलाकर, ब्रिगेड ने उस दौरान अच्छा काम किया था और कमांडर ने तीनों बटालियनों से अच्छा से अच्छा काम लिया था।

तीन साल के मेरे कार्यकाल में, यूनिट में अफसरों का आना-जाना लगा रहा। मेजर केएच सिंह नौशेरा में बटालियन से निकलने के बाद वापस आ गये थे। उन्हें वरिष्ठ कम्पनी कमांडर होने के नाते एनसीओ अधिकारियों को उस काडर समीक्षा के लिए तैयार करने का काम सौंपा गया था जिसमें यह तय होना था कि जेसीओ कौन बनेगा। पढ़ाया जाने वाला एक विषय था प्रशासन और नैतिक बल। सैनिक स्कूल गोलपाड़ा, असम, में पढ़े केएच अपने सामने बैठे प्रशिक्षुओं को फियर (भय) और पैनिक (आतंक) का बारीक अर्थभेद समझाने की मशक्कत कर रहे थे।

एक पेड़ के नीचे, ब्लैकबोर्ड पर, केएच ने शान्तिनिकेतन वाले अन्दाज में ये दो शब्द बड़े-बड़े अक्षरों में चॉक से लिख रखे थे। यूनिट में घूमते हुए, मेरे मन में आया कि चलकर क्लास में देखूँ कि कैसा चल रहा है। मैंने एक सैनिक से यह बताने को कहा कि उसने अब तक क्या सीखा है।

"साब, फियर (भय) डर होता है। ये हमारे लेवल पे होता है।" उसने कहा यहाँ तक तो ठीक था, आखिर कोई भी इन्सान थोड़े-बहुत डर के बगैर लड़ाई में नहीं जा सकता। उसने आगे कहा, "पैनिक (आतंक) ऊँचे दर्जे का डर होता है जो अफसर लेवल पर होता है।"

मैंने केएच को देखा और कहा, "कितना सही," और तेजी से वहाँ से निकल लिया। अपनी गाड़ी के पास पहुँचकर मेरी हँसी फूट पड़ी और मेरा ड्राइवर मुझे देखकर हैरान रह गया। भले एनसीओ को इसका ज्ञान नहीं था, पर उसने ऐसी अक्लमन्दी की बात कही थी जो सुकरात को भी शरमा देती।

भय और आतंक का अन्तर धुँधला पड़ने वाला था, क्योंकि हमारे परिवार को तगड़ा झटका उन दिनों लगने वाला था। भारती को भयानक पीठ दर्द होने लगा। फैजाबाद के छोटे-से सैनिक अस्पताल के डॉक्टरों के पास जरूरी स्पेशलिस्ट नहीं था और उन्होंने भारती को एक गैर-सैनिक हड्डी चिकित्सक के पास ले जाने को कह दिया। पहले तो डॉक्टर अतुल वर्मा ने उनका कोई एक पखवाड़े तक बिजली से (डायथर्मी) इलाज किया, पर दर्द कम नहीं हुआ। परेशान डॉक्टर ने यह कहकर इलाज के दूसरे दौर का आदेश दिया कि उन्हें कभी डायथर्मी के दो सेशन नहीं करने पड़े थे। उन्हें कुछ और सूझा और उन्होंने एक्स-रे के लिए कह दिया। कुछ देर बाद उन्होंने एक्स-रे की फिल्में देखीं और हम दोनों को बैठने के लिए कहा। "मैं खुश हूँ मैंने समस्या को पकड़ लिया है," डॉक्टर ने कहा, "यह बेहद गम्भीर है पर लाइलाज नहीं है।" एक्स-रे रिपोर्ट के मुताबिक भारती एक गम्भीर बीमारी से ग्रस्त थीं : जिसे मेडिकल साइंस की भाषा में कोच्स स्पाइन, और रीढ़ की टीबी भी कहते हैं। बुनियादी तथ्य यह था कि एल 3 और एल 4 कशेरुकाओं (वर्टिब्री) के बोन टिशू संक्रमण की वजह से बेकार हो गये थे। जब तक इस हालत का पता चला, दोनों कशेरुकाओं को जोड़ने वाली हड्डी का एक पतला टुकड़ा बचा था। वह किसी भी समय टूट सकता था, और तब पूरा मेरुदंड (स्पाइनल कॉलम) ही बेकार हो जाता। अधिकतर मामलों में यह जानलेवा होता है।

डॉ. वर्मा भारती को फुल बॉडी कास्ट में रखकर चार दवाओं से उनका इलाज करना चाहते थे। बॉडी कास्ट में रहने का ख़याल भयंकर था। दूसरा विकल्प और भी पेचीदा था; उन्हें सात महीनों तक बिना हिले-डुले लेटना होगा। उस समय, यह बात ही समझ में न आने वाली थी। फिर भी, डॉक्टर को यह वचन देने के बाद कि चाहे जो हो जाये भारती डॉक्टर की हिदायतों को मानेंगी, हम उन्हें घर ले

आये और उन्हें एक करवट में लिटा दिया; उन्हें हिलना-डुलना या उठने के बारे में सोचना भी मना था। इस तरह, 210 दिन की चौकसी शुरू हुई। डॉक्टर हर दिन उनका मुआयना करते आते और मैं और मेरी बेटियाँ उन्हें हिलने-डुलने नहीं देते थे।

दो महीनों बाद, ब्रिगेड कमांडर ने कहा कि भारती किसी समारोह में दिखाई नहीं देतीं। मैंने ब्रिगेडियर मल्होत्रा को घर बुलाया और वह भारती की गम्भीर हालत देखकर सकते में आ गये। मैंने उन्हें भारती की तकलीफ के बारे में तफसील से बताया। भारती ने धीरे-धीरे, बड़ी पीड़ा झेलकर खुद को खतरे की गिरफ्त से बाहर निकाला। सात महीनों एकदम निश्चल पड़ी रहने की भयंकर स्थिति के बाद, कुछ समय तक दवाओं का जबरदस्त दौर चलना था, पर कम से कम वे खतरे से बाहर थीं और आगे चलकर अपने बूते टहलने भी लग गयीं। इस मुश्किल दौर में परिवार को बटालियन और ब्रिगेड से जो सहायता और सहयोग मिला उसे कभी भुलाया नहीं जा सकता। यह सूचक है उस मजबूत रिश्ते का जो सेना में विद्यमान है और जिससे यह एक विशाल परिवार बन जाता है। जब-जब संकट आता है, यह सच उजागर होता है।

फिर चौंकाने की बारी एमएस ब्रांच की आयी; मुझे अचानक महू तबादले के आदेश मिले। मेरे नौशेरा के कार्यकाल के अन्त में, एमएस ने मुझे तीन साल की कमान देने की लिखित सहमति दी थी और घर की हालत देखते हुए, अब मेरा वहाँ से हिलना सब कुछ चौपट कर सकता था। मुझे हारकर डिप्टी एमएस, ब्रिगेडियर केशव सिंह से मिलने का समय लेना पड़ा जो सिख रेजीमेंट से थे। मैंने उन्हें अपनी परेशानी बतायी और उनका ध्यान इस ओर दिलाया कि एमएम, लेफ्टिनेंट जनरल वीके सिंह इस बात पर राजी हो गये थे कि मुझे एक्सटेंडिड कमान दी जायेगी।

केशव सिंह पर कोई असर नहीं हुआ। वे बोले, “हमें अफसर काडर को सँभालना होता है। एक और अफसर तुमसे चार्ज लेने के इन्तजार में है।”

उस समय विजय लाल, जो फैजाबाद में मुझसे कार्यभार लेने वाले थे, मथुरा में तैनात थे और वह भी उतने ही इच्छुक थे कि उन्हें छह महीने और कहीं न भेजा जाये क्योंकि उससे उनके बच्चों की पढ़ाई में बाधा आ जाती। उन्होंने मुझसे कहा कि वे इन्तजार करने को बिल्कुल तैयार थे और मैंने केशव सिंह को इसकी जानकारी दे दी। भारती कतई वहाँ से ले जाये जाने की हालत में नहीं थीं, इसलिए मैं हताश था। थोड़ी देर बाद, केशव सिंह को देख ऐसा लगा कि वह मुझ पर अपना पेपरवेट फेंककर मार देंगे। “तुमने मेरे दो घंटे बर्बाद कर दिये,” वे गुर्राये। जब उन्होंने देखा कि मैं वहाँ से हिलने वाला नहीं तो, वे झल्लाकर बोले, “विजय लाल लिखकर देगा क्या कि वह छह महीनों तक इन्तजार करने को तैयार है?”

“उनका लेटर कल आपको अपनी मेज पर मिलेगा, सर” मैंने कहा, मुझे उम्मीद की किरण दिखाई दे रही थी।

“ठीक है, कर्नल एमएस 2 के पास जाओ और वह लेटर उन्हें दे दो। अब मेरे ऑफिस से दफा हो जाओ।” एमएस ब्रांच के साथ ऐसा बहुत कम होता था कि वह कोई गुंजाइश देता था। मैं झटपट फैजाबाद लौटा; मेरे लिए यह राहत की बात थी कि हमें आखिर भारती को वहाँ से ले जाना नहीं होगा और मृणालिनी भी बिना रुकावट के स्कूल में अपना आखिरी साल पूरा कर लेगी।

उन्हीं दिनों, मृणालिनी ने कुछ ऐसा किया जिसने हमारी जिन्दगी ही बदल दी। मैं हमेशा से शिकार का शौकीन रहा और खाने के लिए एक-दो तीतर मार गिराने का मौका मैं कभी नहीं छोड़ता था। एक दिन स्कूल के बाद, उसने मुझे एक पत्र दिया और कहा कि इसे आगे भेजने से पहले पढ़ लें। पत्र मेनका गाँधी के नाम था। शुरू में लिखा था, ‘मेरे पिता चोर-शिकारी हैं...’

मैंने उसे समझाने की कोशिश की कि शौक के लिए शिकार करने और चोरी से शिकार करने में फर्क है। पर उससे कोई फर्क नहीं पड़ा। मैंने उसे यह भी बताया कि मैं हर शिकार के लिए लाइसेंस लेता हूँ, पर उस पर उसका भी कोई असर नहीं हुआ।

“ठीक है, एक काम करते हैं,” मैंने कहा। मैं इस पुराने ख़याल का था कि जब भी हो सके हमें अपने भोजन के लिए शिकार करना ही चाहिए। “अगर शिकार नहीं होगा तो फिर घर में मांस-मछली-अंडा भी नहीं आयेगा।” समझौते पर फौरी तौर पर एक महीने के लिए सहमति बन गयी। मेनका गाँधी को लिखा गया पत्र फिलहाल रोक लिया गया। शाकाहार हमारा मूल मन्त्र बन गया, और हम इस बात पर हैरान थे कि यह बदलाव कितनी आसानी से हो गया था। बाद में हमने शाकाहार को जारी रखा।

अन्तर-बटालियन मुक्केबाजी का अगला दौर जल्दी ही आ गया। 2 बिहार को उसकी मेजबानी करनी थी, और कुछ लोगों का सुझाव था कि रेफरी ब्रिगेड के बाहर से लाये जायें। तीनों सीओ ने इस सुझाव का यह कहकर जबरदस्त विरोध किया कि हमें अविश्वास और सन्देह पैदा नहीं करना चाहिए। और लोग भी तो इस मुकाबले को देख रहे होंगे और ऐसे में किसी किस्म की बेईमानी सम्भव नहीं थी। सबकी निगाहें 2 राजपूत और 7 कुमाऊँ के मुक्केबाजों पर थीं क्योंकि उनके बीच स्वस्थ होड़ थी। हमेशा की तरह, यह मुकाबला जोश से लड़ा गया और 2 राजपूत के मुक्केबाज भारी अन्तर से विजयी रहे।

डिप्टी एमएस से साक्षात्कार कुछ महीनों बाद, महू में होने वाले हायर कमान कोर्स के लिए चुने गये अफसरों की लिस्ट जारी हुई। मुझे यह देखकर खुशी हुई कि सोली पावरी और मेरा, दोनों का नाम उसमें था। उस समय, मेरे विरोध के बावजूद, ब्रिगेडियर महाबीर सिंह की रिपोर्ट बहुत हद तक अभी रिकॉर्ड में थी। इसे बाद में तब हटाया गया जब सक्षम अधिकारियों ने यह फैसला दे दिया कि यह मेरे कुल सर्विस रिकॉर्ड से मेल नहीं खाती। उसी समय, विजय लाल को भी 2 राजपूत में तबादले के

आदेश मिले। उन्हें जून 1994 में मुझसे बटालियन का कार्यभार लेना था। कार्यभार लेने-देने की औपचारिकताओं के बाद, मैं सपरिवार दिल्ली होता हुआ महू आ गया।

देश के एक अग्रणी हड्डी विशेषज्ञ डॉ. एसएम तुली ने भारती के मामले की समीक्षा की। उन्हें जो दवाएँ लेनी होती थीं, उनमें से कुछ बेहद विषैली थीं और इस वजह से उन्हें आगे किसी परेशानी, खासकर अन्धापन, से बचने के लिए लगातार परीक्षणों की जरूरत थी। वे भारती की प्रगति से काफी सन्तुष्ट थे, पर उन्होंने भारती को आगाह भी किया कि वे धीरे-धीरे ही ठीक हो पायेंगी। अगले अठारह महीने खास नाजुक होने वाले थे। हड्डी तो आखिरकार ठीक हो गयी, पर अभी भी थोड़ा बचा-खुचा दर्द उन्हें गाहे-बगाहे परेशान करता रहता है।

एमएस ब्रांच कभी नहीं भूलती

जब मैं दिल्ली में था, मैं लेफ्टिनेंट जनरल रवि आइप से मिला जिन्होंने एमएस का कार्यभार सँभाला हुआ था। एक वरिष्ठ अफसर के नाते, मैंने उन्हें तब अक्सर 2 राजपूत में आने का निमन्त्रण दिया था जब हम नौशेरा और फैजाबाद में थे, पर वे कभी आ नहीं पाये। मैंने उन्हें बटालियन के और मेरे कार्यकाल में हुई मुख्य घटनाओं के बारे में जानकारी दी। उन्हें इस बात से खुशी हुई कि तीन राजपूत अफसरों का नाम हायर कमान कोर्स के लिए आ गया था और एक अन्य का दाखिला सिकन्दराबाद के कॉलेज ऑफ डिफेंस मैनेजमेंट में हो गया था। हायर कमान कोर्स दस महीने का था, इसलिए उन्होंने मुझसे खास तौर पर पूछा कि महू के बाद मैं कहाँ तैनात होना चाहूँगा।

मैंने उन्हें भारती की परेशानी के बारे में बताया और उनसे गुजारिश की कि मुझे दिल्ली में भेजा जाये ताकि उनके इलाज के आखिरी चरणों में उन्हें अच्छी से अच्छी चिकित्सा सुविधा मिल सके।

"इसमें कोई दिक्कत नहीं है," उन्होंने एकदम कहा, और यह भी कहा कि सेना मुख्यालय में मेरी जैसी वरिष्ठता वाले अफसर के लिए हर वक्त ढेरों खाली जगहें रहती हैं।

हमारा परिवार महू में जल्दी ही व्यवस्थित हो गया। योगजा का दाखिला महू के आर्मी स्कूल में हो गया जबकि मृणालिनी एक आजाद पंछी-सी थी और दिल्ली यूनिवर्सिटी में दूर शिक्षा के माध्यम से बीकॉम कर रही थी। इससे उसे महू में मौजूद अन्य सैनिक बीवियों और बेटियों की तरह आर्मी वीमेन्स वेलफेयर एसोसिएशन (एडब्लूडब्लूए) के माध्यम से बेकिंग और ब्रेडमेकिंग जैसी गतिविधियों में शिरकत का मौका मिल जाता था। मैंने हायर कमान कोर्स में भाग लेने की तैयारी साथी अफसरों के साथ की; वे भी अपनी-अपनी बटालियन की कमान सँभालने का काम पूरा कर चुके थे। हमारे साथ नौसेना और वायुसेना के भी कुछ अफसर थे। हायर

कमान बहुत बेहतरीन कोर्स है। मध्यम दर्जे के अफसर होने के नाते, हमसे उम्मीद की जाती थी कि हम सवाल करेंगे। अब हम किसी फॉर्मेशन से जुड़े नहीं थे, इसलिए हमें प्रोत्साहित किया जाता था कि हम हर बात का विश्लेषण करें, बेहिचक अपनी राय दें और अपने साथियों के विचारों को आत्मसात करें जिन्होंने देश के अलग-अलग हिस्सों में विविध स्थितियों में अभी हाल में यूनिटों की कमान सँभाली थी।

पढ़ाई के दौरान हमें हरेक कमान में जाकर देश के हर क्षेत्र की जमीनी हकीकत को संचालन आदि के स्तर पर खुद देखना था। फिर इन पहलुओं को युद्धाभ्यास का रूप देकर उनका अध्ययन करना था, और उस पर विस्तार से चर्चा की जानी थी। इसका नतीजा यह हुआ कि हमने बहुत कुछ आत्मसात कर लिया, अपना ज्ञानाधार बढ़ा लिया और अपने क्षितिजों को काफी विस्तृत कर लिया। बरसों की अवधि में, हायर कमान कोर्स भारतीय सशस्त्र बलों का एक सबसे जीवन्त पेशेवर कोर्स बनकर उभरा है। कोर्स के कमांडर एक इंजीनियर अफसर, मेजर जनरल आरएन चड्ढा थे, जो ठेठ पेशेवर और सज्जन थे। अगले ग्यारह महीनों में हमारे कोर्स में जीवन के विभिन्न क्षेत्रों से विभिन्न अतिथि लेक्चरर आये। कोर्स की अपनी एक विशाल लाइब्रेरी है जिससे अफसरों को किसी बटालियन की कमान सँभाल चुकने के बाद तनावमुक्त होने का मौका मिलता है।

महू में, कोर्स के दौरान हमसे उम्मीद की जाती थी कि हम अपनी पसन्द के किसी विषय पर एक शोधनिबन्ध प्रस्तुत करें। हायर कमान कोर्स इन्दौर यूनिवर्सिटी से सम्बद्ध है, और कोर्स में शिरकत करने वाले अफसरों को, उनके शोधनिबन्ध के आधार पर, प्रतिरक्षा प्रबन्धन (डिफेंस मैनेजमेंट) में एमफिल की उपाधि दी जाती है। मैंने अपने विस्तृत अध्ययन के लिए 'सेना और पुलिस के आपसी रिश्ते' (रिलेशंस बिटवीन द मिलिट्री ऐंड पुलिस) विषय चुना और पूरी थीसिस हाथ से लिखी। बीते समय में सेना और पुलिस के बीच संघर्ष की घटनाएँ हुई हैं। अपनी थीसिस में मैं इसके कारणों का अध्ययन करना चाहता था और यह समझना चाहता था कि ये दो पक्ष साथ काम क्यों नहीं कर सकते। थीसिस में रिश्तों को अधिक सद्भावपूर्ण बनाने और दोनों के प्रयासों में तालमेल बैठाने के तरीकों पर प्रमुखता से विचार किया गया था ताकि, कुल राष्ट्रीय व्यवस्था में, दोनों संगठनों का ज्यादा से ज्यादा उपयोग किया जा सके।

अध्ययन पूरा करने के बाद, मैंने एमफिल के लिए आवेदन न करने का फैसला किया; मुझे एक अकेले शोधनिबन्ध के आधार पर डिग्री मिलने की बात कुछ अटपटी लगी। शायद यह उन विचित्र चीजों में से ही एक थी, पर मुझे लगा कि हममें से कुछ को कुछ अलग हटकर करना चाहिए। ऐसा सोचने वाला मैं अकेला नहीं था, क्योंकि दो-तीन और अफसर भी इससे पीछे हट गये। फिर भी, अध्ययन के पीछे की चिन्तन प्रक्रिया और कुछ विचार मेरे दिमाग में पैदा होते रहे। इनमें से कुछ अवधारणाओं को

मैंने उस 'ट्रांसफॉर्मेशन स्टडी' में समाहित कर लिया जो मैंने लगभग एक दशक के बाद ईस्टर्न आर्मी कमांडर की हैसियत से शुरू की।

राजपूत रेजीमेंट के ही लेफ्टिनेंट जनरल एनके कपूर कॉलेज ऑफ कम्बैट की कमान सँभाल रहे थे जिसे अब आर्मी वॉर कॉलेज कहा जाता है। मेजर जनरल आरएस त्यागी उनके डिप्टी थे, और वे महू से रिटायर हुए, और उन्होंने रेजीमेंट के कर्नल का कार्यभार 'निक्की' कपूर को सौंपा। मिलन नायडू उस समय कमांडेंट के एमए थे, पर वह पदोन्नति पर जा रहे थे। कोर्स जब अन्तिम चरण में था, अप्रैल 1995 में, निक्की कपूर ने यह इच्छा व्यक्त की कि मैं मिलन का काम भी सँभालूँ। उससे पहले, दिसम्बर में हमसे हमारे तबादले के आवेदन माँगे गये थे। मैं एमएस, रवि आइप, को भारती की हालत के बारे में पहले ही बता चुका था और उन्होंने मुझे भरोसा भी दिया था, सो मैंने बिल्कुल आश्वस्त होकर अपने तीन विकल्प दे दिये : (क) दिल्ली (ख) दिल्ली और (ग) बेलगाम; बेलगाम इसलिए क्योंकि मुझे खूब अच्छी तरह से पता था कि वहाँ मेरी वरिष्ठता के अफसर के लिए कोई जगह नहीं थी।

जब हम महू में पहुँचे थे, जनरल त्यागी ने इन्दौर के चोइथराम हॉस्पिटल ऐंड रिसर्च सेंटर के डॉ. हरीश साहनी से हमारा परिचय करवाया था। तब से भारती उनकी देखरेख में थीं और उनकी हालत में काफी सुधार हो रहा था। अगर एमएस ने मुझे भरोसा न दिया होता कि मुझे आर्मी मुख्यालय दिल्ली में भेज दिया जायेगा जहाँ मैं डॉ. तुली से भारती का इलाज करवा सकता था तो, मैंने निक्की कपूर की उस पेशकश को लपक लिया होता। मैंने मिलन नायडू को अपनी परेशानी बतायी। दो और राजपूत अफसर यह कोर्स कर रहे थे। उन्हें बतला दिया गया, पर वे अपने-अपने अनिवार्य कारणों से महू में नहीं रहना चाहते थे। पीवी रेड्डी बेंगलुरु जाना चाहते थे और राज करवाला दिल्ली तैनाती के इच्छुक थे। इससे अटपटी स्थिति पैदा हो गयी। मैंने मिलन नायडू से कहा कि वे 25 राजपूत के डीएस अत्री से कहें जो सिकन्दराबाद के कॉलेज ऑफ डिफेंस मैनेजमेंट से वैसा ही डिफेंस मैनेजमेंट कोर्स कर रहे थे।

कोर्स खत्म होने से दो महीने पहले आर्मी मुख्यालय के कर्नल एमएस 1, कर्नल मान्धाता सिंह कॉलेज आये और उन्होंने पोस्टिंग के बारे में की घोषणा की। मुझे जोधपुर जाना था जहाँ मुझे कर्नल जीएस की हैसियत से 12 डिवीजन में तैनात किया जा रहा था। एक पल को मुझे लगा कि शायद उन्हें कुछ गलतफहमी हुई है, और मैंने उनसे कह दिया कि एमएस ने मुझे दिल्ली तैनाती का भरोसा दिया था।

"देखो, तुम उनकी रेजीमेंट के अफसर हो, और मुझे नहीं पता तुम्हारी उनसे क्या बातचीत हुई। बहरहाल, मैं तुम्हें यह यकीन दिला सकता हूँ कि ये पोस्टिंग उनकी मंजूरी से हुई हैं।"

कर्नल एमएस हमेशा से एमएस से पहले रहे हैं और हायर कमान से सम्बोधित होने वाले वे आला अफसर होते हैं। रवि आइप ने अपनी बात खत्म कर ली तो,

सभी अफसर अनौपचारिक बातचीत के लिए बगल के चाय कक्ष में चले गये। जल्दी ही जनरल से मेरा सामना हो गया।

. "अपनी पोस्टिंग से खुश हो न?" उन्होंने पूछा। मैंने सवालिया निगाहों से उन्हें देखा, लेकिन इससे पहले कि मैं कुछ कहता, वह फिर बोल पड़े, "तो तुमने इसे एक अच्छे सैनिक की तरह स्वीकार कर लिया है?" आज तक, मैं यह नहीं समझ पाया हूँ कि उसका मतलब क्या था।

जोधपुर राजस्थान का दूसरा सबसे बड़ा शहर है, और यह थार का प्रवेश-द्वार भी है। रेगिस्तान में काम करने का मेरा सबसे करीबी अनुभव अलवर में था, जहाँ 25 राजपूत अपने उत्थापन (रेज़िंग) के बाद आयी थी। विभिन्न अध्ययन समूहों के साथ मैं इस क्षेत्र में कई बार आया था, और जोधपुर में रहकर आप इस इलाके की भीषणता से फिर भी थोड़े बचे रहते हैं। वैसे, थार रेगिस्तान के आरपार फैले एओआर वाले इस डिवीजन के अधिकांश लोग ऐसे हालात में रह और काम कर रहे थे जिनमें सर्वव्यापी रेत ऐसा माहौल बना देती है जैसा मैंने पहले कभी नहीं देखा।

भारती की आखिरी जाँच चोइथराम हॉस्पिटल में डॉ. साहनी के पास हुई। वे अब दो दवाएँ ले रही थीं और अभी उनका इलाज छह महीने और चलना था। बेटियों को मैंने कुछ दिन के लिए दिल्ली भेज दिया और सामान जोधपुर पहुँचा दिया, मैं अकेले ही कार चलाकर ले गया। जोधपुर में रिहाइश की कमी ने हालात को और उलझा दिया। डिवीजन के कर्नल ए खुद अस्थायी निवास में रह रहे थे। सौभाग्य से, मुझे मेडिकल आधार पर एक लम्बी प्रतीक्षा सूची को अनदेखा करते हुए फैमिली क्वार्टर मिल जाना था। जब मई में हम एक छोटे-से अवकाश के बाद जोधपुर पहुँचे तो, हमें अफसर मेस में दो कमरे दे दिये गये। आजादी के बाद से ही आवास के डिजाइन में लचर रवैया दिखाने वाली एमईएस ने तर्क को भी दरकिनार कर दिया था। भवन निर्माण की पाश्चात्य शैली के अनुसार, कमरे छोटे-छोटे थे और टीन के डिब्बों जैसे लगते थे, और दिन के समय यह अस्थायी निवास तन्दूर बन जाता था। हमें शैतान सिंह इंक्लेव भेज दिया गया जहाँ सबसे बड़ी परेशानी थी घरों में पाइप से आने वाला खारा पानी।

योगजा का दाखिला राजमाता कृष्णा कुमारी गर्ल्स पब्लिक स्कूल में हो गया, और हमें उम्मीद थी कि वहाँ वह बिना क़िसी रुकावट के अपनी बारहवीं तक की पूरी पढ़ाई कर लेगी, जो सशस्त्र बलों के खानाबदोशी वजूद में ऐश की बात थी। मृणालिनी ने दूरस्थ शिक्षा से डिग्री लेने का ख़याल छोड़ दिया और जोधपुर के कमला नेहरू कॉलेज में दाखिल हो गयी। तकरीबन छह महीने बाद हमें रसाला रोड पर मकान मिल गया। यह मकान अलग होने की वजह से सुखद तो था ही, पानी भी काफी बेहतर था।

12 डिवीजन के जीओसी एक मराठा एलआई अफसर, मेजर जनरल कार्तिकेयन

थे। एक महीने पहले एक ऑप चर्चा के दौरान, आर्मी कमांडर, लेफ्टिनेंट जनरल मोती धर ने जीओसी की जमकर खिंचाई की थी। कुछ दिन बाद, कार्तिकेयन बीमार पड़ गये और उन्हें अस्पताल में भर्ती कराना पड़ा। डिप्टी जीओसी, मैकेनाइज्ड इन्फैंट्री (गढ़वाल) के ब्रिगेडियर एचएस नारंग तभी से कार्यवाहक बने हुए थे। डिप्टी बेहतरीन शौकिया फोटोग्राफर थे जिन्होंने बाद में थार रेगिस्तान पर एक बढ़िया सचित्र किताब प्रकाशित की।

इस फॉर्मेशन के पास जयपुर में दो पैदल ब्रिगेड और एक तीसरी पैदल ब्रिगेड, तोप ब्रिगेड सहित अजमेर के निकट नसीराबाद में थी। वैसे पूरी युद्ध व्यवस्था (ओआरबीएटी) फिर से बनायी जा रही थी। नसीराबाद से, पैदल ब्रिगेड पुणे जा रही थी, वह एक अन्य पैदल ब्रिगेड से अदल-बदल कर रही थी, जिसे नसीराबाद आने के बाद एक स्वतन्त्र मैकेनाइज्ड ब्रिगेड में तब्दील हो जाना था। इसे कोर के अधीन काम करना था, और उदयपुर में मौजूद पैदल ब्रिगेड को हमारी डिवीजन की कमान में आ जाना था। पूरे राजस्थान में हो रही सैनिकों की कूच के बीच, डिवीजन मुख्यालय के पास जयपुर में कोई पैदल सैनिक नहीं थे, बस एक आर्मर्ड रेजीमेंट और एक मैकेनाइज्ड यूनिट थी। मुख्यालय XII कोर भी, लेफ्टिनेंट जनरल एचएम खन्ना की कमान में, जोधपुर में थे, और वे तमाम तरह के अटपटे काम हमें पकड़ाते रहते थे जिनके लिए हमारे पास आदमी ही नहीं होते थे। यह बड़ी जटिल स्थिति थी, और कार्यवाहक जीओसी को उम्मीद थी कि मैं, यानी नया कर्नल जीएस, जल्दी हरकत में आ जाऊँगा, क्योंकि युद्धाभ्यास सिर पर था।

हमारा कार्यक्षेत्र ठेठ रेगिस्तान था और हम शाहगढ़ के उत्तर में स्थित समूचे क्षेत्र के लिए जिम्मेदार थे जो किशनगढ़ तक फैला था। परिणामस्वरूप, जैसलमेर, रामगढ़, लोंगेवाला, टनोट और किशनगढ़ जैसे ऐतिहासिक शहरों की जिम्मेदारी हमारे ऊपर थी। डिवीजन मुख्यालय के सिर पर मँडराती पिछली ऑप ब्रीफिंग की अनिष्टकारी छाया के तले, अब हमने कार्रवाई शुरू की, छोटी से छोटी तफसील पर गौर किया। सौभाग्य से, नामों के मामले में मैं होशियार था और मैंने समय निकालकर जरूरी क्षेत्रों का सर्वेक्षण कर लिया था, जिससे हमें काफी अच्छे युद्धाभ्यास का मौका मिल गया था। आर्मी कमांडर सन्तुष्ट होकर गये और, हालाँकि मैं इस काम में मुश्किल से एक महीने से ही था, फिर भी अब हमें विश्वास हो गया था कि, डिवीजन के स्टाफ को एक टीम के तौर पर अपनी क्षमता का पता था।

चार महीने बाद, हमें एक नये जीओसी—मेजर जनरल केशव सिंह (पूर्व में डिप्टी एमएस)—मिल गये जो हर बात तफसील से जानना चाहते थे और आसानी से अपना आपा खो देते थे। ब्रिगेडियर नारंग ने नये जीओसी से सबसे पहले मेरा परिचय कराया।

जनरल हाथ मिलाने के बाद गुर्राये, "तो तुम होगे मेरे नये कर्नल जीएस?"

"और कोई चारा भी नहीं है, सर," मैंने उनसे सीधे आँखें मिलाते हुए कहा।

हम आराम से पेशेवर दिनचर्या में व्यवस्थित हो गये। एक-दो महीने बाद, मुझे एक ऐसे मामले के सम्बन्ध में जीओसी के ऑफिस में बुलाया गया, जिसका जीएस ब्रांच से कुछ लेना-देना नहीं था। केशव सिंह गुस्से में उबले रहे थे, वे अपना आपा खो चुके थे। उन्होंने मेरी तरफ एक फाइल फेंकी। कागजात उड़कर फर्श पर इधर-उधर जा गिरे। मैं वहाँ खड़ा जीओसी को देखता रहा, मैं बिल्कुल अचल था, और मैं अपने चेहरे को भावहीन रखने की कोशिश कर रहा था।

"फाइल कौन उठायेगा?" आखिर उन्होंने कहा।

"शायद आपका रनर।"

मैं संयत रहने और अपना आपा न खोने की कोशिश करता अपने ऑफिस वापस आ गया। मुझे वहाँ बैठे कुछ देर हुई होगी, कि अचानक जीओसी मेरे ऑफिस में आये और बैठ गये। आने के असल मकसद पर आते हुए, उन्होंने फाइल फेंकने के लिए माफी माँगी।

आखिर मुझे भी बोलने का मौका मिला। मैंने अपने जनरल से कहा कि, मेरी किताब में, फाइलें फेंकना किसी भी हालत में स्वीकार्य नहीं था। खासकर तब जब वे जिस मामले को लेकर इतना फट पड़े थे, उसका जीएस ब्रांच या मुझसे कुछ लेना-देना नहीं था। जीओसी ने केवल मुँह-जबानी माफी ही नहीं माँगी बल्कि उनका अपने कर्नल जीएस के ऑफिस में आना ही सब कुछ कह देता था। हालाँकि केशव सिंह बहुत जल्दी-जल्दी तैश में आ जाने के लिए बदनाम थे, माना यह भी जाता था कि अपने ऑफिस के बाहर कोई खुन्नस नहीं रखते थे। सच तो यह था कि जब कोई उनके घर जाता था, जनरल खुद उसकी आवभगत करते थे मानो वह कोई सम्मानित मेहमान हो, भले ही अफवाह यह थी कि वे अपना घर भी किसी अत्याचारी की तरह चलाते थे। हमारी हदें साफ-साफ खिंच गयीं और मामला वहीं शान्त हो गया। इस पेशेवर फौजी का कार्यकाल जब तक रहा, उनके साथ काम करने में मुझे बहुत मजा आया। एक युद्धाभ्यास और कई ऑप ब्रीफिंग के सफल संचालन के बाद, मैं सोचता हूँ जीओसी मुझे अपना मददगार मानने लगे थे।

मेरी योग्यताओं में जीओसी के बढ़ते विश्वास का एक दूसरा पहलू भी था। ए ब्रांच की कुछ बातों से नाखुश, केशव सिंह ने कह दिया कि अब मैं उन्हें देखूँगा। मैंने इसका विरोध किया क्योंकि जी ब्रांच में काम हर वक्त काम का सैलाब रहता था। इसी तरह, बाद में जब जीओसी एडब्लूडब्लूए के काम से नाखुश हुए तो यह अतिरिक्त जिम्मेदारी भी मेरे ऊपर आ पड़ी। यहाँ भी मेरे विरोध को दरकिनार कर दिया गया।

कोर मुख्यालय भी यही करता था कि जो कुछ भी करना होता, हमारी तरफ सरका देता था; डिवीजन मुख्यालय में पर्याप्त आदमी न होने की सूरत में यह बड़ी

समस्या होती थी। चीफ ऑफ आर्मी स्टाफ, जनरल शंकर रायचौधुरी 20 लांसर्स (पूर्व में जोधपुर लांसर्स) से थे। वह नेपाल जा रहे थे और नेपाली सेना प्रमुख को जोधपुर में बनी एक तलवार भेंट करना चाहते थे। आर्मी मुख्यालय ने XII कोर से सम्पर्क किया; बीजीएस, ब्रिगेडियर आशीष दुबे ने मुझे फोन किया और फिर मैं किसी तलवार बनाने वाले की तलाश में शहर में भागा-भागा फिर रहा था। आखिर मुझे एक तलवार का डिजाइन तैयार करना पड़ा, बैठकर उसे बनवाना पड़ा, और फिर जाकर मैंने उसे दिल्ली रवाना किया। किसी ने फिर कभी उसके बारे में कुछ नहीं कहा, उससे साफ था कि तलवार पसन्द आयी थी।

उस साल, अचानक ही जोधपुर में लगातार तीन दिन मूसलाधार बारिश हुई और बाढ़ के हालात पैदा हो गये। इससे एक और आपात् स्थिति बन गयी, जिससे निपटना पड़ा। शाम को बिजली कट गयी और जब मैंने जनरेटर वाले रोड में जाने के लिए दरवाजा खोला तो, मुझे यह देखकर हैरानी हुई कि घर की सीढ़ियों पर पानी उमड़ रहा था। हमने दो घंटे जुटकर पानी को अन्दर घुसने से रोका और सारा सामान मेजों पर रख दिया। सुबह होते-होते, घर के अन्दर घुटनों-घुटनों पानी भर गया था। अभी मैं अपने इस घरेलू संकट से निपट भी नहीं पाया था कि XII कोर ने उसमें और भी इजाफा कर दिया—उन्होंने मुझे कोर कमांडर के आवास में बुला लिया क्योंकि वहाँ से भी पानी निकालना था। मैं एक हैंगर में अपनी वर्दी टाँगे और हाथ में जूते लिए घर से निकला और मैंने गाड़ी में ही जैसे-तैसे कपड़े पहने और नुकसान को सँभाला।

2 राजपूत का सीओ रहते हुए, मेरा मन्त्र था कि यूनिट के नियम-कायदों पर चलो। डिवीजन का कर्नल जीएस होने पर, मेरी यह कोशिश रही कि जीओसी दोपहर तक ऑफिस से चले जायें ताकि बाकी स्टाफ को दिन का काम निपटाने के लिए पूरे दो घंटे का समय मिल जाये और हो सके तो देर शाम तक काम करने से बच जायें। हमने अधिकांश खेलों के लिए एक डिवीजनल टीम भी बनायी और विभिन्न प्रतियोगिताओं में शिरकत करके यह पक्का कर लिया कि हमारी कमान में आने वाली सभी फॉर्मेशन भी मेहनत से काम करें और खेलें। मुझे यह सोचकर अच्छा लगता है कि 12 डिवीजन के काम-काज में इस सबसे अच्छी मदद मिली।

बहरहाल, डिवीजन में, कर्नल जीएस ही मुख्य स्टाफ अफसर होता है और यह देखना मेरा काम था कि सब कुछ सुचारु रूप से चले। वेलिंगटन में कहावत थी : 'हर कोई स्टाफ अफसर को दोष देता है, और स्टाफ अफसर बाकी हर किसी को दोष देता है।' वैसे तो जो लोग अपने पूरे कॅरियर में स्टाफ अफसरों को जमकर दोष देते रहते हैं, बाद में खुद स्टाफ अफसर बन जाने पर तुरन्त उस बारे में भूल जाते हैं। डीएसएससी छोड़ने के बाद से ही, यह बात हमेशा मेरे साथ रही है; स्टाफ में रहकर, मेरा काम लोगों की मदद करना है, उनके काम में रुकावटें डालना नहीं।

फील्ड फॉर्मेशन जैसे ही कोई जरूरत पेश करती थीं, हम फटाफट सब कुछ

करने में जुट जाते थे; कानूनी पेंच और दूसरी औपचारिकताएँ बाद में निपटाई जा सकती थीं। पद बढ़ने पर, मेरी यह कोशिश रही कि यूनिट और सैनिकों को पहले रखा जाये। आपत्तियों का समाधान बाद में हो सकता था।

हमें पाँचवें पे-कमीशन (वेतन आयोग) के लिए बड़ा प्रदर्शन करना था और उसके लिए हमें जमीन तैयार करनी थी। यह वह समय था जब हमें यह समझ में आना शुरू हुआ कि हमारे पास जो गोला-बारूद होना चाहिए वह है ही नहीं। मिसाइल, आर्मर्ड और आर्टिलरी गोले, छोटे हथियार—सभी कुछ बेहद कम था। सतही परिवहन भी नाकाफी था, जबकि अधिकांश यूनिट इस मामले में रेगिस्तान में बहुत ज्यादा टूट-फूट का सामना कर रही थीं।

हमारा धर्म संकट यह था कि हम अभावों की इन गम्भीर समस्याओं का सचमुच सामना करने में असमर्थ थे। कहीं सेना इस बात पर गर्व करने लगी थी कि हमारे पास जो भी संसाधन थे हम उन्हीं से बखूबी काम चला लेते थे। अभ्यास खत्म होते ही सब कुछ फिर दरकिनार कर दिया जाता था। हम अपने स्तर पर लगातार इस बारे में लिखते रहते थे, परन्तु कोर से हमें गोलमोल जवाब मिलता था कि इस मामले को देखा जा रहा है। पूरी सम्भावना थी कि कोर को भी कमान से यही जवाब मिल रहे थे, और कमान आर्मी मुख्यालय के रहमो-करम पर थीं, और मुख्यालय को रक्षा मन्त्रालय के विभिन्न विभागों में सिर टकराना होता था। यह बिल्कुल स्पष्ट था कि कमान और कंट्रोल के हमारे मौजूदा तन्त्र में कोई किसी को दबाने या किसी से सही जवाब तलब करने की हालत में नहीं था। इसमें आप सेना के भीतर मौजूद नौकरशाही को जोड़ दें तो हालत यह बन जाती है कि हम अपने ही लिए परेशानियाँ खड़ी नहीं करते बल्कि जब समाधान खोजने की बात आती है तो खुद को ही उलझा लेते हैं। हमारे स्तर पर, हम बस यह उम्मीद ही कर सकते थे कि अगर युद्ध होता है तो इन कमियों को पूरा कर लिया जायेगा; जुगाड़ और जोड़तोड़ से आप यहाँ तक पहुँच सकते हैं, इससे आगे नहीं।

इस अभ्यास का अन्त एक तरह से भयंकर ही हुआ। पाँचवें पे-कमीशन के मेम्बर-सेक्रेटरी एमके काव थे, और पूरे कॉम्बैट ग्रुप को मैदान में उतार दिया गया। कोर मुख्यालय को तैनात कर दिया गया, जबकि 12 डिवीजन ने यह दिखाया कि रक्षा पंक्तियों पर कैसे कब्जा किया जाता है। आर्मर को यह दिखाना था कि वे रात में कैसे चलेंगे, और काव एक बीएमपी के ऊपर आर्मी कमांडर वेद मलिक के साथ बैठे थे जिन्होंने इस विशिष्ट मेहमान को कसकर पकड़े रहने की सलाह दी थी। साफ था कि उनकी सलाह को माना नहीं गया, क्योंकि जब बीएमपी ने तेज रफ्तार से एक ढूह में टक्कर मारी तो, काव हवा में उछल गये। वह सिर के बल नीचे गिरे पर गुदगुदी रेत ने उन्हें सौभाग्य से बचा लिया। चमत्कार यह हुआ कि पूरे काफिले को तुरन्त ही यह आदेश भी चला गया कि जो जहाँ था वहीं रुक जाये। मेम्बर-

सेक्रेटरी गिरने की इस घटना से विचलित हो गये, परन्तु आर्मर्ड दस्ते की एकदम थम जाने की काबिलियत के बावजूद (जिससे शायद उनकी जान बची), पे-कमीशन ने भारतीय सेना के लिए कुछ नहीं किया।

डेढ़ साल बाद, केशव सिंह चीफ ऑफ स्टाफ बनकर III कोर, नागालैंड में चले गये। यह बेहद दुर्भाग्यपूर्ण रहा कि भारतीय सेना ने एक दुखद विमान हादसे में अपना एक अच्छा अफसर खो दिया, जब वे अन्य दो अफसरों के साथ चीता में जा रहे थे। इंजीनियर्स के मेजर जनरल राम सुब्रमण्यम ने उनकी जगह ली। लगभग उसी समय, लेफ्टिनेंट जनरल वेद प्रकाश मलिक आर्मी मुख्यालय में चले गये और एचएम खन्ना ने उनकी जगह ली, जबकि लेफ्टिनेंट जनरल पीएस जोशी ने कोर कमांडर की हैसियत से खन्ना की जगह ली।

राम सुब्रमण्यम एक पेशेवर थे और उनके पास रेगिस्तान का अनुभव था, क्योंकि वे सूरतगढ़ में ब्रिगेड की कमान सँभाल चुके थे। वे अच्छे खिलाड़ी थे और डिवीजनल मुख्यालय की टीमों में खेलने को हमेशा तैयार रहते थे। वे इंग्लैंड के स्टाफ कॉलेज में रह चुके थे और स्क्वैश और गोल्फ के बेहतरीन खिलाड़ी थे। डिवीजन को उनकी पेशेवर काबिलियत का बहुत फायदा मिला। मैं सोचता हूँ मैंने उनके पेशेवर स्तर को छुआ है और सौभाग्यवश मैं उनके सम्पर्क में रहा भी हूँ।

पहला स्टार

दो साल नौ महीनों बाद जोधपुर से जाने का समय आ गया। मैं ब्रिगेडियर पद के लिए सफल हो गया था, और एक बार फिर एमएस ब्रांच ने मुझसे पूछा था कि मैं कहाँ जाना चाहूँगा। अगर मैं एमएस ब्रांच के पिछले अनुभव को अहमियत देता तो, मुझे उनके पत्र को रद्दी की टोकरी में फेंक देना चाहिए था। फिर भी, दीपक की ओर आकर्षित पतंगे की तरह, मैंने एक बार फिर उम्मीद बाँधते हुए अपने तीन विकल्प दे दिये : (क) सियाचिन (ख) राजौरी सेक्टर की भीमबेर गली और (ग) 'फील्ड' में कहीं भी। एक बार फिर प्रतिक्रिया बेहद सकारात्मक मिली। इस स्तर पर नियुक्ति देखने वाले, एमएस ब्रांच के सिविलियन स्टाफ अफसर एसके सिंह ने कहा कि उन्हें इसमें कोई दिक्कत नहीं दिखती, क्योंकि बहुत कम अफसर फील्ड में जाना चाहते हैं। फिर भी, शायद एमएस ब्रांच को भड़का दिया था, और मुझे एक 'पीस स्टेशन' (शान्ति वाली जगह) में तैनाती दे दी गयी। मैंने सन्देश को दोबारा पढ़ा कि कहीं मुझसे ही समझने में कोई भूल तो नहीं हो गयी : मुझे सांबा में 168 पैदल ब्रिगेड का अगला ब्रिगेड कमांडर होना था। अभी हाल तक, सांबा को 'मॉडिफाइड फील्ड' की श्रेणी में रखा गया था, लेकिन कुछ साल पहले, किसी ने इसका स्टेटस बदलकर इसे 'पीस स्टेशन' कर दिया था।

वैसे तो जोधपुर भी 'पीस स्टेशन' ही था, फिर भी मैं फील्ड में जाने को इसलिए

उत्सुक था क्योंकि उस सूरत में मुझे जोधपुर या दिल्ली में परिवार के साथ अलग रहने की जगह मिल जाती। मैं ऐसा क्यों चाहता था, इसके दो कारण थे : वैसे तो भारती की रीढ़ की परेशानी अब काबू में थी, पर उन्हें बच्चादानी निकलवाने के लिए दिल्ली के राम मनोहर लोहिया अस्पताल में जाना पड़ा था जहाँ उनका छोटा भाई सर्जन था। उनकी हालत अब भी डाँवाडोल थी। दूसरा कारण था योगजा के दसवीं के बोर्ड इम्तिहान जो अभी कुछ महीनों बाद ही होने थे। मैंने मोटा-मोटी यह जानने की कोशिश की कि मुझे सांबा के लिए ही क्यों चुना गया था।

"आपको अतिरिक्त एमएस ने खास तौर पर चुना था," मुझे बताया गया। वह खुद जीओसी 29 डिवीजन बनकर वहाँ जा रहे थे और मुझे उनकी मातहती में काम करना था। मेरे पास मुस्कुराकर इसे स्वीकार करने के सिवाय कोई चारा नहीं था। कुमाऊँ रेजीमेंट के मेजर जनरल पवन छिब्बर ने अभी डिवीजन का कार्यभार सँभाला ही था कि मैं सांबा पहुँच गया।

यह नगर 'सांबा जासूसी कांड' के लिए बदनाम था जिसने 1970 के दशक के अन्त में देश में तहलका मचा दिया था। दरअसल, 168 ब्रिगेड का समूचा काडर, कई जेसीओ और जवान, जासूसी के आरोप में फँसे थे। डायरेक्ट्रेट ऑफ मिलिट्री इंटेलीजेंस ने इस मामले की जाँच का आधार उन दो कथित पाकिस्तानी जासूसों के बयान को बनाया था जो पैदल सेना में गनर बनकर शामिल हो गये थे। बारह साल बाद, उनमें से एक गनर आर्या सिंह, को भारत-पाक सीमा में चोरी-छिपे घुसने की कोशिश करते समय गोली मार दी गयी थी। 1994 में, दूसरे गनर, सरवन दास, ने लिखित इकबालिया बयान दिया कि उसने अपने साथी आर्या सिंह के साथ मिलकर जवानों को झूठा फँसाया था। तब तक यह शायद 'बहुत देर में बहुत कम' का मामला हो चुका था। यह बेवक्त इंसाफ की एक पक्की मिसाल थी, जिसमें बेशुमार कॅरियर और परिवार बर्बाद हो गये, और उनकी जिन्दगी और इज्जत पर हमेशा के लिए दाग लग गया था। उस समय ब्रिगेड के कमांडर, ब्रिगेडियर डीपी नायर, भी राजपूत रेजीमेंट से थे। बेहतरीन अफसर और सज्जन, डीपी नायर भी, अपने तमाम बटालियन कमांडरों और दूसरे अफसरों सहित, अन्याय के शिकार थे।

1978 में जब सांबा दुर्भाग्यवश सुर्खियों में आया था, तब से बहुत कुछ नहीं बदला था। यह अब भी एक सड़क वाला कसबा था जो सरहद के बेहद नजदीक होने की वजह से हमेशा बारूद के ढेर पर बना रहता था। यह काम ब्रिगेड को दिया गया था कि वह पंजाब-जम्मू-कश्मीर सीमा से डेवक नदी तक अन्तरराष्ट्रीय सीमा की निगरानी करे, जिसके आगे 26 इन्फैंट्री डिवीजन का अधिकार क्षेत्र था। मेरे पास चार पैदल बटालियनों और ढाई बीएसएफ यूनिटों की कमान थी। 5 ग्रेनेडियर्स की कमान कर्नल राकेश सक्सेना के पास; 19 कुमाऊँ की कमान प्रबोध कायस्थ के पास; 10 सिख एलआई की कमान एडॉल्फ पिंटो के पास (बाद में उनकी जगह

खेविंदर सिंह की कमान में 20 राज आर आई एफ ने सँभाली), और 24 राजपूत जो असल में सीआई ऑप्स के लिए 25 डिवीजन से जुड़े थे और इसलिए महज तकनीकी रूप में मेरे नॉमिनल रोल पर थे। फिर राजीव मनाली की कमान वाली 13 आर्मर्ड रेजीमेंट और 15 फील्ड रेजीमेंट (जिसकी जगह बाद में 165 फील्ड ने ली) भी थीं, जो सीधे सपोर्ट की भूमिका में थीं। इनके अलावा, कुछ स्थिर यूनिटें और एक बड़ा गोला-बारूद डिपो का कार्यभार भी मेरे पास था। हमारी रिहाइश अब भी 'मॉडीफाइड फील्ड' फॉर्मेशन वाली थी; इससे तमाम यूनिटों पर बहुत दबाव पड़ जाता था और यह इलाका ही अपने आप में बेहद चुनौतीपूर्ण था।

सांबा का मेरा कार्यकाल एक मामूली मुद्दे के साथ शुरू हुआ। मैं ब्रिगेड का कार्यभार ब्रिगेडियर बीआर वाधवन से ले रहा था जो गोरखा से थे। क्षेत्र में घूमने और कई बार की ब्रीफिंग के बाद, उन्होंने जाते-जाते बम गिरा दिया : सांबा में जिस सिनेमा को ब्रिगेड चलाती थी, उस पर ऑडिट की आपत्ति लग गयी थी। हमारी फीताशाही व्यवस्था में, यह अमूमन तबाही का संकेत होता है। यह जानकारी मिलने से पहले, वाधवन जा चुके ।।

एक हफ्ता बीतने के बाद मैं ऑडिट की आपत्ति की इस समस्या की ओर ध्यान दे पाया। जैसा कि अमूमन होता है, परदे के पीछे की कहानी कागजी इबारत और आँकड़ों से कहीं ज्यादा दिलचस्प थी। एक स्थानीय ऑडिटर वहाँ फिल्म देखने गया था और सिनेमा के एनसीओ प्रभारी ने उससे टिकट लेने को कह दिया था। रियायती टिकट मात्र छह रुपये का था, लेकिन ऑडिटर वह भी देने को तैयार नहीं था। इस बात पर हंगामा हुआ और उसके बाद ऑडिटर ने ब्रिगेड पर जवाबी प्रहार करते हुए दो लाख रकम की ऑडिट आपत्ति तुरन्त दर्ज करा दी।

इस तरह की ओछी हरकतों की शिकार अधिकांश यूनिटें उनसे निपटने का कोई न कोई रास्ता निकाल लेती हैं। लेकिन यह मुद्दा क्योंकि एक ब्रिगेड मुख्यालय से जुड़ा था इसलिए यह समस्या और भी विकराल होती चली गयी थी और मेरे पूर्ववर्ती ने दरवाजे के बाहर एक कदम रखते ही इसे मेरे लिए उन पर डाल दिया था। बहरहाल, अब ऑडिटरों का मुकाबला करने के सिवाय कोई रास्ता नहीं था। और, इसका एक दुखद परिणाम यह हुआ कि हमें हारकर सिनेमा को गैर-सैनिकों के लिए बन्द करना पड़ा। ये गैर-सैनिक अधिकतर वे पूर्व-सैनिक थे जिनके लिए यह छोटा-सा सिनेमा उनके आज और उनके गुजरे जमाने को जोड़ने वाली कड़ी का काम करता था। सांबा क्षेत्र में देश की सबसे बड़ी पूर्व-सैनिक जनसंख्या वास करती है। मेरे ढाई साल के समूचे कार्यकाल में यह ऑडिट आपत्ति का मामला कागजों पर घिसटता रहा। आखिर में हुआ यह कि इससे जुड़े लोगों का या तो तबादला हो गया या फिर वे इतने बुजुर्ग हो गये कि उन्होंने इस ओर सोचना ही छोड़ दिया; और यह मामला एक तरह के समझौते के साथ दुखद अन्त को प्राप्त हो गया।

छोटे स्टेशनों को इस तरह की दबंगई से अधिक खतरा होता है। स्थानीय ऑडिट अधिकारी और कुछ सैनिक एकाउंट कर्मी भी, खासकर रेजीमेंट केन्द्रों में, इसलिए बदनाम होते हैं कि वे अपने अधिकार का नाजायज फायदा उठाने की कोशिश करते हैं। सेना के खिलाफ लगातार ऐसी हरकतें होने से उसका पूरा सामाजिक ताना-बाना छिन्न-भिन्न हो रहा है। अक्सर ही, पैदल सेना के लोगों को इस तरह के बर्ताव का शिकार होना पड़ता है। इसका नतीजा यह होता है कि यूनिटें तब इन परेशानियों से निपटने के लिए अपने एसओपी बना लेती हैं।

ऐसा ही एक मामला एआईए (ऐन्युअल इंसपेक्शन ऑफ आर्म्स) में लगे ईएमई (इलेक्ट्रॉनिक्स ऐंड मैकेनिकल इंजीनियरिंग) के अधिकारी का था। कथित तौर पर हथियारों का विशेषज्ञ वह अधिकारी यूनिट की रायफलों की नली में झाँकता रहता था।

वह रायफल के अन्दर देखे बगैर ही उसे खराब बता देता था। उसे दूसरी रायफल दी गयी तो उसने उसे भी खराब बता दिया। यह सिलसिला चलता ही गया और फिर ईएमई अफसर ने यूँही कुछ कम्बलों के बारे में पूछ लिया जो हाल ही में यूनिट कैंटीन में आये थे।

कुछ देर बाद, ईएमई अधिकारी के साथ आये जेसीओ ने धीमे-से उससे कहा, "साब, कम्बल आपकी जिप्सी में रख दिया है।" यह सुनते ही, आदतन रायफल को 'खराब' बता चुके अफसर ने एकदम कह दिया, "सब ठीक है!" और एआईए पूरा हो गया!

जब इस तरह के लोग आपकी तरफ हों तो, सोचकर हैरानी होती है कि अपने सैनिकों के मनोबल को कैसे ऊँचा रखें और कैसे अपने दुश्मनों पर बढ़त बनाकर रखें। जब तक इन बुराइयों को जड़ से खत्म नहीं कर दिया जाता, हम संकट के दौरान सब कुछ सुचारु रूप से चलने की उम्मीद नहीं कर सकते। सेना से हमेशा ऐसे माहौल में परिणाम देने की उम्मीद की जाती है जहाँ काम को अंजाम न देने का कोई विकल्प नहीं होता। फिर भी, हमारा देश हमें इस तरह की घटनाओं से खुद को सुरक्षित रखने में बिल्कुल नाकाम रहा है जो इसलिए और भी बदतर होती जाती हैं क्योंकि यही अधिकारी कामयाबी की सीढ़ियाँ चढ़ते हैं। जितना ऊपर वे जाते हैं, उतनी ही ज्यादा उनकी माँगें बढ़ती जाती हैं। यह हालत कैंसर जैसी है।

x x x

सांबा में मोर्चाबन्दी डीसीबी (डिच-कम-बंकर) प्रणाली पर आधारित थी। इस कतारबद्ध गढ़ को मुख्य तौर पर उस भूभाग पर बाधाएँ खड़ी करने के मकसद से बनाया गया था जो पूरी चौरस जमीन थी। डीसीबी को इस तरह तैयार किया गया था कि एक तो हमलावर को समय का दंड चुकाना पड़े और दूसरे पैदल सेना को आर्मर के खिलाफ लड़ने का मौका भी मिल जाये।

हमारे चार कॉकर स्पैनिएल कुत्तों के साथ, सेनापति भवन, कोलकाता

फोटो सौजन्य : कुणाल वर्मा/कैलिडो इंडिया

चीन के तिब्बत कमांडर लेफ्टिनेंट जनरल शू ची के साथ, ल्हासा, 2009

सेना प्रमुख

फोटो सौजन्य : श्री गुरुदेव

असम रायफल्स मुख्यालय के दौरे पर, इम्फाल में, जनरल दीपक कपूर और मेजर जनरल ए.के. चौधरी के साथ

फोटो सौजन्य : असम रायफल्स

गार्ड ऑफ ऑनर के बाद साउथ ब्लॉक जाते हुए

फोटो सौजन्य : कुणाल वर्मा/कैलिडो इंडिया

साउथ ब्लॉक के बाहर 2 राजपूत (काली चिंदी) की कलर पार्टी

फोटो सौजन्य : कुणाल वर्मा/कैलिडो इंडिया

61 कैवेलरी की समीक्षा, 2010

फोटो सौजन्य : 61 कैवेलरी

विशेष बल के साथ उनके हथियार देखते हुए

कश्मीर घाटी में विक्टर फोर्स के दौरे पर, 2010 लेफ्टिनेंट जनरल एस.ए. हसनैन और मेजर जनरल गुरदीप सिंह

फोटो सौजन्य : विक्टर फोर्स

विशेष बल के साथ, 2011

रक्षा मन्त्री ए.के. एंटनी के साथ एन-32 विमान पर

लेह एयरफील्ड पहुँचते हुए—लेफ्टिनेंट जनरल केटी परनैल, लेफ्टिनेंट जनरल रवि दस्ताने

फोटो सौजन्य : मुख्यालय XIV कोर

सियाचिन बेस कैम्प

फोटो सौजन्य : मुख्यालय XIV कोर

सियाचिन में सैनिकों के साथ

फोटो सौजन्य : मुख्यालय XIV कोर

दौलत बेग ओल्डी में

फोटो सौजन्य : मुख्यालय XIV कोर

गया में ऑफिसर्स ट्रेनिंग अकादमी का उद्घाटन करते हुए, 2011

फोटो सौजन्य : ओटीए / गया

वियतनाम दौरे पर, 2010

ताजिकिस्तान पहुँचने पर गार्ड ऑफ ऑनर का निरीक्षण, 2011

अमेरिकी स्पेशल ऑपरेशन्स कमान में हथियार परीक्षण, फोर्ट ब्रैग, नॉर्थ कैरोलीना

फोटो सौजन्य : यूएस आर्मी

गोल्फ कोर्स में अवकाश के क्षण

अज्ञात सैनिक की समाधि, आर्लिंग्टन, 2011

फोटो सौजन्य : यूएस आर्मी

अमेरिकी सेना के जनरल जॉर्ज डब्ल्यू केसी के साथ, मार्च 2011

फोटो सौजन्य : यूएस आर्मी

पेंटागॉन में

फोटो सौजन्य : यूएस आर्मी

मिशेल और बराक ओबामा से भेंट

एडमिरल निर्मल वर्मा और एयर चीफ मार्शल ब्राउन के साथ नॉर्थ ईस्ट ट्रिलॉजी का विमोचन करते हुए, जनवरी 2012

फोटो सौजन्य : आर्मी ल्याज़ां सेल

एनडीए का अन्तिम दौरा,
मई 2012

फोटो सौजन्य : एनडीए/खड़कवासला

डेमोक्रैटिक रिपब्लिक ऑफ चाइना में ट्रैक 2 (सेवानिवृत्ति के बाद), अक्टूबर 2012

फोटो सौजन्य : कुणाल वर्मा/कैलिडो इंडिया

नयी दिल्ली में एक किसान रैली को सम्बोधित करते हुए, 2012

जनतन्त्र मोर्चा की स्थापना के समय अन्ना हजारे के साथ, 2013

फोटो सौजन्य : कुणाल वर्मा/कैलिडो इंडिया

जलियाँवाला बाग में जनतन्त्र यात्रा की शुरुआत, 31 मार्च 2013

फोटो सौजन्य : कुणाल वर्मा/कैलिडो इंडिया

यह विवाद का विषय है कि डीसीबी की प्रणाली सचमुच कितनी कामयाब है; कतारबद्ध मोर्चाबन्दी तैयार करके, हमारे पास इसके सिवाय कोई विकल्प नहीं होता कि हम उनकी रक्षा के लिए अपने पास जरूरी तादाद में आदमी रखें। कतारबद्ध मोर्चाबन्दी को तोड़ा जा सकता है; दरअसल यह संसाधनों का मामला है और एक स्थान पर जड़ बाधाओं को पार करने के कितने ही तरीके होते हैं। पहले उन क्षेत्रों की रक्षा की बात होती थी जो आत्म-निर्भर होते थे। बीच-बीच में खाली स्थान होते थे, परन्तु हर मजबूत स्थल जमकर लड़ता था। यह विवाद कमांडरों को लम्बे समय से परेशान करता आ रहा है; फिर भी इसका कोई निश्चित जवाब नहीं है, क्योंकि ऐसे कुछ क्षेत्र हैं जहाँ आपको बाधाएँ खड़ी करनी ही होती हैं, और उनके लिए हमें और अधिक सैनिकों की जरूरत होती है।

29 डिवीजन की अन्य तीन ब्रिगेड मामुन और पठानकोट में थीं। सांबा तकरीबन पठानकोट और जम्मू के बीच आधी दूरी पर था और हमारा संचालन क्षेत्र (काम करने का इलाका) ब्रिगेड मुख्यालय से डेढ़ कूद की दूरी पर था। उसके अलावा, मेरी कमान के अधीन बीएसएफ की ढाई बटालियनें डिवीजन के सामने वाले पूरे भाग की पहरेदारी कर रही थीं, जिससे अन्तरराष्ट्रीय सीमा पर होने वाली किसी भी घटना की जिम्मेदारी मुझ पर थी। यह बेहद अटपटी व्यवस्था थी, क्योंकि सामने वाले भाग का कुछ हिस्सा दूसरी ब्रिगेडों का संचालन एओआर था। इतने बड़े क्षेत्र में मेरी स्थिति बिल्कुल तंग थी जबकि बीएसएफ की मौजूदगी जमीन पर कम थी। हर रात, बीएसएफ के जवान जोड़ों में नाकों की निगरानी करते थे। बीओपी (बेस ऑप्स) में मुट्ठीभर जवान ही बचते थे; कभी-कभी उनकी संख्या बमुश्किल तीन या चार होती थी। किसी को ऐसा लगा था कि बीएसएफ के जवानों को साँपों से बचाव की जरूरत थी, इसलिए छोटे-छोटे पुश्ते बना दिये गये थे। कुछेक साल बाद, सर्दी-गरमी-बरसात से बचाव के लिए सिर के ऊपर सायबान भी बना दिये गये। फिर भी, जिस्मानी तौर पर किसी इन्सान के लिए चौकस और सतर्क रहना मुमकिन नहीं था, खासकर तब जब उन्हें दिन में तीन-चार घंटों से ज्यादा सोने को न मिल पाता हो। बसंतर-डेवक नदी क्षेत्र खास तौर पर घुसपैठ की दृष्टि से संवेदनशील था। दोनों देशों को अलग करने वाली मवेशियों की बाड़ को पार करके, आतंकी समूह अचल नाकों के पार रेंगकर चले आते थे और किसी को पता भी नहीं चलता था। रेखा पार होते ही, आतंकी टहलते हुए पिछवाड़े में पहुँच जाते थे।

इलाके में दबदबा बनाना हमेशा मेरा मन्त्र रहा है। मैंने उन जाने-पहचाने रास्तों और सुरक्षित मकानों पर ध्यान जमाना शुरू किया जिनका इस्तेमाल आतंकी समूह करते थे, और इसके लिए मैंने पूर्व सैनिकों और मुखबिरों का जाल तैयार किया, जिन्हें जमीन पर हमारी आँखें और हमारे कान होना था। मैं कुछ गुज्जरों और बकरबालों को भी जानता था जो इन इलाकों से गर्मियों में जानवर चराने नौशेरा आते-जाते

रहते थे। उनसे भी अहम जानकारी मिलती थी। स्थानीय खुफिया तन्त्र पर फुर्ती से कार्रवाई करते हुए, यूनिटें हमारे अपने इलाके में ही घात लगाने और फंदे बिछाने का काम शुरू कर देती थीं। दशकों में पहली बार, 168 पैदल ब्रिगेड ने कई को मार गिराया और भारी मात्रा में गोला-बारूद बरामद किया।

वैसे तो सांबा घुसपैठ वाला क्षेत्र होने के लिए विख्यात था, पर तब तक वारदातें सरहद तक सीमित रह गयी थीं, क्योंकि बीएसएफ कभी-कभार फायरिंग से झड़पें करते रहते थे। आतंकवादी कितने सुप्रशिक्षित थे और उनका जाल कितना फैला हुआ था, उसका अन्दाजा पाँच अफगानों से जुड़ी इस घटना से लगाया जा सकता है। एक स्थानीय शिकारी ने उनकी मौजूदगी की खबर दी, परन्तु जब तक हम उन्हें घेरते देहाती इलाके में अँधेरा घिर आया। फिर जो फायरिंग हुई उससे ऐसा लगा जैसे पाँचों उग्रवादी हमारे जवानों से भिड़ रहे थे। हकीकत में, सेना के आते-आते उनमें से तीन सरक लिए। जो दो अफगान छूट गये थे उन्हें निकाला गया, और अगली सुबह सैनिकों ने बाकी तीन की तलाश की, जिनमें से एक बुरी तरह से जख्मी हुआ था। हालाँकि सैनिकों ने पीछा करते हुए उनमें एक और को मार गिराया, फिर भी बाकी घायल उग्रवादी और उसका साथी सरहद पार निकल भागने में कामयाब रहे।

x x x

1998 के मध्य तक, मृणालिनी ने कॉलेज की पढ़ाई पूरी कर ली थी और योगजा दसवीं का इम्तिहान दे चुकी थी। वे फौरन मेरे पास सांबा आ गयीं जहाँ कमांडर के मॉडिफाइड-पीस आवास में दो छोटे-छोटे कमरे थे। एकमात्र तसल्ली थी तो उस विशाल मैदान के रूप में, जिसके अन्दर फ्लैगस्टाफ हाउस भव्य एकान्त में खड़ा था।

योगजा की पढ़ाई की समस्या फिर भी बनी रही। सांबा का आर्मी स्कूल बस आठवीं तक था और उसे घटिया दर्जे का माना जाता था। दूसरी ओर, रत्नुचक आर्मी स्कूल मिसिज विजयापुरी के अधीन था और बहुत बेहतरीन माना जाता था। योगजा को रत्नुचक के आर्मी स्कूल में दाखिल करा दिया गया जो बस या तीन-टन गाड़ी से एक घंटे की दूरी पर था; योगजा को यहीं से अपने बोर्ड इम्तिहान देने थे।

मैं सांबा के आर्मी स्कूल की एक टीचर से खास प्रभावित हुआ। मिसिज़ राव टीए (टेरिटोरियल आर्मी) बटालियन सीओ की पत्नी थीं। स्टाफ से बातचीत करने के बाद, मुझे लगा वे सांबा आर्मी स्कूल की अच्छी प्रिंसिपल साबित होंगी। जीओसी ने उनका इंटरव्यू लिया, वे कामयाब रहीं और उन्हें सांबा के स्कूल को नये सिरे से सँभालने का काम दिया गया। नतीजे जोरदार रहे—जब मैं सांबा से निकला, तब तक स्कूल बारहवीं तक हो चुका था। नयी जगह देख ली गयी थी, और आज यह इस क्षेत्र का एक सबसे बेहतरीन स्कूल है। स्कूल की बढ़त और तरक्की से मुझे बेहद तसल्ली हुई। हालाँकि मैं स्कूल की तरक्की को आसान बनाने वाला एक साधन मात्र

था और असली श्रेय दूसरों की मेहनत को जाना चाहिए, फिर भी मैं सांबा आर्मी स्कूल की बढ़त में अपने योगदान को अपने कॅरियर का एक अहम मुकाम मानता हूँ।

मुझे कमांडर बने एक साल से ज्यादा का समय हो गया था जब पाकिस्तान ने कारगिल क्षेत्र में घुसपैठ की—ऑपरेशन विजय शुरू हुआ। पूरी सीमा पर सैनिकों को सतर्क कर दिया गया, और बाकी सेना की तरह, मेरी ब्रिगेड भी अपने संचालन स्थल (ऑपरेशनल लोकेशन) में पहुँच गयी, जो बिल्कुल नजदीक ही था। कुछ समय बाद जब यह साफ हो गया कि कुछ नहीं होने जा रहा तो, हमने अपने सैनिकों को छूट दे दी कि वे दिन में अपनी यूनिटों में लौट सकते हैं और रात में जाकर रक्षा पंक्तियों में तैनात हो सकते हैं। 168 पैदल ब्रिगेड में तैनात जवानों को पहली बार महसूस हुआ कि सांबा में होना आखिर ऐसा बुरा सौदा भी नहीं था।

1999 में भारत सरकार ने रिटायर होने की उम्र दो साल बढ़ाने का फैसला किया, जिससे तैनातियाँ रुक गयीं। इसका नतीजा यह हुआ कि किसी एक ही हाकिम के अधीन यह मेरा सबसे लम्बा कार्यकाल साबित हुआ। पवन छिब्बर ने मुझसे एक महीने पहले कार्यभार सँभाला था, और मेरे कमान छोड़ने के एक महीने बाद उनकी रवानगी हुई। बेहद मेहनती जीओसी और अच्छा पेशेवर सैनिक होते हुए भी, उनमें यह आदत थी कि वे अपने आसपास के लोगों को लगातार झाड़ पिलाते रहते थे, हमेशा उनमें मीन-मेख निकालते रहते थे। एमएस ब्रांच में तैनाती से पहले XVI कोर में बीजीएस रह चुके इस जीओसी को आतंकवादियों को खदेड़ने में 168 ब्रिगेड की योग्यता का पता था, और वह भी इस हद तक कि 29 डिवीजन एओआर को पाकिस्तानियों ने घुसपैठ का रास्ता समझना ही छोड़ दिया। मामुन से कुछ दूरी पर होना बहुत फायदे की बात थी, क्योंकि कई तरह से आपको एक स्वतन्त्र ब्रिगेड की तरह काम करने का मौका मिल जाता था। जीओसी जब भी हमारी तरफ आते थे तो, मुझे एक घंटे का समय मिल जाता था।

1999 के अन्त तक, मृणालिनी की सगाई एक आयुध अफसर, कैप्टन संग्राम सिंह कटोच से हो गयी, और शादी की तारीख 17 जनवरी 2000 तय कर दी गयी। संग्राम के पिता, कर्नल आरएस कटोच, असम रेजीमेंट से थे और उस समय फिर से नियुक्त होकर पठानकोट में तैनात थे, जबकि मृणालिनी का मंगेतर 1 एफओडी में तैनात था जो उसी क्षेत्र में था। 14 जनवरी को, मैंने जीओसी को फोन करके सगाई की रस्म के लिए एक दिन की छुट्टी माँगी। हमेशा व्यावहारिक जीओसी ने जवाब दिया कि 'एक खास कॉन्फ्रेंस और चर्चा है।' और मुझे सलाह दी कि मैं सगाई की रस्म कॉन्फ्रेंस के बाद कर लूँ।

शादी की रस्में खत्म होने के एक महीने बाद, मुझे दिल्ली स्थित आर्मी मुख्यालय में इंटरव्यू के लिए बुलाया गया। मुझे बिल्कुल भी आभास नहीं था कि मुझे क्यों बुलाया गया है, पर जल्दी ही मुझे पता चला कि हममें से पाँच में से उस प्रत्याशी

को चुना जाना था जो अमेरिकी आर्मी के वॉर कॉलेज में जायेगा। प्रत्याशियों में राकेश लूंबा और बलराज नागाल थे।

जब मुझे इंटरव्यू कक्ष में ले जाया जा रहा था तो, एक स्टाफ अफसर ने मुझसे कहा, "आपको करंट अफेयर्स की ताजा जानकारी तो होगी ही।" उप-प्रमुख ने एमएस और डीजीएमओ के साथ मुझसे विभिन्न विषयों पर सवाल पूछे। इंटरव्यू के बाद, हमसे कहा गया कि अगर हममें से कोई कामयाब हुआ तो हमें बता दिया जायेगा; फिर हम अपनी-अपनी जगह लौट गये।

जून मध्य तक, मेरी जगह लेने वाले, सिख रेजीमेंट के जीजे सिंह के नाम का ऐलान हो गया था, पर मैं जा कहाँ रहा था, इसकी जानकारी सिर्फ एमएस ब्रांच को थी और वे इसे गुप्त रखे हुए थे। इस बार, उन्होंने मुझसे मेरी पसन्द की तीन जगहें भी नहीं पूछी थीं। 20 जून को, जब कोर्स शुरू होने में सिर्फ दस दिन बचे थे, मुझे सिग्नल सन्देश मिला कि मुझे तुरन्त अमेरिका के कारलाइल में जाना है। 1970 के दशक के मध्य से कुछ भी नहीं बदला था, जब मुझे आखिरी पल में रेंजर कोर्स के लिए भागना पड़ा था।

युद्ध की उच्चतर दिशा

योगजा पहले ही दिल्ली में थी, और कॉलेज में दाखिले के लिए भागदौड़ कर रही थी। अब उसके चौंकने की बारी थी, क्योंकि हमने साल भर के कोर्स पर उसे साथ ले जाने का फैसला किया था। दरअसल, इस तरह हमें भारती और योगजा दोनों के लिए खर्च उठाने पड़ते और इसमें हमारी सारी बचत ही चली जानी थी। फिर भी, हमें यह सबसे सही फैसला लग रहा था। इससे उसे अमेरिका में पढ़ने का मौका भी मिलने वाला था; और हमारी समझ में इस अनुभव से उसे बहुत फायदा मिलने वाला था, क्योंकि उसे स्कूल की अन्तिम वर्षों की पढ़ाई अपेक्षाकृत गुमनाम जगहों में करनी पड़ी थी।

हम जुलाई में पेनसिल्वेनिया के हैरिसबर्ग में पहुँचे, जहाँ हमारी अगवानी प्रोफेसर मार्टिन कुक ने की जो वॉर कॉलेज की फैकल्टी में होने के अलावा हमारे आधिकारिक प्रायोजक भी थे। 500 एकड़ के ऐतिहासिक कारलाइल बैरक में बना, यह कॉलेज अमेरिकी सेना की वरिष्ठतम शिक्षा संस्था है। जहाँ अधिकांश अमेरिकी छात्रों का चयन और नामांकन आर्मी के अन्दर से ही होता है, वहीं अमेरिकी नौसेना, वायु सेना और मैरिनर्स की पूर्ति पेंटागन, विदेश मन्त्रालय और नेशनल सिक्योरिटी एजेंसी के गैर-सैनिक अफसरों से की जाती है। इसके अलावा, बयालीस अन्य देशों के छात्र भी तकरीबन 290 अमेरिकी छात्रों के साथ शामिल हो गये।

हमें कारलाइल ले जाते हुए प्रोफेसर ने कहा, "हमने आपके लिए मकान ढूँढ़ लिया है, जो पहले एक विदेशी छात्र के पास था। हम उसे देख सकते हैं। अगर

आपको पसन्द आता है तो बढ़िया, वरना हम कोई और घर देख लेंगे।"

यह मकान बेहद साधारण था, जिसमें एक छोटा बेडरूम और उससे कुछ ही बड़ा मास्टर बेडरूम था और उनका एक साझा बाथरूम था। पर कॉलेज परिसर से यह सिर्फ दस मिनट की पैदल दूरी पर था। इसका किराया 900 डॉलर प्रति माह होने की वजह से, हमारे लिए यह एकमात्र विकल्प था।

"हम इसे लेंगे," मैंने कहा।

जुलाई 1863 में अमेरिकी गृह युद्ध की एक सबसे खूनी लड़ाई के गवाह रहे ऐतिहासिक नगर गेटिसबर्ग से कुछ ही दूरी पर स्थित, कारलाइल खुद उसी काल से सम्बन्धित है। कमांडेंट दो स्टार वाला अफसर था जिसके पास दो डिप्टी कमांडेंट थे, एक कर्नल और एक अम्बैसडर। आर्मी के ज्यादातर सेवारत इंस्ट्रक्टर (प्रशिक्षक) कर्नल थे, जिनमें अनेक रिटायर्ड अफसर थे जिन्होंने विभिन्न विषयों में डॉक्टरेट की उपाधि ली हुई थी। अनेक गैर-सैनिक प्रशिक्षक भी थे और इनके अलावा अन्य दो श्रेणियों से मिलकर फैकल्टी बनती थी। पहला महीना खासकर विदेशी छात्रों की मदद के लिए, उन्हें अमेरिका के ताजा हालात से परिचित कराने के लिए था। कुछ अफसर जो अंग्रेजी में बहुत अच्छे नहीं थे, कुछ महीनों पहले से ही कारलाइल में थे। मुख्य कोर्स जुलाई अन्त में शुरू होना था।

कोर्स बहुत अच्छे तरीके से तैयार किया गया था, और इसका एकमात्र मकसद था चुने गये अफसरों को भविष्य के सामरिक नेता बनाना, ताकि वे ऊँचे नेतृत्वकारी पदों को भर सकें। शुरुआती दौर में, सभी छात्रों को मानव संसाधन और नेतृत्व के सिद्धान्त पढ़ाये जाते हैं—वे कैसे काम करते हैं और परस्पर कैसे सम्बन्धित हैं—कुछ मनोवैज्ञानिक और शारीरिक परीक्षण होते हैं जिनसे उच्चतर नेतृत्व को मानसिक और शारीरिक तौर पर स्वस्थ बने रहने लायक बनाया जाता है। फिर आती हैं रणनीति और युक्ति पर चर्चाएँ और कक्षाएँ जहाँ दायरा काफी विस्तृत हो जाता है। फिर कॉलेज छात्रों को यह काम देता है कि वे कुछ अभ्यासों में सिद्धान्त को युक्तिगत इस्तेमाल करें। आखिर में इसका अंजाम चार इलेक्टिव के चुनाव में होता है। चुनाव निन्यानबे विषयों में से करना होता है, और किसी इलेक्टिव की मंजूरी केवल तब मिलती है जब कम से कम दस छात्र उसका चुनाव करते हैं।

मैंने चार वैकल्पिक विषयों के लिए उन्नत युद्ध कला, बातचीत, योजना तथा बजटन, और सेना तथा मीडिया को चुना। इसके अलावा, हमें एक रणनीतिक शोध-पत्र प्रस्तुत करना था जिसके लिए ग्रेड दिया जाता था। दरअसल, पूरे कोर्स में, हमें तीन क्षेत्रों में लगातार ग्रेड दिये जा रहे थे : भागीदारी, मौखिक और लिखित कार्य। जो छात्र जरूरी स्तर से नीचे रहता था उसे रेंजर अन्दाज में बाहर का रास्ता दिखाकर घर जाने को कह दिया जाता था।

हम अमेरिका में स्थित रणनीतिक महत्त्व के कई स्थानों में गये और पनामा

रुकते हुए हमने मेक्सिको, निकारागुआ और ब्राजील की भी यात्रा की। ये यात्राएँ हमारी मौजूदा पढ़ाई से सम्बन्धित थीं और बेहद लाभदायक थीं क्योंकि उनसे हमें इन देशों के रणनीतिक विचारकों से मिलने का मौका हासिल हुआ।

कॉलेज में वापस आकर, हमें इन यात्राओं में देखी गयी मौजूदा प्रणालियों और अमेरिका में मौजूद प्रणालियों से उनकी तुलना पर एक विस्तृत परचा पेश करना था। यह सब बेहद गहन कार्य था। न्यू यॉर्क में, मेयर रूडी जूल्यानी ने हमें इस विषय में विस्तार से बताया कि नगर में संगठित अपराध से कैसे निपटा गया और हालात को बदल दिया गया। नगर में अपराध दर को नये तौर-तरीकों का इस्तेमाल करके अविश्वसनीय 57 प्रतिशत तक कम कर दिया गया था, और आखिर एफबीआई ने न्यू यॉर्क को सबसे सुरक्षित बड़े शहर का दर्जा दिया। सार्वजनिक अभियोजक के अपने पिछले अनुभव से लाभ उठाते हुए, जूल्यानी ने शहर के व्यापारिक जीवन से संगठित अपराध के प्रभाव को भी जड़ से खत्म कर दिया था।

मुझे अपने रणनीतिक शोधपत्र के लिए फैकल्टी से एक गाइड मिलना था। मुझे थोड़े गुपचुप अन्दाज में बताया गया कि यह सज्जन 'एजेंसी से' हैं। जब मैं अपने होने वाले गाइड से मिला तो, उन्होंने मुझे सवालिया निगाहों से देखा।

"जानते हो, मैं एजेंसी से हूँ," उन्होंने कहा।

"जी, मैं जानता हूँ आप एजेंसी से हैं," मैंने कहा। बातचीत जॉन ली कारे की किसी फिल्म की तरह साँस थाम देने वाली रफ्तार से आगे बढ़ रही थी। काफी देर के बाद, मैंने अपने भावी गुरु से कहा कि हमारा सम्बन्धी कोई खालिस पेशेवर था तो, इससे मुझे कोई फर्क पड़ने वाला नहीं था कि वह एजेंसी से हैं या किसी और संगठन से। मैंने उनसे कहा कि वॉर कॉलेज के शैक्षिक माहौल में उन्हें पेशेवर स्तर पर सलाह देनी थी और अगर उन्हें लगता है कि वे अपना काम ठीक से नहीं कर पायेंगे, तो वह किसी और का नाम सुझा सकते हैं। इससे हमारी आगे की बैठकों का नियम तय हो गया।

"अच्छा, यह बात तो अब तय हो गयी," उन्होंने कहा और मैंने अपना परचा लिखना शुरू कर दिया। मैंने अमेरिकी नीतियों की खूब आलोचना की जबकि मेरे गाइड जब-तब मुझे नरम होने को कहते रहे। जब बात सीआईए की भूमिका की आयी, तब तो हमारे बीच और भी गरमागरम बहस हुई। आखिर मैंने ऐसा परचा पेश किया जिससे हम दोनों ही सन्तुष्ट थे। कोर्स के अन्त में, मुझे 'एक्सेप्शनल' (असाधारण) ग्रेड मिला। मुझे यह भी पता चला कि मेरे परचे को आने वाले वर्षों में अतिरिक्त अध्ययन के लिए अनुमोदित परचों में भी शामिल किया गया था।

अमेरिका में कोई भी कोर्स कर रहे भारतीय छात्रों के लिए सबसे बड़ी दिक्कत थी हमारी बुनियादी जरूरतों के लिए पर्याप्त धन न होना। कॉलेज में हर चीज का, यहाँ तक कि सामाजिक समारोहों का भी पैसा लगता था। रेंजर कोर्स करते हुए

भी हम जैसे-तैसे ही काम चला पाते थे। कारलाइल में, विदेशी छात्र अपने राष्ट्रीय दिवसों पर पार्टी करते थे। शालीनता के आग्रह को तो हम पूरा करते थे, पर हमारे पास कभी जरूरी पैसा नहीं होता था। भारत लौटने पर, आर्मी मुख्यालय को सौंपी अपनी रिपोर्ट में मैंने यह सुझाव दिया कि अगर हम अपने अफसरों को समुचित धन नहीं दे सकते तो, बेहतर होगा हम उन्हें भेजें ही नहीं। अभी हाल में दोबारा वॉर कॉलेज जाने के बाद, एक बार सीओएएस की हैसियत से और फिर रिटायरमेंट के बाद औपचारिक निमन्त्रण पर, मैं कह सकता हूँ कि आज भी हालात ज्यादा बेहतर नहीं हुए हैं।

एक बात और, जो अफसर वॉर कॉलेज से लौटकर आते हैं उनका भी सही उपयोग नहीं किया जाता। यहाँ अमेरिका के शायद सबसे घनिष्ठ रणनीतिक साथी इंग्लैंड की मिसाल यहाँ प्रासंगिक है। ब्रिटिश अफसर, कोर्स पूरा करने के बाद, आम तौर पर वॉशिंगटन में अपने दूतावास में आ जाता है। इससे उसे अपना अनुभव बढ़ाने और सम्पर्क बनाने का मौका मिल जाता है। हमारे यहाँ होता क्या है कि हमें वापस बुला लिया जाता है और, आमतौर पर, एमएस ब्रांच तय करती है कि हमें कहाँ भेजा जाये, और इसमें ऐसा कोई विश्लेषण नहीं होता कि हमारे अर्जित ज्ञान का कैसे सदुपयोग हो सकता है। वरिष्ठता के इस स्तर पर, इस बात की बहुत कम सम्भावना होती है कि कोई अफसर अमेरिका में बनाये अपने सम्पर्कों और दोस्ती को प्रगाढ़ करने के लिए कभी वहाँ वापस जायेगा।

इस मामले में, विदेश मन्त्रालय की भूमिका भी सराहनीय नहीं है। वह सीधे मुँह बात ही नहीं करता। और तो और, दुनिया भर में दूतावासों में तैनात तमाम रक्षा अताशे को उनके पद के मुताबिक दर्जा नहीं दिया जाता। इसकी वजह ये बतायी जाती है कि अगर रक्षा अताशे का ओहदा कम नहीं किया गया तो, राजदूत के बाद वह सबसे बड़ा अधिकारी बन जाता है। भारत सरकार आजादी के बाद से ही यह करती आ रही है। देश में जिस तरह सेना की हैसियत लगातार काट-छाँट की जा रही है उसका दुष्परिणाम कभी न कभी हमारे राष्ट्र को ही भुगतना होगा। इस तमाम हेरा-फेरी का तर्क समझ से परे है।

ब्रिगेडियर इसफंदियार अली खान पटौदी मेरे साथ कोर्स कर रहे पाकिस्तानी अफसर थे। वे प्रोबीन्स हॉर्स से थे और मंसूर अली खान पटौदी के खास चचेरे भाई थे। बाद में वे मेजर जनरल के पद पर पहुँचे और फिर उन्होंने पाकिस्तानी सेना की 25 वीं मैकेनाइज्ड डिवीजन की कमान सँभाली और उसके बाद आईएसआई के डिप्टी डाइरेक्टर-जनरल बने। कुलीन, और अमेरिका में अपने देश के एमए रह चुके पाकिस्तानी जनरल के बेटे, वे अच्छे पियानो वादक भी थे। उदारवादी वंश परम्परा और दृष्टिकोण के कारण वे वॉर कॉलेज के लिए आदर्श प्रत्याशी थे, क्योंकि उससे पहले पाकिस्तानी अफसरों पर अमेरिकी कोर्स करने की पाबन्दी लगी हुई थी। मैं

अपनी किताबें वापस भारत भेजने की समस्या पर विचार कर रहा था तो इसफंदियार ने मुझे मुफ्त सलाह दी, "क्या प्रॉब्लम है? एम्बैसी को बोलो, वो सारा सामान पैक करके घर भेज देंगे।" और "हमने तो बहुत सामान खरीदा है।" फिर उन्होंने मेरी तरफ शरारत भरी मुस्कान के साथ देखा, जिसका मतलब होता था कि "मुझे पता है तुम्हारी एम्बैसी ऐसी दरख्वास्त नहीं मानेगी।"

कुल मिलाकर, अमेरिकी वॉर कॉलेज का अनुभव भयंकर था जिससे मेरे क्षितिज का तो बहुत विस्तार हुआ, पर हम एक तरह से दिवालिया हो गये। हाल के वर्षों में वॉर कॉलेज में विदेशी छात्रों की संख्या बढ़ा दी गयी है। अमेरिकी आर्मी भले ही भारत सरकार से भारतीय कोटा बढ़ाकर दो कर देने का आग्रह करती रही है (क्योंकि उन्हें लगता है कि भारतीय अफसर इस कोर्स में काफी योगदान कर सकते हैं), पर रक्षा मन्त्रालय ने इसका जमकर विरोध किया है।

दिल्ली वापसी पर मुझे इस बात पर हैरत हुई कि मुझे जालन्धर में XI कोर के बीजीएस का कार्यभार सँभालने के आदेश थमा दिये गये। वॉर कॉलेज का कोर्स करने के बाद, मुझे उम्मीद थी कि आर्मी मुख्यालय मेरे वैकल्पिक विषयों को देखेगा और उसी के मुताबिक मेरी सेवाओं का सदुपयोग करेगा। उदासीन भाव से, मैं एमएस, लेफ्टिनेंट जनरल चौहान से मिलने चल दिया जो पहले मेरे जीओसी और कोर कमांडर रह चुके थे। जनरल ने मुझसे मिलने की सहमति जतायी।

"तो तुम जालन्धर जा रहे हो?" उन्होंने वॉर कॉलेज के बारे में कुछ विस्तार से सवाल करने के बाद कहा।

"मैं आपसे इसी बारे में बात करने आया हूँ," मैंने सीधे विषय पर आते हुए कहा। "आप दिल्ली में उन क्षेत्रों में मेरा फायदा क्यों नहीं उठा सकते जहाँ मैं ज्यादा उपयोगी हो सकता हूँ?" उन्होंने मुझसे कहा कि उन्होंने मुझे खुद XI कोर के लिए चुना है; और इसमें किसी बहस की गुंजाइश नहीं थी। मैं जानता था कि एमएस ब्रांच का एक सिद्धान्त है–"तुम हमें बन्दा दिखाओ और हम तुम्हें नियम दिखायेंगे।"

योगजा का दाखिला पेनसिल्वेनिया की शिपेंसबर्ग यूनिवर्सिटी में हो गया था और उसने मनोविज्ञान में बैचलर की डिग्री का एक साल पूरा कर लिया था। पहले साल में 'ए' ग्रेड मिलने से वह स्कॉलरशिप की हकदार हो गयी थी, पर उसका वीजा बढ़ाने को लेकर हम पसोपेश में थे। दूतावास ने जो नियम बताये थे, उनके मुताबिक उसे वापस भारत आकर स्टूडेंट वीजा के लिए फिर से आवेदन करना होगा। तब तक उसके हाथ से स्कॉलरशिप निकल जाती, और उसके बगैर वहाँ रहने का सवाल ही नहीं उठता था, क्योंकि हमारे पास इतना पैसा कहाँ था। अब वह वापस जहाँ की तहाँ थी और दाखिले के लिए दिल्ली यूनिवर्सिटी के चक्कर काट रही थी, जहाँ उस साल के दाखिले लगभग बन्द हो चुके थे। उसके मामले पर विचार करने को तैयार कुछ कॉलेजों ने कहा कि उसे किसी मन्त्री से सिफारिश करवानी होगी। मैं किसी मन्त्री

को नहीं जानता था, इसलिए यह विकल्प मेरे लिए बन्द था। स्थिति हताशापूर्ण होने लगी तो चंडीगढ़ में रह रहे एक रिश्तेदार ने अपने सम्पर्कों के जरिये उसका दाखिला चंडीगढ़ के गवर्नमेंट गर्ल्स कॉलेज में करवा दिया। उससे कहा गया कि उसका दाखिला दूसरे साल में इस शर्त पर किया जा सकता है कि वह पहले और दूसरे साल के पेपर एक साथ करने को तैयार हो। यह उसके लिए मुश्किल होता, इसलिए हमने फैसला किया कि उसका दाखिला पहले साल में करवाया जाये और ऑनर्स कोर्स में कोई जोखिम न उठाया जाये। वैसे तो समाज के हर तबके के लिए स्कूल और कॉलेज में दाखिला एक समस्या है, सेना के मामले में हालात इसलिए और भी बदतर हो जाते हैं क्योंकि उसके कर्मी खानाबदोशों की जिन्दगी जीते हैं।

कॉलेज की समस्या हल हो जाने पर मैंने जालन्धर में अपना काम सँभाल लिया। कोर कमांडर, लेफ्टिनेंट जनरल शान्तनु चौधरी, आर्टिलरी अफसर थे। वे 57 माउंटेन में बैटरी कमांडर रह चुके थे जो बांग्लादेश युद्ध के दौरान उस समय 2 राजपूत का सीधे सहयोग कर रहे थे जब हम मेघालय में तैनात थे। मैंने जिन कमांडरों के साथ काम किया था, उनमें वे बेहतरीन थे, और वे बेहद अच्छे इन्सान थे। हर सुबह हमारी मुलाकात होती और कोर कमांडर खास मुद्दों पर अपनी राय बताते थे। वे हमें फैसले के लिए कभी इन्तजार नहीं कराते थे। अपनी बात कहने के बाद, वह मुझ पर छोड़ देते थे कि उनका मुख्य स्टाफ अफसर होने के नाते मैं उसे उनके हिसाब से अमली जामा पहनाऊँ। उनके कार्यकाल में, XI कोर मुख्यालय में कभी कोई तनाव नहीं रहा।

9/11 को, जब ट्विन टॉवर्स पर हमला हुआ, मैंने उन्हें उनकी हॉटलाइन पर फोन किया, "सर, सीएनएन (चैनल) लगाइए।"

"क्या हुआ?" उन्होंने शान्त लहजे में पूछा।

"ट्विन टॉवर्स गिर गये हैं। न्यू यॉर्क पर आतंकी हमला हुआ है।"

"ओ, शिट!" उन्होंने तुरन्त प्रतिक्रिया दी। फिर कुछ देर बाद उनका फोन आया और उन्होंने कुछ छँटी-छँटाई इलाहाबादी गालियों की झड़ी लगा दी। हम जानते थे कि आतंकी हमले में सीधे या परोक्ष रूप में पाकिस्तान का हाथ होगा। जरूरी था कि आर्मी मुख्यालय से चेतावनी जारी होने से पहले XI कोर को हाई एलर्ट पर रख दिया जाये। आज नहीं तो कल इन हालात में हमारी तैनाती हो सकती थी। अगर कभी ऐसा हुआ तो हम कूच के लिए तैयार रहना चाहते थे।

XI कोर का एओआर, फिरोजपुर से फाजिल्का-अबोहर क्षेत्र को अलग करने वाले चंद भान ड्रेन तक पूरी पंजाब सीमा थी। अमृतसर में स्थित 15 डिवीजन की कमान अशोक 'टार्जन' कपूर के हाथों में थी (उनका यह नाम एनडीए में एक नाटक में उनकी टार्जन की भूमिका के कारण पड़ा था) जो उस समय 12 डिवीजन में ब्रिगेड कमांडर भी थे जब मैं कर्नल जीएस था; 7 डिवीजन का कार्यभार मेजर जनरल

नंद्रजोग के पास था, जो 4 गार्ड्स (1 राजपूत) की कमान सँभाल चुके थे; और 9 डिवीजन मेरठ में थी, जिसके जीओसी मद्रास रेजीमेंट के मेजर जनरल अरुण चोपड़ा थे। उस समय हमारे चीफ ऑफ स्टाफ इंजीनियर्स के मेजर जनरल नरगोरवाला थे।

कुछ एहतियाती कदम उठाने के बाद, हम बस यही कर सकते थे—इन्तजार करो और देखो। तैनाती के आदेश की सूरत में हमें कार्रवाई के लिए तैयार रहना था। उन्हीं दिनों कोर का युद्धाभ्यास भी होना था और बीजीएस के नाते यह 'मेरा काम' था। मैंने इसे 'एक्सरसाइज अंडमान' नाम देने का फैसला किया। शुरुआत के लिए मैंने भारत की संसद पर हमले की योजना बनायी।

वेस्टर्न आर्मी कमांडर, लेफ्टिनेंट जनरल सुरजीत सिंह संगरा उस समय विदेश दौरे पर थे। क्योंकि रेड लैंड (दुश्मन) की गतिविधियों का संचालन एआरटीआरएसी (आर्मी ट्रेनिंग कमांड) कर रही थी, इसलिए आर्मर्ड कोर अफसर और आर्मी कमांडर, जनरल शमशेर मेहता, को सीनियर अफसर की हैसियत से मौजूद रहना था। हालाँकि हम दोनों के बीच लगातार मतभेद होने के कारण रेड लैंड बलों की तैनाती को लेकर काफी गरमागरमी होती थी, फिर भी सब कुछ ठीकठाक चलता रहा। इसमें शान्तनु चौधरी की शिरकत देखने में दिलचस्प थी, क्योंकि उन्हें कार्यवाहक वेस्टर्न आर्मी कमांडर की भूमिका सँभालनी थी और अपने ही कोर से सम्बन्धित फैसले भी देने थे। इस एक्सरसाइज से पैदा होने वाले तनाव में उन्होंने अपने आपको संयत बनाये रखा।

एक्सरसाइज के आखिरी दौर में पहुँचकर, 13 दिसम्बर को संसद पर सचमुच हमला होने की स्तब्धकारी खबर हमें मिली। 'तुम्हें कैसे पता था?' बस सबके होंठों पर यही सवाल था, जबकि हम फौरन इस उभरती स्थिति का जायजा लेने में जुट गये। जल्दी ही यह चुटकुला चल निकला कि कोर की एक्सरसाइज की तफसील आईएसआई को लीक कर दी गयी थी और उन्होंने फौरन इसे हकीकत में तब्दील कर दिया था। ट्विन टॉवर्स गिराये जाने के बाद से ही हम इस तरह की वारदात के लिए तैयार थे। अब हमने किसी भी आपात् स्थिति के लिए ट्रेनिंग यूनिट की तैनाती में शामिल तैयारियों की कार्रवाइयों को अमली जामा पहना दिया।

ऑपरेशन पराक्रम

जनरल सुन्दरराजन पद्मनाभन ने सितम्बर 2000 में जनरल वेद प्रकाश मलिक से सीओएस का कार्यभार सँभाल लिया था। आर्टिलरी अफसर की हैसियत से उन्हें आला ओहदे पर बैठे अभी एक साल ही हुआ था कि पाँच आतंकवादी गृह मन्त्रालय और संसद के लेबल लगी कार में सवार होकर संसद भवन के परिसर में घुस गये। 1947 में कबायलियों से शुरू करके, तकरीबन आधी सदी तक पाकिस्तान भारत के ख़िलाफ जिहाद में मदद के लिए विभिन्न आतंकी गुटों को उकसाता और बढ़ावा

देता रहा है। सैनिक और गैर-सैनिक निशानों पर बमबारी और फिदायीन हमलों के जरिये मारकाट मचाने के अलावा, पाकिस्तानी सरकार प्रायोजित आतंकवाद ने एक और मकसद हल किया। उसने उन्हें कश्मीर में गड़बड़ी करने के लिए समय-समय पर बाकायदा सैनिक भी दिये और हमेशा यही दावा किया कि वे कबायली या मुजाहिदीन हैं जिन पर उसका कोई बस नहीं है। कारगिल इसकी आखिरी मिसाल थी, और देश कारगिल की पहाड़ियों से पाकिस्तानी सेना को खदेड़ने की कोशिश में अपनी जान गँवाने वाले पाँच सौ से ज्यादा जांबाजों की कुर्बानी से अभी उबर ही रहा था।

हालाँकि भारत ने सहनशीलता की पराकाष्ठा का परिचय दिया जिससे दुनिया की नजरों में उसकी छवि एक आसान निशाने की बन गयी, फिर भी संसद पर हमले को गवारा करना आसान नहीं था, खासकर इसलिए कि इसे 9/11 के कुछ ही महीनों के भीतर अंजाम दिया गया था। खुशकिस्मती रही कि सुरक्षाकर्मियों ने पाँचों आतंकवादियों को संसद में घुसने से पहले ही मार गिराया, पर यह बड़ा नजदीकी मामला रहा। इसमें सात भारतीय मारे गये और अठारह सुरक्षाकर्मी, पुलिसकर्मी और अन्य इस गोलीबारी में घायल हुए।

गृह मन्त्री एलके आडवाणी ने जब सरेआम यह ऐलान किया कि हमलावरों के सम्बन्ध पाकिस्तान से थे तो सब कुछ साफ हो गया। पाकिस्तान ने अपनी सेना को तुरन्त सतर्क कर दिया, और कुछ दिन बाद, आर्मी मुख्यालय ने लामबन्दी के आदेश जारी कर दिये। उस समय XI कोर के पास कोई चीफ ऑफ स्टाफ नहीं था; मेजर जनरल नरगोरवाला कुछ दिन पहले जा चुके थे और उनकी जगह अभी कोई नहीं आया था। शान्तनु चौधरी अब शान्त, चट्टान-से दृढ़ और अटल कमांडर के रूप में थे; उन्होंने जनरल स्टाफ और प्रशासनिक शाखाओं को छूट दे दी थी कि वे पूरी आजादी से हालात से निपटें और अपने काम करें। ब्रिगेडियर प्रशासन महार रेजीमेंट के ब्रिगेडियर ओपिंदर सिंह थे, और हमने एक साथ मिलकर तैयारी के मुताबिक कार्रवाई शुरू कर दी।

बहरहाल, जब सैनिक हकीकत में जमीनी कूच शुरू करते हैं तो, हर तरह की कमी सामने आने लगती है, खासकर जब वाहनों की जरूरत पड़ती है। प्रशासनिक शाखा ने सारी समस्याओं को प्रशंसनीय तरीके से निपटाया और XI कोर धुन्ध के बावजूद सही समय पर सही जगह तक पहुँच गयी। हमारी तैनाती इस धारणा के आधार पर हुई कि भारतीय सेना राज्य-प्रायोजित आतंक की सतत समस्या को सुलझाने के लिए पाकिस्तान में जा रही थी। अब मुड़कर देखता हूँ तो मुझे सौ फीसदी यकीन होता है कि अगर हम उस समय बढ़ गये होते तो, हमने अपने सारे मकसद पूरे कर लिए होते। बदकिस्मती से, सब कुछ उस तरह से नहीं हुआ।

देश के लड़ाकू बलों का रख-रखाव करना बीमा का प्रीमियम भरने के समान होता है, और बेहतर पॉलिसी के लिए ऊँची कीमत चुकानी होती है। बरसों से,

अधिकांश फील्ड में सक्रिय रहे अफसरों को यह बिल्कुल साफ था कि चीजें जैसी होनी चाहिए, उसके कहीं आसपास भी नहीं थीं। जोधपुर में कर्नल जीएस की हैसियत से मैंने खुद को बिल्कुल लाचार और अशक्त महसूस किया था, क्योंकि मेरे बस में केवल मिसाइलों, गोला-बारूद, वाहनों और युद्ध भंडार की कमी की रिपोर्ट देना था। हमें हमेशा तसल्ली देने वाले यही जवाब मिलते कि मामले की छानबीन की जा रही है। आप कमान के किसी भी स्तर पर हों, 'तन्त्र' बस आपको घेरता था। कारगिल में भी, हम अपनी कमियों से पार पाने में महज इसलिए कामयाब रहे क्योंकि यह स्थानीय मामला था। हर कोई बात करता था कि इतने-इतने लोग इस मसले पर काम कर रहे हैं, पर इसके अलावा और कुछ था नहीं। कोई भी इस बारे में कुछ भी करने की स्थिति में दिखाई नहीं पड़ता था। बीमा के प्रीमियम पर गौर नहीं था और पॉलिसी बेकार हो रही थी।

अब कबूतर विश्राम के लिए बसेरों को लौट रहे थे। उस समय, मैं सोचता हूँ, आज जैसे 'हर दिन एक कांड' वाले हालात नहीं थे, और बोफोर्स जैसे हलके-फुलके मामले ही सुर्खियों में थे। अब, जब हम दूसरी अहम टुकड़ियों के पहुँचने का इन्तजार कर रहे थे, हमें पता चला कि वे समय से आने की हालत में नहीं थीं। हर घंटा बीतने के साथ, हालात और भी गम्भीर होते जा रहे थे, क्योंकि इस देरी की वजह से दुश्मन पाकिस्तानी सेना को अपने ठिकाने तैयार करने का मौका मिल रहा था। वैसे, बाद में देरी की और भी वजहों का पता चला, पर हकीकत यह थी कि जब असली कार्रवाई का वक्त आया तो जिम्मेदार लोग इस हालत में नहीं थे। ऑपरेशन पराक्रम के पहले कुछ दिनों में ही हमारी तैयारी की कलई खुल गयी।

पश्चिमी कमान के जिम्मेदार लोग देरी से चल रहे थे (आखिर एक आर्मर्ड ब्रिगेड इन्दिरा गाँधी कैनाल पर पहुँची पर उसे वहीं रोक दिया गया)। उत्तरी कमान ने समस्या को तब और बढ़ा दिया ज़ब उसने यह कहा कि सैनिकों के तैयार होने में—जो अधिकतर विद्रोह-विरोधी भूमिका में तैनात थे—समय लगेगा। बेतुके घटनाक्रम के चलते हमारे विकल्प और भी खत्म होते जा रहे थे; अहम आर्मर्ड आक्रमण कोर की कमान सँभाल रहे लेफ्टिनेंट जनरल कपिल विज ने पश्चिमी आर्मी कमांडर से अपना सन्देह व्यक्त किया कि उन्हें उनके मुख्यालय में नशा दिया जा रहा है और उन्होंने छुट्टी माँगी; और मिसाइल और टैंक गोला-बारूद ले जा रही एक बड़ी टुकड़ी बीकानेर के पास धू-धू कर जल गयी।

समय पर काम न हो पाने की वजह से अमेरिका ने यह कहकर दबाव बनाना शुरू कर दिया कि भारत को जनरल परवेज मुशर्रफ के बयान का इन्तजार करना चाहिए, जो जनवरी के दूसरे हफ्ते में आया। अमेरिका, और भारतीय सशस्त्र बलों की देरी से लामबन्दी की बदौलत, मुशर्रफ ने वह किया जिसमें उन्हें महारत हासिल थी : कुछ अधकचरे वादे करने के बाद इस मुद्दे को दरकिनार कर दिया।

उस समय समझदारी तो इसमें होती कि नुकसान में कटौती की जाती और बड़ी तादाद में सैनिकों को वापस बुला लिया जाता, पर तब तक सीमा पर कुछ और ही तरह के तनाव तेजी से बढ़ रहे थे। सेना सरहद पर बैठी थी और हम आमने-सामने के टकराव की हालत में थे; सच कहा जाये तो किसी भी पक्ष को पता नहीं था कि आगे क्या करना है। तब आर्मी मुख्यालय की ओर से ऐसे आदेश आये जिन्हें फील्ड में 'सुरंग आतंक' (माइन पैनिक) कहा जाता है। अभी हाल तक डीजीएमओ रहे लेफ्टिनेंट जनरल एनसी विज वाइस चीफ के पद पर जा चुके थे और अगले सीओएस की उनकी बारी थी। अब हमारे लिए ताबड़तोड़ आदेश आने लगे, जिनमें कहा गया था कि सभी टुकड़ियाँ प्रायोरिटी (प्राथमिकता) 1 और प्रायोरिटी 2 सुरंगें बिछानी शुरू कर दें।

फील्ड में तैनात टुकड़ियों को यकीन ही नहीं हुआ कि क्या हो रहा है। हम आक्रामक भूमिका से अचानक बचाव की मुद्रा में जा रहे थे। जो सुरंगें अब तक एजेंडा में नहीं थीं, उनके लिए भगदड़ मच गयी। तब परेशानी शुरू हुई, और जल्दी ही यह स्पष्ट हो गया कि क्वालिटी को लेकर कोई जाँच नहीं हुई थी। न जाने कितनी ही सुरंगों में ऐसे फ्यूज थे जो फिट ही नहीं हो रहे थे और, खाँटी भारतीय अन्दाज में, जवान कोशिश करके उन्हें लगा रहे थे। एक के बाद एक सुरंग फटती गयी और उसमें बेशुमार जवान मारे गये।

सेना लाचार होकर सरहद पर बैठी रही, उसके जवान और उपकरण दोनों बीतते जा रहे थे। प्रशिक्षण के कार्यक्रम लागू नहीं हो पा रहे थे और कुछ समय बाद जैसे हम खुद से ही लड़ रहे थे। हताहतों की तादाद बढ़ती रही और हम हताशा में देखते रहे। जिन इलाकों में सुरंगें बिछाई गयी थीं, उनमें से अधिकांश में सरकंडा उग आया था और वहाँ अफरा-तफरी मच गयी थी क्योंकि सुरंगें वहाँ से हट गयी थीं और रह-रहकर फटती जा रही थीं, जिससे हताहतों की तादाद में लगातार इजाफा हो रहा था। जल्दी ही माइन शूज़ (सुरंग में इस्तेमाल होने वाले जूते) की भारी माँग होने लगी। हालाँकि मौजूदा जूते अच्छे बने हुए थे, पर उनका डिजाइन पुराना पड़ चुका था और वे पर्याप्त संख्या में उपलब्ध भी नहीं थे। दुनिया के बाजारों में इन जूतों की खोज अब ईमानदारी से शुरू हुई।

वेब पोर्टल और इंटरनेट के दिन तब तक आये नहीं थे; सूचना सम्प्रेषण की रफ्तार आज के मुकाबले धीमी थी। पर, उस समय हमारी हैरत का ठिकाना न रहा जब हमें यह पता चला कि जालन्धर का एक जूता निर्माता अमेरिकी सेना को माइन शूज़ की सप्लाई करता था। बारूदी सुरंगों से हताहत होने वालों की तादाद कारगिल के शहीदों की कुल तादाद के बराबर होती जा रही थी; इस स्थिति के लिए कोई जिम्मेदार तो दिखाई दे ही नहीं रहा था, चीजें प्राप्त करने में हमारी व्यवस्था की उदासीनता भी साफ झलक रही थी।

हमने कोर की तरफ से उस जूता निर्माता से सम्पर्क किया, पर भारतीय सेना के लिए जूते बनाने को उसे नये साँचे बनाने पड़ते। कच्चे माल के लिए पैसों की दरकार थी जो हमारी फैसले करने की सामर्थ्य से बहुत बाहर की बात थी। हमारे बस में इतना ही था कि इस मामले को कमान के सामने रख दें और खूब हो-हल्ला मचायें। पर, कहना न होगा कि, उससे कुछ हुआ नहीं।

शान्तनु चौधरी पोस्टिंग पर कहीं और चले गये और उनकी जगह मराठा LI के लेफ्टिनेंट जनरल के. नागराज ने सँभाल ली। तब तक आर्मर्ड कोर के मेजर जनरल अरुण पाठक भी चीफ ऑफ स्टाफ का पद सँभाल चुके थे। वह बेहद तेज दिमाग और जहीन अफसर थे और बड़ी तसल्ली से काम करते थे। आर्मी कमांडर भी बदल गये थे, शमशेर मेहता ने एआरटीआरएसी छोड़ सुरजीत संगरा की जगह ले ली थी। कमान मुख्यालय ने तुरन्त ऐलान कर दिया था कि नये आर्मी कमांडर ब्रीफिंग के लिए XI कोर आयेंगे। जनरल नागराज, जो उत्तरी कमान से जाने वाले थे जहाँ वे एमजीजीएस थे, उन्होंने फौरन कह दिया कि वे व्यस्त थे और आर्मी कमांडर के दौरे के बाद ही आयेंगे। मैंने अरुण पाठक के पास जाकर कहा कि कार्यवाहक कोर कमांडर होने के नाते ब्रीफिंग उनको करनी होगी।

वह बोले, "मैं चीफ ऑफ स्टाफ हूँ, ब्रीफिंग करना मेरा काम नहीं है।" मैं मुँह-फाड़े उन्हें देखता रह गया। यह सच था कि बीजीएस होने के नाते मुझसे तो ब्रीफिंग की उम्मीद नहीं की जा सकती थी। मुझे यह जानकर हैरत हुई कि पाठक बिल्कुल गम्भीर थे।

पश्चिमी आर्मी कमांडर की हैसियत से शमशेर मेहता का यह पहला दौरा था, हालाँकि वे एआरटीआरएसी के हाकिम होने के नाते एक्सरसाइज अरिदमन का हिस्सा रह चुके थे। वे रेड लैंड फोर्स और हमारे बीच मतभेद को भूले नहीं थे। मैं उन्हें XI कोर की तैनाती के बारे में बताने लगा तो, वे मुझे बार-बार टोककर मुझसे यह पूछते रहे कि क्या हमने अरिदमन से कुछ सबक सीखा। आखिर मैंने सावधान की मुद्रा में खड़े होकर उनसे कहा कि हमने उस अभ्यास से बहुत सारे सबक सीखे हैं और उनको अमल में भी ले लिया है।

"तुमने सिन्धु जल सन्धि को पढ़ा है?"

मुझे लगा मैं फिर से स्कूल में हूँ और एक क्रोधित अध्यापक के सामने हूँ जो क्लास के सामने मुझे शर्मसार करना चाहते थे। "जी, सर, मेरी मेज पर उसकी एक कॉपी है। मैंने इसे तफसील से पढ़ा है और मैं इसके मायने जानता हूँ।" तब सौभाग्य से शमशेर मेहता को लगा कि मैं अपनी-सी कर सकता हूँ। तब से हमारे सम्बन्ध बहुत अच्छे बने हुए हैं।

अपने पूर्ववर्ती के उलट, जनरल नागराज को तनाव पालने का शौक था। यह कोर कमांडर अपने एडीसी के तौर पर एक नौजवान, हँसमुख कैप्टन को लेकर आये

थे। आधा कार्यकाल बीतते-बीतते बेचारा नौजवान हँसना ही भूल गया; क्योंकि कोर कमांडर हमेशा उसके पीछे पड़े रहते थे। इन हालात में कोई भी एक सुखद मुख्यालय से एक बेहद तनावपूर्ण यूनिट की तरफ जाने को रोक नहीं सकता था। नाकाम ऑपरेशन पराक्रम ने हालात को और बिगाड़ दिया था।

"हमारा टीएसी मुख्यालय कहाँ है? हम वहाँ से काम क्यों नहीं कर रहे?" नये कोर कमांडर ने पूछा।

हम सम्पर्क और संवाद की सुविधा के कारण जालन्धर से काम कर रहे थे। हमने मुख्यालय के लिए बिल्कुल नया भूमिगत परिसर भी बना लिया था। हमें इंजीनियर स्टोर डिपो के पास लोहे के एक पुराने पुल के हिस्से पड़े मिल गये थे और हमने लोहे के गाडरों से यह भूमिगत परिसर बना लिया था। यह इतना ठोस था कि सीधे प्रहार को भी झेल सकता था। पर जनरल नागराज सोचते थे कि हमारे लिए जालन्धर से हटना जरूरी था। इसलिए, हम टीएसी मुख्यालय को कपूरथला ले गये। इससे पहले कि बाकी कोर मुख्यालय भी हमारे पीछे आता, जनरल को समझ में आ गया कि वे बस खुद को बाकी तमाम दुनिया से काटने में कामयाब हुए थे। उन्होंने जालन्धर की सुविधा को समझते हुए वापसी के आदेश दे दिये और फिर वहाँ से जाने के बारे में कुछ नहीं कहा गया।

जनरल नागराज की एक अजीब आदत थी। वह हर सुबह ऑफिस में आकर कुछ मिनट के लिए सब कुछ उलट-पुलट कर देते थे। अगर कोई उसमें खलल डालता तो, दिन भर उनका मूड खराब रहता और फिर खलल डालने वाले की खैर नहीं होती थी। कुछ दिनों बाद, मुझे जनरल की तरफ से एक फाइल मिली, जिसमें लिखा था 'बात करो'। मैं एक नोटबुक लेकर उनके ऑफिस में पहुँचा।

"फाइल कहाँ है?" कोर कमांडर ने पूछा।

"मुझे फाइल की जरूरत नहीं," मैंने कहा। इसका मतलब था कि उसकी जानकारी हो चुकी थी। अगर जनरल उसके मायनों पर बात करना चाहते थे, तब तो ठीक था; पर अगर वे फाइलों को पढ़ना चाहते थे तो, मैं अपनी टिप्पणियाँ लगाकर उन्हें उनके पास भेज दूँगा। मैं इसे जिस तरह से समझ रहा था, उस सूरत में उन्हें अपने ऑफिस में मेरी जरूरत नहीं थी।

"मुझे फाइलें चाहिए," जनरल ने आगे बहस की गुंजाइश खत्म करते हुए कहा। मैंने अपने ऑफिस पहुँचकर उन्हें एक साथ बाँधा, कर्नल जीएस के लिए एक पत्र लिखा और उसे कोर कमांडर को भेज दिया। हमने एक साल साथ काम किया, और यह हमारा ढर्रा बन गया।

अभी मुझे XI कोर की कमान में एक और बदलाव देखना था; नागराज की जगह लेफ्टिनेंट जनरल एस पट्टाभिरमन ने ले ली जो इंजीनियर अफसर और बेहतरीन इन्सान थे और बाद में वाइस चीफ (उप प्रमुख) बने। हमने एमओ निदेशालय में साथ

काम किया था जहाँ, जब वह एमओ 6 से एमओ 3 में चले गये, मैंने एक महीने तक विभिन्न विषयों पर उन्हें जानकारी दी, ब्रीफ किया। पट्टाभिरमन जालन्धर, सिकन्दराबाद से आ रहे थे जहाँ वे 54 डिवीजन की कमान सँभाले हुए थे। जनरल ने मुझे बुलाकर वही करने को कहा जो मैंने उनके साथ एमओ में किया था : कि उन्हें एक-एक जगह से और उनसे जुड़ी समस्याओं से परिचित कराओ। उनके कमान में आकर, कोर मुख्यालय एक बार फिर तनाव मुक्त हो गया।

मुझे जालन्धर में ढाई साल से ज्यादा पूरे करने थे। 2001 बीतते-बीतते, मृणालिनी ने एक लड़के को जन्म दिया, जिसका नाम तुरन्त विक्रमादित्य रख दिया गया। बच्चे का जन्म जालन्धर में हुआ था, और भारती और मैं वहाँ मौजूद थे। नाना-नानी बनकर हम गर्व महसूस कर रहे थे। योगजा अभी चंडीगढ़ में होस्टल में ही थी और अपने आखिरी साल में पहुँच रही थी जबकि जालन्धर में मेरा कार्यकाल पूरा हो रहा था। बाद में वह एमए की पढ़ाई के लिए पंजाब यूनिवर्सिटी में आ गयी। कोर में तीन जीओसी के साथ काम करने के अलावा, मैंने कितने ही डिवीजनल कमांडरों को आते और जाते भी देखा था। यह चक्कर-झूले जैसा था और कभी-कभी तालमेल रखना मुश्किल होता था; 15 डिवीजन में सामंतरे ने टार्जन कपूर की जगह ली थी और उनकी जगह बलराज नागल ने सँभाली जो मेरे बैच से दो स्टार पहनने वाले पहले अफसरों में थे; नंद्रजोग की जगह एनएस बरार ने ली और उनकी जगह शिवशंकर आये; अरुण चोपड़ा की जगह सिख LI के आरके सिंह आये और उनकी जगह बॉबी सैयद आये।

ब्रिगेडियर से मेजर जनरल बनने के लिए आयोजित बोर्ड में मैं कामयाब नहीं हो पाया। ऐसा लग रहा था जैसे भारतीय सेना में मेरी सेवा समाप्त होने जा रही थी।

"क्या हुआ?" फोन पर दूसरी तरफ से आ रही आवाज लेफ्टिनेंट जनरल राम सुब्रमण्यम की थी, जो 12 डिवीजन में मेरे आखिरी जीओसी थे। उस समय, वह XII कोर की कमान सँभाल रहे थे और सेंट्रल आर्मी को सँभालने के इन्तजार में थे।

मुझे समझते देर नहीं लगी कि ब्रिगेडियर महाबीर सिंह के साथ फैजाबाद में मेरा सीओ 2 का छोटा-सा कार्यकाल इसके लिए जिम्मेदार था। मुझे लग रहा था कि कुल्हाड़ी और पहले गिर जायेगी पर पता नहीं क्यों ऐसा नहीं हुआ। जीवन में मेरी महत्वाकांक्षा रही कि मैं अपनी बटालियन की कमान सँभालूँ और सच तो यह है कि मैं अपने पिताजी के ओहदे से आगे जा चुका था। ये दोनों उपलब्धियाँ पीछे छूट चुकी थीं। यह भाग्य ही था कि मेरी मुठभेड़ महाबीर सिंह से हो गयी थी। हालाँकि उस समय मैंने उस रिपोर्ट का विरोध किया था, फिर भी जाहिर था कि और ऊपर के अधिकारियों ने मेरे ब्रिगेड कमांडर को खंडन नहीं किया था।

राम सुब्रमण्यम सोच रहे थे कि मैं बहुत जल्दी हथियार डाल रहा था; उन्होंने मुझे एक ड्राफ्ट भेजा और यह सुझाव भी दिया कि मैं राहत पाने के लिए पत्र में

क्या लिखूँ। लगभग उसी समय, जनरल पट्टाभिरमन ने भी मुझे यही सलाह दी कि मैं प्रमोशन बोर्ड का विरोध करूँ। दो वरिष्ठ अधिकारियों ने जब मेरा हौसला बढ़ाया तो, मैंने उनकी सलाह मानते हुए महाबीर सिंह की रिपोर्ट के खिलाफ बाकायदा शिकायत कर दी। मेरा मामला कमान से होते हुए शिकायत तथा सलाह बोर्ड और फिर चीफ, जनरल एनसी विज के पास पहुँचा जो जनरल पद्मनाभन की जगह आये थे। बोर्ड ने यह फैसला दिया कि महाबीर सिंह की रिपोर्ट मेरे बारे में पेश अन्य तमाम रिपोर्टों से बिल्कुल अलग थी। बिना किसी हील-हवाले के, चार महीनों बाद मेरे मामले पर दोबारा विचार किया गया और मुझे मेजर जनरल के पद के लिए हरी झंडी दे दी गयी।

मेरे अनजाने में, वाइस चीफ का कार्यभार सँभालने वाले शान्तनु चौधरी से जनरल विज ने कहा था कि मुझे कश्मीर घाटी में स्थित विक्टर फोर्स में तैनात किया जाये। फिर उन्होंने मेरे पूर्व कोर कमांडर, जनरल नागराज से सम्पर्क किया, जिन्होंने फौरन उसे नामंजूर कर दिया। अब एक वोट पक्ष में औरं एक विपक्ष में हो गया तो, चीफ ने मेरे नजदीकी हाकिम से सम्पर्क किया। "वह अच्छा काम करेगा," पट्टाभिरमन ने कह दिया। इस तरह, बात पक्की हो गयी। मैं विक्टर फोर्स का अगला जीओसी था और मुझे तुरन्त कश्मीर घाटी जाने के लिए कहा गया। मुझे मेरा दूसरा स्टार बलराज नागपाल के चार महीनों बाद मिला। एक बार फिर मुझे खतरे में धकेल दिया गया था।

भाग तीन

शिखर पर

10
कमान और कंट्रोल

विक्टर फोर्स

पुंछ और नौशेरा क्षेत्र के चप्पे-चप्पे की तो मुझे खूब अच्छी जानकारी थी, पर कश्मीर घाटी से मैं इतना ज्यादा परिचित नहीं था। राष्ट्रीय रायफल्स (आरआर) के बारे में भी मैं सीधे-सीधे कुछ नहीं जानता था क्योंकि मेरा साबका नियमित आर्मी यूनिटों को छोड़ किसी और माहौल से नहीं पड़ा था। मेरे जाने से पहले अभी एक और युद्धाभ्यास XI कोर में होना था, और इस बार मैं होशियार था कि 'भारतीय संसद पर आक्रमण' जैसी नाटकीय कोई चीज न रचूँ। युद्धाभ्यास खत्म होते-होते मैं कश्मीर घाटी में पहुँच गया था और उम्मीद कर रहा था कि फरवरी का एक बड़ा हिस्सा इस नये क्षेत्र से परिचित होने में बिताऊँगा।

मेजर जनरल (बाद में लेफ्टिनेंट जनरल और फिर संयुक्त राष्ट्र में नियुक्त) जसबीर सिंह लिड्डर ग्रेनेडियर्स से आये इन्फेंट्री अफसर थे। वे उन पाँच जीओसी में थे जो जम्मू-कश्मीर में काउंटर इंसर्जेंसी (सीआइ) फोर्स की कमान सँभाल रहे थे। विक्टर फोर्स दक्षिण कश्मीर के अर्जेनन्तनाग, पुलवाना, शोपियाँ और बडगाम जिलों को सँभाल रहा था, जबकि किलो फोर्स को उत्तर कश्मीर के कुपबाड़ा और बारामुला जिलों में बागियों से लड़ने का काम सौंपा गया था। डेल्टा फोर्स डोडा जिले को देख रहा था, जो कश्मीर घाटी क्षेत्र के बाहर चिनाब नदी की सँकरी घाटी के ऊपर था। इसी तरह, रोमियो फोर्स भी पीर पंजाल के दक्षिण में तैनात था, और इसका एओआर मुख्य तौर पर पुंछ और राजौरी था।

विक्टर फोर्स और किलो फोर्स के संचालन की कमान सीधे XV कोर के हाथों में थी, जबकि अन्य तीन सीआई फोर्स मुख्यालय XVI कोर के अधीन थे। लेफ्टिनेंट जनरल निर्भय शर्मा (अब अरुणाचल के राज्यपाल) पैराट्रूपर थे जो बांग्लादेश युद्ध के दौरान विख्यात तनगैल अभियान का हिस्सा रहे थे और मेरे निकटतम हाकिम (बॉस) बनने जा रहे थे, जबकि लेफ्टिनेंट जनरल हरि प्रसाद नॉर्दर्न आर्मी कमांडर थे जिनका कमान मुख्यालय ऊधमपुर में था।

मैंने वह पूरा महीना जनरल लिड्डर के साथ भरसक जानकारी हासिल करने में बिताया और राष्ट्रीय रायफल्स की अलग-अलग रंगतों को समझने की कोशिश की। मैं सभी सेक्टर कमांडरों से भी मिला और उन यूनिटों के बारे में जानकारी लेने की कोशिश की जो मेरे अधीन काम करने वाली थीं। महार रेजीमेंट के ओपी गुरूंग के अधीन 1 सेक्टर खानाबल में था और अनन्तनाग जिला को सँभाल रहा था; 2 सेक्टर पैराट्रूपर 'टैंकर' गिल के अधीन था, और बनिहाल से नीचे घाटी में उतरने के बाद नेशनल हाईवे पर पहली बस्ती काजीकुंड के निकट वुजुर में स्थित था; 12 सेक्टर बडगाम में था और उसकी कमान राजपूत रेजीमेंट के अफसर शुक्ला सँभाल रहे थे; और पंजाब रेजीमेंट के एके सिंह के अधीन 70 ब्रिगेड हमारे एओआर के दक्षिणी हिस्से को सँभाल रही थी और उसका मुख्यालय शोपियाँ के बालापुर में था।

1990 से, जब यह साफ हो गया था कि कश्मीर में होने वाला विद्रोह घाटी में हालात बिगाड़ने की पाकिस्तानी कोशिश का नतीजा था, हमारी सेना को दो हिस्सों में बाँटने की जरूरत सबसे अव्वल हो गयी। शुरू में जब पकिस्तान ने हरकत की तो भारत में बहुत कम लोग स्थिति की गम्भीरता को समझ पाये, और उस समय की सरकार बस वोट बैंक की राजनीति में उलझी रही। आखिर हमने खतरे की विशालता को देखा और जल्दी ही यह साफ हो गया कि मामला लम्बा खिंचना था। इसे देखते हुए, राष्ट्रीय रायफल्स बल बनाने की तैयारी हुई। इस बल को गृह मन्त्रालय के अधीन रखा जाना था, पर इसके लिए सारे सैनिक भारतीय सेना से प्रतिनियुक्ति पर लिए जाने थे।

आरआर का निर्माण जनरल बीसी जोशी की निगरानी में हुआ। शुरू में, सैनिक और साज-सामान नियमित टुकड़ियों से लिए गये, जिसका नतीजा यह हुआ कि घाटी में मौजूद नियमित डिवीजनों को भारी कमी का सामना करना पड़ा, वह भी खासकर इसलिए कि आरआर यूनिटों को कार्रवाई के लिए पर्याप्त संख्या बल में रखा जाना था। आरआर बनने के बाद, सेना की नियमित यूनिटें भले ही सीआई की भूमिका में भी तैनात बनी रहीं, उनका मुख्य काम था सीमा पर कोई भी समस्या होने की सूरत में तुरन्त कार्रवाई के लिए तैयार रहना। नियन्त्रण रेखा पर लगी बटालियनों को, स्वाभाविक था सीआई अभियानों में शामिल नहीं किया जाता था।

मार्च में, मैंने लिड्डर से बाकायदा कार्यभार सँभाल लिया। हमारी मुलाकात हुई भी कहाँ–ऊधमपुर में सड़क पर। वे किसी जरूरी काम से गाड़ी में जा रहे थे और मैं आ रहा था। हमने हाथ मिलाया और दोहरा-तिकोना जीओसी ध्वज अब मेरी गाड़ी के बोनट पर लहरा रहा था जबकि मुझे पीर पंजाल के पार बनिहाल टनल होते हुए कश्मीर घाटी में ले जाया गया। मैं नेशनल हाईवे पर, इस्लामाबाद नाम से भी मशहूर अनन्तनाग से होते हुए गया और प्राचीन नगर अवन्तीपुर पहुँचा। मेरे दाहिनी तरफ की पहाड़ी ढलानों को नक्शों पर 'पथरीला बंजर' के तौर पर दिखाया

गया था। मेरा काफिला उत्तर की ओर मुड़ा और, कुछ ही मिनटों में, हम विक्टर फोर्स मुख्यालय पर आकर रुक गये।

मेजर जनरल (बाद में लेफ्टिनेंट जनरल) गुरुबख्श सिंह सिहोटा पहले जीओसी थे और इस स्थान के चुनाव का श्रेय उन्हीं को जाता था। वे विमानचालक थे और उन्होंने ऐसा स्थान चुना था जो पूरे इलाके पर हावी था। मैं जहाँ खड़ा था वहाँ से मैं अपने समूचे एओआर का 70 प्रतिशत देख सकता था और दिन के उजाले में आराम से अधिकतर चीजों को पहचान सकता था। जब भारी गोलीबारी होती थी तब कभी-कभी हमें गोली चलने और धमाकों की आवाजें भी सुनाई पड़ती थीं। जनरल सिहोटा के बाद कई बेहद काबिल अफसर आये, और सभी ने उस स्थान को जन्नत बनाने में अपना योगदान दिया। खासकर, मेजर जनरल आरके कौशल ने उस इलाके को हकीकत में ऐसा हरा-भरा बना दिया था कि 'पथरीला बंजर' पहचान में ही नहीं आता था। आज विक्टरपुरा के नाम से मशहूर यह मनोरम स्थान अगले सत्रह महीनों के लिए मेरा घर बन गया और उसने मेरा दिल जीत लिया।

मेरे स्टाफ ने मुझे बताया कि घाटी के अन्दर जीओसी का झंडा फहराना बिल्कुल निषिद्ध था। मैं जो करना चाहता था, यानी अपने आपको पुरजोर ढंग से जताना, यह उसके बिल्कुल खिलाफ था। मेरा सोचना यह था कि अगर आपको निशाना बनाया जाना है तो हर सूरत में बनाया ही जायेगा, फिर चाहे आप झंडा फहराएँ या न फहराएँ। मेरे लिए लोगों की गिनती बेमानी थी, जो बात मायने रखती थी वह थी इलाके पर पूरी तरह से हावी रहना। अगर हमारे एओआर में कोई गतिविधि होती तो हम उसके होने से पहले ही जानना चाहते थे। मेरा उसूल था कि मैं जहाँ भी जाता, मेरे बोनट पर झंडा फहराता रहता था। मेरा अनुसरण करके, कुछ ही समय में सारे कमांडर ऐसा ही करने लगे।

स्थानीय प्रशासनिक अधिकारियों और पैरामिलिट्री और पुलिस के साथ संवाद के साथ-साथ हम हर स्तर पर सम्पर्क साधते रहते थे। यूनिटों को भरोसा दिलाया जाता था कि जानकारी पाने के लिए जरूरी साज-सामान उन्हें मुहैया करा दिया जायेगा, उसमें किसी सवाल की गुंजाइश नहीं थी। श्रीलंका में जमीनी स्तर पर जो सबक मैंने सीखे थे वे हमेशा मेरे दिमाग में रहते थे, और मेरी कोशिश रहती थी कि उन्हें इलाके के हिसाब से लागू किया जाये। हर जगह एक ही नमूने का इस्तेमाल नहीं किया जा सकता, क्योंकि लोग भिन्न होते हैं, इलाका भिन्न होता है और विद्रोही या आतंकियों की चालें भिन्न होती हैं। फिर भी, बुनियादी उसूल वही रहे। बाशिन्दों के लिए इनसानी नजरिया, जहाँ उन्हें पता होता है कि उन्हें निशाना नहीं बनाया जायेगा, और इलाके पर हावी होने के हमेशा लाभकारी नतीजे निकलते हैं।

जीओसी विक्टर फोर्स की हैसियत से, मुझे जमीनी स्तर पर इससे बेहतर अफसर और सैनिक नहीं मिल सकते थे; ऐसा लगता था कि उन्हें खास तौर पर इसी के

लिए चुना गया था। मेरे कार्यभार सँभालने के कुछ ही दिन बाद, शोपियाँ नगर में एक जत्थे पर (जिसमें एक महिला डॉक्टर थी) गोलिया चला दी गयीं। मैंने एके सिंह से कहा कि हमें शहर के बीचोबीच सैनिक तैनात कर देने चाहिए।

"मैं शोपियाँ में खुली जीप में निकलना चाहता हूँ," मैंने कमांडर और जवानों से कहा। साल के आखिर तक, उन्होंने मेरे लिए ऐसा माहौल बना दिया था जिसमें मैं ऐसा कर सकता था।

XV कोर के कमांडर बहुत सख्त मशक्कत करवाने वाले अफसर थे, वे अपने मातहत तमाम टुकड़ियों को हर समय पेले रहते थे। वे एक बेहतरीन इनसान थे, और उनकी कुछ अजीबोगरीब आदतें थीं। पहली यह कि कोर मुख्यालय देर रात तक काम करेगा, जिससे हलचल मच गयी और फील्ड फॉर्मेशन तक हर किसी को हर समय तैयार रहना होता था। दूसरी यह कि जब भी मैं निर्भय शर्मा से छुट्टी माँगता, उनका जवाब हर बार वही होता था।

"बिल्कुल। तुम्हें जाना ही चाहिए।"

छुट्टी मंजूर हो जाती थी, पर रात होते-होते कोर कमांडर आपको कोई ऐसा काम पकड़ा देते थे कि आपका जाना नामुमकिन हो जाता था। तब आपका अपने बाल नोच लेने का मन होता था।

55 आरआर ने रात में एक गाँव में घेरा डाला हुआ था। सुबह दो-एक लोग घेरा तोड़कर निकल आये और जब उन्हें ललकारा गया तो वे भागने लगे। रोकने वालों ने गोली चला दी और भागने वाले मारे गये। कोई हथियार न होने की वजह से, इसका कोई पक्का सबूत नहीं था कि वे आतंकवादी थे। दिन बीतते-बीतते, सारी जरूरी कागजी कार्रवाई पूरी कर ली गयी थी और पुलिस रिपोर्ट दर्ज कर दी गयी थी। अगले दिन मुझे छुट्टी पर जाना था, इसलिए मैं श्रीनगर हवाई अड्डे पहुँचकर अपना सामान 'चेक इन' करने के बाद जहाज में चढ़ने का इन्तजार करने लगा था कि मुझे सन्देश मिला कि कोर कमांडर मुझसे बात करना चाहते हैं। "तुम कहाँ हो?" उन्होंने पूछा।

"मैं चेक-इन कर चुका हूँ और जहाज उड़ने का इन्तजार कर रहा हूँ," मैंने उन्हें बताया। मैं जानता था क्या होने वाला है, और मेरे लाख विरोध करने के बावजूद कि सब कुछ नियन्त्रण में था, मुझे विमान से अपने बैग उतार लेने पड़े।

x x x

किसी भी टुकड़ी में, जो लोग आपसे पहले रहे होते हैं वे भी मेरी बाद की कामयाबी का हिस्सा होते हैं, क्योंकि संगठन के निर्माण में हरेक का योगदान होता है। हमारी खुफिया प्रणाली के मजबूत हो जाने से, हमें बढ़िया कामयाबियाँ मिलने लगीं। एक खास घटना में, एक ही रात में दस आतंकवादी निकाले गये। मुझे फौरन मेरे निकटतम पूर्ववर्ती जसबीर सिंह लिड्डर ने फोन किया जो सेना मुख्यालय में एमओ

निदेशालय के पद पर तैनात थे। एक बार जो विक्टर फोर्स में, हमेशा विक्टर फोर्स में—उन्होंने मुझसे कहा। आज, विक्टर फोर्स से निकलने के तकरीबन एक दशक बाद भी, मुझे अक्सर उन जवानों का खयाल आ जाता है जो इस फोर्स का हिस्सा हैं। हो सकता है मैं उनमें से किसी को भी नहीं जानता, पर उनकी हर कामयाबी मेरी कामयाबी भी है।

उस दौरान कितने ही आतंकवादियों को ढेर कर दिया गया। पाकिस्तान लगातार उनको यहाँ भेजता रहा, जिनमें कई तो अफगान थे जो अपने साथ भयंकर बदनामी लेकर आये। बहरहाल, हमारी सबसे बड़ी कामयाबी सरगना आतंकियों को पकड़ने की थी, जिनमें पहलगाम में बैठा एक बड़ा 'कमांडर' भी था। यह आशिक हुसैन एक सबसे ताकतवर सियासी परिवार का नज़दीकी माना जाता था। हमने उसे मार गिराया तो, उसकी जगह एक और 'डिवीजनल कमांडर' आ गया, पर हमने उसे भी मार गिराया। जल्दी ही हमें पकड़े गये रेडियो सन्देशों से ये संकेत मिलने लगे कि हमारे एओआर में कोई भी आतंकवादी नेता का ओहदा लेने को तैयार नहीं था क्योंकि उसका मतलब था शर्तिया मौत।

बहरहाल, हमारी सबसे बड़ी कामयाबी शकील भादुड़ी को मारने में थी जो 1989 में विद्रोह शुरू होने के समय से ही इस क्षेत्र में सक्रिय था। कुछ समय तक उसने इखवानी (समर्पण कर चुका आतंकवादी जो सेना के लिए मुखबिरी करता है) का काम किया था, पर वापस आतंकवादियों से जा मिला था। इखवानी रह चुकने की वजह से उसे हमारे काम करने के तौर-तरीकों की जानकारी थी। उसके अच्छे सम्पर्क थे, और उसके सुरक्षा घेरे को तोड़ने में काफी मशक्कत करनी पड़ी। उसे खत्म करने के बाद, हमारा फर्ज बनता था कि हम उन स्रोतों को पैसे दें जिन्होंने शकील भादुड़ी को पकड़ने में हमारी मदद की थी, पर XV कोर ने पैसा देने से मना कर दिया। यह बेहद लज्जाजनक स्थिति थी, परन्तु फिर हमने विभिन्न यूनिटों से यह रकम जुटा ली। वैसे तो यह हताहतों की गिनती का मामला नहीं है, फिर भी स्थिति की गम्भीरता और गहनता को इस बात से समझा जा सकता है कि सत्रह महीनों की अवधि में, विक्टर फोर्स ने दो सौ से ज्यादा पक्के पाकिस्तानी मुजाहिदीन और फिदायीन को मार गिराया।

इस दौरान, हमने दो सुरक्षित अमरनाथ यात्राएँ भी करवायीं जो साठ-साठ दिन तक चलीं, और उस समय सबसे अधिक संख्या में तीर्थयात्री आये। बहरहाल, उन अत्यन्त विस्फोटक हालात में, कभी-कभी हम भी निशाने पर आ जाते थे। 3 दिसम्बर 2004 को, एक नौजवान कैप्टन, जाट अफसर और 1 आरआर के 10 जवान सादे कपड़ों में खानाबल गये, वे स्थानीय बाशिन्दों की तरह एक गैर-सैनिक सूमो में ठसाठस भरे थे। वापसी में उन्होंने फर्क रास्ता चुना जो हमारे मौजूदा 'सॉप' के बिल्कुल अनुकूल था। शायद उन्हें पहचान लिया गया था, क्योंकि एक आईईडी

ने गाड़ी के परखच्चे उड़ा दिये। यह वारदात शाम साढ़े पाँच बजे के आसपास हुई और सीआरपीएफ के चेकपॉइंट से महज पाँच सौ मीटर की दूरी पर थी, पर ताज्जुब की बात है कि इसकी कहीं कोई खबर नहीं आयी।

जब उस जत्थे का कोई अता-पता नहीं मिला तो, 1 आरआर ने गुमशुदा अफसर और जवानों की तलाश में फौरन गश्ती दस्ते रवाना किये। आखिर, कुछ स्थानीय बाशिन्दों ने खबर दी कि उन्होंने एक धमाका सुना था और 10 बजे रात को गाड़ी और उसमें सवार लोगों के क्षत-विक्षत अवशेष बरामद हुए। मैं कुछ ही देर बाद वहाँ पहुँच गया। धमाके से एक बहुत बड़ा गड्ढा बन गया था, और शरीर के अंग चारों ओर बिखरे थे। मैंने एकदम आदेश दिया कि लाइटें लगाई जायें और सूर्योदय से पहले मानव शरीर का एक-एक टुकड़ा वहाँ से उठा लिया जाये। खासकर मैं यह नहीं चाहता था कि सुबह कोई भी गैर-सैनिक इस खून-खराबे को देखे। डॉक्टरों को विभिन्न अंगों को पहचानने और सीने में तीन दिन से ज्यादा लग गये, और तब शवों को अन्तिम संस्कार के लिए उनके घर भेजा जा सका।

हमने इस धमाके के दोषियों को पकड़ने की ठान ली थी। हमने सारे खुफिया तन्त्र की मदद ली, और रेडियो सन्देशों समेत तमाम जानकारियों को खँगाल और छान मारा। हमारी जाँच के मुताबिक इस हमले में आठ लोगों के जत्थे का हाथ था। मेरे कमान छोड़ने का समय आने तक हमने पीछा करके उनमें से छह को मार गिराया था। दो अभी भी फरार थे, परन्तु मेरा बड़ा फायदा इसमें था कि मुझे चीफ ऑफ स्टाफ बनाकर XV कोर के मुख्यालय भेजा जा रहा था। जब मेरी रवानगी के आदेश आये, मेरे दिमाग में पहली बात यह थी कि मेरे पास अभी भी उन दो आतंकवादियों को ढूँढ़ने का समय था जो अभी तक हमसे बचते रहे थे। अगले कुछ महीनों में, मेरे श्रीनगर में रहते हुए ही, विक्टर-फोर्स ने उनमें से एक को धर दबोचा, आखिर एक साल बाद खबर आयी कि आखिरी आतंकवादी भी मारा गया।

XV कोर

विक्टर फोर्स में मेरा कार्यकाल डेढ़ वर्ष का रहा; दूसरी अमरनाथ यात्रा की शुरुआत देखकर, मैं बादामी बाग चला गया। तब तक निर्भय शर्मा अपना कार्यभार सौंप चुके थे और उनकी जगह ग्रेनेडियर्स सरभ ढिल्लों ने सँभाल ली थी। चीफ ऑफ स्टाफ के नाते, मेरा पहला काम था कोर कमांडर की सहायता करना। मैंने एक पहला काम यह किया कि सरभ ढिल्लों से कहा कि वे खुफिया उद्देश्यों के लिए साधन जुटाने को अपना समर्थन दें। हम शकील भादुड़ी वाली घटना की पुनरावृत्ति नहीं चाहते थे जिसमें सावधानी से बनाये गये स्रोतों के आगे शर्मिन्दा होने और भरोसा खोने का खतरा हमें था।

विक्टर फोर्स की सुरक्षित दुनिया से अचानक आपका सामना बाहरी दुनिया से

हुआ था। लेफ्टिनेंट जनरल (रिटायर्ड) एसके सिन्हा जम्मू-कश्मीर के राज्यपाल थे और सत्ता में पीपुल्स डेमोक्रेटिक पार्टी (पीडीपी) और कांग्रेस (मुफ्ती मुहम्मद सईद के नेतृत्व में) की मिली-जुली सरकार थी। राजनीतिक पदों और सुरक्षा बलों में बैठे किस्म-किस्म के उन लोगों से संवाद करना दिलचस्प होता था जो हालात को काबू में रखने में अपनी भूमिका निभा रहे थे।

मैं उस समय कार्यवाहक कोर कमांडर था जब 8 अक्टूबर 2005 की सुबह रिक्टर पैमाने पर 7.6 की तीव्रता वाले जबरदस्त भूकम्प ने कश्मीर को हिलाकर रख दिया। भूकम्प का केन्द्र पाक अधिकृत कश्मीर (पीओके) की राजधानी के बारह मील उत्तरपूर्व में था। एक अनुमान के अनुसार इसमें तकरीबन 80,000 लोग मारे गये और चालीस लाख (चार मिलियन) बेघर हो गये। भारतीय सीमा में जहाँ गम्भीर विनाश हुआ वहीं पाकिस्तानी क्षेत्र में तबाही मची। भूकम्प का सबसे भारी असर कश्मीर के पश्चिमी और दक्षिणी क्षेत्रों में हुआ। उत्तर भारत के अन्य हिस्से भी प्रभावित हुए : अमृतसर, दिल्ली और राजस्थान, उत्तर प्रदेश, उत्तरांचल, हिमाचल प्रदेश और मध्य प्रदेश में भूकम्प के झटके महसूस किये गये।

हमारी ब्रिगेड के स्थानों में एक, उरी में जोरदार झटके लगे और उसके बड़े हिस्से को नुकसान पहुँचा, जबकि यही हाल नियन्त्रण रेखा पर स्थित हमारे कुछ ठिकानों और चौकियों का भी हुआ। अकेले उरी में ही 1,360 लोग मारे गये, जिनमें सैन्य कर्मियों की गिनती शामिल नहीं है। सेना ने राहत कार्य शुरू करने के लिए किसी आदेश का इन्तजार नहीं किया। उरी फील्ड हॉस्पिटल ने हताहतों को सँभालने की दिशा में असाधारण कार्य किया और गैर-सैनिकों की जान बचाने में गजब की फुर्ती दिखायी जबकि सेना अभी अपने हालात का जायजा लेने में जुटी थी। भूकम्प के कुछ दिन बाद हमारी तरफ भारी बर्फबारी शुरू हो गयी जिससे हालात और बिगड़ गये। तीथवाल सेक्टर में, पाकिस्तानी इलाके की सबसे बड़ी बर्बादी हुई थी। हमने राशन और चिकित्सा/सुविधा के साथ राहत देने की भरसक कवायद की। तब तक, देश के विभिन्न हिस्सों से मानवीय मदद आनी शुरू हो गयी थी।

उस दौर से गुजरे कश्मीर के लोगों के जो सम्बन्ध सेना से बने उसका जबरदस्त मनोवैज्ञानिक असर हुआ। बहुत सारे लोगों को यह समझ में आया कि दुष्प्रचार करने वाले सेना की जो छवि पेश कर रहे थे, असल में वैसा था नहीं।

मेरे लिए, घाटी के मेरे दो संयुक्त कार्यकाल आँखें खोल देने वाले थे। राज्य में सबसे ज्यादा पीड़ित वहाँ के लोग थे। आज कश्मीर में ऐसा शासन चाहिए जिसमें संकीर्ण राजनीतिक लाभों की अड़चन न हो। राज्य को ऐसी नीति चाहिए जिसमें लोगों की परवाह हो। अभी भी वहाँ ऐसे इलाके हैं जहाँ सड़कों की सबसे बुनियादी सहूलियतें ही नहीं हैं। इससे सवाल खड़ा होता है—राज्य में जो पैसा दिया गया था, वह कहाँ गायब हो गया?

जवाब साफ है। वह पैसा अमीरों और ताकतवरों ने हड़प लिया है क्योंकि इससे निहित ताकतों को यथास्थिति बनाये रखने में मदद मिलती है। लगभग एक-चौथाई शताब्दी तक विद्रोह के चंगुल में कैद राज्य में जिस तेजी से बहुमंजिला मकान खड़े होते जा रहे हैं उसे देखकर हैरत होती है। यह तो ऐसे है मानो श्रीनगर घाटी में आर्थिक तेजी आ गयी है। कश्मीर में अगर हालात बेहतर करने हैं तो, उसके लिए हमें बेहद अच्छे प्रशासन की जरूरत होगी जिसके पास यह सुनिश्चित करने का निगरानी तन्त्र होगा कि विकास हर किसी का हो।

'सद्भावना' के तहत, सेना ने अस्पताल, स्कूल, पुल आदि बनाने का बीड़ा उठाया है। सेना को ग्रामीण इलाकों में जो भारी सम्मान मिल रहा है, उसका एक कारण यह है कि प्रोजेक्ट चाहे कितना भी बड़ा या छोटा क्यों न हो, उसने बार-बार अपने वादे पूरे किये हैं। यहाँ तक कि राज्य के अधिकारी सेना को 'सद्भावना' के तहत प्रोजेक्ट लेने देने में कोताही बरत रहे हैं—क्योंकि इससे उनकी असलियत का पता चलता है। व्यवस्था में फिर से जान फूँकने और उसे जवाबदेह बनाने की सख्त जरूरत है।

15 अप्रैल 2006 को उन अफसरों के नाम का ऐलान कर दिया गया जो लेफ्टिनेंट जनरल के पद के काबिल पाये गये थे, और उसी के मुताबिक हम सभी को सूचित कर दिया गया। जैसा कि हमेशा होता है, टेलीफोन की घंटियाँ बजने लगीं और मित्रों और सहकर्मियों के बधाई सन्देश आने लगे। राजपूत रेजीमेंट का झंडा गर्व से लहरा रहा था, क्योंकि हममें से कई तीन स्टार वालों में शामिल हो गये थे। मिलन नायडू एआरटीआरएसी थे और जल्दी ही उप-प्रमुख (वाइस चीफ) बनकर आर्मी मुख्यालय जाने वाले थे; टॉम मैथ्यू एडजुटेंट जनरल थे और रेजीमेंट के कई अन्य अफसर भी अपने पेशे में बेहतरीन प्रदर्शन कर रहे थे।

चीफ ऑफ आर्मी स्टाफ उन दिनों जनरल जोगिन्दर जसवन्त 'जेजे' सिंह थे जो मराठा LI रेजीमेंट से थे और एक साल पहले ही विज की जगह आये थे। जनरल जब दल-बल सहित ओमान और इंग्लैंड गये तो मैं भी उनके साथ था। और कामों के अलावा मेरी एक जिम्मेदारी थी भारतीय सेना पर एक प्रेज़ेंटेशन तैयार करने में मदद करना, जिसे चीफ वहाँ ब्रिटेन में रॉयल कॉलेज ऑफ डिफेंस स्टडीज का कोर्स करने वाले ब्रिगेडियर स्तर के अफसरों को पेश करने वाले थे। ज़ेजे के दल के सदस्य के रूप में एक हफ्ते के उस दौरे के अलावा, उनके साथ मेरा सम्पर्क बस XV कोर में उनके दौरे तक सीमित था, जहाँ सच कहूँ तो चीफ ऑफ स्टॉफ के तौर पर ब्रीफिंग वगैरह में मेरी कोई बड़ी भूमिका नहीं होती थी।

यह जानकर मुझे सुखद आश्चर्य हुआ कि II कोर का कार्यभार सँभालने के लिए मेरे नाम पर विचार हो रहा था। वैसे तो पहले इस टुकड़ी की कमान पैदल सेना के अफसर सँभालते आ रहे थे, पर जब से इसे 'स्ट्राइक कोर' का दर्ज़ा मिला और आर्मर पर इसकी निर्भरता बढ़ी, तब से इसकी कमान आर्मर्ड कोर अफसर ही

सँभाल रहे थे। मुझ पर जो भरोसा जताया जा रहा था उससे मैं खुश तो था, पर मैं इस सच से भी वाकिफ था कि मुझे आर्मर का पहले कोई अनुभव नहीं था।

बहरहाल, जब मैं श्रीनगर से अम्बाला जाने के आदेश का इन्तजार कर रहा था, उसी समय आर्मी मुख्यालय में मेरे शेष सेवाकाल को प्रभावित करने वाली युक्तियों पर विचार हो रहा था। नामों की एक सूची नियुक्ति की मंजूरी के लिए रक्षा मन्त्रालय में पेश की जानी थी। एमएस ब्रांच का एक कवरिंग नोट उस फाइल के साथ था जिसमें मेरा जन्म वर्ष 1950 दिखाया गया था। इसमें कोई तुक नहीं थी, क्योंकि मेरे सभी कागजात में सही जन्म वर्ष 1951 था। जैसा कि तय था, रक्षा मन्त्रालय ने आर्मी मुख्यालय को इस विसंगति से अवगत कराया और उनसे इसे सही करने को कहा। मुझे एमएस, लेफ्टिनेंट जनरल रिचर्ड खरे का पत्र मिला जिसमें उन्होंने तारीख की इस गड़बड़ी पर सफाई माँगी थी।

मैंने एमएस को जवाब भेज दिया और उनसे मिलकर यह भी कह दिया कि इस बारे में कोई विषमता नहीं थी। अप्रैल में, प्रमोशन बोर्ड ने अपनी शाखा के सेवा रिकॉर्ड को ही सही माना था और सही जन्मतिथि के आधार पर अगले पद के लिए मेरा रास्ता साफ कर दिया था। तब उन्होंने कहा कि गड़बड़ी तो है, उन्होंने कहा कि यूपीएससी के मेरे मूल फॉर्म में 1950 लिखा हुआ है। मैंने उन्हें बताया कि यह गलती मेरे अकादमी दाखिले से पहले ही ठीक कर ली गयी थी और कमीशन मिलने के बाद, 2 राजपूत के माध्यम से मैंने अपना मूल स्कूल लीविंग सर्टिफिकेट जमा करा दिया था।

"हम तुम्हारे पिताजी के रिकॉर्ड चैक करेंगे," खरे ने फिर भी कहा।

"14 राजपूत के रिकॉर्ड भी चैक कर लें। मैं जब पैदा हुआ था, मेरे पिता उस बटालियन में काम कर रहे थे," मैंने जवाब दिया, मुझे हैरत थी कि इस मामले को इतना तूल क्यों दिया जा रहा था।

खरे नरम पड़ते दिखाई दिये, वे बोले कि वे मेरे पहले के सारे प्रमोशन रिकॉर्ड चैक करेंगे, और अगर मेरी जन्मतिथि एक जैसी और सही लिखी गयी है तो कोई समस्या ही नहीं होगी।

मैं श्रीनगर लौट आया। फिर मुझे जल्दी-जल्दी दो पत्र मिले—पहला पत्र (खरे के दस्तखत से) एमएस ब्रांच का था, जिसमें लिखा था कि सीओएएस ने यह तय किया है कि मेरा जन्म वर्ष 1950 होगा। दूसरे पत्र में लिखा था कि मुझे II कोर का कार्यभार सँभालने तुरन्त अम्बाला जाना होगा।

II कोर

19 जुलाई 2006 को, मैंने एक असाधारण आर्मर्ड कोर अफसर, लेफ्टिनेंट जनरल 'डॉली' शेखावत से कार्यभार सँभाला। II कोर ने हाल ही में एक्सरसाइज संघे शक्ति

पूरी की थी और सब कुछ चाक-चौबन्द था। कश्मीर घाटी तक सीमित XV कोर के मुकाबले, मेरी नयी फॉर्मेशन एक बड़े भौगोलिक क्षेत्र में फैली थी जो पठानकोट से फरीदकोट, पटियाला, संगरूर, देहरादून, मेरठ और यहाँ तक कि दिल्ली तक फैली थी। मेरी कमान के अधीन एक आर्मर्ड डिवीजन थी, जिसकी कमान चेतिंदर सिंह (बाद में क्यूएमजी), जेबी सिंह के अधीन एक स्वतन्त्र आर्मर्ड ब्रिगेड, एक आरएपीआईडी (रि-ऑर्गनाइज्ड आर्मी प्लेन्स इन्फैंट्री डिवीजन) और एक पैदल डिवीजन एस चटर्जी (बाद में डीजी रिसेटलमेंट) और दिग्विजय ठाकुर (बाद में डीजीएमआई) के अधीन थी। इसके अलावा, एयर डिफेंस फॉर्मेशन और अन्य कई सहायक फॉर्मेशन थीं जो सीधे II कोर की जिम्मेदारी में थीं।

मेरा तत्काल सरोकार था खुद आर्मर्ड यूनिटों से परिचित होना और उसी के मुताबिक मुझे कुछ टैंक और बीएमपी मुहैया कराये गये थे, क्योंकि मैं खुद उस साज-सामान को परखना चाहता था। मैंने टी-72 और टी-90 दोनों टैंकों को और बीएमीपी को चलाना भी सीख लिया जबकि मैंने परिवहन प्रणाली को और उसमें आर्मर को लादने और उतारने के तरीकों के बारे में भी जान लिया। साथ ही, मैंने ऑपरेशन पाकिस्तान से सम्बन्धित सभी फाइलों को नये सिरे से देखने और यह भी अध्ययन करने का फैसला किया कि किन कारणों से फॉर्मेशन अपनी तय समय सीमा के मुताबिक काम नहीं कर पायी। मुझे लग रहा था कि मुझे पैदल सेना के मेरे अनुभव और नजरिये के कारण उन उपायों को और भी दुरुस्त करने में मदद मिलेगी जिनकी व्यवस्था मुझसे पहले के कमांडरों ने की थी।

मैं सोचता हूँ कि इस एक्सरसाइज से न केवल मुझे बल्कि आर्मर्ड यूनिटों को और पूरी फॉर्मेशन को भी सीखने का मौका मिला। वेस्टर्न आर्मी कमांडर दलजीत सिंह थे जो II कोर में बीजीएस रह चुके थे। अपने मातहतों को चकरघिन्नी बनाये रखने और बात-बात पर अपना आपा खो देने की आदत के चलते, शुरू में उन्होंने मुझे भी गलती करते पकड़ने की कोशिश की। मेरी खुशकिस्मती थी कि मैंने रेगिस्तान में कर्नल जीएस, पंजाब में बीजीएस की हैसियत से काम किया था, पठानकोट के ठीक उत्तर में 168 पैदल ब्रिगेड की कमान सँभाली थी और एमओ 3 के साथ भी काम किया था, और इन सबसे मुझे पश्चिमी सेक्टर की अच्छी जानकारी हो गयी थी। मैं अपनी पर अड़ा रहा, और धीरे-धीरे कमान के हरेक व्यक्ति को समझ में आने लगा कि हमारा मकसद था ऐसी योजनाएँ बनाना जो व्यावहारिक भी हों और अमल में भी लायी जा सकें, ताकि लामबन्दी की जरूरत होने पर उनका लाभ उठाया जा सके।

भारत की आर्मर्ड रेजीमेंट दुनिया की बेहतरीन यूनिटें हैं और उनके संस्कार इन्फैंट्री से बिल्कुल फर्क हैं। जिन वरिष्ठ अफसरों ने इस व्यवस्था में काम किया है, उनमें से अधिकांश असाधारण व्यक्ति रहे हैं जिन्होंने भारतीय सेना की दक्षता को खूब बढ़ाया है।

परेशानी यह थी कि कभी-कभी आर्मर का अकड़ भरा दिखावा अहम मुद्दों पर हावी हो जाता था। बहुत-से शब्द कवायदों और युद्धाभ्यासों में तो बहुत अच्छे लगते थे, पर मुझे ऐसा लगा कि इन शब्दों को अपना तो लिया गया था पर जमीनी स्तर पर होने वाली कार्रवाई से उनका कोई खास ताल्लुक नहीं था। मसलन, एक जुमला बार-बार बोला जाता था–'हम रुकावट को बाउंस कर लेंगे।'

मैंने उस सीओ से 'बाउंस' का मतलब पूछा जिससे अभी-अभी सैंड (बालू) मॉडल एक्सरसाइज में इस शब्द का इस्तेमाल किया था।

"अर...सर, हम उन्हें बाउंस कर लेंगे," उसने कुछ हिचकिचाते हुए जवाब दिया।

तब मैंने उसके एक स्क्वाड्रन कमांडर से पूछा कि सीओ का क्या मतलब था।

"हुम्म, सर, बाउंस का मतलब है हम उन्हें बाउंस कर लेंगे...."

बहुत सारे बुनियादी शब्दों को बस यूँ ही अपनाया जा रहा था। बाउंसिंग का बुनियादी मतलब था एन्काउंटर को यथासम्भव तेजी से पार करना। इसमें रणनीति के कई अन्य मुद्दे भी शामिल थे, पर इन पर गौर नहीं किया जा रहा था। जैसे इन्फैंट्री को आर्मर से समझने और सीखने की जरूरत थी, वैसे ही टैंक वाले भी इन्फैंट्री से बहुत कुछ सीख सकते थे। कभी-कभी, जो 'बाउंसिंग' उद्देश्यों को छोड़कर आगे निकल रहे होते हैं, वे तफसील पर जरूरी गौर नहीं कर पाते और अपने आप ही समीकरण से बाहर हो जाते हैं। पूरा जोर इस बात पर था कि आर्मर्ड टुकड़ियों को सिद्धान्त से निकालकर व्यवहार में ले जाया जाये। कोर कमांडर के तौर पर अपने बीस वर्षों के अन्त में, मुझे लगता है हम इस स्थिति में थे जहाँ, लामबन्दी के लिए कहे जाने पर, सब कुछ योजनानुसार चल सकता था।

पहले II कोर की कमान सँभाल चुके शम्मी मेहता कन्फेडरेशन ऑफ इंडियन इंडस्ट्री (सीआईआई) से घनिष्ठता से जुड़े थे। वेस्टर्न आर्मी कमांडर के पद से रिटायर होकर, उन्होंने भारतीय उद्योगपतियों के एक प्रतिनिधि-मंडल के दौरे की इजाजत हासिल कर ली। जब हम माथापच्ची कर रहे थे कि दौरे को कैसे अच्छे से अच्छे ढंग से निपटाया जाये, एक सुझाव आया कि मिलिट्री के बुनियादी ढाँचे को हम खालिस आर्थिक रूप में विभाजित कर लें। आम राय यह थी कि उससे जुड़े वित्तीय मूल्यों से आगन्तुकों को हमारी नहीं बल्कि 'उनकी अपनी भाषा में' स्थिति को समझने में मदद मिलेगी।

अगर हम अपने लिए गलती की काफी गुंजाइश छोड़ते तब भी, मैं नहीं सोचता कि हममें से किसी भी वर्दीधारी को सेना की कीमत का कोई अन्दाजा था। यह हैरत में डाल देने वाला था, और आखिरी गिनती इतनी ज्यादा थी कि हमारी समझ से बाहर थी। अकेले II कोर को ही ले लें और उसमें भी 70,000 से अधिक कर्मियों को छोड़ दें तो, यह रकम अविश्वसनीय ₹3,000 करोड़ बैठती थी। तब हमने सेना के अन्दर ही तकनीकी प्रगति के बारे में बताया, और मैं सोचता हूँ प्रतिनिधिमंडल

के अधिकांश सदस्य बेहद प्रभावित होकर गये। उन्होंने सैनिकों के बारे में जो सोचा हुआ था कि वे दिमाग से खाली होते हैं और अपने कवायदी बूटों में इधर से उधर कदमताल करते हैं, उस दिन उनकी इस सोच को तगड़ा झटका लगा।

इस प्रस्तुति का असर मुझ पर भी पड़ा, क्योंकि मैंने तमाम कमियों को एक बार फिर देख डाला—चाहे वह गोला-बारूद की हालत और किस्म हो, जंगी भंडार हो या फिर साज-सामान का बुनियादी रख-रखाव ही क्यों न हो—क्योंकि यह एक क्षेत्र था जो युद्ध लड़ने की हमारी क्षमताओं में लगातार रोड़े अटकाता आ रहा था। स्थिति की विडम्बना से बचना असम्भव था—एक तरफ, हमारे पास करोड़ों/अरबों/खरबों कीमत की यह अत्यन्त अभिप्रेरित और पेशेवर लड़ाकू सेना थी और, दूसरी ओर ओछे दिमाग और विभिन्न स्तरों पर व्याप्त भ्रष्टाचार ने हमारी लड़ने की सामर्थ्य को बहुत कम कर दिया था। इसलिए, कोर कमांडर की हैसियत से, मैंने वेस्टर्न कमांड को कमियाँ बतानी जारी रखीं। जवाब हमेशा वही होता, 'इसे ध्यान में ले लिया गया है और इसे प्रस्तुत कर दिया गया है।' उसके बाद, कुछ नहीं होता था। मैं सोचकर हैरान होता था कि क्या हम सचमुच खोखली सेना हो गये हैं, क्योंकि पुरानी पड़ चुकी प्रक्रियाओं और सियासी और नौकरशाही उदासीनता ने इसे पंगु बना दिया था। अगर यह सब घातक नहीं था तो, हमें हर जगह फैले उस भ्रष्टाचार से भी निपटना पड़ रहा था जो हमारे वजूद को ही खोखला किये दे रहा था।

हमें यह देखने बहुत दूर नहीं जाना था कि भ्रष्टाचार कितना व्याप्त था और बने-बनाये नियन्त्रण और सन्तुलन को इसने कैसे नष्ट कर दिया था। अम्बाला की छावनी में जगह-जगह पुराने ग्रांट बँगले खड़े हैं, और हरेक बँगला सेना की कुछ एकड़ बढ़िया जमीन पर बना है। ये बँगले, खासकर अंग्रेजों के समय में, पट्टे पर दिये गये थे। पट्टे की शर्तों के मुताबिक, ये सम्पत्तियाँ किसी तीसरे पक्ष को नहीं बेची जा सकती थीं। बहरहाल, अटार्नी सिस्टम के जरिये, आज दबंग राजनेता या स्थानीय व्यापारी इनमें से ज्यादातर बँगलों के मालिक बने हुए हैं।

छावनी बोर्ड में, पीडीडीई (प्रिंसिपल डायरेक्टर ऑफ डिफेंस एस्टेट्स) का ऑफिस है। पहले पीडीडीआई और उसके मातहतों पर थोड़ा-बहुत नियन्त्रण हुआ करता था क्योंकि वे स्थानीय सैनिक अधिकारी और स्टेशन कमांडर को रिपोर्ट करते थे। फिर रक्षा मन्त्रालय ने किसी स्तर पर रिपोर्टिंग की प्रक्रिया से चुपचाप मिलिट्री अधिकारियों को हटाने का फैसला कर लिया। जब भी अम्बाला में किसी पुराने ग्रांट बँगले में बुनियादी ढाँचा बदलने का काम शुरू होता, मालिक आर्मी कमांडर से दंड लगाने की दरख्वास्त करता था। शिकायतें पीडीडीई के माध्यम से आर्मी कमांडर तक पहुँचती थीं—उसके बाद ही कानूनी कार्रवाई पर विचार किया जा सकता था। व्यवस्था की खूबसूरती यह है कि 2006 में पीडीडीई के पास तीन सौ शिकायतें लम्बित पड़ी थीं, जिन पर कोई कार्रवाई ही नहीं हो पायी थी। ये शिकायतें लम्बित पड़ी थीं कब

से—अपनी साँस थाम लीजिए—बीस साल से।

जब आपके जवान सुबह दौड़ने जाते हैं और चारों तरफ इन आलीशान बँगलों को देखते हैं जिन पर मौजूदा नेताओं के ही नहीं बल्कि उन लोगों के भी नाम होते हैं जिनके पास पहले कभी छोटा-मोटा पद रहा था तो, आप उनसे क्या कहते हैं? वही जवान जो इसलिए धमाकों में मारे जाते हैं क्योंकि उन्हें बारूदी सुरंगों में गलत साइज के फ्यूज लगाने पड़ते हैं क्योंकि कहीं किसी ने उसे चैक करने की जहमत ही नहीं उठायी या वह कैंटीन से दो कम्बल पाकर किसी सर्टिफिकेट पर दस्तखत करने को तैयार था। हमने सीआईआई के प्रतिनिधियों को प्रभावित कर लिया होगा, पर मुझे अधिकाधिक ऐसा लगने लगा था कि हम सीनियर अफसर अपने जवानों को निराश कर रहे हैं। कब तक हम उसी चले-चलाये जवाब 'इसे ध्यान में ले लिया गया है' से काम चलाते रहेंगे? मध्यम दर्जे के अफसर होते हुए, हम झल्लाते रहते थे क्योंकि हम कुछ भी करने की हैसियत में नहीं थे। कोर कमांडर होने पर, मुझे यह सोचकर हैरानी होने लगी थी कि—कब हम खड़े होंगे और व्यवस्था से सवाल करेंगे?

अम्बाला में रहते हुए, मैं लगातार अपने क्षितिज को विस्तार देने की कोशिश में लगा था। मशीनी नजरिये से जिन्दगी को देखते की कोशिश से अलग, जगुआर में उड़ने का मौका मुझे तब मिला जब वेस्टर्न एयर कमान के एयर मार्शल एके सिंह अपने रिटायरमेंट से ठीक पहले विदाई दौरे पर आये। एनडीए के अपने पूरे छह सत्रों में मैं वायु सेना का ही कैडिट रहा था, और फिर मेरे पिता जी ने मुझे बाकी जिन्दगी के लिए जमीन पर ला खड़ा किया था। मुझे ऑफर मिलने की देर थी, कि मैं दो इंजन वाले प्रशिक्षण विमान के कॉकपिट में अपनी बेल्ट कस रहा था। इससे पहले मैंने आदमपुर से तब उड़ान भरी थी जब मैं जालन्धर में बीजीएस था, और अब मैं यह देखने को उत्सुक था कि भारतीय वायु सेना (आईएएफ) के निचले स्तर के बमवर्षक कैसे काम करते हैं। हलके तौर पर कहें तो, यह आनन्ददायक अनुभव था। कई अभ्यास करने के बाद, हम अड्डे पर लौट आये।

"आप तो समझते हैं, सर," स्क्वाड्रन कमांडर ने कहा, "यह ज्यादातर रात में होता है।"

अगली बार, हमने रात में उड़ान भरी। रात के घोर अँधेरे में, मैं एक और जगुआर में बैठा था। ट्रेनर कॉकपिट में मैं अपने ही बलबूते पर था, क्योंकि पायलट सामने बैठता है और पीछे से दिखाई नहीं देता। हम इंटनरल रेडियो ट्रांसमीटरों से बातचीत कर रहे थे।

शायद मेरे आराम का ख़याल करते हुए, पायलट ने मुझसे बायीं तरफ एक बटन टटोलने को कहा ताकि मैं अपनी सीट को ठीक कर सकूँ। और देखो, मैंने पता नहीं क्या दबा दिया कि आग बुझाने वाला सिस्टम चालू हो गया। वह तो किस्मत अच्छी थी कि हम अभी जमीन पर ही थे और चीजों को चैक कर रहे थे।

हम एक एवजी विमान में चले गये। "आर्मी के किसी बन्दे से किसी बन्द जगह में नाजुक चीजों को दबाने को कभी मत कहना," मैंने पायलट से कहा।

एक बार फिर हम हवा में थे, उपकरणों से उड़ रहे थे, और स्याह काली रात में अपना रास्ता बना रहे थे। कुछ इक्का-दुक्का रोशनियों के अलावा, जमीन दिखाई नहीं दे रही थी, जबकि आसमान सैकड़ों टिमटिमाते सितारों से रोशन था। कुछ देर बाद, यह कहना मुश्किल था कि क्या ऊपर है और क्या नीचे। हमारे लड़के जिस तरह उड़ान भरते थे उसके लिए फौलादी जिगर चाहिए था, और अन्तहीन घंटों की ट्रेनिंग से वे अव्वल दर्जे के उड़ाके बन जाते थे।

बाद में, मुझे तीसरी उड़ान भरने को मिली, और इस बार मैं बमबारी उड़ान पर स्टेशन कमांडर राहुल धर के साथ था। तब हमने IL 78 के साथ फॉर्मेशन बनाते हुए उड़ान भरी और हवा से हवा में ईंधन भरा। अभी-अभी छुट्टी से लौटा एक नौजवान दूसरे विमान को उड़ा रहा था, और विंगमैन (पीछे और बगल में उड़ने वाला) की भूमिका में था। तीन बार विमान ने टैंकर से जुड़ने की कोशिश की और तीनों बार वह इसमें नाकाम रहा। आखिर, हमारी बारी आयी। धर ने एक शल्य चिकित्सक (सर्जन) की-सी सटीकता से विमान को सही स्थिति में लिया और हम ऊपर आसमान में मातृ यान से जुड़ गये। इससे उड़ान की पेचीदगियों का और इस बात का पता चलता था कि इसमें कितने ऊँचे स्तर की ट्रेनिंग जरूरी थी। इसमें बहुत कुछ सीखने को था और इससे एयर सपोर्ट की मेरी जानकारी में काफी इजाफा हुआ।

x x x

पंजाब अंग्रेजों के जमाने में महाराजा रणजीत सिंह के सिख साम्राज्य की सीमाओं पर आधारित था परन्तु बँटवारे में इसके टुकड़े हो गये। उसके बाद सरहद के दोनों तरफ से जो पलायन हुआ उसमें बेहद खून-खराबा हुआ; यह इतिहास की एक दर्दनाक घटना थी जो भारत और नवनिर्मित पाकिस्तान के बीच एक भ्रंश-रेखा (फॉल्ट लाइन्स) थी। फिर भारत के पंजाब का भाषा के आधार पर और विभाजन हुआ।

उससे पहले पंजाब में मेरा कार्यकाल स्टाफ के तौर पर था। बीजीएस की हैसियत से मुझे अग्रिम इलाकों का दौरा करने का मौका तो मिला, पर दूर-देहात देखने का समय मुझे या तो मिला ही नहीं, या फिर मिला भी तो बहुत कम। फिर भी, जीओसी II कोर के तौर पर मैंने देहाती इलाकों में जाने का कोई मौका नहीं गँवाया, और हमेशा सड़क मार्ग से जाना पसन्द किया। जैसे-जैसे मेरा पद बढ़ा, मुझे उस मस्ती की कमी खलने लगी जब मैं अपना स्कूटर लेकर हर जगह घूमता फिरता था। कोर कमांडर होने पर इसकी काफी कुछ भरपाई इस बात से हो गयी कि मेरे पास एक विशाल क्षेत्र था जिसमें घूमकर मैं हकीकत में सैकड़ों लोगों से मिल सकता था।

मैं हरियाणा से बखूबी परिचित था और अब मैंने मौके का फायदा उठाते हुए

इस क्षेत्र में मौजूद भूतपूर्व सैनिकों के जरिये समाज के एक बड़े तबके से संवाद और भेंट की। ऐसा बार-बार होता कि घर के दरवाजे खुलते और परिवार की प्रौढ़ाएँ मेरे दल-बल–अफसरों, ड्राइवरों, सुरक्षाकर्मियों, सभी–से और लस्सी पीने और न जाने कितना ही चूरमा और पराँठे खाने की मिन्नत करतीं। हम कितना भी क्यों न खा लेते, सुनने को हमें यही शिकायत मिलती, 'खांदा नहीं है, पुत्तर।' (बेटा, तुम खाते नहीं हो।) मुझे पक्का यकीन हो चला था कि अगली डॉक्टरी जाँच में मेरा वजन जरूरत से ज्यादा निकलना था। हरियाणा हो या पंजाब, कहानी वही होती थी। दोआबा क्षेत्र सतलुज और व्यास के बीच सिमटा था; मालवा क्षेत्र, जो पटियाला और संगरूर के आसपास हमारा मुख्य संचालन क्षेत्र था, व्यास के उत्तर में स्थित माझा पट्टी और लुधियाना तक फैला था, जो सिख धर्म का केन्द्र है। लोगों से सम्पर्क करते और उनकी बातें सुनते हुए, यह यकीन ही नहीं होता था कि यह क्षेत्र अभी कुछ साल पहले इतना विस्फोटक और अशान्त था।

'हमने इसे इतना गलत कैसे समझ लिया?' मैं अक्सर खुद से पूछता, और मेरा मन खालिस्तान आन्दोलन और ऑपरेशन ब्लू स्टार की तरफ भटक जाता था। रंग-बिरंगी पगड़ियाँ, गेहूँ के अन्तहीन खेत, मीलों फैली पीली सरसों, और वहाँ टेरते भूरे और काले तीतर, चिनार और गन्ध-सफेदा के पेड़, झागदार हरे पानी की ठुमकती नहरें; और सबसे बड़ी बात, वह सीधा-सीधा हास्य बोध जो पंजाबी की खासियत है : 'सतलुज दे नीचे दिल्ली है। आगे सारे तंबी हैंगे।' (सतलुज के दक्षिण में दिल्ली है। उसके आगे, सारे तमिल हैं।)

x x x

II कोर का कार्यभार सँभालने के कुछ महीनों तक, मेरे पास इतनी फुर्सत नहीं थी कि मैं अपनी जन्मतिथि में बदलाव से सम्बन्धित एमएस ब्रांच के पत्र की चिन्ता करता। फिर भी, काम में रम जाने के बाद, मैंने एमएस को लिखा कि वे मुझे यह बतायें कि मेरा जन्म वर्ष बदलने के पीछे क्या तर्क था। पत्र में यह भी लिखा था कि कमीशन मिलने के दो साल बाद जन्मतिथि में बदलाव नहीं किया जा सकता। मैंने एमएस को लिखा कि मैं अपने रिकॉर्ड में बदलाव के लिए नहीं कह रहा।

जनरल जेजे सिंह के साथ मेरा संवाद बहुत कम था, और हमारे बीच वही औपचारिक और मधुर सम्बन्ध थे जो सीनियर और मातहत अफसर के बीच होते हैं। आखिर उन्होंने ही मुझे विशिष्ट II कोर की कमान सँभालने के लिए चुना था तो, मेरे लिए यह सन्देह करने की कोई वजह नहीं थी कि मेरी उम्र पर जानबूझकर विवाद खड़ा करने में उनका कोई स्वार्थ था। सरसरी तौर पर, उस समय, यह नौकरशाही हेरा-फेरी का ही एक और मामला दिखाई पड़ता था। इसके अलावा, किसी भी सेना में, अगर आपके पेशेवर स्तर पर मतभेद हैं और आपके साथ उसी के मुताबिक पेश

आया जाता है तो, आपकी उम्मीद चीफ ऑफ आर्मी स्टाफ से बँधती है। मुझे उम्मीद थी कि आर्मी मुख्यालय इस मामले को सुलझायेगा, इसे उलझायेगा नहीं।

अगर कोई ऐसी नीति थी जिसमें भावी प्रमुखों की नियुक्ति और उनके कार्यकालों को उस समय देखा जा रहा था तो, जाती तौर पर मुझे उसकी कोई जानकारी नहीं थी। बाद में, रक्षा सचिव और रक्षा मन्त्रालय ने बाकायदा यह कहा कि (लेफ्टिनेंट जनरल बन जाने के बाद) जब मेरी आयु एक वर्ष अधिक निर्धारित हो गयी थी तो, अब उसे 'बदला' नहीं जा सकता था क्योंकि इससे 'उत्तराधिकार' पर असर पड़ेगा। बाद में यह बात भी सामने आयी कि सेना में मेरे कैरियर को भंग करने की गरज से मेरी उम्र के मुद्दे को जानबूझकर, पहले सेना कमांडर के स्तर पर और फिर चीफ के तौर पर, भंग ही नहीं किया गया था, बल्कि दूसरे भी थे जिन्हें जानबूझकर और विधिवत निशाना बनाया गया था। कुछ अफसरों के मामले में तो उन्हें बारीकी से और भीतरखाने ही लपेटा गया, पर मेजर जनरल रवि अरोड़ा का मामला उम्र का मुद्दा खड़ा करने जितना ही बेतुका था।

पीछे मुड़कर देखने पर कुछ तथ्य साफ हो जाते हैं।

जनरल जेजे सिंह ने 2004 में सीओएएस का पदभार सँभाला था और उनका कार्यकाल सितम्बर अन्त 2007 में समाप्त होना था। यह अब एक प्रमाणित तथ्य है कि उन्होंने, कार्यभार सँभालने के कुछ ही महीनों के भीतर, यह 'लुक डाउन' नीति शुरू की थी जिससे यह साफ संकेत मिलता था कि उत्तराधिकार का रूप क्या होगा या हो सकता है। उस समय यह बात बखूबी पता थी कि जनरल दीपक कपूर खुद जेजे की जगह लेंगे, पर कपूर के उत्तराधिकारी का चयन बोर्ड पर निर्भर करेगा जिसकी बैठक 2005 के अन्त तक यह तय करने के लिए होगी कि किन अफसरों को लेफ्टिनेंट जनरल के पद के लिए आगे बढ़ाना है। मैं क्योंकि सबसे सीनियर अफसर था तो, इसमें मुझे चार स्टार वाले ओहदे और दीपक कपूर के बाद उसका दावेदार होने के लिए काफी अच्छी स्थिति में रखा गया। इन नतीजों पर पहुँचने के लिए, किसी को लुक डाउन नीति की जरूरत नहीं थी। बहरहाल, इरादा तो और भी बहुत कुछ करने का दिखता था।

'लुक डाउन' नीति से, प्रत्येक उस अफसर को, जो ब्रिगेडियर से ऊँचे पद पर था और अब भी कमान में ओहदों की सीढ़ियाँ चढ़ रहा था, यह छूट मिल जाती थी कि वह खुद अपनी फेहरिस्त तैयार कर सकता था जिसमें, विभिन्न हेर-फेर और जोड़-तोड़ के आधार पर, अगले तीन या चार प्रमुखों (चीफ) का पहले ही अनुमान लगाया जा सकता था। लेकिन अहम तो बस चीफ की फेहरिस्त थी, क्योंकि सीओएस की हैसियत से वे घटनाओं को तोड़-मरोड़कर मेरे तुरन्त बाद अपनी पसन्द के लिए रास्ता साफ कर सकते थे, बशर्ते कि मैं चीफ बन जाता।

यहाँ आकर, मैं समझता हूँ शायद (एमएस शाखा के किसी अफसर ने) जेजे के

ध्यान में यह बात ला दी थी कि अगर सीओएस किसी तरह चीफ के तौर पर मेरे कार्यकाल को दो साल का कर दे तो, उसकी पसन्द के और शायद सरकार में बैठे और लोगों की पसन्द के अफसर के लिए 2012 में पद सँभालने का रास्ता साफ हो सकता था। चीफ की नजर जिस अफसर पर थी उसके रास्ते की अड़चनें दूर करने के लिए काफी होशियारी बरतने की जरूरत थी। जिनको 'ठीक' करना था उनमें ब्रिगेडियर पदम बधवार और एमएम चौधरी, और उनके बाद मेजर जनरल शुजान चटर्जी, एके सिंह, रवि अरोड़ा और आखिर में मैं, थे। बाकी और सभी को तो उनके ब्रिगेडियर से मेजर जनरल बोर्ड तक या देर लगाने की अन्य चालों से 'ठीक' किया जाना था जिससे उनके चहेते को उनसे आगे निकलने का मौका मिल जाता, इस सारी योजना में शायद यह अनिवार्य हो गया था कि मैं चीफ बनूँ, पर महज कुछ ही समय के लिए।

इसमें समय का चुनाव बहुत अहम होना था—मेरे लेफ्टिनेंट जनरल बोर्ड से पहले उम्र का मुद्दा खड़ा करने का मतलब यह होता कि मैं इस दौड़ में नहीं रहता और उस चहेते अफसर का भी मौका मारा जाता, जिससे दाँव उलट जाता। इसलिए, बोर्ड के नतीजों के सार्वजनिक होने के महज दो हफ्ते बाद ही, एमएस ने पहला गोला दाग दिया। मेरे पास बस यही चारा था कि मैं एक बार फिर एमएस को लिखकर पूछता कि उन्होंने किस तर्क के आधार पर सीओएएस को यह सलाह दी कि मेरी उम्र मनमाने तरीके से तय कर दी जाये। मैं भारतीय सेना में लेफ्टिनेंट जनरल था, इस बात को भूल जाइए, भारत का नागरिक होने के नाते भी मैं यह एक बुनियादी सवाल तो पूछ ही सकता था। पर उसका तत्काल कोई जवाब मुझे नहीं मिला।

सितम्बर 2007 में, सेना प्रमुख का पद जनरल दीपक कपूर ने सँभाला जो तब नॉर्दर्न आर्मी कमांडर थे जब XV कोर में सीओएस था। जनरल जेजे सिंह के रिटायर हो जाने के बावजूद, उन्हें दो महीनों के भीतर अरुणाचल प्रदेश का राज्यपाल बना दिया गया, और वह 2013-मध्य तक उस पद पर रहे।

II कोर की कमान सँभालने के डेढ़ साल बाद, आर्मी मुख्यालय ने आर्मी कमांडर के लिए पेश किया। मराठा LI अफसर, लेफ्टिनेंट जनरल पीआर गंगाधरन ने रिचर्ड खरे से एमएस का कार्यभार सँभाल लिया था, पर इन आश्वासनों के बावजूद कोई कार्रवाई नहीं हुई कि मुद्दा सुलझा लिया जायेगा। बिमल जुल्का रक्षा मन्त्रालय में संयुक्त सचिव थे। जुल्का ने ही मेरी उम्र में इस अन्तर का मसला सबसे पहले छेड़ा था। अब वह बहुत गरम हुए और उन्होंने गंगाधरन को लताड़ लगायी, क्योंकि एमएस ब्रांच के पहले के अस्पष्ट जवाब के बावजूद मेरे सारे कागजात में यही दिखाया जाता रहा कि मेरा जन्म 1951 में हुआ था, 1950 में नहीं।

मेरी मामी के अन्तिम संस्कार के लिए गुड़गाँव जाते समय रास्ते में, मिलन नायडू ने (जो अब उप-प्रमुख थे) मुझसे कहा कि मैं फौरन आर्मी मुख्यालय आ

जाऊँ क्योंकि जनरल दीपक कपूर मुझसे तुरन्त मिलना चाहते थे। मिलन रेजीमेंट के कर्नल बन गये थे, और मेरे लिए किसी भी मामले में उनकी सलाह लेना स्वाभाविक था। चीफ ने बताया कि मन्त्रालय मुझे आर्मी कमांडर पद के लिए हरी झंडी नहीं दे रहा था क्योंकि वे जन्म वर्ष के मुद्दे पर पहले दी गयी सफाई से सन्तुष्ट नहीं थे। चीफ ने कहा कि उन्होंने इस मुद्दे पर सोचा है और इस नतीजे पर पहुँचे हैं कि आर्मी मुख्यालय इस मामले में जो भी फैसला करता है मुझे मान लेना चाहिए।

"मैं यह कैसे कर सकता हूँ?" मैंने चीफ से पूछा। "मेरे सारे रिकॉर्ड, सब कुछ 1951 बताते हैं। मैं ऐसा बयान कैसे दे दूँ जो सही नहीं है? मैं अपने मैट्रिक सर्टिफिकेट और पासपोर्ट जैसे दूसरे कागजात का क्या करूँ?" मैंने यह भी कहा कि आर्मी मुख्यालय में ही कोई है जो मीडिया में ऐसा अभियान चला रहा है।

"यह सिस्टम की गलती है। हमें मिनिस्ट्री की अड़चन को दूर करना होगा ताकि फाइल अटके नहीं। फिर हम इस मुद्दे को सुलझा लेंगे।"

मैं मिलन नायडू के पास गया। "लिख के दे दो," मिलन ने कहा। "चीफ जो चाहते हैं उसे करने से तुम्हारी असली पैदाइश बदल नहीं जाती। तुम्हारे सारे रिकॉर्ड साफ हैं, इसलिए इससे कोई फर्क नहीं पड़ेगा।" फिर उन्होंने यह भी कहा कि "डिफेंस सेक्रेटरी ने बाकायदा यह कहा भी है कि अगर कोई अफसर यह लिख देता है कि "इसे स्वीकार करता है" (यानी जन्मतिथि को) तो, उसका यह मतलब नहीं होता कि आयु तय करने का पैमाना बदल सकता है।"

जब मैं मिलन के स्टाफ के ऑफिस में अपना जवाब लिखवाने पहुँचा तो उन्होंने आगाह किया, "ऐसा न करें, सर।"

"देखो," मैंने कहा, "मैं इस तमाम बकवास से तंग आ चुका हूँ। मुझे एक अन्तिम संस्कार में जाना है और यहाँ हम बैठकर एक मनगढ़न्त जन्मतिथि पर बहस कर रहे हैं।" मैंने पत्र लिखवाया कि 'चीफ की इच्छानुसार, आर्मी मुख्यालय' "संगठन के हित में" जो भी निर्णय करना चाहते हैं मुझे स्वीकार्य है। खीझ और झल्लाकर मैंने पत्र पर दस्तखत किये और गुड़गाँव निकल गया।

उस शाम अम्बाला लौटते समय, मुझे मिलन का एक और फोन मिला, "उन्हें (चीफ को) तुम्हारा यह कहना अच्छा नहीं लगा कि तुम "चीफ की इच्छानुसार" ऐसा कर रहे हो और तुम्हें यह "स्वीकार्य" है।"

मैंने मिलन से कहा, "ठीक है, ठीक है, उन्हें जो अच्छा नहीं लग रहा उसे काट दीजिए और जो आप चाहें लिख दीजिए। आपको मेरी तरफ से पूरा अधिकार है।"

थोड़ी ही देर बाद, मिलन ने फिर फोन किया कि, "चीफ कोई काटा-पीटी नहीं चाहते। तुम फिर से लिख के भेज दो। जैसा भी हो, चीफ कह रहे हैं कि उन्होंने तुम्हें भरोसा दिलाया है कि हम बाद में मामले को सुलझा लेंगे।"

फिलहाल तो यह मामला सुलट गया और मैंने दोबारा पत्र को उस तरह से

लिख दिया जैसा दीपक कपूर चाहते थे। मुझे पता होना चाहिए था कि कभी कोई जाँच होने ही नहीं वाली, क्योंकि सच में जाँच के लिए कुछ था ही नहीं। तब मुझे इसका इल्म नहीं था और बहुत देर बाद जाकर मुझे यह बात समझ में आयी। रक्षा मन्त्रालय और भारतीय 'सिस्टम' के रहस्यमय अन्दाज में मुझे बुद्धू बना दिया गया था।

x x x

अम्बाला में ऐसा नहीं था कि बस काम ही काम हो और खेल के लिए फुर्सत ही न हो। पटियाला दौरे पर, चेतिन्दर सिंह की डिवीजन ने 'इन्फैंट्री' कोर से पोलो खेलने के लिए कहा। मैं स्कूल और एनडीए के दिनों से घोड़े पर नहीं बैठा था, पर मुझे पता था कि मेरे इनकार को कई लोग मंजूर नहीं करेंगे। और फिर, ज्यादा से ज्यादा यही होता कि मैं घोड़े से गिर जाता। नसीब से, मैंने अपने आपको जैसे-तैसे सँभाल लिया, हालाँकि मुझे नहीं लगता कि गेंद से मेरा कभी सम्पर्क हो भी पाया।

मृणालिनी और उसका पति संग्राम पुणे में थे जबकि योगजा ने चंडीगढ़ से एम.ए. की पढ़ाई पूरी कर ली थी। उसे आर्मी इंस्टीट्यूट ऑफ मैनेजमेंट में दाखिला मिल गया था और वह कोलकाता चली गयी थी। आर्मी मुख्यालय ने मुझे बताया कि मुझे भी उसी शहर में जाना होगा क्योंकि मुझे ईस्टर्न कमान का कार्यभार सँभालना था। बहरहाल, उस आशय के आदेश आने से घंटों पहले टीवी चैनलों पर खबर चल रही थी कि मैं नॉर्दर्न कमान सँभाल रहा हूँ। भारती ने मुझे इस बारे में बताया। मैंने उनसे कहा कि एमएस ब्रांच वही करेगा जो उसने हमेशा से किया है और हमें उसका आदी हो जाना चाहिए। बहरहाल, इस बार ऐन वक्त पर कोई नाटक नहीं हुआ क्योंकि मुझे सचमुच ईस्टर्न कमान में ही भेजा गया।

11
फिर सुबह होगी

उपेक्षा और कलह

मैंने 2008 फरवरी अन्त में लेफ्टिनेंट जनरल केएस जामवाल से ईस्टर्न कमान का कार्यभार सँभाल लिया। कमान का मुख्यालय कोलकाता के ऐतिहासिक फोर्ट विलियम में है। कमान का क्षेत्र काफी व्यापक था; यह बंगाल से सिक्किम तक, और आगे पूरे उत्तरपूर्व में फैला हुआ था। मेरे पास तीन आर्मी कोर और दो एरिया मुख्यालय थे जो समूचे क्षेत्र में फैले थे। हिमालय का पूर्वी विस्तार उस पूरे परिदृश्य पर हावी है और उत्तरी सीमा का निर्माण करता है, जबकि ब्रह्मपुत्र नदी धुर उत्तरपूर्वी छोर से भारत में उतरती है और दक्षिणपश्चिमी दिशा में बहती हुई यह मैदानी भाग पर अपना अधिकार जमा लेती है, इसका पानी हर साल बढ़ता-घटता है।

अरुणाचल के पूर्वी हिस्से से शुरू होकर, नागा-पटकई की उत्तर-दक्षिण श्रृंखला दक्षिण की ओर नागालैंड और मणिपुर तक चली जाती है और फिर मिजोरम में चाइफिल त्लांग और उईफुम त्लांग पर्वत श्रेणियों में मिल जाती है, और फिर ढलान में चिन और अरकान योम तक जा पहुँचती है। पूर्वी हिमालय की तरह, इस क्षेत्र को भी, भारतीय उपमहाद्वीप को दक्षिणपूर्व एशिया से अलग करने वाला, प्राकृतिक अवरोध माना जाता था। बांग्लादेश की सीमा मिजोरम, त्रिपुरा, दक्षिण असम, और मेघालय के दक्षिण में स्थित है। आजादी के बाद, चिकन नेक क्षेत्र इस समूचे क्षेत्र का प्रवेश-द्वार बन गया, जिससे इसकी दूरी मुखर होती है।

ईस्टर्न कमान से लगी नेपाल, भूटान, चीन, म्याँमार और बांग्लादेश की अन्तरराष्ट्रीय सीमाएँ हैं। स्वाभाविक है, इससे सुरक्षा का खतरा बनता है। इस क्षेत्र में विद्रोह और कम विकास की अधिकता होने से यह स्थिति और भी जटिल हो जाती थी। 2008 में, असम और मणिपुर में व्याप्त कानून-व्यवस्था की समस्याओं का इस क्षेत्र की शान्ति और स्थिरता पर विपरीत असर पड़ रहा था। बागी नागा गुट केवल अपने राज्य में ही अपना जोर नहीं दिखा रहे थे, बल्कि मणिपुर और अरुणाचल के हिस्सों पर भी अपना दावा ठोंक रहे थे। पहाड़ी जनपद दार्जिलिंग में, गोरखा नेशनल

लिबरेशन फ्रंट (जीएनएलएफ) की गोरखालैंड की माँग भी परेशानी खड़ी कर रही थी, जबकि आगे दक्षिण में बोडो और मुस्लिम प्रवासियों के बीच ब्रह्मपुत्र के बाढ़ वाले मैदानों में चल रही जातीय कलह हमारे लिए खतरा बनी हुई थी।

उत्तरपूर्व ने केवल सियासी कलह नहीं बल्कि हिंसा की नियमित वारदातें भी झेली हैं और यह बात इसलिए चकित नहीं करती थी क्योंकि आजादी के बाद से ही केन्द्रीय सरकार ने इसकी कमोबेश उपेक्षा की है। इसके अलावा, प्राकृतिक आपदाओं, और पूरी की पूरी कौमों के विस्थापन और बेतहाशा प्रवास ने मिलकर इस क्षेत्र को लगातार उद्वेलित रखा है। 1947 के बाद से, भारत की आबादी कई गुना बढ़ी है और उत्तरपूर्व भी इसका अपवाद नहीं है। इसका सबसे स्वाभाविक परिणाम जमीन के लिए होने वाले संघर्ष के रूप में सामने आया है, जो समय बीतने के साथ इसलिए और भी जटिल होता गया है क्योंकि इस क्षेत्र की आन्तरिक सीमाएँ बार-बार बदलती रहीं।

मेरे एओआर के भीतर जातीय अनेकता की मौजूदगी इस जटिलता का बस एक पहलू था। भौगोलिक दृष्टि से देखें तो, यह क्षेत्र नदियों, पहाड़ियों और पहाड़ों का जाल है जिन्होंने बीते दिनों में 'विकास' को बाधित करने में भूमिका निभायी है। आजादी के बाद देश ने उत्तरपूर्व के पहाड़ी क्षेत्रों के बरक्स अपनी खुद की 'जनजातीय नीति' अपनायी थी। इसमें मौजूदा संस्कृतियों को बचाते हुए लोगों को एक सामूहिक पहचान, एक सहभागी लोकतांत्रिक सियासी व्यवस्था और राष्ट्रवाद का मंच देने की उम्मीद की गयी थी जिससे वे अपने मतभेद भुलाकर भविष्य के निर्माण में जुटें।

मोटे अनुमान बताते हैं कि तकरीबन एक मिलियन लोग महज पिछले दो दशकों में किसी न किसी वजह से अपने घरों को छोड़कर भाग चुके हैं; और पलायन की सबसे नयी और शायद सबसे खराब घटना हाल में 2012 में हुए बोडो लैंड उपद्रव थे जिनमें तकरीबन सौ लोग मारे गये। बोडो लोग मुसलमानों, आदिवासियों और नेपालियों से लड़ रहे हैं; करबी लोग दिमास के खिलाफ हथियार उठाये हैं; नागा लोग मेइतेई और कूकी लोगों से लगातार झगड़ रहे हैं; मिजो लोग ब्रू लोगों के पीछे पड़े हैं; और त्रिपुरा में मूल आदिवासी तो जैसे गायब ही हो गये हैं क्योंकि आबादी के स्वरूप में यह लगातार बदलाव हालात को और पेचीदा बना रहा है।

आजादी के इन साठ सालों में, पूरा भारत देश बदल चुका है, क्योंकि अधिकाधिक लोग महाद्वीप में इधर से उधर हो रहे हैं, और अधिक बड़ी राष्ट्रीय पहचान की तलाश में क्षेत्रों और कुलों से बाहर निकल रहे हैं। साथ ही, हमेशा उनके वजूद के केन्द्र में रही जातीयता अब दूसरों के लिए भी अधिक अहम हो रही थी जो अपने वजूद के लिए अनिवार्य अपने रहन-सहन के तरीकों से चिपके रहने की कोशिश कर रहे थे। भाषा और नरविज्ञान के आँकड़ों पर आधारित सर्वेक्षणों के मुताबिक,

इस क्षेत्र के 46 मिलियन लोग 475 जातीय समूहों में बँटे हैं जो तकरीबन चार सौ भाषाएँ बोलते हैं।

वैसे तो मैंने सेना में कमीशन पाने के तुरन्त बाद इनमें से कुछ इलाकों में काम और भ्रमण किया था, पर मैं ईस्टर्न कमान से परिचित नहीं था। इसलिए मैंने सबसे पहले विभिन्न कोर मुख्यालयों का दौरा शुरू किया। सिलीगुड़ी के पास सुखना में स्थित XXXIII कोर की कमान मैकेनाइज्ड इन्फैंट्री के दीपक राज सँभाल रहे थे; जेएके आरआईएफ के बीएस जसवाल उस समय अधिकांश अरुणाचल को देख रहे थे, जबकि IV कोर मुख्यालय तेजपुर में था; और डोगरा रेजीमेंट में एमएस डडवाल के पास पूरे पूर्वी पहलू की जिम्मेदारी थी जबकि उनकी दीमापुर स्थित III कोर थी। असम रायफल्स गढ़वाल रायफल्स के परमजीत सिंह के अधीन थी (बाद में उनकी जगह गोरखा के करन यादव ने ले ली)।

बाहरी सुरक्षा की बात की जाये तो, सबसे संवेदनशील क्षेत्र (और ईस्टर्न कमान के लिए तत्काल चिन्ता का विषय) भारत-तिब्बत सीमा (सिक्किम और अरुणाचल) थी जो कुछ बेहद दुर्गम स्थलों से होकर गुजरती है। मैंने जब ईस्टर्न कमान का कार्यभार सँभाला, उससे ठीक पहले चीनियों ने नाथु ला के दक्षिण में स्थित चुंबी वैली के सीमावर्ती क्षेत्र में सिक्किम में घुसपैठ कर दी थी, और एक बंकर को नष्ट कर दिया था।

चीनी चक्कर

भारत-चीन सीमा की जटिल समस्या को समझने के लिए, मुझे इतिहास में रिफ्रेशर कोर्स की जरूरत महसूस हुई। मैं अपना तकरीबन सारा का सारा खाली समय नक्शे देखने और उस क्षेत्र पर उपलब्ध सामग्री पढ़ने में बिताता था। आजादी के वक्त, अरुणाचल को नॉर्थ ईस्ट फ्रंटियर ट्रैक्ट कहते थे (बाद में ट्रैक्ट की जगह एजेंसी शब्द रखा गया और उसे नेफा कहने लगे), और उस समय यह क्षेत्र अछूता और, बहुत हद तक, 'अशासित' था। ब्रिटिश भारत की सरकार ग्रेट हिमालयन दीवार के दक्षिण में पड़ने वाले क्षेत्र पर ढीला-ढाला नियन्त्रण रखकर ही काफी सन्तुष्ट थी, और उसे विश्वास था कि इस तरफ से राज को कोई बाहरी खतरा नहीं था। चन्द लोग जरूर इस क्षेत्र में घुस आये और उन्होंने उस पर अपनी छाप छोड़ी, जिससे घने जंगलों वाली इन धुन्ध से ढकी घाटियों की एक झलक मिल पायी, जिनमें खूँखार लड़ाकू आदिवासी रहते थे। दिक्कतों के बावजूद, कुछ ब्रिटिश अफसरों ने इस पूरी हिमालयी पनढाल (वॉटरशेड) को छानने-खँगालने में कामयाबी पायी। इससे प्रभावित होकर मैकमोहन रेखा वजूद में आयी, जो 1914 में अंग्रेजों और तिब्बतियों के बीच खींची गयी। चीनी प्रतिनिधि ने, जो समझौते पर दस्तखत के समय शिमला में मौजूद था उसका समर्थन नहीं किया; उसकी वजह यह नहीं थी कि वह इससे सहमत नहीं था,

बल्कि इसलिए कि वह बाहरी और आन्तरिक तिब्बत की हदबन्दी के बारे में बातचीत करने आया था। इतिहास का यह विचित्र सत्य अभिलेखागारों में दफन है और कई लोग इस बाबत नहीं जानते। धीरे-धीरे, और बहुत सकुचाते हुए यह क्षेत्र दूसरों के सामने खुला और इन तमाम सालों में हम इस क्षेत्र और यहाँ के लोगों के बारे में कुछ जान पाये हैं। नेफा तब अपना वजूद तराश रहा था जबकि भारत बड़ी-बड़ी समस्याओं से जूझ रहा था, जिनमें काफी इसकी नयी सरहदों से ताल्लुक रखती थीं।

तिब्बत को चीन ने 1950 में अपने में मिला लिया और 'तिब्बत मिलिट्री डिस्ट्रिक्ट' के रूप में एक सैनिक सरकार बना ली। यह पीकिंग की उस शपथ का सीधा उल्लंघन था कि वह तिब्बती जन को 'राष्ट्रीय क्षेत्रीय प्रभुसत्ता के पालन का अधिकार' देगा। 1955 में, खाम आदिवासियों ने चीनियों के खिलाफ संगठित सशस्त्र प्रतिरोध शुरू कर दिया, जिसने जल्दी ही चामदो से भारत-तिब्बत सीमा तक फैले पूरे विद्रोह का रूप ले लिया। यह गैर-बराबरी की लड़ाई थी, जिसमें खाम विद्रोहियों को बाहरी दुनिया से कोई समर्थन नहीं मिला या मिला भी तो नाम मात्र का। इससे चीनियों को तिब्बत में अपनी सैनिक ताकत जमाने का मौका मिल गया। एक तो यह घटनाक्रम चला और दूसरे चीन 1914 में शिमला समझौते पर दस्तखत करने वालों में नहीं था, जिससे भारी खतरा मँडराने लगा, खासकर इसलिए भी कि चीनियों ने अपना हमला बढ़ा दिया और लगभग पूरे नेफा और भूटान के कुछ हिस्सों पर अपना दावा ठोंक दिया।

तिब्बत में चीनियों की हरकतों के जवाब में, असम रायफल्स ने सैनिक हरावल कायम कर दिया था और भारतीय प्रशासन को वे सीमा तक ले गये थे। पूरे वॉटरशेड पर नयी चौकियाँ बना दी गयी थीं। तिब्बती शरणार्थी लगातार सीमा पार कर भारत में आ रहे थे। पराकाष्ठा तब हुई जब दलाई लामा, अपने परिवार के सदस्यों सहित, तिब्बत की राजधानी से भागकर चुथांगमू में असम रायफल्स की चौकी पहुँच गये थे। फिर परम पावन दलाई लामा तवांग बोमडिला और तेजपुर होते हुए मसूरी चले गये थे।

अक्टूबर 1962 तक, एक इन्फैंट्री डिवीजन ने नेफा सीमा पर संचालन का नियन्त्रण कर लिया था। भारत सरकार ने 'फॉरवर्ड पॉलिसी' का फैसला किया जिसके तहत पूरी मैकमोहन रेखा पर असम रायफल्स की चौंतीस नयी चौकियाँ बना दी गयीं और सरहदी इलाकों की भारी गश्त होने लगी। फॉरवर्ड पॉलिसी इंटेलीजेंस ब्यूरो के इस आकलन पर आधारित थी कि चीन मैकमोहन रेखा के मुद्दे पर भारत से युद्ध नहीं करेगा, इसलिए अन्तरराष्ट्रीय सीमा आखिर में सैनिकों की मौजूदगी से बनी वास्तविक नियन्त्रण रेखा पर स्थिर हो जायेगी। तब तक, नेफा में पूरे वॉटरशेड पर असम रायफल्स की चौबीस पलटनें तैनात की जा चुकी थीं।

19 अक्टूबर को, खेंजेमाने में भारी गोलीबारी के साथ लड़ाई शुरू हो गयी।

चीनियों ने दूसरे सेक्टरों में भी काफी तादाद में मैकमोहन रेखा पार कर ली। सबसे पहला वास्तविक हमला 2 राजपूत ने झेला, परन्तु उनके लिए कोई मौका नहीं था। भारतीय सेना और असम रायफल्स ने तमाम दिक्कतों के बावजूद (जबकि वहाँ काँटेदार तार जैसी बचाव की बुनियादी सुविधाएँ तक नहीं थीं) चीनी हमले का मुकाबला करने में किसी भी समय कोई कोताही नहीं बरती जिससे 'आखिरी जवान, आखिरी राउंड' जैसा जुमला चल निकला।

नेफा को रौंदने का अपना मकसद पूरा कर लेने के बाद, चीनी सैनिक मैकमोहन रेखा पर लौट गये और भारत के लोगों पर मानसिक जख्म छोड़ गये। हालाँकि 1967 में नाथु ला की काँटेदार तार वाली घटना ने, जिसमें पैदल टुकड़ी की मदद से 18 राजपूत और 2 ग्रेनेडियर्स ने चीनियों को बराबर की टक्कर देकर उनकी श्रेष्ठता की भ्रान्ति को तोड़ दिया था, सरहद का मसला फिर भी नहीं सुलझ पाया।

चीनियों ने पूर्वी सिक्किम में जो बंकर तोड़ा था, उससे पता चलता था कि वे हमारे साथ कैसे दबंगई से पेश आ रहे थे। 17 डिवीजन के जीओसी मेजर जनरल विजय ललोत्रा ने मुझे इस घटना की बाकायदा जानकारी दी। अपने तमाम सीमा विवादों में चीनी लगातार उन इलाकों की खोज करते रहते थे जहाँ इनसानी निगरानी नहीं होती थी, और फिर वहाँ के फोटो में हेर-फेर करके दावा कर देते थे कि इलाका उनका है। चीनी गश्ती दल आगे कोई कोशिश करें, उस सूरत में मैंने विजय ललोत्रा को साफ-साफ आदेश दे दिये थे कि क्या करना है।

संयोग से, तीस चीनियों का एक गश्ती दल जल्दी ही भारत-भूटान-चीन तिराहे के ठीक दक्षिण के इलाके में दिखाई दिया। गश्ती दल साफ-साफ नियन्त्रण रेखा के इस पार ही था जब 9 ग्रेनेडियर्स के कैप्टेन ने उसे ललकारा। चीनी गश्ती दल के नेता ने उस इलाके को चिह्नित करने वाली एक पुरानी काँटेदार तारों की बाड़ को पकड़ लिया और गुस्से में उसे झिंझोड़ने लगा और कहने लगा कि उसे फौरन हटा लिया जाये क्योंकि उसे अभी-अभी लगाया गया था। नौजवान कैप्टेन ने शान्ति से चीनी अफसर का हाथ पकड़ा और वहाँ से हटा दिया।

"अब अगर इसे छुआ तो, गोली मार दूँगा।"

चीनी अफसर एक मिनट को वहाँ खड़ा भारतीय कैप्टन को घूरता रहा जिसने अब उसका हाथ छोड़ दिया था। दोनों तरफ के सैनिक सतर्क होकर एक-दूसरे को देखते रहे, और फिर चीनी अफसर मुड़ा और अपने जवानों के साथ वहाँ से चला गया। जहाँ तक मेरी जानकारी है, चीनी उस इलाके में दोबारा दिखाई नहीं दिये हैं। इस नौजवान अफसर ने जिस तरह से स्थिति को सँभाला, उसके लिए मैं उसको सलाम करता हूँ।

उत्तरी सिक्किम के पठार, जहाँ सैनिक कम से कम 18,000 फीट की ऊँचाई पर रक्षाकार्य में तैनात रहते हैं, वहाँ भी ऐसी ही परेशानियों की खबरें मिल रही

थीं। यहाँ अधिकांश हिस्सों में, सीमा—जो चिह्नित न होते हुए भी सुस्पष्ट है—एक चौरस मैदान से होकर गुजरती है। यहाँ एक छोटा-सा इलाका 'उँगली' कहलाता था क्योंकि यह चीनी क्षेत्र में निकला हुआ था। हमने इस उँगली के सहारे एक छोटा रास्ता बनाने का फैसला किया जिससे हम उसके सबसे दूरवर्ती हिस्से तक पहुँच सकें। चीनियों ने फौरन इस पर एतराज जता दिया और उँगली पर कुछ गाड़ियाँ चलाकर हमें भड़काने की कोशिश की। मैंने 17 डिवीजन से इस मसले को सख्ती से सुलझाने को कहा।

हमारी चौकियों से, हमें चीनी गाड़ियाँ 'उँगली' की तरफ आती दिखाई देती थीं, इसलिए हमारे लड़के उसके स्वागत के लिए तैनात हो गये। उन्होंने चीनियों के साथ 'चीन' जैसा सुलूक करने का फैसला कर लिया था। हम चीनियों की तरह तस्वीरों में हेरा-फेरी तो कर नहीं सकते थे, पर हमारे पास याक के झुंड का फोटो था जो उन्हें कई साल पहले सौंपे जा रहे थे। इसमें कोई शक नहीं था कि फोटो उँगली के पोर पर लिया गया था। हमारे लड़कों ने श्वेत-श्याम फोटो चीनी सैनिकों को दिखाया; वे इकट्ठे होकर फोटो को गौर से देखने लगे, और फिर अपनी गाड़ियों में चढ़कर वापस चले गये।

x x x

बाद में मैं ईस्टर्न आर्मी कमांडर की हैसियत से सरकारी सैनिक सद्भावना यात्रा पर चीन गया। चीनियों ने लीक से हटकर हमारा स्वागत-सत्कार किया। उस समय मैं तीन स्टार वाला जनरल था, और उन्होंने शिष्टाचार के नियमों को तोड़ते हुए चार स्टार वाले अपने जनरल से मेरी मुलाकात करवायी। बीजिंग में, जहाँ उनके पास विदेशियों को प्रभावित करने के लिए एक नुमाइशी रेजीमेंट है, उन्होंने अच्छा-खासा प्रदर्शन किया। चीनी निशानेबाजों ने लक्ष्यों पर निशाना लगाया और हमें उसके नतीजे दिखाये : 200 में से 198; 200 में से 197। ओलम्पिक जैसे इन अंकों से हम काफी प्रभावित हुए।

फिर हम चेंगदू गये। मई 2008 में, 8.0 की तीव्रता के सिचुआन भूकम्प में तकरीबन 70,000 लोग मारे गये और यह 1976 के बाद से चीन की सबसे भीषण प्राकृतिक आपदा मानी गयी थी। भूकम्प का केन्द्र चेंगदू की प्रान्तीय राजधानी से 80 किलोमीटर दूर था। सरकारी चीनी आँकड़ों के अनुसार, इसमें 4.8 मिलियन लोग बेघर हो गये, पर कुछ सूत्रों की मानें तो यह तादाद और भी ज्यादा हो सकती है। कम्पन 1,700 किलोमीटर दूर बीजिंग में भी महसूस किये गये और भूकम्प के बाद लगने वाले झटकों की तादाद तकरीबन 40,000 दर्ज की गयी थी।

चेंगदू में हमने एबियेशन ब्रिगेड का दौरा किया, और इससे पहले वहाँ किसी विदेशी दल को आने की इजाजत नहीं दी गयी थी, या कम से कम हमें तो यही बताया

गया। यह बड़े सम्मान की बात थी। मैंने दुभाषिये के जरिये चीनी बेस कमांडर से पूछा, "जब इस क्षेत्र में भूकम्प आया तो आप कितने हेलीकॉप्टर उड़ा पाये?"

कमांडर ने मुझे और दुभाषिये को और फिर सियासी कमिसार को देखा। कमिसार ने धीरे-से गर्दन हिला दी।

मैंने कमांडर से जो भी सवाल किया उसका जवाब ठीक इसी तरह दिया गया। उनकी उपयोगिता बेहद अच्छी थी, तकरीबन 70 फीसदी, बुलाये गये हेलीकॉप्टर वगैरह हर बात का जवाब दिया गया, पर सियासी कमिसार के हलके इशारे पर ही। इससे साफ जाहिर था कि यहाँ किसकी चलती है।

फिर वे हमें बैरक दिखाने ले गये। यहाँ जवानों और अफसरों के रहन-सहन के ढंग में न के बराबर फर्क था। सरहद पर तैनात तमाम चीनी सैनिक जबरन भर्ती वाले होते हैं। हर रेजीमेंट का एक कमांडिंग अफसर होता है, जिसकी निगरानी के लिए एक पुछल्ला सियासी कमिसार होता है। चीनियों के किसी भी काम में दुविधा नहीं होती। कमिसारों के लिए एक-से आदेश होते हैं जो सीधे वापस शीर्ष तक जाते हैं। अगर हम यह सोचते हैं कि सरहद पार होने वाला कोई भी हमला स्थानीय घटना है तो, यह हमारी मूर्खता है।

हम ल्हासा में पहुँचे जहाँ तिब्बती मिलिट्री रीजन कमांडर, जनरल शू ची, हमसे मिले। हम फौरन घुल-मिल गये और व्यक्तिगत बातों पर उतर आये। उनके पास एक बेटी थी, जो चीन का दस्तूर था; मेरे पास दो बेटियाँ थीं। हम दोनों ही तीन स्टार वाले जनरल थे और हमारी उम्र में कोई ज्यादा फर्क नहीं था। मैंने उनसे कहा कि "आप मुझे अपना भाई मान सकते हैं" और वे बेहद भावुक हो गये। भारत के विपरीत, सीमित परिवार ने वहाँ के समाजी ढाँचे को काफी प्रभावित किया है।

जल्दी ही हम काम की बात पर आ गये। "हमें कमान में अपने से नीचे लोगों को बता देना चाहिए कि सरहद पर वारदातें न हों," मैंने उनसे कहा। "वहाँ जवान कमसिन हैं और उनमें जोश बहुत है। वहाँ आसानी से हालात बिगड़ सकते हैं और फिर उन्हें सुलझाने का जिम्मा आपका और मेरा हो जाता है।"

शू ची और मैं दोस्तों की तरह विदा हुए। मैंने उन्हें भारत आने का न्योता दिया। उन्होंने आने का वादा किया। उसके बाद सिक्किम सीमा पर काफी संयम देखने को मिला और आगे कुछ समय तक कोई वारदात नहीं हुई। दरअसल, चीनी तो चाहते थे कि सीमा पर दोनों सेनाओं के बीच खेल के और भी खूब कार्यक्रम हों। मैं मन ही मन मुस्करा दिया था, क्योंकि मुझे कई साल पहले नाथु ला में भारतीय और चीनी सेनाओं के बीच हुए वॉलीबॉल मैच की याद हो आयी थी और तब ऐसे ही जज्बात का इजहार किया गया था। भारतीय टीम की करारी हार हुई थी, क्योंकि चीनियों ने अपनी सर्विसेज टीम की बराबरी के दल को उतारा था। कुछ दिन बाद, हमने वैसा ही जवाब दिया; चीनियों ने, शायद पिछले एकतरफा मैच से शर्मिन्दा

होकर, एक नियमित टीम उतारी और हम अपनी सर्विसेज टीम लेकर उतरे। सरहद पर जिन्दगी काफी मजेदार हो सकती है।

चीनियों के साथ होने वाले संयुक्त अभ्यास कमोबेश इसी तरह के होते हैं। ऐसे एक अभ्यास के बाद बेलगाम से ऐसी खबरें आयीं कि चीनी 'विशेषज्ञों' को उतार रहे थे जबकि हम सन्तुलित यूनिटों से ही काम ले रहे थे। नतीजतन, उनके पास विशेषज्ञ होते थे जो व्यक्ति के तौर पर दर्शकों की वाहवाही लूट सकते थे, पर एक यूनिट के तौर पर, हमारे लड़कों ने कहीं बेहतर करके दिखाया है। कुछ समय बाद चीनियों को भी यह सबक साफ हो गया।

नाटो का सदस्य भारत

हमारे धुर पूर्वी छोर पर म्याँमार था, जिसे पहले बर्मा कहते थे। हमारी प्रमुख चिन्ता का विषय उनकी सीमा में मौजूद विद्रोही गुटों की सुरक्षित पनाहगाहें और शिविर थे। उस समय, वहाँ फौजी शासन था और चीनियों की तरह उनकी भी व्यवस्था ऐसी थी जिसमें हर बात ऊपर से नीचे तक चली आती थी। हमें शिविरों की मौजूदगी का पता था और हम उनका सही-सही ठिकाना बता सकते थे, परन्तु म्याँमार की तरफ से हमेशा एक ही जवाब मिलता था कि 'हम चैक करेंगे' और फिर वे पलटकर कभी हमसे सम्पर्क नहीं करते थे। दरअसल, हमारे खुफिया तन्त्र के मुताबिक अधिकांश स्थानीय सैनिक कमांडरों को विद्रोही गुटों से पैसा मिलता था, और वैसे भी वे स्थानीय बाशिन्दों में आसानी से मिल सकते थे क्योंकि उस क्षेत्र की अधिकतर जनजातियाँ सीमा के दोनों ओर के क्षेत्रों में पसरी थीं।

म्याँमार की तरफ से हमारे लिए दूसरी सबसे बड़ी समस्या दक्षिणी मिजोरम में घुसने वाले चिनों की थी। वैसे तो भारतीय सीमा के इस तरफ भी रहन-सहन के हालात काफी खराब थे, फिर भी म्याँमार से वे बहुत बेहतर थे। दक्षिण में चंफाई से सैहा और लौंगतलाई तक लोगों का यह पलायन कभी न कभी गम्भीर रूप धारण कर लेगा।

2008 के मध्य में, ईस्टर्न आर्मी का प्रतिनिधिमंडल यांगौन में एक रात रुकने के बाद, म्याँमार की नयी प्रशासनिक राजधानी ने प्यी ता पहुँचा। उस समय वहाँ सेना का दबदबा था और उसका बनाया हुआ संविधान का जो आजादी के बाद से म्याँमार का तीसरा संविधान था, जनमत संग्रह में 92 प्रतिशत वोटों के साथ मंजूरी मिल गयी थी जबकि चुनाव में 99 प्रतिशत लोगों ने वोट डाला था। एक बार फिर हम किसी देश में प्राकृतिक आपदा के तुरन्त बाद भ्रमण कर रहे थे; समूची इरावती पट्टी को नरगिस चक्रवात ने तबाह कर दिया था जिसमें 2 लाख लोग मारे गये और एक बिलियन के करीब बेघर हो गये थे। म्याँमार सरकार की अलगाववादी नीति की जमकर आलोचना हुई थी क्योंकि उसने राहत कार्यों में बहुत रुकावट

डाली थी। हालात तब और बदतर हो गये जब भारत सरकार ने भी हकीकत को न समझाते हुए पश्चिमी रवैये को ही सही माना और मानवाधिकार का हवाला देकर म्याँमार को दी जाने वाली सैन्य मदद रोक दी।

म्याँमार की संसद, प्यिदौंग्स लुत्ताव, के दो सदन हैं जिसमें 224 सीटों वाले ऊपरी सदन, अम्योथा लुत्ताव, (राष्ट्रीयताओं का सदन) में छप्पन सदस्य सेना के नियुक्त किये हुए हैं, जबकि निचले सदन, प्यिथु लुत्ताव (प्रतिनिधियों का सदन) में 440 सदस्य थे जिनमें एक-चौथाई को सेना ने नामित किया था।

शुरू से ही, यह स्पष्ट हो गया था कि म्याँमार के लोग राजनयिक अमले से संवाद करने की अपेक्षा सैनिक प्रतिनिधिमंडल से बात करने में कहीं ज्यादा सहज महसूस करते थे, हालाँकि यह टिप्पणी हमारे राजनयिकों के सम्बन्ध में नहीं है। राजनयिकों के साथ होने वाली औपचारिक बैठकों में म्याँमार के जनरल हमेशा बर्मी भाषा में बोलते थे, भले ही वे अंग्रेजी में धारा प्रवाह भाषण कर सकते थे। चाहे जो हो जाये, वे अपनी सरकारी लीक से कभी इधर-उधर नहीं होते थे। औपचारिक बातचीत खत्म हो जाने पर, वे बेझिझक हमारे साथ हँसी-मजाक करते थे।

म्याँमारी जनरल, ऊ श्वे मान, जो इस समय संसद के स्पीकर हैं, उस समय म्याँमार के सशस्त्र बलों के संयुक्त चीफ ऑफ स्टाफ थे, और जनरल थान श्वे और जनरल मौंग उनाये के बाद तीसरे नम्बर पर थे। एक सरकारी बैठक के बाद, उन्होंने मेरे सैन्य सहायक (अटैची) ब्रिगेडियर केएच सिंह की तरफ देखकर कहा, “ये हमारी तरह दिखते हैं;” उनके चेहरे पर खुशी झलक रही थी।

केएच भारतीय सेना के सबसे सीनियर मणिपुरी अफसर थे। वे दूसरों के लिए आदर्श थे जिन्होंने उनसे प्रेरित होकर अपने पेशेवर प्रदर्शन से अपना और भारतीय सेना का नाम रोशन किया है।

“वे आप में से ही हैं,” मैंने मजाक में कहा।

“हाँ,” जनरल ने गहरी साँस लेकर कहा, “हममें सचमुच बहुत कुछ समान है। हमें कई मुद्दों पर भारत के साथ मिलकर काम करना बहुत अच्छा लगेगा लेकिन दिक्कत यह है कि आपका देश नाटो का सदस्य है।”

यह तो तय था कि किसी ने म्याँमारी जनरल को इतनी गलत जानकारी नहीं दी होगी कि भारत अमेरिकी प्रभुत्व वाले उत्तरी अटलांटिक सन्धि संगठन यानी नाटो का हिस्सा है। “नहीं, नहीं...” मैंने विरोध जताते हुए उनसे कहा कि हम गुट निरपेक्ष देश हैं, और शीत युद्ध के दौर में भी थे।

यू श्वे मान बड़ी खुशमिजाजी से मुझे देखने लगे थे और उनके चेहरे का वह भाव बदला नहीं था। उन्होंने मेरी बात खत्म होने का इन्तजार किया और फिर हँसते हुए यह जुमला जड़ा, “जनरल, नाटो (एनएटीओ) का मतलब है “नो ऐक्शन टॉक ऑनली” (कोई काम नहीं बस बात)।” मेरी हालत देखने लायक थी। क्या

कह सकता था मैं?

खुद प्रधानमन्त्री की 'लुक ईस्ट पॉलिसी' (पूर्वोन्मुख नीति) के बावजूद, पन्द्रह साल तक तेल और गैस निकालने का म्याँमार का प्रस्ताव ठंडे बस्ते में पड़ा रहा। भारत की निष्क्रियता से तंग आकर उन्होंने आखिर चीन को आने को कह दिया। हम गाल बजाते ही रह गये जबकि हमारे चिन्तकों को हमारे चारों तरफ बढ़ते चीनी दबदबे के मारे में बोलने का एक और मौका मिल गया।

बाद में सेना प्रमुख बन जाने के बाद, मैं फिर म्याँमार गया और मुझे ऐसी ही कई और समस्याओं का सामना करना पड़ा। आर्मी मुख्यालय में हमें उस प्रस्ताव की जानकारी थी जिसमें भारत ने एक सड़क बनाने के लिए मदद की पेशकश की थी, और उसमें कुछ मशीनों आदि पर ₹ 20 करोड़ से ज्यादा का खर्च नहीं आना। हमेशा की तरह, इस मामले में भी जमीन पर कुछ नहीं हो रहा था, बस बाबू लोग बारीकियों का अध्ययन कर रहे थे। 2002 में, सेना दिवस के मौके पर, डॉ. मनमोहन सिंह ने मुझसे मेरे म्याँमार दौरे के बारे में पूछा। मैंने उन्हें साफ-साफ बता दिया कि क्या हो रहा है, बल्कि यह कहें कि क्या नहीं हो रहा है। प्रधानमन्त्री ने बहुत गौर से मेरी बात सुनी।

"जनरल साब, अब ये प्रोसिजर की दिक्कतें हैं," उन्होंने उदासीन भाव से कहा, "हम कोशिश कर रहे हैं।"

कितनी ही बार मैं पहले भी यह सुन चुका था, इधर कुछ साल से तो मैं गिनती ही भूल गया था। ये भारत के प्रधानमन्त्री थे जो उन मामलों में अपनी मजबूरी जता रहे थे जो उनके लिए मामूली होने चाहिए थे। यह काम अगर सेना को दिया गया होता तो, हम एक हफ्ते से भी कम समय में रोड रोलर सौंप देते। यही वजह है कि हमारा कोई भी पड़ोसी हम पर भरोसा नहीं करता। अगर हम 'व्यवस्था' से इतने ही बँधे हुए हैं तो, हम कोई प्रस्ताव देते ही क्यों हैं?

ये वे देश हैं जो बुनियादी तौर पर चीन से खबरदार हैं। कोई भी दबाव में आना और पिट्ठू बनना नहीं चाहता। हमें पुल बनाने चाहिए पर हम तो बार-बार अपने ही पैरों पर कुल्हाड़ी मारे ले रहे थे। 'लुक ईस्ट पॉलिसी' की बात करना और भारत को घेरने के चीनी खेल पर चिन्ता प्रकट करना बहुत अच्छा लगता है। पर मुद्दे की बात यह है कि, हम इस बारे में कर क्या रहे हैं?

आज यह साबित हो चुका है कि उत्तर-पूर्व के ज्यादातर विद्रोही गुटों को चीन के युन्नान प्रान्त के रास्ते होकर हथियार मिलते हैं। वैसे तो कुनमिंग को भारत में कोई सुरक्षा के लिए खतरा नहीं मानता, पर सच्चाई यह है कि युन्नान का विस्तार करीब-करीब अरुणाचल प्रदेश तक है, जिसके बीच में म्याँमार का उत्तरी सिरा है। अगर हमारे लोग यह मानते हैं कि चीन में विद्रोही गुट हैं जो अपने बूते यह सब कर रहे हैं तो, वे खुद को धोखा दे रहे हैं। चीनी यह खेल 1950 के दशक से खेलते

आ रहे हैं। उन्होंने दूसरे छोर पर पाकिस्तान को घेर कर रखा है और उसे कठपुतली बना दिया है जिसका मुख्य मकसद भारत को असन्तुलित रखना है। अगर हम चीनी नेतृत्व के 'चार आधुनिकीकरण' को देखें तो इसका मकसद चीन को इक्कीसवीं सदी के शुरुआती दौर तक बड़ी आर्थिक ताकत बनाना था। सैन्य विस्तार को कृषि, उद्योग और विज्ञान और प्रौद्योगिकी से पहले रखा गया। हमने इस बात को कभी समझा ही नहीं। हमारे यहाँ नौकरशाही और प्रक्रियाओं में फँसकर देर पर देर होती जाती है, चाहे वह किसी देश को घेरने, प्राप्ति का या कोई और मामला हो जिसमें सरकार की गोट फँसी हो।

बांग्लादेश से निपटने की बारी आयी तब भी यही कहानी दोहरायी गयी। कई मुद्‌दों पर समस्याएँ होने के बावजूद, उस देश में भारतीय सेना के लिए सद्‌भाव देखने लायक था। एक मैं ही नहीं, बांग्लादेश में जाने वाले 1971 की लड़ाई के हर पुराने सैनिक का वहाँ जंगी नायक जैसा सम्मान होता है।

बांग्लादेश में, मुजीबुर्रहमान की बेटी शेख हसीना के नेतृत्व में वहाँ की सियासी व्यवस्था, पहले के अवामी लीग के साथ सम्बन्ध बिगड़ने के बाद, भारत के प्रति सद्‌भावपूर्ण थी। मुझे वे अपना ही समझते थे, और मीडिया मुझे स्वतन्त्रता सेनानी बताता था। 1971 में बांग्लादेश में लड़ चुके सेना के अन्य रिटायर्ड अफ़सरों का भी खुलकर स्वागत होता था; जेएफआर जेकब, अशोक कल्याण वर्मा, इयान कारदोज्मे, एचएस पनाग, लक्ष्मण लेहल, 'बॉबी' कपूर, पीएन कठवालिया, जेएस बख्शी, जोगिन्दर सिंह, आरकेएस पंवार, पीएम कक्कड़ उनमें से कुछ हैं जिनका सम्मान उस कृतज्ञ राष्ट्र ने किया है। उन दिनों मैं जिन्हें जानता था, उनमें से ज्यादातर मुझसे मिलने आये। मेजर रफीक, जो 2 राजपूत के साथ लड़े थे और पिछली सरकार में गृह मन्त्री थे, उन्होंने मेरे साथ भारत-बांग्ला सम्बन्धों पर अविश्वसनीय रूप से बेहिचक बातचीत की।

हम चीन की बांग्लादेश और श्रीलंका में पैठ और भारत को सभी तरफ से घेरने की बात करते हैं, फिर भी हम, जिनके अपने पड़ोसी देशों के लोगों से अत्यन्त मजबूत और सहज सम्बन्ध हैं, उस सम्बन्ध को बनाने और मजबूत करने में नाकाम हैं। अक्सर ही, हमारी घरेलू सियासी मजबूरियाँ हमारे फैसलों को प्रभावित करती हैं और हमारे विरोधियों को कहने का मौका मिल जाता है, 'हमने कहा था न इन लोगों पर भरोसा मत करना।' तीस्ता नदी के मुद्‌दे, पानी के बँटवारे, बांग्लादेश में पारगमन के अधिकारों, जिससे एक बार फिर असम में सिलचर, त्रिपुरा में अगरतला और मिजोरम में देमागिरी जुड़ जायेंगे, इन्हें थोड़ी लेन-देन की गुंजाइश बनाकर सुलझाने की जरूरत है। मसलन, बांग्लादेशी सेना के पास जो साज-सामान है वह मुख्य रूप में चीन में, सोवियत नमूने पर बना है। पक्की बात है, हम केवल उनके मौजूदा हथियारों की मरम्मत और रख-रखाव में ही मदद नहीं कर सकते बल्कि आपसी

हितों की पहचान करके चीजों को आगे ले जा भी सकते हैं। हमेशा की तरह, सवाल यही हैं; इसे करेगा कौन, और बाबुओं की लालफीताशाही से कैसे निपटा जायेगा?

एक और उदाहरण है नेपाल। सेना के ही जरिये भारत से गहराई से जुड़े और इतनी बड़ी जनसंख्या वाले एक देश के साथ तो कभी कोई समस्या होनी ही नहीं चाहिए थी। एक सीओएस की हैसियत से इस देश का दौरा किया तो, मुझे नये राजदूत से मिलकर बड़ी राहत मिली, क्योंकि वे पिछले राजदूत से कहीं बेहतर काम कर रहे थे।

माओवादियों के सीमा पार तक फैल जाने और उत्तर बंगाल के हालात का फायदा उठाने का खतरा काफी गम्भीर था। जीएनएलएफ 1986 से गोरखालैंड की माँग करता आ रहा था, और दो साल बाद, सुभाष घीसिंग के नेतृत्व वाली दार्जिलिंग गोरखा हिल कौंसिल इस क्षेत्र का प्रशासन चला रही थी। बहरहाल, घीसिंग और कौंसिल के अन्य सदस्यों ने बस अपनी जेबें भरी थीं और इलाके का विकास बिल्कुल ठप हो गया था। भारत और पश्चिम बंगाल की सरकारों ने भी इन हालात को यूँही चलने दिया : 'पैसे दे दो, अपने आप सब ठीक हो जायेगा।'

बिमल गुरूंग के घीसिंग का विकल्प बनकर उभरने से माँगों का नया दौर चल पड़ा। तंग नजरिया होने से, गोरखालैंड का जज्बाती मुद्दा एक बार फिर तूल पकड़ गया, और इस बार इसमें यह माँग और जुड़ गयी कि सिलीगुड़ी को नये राज्य का हिस्सा बनाया जाये, जबकि हकीकत में इस शहर में गोरखा लोगों की तादाद बहुत कम थी। इससे, आदिवासियों समेत दूसरे जातीय समूह पहले ही इस तरह की माँगें उठा चुके थे और बिहार, उत्तर बंगाल और असम के कुछ हिस्सों को मिलाकर अपना अलग राज्य चाहते थे।

पूर्वी कमान इस स्थिति पर पैनी नजर रखे थी, क्योंकि दार्जिलिंग में ऐसे पूर्व सैनिकों की तादाद बहुत ज्यादा थी जो इस आन्दोलन में शामिल थे। जीएनएलएफ ने विरोध में शान्ति मार्च आयोजित किया था। उम्मीद के मुताबिक, इस मार्च की अगुआई तमगों और गोरखा टोपियों वाले पूर्व सैनिक कर रहे थे। राज्य सरकार अपना आपा खो बैठी और उसने पुलिस को लाठीचार्ज का आदेश दे दिया, और एक घंटे के भीतर ही खून-सने तमगों और घायल पूर्व सैनिकों की तस्वीरें मीडिया में छा गयीं। लोगों को यह सुनने को मिला कि सरकार ने उन लोगों का मान भी नहीं रखा जिन्होंने अपने देश के लिए लड़ाई की और अपना सब कुछ न्योछावर कर दिया था। यह जन सम्पर्क से जुड़ी बड़ी दुर्घटना थी, और स्थानीय अधिकारियों और सियासी तबके को यह पहले ही देख लेना चाहिए था।

केन्द्र सरकार ने बातचीत के लिए अपनी तरफ से गोरखा रेजीमेंट के रिटायर्ड अफसर लेफ्टिनेंट जनरल विजय मदान को आगे किया था। जनरल अथक कोशिश कर रहे थे और कुछ मुख्य मुद्‌दों को सुलझाने के बेहद करीब आ गये थे। फोर्ट में

विलियम स्थित कमान मुख्यालय में, हमने तफसील से बातचीत की और विभिन्न विकल्पों पर विचार किया। उसी शाम उन्हें ट्रेन में कोलकाता से दार्जिलिंग जाना था।

विजय मदान अभी मेरे ऑफिस से निकले ही थे कि टीवी चैनलों पर यह खबर आने लगी कि भारत सरकार तेलंगाना राज्य बनाने को राजी हो गयी है। यह ऐलान करने वाले मन्त्रालय की तरफ से ही बातचीत के लिए अधिकृत किये गये विजय मदान इससे हक्का-बक्का रह गये। हालात तब और बदतर हो गये जब, बीस दिन बाद, तेलंगाना का फैसला रोक दिया गया। यह एक दुखद मिसाल थी कि सियासी तबका कैसे काम करता है। इससे यह सच्चाई उजागर होती थी कि ज्यादातर समय भारत सरकार आग बुझाने के सिवाय कुछ नहीं करती। सियासी तौर पर क्या सही रहेगा क्या नहीं, इससे सरकारें नहीं चलतीं, इससे बस यह होता है कि नेता और पार्टी विस्मृति के गर्त में जाने से बच जाते हैं। हमारे सबसे नजदीकी पड़ोसियों को छोड़िए, हमारे अपने लोग तक हमारी सरकारों पर भरोसा नहीं करते।

सुखना : चतुर सुजान

सुखना, जिसका नाम शायद दाँत वाली दुर्लभ हथिनी पर पड़ा है, सिलीगुड़ी से कुछ ही दूरी पर है। इसके उत्तर और पूर्व में जंगल हैं और बाकी इलाके में चाय बागान पसरे हैं। जब से दार्जिलिंग जाने वाला मुख्य राजमार्ग जमीन खिसकने से बन्द हुआ, काफी गैर-सैनिक गाड़ियाँ सैनिक क्षेत्र से आ-जा रही थीं। सिलीगुड़ी तेजी से फैल रहा था और इसलिए सभी दिशाओं में जमीन पर दबाव महसूस किया जा रहा था, इसमें सुखना भी शामिल था जो अभी तक अलग-थलग था।

2008 में, एक बार जब मैं XXXIII कोर में गया तो, दीपक राज ने कोर मुख्यालय से दिखने वाला एक इलाका मुझे दिखाया। उन्होंने मुझे बताया कि एक डेवलपर, उद्योगपतियों की मदद से, कई योजनाएँ लागू करने के इरादे से इस इलाके में आने की कोशिश कर रहा था। यह बिल्कुल साफ था कि इससे सुरक्षा को गम्भीर खतरा हो जायेगा, खासकर इसलिए कि वहाँ से केवल हेलीपैड ही नहीं बल्कि कोर मुख्यालय भी दिखाई पड़ता था। फिर भी, मैंने दीपक से पूछ लिया कि क्या इससे उनकी सुरक्षा पर असर पड़ता है। उन्होंने कहा, हाँ।

"तो फिर इसे रोको," मैंने कहा। पश्चिम बंगाल सरकार इस जमीन को उस ट्रस्ट को तभी सौंप सकती थी जब उसे XXXIII कोर से अनापत्ति प्रमाण पत्र (एनओसी) मिल जाता। सुखना आने से पहले दीपक कोलकाता में एरिया कमांडर [illegible] और उन्होंने यह सुनिश्चित कर लिया कि इस मामले में कोई राजनीतिक दबाव न [illegible]। कमान में बैठे हम, कोर को पूरा-पूरा सहयोग दे रहे थे, और यह मामला दरकिनार कर दिया गया, या कम से कम हमने तो यही सोचा। उसके कुछ ही दिन बाद दीपक राज ने कमान लेफ्टिनेंट जनरल पीके रथ को सौंप दी।

बाद में, सुखना मामले से जुड़ा कमान मुख्यालय का एक अफसर किसी और सिलसिले में बंगाल सरकार के प्रशासनिक भवन राइटर्स बिल्डिंग में गया, जहाँ उसे यह सुनकर बड़ी हैरत हुई कि 'अब तो सुखना में एनओसी मिल गया है।' फोर्ट विलियम लौटकर, उस अफसर ने इस बारे में अपने निकटतम वरिष्ठ अधिकारी को बताया, और इस तरह यह ताजा जानकारी मुझे मिली। कोर मुख्यालय जिस मुद्दे पर लड़ रहा था, उससे उसका इस तरह पलट जाना बिल्कुल गले नहीं उतर रहा था। मैंने मन में कहा कि इसकी कोई सफाई तो होगी, और मैंने सुखना फोन मिलाया और पीकेआर के जवाब का इन्तजार करने लगा।

मैंने उनसे पूछा कि क्या उन्होंने एनओसी पर दस्तखत किये। "जी, सर, वे लोग वहाँ स्कूल बना रहे हैं।"

"स्कूल? कैसा स्कूल?" मैंने पीकेआर से पूछा कि क्या उन्होंने इस मामले के पिछले सारे कागजात देखे हैं। मैंने पीकेआर को यह भी बताया कि स्कूल के बारे में तो मैं पहली बार सुन रहा था।

कुछ दिन निकल गये और मुझे रथ से कुछ गोल-मोल जवाब ही मिले। कोर मुख्यालय यह कहना चाह रहा था कि उस जमीन पर बस स्कूल ही नहीं बनना था, पर उसमें सेना के बच्चों को 20 प्रतिशत आरक्षण भी दिया जायेगा और सैन्यकर्मियों की पत्नियों के लिए नौकरी भी आरक्षित होगी। यह सब धोखे की टट्टी खड़ा करने की कोशिश थी कि इसके पीछे एक नेक सामाजिक मकसद था। कुछ भी हो, स्कूल होने से सुरक्षा को खतरा तो कम नहीं हो जाता, जो असली मुद्दा था। इस बात के सबूत थे कि व्यापारिक हित सधने वाले इस मामले में बाहरी दबाव बनाया गया था, और इसे ध्यान में रखकर मैंने कोर मुख्यालय को आदेश दिया कि एनओसी को रद्द कर दिया जाये और कोर्ट ऑफ इन्क्वायरी (जाँच न्यायालय) गठित कर यह पता लगाया जाये कि सुरक्षा के मुद्दे पर पलटी क्यों खायी गयी।

उस समय, ईस्टर्न कमान मुख्यालय को कोई आभास नहीं था कि आर्मी मुख्यालय के एमएस भी इसमें शामिल हो जायेंगे। बहरहाल, सारी बातें अब निकलकर सामने आने लगीं। और पता यह चला कि अवधेश प्रकाश सुखना गये थे और दिलीप अग्रवाल के सम्पर्क में थे। इन दिलीप अग्रवाल के बारे में पता चला कि उन्हें उस दौर में आईएमटीआरएटी में काफी ठेके दिये गये थे जब अवधेश प्रकाश आईएमटीआरएटी, भूटान, में कमांडेंट थे।

ईस्टर्न कमान सँभालने के पहले दो महीनों में, मैं इतना व्यस्त रहा कि अपनी उम्र के मुद्दे पर सेना प्रमुख से आगे सम्पर्क नहीं कर सका जबकि उन्होंने इसे सुलझाने का वादा किया था। मैंने जनरल दीपक कपूर को पत्र लिखकर उनके वादे की याद दिलायी। मुझे कोई जवाब नहीं मिला। तीन महीने बाद मैं दिल्ली गया तो मिलन नायडू के साथ चीफ के ऑफिस में पहुँचा।

"मैं इस बारे में कुछ नहीं करने जा रहा," दीपक कपूर ने कहा। "मेरी तरफ से तो यह मामला बन्द है।"

अगर कोई बड़ा अफसर, वह भी चीफ ऑफ आर्मी स्टाफ, आपके पैरों के नीचे से कालीन खींच ले तो, आप क्या कह या कर सकते हैं? मैं समझता हूँ कि हँसमुख और मृदुभाषी मिलन नायडू भी उतने ही हैरान थे, क्योंकि हम दोनों ने ही फिर इस बारे में कुछ नहीं कहा। मैं यह संकल्प लेकर कोलकाता लौट आया कि इस हेरा-फेरी के खिलाफ खड़ा होऊँगा। अब तक, खेल साफ हो चला था। दीपक कपूर के साथ पिछली भेंट से भी एक बात बहुत साफ हो गयी थी—चीफ की दिलचस्पी ईमानदारी और इंसाफ में नहीं थी। अगर मैं इंसाफ पाने के लिए आगे कोई कार्रवाई करता तो, मैं अकेला पड़ जाता।

इस पड़ाव पर, मैंने एक बार फिर एमएस को यह लिखने का फैसला कर लिया था कि वे यह बतायें कि उन्होंने मेरे जन्म का साल 1950 क्यों तय किया था। तब तक गंगाधरन की जगह अवधेश प्रकाश एमएस बन चुके थे और मेरे पत्र के बाद पत्रों का एक और सिलसिला चल पड़ा। दिलचस्प बात यह रही कि एमएस ब्रांच ने एक बार भी इस मुख्य सवाल का जवाब नहीं दिया कि—फैसला किस आधार पर लिया जा रहा था? इसके बजाय, इसके बाद के पत्रों में बात बस छोटी-छोटी तफसीलों पर आ गयी। फिर सुखना की घटना हो गयी। उस समय तक इस घोटाले में न एमएस फँसे थे, न चीफ।

यह तथ्य मीडिया में खूब आ चुका है कि चीफ ने सुखना के मुद्दे को टालने की कोशिश की और रक्षामन्त्री एके एंटनी ने ही इसे उठाया। अवधेश प्रकाश उनके एमएस ही नहीं थे, वे तब जीओसी 17 डिवीजन थे जब दीपक कपूर XXXIII कोर के कमांडर हुआ करते थे। बाद में जो हुआ उसका ईस्टर्न कमान से कुछ लेना-देना नहीं था। उस समय तक जो बात मेरे दिमाग में साफ हो गयी थी वह यह थी कि 'आला अफसर' मेरे जाँच के आदेश से परेशान थे। अगर मैं व्यवस्था का विरोध करता रहता तो दीपक कुमार की जगह लेने का मौका मेरे हाथ से जा सकता था। मेरा इरादा बिल्कुल साफ था : कि चाहे जो हो जाये मैं अपनी लड़ाई को अंजाम तक पहुँचाकर ही रहूँगा। अगर इसका असर मेरे अगले पद पर पड़ता तो, गॉन विद द विंड के रेट बटलर की तरह, उस समय, शायद मैं इसकी रत्ती भर भी परवाह नहीं करता।

रूपान्तरण अध्ययन

छोटे-छोटे मामूली मुद्दों में काफी समय जा रहा था, इसलिए मैंने रूपान्तरण अध्ययन (ट्रांसफॉर्मेशन स्टडी) पर आस लगायी जो मुझे आर्मी कमांडर ईस्टर्न कमान की हैसियत से दिया गया था। सबसे पहले, मैंने संगठन में मौजूद कुछ व्यावहारिक

अफसरों को पकड़ने की कवायद की जिनके बारे में मुझे पता था कि वे हर मसले की तफसील में जायेंगे और पेशेवर होने के नाते अन्तिम परिणाम में उनका बहुत अधिक योगदान होगा। जेपी सिंह, जिन्होंने मुझसे II कोर का कार्यभार सँभाला था, मेरी पहली पसन्द थे, और उसी तरह वीके अहलूवालिया जो सेंट्रल आर्मी कमांडर थे, और उस समय परिप्रेक्ष्य योजना (पर्सपेक्टिव प्लानिंग) के प्रभारी एके सिंह। आगे जाकर उनके मातहत कई कमानों के अनेक अफसर इस अध्ययन से जुड़ गये और उन्होंने इसमें महत्त्वपूर्ण योगदान किया।

इधर कई सालों में, भारतीय सेना और सुरक्षा बलों में कई बदलाव हुए हैं। उत्तरोत्तर विकास की प्रक्रिया में अतीत और वर्तमान में कई व्यक्ति जुड़े हैं, जिन्होंने सोच को प्रभावित किया है। इन सालों में कई एक्सपर्ट कमेटियाँ रही हैं जिन्होंने खास अनुपात पर ध्यान केन्द्रित किया है जबकि सशस्त्र बलों के लगभग सभी पहलुओं का विस्तार से अध्ययन और मूल्यांकन किया गया है। इस प्रक्रिया में लगे हरेक अफसर के किसी न किसी रूप में किये गये योगदान को कभी कम करके नहीं आँका जा सकता।

कभी-कभी गलतियाँ हो जाती हैं, या हालात बदल जाते हैं और पहले की मौजूद व्यवस्थाओं पर निर्भर होना जरूरी हो जाता है। सेना पर जबरदस्त असर डालने वाले एक शख्स थे रहस्यमय जनरल सुन्दरजी। ब्लूस्टार, ब्रासटैक्स और भारतीय शान्ति सेना में उनकी भूमिका के अलावा, उन्होंने भारतीय सेना में आधुनिकीकरण की प्रक्रिया को रफ्तार दी और स्ट्राइक कोर और आरएपीआईडीएस का विचार सामने आया जिससे हमें एक अलग किस्म की क्षमता मिली जो इस पुरानी कहावत पर आधारित थी कि 'हमला बचाव का सबसे अच्छा तरीका है।' जनरल बिपिन जोशी और शंकर रॉयचौधुरी के कार्यकालों में आरआर को बढ़ाकर एक विशेषज्ञ सीआई बल का रूप दे दिया गया था, वगैरह-वगैरह। बहरहाल, इनमें से अधिकांश बदलाव वेस्टर्न सेक्टर में ही हुए।

पहला काम मैंने यह किया कि पिछले सभी अध्ययनों को पढ़ डाला; के सुब्रमण्यम की अध्यक्षता वाली कारगिल रिव्यू कमेटी के अलावा शमशेर मेहता, चन्द्रशेखर, केवी कृष्ण राव जैसे जनरलों के दिग्दर्शक अध्ययन भी थे। उनमें से हरेक ने अहम मुद्दों को लिया और उनके बारे में सटीक और कारगर सुझाव दिये थे। हमें यह देखकर हैरत हुई कि इनमें से 20 प्रतिशत सुझावों पर भी अमल नहीं हुआ था।

"सुझावों को लागू न करने की फितरत से निपटने की जरूरत है," मैंने खास दल से कहा, "वरना तो हम अपना वक्त बर्बाद कर रहे हैं। हर श्रेणी के लिए हमें एक कार्य सम्बन्धी सार तैयार करने की जरूरत है। डीजीपीपी को सुनिश्चित करना होगा कि कम से कम रक्षा सचिव को तो सही ढंग से जानकारी दी जाये और अध्ययन पूरा हो जाने पर सिफारिशों की एक नकल उन्हें दी जाये।"

अगले कुछ महीनों में, मैंने देश के अधिकांश शिक्षण स्कूलों और टुकड़ियों का दौरा शुरू किया। ये उन दौरों के अलावा थे जो मुझे ईस्टर्न कमान के अन्दर करने थे; इस वजह से मुझे तेज रफ्तार पकड़नी पड़ी, और टीम जल्दी ही उसकी आदी हो गयी। हमने विभिन्न थियेटरों के विभिन्न निदेशकों से बात की और अपने लिए मौजूदा व्यवस्था के व्यापक मूल्यांकन का दायरा और खाका तैयार किया। कुछ समय बाद हमने तय किया कि वेस्टर्न सेक्टर में तो हम कुछ बढ़ाने वाले बदलाव नहीं करेंगे, जबकि ईस्टर्न थियेटर में सारा कुछ बदलने की जरूरत थी जिसमें मौजूदा सैनिकों को फिर से व्यवस्थित करना था और जरूरी हुआ तो नये बलों को जोड़ना भी था। पूरब में, बहुत-से रिवाज दूसरे विश्व युद्ध के जमाने के थे। हमें आज के हालात को ध्यान में रखकर व्यवस्था को नये सिरे से देखने-समझने की जरूरत थी। बुनियादी ढाँचा तय हो जाने पर, हम काम में लग गये।

रूपान्तरण अध्ययन में विभिन्न स्ट्राइक कोर का भी आकलन किया गया। कागज पर तो वे एक से ही थे, पर जमीनी हकीकत बिल्कुल अलग थी। कुछ इलाकों में मैकेनाइज्ड बलों की अधिक जरूरत थी, और ऑपरेशन पराक्रम में सामने आये कुछ सबक और कमियों पर अभी भी काम होना था, पर सबसे अहम तो यह था कि सेना को मौजूदा मानसिकता बदलने की जरूरत थी और इसके लिए जमीन पर सक्रिय बलों को ऐसी क्षमता देनी थी जो अपनी तरफ से ज्यादा पहल करने वाली हो।

पिछले बहुत सारे रूपान्तरणों में ईस्टर्न कमान को बिल्कुल ही दरकिनार कर दिया गया था, और यह इसके बावजूद हुआ था कि हमारी लगभग सारी बड़ी लड़ाइयाँ इसी थियेटर में लड़ी गयीं, चाहे वह 1962 हो जब हम गफलत में पकड़े गये, या फिर 1971 हो जब दूसरे विश्व युद्ध के बाद पहली (और आखिरी) बार हथियारों के बल पर निर्णायक नतीजा हासिल किया गया। इस अध्ययन में यह अनिवार्य था कि हम विभिन्न मौजूदा क्षेत्रों को देखते, खासकर उन क्षेत्रों को जहाँ विवाद मौजूद थे या भविष्य में खड़े हो सकते थे। सबसे अहम बात, जल्दी ही यह बिल्कुल साफ हो गया कि पूरब में तैनात बल बहुत नाकाफी थे। यह क्षेत्र न केवल बढ़त की गुहार लगा रहा था बल्कि यहाँ सब कुछ बदल देने की जरूरत थी ताकि इस महत्त्वपूर्ण थियेटर में भी हमें पहल करने वाली कुछ क्षमता मिलती।

इस अध्ययन का एक प्रमुख पहलू था सेना और अन्य सुरक्षा बलों में तालमेल बैठाने की जरूरत। इसका अच्छा उदाहरण था 1979 का चीन-वियतनाम युद्ध। एक साल पहले, सोशलिस्ट रिपब्लिक ऑफ वियतनाम (उत्तरी वियतनाम) ने ख्मेर रूज को बेअसर करने के इरादे से कम्बोडिया में सैनिक भेज दिये थे। मार्च 1979 में, आर्मर की मदद लेकर 4 लाख चीनी सैनिक सरहद पार घुस गये। वियतनामी सेना अपनी धरती पर भी नहीं थी, पर तकरीबन 70 हजार सीमा गार्डों ने जबरदस्त विरोध किया। चीनियों का इसमें काफी नुकसान हुआ और जब उन्हें यह पता चला कि

वियतनाम की नियमित सेना भी लड़ाई में उतरने जा रही है तो, वे पीछे हट गये।

भारत में, सुरक्षा बलों को बनाना और नियंत्रित करना तो जैसे सियासी व्यवस्था और बाबुओं के हाथ के हथियार हैं। क्रमशः 1962 और 1965 में सीमा रक्षकों के तौर पर आईटीबीपी और बीएसएफ बनने के बाद से ही तमाम तरह की फूट डाली गयी है। 'फूट डालो और राज करो' की एक अलिखित नीति के तहत, काम-काज का नियन्त्रण इतना जटिल रहा है कि आज बीएसएफ और आईटीबीपी दो मुख्य सीमाओं पर तैनात होने के बावजूद जमीन पर उनके रिश्ते बेहद बिगड़े हुए हैं।

सुमदोरोंग चू की घटना के बाद प्रधानमन्त्री राजीव गाँधी को एक प्रस्तुतीकरण (प्रजेंटेशन) दिया गया था जिसमें एमओ 3 शामिल था। उसमें जनरल सुन्दरजी ने बताया था कि आईटीबीपी की मौजूदा व्यवस्था खासकर इसलिए खतरनाक है क्योंकि इसमें तालमेल की समस्याएँ हैं। निचले स्तर पर अगर आईटीबीपी और सेना की यूनिटों के बीच जमीनी स्तर पर तालमेल अच्छा नहीं होता तो, क्षेत्र में तैनात सैन्य यूनिटों तक जानकारी दिल्ली के रास्ते आती है। राजीव गाँधी इस बारे में बिल्कुल आश्वस्त दिखे थे कि व्यवस्थाओं पर ध्यान देने की जरूरत है, पर उसी समय गृह सचिव ने उनके कान में कुछ फुसफुसा दिया।

अब प्रधानमन्त्री ने रोक लगा दी। वे बोले, "नहीं, नहीं, सभी लोग बैठेंगे। आप मुझे वह फाइल दिखाएँ। इस बीच आप आईटीबीपी को सीमा पर संचालन के लिए सेना के नियन्त्रण में रखने की व्यवस्था का खाका तैयार करें। हम जल्दी ही कोई फैसला लेंगे।"

डीजीएमओ, रक्षा, गृह और विदेश मन्त्रालयों ने रात भर काम किया और कमियों को दूर करने के खास सुझाव रखे। परन्तु इस कवायद के आखिर में कोई कार्रवाई नहीं की गयी। जब किसी राष्ट्र का नेतृत्व यह सोचने लगे कि एक दिन सेना देश को अपने हाथों में ले लेगी और इसलिए हमारे पास वे ताकतें होनी चाहिए जो सियासी तबके का साथ दें, तब तो हमारे लिए मुसीबत ही आयी समझ लें। डीबीओ क्षेत्र में चीन के हालिया हमले में आईटीबीपी और सेना के बीच तालमेल की ऐसी ही दिक्कतें हुई थीं।

पाकिस्तान के साथ सीमा के विवादित हिस्से पर, सेना और बीएसएफ खूब तालमेल से काम करते हैं, जिसमें बीएसएफ संचालन के स्तर पर सेना के नियन्त्रण में रहता है। इसका यह मतलब नहीं होता कि बीएसएफ बटालियन या सीओ को उनका हक नहीं मिलेगा। फिर भी, अविश्वास पैदा ही नहीं किया जा रहा बल्कि उसे लगातार हवा भी दी जा रही है। वार्षिक गोपनीय रिपोर्ट (एसीआर) फॉर्मों में, कमान की कड़ी यानी सेना को एक छोटा-सा खाना दिया जाता है जिसमें आप तीन लाइनें भी नहीं लिख सकते। यह अविश्वास इसलिए पैदा किया गया है क्योंकि नेता और बाबू लोग दोनों धाराओं को अलग रखने पर आमादा हैं। फिर यह स्थिति कमान

के निचले स्तर तक पहुँच जाती है जहाँ बुनियादी मुद्दों का भी विरोध होता है। बीएसएफ आपने खास तरीकों से अपने नाकों पर तैनाती और कार्रवाई करता है, और अगर आपने उनसे कह दिया कि यह ऐसे नहीं होता तो, वे मुड़कर यही जवाब देते हैं कि 'ऐसा ही होता है।' इससे कोई फर्क नहीं पड़ता कि बीएसएफ के जवान की जिन्दगी कितनी बदतरीन होती है।

इसी तरह, उत्तरपूर्व में, असम रायफल्स महज एक अच्छा सैन्यबल ही नहीं है, बल्कि यह दुनिया के सबसे बेहतरीन अर्धसैनिक बलों में शुमार है। ज्यादातर इलाकों में, कोई भरोसे लायक प्रशासन न होने की सूरत में, इसने चीजों को जोड़े रखने वाले गोंद का काम किया है। जहाँ इसे कोई काम सौंपा गया वहाँ भी इसने श्रेयस्कर ढंग से उसे किया है, चाहे वह तमिलनाडु हो, श्रीलंका हो, या फिर जम्मू-कश्मीर हो। आजादी के बाद से, असम रायफल्स सेना की ही मातहती में रही और उसका संचालन सेना के नियन्त्रण में हुआ है, भले ही यह गृह मन्त्रालय के अन्तर्गत रही।

परन्तु कुछ समय से हम पिछड़ रहे हैं, क्योंकि मन्त्रालय में असम रायफल्स के मामलों को देख रहे लोग इसको समझते ही नहीं हैं। वे सोचते हैं कि यह किसी और पुलिस बल की तरह ही है। हमें यह स्पष्ट समझना होगा कि ऐसा है नहीं, यह तो उत्तरपूर्व में हमारी सबसे बड़ी ताकत है। आप इसके रिकॉर्ड को देखिये और आप समझ जायेंगे कि इसका काम कितना अच्छा रहा है। चौथे पे-कमीशन (वेतन आयोग) के बाद, बाकी अर्धसैनिक बलों की तरह ही इसके पद रखने के आदेश दिये गये। उससे पहले, इसके पद सेना की तरह थे। आज, जो कांस्टेबल सन्देशवाहक का काम कर रहा है या किसी दफ्तर में चाय पिला रहा है उसे, एश्योर्ड करियर प्रोगेशन नीति के तहत, उन दूसरों के बराबर ही पद मिल रहा है जो सीमा की अखंडता की रक्षा कर रहे हैं। प्रोत्साहन कहाँ है? कभी बाबू लोग (नौकरशाह) कहते थे कि यह अर्धसैनिक बल है, हमें इसे सेना के नियन्त्रण से बाहर करना होगा। इस तरह के मुद्दों पर, सियासी हाकिम फुर्ती से हरकत में आते हैं—जब जूता दूसरे पाँव में हो तो कोई देर नहीं होती। यह हमारे देश की सबसे बड़ी समस्या है।

राजनीतिक अदूरदर्शिता के कारण इतना नुकसान हो गया है जिसकी भरपाई नहीं की जा सकती। 2004 में सुर्खियों में छाये मनोरमा देवी मामले को ही ले लीजिए। जब यह पूरा मामला सामने आया तो, इम्फाल घाटी में जमे गुटों ने खूब हो-हल्ला किया, बढ़िया प्रचार किया। मानवाधिकार संगठन, मीडिया, सभी इसमें कूद पड़े और जबरदस्त हंगामा हुआ—'मनोरमा देवी : असम रायफल्स ने बलात्कार के बाद हत्या की।' मामले की सच्चाई कुछ और ही थी। पर, तब प्रधानमन्त्री खुद इम्फाल पहुँचकर कांगला फोर्ट को गैर-सैनिक प्रशासन के हवाले कर चुके थे और इम्फाल क्षेत्र को एफएसपीए (आर्म्ड फोर्सेज स्पेशल पॉवर्स ऐक्ट) मुक्त घोषित कर दिया गया था। यह करतूत करने वाले आतंकवादी जरूर खूब हँसे होंगे—असम रायफल्स

को शहर के बाहर कर दिया गया था और अब वे इम्फाल के बीच बैठकर अपनी मनमानी कर सकते थे। जहाँ तक मीडिया का सवाल है, उसे उन सच्चाइयों में कोई दिलचस्पी नहीं थी जो जाँच में सामने आये थे–अब मनोरमा देवी या कांगला फोर्ट कोई खबर नहीं रह गये थे।

अधिकतर अध्ययनों के हश्र से वाकिफ (मैं सोचता हूँ 'ट्रांसफॉर्मेशन स्टडी' पर काम कर रहे हम सभी लोग बीबीसी के बेहतरीन प्रोग्राम यस मिनिस्टर से परिचित थे) हम लोगों ने सियासी और नौकरशाही उदासीनता से निपटने की भरसक कोशिश की। रूपान्तरण (ट्रांसफॉर्मेशन) में समय लगना था, शायद बीस साल, क्योंकि इसमें मौजूदा सैन्य बलों के पुनः स्थापन (रिओरिएंटेशन), प्रशिक्षण (ट्रेनिंग), नयी रेजिंग, उनमें नये सिरे से हथियार जुटाना और उनका विलय भी शामिल था। हमारा मकसद था देश के सामने, मौजूदा सरकार के जरिये, एक ऐसा खाका पेश करना जिससे, एक निश्चित अवधि में, भारत के सशस्त्र बल एक 'क्षमता आधारित' बल में तब्दील हो जायें, न कि उन्हें 'खतरा आधारित' बल के तौर पर जंग लगने के लिए छोड़ दिया जाये।

हम कोशिश करने और चीजों को बदलने के लिए कमर कस चुके थे, खासकर इसलिए कि यह देश के सामरिक हित और भावी सैनिकों की जिन्दगी का मामला भी था। जरूरत थी 'व्यवस्था' का सामना करने की और हमें, बिना डर या पक्षपात के, वह बात सामने रखनी थी जो सम्बन्धित क्षेत्र के विशेषज्ञों के मुताबिक बिल्कुल जरूरी थी।

दो अहम क्षेत्र थे जो विस्फोटक हो सकते थे। पहला था सेना-संचालन (लाजिस्टिक्स) का क्षेत्र। रूपान्तरण का एक बड़ा हिस्सा आपूर्ति शृंखला (सप्लाई चेन) पर निर्भर था जो अनेक क्षेत्रों में बेहद पुराना था, जबकि मौजूदा व्यवस्थाएँ दूसरे विश्व युद्ध के समय से चली आ रही थीं। इस क्षेत्र में बदलाव को सबसे ज्यादा चुनौती मिलनी थी क्योंकि कोई भी जिंस कितनी भी तुच्छ क्यों न दिखाई दे, बात जब सेना की आती है तो संख्या की वजह से यह बेहद मुनाफे वाली हो जाती थी क्योंकि व्यापार के हित सीधे एमओडी के दरवाजे तक पहुँचते थे।

'रूपान्तरण अध्ययन' में केवल पुराने-परखे तरीकों को पूरा बदल डालने और उनमें रद्दोबदल करने का ही सुझाव नहीं दिया गया, बल्कि हमने यह सुझाव भी दिया कि डिवीजन के स्तर तक की हरेक टुकड़ी में एक 'लाजिस्टिक' बटालियन होनी चाहिए जो अकेले एएससी, ईएमई और ऑर्डनेंस (आयुध) से लेन-देन की जिम्मेदार हो। इसी तरह, मेडिकल ढाँचे में भी पूरे बदलाव की जरूरत थी जिससे इसे और जवाबदेह और कारगर बनाया जा सके। और तमाम विचारों की तरह, हमने इसे भी लागू करने की सिफारिश से पहले सदर्न कमान में परीक्षण से गुजारा। इसमें भारी कामयाबी मिली, हालाँकि कुछ जवानों ने, जिन्हें लगा कि अध्ययन की सिफारिशों

से उनके क्षेत्र में घुसपैठ हो रही है, इस पर एतराज भी जताया। इंग्लैंड में, मैं एक लॉजिस्टिक्स यूनिट में गया था जिसके सीएमओ ईएमई से थे। उनका मन्त्र था, साथ काम करो और साथ विलय करो। 'टूथ-टु-टेल' के अनुपात को तेज करो।

दूसरा था होशियारी से बनाया गया जाँच-दर-जाँच का जाल जिसे बरसों की अवधि में सशस्त्र बलों को हरकत में रखने के लिए गुपचुप तरीके से अमली जामा पहनाया गया था। 'कारगिल रिव्यू' की सिफारिशों को लागू न करने को सही ठहराने वाला बना-बनाया जवाब यह रहा है कि यह तो पहले से ही समन्वित (इंटिग्रेटिड) मुख्यालय है। मेरी राय में, इससे बड़ी धोखे की टट्टी कोई और नहीं हो सकती। एमओडी अपनी ही अन्दरूनी नौकरशाही से दबे सर्विस मुख्यालय का ही दुहराव है।

समन्वयन का मतलब है निर्णय की प्रक्रिया में समन्वयन; इसका मतलब ऐसी एकल-फाइल व्यवस्था नहीं है जिसमें किसी मुख्य स्टाफ अफसर से हरी झंडी मिल जाने के बाद उसी फाइल को पाँच बाबू देखते हैं। सशस्त्र बलों को कैसे असहाय शेर बनाकर रख दिया गया है, इसका पता तब चलता है जब हम कार्मिक और प्रशिक्षण विभाग की कार्य-शैली की जाँच करते हैं। भारत सरकार काम-काज के जिन नियमों पर चलती है, उनके अनुसार विभागीय पदोन्नति बोर्डों की सिफारिशें अन्तिम होती हैं। थल सेना, वायु सेना और नौसेना के मामले में इस नियम को औंधा कर दिया गया है; सिफारिशें 'सिफारिशी' किस्म की होती हैं और एमओडी का छोटा से छोटा अफसर भी उन्हें बदल सकता है। तभी तो यह तथ्य आश्चर्य पैदा नहीं करता कि कुछ नाकारा अफसर अपने सम्पर्कों के बल पर ही ऊपर पहुँच जाते हैं।

देश के हित में, इसे रोकना ही होगा। वरना कमियाँ बनी ही रहेंगी और मौका पड़ने पर सुरंगों में गलत फ्यूज लगाते हुए हमारे लड़के ही मारे जायेंगे। किसी की कोई जवाबदेही नहीं है; हम बस शब्दों से खेलते हैं। ('जनरल साब, अब ये प्रोसिजर की समस्याएँ हैं, हम कोशिश कर रहे हैं'।) रूपान्तरण अध्ययन में हमने यह सब बदलने की कोशिश की।

दीवार में दरार

आर्मी कमांडर की हैसियत से कोलकाता आने से पहले मेरा इस शहर से कोई सरोकार नहीं था, सिवाय इसके कि कभी-कभार यहाँ से होकर निकलना हो जाता था या फोर्ट विलियम में स्थित ईस्टर्न कमान के मुख्यालय का फटाफट दौरा हो जाता था। कलकत्ता, या आज का कोलकाता, का मतलब होता था यातायात, फुटबॉल और उस शहर की कहानियाँ जिसमें होकर हुगली बहती है। कमान हाउस, जिसे केएस जामवाल ने 'सेनापति भवन' का नया नाम दिया, उसकी एक दीवार अलीपुर ज़ू से मिलती थी और इसलिए यह कोई अजूबा नहीं होता था कि सुबह-सुबह हमारी आँख शेर की दहाड़ से खुलती थी। जब हवा ज़ू से हमारी तरफ की नहीं होती थी तब, हम

पहली मंजिल की छत पर आकर चाय की चुस्कियों के बीच पास के बाड़े में चीतल के झुंड को देख सकते थे। एक और दिक्कत थी गन्ध मार्जारों या गंधाने वाली बिल्लियों की। सूरज डूबते ही, वे खिड़कियों पर पंजे मारने लगती थीं और अगर वे किचिन में घुस गयीं तो फिर अंडों और दूसरे पकवानों का तो सफाया ही समझिये।

मुझे हलकी-फुलकी बंगाली आ गयी थी और 'मोटा माटी' वाले दौर से तो मैं कुछ आगे बढ़ आया था। भारती और मैं शहर में अपने ढर्रे में रम गये और बहुत सारे लोगों को जान गये तो, हमें इस शहर और इसके लोगों–उनकी तहजीब, उनके आदर-सत्कार और सबसे ज्यादा तो सशस्त्र बलों के लिए उनके असाधारण सम्मान और प्यार से और भी मोह हो गया। मुझे पक्का यकीन है कि देश में और कहीं वर्दी वालों के साथ इतना अच्छा व्यवहार नहीं होता। फोर्ट विलियम के बाहर एकतरफा यातायात के भ्रम में, बार-बार सेना की गाड़ियाँ दूसरी गाड़ियों के सामने आ जाती थीं। ऐसा होने पर, पुलिस हमेशा फुर्ती से यातायात को रोक देती और सेना की गाड़ियों को उनकी दिशा में जाने देती थी। मुझे पक्का यकीन है इसकी एक बड़ी वजह 1971 की वह लड़ाई है जब इस शहर ने बांग्लादेश को भारतीय सेना के हाथों आजाद होते देखा था।

जब तक मैं ईस्टर्न कमान में नहीं आया था, सीआई का मेरा सारा तजुर्बा श्रीलंका और कश्मीर घाटी तक सीमित था। कश्मीर में, विद्रोह की मुख्य वजह पाकिस्तान की नापाक भूमिका थी। आजादी के समय से ही, खराब शासन के कारण हमारे देश के भीतर से ही काफी मदद मिल जाने से, उन्होंने आग को भड़काये रखा था। सच कहा जाये तो, अगर हमारी नीति समावेशी (सबको साथ लेकर चलने वाली), व्यापक और राष्ट्रीय हित का ध्यान रखने वाली होती तो, कभी कोई समस्या होती ही नहीं।

अगर लगभग हर समस्या की जड़ को देखा जाये तो, घोर उदासीनता और सियासी खुदगर्जी ही इसके लिए दोषी ठहरते हैं। सतही तौर पर, नयी दिल्ली के मुताबिक तो हालात 'काबू में' थे, पर यह क्षेत्र बारूद के ढेर की तरह था जहाँ कभी भी कुछ भी हो सकता था। असम में, नॉर्थ काचार और करबी आंगलांग में आतंकी गुट सक्रिय थे। राजपूताना रायफल्स के केटी पटनायक ने बीएस जसवाल से कार्यभार सँभाल लिया था और उनकी IV कोर हालात से बहुत अच्छे ढंग से निपट रही थी, जमीनी हकीकतों को समझकर आतंकी समूहों पर लगातार दबाव बनाये हुई थी, जिससे वे जल्दी ही बातचीत के लिए तैयार हो गये थे। इन दोनों क्षेत्रों में, संविधान के सेक्शन 6 के तहत, भारत सरकार ने उन्हें 'स्वायत्तता' देकर अपनी जिम्मेदारी से बहुत पहले पल्ला झाड़ लिया था।

चिन्ता का एक और विषय था ढुबरी-कोकराझार पट्टी की सीमा के मुस्लिम बहुल क्षेत्र जो असम के उन उत्तर तटीय जिलों तक फैले थे और जहाँ बोडो का

राज चलता था। 2002 में हमें खुफिया जानकारियाँ मिलनी शुरू हुईं कि क्षेत्र में विभिन्न जातीय गुटों के बीच हिंसा होने वाली है। बोडो लोगों की बाबत हमारे पास जानकारी थी कि दो विधायक—हगरामा मोहिलारी जो उस समय कांग्रेस से जुड़े बोडो लिबरेशन टाइगर का पूर्व सदस्य था, और बोडोलैंड पीपुल्स फ्रंट का प्रदीप ब्रह्मा—आगामी चुनावों के मद्देनजर अपना खेल खेल रहे थे। हमारी जानकारी के मुताबिक, ये दोनों कुछ इलाकों में हिंसा भड़काने के इरादे से बोडो उग्रवादी गुटों का इस्तेमाल करने की जुगाड़ में थे। वे जिस सियासी गुट से जुड़े थे, वह भी ऐन वक्त पर पीठ फेर लेने को तैयार था—जरूरत बस देर से हरकत में आने या कोई कार्रवाई न करने की थी जिसके बाद हालात हाथ से निकल जाने थे। इस इलाके में मुसलमानों के बेरोक-टोक आने से उन्हें आसान शिकार मिल गया था। हमें जो अतिरिक्त खुफिया जानकारी मिली, उसके मुताबिक मुस्लिम नेतृत्व भी कुछ 'बड़ा' करने की तैयारी में था।

सूचना प्रौद्योगिकी (आईटी) दोनों तरह से काम करती है। हमारे 'कान जमीन पर हों' तो, हमें सुराग मिल सकते हैं। अगर कोई गुट अफरा-तफरी मचाना चाहता है तो, उसके लिए उसे हथियार लाने-ले जाने होंगे, और गाँवों में आग लगाने के लिए ईंधन जमा करना होगा। इस मामले में, सुरक्षा बलों, स्थानीय सैन्य यूनिटों और खुफिया एजेंसियों के बीच अच्छा तालमेल था और हमने कुछ सुराग पकड़ लिए। 21 डिवीजन ने, जिसकी एक ब्रिगेड कोकराझार में थी, दोनों तरफ के सरगनाओं को पकड़ लिया। उनसे अलग-अलग बात की गयी और कह दिया गया कि अगर एक भी शख्स मारा गया, किसी भी महिला से बलात्कार हुआ या कोई भी गाँव जला तो, वे खुद इसके लिए जवाबदेह होंगे। इस कार्रवाई से तनाव खत्म हो गया और हम एक बार फिर राहत की साँस ले सके। परन्तु पूरी तरह से नहीं।

इलाके में सेना की गश्त शुरू होने से ही स्थानीय लोगों का आत्म-विश्वास कई गुना बढ़ गया। और भी खुफिया जानकारी आने लगी। अपराधी तत्त्वों को जल्दी ही पता चल गया कि हम उनके पीछे हैं, और वे कुछ समय के लिए गायब हो गये। हम ईस्टर्न कमान वालों को सेना मुख्यालय से इजाजत या मंजूरी लेने की जरूरत नहीं थी, हम गड़बड़ी का पहला सुराग मिलते ही हरकत में आ जाते थे। जमीन पर तैनात कमांडरों को भी हमारी मंजूरी लेनी जरूरी नहीं थी। सैनिक वहाँ पहले से थे और एएफपीएसए लागू होने से उन्हें जरूरी संरक्षण मिला हुआ था। अगर एक भी कमांडर हरकत में आने में नाकाम रहता, या इजाजत लेने में वक्त बर्बाद करता तो, मैं उसकी छुट्टी कर देता। अगर वह समय से पहले सक्रिय हो जाता और अपना काम करता तो, कमान में हम सभी उसका हाथ पकड़ते।

2012 में, कोकराझार उन्हीं हालात में सुलग उठा। हालात वही थे, उतना ही सैन्यबल उपलब्ध था। फिर भी, पाँच लाख से ज्यादा लोग बेघर हो गये, औरतों से

बलात्कार हुआ और सौ से ज्यादा लोग मार डाले गये। पहले से कार्रवाई की बात तो भूल ही जाइए, सेना चार दिन तक हाथ पर हाथ धरकर बैठी रही, जबकि कोकराझार, ऊदलगुड़ी, चिरांग और बक्सा के जिला कमिश्नर सेना को आने को कह रहे थे। सवाल उठाये गये तो, हमें चतुराई से जवाब मिला 'व्यवस्था की देरी हुई'। मीडिया थोड़ा हो-हल्ला करने के बाद उस सफाई से सन्तुष्ट हो गया और नयी खबर पर आ गया। इस हकीकत को नजरअन्दाज कर दिया गया कि सेना की यूनिटें जमीन पर पहले ही मौजूद थीं। इस सच्चाई को भी अधर में छोड़ दिया गया कि जब हिंसा के हालात बन रहे थे तो, चार प्रभावित जिलों में सुरक्षा बलों की मौजूदगी को 146 कम्पनी से घटाकर 96 कर दिया गया। कोई भी अधिकारी नहीं नपा। किसी की जवाबदेही नहीं बनी। किसी ने सवाल नहीं किया 'क्यों'।

हर जगह यही कहानी है, हर मोड़ पर पूरी उदासीनता है, भ्रष्टाचार है। जिन लोगों को कानून-व्यवस्था की जिम्मेदारी सौंपी गयी है, अगर वे बस अपने घर भरने से मतलब रखेंगे तो, कमान के निचले स्तरों पर कोई रत्ती भर भी परवाह नहीं करेगा। अगर राष्ट्र पर कभी अचानक संकट आ जाता है और हम तैयार नहीं रहते, हमारी फौजें चाक-चौबन्द और चुस्त नहीं रहतीं तो, मार-काट तो होगी ही। इस क्षेत्र में घूमकर देखें, कहानियाँ बेशुमार हैं। जानवरों तक को नहीं बख्शा जाता। हजारों मवेशी कैसे हर रात बाड़ लगी सीमा के उस पार बांग्लादेश के बूचड़खानों में पहुँच जाते हैं? यह दावा करना बहुत आसान है कि गुजरात और राजस्थान जैसे दूर-दराज के क्षेत्रों से लाये गये ये झुंड ब्रह्मपुत्र में बहा दिये जाते हैं। कोई परवाह नहीं करता, गार्ड मुँह फेर लेते हैं। उनकी वर्दियों में अभिमान कैसे हो सकता है? क्या हम गम्भीरता से अपने सीमा गार्डों से वह सब करने की उम्मीद रखते हैं जो वियतनामियों ने चीनियों के साथ किया था?

इनसान की क्रूरता में जब लालच भी मिल जाता है तो बेहद अजीबोगरीब नजारे देखने को मिलते हैं। हालिया रिपोर्टों से यह पता चलता है कि बांग्लादेश सीमा पार ऊँटों की बेधड़क तस्करी हो रही है। मांस के लिए! मुझे बताया गया कि उन्हें गाड़ियों में लाया जाता है, एक के ऊपर एक लिटा दिया जाता है और चोरी-छिपे सीमा पार ले जाया जाता है। मेनका गाँधी ने हाल में इस मुद्दे पर लाल झंडी दिखाई है और कहते हैं कि वे उन मुख्यमन्त्रियों के सम्पर्क में हैं जिनके राज्य इस गोरखधन्धे में शामिल हैं। मुझे नहीं लगता इस मामले में कोई गम्भीर कदम उठाया गया है, और मैं हैरान हूँ कि क्या हम सचमुच परवाह भी करते हैं।

x x x

जमीन से घिरा और गढ़ी-जैसा, मणिपुर उत्तर में नागा पहाड़ियों से, पूर्व में म्याँमार से, दक्षि. ा में लुशाई और चिन पहाड़ियों से और दक्षिण-पश्चिम में असम राज्य से

घिरा है। 2000 साल पुराने इतिहास वाला यह स्वतन्त्र राज्य अंग्रेजी औपनिवेशिक राज में आने वाला आखिरी रजवाड़ा था। इसके पहले प्रमाणित राज्य की स्थापना 33 ई. में पखांगबा की ताजपोशी के साथ हुई थी। दस बड़े कबीलों से मिलकर बने मणिपुर की आबादी में आज तीन प्रमुख जातीय गुटों का समावेश है—मेईतेई जो घाटी में रहते हैं; नागा और कूकी, जो पहाड़ी लोग हैं और प्रामाणिक इतिहास के मुताबिक घाटी को संरक्षण देने के मकसद से आ बसे थे।

उत्तरपूर्व में मौजूद सियासत के टेढ़े-मेढ़े मकड़जाल में, मणिपुर के विद्रोह की शुरुआत मेईतेई लोगों को अंग्रेजों से पहले की उनकी सर्वोच्चता वापस दिलाने के लिए एक वैचारिक आन्दोलन के तौर पर हुई। परन्तु, अपने-अपने एजेंडा वाले अनेक सत्ता-केन्द्र उभर आने की वजह से, इस आन्दोलन ने जातीय संघर्ष का रूप ले लिया; नागा उग्रवाद के विकास और मणिपुर के नागाओं से उनके घनिष्ठ सम्पर्क ने इस विद्रोही आन्दोलन को सत्ता-संघर्ष में बदल दिया। मेईतेई युवाओं के एक तबके ने अरंबम सोमरेंद्र सिंह की अगुआई में युनाइटेड नेशनल लिबरेशन फ्रंट (यूएनएलएफ) बना लिया और भूमिगत आन्दोलन छेड़ दिया।

मिजोरम और नागालैंड के राज्य बन जाने के बाद ही मणिपुर ने अलग राज्य का राग अलापना शुरू किया। एक यह भी वजह है कि घाटी में सक्रिय गुटों को लोगों का जबरदस्त समर्थन प्राप्त है। वरना तो तमाम जबरन वसूली और हत्याओं के बावजूद, और तमाम आपराधिक गतिविधियों के बावजूद वे अपना वजूद कैसे बचाये रख सकते थे? इन तमाम बरसों में, मणिपुर ने अनेक सिर वाले दैत्य का रूप धारण कर लिया है और आम नागरिक अनेक भूमिगत संगठनों और सुरक्षा बलों की तनातनी के बीच नाहक मारा जा रहा है।

मणिपुर, नागालैंड, मिजोरम और त्रिपुरा के हालात से निपटने में फूहड़पन से काम लिया गया है और सेना अगली आग के इन्तजार में रहती है और आग लग जाने पर उसे बुझाने दौड़ पड़ती है। मणिपुर में एक ही सम्पर्क मार्ग है और वह भी नागा विद्रोहियों के रहमो-करम पर होने की वजह से वहाँ हालात जब-तब बद से बदतर हो जाते हैं। जब कुछ हो जाता है तो फिर सेना को बुलाया जाता है। सेना आने पर, कुछ भी हो, लोग तो घायल होते ही हैं। और फिर, हो-हल्ला मचता है कि एएफएसपीए को खत्म किया जाये और तमाम बुराइयों के लिए सुरक्षा बलों को दोषी ठहराया जाता है। बेहतर प्रशासन की तरफ कोई कोशिश नहीं होती, यह पक्का करने की तरफ कोई कोशिश नहीं होती कि जो पहले हो चुका दोबारा न हो।

नागालैंड में नागा उग्रवादियों के नेता अंगामी जापू फिज़ो ने यह दावा किया था कि नागा हिल्स और त्वेनसांग जिला कभी ब्रिटिश भारत का हिस्सा नहीं रहे और इसलिए वे एक स्वतन्त्र राष्ट्र के रूप में नागालैंड की स्वायत्तता के लिए लड़ रहे थे। मार्च 1956 में, विद्रोही नागाओं ने 'नागा फेडरल गवर्नमेंट' की स्थापना कर

दी और रेंगमा क्षेत्र के फेंसियू गाँव में अपना झंडा फहरा और एक संविधान अपना लिया; उन्होंने सरकारी प्रशासन की तर्ज पर अपनी संसद बना ली और गवर्नर और मजिस्ट्रेट नियुक्त कर दिये। नागा होम गार्ड्स ने बाकायदा पदनामों, पद के बिल्लों और वर्दियों के साथ अपनी अलग सेना बना डाली। उस समय लड़ने वालों की तादाद करीब 3,000 थी और उन्होंने देहाती इलाकों में दहशत का राज फैला रखा था, वे गाँव वालों को मजबूर करते थे कि वे उनका साथ दें, जबकि वे उनसे गम्भीर परिणाम भुगतने की धमकी देकर पैसे और जिंस ऐंठते थे।

स्थिति को नियन्त्रण में करने में सेना और असम रायफल्स को कई साल जबरदस्त लड़ाई लड़नी पड़ी। तब से लेकर, मणिपुर और अरुणाचल नागाओं को यह समझाने के लिए लगातार जूझना पड़ा कि ग्रेटर नागालैंड का विचार मुमकिन नहीं हैं। वे नयी हकीकत के आदी हो चले थे तभी केन्द्र सरकार एनएससीएन (आईएम) के जनरल सेक्रेटरी, थुइंगलेंगे मुइवा के आगे गच्चा खा गयी और उसे उसके गाँव जाने की इजाजत दे दी जो मणिपुर के नागा बाशिंदों वाले उखरूल जिले में है। जैसी कि उम्मीद थी, मुइवा के सौ गाड़ियों वाले लम्बे काफिले को नागालैंड-मणिपुर सीमा पर रोक लिया गया। इसका नतीजा यह हुआ कि रास्ता बन्द हो गया और पूरे मणिपुर राज्य में जरूरी चीजों की किल्लत हो गयी। मणिपुर की आर्थिक बन्दी अब इतनी आम हो गयी है कि कभी-कभी उनकी खबर भी नहीं आती। जमीनी हकीकत यह है कि आर्थिक अफरा-तफरी के अलावा, इनसानों की तकलीफों से किसी को कोई मतलब नहीं है।

वजह चाहे जो हो, कहीं भी किसी बड़ी इनसानी आबादी का विस्थापित होना दुखद बात है। पूरे इतिहास में, उत्तरपूर्व पड़ोसी क्षेत्रों से और अपने ही भीतर से भी भारी तादाद में शरणार्थियों की आवाजाही का गवाह रहा है। उसने 1950 के दशक में तिब्बत से पलायन करने वाले, 1964 में पूर्वी पाकिस्तान से भागने वाले चकमा, 1971 में बांग्लादेश से पलायन, या अभी हाल में रेआंग लोगों की मिसाल जो मिजोरम से विस्थापित हुए और आज भी नॉर्थ त्रिपुरा के कंचनपुर सब-डिवीजन में शरणार्थी शिविरों में रह रहे हैं। मिजो लोगों के हाथों सताये जाने और जातीय झड़पों से तंग आकर रेआंग लोगों ने मामिट और लुंगलेई जिलों के अपने घरों को छोड़ दिया। उनमें से 35 हजार ने 1997 के आखिरी दौर में त्रिपुरा के नॉर्थ डिस्ट्रिक्ट में पनाह ली और वे आज भी इन शिविरों में सड़ रहे हैं जहाँ अब तक कई लोग जान गँवा चुके हैं। वे आज भी किसी समाधान के इन्तजार में हैं और घर वापसी की बाट जोह रहे हैं। हमने यह बात सम्बन्धित सरकारी एजेंसियों को बतायी है और हमें वही बना-बनाया जवाब मिला है, 'हम इसकी जाँच कर रहे हैं।'

तीन 'टी' : ट्रिलॉजी, टीएसडी और टैट्रा

पूर्वोत्तर के समुदाय भी एक-दूसरे के बारे में बहुत कम जानते हैं, जबकि ज्यादातर इलाके अलग-थलग पड़ गये हैं। यह क्षेत्र इतना विशाल और इतना बँटा हुआ था कि बहुत कम लोगों की दिमागी पकड़ इस पर थी। कई वर्षों की उपेक्षा और उदासीनता ने पूर्वोत्तर को देश की सामूहिक चेतना में एक ब्लैक होल बना दिया था। वैसे, यह अलगाव सापेक्ष है—पूर्वोत्तर शायद वह केन्द्र है जिसके जरिये दक्षिणपूर्व के बाकी हिस्सों के साथ जुड़ाव बन सकता है और बनेगा, और इस क्षेत्र की भावनात्मक और कूटनीतिक दोनों प्रकार की सुरक्षा दुनिया में भारत के लम्बे वजूद के लिए बेहद अहम है। मैदानी हिस्सों में और पहाड़ियों में अनेक जातीय और उप-जातीय पहचानें मौजूद हैं। उनमें भाषा, संस्कृति, प्रवासीय इतिहास और यहाँ तक कि धर्म और आस्था के माध्यम से भी मानवीय जुड़ाव है। फिर भी यह जातीय पहचान एक दुधारी तलवार हो सकती है; यह लोगों को एकजुट कर सकती है या 'सँकरी घरेलू दीवारें' खड़ी करके उन्हें एक-दूसरे से अलग कर सकती है।

ईस्टर्न कमान में हमें एक सबसे बड़ी दिक्कत यह आयी कि हमें समूचे पूर्वोत्तर क्षेत्र के लोगों के बारे में कोई भी जानकारी नहीं थी। 2009 के शुरू में, राकेश लुम्बा, जो एमएस डडवाल की जगह III कोर के कमांडर बने थे, मुझसे मिलने कोलकाता आये। वे उस किताब को लेकर बेहद रोमांचित थे, जिस पर वे दीप्ति भल्ला और कुणाल वर्मा के साथ मिलकर काम कर रहे थे।

"कोर इस किताब को कर रहा है। हमारे अपने बारे में प्रकाशन न करके, हम इस क्षेत्र और इसके लोगों पर यह किताब तैयार कर रहे हैं।" लुम्बा ने बताया कि यह किताब मुफ्त तैयार की जा रही थी और वे चाहते थे कि मैं, आर्मी कमांडर की हैसियत से, इसे 15 अगस्त को जारी करें।

मैं कुणाल और उनकी फिल्म-निर्माता पत्नी को जानता था। वे 2005 में मुझसे अवन्तीपुर में तब मिलने आये थे जब मैं विक्टर फोर्स में जीओसी था और उन्होंने मुझे कारगिल वॉर, नेशनल डिफेंस अकादमी (द स्टैंडर्ड बेयरर्स) और आईएएफ (भारतीय वायुसेना) पर अपनी फिल्मों की नकलें दी थीं। कुणाल मेरे पूर्व रेजीमेंट कर्नल अशोक कल्याण वर्मा के बेटे थे। लुम्बा चाहते थे मैं इस किताब को डमी रूप में ही पढ़ लूँ और लेखकों से भी बात करूँ जो इसमें पूरे पूर्वोत्तर क्षेत्र को शामिल करने को उत्सुक थे।

द नॉर्थईस्ट पैलेट को बहुत बेहतरीन ढंग से तैयार किया गया था और उसमें समूचे नागा पटकई का चित्रण था। वैसे, यह बड़े आकार की किताब थी जिससे इसके वितरण पर काफी असर पड़ सकता था। डीजीएआर करण यादव पति-पत्नी से पहले ही कह चुके थे कि वे असम रायफल्स पर सचित्र प्रस्तुति करें क्योंकि वे 2010 में अपनी 175वीं वर्षगाँठ मनाने जा रहे थे।

"अगर हम पूरे क्षेत्र पर काम करें और तीन किताबों की शृंखला ही निकाल दें जिसे पूरे देश में वितरित किया जाये, तो?" कुणाल ने पूछा, जबकि हम डमी के पन्नों को देख रहे थे। "हम इस क्षेत्र की पूरी धारणा को बदलने में मदद कर सकते हैं।"

मेरा दिमाग तेजी से दौड़ रहा था। हमने एक छोटे स्वरूप पर और इस बाबत चर्चा की कि प्रत्येक किताब का दायरा क्या होगा। "सुकना और तेजपुर जाओ और सिद्धू और केटी पटनायक के साथ इसके ढाँचे पर बात करो, मैं देखूँगा कि हम अपनी तरफ से इस बारे में और क्या कर सकते हैं।" कुछ दिन बाद मैंने इस विषय पर शंकर रॉयचौधुरी से चर्चा की, जो कोलकाता में हमारे बड़े थे और हमेशा ठोस सलाह देते थे।

"तुम इस काम को करो," पूर्व प्रमुख ने कहा, "और तुम इस देश की सूरत बदल दोगे। हालाँकि बाबुओं से पार पाने में तुम्हारी अच्छी कवायद हो जायेगी।"

मैंने अपने स्टाफ प्रमुख, प्रेम गोयल और बीजीएस आईडब्लू (इंटेलीजेंस वॉरफेयर), ब्रिगेडियर एस विश्वनाथन से सम्पर्क किया और कहा कि इस प्रोजेक्ट को 'परसेप्शन मैनेजमेंट' के तहत ले लें। मैंने उनसे मिलने का समय माँगा और हमारी बैठक फोर्ट विलियम में हुई जहाँ बीजीएस आईडब्लू और तीनों कोरों के सीनियर अफसर मौजूद थे। "जेंटिलमेन," मैंने वहाँ एकत्र अफसरों से कहा, "यह साई ऑप्स है। और इस बार हमारे निशाने पर हमारा अपना देश है।"

सिद्धू, पटनायक, लुम्बा और करण यादव के साथ खाका तैयार किया गया। यह जरूरी था कि ट्रिलॉजी में केवल सिक्किम को नहीं बल्कि उत्तरी बंगाल और कूच बिहार क्षेत्र को भी शामिल किया जाये। वैसे, जनरल रॉयचौधुरी ने एक बात सही कही कि हम इसे ईस्टर्न कमान से कैसे भी बाहर नहीं ले जा सकते, क्योंकि उसके लिए हमें हेलीकॉप्टर की मदद चाहिए होगी। तब तक लुम्बा की तैनाती डीजीएमआई के तौर पर आर्मी मुख्यालय में हो चुकी थी। उन्होंने कुणाल और दीप्ति को सलाह दी कि वे पहले असम रायफल्स पर काम पूरा करें। "ट्रिलॉजी पर हम बाद में काम करेंगे," उन्होंने मुझसे कहा।

जब तक सरकार यह ऐलान कर चुकी थी कि मैं दीपक कपूर से कार्यभार सँभालूँगा जो मार्च 2010 में रिटायर होने वाले थे। लुम्बा मेरे ऑफिस में बैठे थे, उनकी भौंहें सिकुड़ गयीं। 2008 में 26/11 के मुम्बई आतंकी हमले के बाद से हुए कुछ नये घटनाक्रम पर चर्चा के लिए वह मेरे पास विमान से कोलकाता पहुँचे थे। जब और सब मामलों पर बात हो चुकी तो, उन्होंने अपने आने का असली मकसद मुझे बताया।

समुद्र के रास्ते शहर पर होने वाले खून-खराबे के इस हमले के फौरन बाद, एनएसए (राष्ट्रीय सुरक्षा सलाहकार) ने देश की विभिन्न सुरक्षा एजेंसियों से पूछा था कि क्या भारत के पास पाकिस्तान पर पलटवार करने की गुप्त क्षमता थी। तब

बिल्कुल खामोशी छा गयी थी और एनएसए ने सेना प्रमुख से मुखातिब होकर पूछा था कि क्या मिलिट्री इंटेलीजेंस कोई संगठन बना सकती है। दीपक कपूर ने कहा था कि वह इस बारे में विचार करेंगे, और फिर डीजीएमआई को हिदायत दी थी कि वे ब्योरा तैयार करें और उन्हें बतायें। कुछ हफ्तों के बाद लुम्बा ने चीफ को जवाब दिया था, जो उस समय तक प्रोजेक्ट के पक्ष में नहीं रह गये थे। उस पल, चीफ ने नजरें उठाकर भी नहीं देखा और लुम्बा से कह दिया कि वे इसे अलग उठाकर रख दें।

मनोनीत चीफ के नाते यह ठीक ही था कि इस विषय में मुझसे सलाह-मशविरा हो। डीजीएमआई ने तब ब्लूप्रिंट तैयार किया और उसमें प्रस्तावित खुफिया यूनिट के दायरे को बढ़ा दिया ताकि यह आसपास और पड़ोस के अन्य क्षेत्रों में भी अपने पाँव फैला सके। नयी यूनिट का प्रस्तावित बजट हमारी मौजूदा गुप्त यूनिटों को देखते हुए हास्यास्पद-सा था।

"आप मजाक तो नहीं कर रहे? सचमुच इस पर इतना ही खर्च आयेगा?" मैंने पूछा।

"देखिए, मिलिट्री वर्ल्ड गेम्स के दौरान उद्घाटन और समापन समारोहों पर जो पैसा खर्च किया गया था वह किसी और संगठन के ऐसे ही आयोजन पर होने वाले खर्च का हजारवाँ हिस्सा था। यह तब साबित हो गया था जब इसकी तुलना कॉमनवेल्थ गेम्स पर होने वाले खर्च से की गयी थी। वैसे, हमें इस यूनिट को एक नाम देना होगा। ऐसा कुछ अस्पष्ट और गुमनाम-सा, जिस पर ध्यान न जाये। मैं इसे टेक्निकल सर्विसेज डिवीजन—संक्षेप में टीएसडी—नाम देने की सोच रहा था।"

"ठीक है, करो" मैंने कहा। डीजीएमआई ने सिर हिलाया और अपनी फाइलें बन्द कर लीं।

ट्रांसफॉर्मेशन स्टडी कमोबेश पूरी हो चुकी थी। बाद में मेरे लिए एक मुद्दा काफी दिक्कतें पैदा करने वाला था, वह था प्रोक्योरमेंट (वसूली) के मौजूदा तौर-तरीके। हम जानते थे कि इस मुद्दे को छेड़ देने भर से कितने ही लोगों की भौंहें तन जानी थीं, जिनमें से कुछ तो सरकार में बहुत ऊँचे ओहदों पर थे। पर, हम इन मुद्दों की अनदेखी नहीं कर सकते थे, खासकर इसलिए कि हम जहाँ भी गये, अफसरों और जवानों ने मौजूदा खामियों की तरफ इशारा किया। एक नाम उसमें बार-बार उभरकर आता था—टैट्रा। ये वाहन 1980 के दशक के मध्य से भारतीय सेना को ऊल-जुलूल कीमतों पर बेचे जा रहे थे और गुजरे सालों में विभिन्न हथियार प्रणालियों से जोड़े जाने के बावजूद अधिकांश टुकड़ियों का यही कहना था कि फुटकर हिस्से न होने की वजह से ये आम तौर पर सड़क पर नहीं उतर पाते थे। एक यूनिट में हमें एक 'बिल्कुल नया' टैट्रा वाहन दिखाया गया जो मामूली दुर्घटनाग्रस्त हो गया था। हमें जानकारी देने वाले ईएमई अफसर ने बेबाक बताया कि यह पुराना वाहन था जिसे बीईएमएल ने मरम्मत करके ठीकठाक कर दिया था।

टैट्रा वाहन चेक में बने थे, और इसकी आपूर्ति करने वाली कम्पनी की मालिक लन्दन की कम्पनी वेक्ट्रा थी जो सभी मामलों में बीईएमएल के साथ लेन-देन करती थी। निजी क्षेत्र की बीईएमएल फिर वाहनों के पुर्जे जोड़कर उन्हें सेना को बेच देती थी। बीईएमएल 1986 से कहीं भी चल सकने वाले 7,000 वाहन खरीद चुकी थी। चेकोस्लोवाकिया में करीब ₹ 26 लाख के पड़ने वाले ये वाहन (ट्रक) सेना को एक करोड़ के आसपास पड़ रहे थे।

"यह गोल सूराख में चौकोर खूँटा ठोंकने जैसा है," हमें बार-बार बताया गया। फुटकर पुर्जों की भारी किल्लत के अलावा, कम्पनी ने इन वाहनों को भारतीय स्थितियों के मुताबिक बनाने की जहमत भी नहीं उठायी थी। ये सब बायीं ओर से चलने वाले वाहन थे। हमने फील्ड रिपोर्टों का अध्ययन किया और आँकड़ों का विश्लेषण किया तो, जल्दी ही हमारी समझ में यह आ गया कि अगर कभी कोई 'मिलीभगत' वाला सौदा हुआ है तो, वह यही है।

हमने इधर-उधर खुरचा और कारपेट और अन्दरूनी बोनटों को देखा तो जल्दी ही यह और भी साफ होता गया कि हम विस्फोटकों से भरे लकड़ी के पीपे पर बैठे थे। वसूली की पूरी प्रक्रिया में खोट था। हमने जबलपुर की गन फैक्ट्री को भी देखा, जिसने एशिया की एक सबसे बेहतरीन प्रोडक्शन व्यवस्था होने के बावजूद निर्माण कार्य ही बन्द कर दिया था क्योंकि सेना ने 105 एमएम हथियारों के लिए कोई ऑर्डर नहीं दिया था।

2009 के अन्त में, मीडिया में जनरल दीपक कपूर के साथ मेरे 'बिगड़ते' सम्बन्ध को लेकर खूब अटकलबाजी हो रही थी। उस समय तक सामान्य नियम यह था कि तीन स्टार वाला सबसे सीनियर जनरल, जिसे लाइन में अगला माना जाता है, पद खाली होने पर उप-प्रमुख (वाइस चीफ) के तौर पर दिल्ली चला जायेगा। इसे तब खास अहम समझा जाता था जब सम्बन्धित अफसर ने आर्मी मुख्यालय में अपेक्षाकृत सीनियर हैसियत में कभी काम नहीं किया होता था। पैराशूट रेजीमेंट के हमारे एक सबसे अधिक उपलब्धियों वाले अफसर पीसी भारद्वाज की उपप्रमुख के तौर पर नियुक्ति से अफवाहों का दौर चल पड़ा। मुझे दरकिनार किये जाने की एक वजह सुकना को लेकर हुए झगड़े को माना जा रहा था और आखिर में दीपक कपूर को साफ-साफ कहना पड़ा कि वरिष्ठता (सीनियरिटी) का एक स्पष्ट क्रम था और झगड़े का कोई सवाल ही पैदा नहीं होता।

जहाँ तक मेरा सवाल है तो, इसमें कोई सार नहीं था। मुझे ईस्टर्न कमान में बने रहना था क्योंकि ट्रांसफॉर्मेशन स्टडी पूरी होने में अभी कुछ और महीने बाकी थे। चीफ ने निरन्तरता की सबसे अहम बात को ध्यान में रखते हुए फैसला लिया था। और फिर, सुकना कांड से उनको इसलिए जोड़ना कि अवधेश कुमार उनके एक खास अफसर थे, यह ठीक नहीं था।

जनरल कपूर और मैं भले ही गोल्फ के साक्षी न हों या हमारे बीच बहुत अच्छा तालमेल न रहा हो, पर सशस्त्र बलों में 'बिगड़ते' सम्बन्धों के लिए कोई जगह नहीं है, और मीडिया जितनी जल्दी यह समझ ले, भविष्य के लिए उतना ही अच्छा होगा। वे तब मेरे आर्मी कमांडर थे जब मैं XV कोर में चीफ ऑफ स्टाफ था और भले ही वे उम्र के मुद्दे पर अपने वादे से मुकर गये हों, हमारे रोजमर्रा के और कामों पर इसका असर नहीं पड़ा था। और फिर, चीफ ऑफ आर्मी स्टाफ के तौर पर उन्होंने मुझ पर अपना भरोसा जताया था और सबसे अहम ट्रांसफॉर्मेशन स्टडी में मुझे पूरी छूट दे रखी थी। यह अपने आप में बड़ा सम्मान था। किसी दरार से उनके इनकार के बावजूद, पत्रकारों ने विभिन्न मुद्दों पर अटकलें लगाना बन्द नहीं किया। ऐसी गैर-जिम्मेदाराना खबरें भी आयीं कि चीफ ने सरकार से कहा है कि मेरी छुट्टी कर दी जाये, जबकि दूसरों ने यह खबर दी कि प्रधानमन्त्री को और यूपीए की अध्यक्ष सोनिया गाँधी को एक सीडी भेजी गयी है, जिसमें यह कयास था कि मैंने देश के सारे नेताओं को धमकी दी है।

दीपक कपूर 31 मार्च 2010 को रिटायर हो गये और नियम के मुताबिक दिल्ली एरिया की एक यूनिट ने उन्हें गार्ड ऑफ ऑनर दिया। एक बात मेरे दिमाग में बहुत साफ थी–अगला प्रमुख होने के नाते मुझे मेरे सभी पूर्ववर्तियों के अच्छे कामों को आगे बढ़ाना था। भारतीय सेना की एक सबसे बड़ी खामी रही है 'मैं, मुझे और मेरा' की संस्कृति जिसमें पिछले किसी भी आला अफसर के सारे अच्छे कामों को बिगाड़ देने की फितरत रही है। 'मुझसे पहले सारे गधे थे' वाली संस्कृति को निकाल फेंकना था। हमारी वफादारी देश के और सेना के प्रति होनी चाहिए। और किसी बात का कोई मतलब नहीं था।

12
सेना प्रमुख

बैटन

भारती के साथ मैंने 30 मार्च 2010 को इंडियन एयरलाइंस का विमान पकड़ा और दिल्ली पहुँचे, जहाँ से हम नोएडा के लिए रवाना हुए। मेरे कोर्स के सहपाठी, संदीप गुप्ता, जो 5 आर्मर्ड रेजीमेंट की कमान सँभाल चुके थे और हमारे कैडिट वाले दिनों में कैसिनों कम्पनी में सार्जेंट थे, उन्होंने डिनर का इन्तजाम किया था जिसमें कुछ नजदीकी दोस्त उनके यहाँ हमारे साथ शामिल हुए। संदीप गुप्ता की पत्नी प्रतिमा बेहद अच्छी मेजबान थी और मुझे ऐसे लोगों के बीच आकर बहुत अच्छा लग रहा था जिनके साथ मैंने इतना कुछ साझा किया था। दिल्ली छावनी स्थित ईस्टर्न आर्मी कमांडर के यहाँ वापस आते हुए, मैंने कार की खिड़की से सरासर दौड़ते वाहनों वाले इस शहर को देखा। यह उस दिल्ली से बिल्कुल फर्क था जहाँ मैं उस समय आया था जब मैं अपने पिताजी के रेजीमेंट अफसर की तलाश में पिलानी से धौला कुआँ आया था। तब यह शहर सूरज ढलने के कुछ ही देर बाद सूना हो जाता था, और सड़क पर कोई वाहन नहीं दिखाई देता था। मुझे एयर फोर्स के उन अफसर और उनकी पत्नी की याद हो आयी जिन्होंने मुझे जगह दी थी और बस स्टैंड पर रात बिताने से बचा लिया था।

अगले दिन, सुबह की पूजा के बाद, मैंने अपने एएमए कर्नल गिरीश और एडीसी मेजर राहुल से कहा कि वे मुझे टेकिंग ओवर (पद ग्रहण) समारोह के बारे में तफसील से बताएँ। उससे पहले मुझे इस बाबत कोलकाता में समझा दिया गया था और यह बताया गया था कि इस मौके पर पूरे परिवार को मौजूद रहना है। 31 मार्च को 11.55 बजे, मैं अपने परिवार के साथ सेना प्रमुख के ऑफिस में दाखिल हुआ। जनरल दीपक कपूर और उनकी पत्नी ने हमारी अगवानी की और, कुशल-क्षेम के बाद, निवर्तमान चीफ ने मुझसे मेज के कारोबारी छोर की तरफ आने को कहा। हमने हाथ मिलाकर एक-दूसरे को शुभकामनाएँ दीं, और फिर मैंने जनरल को विदा किया।

अगला दिन मेरे लिए सबसे खास था। मुझे 2 राजपूत में कमीशन मिला था और मैंने दिल्ली स्थित बटालियन ज्वॉइन की थी। लाल किला के अलावा, हमारी बाकी

आधी ड्यूटी में राष्ट्रपति भवन शामिल था। जब मैं अस्थायी सैल्यूट बेस की तरफ बढ़ रहा था तो, मेरे दिमाग में विजय चौक पर होने वाले चेंज ऑफ गार्ड, तंगधार के सिर मारने वाले मेढ़े, और साउथ ब्लॉक की ढलान पर बूटों की आवाज की याद ताजा थी। सामने चटक लाल पगड़ियों में चमकते, मेरी बटालियन के जवान कतार बाँधे खड़े थे, वे मुझे गार्ड ऑफ ऑनर देने वहाँ जुटे थे। ऊँची आवाज में आदेश दिये गये और बैंड बजने लगा। रेजीमेंट का झंडा (जिस पर तकरीबन दो सौ साल के दौरान लड़ाइयों में मिले सम्मान अंकित थे) शान के साथ ऊँचा उठा हुआ था, और मैं वहाँ से होकर निकल रहा था। मैंने सलामी के लिए हाथ उठाया तो, मेरा गला सूख रहा था। बहुत पहले बटालियन में एक मातहत रहने के बाद, अब मैं भारतीय सेना का चौबीसवाँ प्रमुख था।

गार्ड ऑफ ऑनर के एक तरफ, मीडिया के लोग इन्तजार कर रहे थे। गार्ड्स ब्रिगेड के मेजर जनरल संजीव मधोक एडीजीपीई थे और उन्होंने नामुमकिन को मुमकिन कर दिखाया था। उन्होंने समारोह के दौरान मीडिया वालों को एक झीनी-सी लाइन के पीछे बाइज्जत खड़ा रखा था। मेरे पहुँचते ही अफरा-तफरी मच गयी और इससे पहले कि मैं कुछ समझ पाता, टीवी और अन्य कैमरे मेरे चारों तरफ थे।

आजादी के बाद, दो ब्रिटिश चीफ हुए थे। फील्ड मार्शल 'किपर' करिअप्पा जाने-माने भारतीयों में पहले थे। मेरे सभी पूर्ववर्तियों ने अपने-अपने अनूठे ढंग से भारतीय सेना को कुछ न कुछ दिया था। ऊँच-नीच, हार-जीत के बीच, हरेक ने सेना के लिए यथासम्भव योगदान किया था।

साउथ ब्लॉक में सेना प्रमुख के ऑफिस में बैठे हुए मुझे अपने लिए एक मिनट भी मुश्किल से मिलता था। वहाँ बैठकर मैं अपनी प्राथमिकताओं पर विचार करता था, जो मेरे दिमाग में चल रही होती थीं। सिद्धान्त की बातें अलग थीं, जबकि उन्हें अमली जामा पहनाना चुनौतीपूर्ण था। सूची में सबसे ऊपर था 'रूपान्तरण अध्ययन', क्योंकि यह समावेशी था। उसके बाद मेरी प्राथमिकता में था ईस्टर्न थिएटर पर और भी ज्यादा जोर देना। जनरल एएस वैद्य के बाद, 1983 में, ईस्टर्न कमान से आने वाला मैं दूसरा चीफ था, जिससे हमारे पश्चिमी झुकाव का पता चलता था। तीसरी बात थी, चीजों की कमियों को दूर करना और समस्याओं को सुलझाना, भले ही वे कितनी ही मुश्किल दिखती हों। चौथे, आर्मी मुख्यालय की कार्य-प्रणाली में सुधार करना था, क्योंकि कभी-कभी मुझे लगता था कि हम बाबुओं की सोच को ही दुहराने लगे हैं। पाँचवीं प्राथमिकता यह थी कि हमें अपने जवानों पर और ज्यादा ध्यान देना था—उनके खान-पान, उनकी वर्दियों के स्तर, उनके रहन-सहन को, उनके बच्चों की पढ़ाई-लिखाई को बेहतर बनाना, उनके केएलपी में तेजी लानी थी, जिनमें कई की हालत जर्जर थी, वगैरह-वगैरह। स्वाभाविक था, इन मुद्दों से मैं खुद निपटने वाला नहीं था, बल्कि मुझे उन लोगों पर दबाव बनाये रखना था,

जिनके पास ये अहम जिम्मेदारियाँ थीं। आखिर में, हमें सहायक सिस्टम को खत्म करके उसका विकल्प पेश करना था।

मेरे प्रमुख का पद सँभालने से पहले, सुकना प्रकरण ने अप्रत्याशित तौर पर उस समय बहुत विकराल रूप धारण कर लिया था जब मैंने कोर्ट ऑफ इंक्वायरी का आदेश दिया था। कार्रवाई शुरु हो गयी तो फिर दूसरे नाम भी सामने आने लगे थे। ईस्टर्न कमान के अपने विदाई दौरे पर मैंने तमाम अफसरों और जवानों से बात की थी। उस दौरान मुझे सबसे खतरनाक और बहुत स्पष्ट बात दिखाई दी, जूनियर और सीनियर अफसरों के बीच बढ़ता अन्तर, जबकि जूनियर अफसर अपने सीनियरों पर और भी शक रखते थे जो शायद संसाधनों का बेजा इस्तेमाल कर रहे थे और तमाम तरह के घोटालों में शामिल थे। सुकना ने हम सबको अन्दर तक हिला दिया था, क्योंकि यह हैरत की बात थी कि यह रोग हकीकत में कितने गहरे घर कर चुका था। बांग्लादेश युद्ध के बाद, जूनियर अफसरों के तौर पर हमने जंग की सारी कोशिश को कुछ सीनियर अफसरों के लालच की वजह से बेकार जाते देखा था।

उस समय हम हैरत में देखते थे जब कुछ सीमा रक्षक रिश्वत लेकर उसके एवज में गलत काम होने देने के लिए मुँह फेर लेते थे। हम भारतीय सेना के लोग थे और हमारे लिए अगर कोई बात मायने रखती थी तो वह थी हमारी यूनिट की इज्जत। अब खासकर सुकना घोटाले के बाद, लोग हमें जाँच रहे थे कि क्या हम सचमुच सिस्टम की सफाई कर देंगे।

"हमें अपनी अन्दरूनी सेहत को देखना है," मैंने अपनी प्राथमिकता को स्पष्ट करते हुए कहा था, "हमें अपने घर को दुरुस्त करना है। जब तक हम कुछ खास मुद्दों को निपटा नहीं लेते, हम लड़ नहीं सकते।" मैं जानता था यह आसान नहीं था क्योंकि एक मिलियन की तादाद वाली सेना में सारे तालाब को गन्दा करने वाली एक मछली तो कभी न कभी होगी ही। मैं यह भी जानता था कि 'इंसाफ' के हमारे मौजूदा सिस्टम में, किसी को 'भ्रष्टाचार' के आधार पर पकड़ना लगभग असम्भव था। फिर भी, हमें कोशिश करनी थी और मैं जानता था कि यह लम्बी प्रक्रिया होगी। चीज़ें रातोंरात नहीं हो जातीं। पर, अफसरों से ज्यादा जवानों को लेकर मैं चिन्तित था; वे हमारे एक-एक कदम पर निगाह रख रहे थे। अगर हम यह सोच रहे थे कि आम सैनिकों को यह पता नहीं था कि क्या हो रहा है, यह हम खुद को धोखा दे रहे थे।

सेना प्रमुख बनने के बाद, सबसे पहले मैं कश्मीर घाटी में गया। मैं जवानों से एक ही बात कहता था, चाहे वे अलग-अलग यूनिट हों या नौजवान और सीनियर अफसरों के जत्थे : हमें खुद को अहम दिखाना है। सेना का हिस्सा बन जाने के बाद, हमारा जीवन फिर हमारा नहीं रह जाता। हम जो कुछ भी करते हैं, या नहीं करते हैं, उसका असर संस्था पर दिखता है। लड़ाई के हालात अक्सर आँख मूँदकर

हुक्म मानने पर निर्भर करते हैं; परन्तु अन्य मौकों पर, मैंने जवानों से कहा, अगर हमें लगता है कि हमारे साथ तिकड़म की जा रही है या कहीं कुछ गड़बड़ है तो, हमें हुक्म नहीं मानना चाहिए। हमें वह करना था जो सही है, और मैं सेना के हरेक सिपाही से यही उम्मीद करता था कि वह सही और गलत की पहचान कर पायेगा।

मैंने ईस्टर्न आर्मी कमांडर रहते हुए ही मिलन नायडू से राजपूत रेजीमेंट का कार्यभार सँभाल लिया था। मिलन ने अपना कार्यकाल बीतने से दो महीने पहले ही अपना पदसूचक दंड (बैटन) मुझे सौंप दिया था। बहरहाल, भले ही रेजीमेंट का सचिवालय बदल गया और मैंने काम शुरू कर दिया, पर मैंने खुद को रेजीमेंट का कर्नल तभी बताया और झंडा तभी फहराया जब मिलन रिटायर हो गये। जब मैं अम्बाला में था उस समय 16 इंडिपेंडेंट आर्मर्ड ब्रिगेड की कमान सँभाल चुके ब्रिगेडियर जेपी सिंह, एमए के महत्त्वपूर्ण पद के लिए मेरी पसन्द थे (आमतौर पर सेना प्रमुख इसके लिए अपनी ही रेजीमेंट से किसी को चुनते थे, पर मेरा मानना था कि चीफ पूरी सेना का होता है, केवल उस रेजीमेंट का नहीं जिसमें उसने कमीशन पाया था), जबकि 2 राजपूत के लेफ्टिनेंट कर्नल एन रोमियो रेजीमेंट के मामलों में मेरी मदद करने के लिए बोर्ड में आ गये।

गार्ड्स ब्रिगेड के शंकर घोषं वेस्टर्न आर्मी कमांडर थे, जबकि वीके अहलूवालिया सेंट्रल कमांड को सँभाल रहे थे; बीएस जसवाल IV कोर से नॉर्दर्न कमान में चले गये थे; आर्टिलरी के सीकेएस साहू साउथ वेस्टर्न कमान को देख रहे थे; आर्मर्ड कोर के प्रदीप खन्ना थे जबकि एआरटीआरएसी की कमान एएस लांबा सँभाल रहे थे, जो खुद भी आर्टिलरी (तोपखाना) से थे। सिख एलआई के बिक्रम सिंह ने मुझसे ईस्टर्न कमान का कार्यभार सँभाल लिया था।

आर्मी मुख्यालय में हमारे पास बेहतरीन पीएसओ (प्रिंसिपल स्टाफ अफसर) और लेफ्टिनेंट जनरल, और वे सभी मेरे मित्र थे—मैं उनके साथ काम या कोई कोर्स कर चुका था। वाइस चीफ प्रबोध भारद्वाज ही बने रहे, जबकि ट्रांसफॉर्मेशन स्टडी के जेपी सिंह एक डिप्टी चीफ (पीऐंडएस) थे, और दूसरे डिप्टी चीफ राजपूत के वीरेंदर टोंक थे। श्रीलंका में 76 ब्रिगेड के ब्रिगेड मेजर रह चुके जीएम नायर ने अवधेश प्रकाश से एमएस का कार्यभार सँभाल लिया था; राजपूत के ही मुकेश सभरवाल एजी थे। डीजीएमओ मेरे कोर्स के साथी अमरजीत सेखों थे जो सिख एलआई से थे; गार्ड्स ब्रिगेड के एसएस कुमार क्यूएमजी थे; राकेश लुंबा चीफ स्पूक थे और बजाज नागल स्ट्रैटेजिक फोर्सेज़ कमांड के प्रभारी थे।

चीफ बनने के कुछ दिन तक आने वालों का ताँता लगा रहा। मुझे सरकार में भी कई लोगों से मिलना होता था। वे शुरुआती दिन इतने हलचल वाले थे कि सब कुछ धुँधला हो गया है। मेरे पास विभिन्न समारोहों के इतने निमन्त्रण आ रहे थे कि मुझे जल्दी ही अपने स्टाफ से कहना पड़ा कि सामाजिक कार्यक्रमों को सीमित

कर दें। चीफ के लिए समय का प्रबन्धन हमेशा बड़ी समस्या होती है।

आर्मी कमांडरों की कॉन्फ्रेंस अप्रैल में रख दिये जाने से और ज्यादा उलझन हो गयी। इससे मुझे तैयारी का वक्त ही नहीं मिला। मैंने आर्मी मुख्यालय से कहा कि वे आर्मी कमांडरों और रक्षा मन्त्रालय को बता दें और कॉन्फ्रेंस को मई तक के लिए मुल्तवी कर दें। पिछली दो कॉन्फ्रेंसों में मुझे ऐसा लगा था कि वहाँ प्रस्तुतियाँ (प्रजेंटेशन) तो बहुत ज्यादा हुईं और चर्चाएँ बेहद कम। मैंने यह बता दिया कि कॉन्फ्रेंस में मुद्दों पर चर्चा पर ध्यान लगाया जायेगा और प्रजेंटेशन कम से कम होंगे।

जब दीपक कपूर धौला कुआँ के 20 मन्दिर मार्ग स्थित मकान में चले गये तो, मैं राजाजी मार्ग स्थित आर्मी हाउस में आ गया। प्रसंगवश, धौला कुआँ का यह मकान पूर्व-प्रमुखों के लिए आरक्षित है जिन्हें कुछ समय तक 'ज़ेड' श्रेणी की सुरक्षा मिली रहती है। नियम के मुताबिक, सेना लगभग एक साल तक सारी खास सहूलियतें देती रही, और फिर वे अपने निजी आवास में चले गये। आर्मी हाउस आर्मी मुख्यालय के नजदीक था, और मैं जल्दी ही अपने नये ढर्रे में रम गया।

योगजा ने कोलकाता से अपनी मैनेजमेंट की पढ़ाई पूरी कर ली थी और गुड़गाँव में काम करना शुरू कर दिया था। संग्राम अब लेफ्टिनेंट कर्नल थे और दिल्ली के सेंट्रल आयुध डिपो में तैनात थे। जब हम आर्मी हाउस में आ गये तो, छावनी इलाके में अपना खुद का संस्थान चलाने के बजाय, मृणालिनी ने काफी सारे सामाजिक कार्य अपने हाथ में ले लिए, जिससे भारती को एडब्लूडब्लूए की अध्यक्ष के काम पर ध्यान लगाने का मौका मिल गया।

साँप-सीढ़ी

आर्मी मुख्यालय में बैठे हम लोगों के लिए सबसे बड़ी प्राथमिकता थी ट्रांसफॉर्मेशन स्टडी को फौरन अमली जामा पहनाना। स्टडी ग्रुप का अभिन्न हिस्सा रहे जेपी सिंह को यह जिम्मा सौंपा गया कि वे इस अध्ययन को कार्य रूप में परिणत किये जा सकने वाले ऐसे मुद्दों की शक्ल दें जिन्हें सेना के भीतर ही सुलटाया जा सके और जिनमें रक्षा मन्त्रालय को शामिल करने की जरूरत न पड़े। इसे लेकर लम्बी चर्चाएँ हुईं, जिनमें विनय शर्मा, एमजीओ (मास्टर जनरल ऑर्डनैंस) और अजय चंदेले, डीजीईएमई (डायरेक्टर जनरल इलेक्ट्रिकल ऐंड मैकेनिकल इंजीनियरिंग) ने विशेषज्ञ के तौर पर हिस्सा लिया। मैं एक ऐसा सिस्टम चाहता था जो पूरी प्रगति की निगरानी करे और तात्कालिक बाधाओं की पहचान करे। जेपी ने इस सिलसिले में जबरदस्त काम किया।

एक और पहलू जिसने बिल्कुल शुरू में ही मेरा ध्यान खींचा, वह था आर्मी मुख्यालय में पसरा उदासीनता, लगभग हताशा, का भाव। सैनिक को फाइल आगे बढ़ाने में कभी बहुत खुशी नहीं होती, परन्तु जहाँ यह तय हो कि आपके पास से

निकलकर फाइल लाल फीताशाही के दलदल में फँस जायेगी, वहाँ आपका दिमाग सुन्न हो जाता है।

बरसों से, खासकर 12 डिवीजन के कर्नल जीएस का कार्यभार सँभालने के बाद, मुझे यह साफ-साफ समझ में आ गया था कि चीजें जमीन पर ठीकठाक नहीं थीं। सक्रिय टुकड़ियों में काम कर रहे हम सभी को गोला-बारूद की कमी और हथियारों की हालत के बारे में खूब पता था। जैसा कि मैं पहले कह चुका हूँ, हम अपने स्तर पर बस मुद्दे को सामने ला ही सकते थे। अधिकतर हमें नये-नये तौर-तरीके निकालने होते थे और हमारे पास जो होता था जैसे-तैसे उसी से काम चलाना होता था। कवायदें और युद्ध के अभ्यास अलग बात थी, जहाँ चीजों की कमियों को माहौल में खपाया जा सकता था, पर जहाँ हकीकत में युद्ध के हालात हों वहाँ अच्छी से अच्छी योजना की भी धज्जियाँ उड़ सकती थीं। संसद पर हमले के बाद वांछित समय सीमा के मुताबिक हमलावर कोर का हरकत में न आ पाना इसका सबसे बड़ा आँखे खोल देने वाला उदाहरण था।

हमने जवाब ढूँढ़ने शुरू किये। प्रमुख का पद सँभालने से पहले, मुझे सच में कोई अन्दाजा नहीं था कि यह सारा सिस्टम काम कैसे करता है। मेरी पहली प्राथमिकताओं में एक थी यह अध्ययन करना कि वसूली (प्रोक्योरमेंट) का सिस्टम कैसे काम करता है। सेना के कुछ सबसे बुद्धिमान लोगों ने मुझे यह समझने में मदद की। इस उलझी व्यवस्था की विस्तार से जाँच करते समय तो हमें और भी हैरत हुई। और हताशा भी। हमें सियासी, नौकरशाही और वित्तीय संस्थाओं के साथ व्यवहार करने की खामियों के बारे में पता था, फिर भी जब हमने इसे पूरा का पूरा देखा तो, हमें समझ में आया कि हमारा पाला एक बेहद मुश्किल स्थिति से पड़ा था।

जल्दी ही इसकी वजहें साफ हो गयीं। प्लेटफॉर्म (एक अकेले हथियार) पर केन्द्रित नौसेना (नेवी) और वायु सेना (एयर फोर्स) के विपरीत थल सेना (आर्मी) की जरूरतें कहीं अधिक व्यापक और विविध थीं। जहाँ तक बाबू की दुनिया का सवाल था, हर जरूरत एक 'फाइल' थी और इससे कोई मतलब नहीं था कि आर्मी को जिस चीज की जरूरत थी उसकी कीमत एक जहाज या एक विमान की कीमत का मिलियनवाँ हिस्सा है। इसमें भी ठीक वही प्रक्रिया अपनाई जानी थी और उतना ही वक्त लगना था। हमारे मामले में, जब हम यह बता देते थे कि हमें यह चाहिए या वह चाहिए, उसके बाद उसे पाने में कम से कम छत्तीस महीनों का समय लगना था, वह भी अगर सब कुछ ठीकठाक रहा, तब। हर मोड़ पर 'प्रक्रिया पुस्तिका' (प्रोसिजर बुक) से लैस एक बाबू होता था, जो इस इन्तजार में रहता था कि जो कुछ माँगा गया है या पेश किया गया है उसे मना कर देना है। प्रसंगवश, इसके लिए उनके पास एक प्यारा-सा शब्द है। वे इसे 'ऑब्ज़र्वेशंस' कहते हैं। यह बड़ी खूबसूरती से तैयार किया गया 'साँप-सीढ़ी' का खेल है जिसमें फौजियों के लिए

सीढ़ियाँ तो हटा ली गयी हैं, बस साँप ही साँप आगे हैं।

साल दर साल, रक्षा बजट में चीजें हासिल करने और अन्य परियोजनाओं के लिए काफी पैसा होता है। आर्मी मुख्यालय को उसी के अन्दर काम करना होता है और उसी के मुताबिक प्रत्येक वित्तीय वर्ष के शुरू में प्रस्ताव तैयार किये जाते हैं। फिर भी, हैरत की बात है, एक बार भी सेना उसका पूरा इस्तेमाल नहीं कर पायी है और साल के आखिर में सरकार उसे 'अप्रयुक्त' (अनयूटिलाइज्ड) धन के खाते में डाल देती है। हमने वित्तीय वर्ष 2010-2011 को परीक्षण का साल तय किया : हमने तय किया कि हम कोशिश करके बाधाओं की पहचान करेंगे और फिर जेपी और उनके दल के लोग जी-जान से लगकर यह पक्का करेंगे कि फाइलें कहीं अटकें नहीं।

मैं बेझिझक कह सकता हूँ कि इससे साउथ ब्लॉक में वित्त विभाग में बैठे लोग हैरत में पड़ गये और वे हमारे बजट से भी आगे निकल गये। साल के आखिर में, रक्षा मन्त्री ने ही कहा कि भारत के इतिहास में पहली बार, सेना ने हकीकत में वह किया है जो इसने पहले कभी नहीं किया—यानी मंजूर बजट के सारे धन का इस्तेमाल कर लिया है।

राशन के साथ-साथ हमारा यह भी जोर था कि जवानों को वर्दियों का कपड़ा दिया जाये ताकि वे अपनी नाप की वर्दी सिलवा सकें। शायद सिले-सिलाये कपड़ों के बाजार से प्रेरित होकर ही, ऑर्डनैंस फैक्ट्री बोर्ड को यह काम सौंपा गया था। बात यहाँ होती थी 'रेडीमेड' नाप की। चीन को लें तो, यह देखना दिलचस्प होगा कि जब पीएलए ने अपनी फूली-फूली वर्दियों की जगह चुस्त और देखने में अच्छी वर्दी लाने का फैसला किया तो, उसके लिए उन्होंने बारह महीनों का समय रखा। उससे चार महीने पहले ही, चीनी सेना के हर जवान को दो-दो वर्दियाँ दे दी गयी थीं और नाप भी बिल्कुल चुस्त थी। हमारे यहाँ, 'बड़ा' आकार 'छोटे' को चलता था और कमीज का रंग पैंट से अलग था। हमने शिकायत की तो जवाब मिला, "पीएसयू के पास सबसे आधुनिक और किसी भी निजी कम्पनी से बेहतर मशीनें हैं।" हैरत होती है कि कौन किसे साध रहा है।

तत्काल चिन्ता के दो विषय थे (क) पुराने हो रहे चीता विमानों की जगह हलके हेलीकॉप्टर लाना और (ख) तोपखाने में कमी को पूरा करना। हेलीकॉप्टर का सौदा यूरोकॉप्टर कम्पनी के साथ जनरल जेजे सिंह के समय में लगभग तय हो गया था, लेकिन जल्दी ही हेलीकॉप्टर के चुनाव में हुई गड़बड़ियाँ उजागर हो गयी थीं। सौदा रद्द हो गया। हेलीकॉप्टर के चुनाव और सुधारों की प्रक्रिया जारी रही।

यही कुछ तोपों की खरीद में हुआ। सेना को एक अल्ट्रा-लाइट हाविट्ज़र (यूएलएच) चाहिए थी और इस परियोजना पर मुझसे भी पहले से काम चल रहा था। हमें यह देखकर हैरत हुई कि तोपों के लिए जीएसक्यूआर (जनरल स्टाफ क्वालिटेटिव रिक्वायरमेंट) को सिंगापुर टेक्नोलॉजीज़ की पेगासस 155 एमएम को

फायदा पहुँचाने के लिए छोड़ दिया गया, जिससे यह पक्का हो गया कि मामला महज एक तोप वाली व्यवस्था पर आ जायेगा। पर, सिंगापुर टेक्नोलॉजीज़ मुश्किल में पड़ गयी और शक के घेरे में आ गयी, इसलिए हमारे पास इसके सिवाय कोई चारा नहीं रहा कि हम यूएस एम 777 की ओर रुख करें, जिसे अमेरिका फॉरेन मिलिट्री सेल्स (एफएमएस) के तहत बेचने को तैयार था। यहाँ भी हम फँस गये, क्योंकि रक्षा सचिव अपनी अक्लमन्दी में उसी जीएसक्यूआर पर अड़े रहे जो सिंगापुर की तोप पर लागू होनी थी। डीजी आर्टी और डीएसओएएस ने साफ-साफ कह दिया कि 'तोप के लिए निर्धारित स्थितियों का भारतीय स्थितियों में संचालन-सम्बन्धी कोई अर्थ नहीं था और एफएमएस सिस्टम के लिए जीएसक्यूआर की कोई जरूरत भी नहीं थी,' परन्तु रक्षा सचिव ने हठपूर्वक कह दिया—'हम आपको सही समय पर बदलाव देंगे।'

तब तक मैं समझ चुका था कि हमारे मौजूदा माहौल में, कोई कुछ अन्दाजा नहीं लगा सकता। ईस्टर्न कमान के दौर में ऑर्डनैंस फैक्ट्री बोर्ड (ओएफबी) से मेरी भेंट मेरे दिमाग में बनी हुई थी। रक्षा राज्य मन्त्री पल्लम राजू भी उस मौके पर मौजूद थे। तभी से मैं ओएफबी को कोंच रहा था कि वह अपनी काहिली छोड़े। मैंने अफसरों को गन कोच फैक्ट्री देखने जबलपुर भेजा। उन्होंने लौटकर बताया कि यह अत्याधुनिक फैक्ट्री है, पर बरसों से बेकार पड़ी थी। सबको उनकी तनख्वाह मिल रही थी, पर क्योंकि आईएफजी 105 एमएम का उत्पादन नहीं हो रहा था, इसलिए वे बैठकर ऑर्डर का इन्तजार कर रहे थे। मैंने आर्मी मुख्यालय से कहा कि वे बीस साल पहले बोफोर्स के साथ हुए तौप सौदे से सम्बन्धित सारे दस्तावेज खोद निकालें। जो सच सामने आया वह हैरान कर देने वाला था।

"बोफोर्स सौदे में यह भी प्रावधान था कि हमें यह तोप भारत में लाइसेंस के तहत बनानी थी। बोफोर्स को जो पैसा दिया गया था, उसका एक बड़ा हिस्सा टेक्नोलॉजी के हस्तान्तरण के लिए था," मेरे अफसरों ने मुझे लौटकर बताया।

"तो...यह टेक्नोलॉजी किसके पास है?" मैंने पूछा, मुझे पक्का पता था कि यह तोप भारत में कभी बनाई ही नहीं गयी।

जब हमने पूछा तो, हमारे बेहद काबिल ओएफबी ने बताया कि टेक्नोलॉजी उनके पास जरूर थी, पर उन्होंने तोप कभी बनाई नहीं थी क्योंकि इसके लिए कभी किसी ने उनसे कहा ही नहीं।

"सेना बार-बार अपनी माँग ही बदलती रही," ओएफबी ने यह कहकर यह सफाई देने की कोशिश की कि क्यों उसने पहले कभी नहीं बताया कि वह पच्चीस साल तक इस योजना के खाके को धरे बैठा रहा था। "वे कैलिबर को 155/39 से बदलकर 155/52 करना चाहते थे।"

यह सब यकीन के काबिल नहीं था, पर जिस नासमझी से हम अपनी रक्षा

सम्बन्धी जरूरतों से निपटते रहे हैं उसके अनुरूप जरूर था। रक्षा मन्त्रालय ने शायद अपने ऊपर कीचड़ उछलने से बचने के लिए आर्मी मुख्यालय को जबलपुर की गन कोच फैक्ट्री से यह कहने से रोकने की कोशिश नहीं की कि वे चालू हो जायें और दो-एक नमूने बनाकर दिखायें। बात जब उजागर हो गयी तो, दो नमूने फटाफट बनाकर तैयार कर दिये गये और हाल में 2012 में हुए परीक्षणों में इस तोप ने बढ़िया काम किया है।

अभी तक डिजाइन के दूसरे पहलुओं पर ध्यान लगा रहे और अपने इस्तेमाल के लिए बढ़िया इमारतें और बुनियादी ढाँचा बना चुके डीआरडीओ ने अब सेना से कह दिया कि वे भी 155/52 बनाने पर विचार कर सकते हैं, और आखिरकार हम यही तो चाहते हैं।

इस बात की सख्त जरूरत है कि देश की खातिर कोई डीआरडीओ के काम पर नजर रखे और उसे झकझोर दे। आईएनएसएएस रायफल की मिसाल लें : जब इसे डिजाइन किया गया था तब जीएसक्यूआर यह था कि इसे नाटोमानक बॉडी आर्मर (कवच) को भेदने लायक होना चाहिए। तोप के मुँह की रफ्तार से एक अच्छी नली वाला सपाट पथ (ट्रैजेक्ट्री) बना। वैसे, इस हथियार के साथ दिक्कतें थीं, परन्तु इन्हें एक हद से आगे सुलझाने की कोशिश नहीं की गयी। जब बात आर ऐंड डी (अनुसन्धान और विकास) की आती है, वहाँ आयुध कारखाने बिल्कुल नाकारा होते हैं और डिजाइन और समाधान के लिए पूरे तौर पर डीआरडीओ पर निर्भर करते हैं। डीआरडीओ पुराने डिजाइन पर काम न करके कुछ नया ही डिजाइन करता है, क्योंकि नयी परियोजनाओं को बेहतर पैसा मिल जाता है।

इससे भी ज्यादा हैरत में डालने वाली बात तो आगे होने थी। ट्रांसफॉर्मेशन स्टडी के दौरान, हासिल की जाने वाली चीजों को देखते हुए पहले बीईएमएल और टैट्रा ट्रक पर गौर कर लेने के बाद, मैंने खासकर इसलिए और ज्यादा जानकारी माँगी क्योंकि लगभग सात सौ अतिरिक्त वाहन आर्मी मुख्यालय की हरी झंडी के इन्तजार में थे।

बुनियादी तौर पर, ये अच्छे वाहन थे जिनमें स्वतन्त्र सस्पेंशन की सुविधा थी, जिससे उनका इस्तेमाल कैसी भी जगह में आसानी से हो सकता है। तब भी (1980 के दशक की शुरुआत में), ऐसा लगा था कि सौदा पक्का करने के लिए जीएसक्यूआर में हेरा-फेरी की गयी थी। सस्पेंशन के अलावा, टैट्रा का सौदा इस वजह से भी पक्का हो गया कि इन वाहनों में एयर-कूल्ड इंजन थे। इस बात को दी गयी अहमियत कुछ ज्यादा ही लगती थी। क्यूआर ने कहा था कि इन वाहनों का इस्तेमाल क्योंकि रेगिस्तान में भी होगा इसलिए एयर-कूल्ड इंजन पसन्द किये गये क्योंकि वहाँ 'रेडियेटरों में डालने के लिए बिल्कुल भी पानी नहीं होगा'। एयर-कूल्ड इंजन काफी बड़े थे और सौदा हो जाने पर, किसी स्तर पर कहीं चेक लोगों ने बदलकर

छोटे रेनाल्ट इंजन लगा दिये। परन्तु बीईएमएल भेजे जा रहे वाहनों की असेम्बली लाइन उन दलालों की मेहरबानी से नहीं बदली गयी जिन्होंने इन्हें बीईएमएल को ही सप्लाई कर दिया।

इसकी कोई तुक ही समझ में नहीं आ रही थी। बीईएमएल को हम अब भी वाहनों की लागत का लगभग चार गुना दिये जा रहे थे। इससे भी ज्यादा हैरत की बात यह थी बीईएमएल के चेयरमैन और मैनेजिंग डायरेक्टर बारह साल से सर्वेसर्वा बने हुए थे, और अपने सम्पर्कों के बल पर उन्होंने बहुत सारे 'मददगार' दोस्त बना लिए थे। दबी जबान यह भी कहा जाता था कि पीएमओ के एक वरिष्ठ नौकरशाह को बीईएमएल हाउसिंग सोसाइटी में प्लॉट दिये गये थे और योजना आयोग के एक आला अधिकारी का बेटा लगभग एक साल से बीईएमएल के अतिथि कक्षों में रह रहा था।

"बहुत ज्यादा सवाल मत पूछिए, सर," प्राप्ति (प्रोक्योरमेंट) के धन्धे के जानकारों ने मुझसे कहा था। "यह सिलसिला पीएमओ के एक बहुत बड़े अधिकारी तक जाता है।"

"सात सौ वाहनों में से मुझे उन वाहनों की सूची चाहिए जिनकी खरीद बेहद जरूरी थी," मैंने एमजीओ विनय शर्मा से कहा, "फाइल को तभी हरी झंडी दिखाना जब हमें साफ-साफ यह पता चल जाये कि हो क्या रहा है। चीफ के ऑफिस की मंजूरी के बिना कोई फैसला नहीं लिया जायेगा। इस बकवास धोखाधड़ी को रोकना होगा।"

केवल बीईएमएल और टैट्रा ही नहीं, पब्लिक सेक्टर के तकरीबन सभी संस्थान ऐसे ही बेतुके तरीके से काम करते हैं। सरकार चाहती है वे मुनाफा दिखाएँ, और वह तब तक मुमकिन नहीं होगा जब तक वे कारोबार के आम ढर्रे पर चलेंगे। इसलिए, बरसों के दौरान, उन्होंने झूठे 'दाम तय करने' का एक तौर-तरीका निकाल लिया है, जिससे उन्हें ऐसा करने का मौका मिल जाता है। सही दिमाग वाला कोई और व्यक्ति इन दामों को मंजूर करेगा नहीं, इसलिए वे बाबुओं के जरिये सशस्त्र बलों को झाँसे में ले लेते हैं।

हालाँकि मैंने अपनी राय को कमोबेश अपने तक ही सीमित रखा था, फिर भी चर्चा होने लगी थी, क्योंकि हम कुछ सवाल खड़े कर रहे थे। एक वरिष्ठ नौसेना अफसर, एनडीए के एक पूर्व कमांडेंट, ने नागरिक-सैनिक सम्बन्धों पर बोलते हुए, यहाँ तक कह दिया कि मैं मौजूदा व्यवस्था को खतरे में डाल रहा था। उनका कहना था कि मैं अनाड़ीपन से काम कर रहा था और इसकी वजह यह थी कि मैंने पहले कभी आर्मी मुख्यालय में आला ओहदों पर काम नहीं किया था। 'आप सिस्टम को मात नहीं दे सकते', जगह-जगह से यही राग सुनाई दिया। मेरी समझ में नहीं आ रहा था कि वे मुझसे चाहते क्या हैं। सच में तो मुझे हैरानी हो रही थी क्या ऐसे

सारे के सारे सीनियर अफसर अपना सम्मान का जज्बा खो चुके हैं।

सेब का पेड़

मिलिट्री असिस्टेंट (एमए) मेरी रोज की मुलाकातों का ख़याल रखता था। समय पर सब कुछ करना एक बड़ी चुनौती होती थी, क्योंकि आर्मी मुख्यालय का कोई न कोई हमेशा इन्तजार करता होता था। मुझे यह कतई अच्छा नहीं लगता था कि कोई अफसर इन्तजार करे। जल्दी ही दूसरों की समझ में भी आ गया कि इधर-उधर की गपशप में समय खराब करने में कोई तुक नहीं थी। मैं अपने आपसे यही कहता रहता था, फैसला लो। अगर किसी वजह से कभी कोई गलती मुझसे हो जाती है तो, जब तक हमारे मकसद और लक्ष्य स्पष्ट हैं, वह गलती खुद ठीक हो जायेगी।

हाल में रिटायर हुआ एक अफसर, जिसे मैं 'बिचौलिया' कहूँगा, 22 सितम्बर 2010 को 11.00 बजे मेरे पास आया। वह दो महीने पहले जनरल के ओहदे से रिटायर हुआ था। पहले मेरी उससे बहुत कम बातचीत हुई थी। सेना में रहते हुए यह 'बिचौलिया' एक-दो बार मेरे पास ऑफिस में काम से आया था। रिटायरमेंट के बाद वह सेना से जुड़े एक संगठन में नौकरी पाने की उम्मीद कर रहा था और मुझे लगा वह उसी सिलसिले में मुझसे मिलने आ रहा था। कुछ इधर-उधर की बातों के बाद, 'बिचौलिया' अपने मतलब पर आ गया।

"आपके पास टैट्रा की एक फाइल है। यह फाइल पास हो जाये तो, आपको चौदह करोड़ रुपये मिल जायेंगे।"

मैं उसे देखता रह गया। जैसे किसी ने आपके पेट में घूँसा जड़ दिया हो। 'बिचौलिया' मुझे गौर से देख रहा था।

"आप गुस्सा न हों, सर," वह बोला। "आपके पहले भी लोग बाग लेते रहे हैं, आपके बाद भी लोग बाग लेते रहेंगे।"

"मेरे ऑफिस से निकल जाओ," मैंने जैसे-तैसे उससे कहा, "निकल जाओ और फिर कभी मत आना।"

अपने पूरे सेवा-काल में मुझे कभी ऐसी स्थिति का सामना नहीं करना पड़ा था। मेरे सामने एक ऐसा व्यक्ति था जिसने अभी-अभी वर्दी उतारी थी, जिसे देश ने सम्मान दिया था जिससे वह अपने कॉलर पर स्टार लगा सका था। वह एनडीए, आईएमए से निकला था और हममें से कितनों की तरह भारतीय सेना का हिस्सा रहा था। इससे छोटा मैंने अपने आपको जिन्दगी में कभी महसूस नहीं किया था। मेरा सिर चकरा रहा था। मैंने जेपी को फोन घुमाया और कहा, "देखो आरएम अपने ऑफिस में हैं क्या। मुझे उनसे मिलना है, अभी इसी वक्त।"

लंचटाइम के आसपास मैं आरएम के ऑफिस में पहुँचा। मैंने उन्हें बिचौलिए वाली घटना बताई। एके एंटनी ने हथेलियों में अपना चेहरा छिपा लिया, और फिर

नजरें उठायीं और अपने माथे को थपथपाया।

"माननीय मन्त्री महोदय," मैंने बहुत सतर्कता से अपने शब्द चुनते हुए उनसे कहा, "अगर आपको लगता है, अगर सरकार को लगता है कि मैं सिस्टम में चल नहीं पा रहा हूँ तो, मुझे बताइए और मैं अभी चला जाऊँगा। नहीं तो इस तरह की बकवास नहीं चलेगी। हम यह सब होने नहीं दे सकते।"

"हाँ, हाँ, हाँ..." आरएम को सूझ नहीं रहा था कि क्या कहें। "नहीं, नहीं, मुझे आपके काम का तरीका पसन्द है। कुछ नहीं करना, हमें होशियार रहना होगा।"

"मैं इन फाइलों को पास नहीं करूँगा," मैंने कहा।

"हाँ, हाँ, आप कार्रवाई करें।"

मेरे नजदीकी आका, आरएम, को जानकारी की जानकारी देने के अलावा, मेरे पास यही विकल्प थे कि मैं इच्छित सिफारिश को रोक दूँ और मेरे ऑफिस में उस अफसर के घुसने पर पाबन्दी लगा दूँ। फिर मैंने एमजीओ, और डीजीएसडी राजिंदर सिंह को पूछा। मैंने उनसे कहा कि मैं यह जानना चाहता हूँ कि हम सात सौ वाहनों की जरूरत पर कैसे पहुँचे। टैट्रा के अलावा मैं जानना चाहता था कि जमीन पर सही-सही और असल में कितनी जरूरत थी। बाद में तकरीबन 150 बेहद जरूरी वाहनों का ऑर्डर दिया गया। सात सौ की गिनती भी बनाई हुई निकली।

हम अपने काम पर लग गये। डेढ़ साल बाद, 'बिचौलिया' फिर सामने आ गया।

उस समय मुझे इसका इल्म नहीं था, लेकिन एक सबसे शर्मनाक घोटाले का पर्दाफाश होने की प्रक्रिया शुरू हो चुकी थी जिसमें नौसेना और थलसेना के (बिचौलिया समेत) कई सीनियर अफसर शामिल थे। कमांडर-इन-चीफ, वेस्टर्न नेवल कमांड, वाइस एडमिरल संजीव भसीन ने एक हफ्ते पहले चीफ ऑफ नेवी स्टाफ, निर्मल वर्मा, को पत्र लिखकर आरोप लगाया था कि सीनियर बाबुओं, नेताओं और सीनियर सैनिक अफसरों ने डिफेंस की एक मौके की जमीन को हथिया लिया है।

सदर्न आर्मी कमांडर, प्रदीप खन्ना, को इस मामले की जाँच को कहा गया था। कुछ बरसों से, सेना के भीतर यह चर्चा थी कि मुम्बई के इन्फैंट्री मेस के सामने की डिफेंस की जमीन को हड़प लिया गया और वहाँ फ्लैट बनाने की तैयारी है।

प्रदीप खन्ना ने यह रिपोर्ट मुझे दी। "हमने जानबूझकर दो पूर्व प्रमुखों के नाम नहीं लिए हैं," प्रदीप ने कहा, "हालाँकि अफसरों की पूरी फेहरिस्त एक अलग दस्तावेज में नत्थी है।"

रिपोर्ट केवल निन्दनीय नहीं थी बल्कि यह बदनामी भरी और घिनौनी भी थी। इसमें केवल डिफेंस के एस्टेट अफसर ही नहीं बल्कि वे सारे अफसर भी शामिल थे जो इस गन्दी योजना को रोकने की सामर्थ्य रखते थे, उसे रोक सकते थे। सुकना कांड की तरह, जहाँ यह दावा किया गया था कि वहाँ स्कूल बनाया जा रहा है, आदर्श हाउसिंग स्कीम में भी यही पर्दा बनाकर रखा गया था कि यह कारगिल की

विधवाओं के लिए किया जा रहा है। मैं उस इलाके से परिचित था। जब यूनिट मुम्बई में थी, 25 राजपूत अफसरों का मेस उस प्लॉट के सामने था जिसे हथिया लिया गया था। हालात इसलिए बदतर थे कि यह इमारत बहुत ऊँची थी और वहाँ से नौसेना और थलसेना की लगभग हरेक यूनिट का साफ नजारा दिखाई देता था। कोई भी बता सकता था कि यह सुरक्षा के लिए बड़ा खतरा है।

मैंने साथ लगी फेहरिस्त को पढ़ा। मैं जानता था कि अखबार वालों को अब कभी भी इसमें शामिल नामों की भनक लग जायेगी और उसके बाद सेना छुपती फिरेगी। मेरी सबसे बड़ी चिन्ता यह थी कि मैं उन जवानों और जूनियर अफसरों को क्या बताऊँगा जो इस खबर को टीवी चैनलों और अखबारों की सुर्खियों में छाया देखेंगे। दूर-दराज जगहों में बैठे, रात-दिन अपने को छुपाये, और सीमा की हिफाजत में सूरज ढलने के बाद बाहर निकलने वाले, देश की रक्षा करते, और अपनी आस्था के लिए कोई भी कीमत चुकाने को तैयार ये तमाम जवान इस 'ताजा खबर' में डूब जायेंगे। इसमें 'कारगिल की विधवाओं' की बात शामिल होने से यह मामला और भी निन्दाजनक हो जाता था। अपने ऑफिस में मैंने अपने आपको इतना अकेला कभी महसूस नहीं किया था। एंटनी की तरह, मैं भी यहाँ अपना सिर पकड़े बैठा था।

रिपोर्ट मन्त्रालय पहुँच गयी। एक नौसेना प्रमुख और दो सेना प्रमुखों के नामों को ज्यादा देर तक छुपाकर रखना मुमकिन नहीं था। बहरहाल, उन तीनों ने फौरन एक बयान जारी कर उनके नाम आबंटित किये गये फ्लैटों को लौटाने की पेशकश कर दी। देश के भीतर, शब्दकोश को विस्तार मिल गया, और 'आदर्श' ऊँची जगहों में व्याप्त भ्रष्टाचार का एक और पर्याय बन गया। हाउसिंग घोटाले में महाराष्ट्र के मुख्यमन्त्री के परिवार और कई वरिष्ठ बाबुओं के कथित तौर पर शामिल होने की बात ने हमारी उत्तेजना को कुछ शान्त कर दिया। दिसम्बर तक, मुख्यमन्त्री ने अपना इस्तीफा दे दिया।

x x x

नवम्बर में किसी ने मुझे बताया कि मेरे जन्म के साल की बाबत कोलकाता और दिल्ली से एक-एक अर्जी आरटीआई के तहत लगायी गयीं है। जब से दीपक कपूर ने वादाखिलाफी की और इस मुद्दे को सुलझाने से पीछे हट गये थे, मैं खीझकर इस पूरे मामले से हट गया था। बाद में मैं ट्रांसफॉर्मेशन स्टडी में और फिर चीफ के नाते अपने कामों में इतना व्यस्त हो गया कि मैंने किसी और विषय पर सोचना ही छोड़ दिया। प्रोवोस्ट मार्शल के अधीन इन मामलों को देख रहे एक अनुभाग ने इन अर्जियों को प्राप्त किया और माकूल जवाब के लिए फाइल को एजी ब्रांच भेज दिया क्योंकि अफसरों की उम्र से सम्बन्धित सारे रिकॉर्ड वही सँभालते हैं।

उस समय, पूरा खेल विपक्ष के पाले में खेला जा रहा था। टैट्रा को लाल झंडी

दिखा दी गयी थी और मैंने आरएम से कह दिया था कि आर्मी मुख्यालय फाइल को तभी पास करेगा जब हम अपनी जरूरतों की नये सिरे से समीक्षा कर लेंगे। हालाँकि मन्त्रालय ट्रांसफॉर्मेशन स्टडी के अमल को लटकाये जा रहा था, फिर भी सेना ने उन अमल लायक मुद्दों को लागू करना शुरू कर दिया था जिनमें मन्त्रालय की भूमिका नहीं थी। सबसे अहम बात, आर्मी मुख्यालय डिप्टी चीफ जेपी सिंह के अधीन बेहद सक्रियता से रुकावटों और बाधाओं की पहचान में जुटा था, और प्राप्तियों से सम्बन्धित हमारे सारे प्रस्ताव आगे बढ़ रहे थे, और आखिर में, आदर्श हाउसिंग घोटाले में सीनियर अफसरों और पूर्व प्रमुखों की संलिप्तता के बावजूद, सेना कुछ भी छुपाने नहीं जा रही थी।

एजी ब्रांच ने एमएस ब्रांच से पता किया तो उसे यह जानकारी मिली कि दोनों महकमों के सारे रिकार्डों में एक ही साल दर्ज था, हालाँकि एमएस ब्रांच मुझे लेफ्टिनेंट जनरल के लिए स्वीकार किये जाने के बाद से ही इस मामले में अपनाये गये रुख की वजह से शर्मिन्दगी की हालत में था। यह मामला क्योंकि मुझसे ही जुड़ा था, इसलिए जाहिर था कि मैं इसमें कोई फैसला नहीं दे सकता था; मैंने इसे रक्षा मन्त्रालय से जुड़े कानून मन्त्रालय के अफसर की अध्यक्षता वाली रक्षा मन्त्रालय की कानून शाखा को भेज दिया।

कानून अधिकारी ने अपनी टिप्पणियाँ लिखीं और फाइल कानून मन्त्रालय भेज दी, जहाँ कई लोगों ने इसे देखा, और यह एक साधारण व्यवस्था के साथ आखिरकार वापस आ गयी : 'सम्बन्धित अफसर की आयु का फैसला स्कूल लीविंग सर्टिफिकेट से होगा।' यह दस्तावेज अब भरतपुर की प्राचीर पर लगे कटे-फटे झंडे-सा दिखने लगा था, क्योंकि इसकी प्रामाणिकता, वैधता, शुद्धता और कार्बन डेटिंग बिड़ला पब्लिक स्कूल, राजस्थान एजूकेशन बोर्ड और भगवान जाने और किस-किससे मिलाई गयी थी।

एजी ब्रांच ने अब कानून मन्त्रालय की राय बताते हुए रक्षा मन्त्रालय को लिखा : अफसर के जन्म का साल 1951 ही रहेगा क्योंकि जब अफसर को कमीशन मिला तब से यही उनके रिकॉर्ड में था। मैंने आरएम से मिलने का समय माँगा और उन्हें कानून मन्त्रालय के फैसले की जानकारी दी। मैंने मन्त्री महोदय से गुजारिश की कि वे रक्षा मन्त्रालय से नियम का पालन करते हुए इस मामले का स्थायी समाधान करने को कहें। मैंने यह भी कहा कि अगर वे चाहें तो मैं यह वचन देने को तैयार हूँ कि मैं मई 2012 में इस्तीफा दे दूँगा।

"नहीं, नहीं, हम इसे देखेंगे," एंटनी बोले। कुछ सेकंड बाद उन्होंने कहा—"हम इसे अटार्नी जनरल के पास भेजेंगे।"

मैं यह सोचता हुआ वहाँ से चला आया कि पता नहीं रक्षा मन्त्रालय आगे क्या करेगा। अगले कुछ घंटों में क्या होगा यह अन्दाजा भर था, इसलिए यह कहना काफी होगा कि अटार्नी जनरल को दो सवाल दिये गये। सवाल इतने मामूली थे कि

असल में इन्हें देश के सबसे आला कानून अफसर के पास भेजना उनकी बेइज्जती थी, क्योंकि कोई दो साल का बच्चा भी उनका जवाब दे सकता था।

सवाल 1—क्या कोई अफसर अपनी जन्मतिथि बदल सकता है?

सवाल 2—क्या इससे 'पूर्व निर्धारित उत्तराधिकार के क्रम पर प्रभाव पड़ेगा?'

इन सवालों का जवाब क्रमशः नहीं और हाँ था। वैसे, अटार्नी जनरल ने इसमें यह और जोड़ दिया था कि 'किसी भी परिस्थिति में उत्तराधिकार के क्रम को बदलना नहीं चाहिए'। इसका क्या मतलब था, यह भारत के अटार्नी जनरल गुलाम ई वाहनवती के सिवाय और कोई नहीं बता सकता था।

आरएम ने मुझे अपने ऑफिस में बुलाकर बताया कि अटार्नी जनरल ने क्या कहा है। मैंने हँसकर कहा कि अगर सवाल ही इस ढंग में रखे गये तो और क्या उम्मीद की जा सकती थी। और फिर, सेना या नौसेना या वायुसेना में 'उत्तराधिकार का क्रम' कब से होने लगा?

यह बेतुका नाटक अब एक और मोड़ ले रहा था। भारत सरकार के मुताबिक सेना प्रमुख का कार्यकाल उसके पद ग्रहण के दिन से तीन साल तक, या फिर 62 साल का होने के महीने के अन्त तक होता है। और, मैं था कि बार-बार आरएम से कहे जा रहा था कि अगर सरकार ऐसा चाहती है तो, मैं मई 2012 के अन्त में छोड़ दूँगा, बस बेबात का तमाशा बनाना बन्द करें।

"किसी स्वतन्त्र संस्था की राय क्यों नहीं लेते आप?"

"नहीं, नहीं," आरएम ने कहा, "बस अटार्नी जनरल।"

मुझे ऐसा लगने लगा था कि मैं वापस पुंछ में हूँ और हर दिन चौकी से आना-जाना किये जा रहा हूँ जबकि मेरे खिलाफ मामला बनाने की हर सम्भव कोशिश की जा रही थी। जिन लोगों ने आरटीआई की अर्जियाँ लगायी थीं, उन्हें पता था कि उन्हें बस एक कंकड़ फेंकना था और उससे उठने वाली लहरें बाकी सब कर देंगी। जब मैंने सुकना कांड में जाँच का आदेश दिया था, उस समय रेजीमेंट के एक सीनियर अफसर ने कहा था—"सोच लो, यह चीज कभी भी प्रूव नहीं हो सकती। इधर-उधर से निकल जाते हैं, उलटा तुम्हारे पीछे भेड़ियों के जैसे आयेंगे।"

खंजर निकल रहे थे। पुंछ और अब में खास फर्क यह था कि अब मैं जूनियर अफसर वर्दियों की भीड़ में एक अनाम चेहरा नहीं रह गया था। अब मैं भारतीय सेना का प्रमुख था और इस ताकत में ही मेरी कमजोरी छुपी थी।

अब मुझे इस ओहदे पर इतना ज्यादा वक्त हो गया था कि मैं जान सकता था कि हकीकत में हो क्या रहा है। मैं जानता था मुझे वहम की बीमारी नहीं थी, बल्कि जो कुछ भी हो रहा था उनके बीच नाजायज ताल्लुक था। सुकना, आदर्श, टैट्रा, हथियार सौदे : सबमें वही लोग शामिल थे; हलके अलग थे, उनके हित एक-दूसरे को काटते थे, फिर भी अन्दर से एक-सा मकसद उनको सहारा दे रहा था। मेरे

लिए यह सच का पल था। मैं उसके समर्थन में खड़ा था जिसे मैं सही समझता था; मैं भाग सकता था, रेत में अपना सिर गड़ाकर वह सब भूल सकता था जिसे हमने करने की कोशिश की थी या करने की कोशिश कर रहे थे। या, मैं खड़ा होकर इससे जूझ सकता था, जबकि मुझे पता था कि कामयाबी की सम्भावनाएँ बहुत कम थीं। मुझे यह भी पता था कि अगर मैंने खोद-बीन की तो यह लड़ाई मुझे अकेले लड़नी पड़ेगी। मेरा अपना संगठन मेरे पीछे कुछ देर के लिए खड़ा होगा, लेकिन धीरे-धीरे हर व्यक्ति को उसके अपने भविष्य की रक्षा करनी होगी। 'उत्तराधिकार का क्रम' मेरे मामले में सिस्टम का पहले ही ध्रुवीकरण कर चुका था।

मैं जब-जब भी जिस भी टुकड़ी में गया, मैंने अफसरों और जवानों को सम्बोधित किया। सभी मौकों पर, मैंने उनसे प्राप्तियों और हमारे सामने पेश समस्याओं के बारे में खुलकर बात की। मैं चाहता था वे सिस्टम को समझें और यह भी समझें कि हम इसके खिलाफ खड़े होकर कैसे इससे लड़ने की कोशिश कर रहे हैं। मैं उनसे कहता था कि वे इसमें अपना अंशदान दें और इसके लिए यह पक्का करें कि वे सेना के संस्कारों को बनाकर रखेंगे और अपने काम पर ध्यान लगाएँगे। 'किसी ने आने वाला कल नहीं देखा, इसलिए बस अपने आज पर ध्यान लगाएँ। अपना काम ईमानदारी से करें, आपको मान्यता मिलेगी। आपको अपने सहकर्मियों और अपने साथियों को लाँघने के लिए कोई नादानी करने की जरूरत नहीं है।'

सिस्टम को अपने हिसाब से चलाया जा रहा है और इसके तार देश के कुछ सबसे ताकतवर लोगों के हाथ में हैं, यह स्पष्ट है। मुझे पता था मेरे विकल्प खत्म हो रहे हैं। मैं अपने आपको सिस्टम से भिड़ने की कोशिश करने वाला वीर-बहादुर नहीं समझ रहा था, और मैं इसे आज के डेविड (लघु-आकार) और गोलियथ (दैत्याकार) की लड़ाई भी नहीं मान रहा था। मेरे लिए, यह एक आसान फैसला था। या तो मैं पलटी खा जाता और फिर कभी संगठन, अफसरों और जवानों से आँख मिलाने के लायक नहीं रह जाता। या फिर, मुझे जिसमें यकीन है मैं उसकी हिमायत में खड़ा होता, भले ही मैं अलग-थलग पड़ जाता और अकेले अपनी इज्जत की लड़ाई लड़ता रहता। मुझे नहीं लगता कि इस मामले में मेरे लिए कभी कोई विकल्प भी था।

हितैषियों ने भारत के चार रिटायर्ड चीफ जस्टिसों की राय ली। उनकी एक राय थी कि किसी व्यक्ति की आयु प्रमाणित करने के लिए स्कूल का प्रमाणपत्र ही अन्तिम अथॉरिटी था, और इसकी प्रामाणिकता में क्योंकि कोई शक नहीं था, इसलिए इस मामले को यहीं खत्म हो जाना चाहिए। मैंने एक पिटीशन (याचिका) तैयार की, चारों पूर्व चीफ जस्टिस की राय उसमें लगायी, और उसे आरएम को भेज दिया। उसकी नकल राष्ट्रपति, और प्रधान मन्त्री कार्यालय को भी भेज दी। शायद एक हलकी-सी उम्मीद थी कि किसी को तो तुक, तर्क, और देश का कानून दिखाई देगा।

पहले साल का अन्त

मार्च 2011 में, बाबुओं के राज की और तमाम समस्याओं के बावजूद, आर्मी मुख्यालय को इस बात से काफी तसल्ली मिली थी कि हमने अपने बजट का पूरा इस्तेमाल कर लिया। अपनी कामयाबी से हिम्मत जुटाकर, हमने तय किया था कि 2011-2012 के बजट के लिए हम भाग्य भरोसे कुछ नहीं छोड़ेंगे, और नया वित्तीय वर्ष शुरू होने से दो महीने पहले हमने अपने सारे नये प्रस्ताव तैयार कर लिए थे। रक्षा सचिव को आने वाले वित्तीय वर्ष के लिए 106 प्रस्तावों की सूची दी गयी। हम अब यह सोच रहे थे कि बाबू लोग और रक्षा वित्त (डिफेंस फाइनेंस) भी इस बात से खुश थे कि आखिर हमने परम्परा को तोड़ दिया। आखिरकार, कम से कम इस मोर्चे पर, हमारे खयाल से हम कुछ तरक्की कर रहे थे।

हमारी यह सोच सही नहीं थी। मेरे पहले साल के दौरान, हमने बाबुओं को गफलत की हालत में पकड़ लिया था, और इसका नतीजा चमत्कार के रूप में सामने आया था। अप्रैल के महीने में, संयुक्त सचिव (ऐक्वीज़िशन्स) को चुपचाप बाहर नियुक्त कर दिया गया। अगले सात महीनों, उनकी जगह किसी को नहीं रखा गया। नौ महीनों तक, सारे प्रस्ताव फाइलों में ही पड़े रहे और उन्हें खोला तक नहीं गया, क्योंकि मन्त्रालय में और कोई भी नहीं था जो प्रक्रिया को शुरू कर सकता या करता। उस समय, हमें कुछ भी अन्दाजा नहीं था कि कैसे क्या होगा, लेकिन जैसे-जैसे दिन बीतते गये और हफ्ते महीनों में बदल गये हमें यह समझ में आने लगा कि हमारे साथ क्या होने वाला है।

रक्षा बजट में, ऐक्वीज़िशंस के लिए तय पैसा, मेरी भाषा में, 'अनियोजित' (अनप्लांड) बजट होता है। काल्पनिक आँकड़ों के साथ, इस पर विचार करें; साल के शुरू में, सरकार 'ऐक्वीज़िशंस' के लिए ₹ 10,000 करोड़ देती है जिसके लिए सर्विसेज मुख्यालय से प्रस्ताव पेश करने की अपेक्षा की जाती है। पिछले कुछ दशकों में, ऐसा एक साल भी नहीं गया होगा जब आर्मी मुख्यालय इस पैसे के शत प्रतिशत उपयोग के लिए प्रस्ताव नहीं दे पाया। फिर भी, यह बात हैरत में डालने वाली है कि सेना एक बार भी उस सारे पैसे का उपयोग नहीं कर पायी, जिसे वित्त मन्त्रालय हर बार 'अप्रयुक्त' कोश के तौर पर पुनर्विनियोजित (रिएप्रोप्रिएट) कर देता है। हर वित्त वर्ष के अन्त में, सरकार जायजा लेती है कि कितने प्रस्ताव पूरे हो गये और कितना पैसा 'अनखर्चा' रहने की सम्भावना है। इस देश की जनता के साथ होने वाला यह सबसे बड़ा धोखा है। यहाँ यह सवाल पूछना चाहिए—यह पैसा जाता कहाँ है?

हर साल, हर सरकार विभिन्न लोक लुभावन कार्यक्रमों की घोषणा करती है। ये कार्यक्रम कैसे चलाये जाते हैं? पैसा कहाँ से आता है? बजट में इसकी परवाह नहीं की जाती। सिद्धान्त रूप में, सरकार के दूसरे विभाग भी अपने अनखर्चे पैसे छोड़ देते हैं, पर उनमें से अधिकांश में 'अनियोजित' रकम बहुत कम होती है।

इसलिए, पहला शिकार डिफेंस बजट होता है जिसे पुनर्विनियोजन के लिए उपलब्ध वस्तु माना जाता है।

डिफेंस में अकाउंट्स का काम करने वालों को 'सलाहकार' होना चाहिए, उन्हें असल कमांडरों जैसा बर्ताव नहीं करना चाहिए। अनियोजित खर्च पूरा करने के लिए सरकार को दरकार रकम के हिसाब से, समय-समय पर नियम से एक 'एडवाइजरी' जारी की जाती है। उसी के मुताबिक, ऑब्जर्वेशन की बाढ़ आ जाती है, जिनमें से कई तो इतनी मूर्खतापूर्ण होती हैं कि पूरी प्रक्रिया एक बहुत बड़ा स्वाँग प्रतीत होती है।

एक बार सिस्टम की सफाई कर देने के बाद, जब बाबू लोग सँभलकर जायजा लेते हैं, फिर किसी किस्म का कोई जोखिम नहीं लिया जाता। जब संयुक्त सचिव (ऐक्वीज़िशन्स) का सुरक्षित तबादला कर दिया गया, और उनकी जगह किसी और की नियुक्ति की सम्भावना नहीं दिखाई दी तो, हम बस यही कर सकते थे कि इन्तजार करो और देखो। दो-तिहाई साल बीत जाने पर, मीडिया ने वफादारी से बाबुओं की इन पाखंडपूर्ण भावनाओं को दिखाना शुरू कर दिया कि सेना का पूरा बजट अनखर्चा रह गया था। कुछ खबरों में तो यहाँ तक कह दिया गया कि सेना प्रमुख अपनी आयु बदलवाने को इतने उतावले हैं कि प्रस्तावों पर विचार नहीं करने के लिए वही जिम्मेदार हैं। भारत सरकार ने सुधार का रास्ता अपनाते हुए आखिरकार एक संयुक्त सचिव (ऐक्वीज़िशन्स) नियुक्त कर दिया। साल बीतते-बीतते, 106 प्रस्तावों में से केवल आठ ही पूरे हो पाये और शुरुआती फंड में से 70 प्रतिशत का उपयोग नहीं हो पाया। मुझे पक्का यकीन है कि सत्ता में बैठे लोगों ने खूब जाम टकराये होंगे, जश्न मनाया होगा।

इसलिए यह कोई हैरत की बात नहीं है कि कारगिल युद्ध के दौरान बाबू लोग नोटों भरे सूटकेस लेकर गोला-बारूद के लिए दुनिया भर के चक्कर काट रहे थे। अधिकांश मामलों में, हमने 'इमर्जेंसी खरीद' के मुकाबले कम से कम तीन गुना ज्यादा पैसे चुकाए।

वायुसेना और नौसेना में प्रोक्योरमेंट से जुड़े अफसरों के मुकाबले, हमारे सामने कुछ और भी अन्तर्निहित समस्याएँ हैं। खासकर अफसरों की कमी और 'फील्ड' और 'शान्ति' के कार्यकालों में सन्तुलन बनाये रखने की बुनियादी जरूरतों की वजह से, आर्मी के अफसरों को दिल्ली में अधिक से अधिक ढाई से तीन साल का कार्यकाल मिलता है। काम की बारीकियों को समझने में आराम से एक साल लग जाता है, इसलिए काम की क्षमता सीमित होती है। बरसों तक रक्षा मन्त्रालय से निपटने से यह पक्का हो गया है कि सेना की अपनी अन्दरूनी सोच में बाबुओं की सोच का अक्स दिखाई देने लगा है। आज जब डिफेंस फाइनेंस हर कमांडर के कन्धे पर बैठा है, हमारी अपनी अन्दरूनी कार्यप्रणाली भी विकृत हो रही है।

सेना बेबस होकर देखती रही और फन्दा उसके गिर्द धीरे-धीरे और लगातार

कसता चला गया। इंटिग्रेटेड फाइनेंशियल ऐडवाइजर (आईएफए) से उम्मीद की जाती है कि वह सम्भावित समस्याओं और बाधाओं को समझने में हरेक टुकड़ी की मदद करेगा। ऐसा तो हुआ नहीं, टुकड़ी के स्तर पर ही ये ऐडवाइजर न जाने कितनी ही बाधाएँ खड़ी कर देते हैं। इनसे निपटना होता है, जिसके बाद प्रस्ताव सम्बन्धित टुकड़ी के मुख्यालय से इस टिप्पणी के साथ बाहर आता है कि 'इस प्रस्ताव में आईएफए की सहमति है।' बहुत खूब। आपने अपने ऐडवाइजर के रुतबे को फैसला करने वाले की ऊँचाई पर पहुँचा दिया।

फिर भी, जूता दूसरे पाँव में होता है तो, सब कुछ बिजली सी तेजी से होने लगता है। मैं एक मिसाल दूँगा। आईएएफ की खोपड़ी में यह बात बैठ गयी कि सेना में जो 'बाबा आदम के जमाने की' वारंट व्यवस्था है उसे बदल डालने की जरूरत है। ड्यूटी या छुट्टी पर यात्रा कर रहे सैनिकों—अफसरों और जवानों दोनों—को वारंट दिये जाते हैं जिनके बदले स्टेशन पर वे टिकट ले सकते हैं। इस मौके पर, सेना की ओर से प्रस्ताव न रखा जाकर, आईएफए सेना मुख्यालय के लिए प्रजेंटेशन दे रहा था। यहाँ चर्चा 'ई-टिकटिंग' की थी और आईएफए चाहता था कि पूरी सेना जल्दी से जल्दी इस तरीके को अपना ले।

प्रजेंटेशन बहुत आकर्षक था और उसमें बड़े-बड़े शब्दों की भरमार थी। फिर भी, उसमें एक बहुत बड़ी खामी थी जो शायद इंटिग्रेटेड डिफेंस फाइनेंस के सतर्क बाबुओं से छूट गयी थी। हमारे नब्बे फीसदी लड़के देहाती इलाकों से थे और जिन ई-टिकटों की बात हो रही थी वे भारतीय रेलवे की मौजूदा कंप्यूटर टिकटिंग ग्रिड पर आधारित थे जिसके दायरे में इनमें से अधिकांश देहाती इलाके नहीं आते थे।

इस 'ऑब्जर्वेशन' से प्रभावित न होते हुए, इंटिग्रेटेड फाइनेंस ने यह सुझाव दिया कि ई-टिकटों को ग्रिड पर पड़ने वाले सबसे नजदीकी स्टेशन तक किया जा सकता है। यह सुझाव हास्यास्पद और अपने ही मकसद को बेकार करने वाला था। किसी भी जगह से अपने गाँव, मान लीजिए काला बकरा, जाने वाले सैनिकों को अब उस ग्रिड पर पड़ने वाले सबसे नजदीकी स्टेशन यानी जालन्धर का टिकट लेना था। जालन्धर में, उसे ट्रेन से कूदकर काला बकरा का नगद टिकट लेना था। फिर उसे यह पैसा लौटाया जाता था, जिसके लिए उसे दावा करना होता था। मंजिल से जुड़ाव (कनेक्टिविटी), शुरुआती ई-टिकट खरीदने के लिए जरूरी क्रेडिट कार्डों की कमी जैसी दूसरी छोटी-मोटी दिक्कतों को तो काबिले-गौर ही नहीं समझा गया। दाँव पर तो वे अतिरिक्त पद थे जो इस प्रस्ताव से फाइनेंस के लोगों के लिए पैदा होने वाले थे और जिससे उन्हें अपने 'साम्राज्य' को और बढ़ाने का मौका मिलने वाला था।

अब राष्ट्रीय युद्ध स्मारक (नेशनल वॉर मेमोरियल) के मामले को ही लें। दुनिया में हम अकेले देश होंगे जिसने राष्ट्र के लिए अपनी जान देने वाले शहीदों को सम्मानित करने को सही नहीं समझा है। (इंडिया गेट के नीचे जल रही अमर

जवान ज्योति अंग्रेजों ने प्रथम विश्व युद्ध में मारे गये सैनिकों के लिए बनवाई थी।) मैंने आरएम को सुझाव दिया कि स्मारक के मुद्दे पर गतिरोध को तोड़ने के लिए हम विरोधग्रस्त लुटयन जोन के बजाय यमुना किनारे बनी समाधियों की तर्ज पर इसके लिए जगह देख सकते हैं। वे बहुत खुश हुए और उन्होंने फोन उठाकर किसी से मलयालम में बात की। फिर वे मेरी तरफ देखकर मुस्कुराए और बोले, "अच्छा आइडिया है। पीएमओ में जाकर टीकेए नायर से मिलें। यह अच्छा सुझाव है।"

मैंने जाकर नायर को इस प्रस्ताव के बारे में बताया। उन्होंने भी इसका स्वागत किया और कहा कि वे लोगों को इस काम पर लगा देंगे। उसके बाद कितनी ही बार वहाँ जाना हुआ पर कोई नतीजा नहीं निकला। हमेशा की तरह यह मामला भी दबावों की भूल-भुलैया, तमाम तरह के सीमा विवादों और इस अफसोसनाक मानसिकता में उलझकर रह गया कि इस मुद्दे का सरोकार सिर्फ सशस्त्र बलों से है। एक राष्ट्र के तौर पर हम कहाँ हैं? मेरा दृढ़ विश्वास है कि जो राष्ट्र अपने शहीदों और सैनिकों को भूल जाता है वह कभी महान नहीं बनता।

अफसर कोर

भारतीय सेना को आजादी के बाद से जिन समस्याओं का सामना करना पड़ा है उनमें एक सबसे बड़ी समस्या है अफसरों की जबरदस्त कमी। सेना में जितने अफसरों की मंजूरी थी, उनमें 1950 के दशक के दौरान भी लगभग 12 प्रतिशत की कमी थी। भारत-चीन और भारत-पाक की लड़ाइयों के बाद इस कमी को इमर्जेंसी और शॉर्ट सर्विस कमीशनों के जरिये दूर करने की कोशिश की गयी। परन्तु, यह कमी बढ़ती गयी और आज यह तकरीबन 25 फीसदी है। दिक्कत निचले स्तर पर, खासकर कैप्टन और मेजर के स्तर पर है। वैसे तो अधिकांश स्टाफ नियुक्तियाँ प्रभावित नहीं होती हैं, पर कभी उन अधिकांश बटालियनों और रेजीमेंटों को झेलनी होती है जिनकी तैनाती जमीन पर होती है। मसलन, एक नियमित पैदल बटालियन को बीसेक अफसरों की इजाजत होती है। आज, जमीनी हकीकत यह है कि ज्यादातर यूनिटें आधा दर्जन से कम अफसरों के साथ काम कर रही हैं।

यूनिटों की लड़ने की क्षमता को गम्भीर रूप में प्रभावित करने के अलावा, यूनिट के नियम-कायदों पर भी इसका गलत असर पड़ता है। होशियारी से तैयार किये गये अफसरों के संजाल से सीओ और शेष बटालियन का अन्तर पट जाता है, पर यह तो बहुत पहले ही जबरदस्त कमी का शिकार हो चुका है। एक नौजवान किसी बटालियन को रिपोर्ट करता है और उसे कमोबेश किसी कम्पनी की कमान सँभालने में धकेल दिया जाता है। उसे सीखने का कोई मौका नहीं मिलता, यूनिट के खास तौर-तरीकों को समझने का समय नहीं मिलता।

इस पर यकीन नहीं होता था कि इतने बरसों में इसका कोई हल नहीं मिला

था। इसके उलट कमी बढ़ती ही गयी। कभी-कभी, बरसों से बनी हुई समस्याएँ इतनी बड़ी जान पड़ती हैं कि कोई भी उन पर और ज्यादा गौर करना नहीं चाहता। हम यह मान लेते हैं कि सम्भव समाधानों की कोशिश की गयी है, परन्तु उनसे समस्या का हल नहीं निकला।

"हमें अफसरों की कमी को बिना किसी तामझाम के देखना चाहिए," मैंने अफसरों की एक टोली से कहा था। "हमारे सामने एक समस्या है; हमें इसे हल करने के तरीके ढूँढ़ने चाहिए।"

कुछ महीनों बाद, उस टोली ने आर्मी कमांडरों के सम्मेलन में एक प्रजेंटेशन दिया और इस मामले पर आगे चर्चा हुई और प्रस्तावित समाधानों को और दुरुस्त किया गया। आखिरकार, एक प्रस्ताव का ढाँचा तैयार कर लिया गया।

हर छह महीनों पर, एनडीए लिखित इम्तिहान के बाद तकरीबन तीन सौ कैडिट लेती है। लगभग छह-सात सौ लड़के एसएसबी पास करते हैं, जहाँ उन्हें एक न्यूनतम शारीरिक और मानसिक स्तर पर खरा उतरना होता है। एनडीए ज्यादा कैडिट नहीं ले सकती, इसलिए हमारे पास ऐसे तीन-चार सौ लड़के होते हैं जो सशस्त्र बलों में आने को, मानकों पर खरा उतरने को इच्छुक होते हैं, पर उन्हें घर भेज दिया जाता है।

प्रस्ताव आसान था—इन लड़कों को लो और उन्हें सेना के चुने खास कॉलेजों में रखो, उन्हें उन क्षेत्रों के विशेषज्ञ बनाओ जहाँ हमारे अनुसार हम उनका सबसे अच्छा इस्तेमाल कर सकते हैं। हर शैक्षिक सत्र के बाद, व्यक्ति को सैन्य ओरिएंटेशन का एक छोटा पाठ्यक्रम कराया जाता है। पढ़ाई पूरी होने के बाद, इन लड़कों को एक ओटीए (ऑफिसर ट्रेनिंग अकादमी) में एक साल की ट्रेनिंग दी जाती है और वहीं से उसे शॉर्ट सर्विस कमीशन दिया जाता है और छह साल काम करने की अपेक्षा की जाती है।

यह भी प्रस्ताव रखा गया कि इस ठेके वाली सेवा के तौर-तरीकों को हम दाखिले के सभी स्तरों पर समान रूप में लागू कर सकते हैं; इससे कुछ फर्क नहीं पड़ेगा कि वह एनडीए-आईएमए के रास्ते आया या सीधे दाखिल हुआ, या फिर किसी ओटीए से आया। सभी को बिना किसी भेद के छह साल का शॉर्ट सर्विस कमीशन दिया जाता है। छह साल हो जाने पर, उन्हें स्थायी कमीशन का विकल्प दिया जाना चाहिए। इस पड़ाव पर आकर, उन्हें मानसिक और शारीरिक दोनों प्रकार के कड़े से कड़े इम्तिहान दिये जायें, और उनमें से सबसे अच्छे व्यक्तियों को चुनकर सेना में करियर अफसरों के तौर पर रहने दिया जाये। यहाँ केवल कमी को पूरा करने की कोशिश नहीं होती, बल्कि आप पिरामिड सिस्टम से जुड़ी समस्याओं से भी निपट रहे होते हैं। सम्भावनाएँ अपार हैं; अगर अर्द्ध-सैनिक, पुलिस और प्रशासनिक सेवाओं के साथ तालमेल रखा जाये तो इससे नेतृत्व की कुल गुणवत्ता में काफी इजाफा किया जा सकता है।

हमारा प्रस्ताव ऐसा अनूठा नहीं था। दरअसल, दुनिया के ज्यादातर देश अपनी सेनाओं में ठेका पद्धति चलाते हैं। यूएस (अमेरिकी) आर्मी और वेस्ट पॉइंट को ले लीजिए। पढ़ाई पूरी कर लेने वाले (ग्रेजुएट) पाँच साल बाद छोड़कर जा सकते हैं, हालाँकि वेस्ट पॉइंट में अधिकांश पेशेवर सैनिक बने रहते हैं। हमारे अफसरों को शिक्षित करते रहने की जरूरत, यहाँ तक कि इस तालीम को वहीं बने रहकर सेना में काम करने के प्रोत्साहन के तौर पर इस्तेमाल करना भी, ये सब अन्तिम प्रस्ताव का हिस्सा थे।

आर्मी मुख्यालय ने प्रस्ताव को रक्षा सचिव के सामने पेश किया तो, उन्होंने इसके पन्ने पलटे।

"किस किस्म की तालीम मिलेगी उन्हें? हमें पता है किस किस्म के कॉलेज हैं," प्रदीप कुमार ने कहा, उन्हें फाइल देखने में भी जैसे बोरियत हो रही थी। "हम इस पर गौर करेंगे," उन्होंने आगे कहा, और उसे अपनी मेज पर एक तरफ रख दिया।

प्रस्ताव ने वहीं का वहीं दम तोड़ दिया। इसका कोई मतलब नहीं था कि फाइल के पीछे अफसरों की एक टोली की मशक्कत थी जिन्होंने इस समस्या के हर पहलू को विस्तार से समझा और एक ऐसे सम्भावित रास्ते की पहचान की थी जिससे केवल कमी की समस्या का ही समाधान नहीं होना था बल्कि उसके बाद की प्रगति के उतने ही गम्भीर मुद्दों से भी निपटना था। आर्मी कमांडरों का मिलाजुला ज्ञान भी बिल्कुल पहली रुकावट पर ही इस मान्यता के साथ ही इसमें मिल गया कि रक्षा सचिव, बाबू होने के नाते बेहतर जानते थे। इस अनिवार्य अन्तराल के बाद, भारतीय सेना के प्रमुख के नाते मैं बस आरएम को टोक ही सकता था कि वे रक्षा सचिव के नीचे आग जलाएँ जिससे प्रस्ताव का धुआँ उनके ऑफिस के बाहर निकले।

लगभग उसी समय, मैंने एजी ब्रांच से एक विस्तृत प्रस्ताव तैयार करने को कहा जिसका मकसद सहायक सिस्टम को खत्म करना था। किसी सैनिक के लिए किसी अफसर के घर में 'काम करना' तो अपमानजनक था ही, इससे इंसानी श्रम की भी बहुत बर्बादी होती थी। इससे खजाने पर भी बेतहाशा बोझ पड़ रहा था, जो हमारे सुझाये विकल्प से दो-तीन गुना ज्यादा था।

पाकिस्तान समेत तमाम देशों के सिस्टम देखे गये। एक बार फिर, प्रस्ताव व्यावहारिक और सरल था। यह भी इस मान्यता पर आधारित था कि देश की भलाई तुच्छ स्वार्थों से अधिक महत्त्वपूर्ण है।

पहला, इस प्रस्ताव में यह स्वीकार किया गया था कि भारतीय सेना के हर अफसर को एक साथी मिलना चाहिए जो पेशेवर दायित्वों को पूरा करने में उसकी मदद करे। शान्ति क्षेत्रों में, प्रस्ताव के मुताबिक, एक खास ओहदे से ऊपर के अफसरों को सेवक की जरूरत होती है, हर परिवार को असैनिक स्टाफ मिलना चाहिए (जिन्हें ट्रेड्समेन के तौर पर रखा जाये और एनईआरआरसीके के आधार

पर तनख्वाह दी जाये)। आज भी, महू जैसे स्थापित स्टेशनों में एक असैनिक बेयरा तीन-चार अफसरों की देखभाल करता है।

एक बार फिर, आर्मी मुख्यालय ने बाबुओं को जो प्रस्ताव सौंपा, उसे भी उबासी के साथ वही प्रतिक्रिया मिली कि 'हम इस पर गौर करेंगे'। हमेशा की तरह, फाइल पर कोई कार्रवाई नहीं हुई। आर्मी मुख्यालय में बैठे हम लोग बस सिर हिलाकर यही हैरान होते रह गये कि ऐसे संवेदनशील मुद्दों को ऐसे क्यों अटकाया जाता है।

एके एंटनी अच्छे इंसान हैं। 2011 में आरएम के ओहदे पर उनका सातवाँ साल था। उनकी स्पष्ट ईमानदारी से आकर्षित न होना मुश्किल बात है, क्योंकि एक व्यक्ति के तौर पर, वह तमाम अच्छे विचारों का बेहद खुलकर स्वागत करते हैं। कुछ कार्यक्रम उनके दिल के बहुत नजदीक हैं और वे उनकी कामयाबी के लिए हर मुमकिन कोशिश करते हैं, खासकर वहाँ जहाँ सैनिकों के कल्याण और मनोबल का सवाल होता है। बरसों से, हम जवानों का राशन अफसरों के बराबर करने की बात करते आ रहे थे। "उनमें कोई फर्क नहीं होना चाहिए। वे एक-सी जिन्दगी जीते हैं, एक-सा काम करते हैं—शायद शारीरिक तो और भी ज्यादा," मैंने उनसे कहा था, मैं भाँप रहा था कि शायद इस एक क्षेत्र में हम बाबुओं की चट्टान जैसी उदासीनता से पार पा सकते हैं।

"हाँ, हाँ। बिल्कुल बराबर होना चाहिए," आरएम ने रक्षा सचिव की ओर मुड़कर कहा, और रक्षा सचिव ने वहाँ का मूड भाँपते हुए इसे टाल देने का फैसला किया। अंडे, मांस और ताजा सब्जियों पर आने से पहले हमें कितने ही अवरोधकों को और तोड़ना था।

आरएम अमूमन साफ, स्पष्ट निर्देश देते थे। शर्म मुझ पर, मैं ही बाबू की तरह सोचने की कोशिश कर रहा होता था, उनकी अगली चाल का इन्तजार करता होता था। यह बेकार की कवायद होती थी, क्योंकि उनमें कोई तर्क, तुक और कॉमन सेंस नहीं होता था। फिर भी, जवानों के लिए बेहतर राशन और वर्दियों के मोर्चे पर, मुझे उम्मीद की किरन दिखाई देती थी।

एके एंटनी को बाबुओं से बेहतर और कोई नहीं जानता था। वे जानते थे कि मन्त्री महोदय भ्रष्टाचार के खुलकर खिलाफ थे, और वे उन्हें बहलाने में माहिर थे, वे गड़बड़ सौदों के लिए उनकी नफरत का लाभ उठाते थे। किसी भी माहौल में, आरएम का काम करने का तरीका बिल्कुल साफ होता था—अगर किसी प्रोजेक्ट को हरी झंडी दिखानी है तो, उसमें सबकी समान राय होनी चाहिए। अफसरों को लेने सम्बन्धी हमारा प्रस्ताव इसी प्रक्रिया से गुजरा। रक्षा सचिव ने, लाखों बार टोकने पर, आरएम से इस बारे में बात करने का फैसला लिया।

"प्रस्ताव तो ठीक है," सचिव ने कहा, "लेकिन कॉलेजों का चुनाव, विश्वविद्यालयों को पैसे की मंजूरी, यह सब मुश्किल है। इससे बदनामी हो सकती है।"

“बदनामी? नहीं, नहीं, हमें एक राय बनानी होगी”, ईमानदार मन्त्री ने कहा। (सर हम्फ्री, अलग हट जायें, असली चीज ये थे।)

एके एंटनी बेहद काबिल व्यक्ति थे जो केरल के मुख्यमन्त्री भी रह चुके थे। लेकिन वह बाबुओं के माफिया से हर बार नहीं जीत पाये। तमाम नेक इरादों के बावजूद, वह भी शिकार बने और बाबूगीरी की जंजीरों से मुक्त नहीं हो पाये। अगर लाल फीताशाही की जंजीरों को मन्त्री महोदय के ऑफिस से केवल दो साल के लिए हटा लिया जाता और उन्हें ट्रांसफॉर्मेशन स्टडी को अमली जामा पहनाने की खुली छूट दे दी जाती, और उस पर उन्हें बाँधने वाली टिप्पणियों को न रखा जाता तो, हमारे आधे मुद्दों का समाधान हो गया होता। इसके बजाय, पूर्व रक्षा सचिव विजय सिंह ने आधिकारिक तौर पर कहा, “केवल इसलिए कि यह वीके सिंह की स्टडी है, इसे क्यों हरी झंडी दी जाये?”

आधी चुनौती तो ऐसे सही लोगों का मिलना है, जिनकी ईमानदारी अहम मुद्दों को निपटाते समय न डिगे। मसलन, काडर की समीक्षा को ही ले लीजिए, जिन्हें दिखाने को तो सशस्त्र बलों की ‘बेहतरी’ के लिए किया जाता है पर हकीकत में इससे उनका बेहद नुकसान हुआ है। दिलचस्प बात यह है कि ये प्रस्ताव, जिन्होंने आगे चलकर सशस्त्र बलों के बुनियादी ताने-बाने और ढाँचे को और भी नुकसान पहुँचाया है, बाबुओं के बुने उलझाऊ मकड़जाल से निकलकर आये हैं जबकि और हरेक कमेटी या अध्ययन समूह की सिफारिशें झाऊ चूहे जैसी लगने लगती हैं क्योंकि वे ‘टिप्पणियों’ के वेश में जहरीले काँटों वाली होती हैं।

अंग्रेजों के जमाने में सीनियर पुलिस अधीक्षक को ‘पुलिस कप्तान’ कहा जाता था, उसके कन्धे पर लगे तीन स्टार उसे सेना के ‘कप्तान साब’ के बराबर का दर्जा देते थे। इसके अलावा, कुछ कप्तान पुलिस अफसरों के तौर पर डेपुटेशन पर चले जाते थे। लगभग उतने ही साल की सेवा कर चुका जिला कमिश्नर ज्यादा से ज्यादा एक मेजर साब के बराबर होता था। काडर समीक्षाओं में बिना सोचे-समझे वरिष्ठता को सेवाकाल पर आधारित न करके सारा जोर वेतनमान पर रखा जाता था। ‘मुझे तुमसे ज्यादा पैसा मिलता है, इसलिए मैं हर बात में बड़ा हूँ, प्रोटोकॉल में भी।’ यह तर्क लेकर तो अंबानी बन्धुओं को राष्ट्रपति की बग्घी में घूमना चाहिए।

मैं आधिकारिक तौर पर यह कहना चाहता हूँ कि पिछली कुछ काडर समीक्षाओं ने केवल उन लोगों को ऊँचे ओहदे हासिल करने में मदद की है जो ‘थिंक टैंक’ का हिस्सा थे। बाकी सब हलकी कर दी गयी मुसीबत है। एवी सिंह-II (अजय विक्रम सिंह कमेटी रिपोर्ट का चरण-II) में मुख्य ‘फाइटिंग’ सिस्टम से बाहर की हर चीज को बढ़ा दिया गया। सब-एरिया कमांडर अब मेजर जनरल हो गया और एरिया का जीओसी आज कॉलर और वाहन में तीन स्टार लगाकर घूमता है। सारे ‘फनी’ पद बढ़ा दिये गये और सेना ने धड़धड़ाते हुए इन प्रस्तावों को केवल मंजूर ही नहीं किया

बल्कि चार साल के अन्दर-अन्दर लागू भी कर दिया। जनरल विज, उस समय के चीफ, क्या सोच रहे थे? उन्होंने केवल इसे मंजूर ही नहीं किया, बल्कि इसके लिए जोर भी दिया। देखिए हुआ क्या है—सब-एरिया कमांडर असैनिक क्षेत्र में अब भी उन्हीं लोगों से निपट रहे हैं, और हुआ बस यह है कि अब उसी स्तर के मुद्दों को मेजर जनरल सुलटा रहे हैं। हमने नियुक्ति का दर्जा नहीं बढ़ाया है; हम एक पूरे पद का दर्जा घटाने में कामयाब हो गये हैं।

भारतीय सेना ने कुछ समय पहले निरन्तरता के मुद्दे पर एक फैसला लिया था, जिसमें कोर और आर्मी कमांडरों, दोनों की नियुक्ति करते समय 'रेजीडुअल सर्विस' (बची-खुची सेवा) को ध्यान में रखकर दिशा-निर्देश तय किये गये थे। एवी सिंह-II की मेहरबानी से, कोर कमांडरों का कार्यकाल बिल्कुल बेलगाम हो गया है, और कई तो एक साल भी पूरा नहीं करते कि उन्हें कहीं और भेज दिया जाता है। शुक्र है कि आर्मी कमांडर अपनी जगह दो साल रहते हैं, जिससे बदहवास चकरघिन्नी की हालत में कुछ तो स्थिरता आती है। हाल की घटनाओं से पता चलता है कि यह व्यवस्था भी मात खा रही है, पर 'निरन्तरता' के बारे में हमारे रक्षा मन्त्रालय को कौन समझाएगा?

मैं भाग्यशाली था, पर मेरा मामला अपवाद था—2 राजपूत के सीओ के तौर पर मुझे तीन साल मिले; 168 ब्रिगेड के कमांडर के तौर पर, सांबा में मेरा कार्यकाल दो साल नौ महीने था (यह मुख्य तौर पर रिटायरमेंट की उम्र बढ़ जाने के कारण था); जीओसी विक्टर फोर्स के तौर पर मैं तकरीबन अठारह महीने पद पर बना रहा, पर सौभाग्य से और एक साल के लिए XV कोर में बना रहा, जिससे मुझे बेहद सार्थक योगदान का मौका मिला; मैंने बीस महीनों तक II कोर की कमान सँभाली और, आर्मी कमांडर की हैसियत से मैंने पच्चीस महीने काम किया। अब यह देखिए कि II कोर में, डिवीजन के स्तर पर मैंने तीन जीओसी को और, आर्मी कमांडर रहते हुए तीन कोर कमांडरों को देखा। स्टाफ में भी, मैं कर्नल जीएस और बीजीएस की हैसियत से दो साल नौ महीने रहा और वहाँ भी मैंने तीन जीओसी के साथ काम किया।

अब जो स्थिति बन गयी है वह बिल्कुल भी स्वीकार योग्य नहीं है, और इस मुद्दे पर भी हमने बहुत तफसील से गौर किया और तत्काल समस्या को सुलझाने के लिए कुछ उपाय सुझाये थे। समस्या मन्त्रालय में बैठे सत्ताधारियों को समझा दी गयी थी। 'बहुत दिलचस्प है,' रक्षा सचिव ने कहा था, 'इसे प्रस्ताव बनाकर जरूर पेश करें।' 'कुछ भी नहीं हुआ, प्रस्ताव ठंडे बस्ते में पड़ा है। आर्मी मुख्यालय से कुछ आवाजें उठती हैं, वे बेकार के बहाने बनाने लगते हैं' जैसे, 'इतने सारे लोगों को प्रमोशन देना है' वगैरह-वगैरह। हम कुछ और हो-हल्ला करते हैं, मामले को आरएम के पास ले जाते हैं, उन्हें बताते हैं कि निरन्तरता महत्त्वपूर्ण है, यह पुलिस

नहीं है जहाँ जरा-सी बात पर लोगों को बाहर कर दिया जाता है।

'बहुत गम्भीर मामला है', आरएम ऐसे कहते हैं मानो पहली बार इस समस्या के बारे में सुन रहे हों। 'आप एक प्रस्ताव दें....' हैरी बेलफोंट को मशहूर गीत 'देयर्ज ए होल इन माई पॉकिट' की प्रेरणा शायद साउथ ब्लॉक से ही मिली होगी। सिस्टम को पूरा का पूरा बाबुओं ने अपने कब्जे में ले लिया है।

फिर भी, कब्जे में लिया हो या नहीं, चीफ ऑफ आर्मी स्टाफ के नाते यह मेरा काम था कि मैं सरकार को वे समस्याएँ बताऊँ जो काडर समीक्षा के समय भी स्पष्ट होनी चाहिए थीं। नेवी ने पद के ढाँचे से छेड़छाड़ करने से इनकार कर दिया था और आखिर में यह समझौता हुआ था कि वायुसेना और थलसेना ने जितना कम समय लिया था, नौसेना उसके मुकाबले, एवी सिंह कमेटी II की सिफारिशें लागू करने के लिए, तकरीबन दस साल का समय लेगी।

लगभग फौरन बाद ही, हमें विरोध का सामना करना पड़ा। "मन्त्रिमंडल ने लगभग 1,800 पदों का दर्जा बढ़ाने सम्बन्धी रक्षा मन्त्रालय के प्रस्ताव को मंजूरी दे दी थी। हम किसी भी सूरत में वापस उन तक नहीं जा सकते थे," हमसे यह कहा गया। निरन्तरता का कोई खयाल न रखते हुए, हाल में आर्मी कमांडरों को इधर से उधर किया जाना सचमुच हैरत में डालता है। भारत के इतिहास ने हमें कम से कम यह तो बार-बार सिखाया ही है और सत्ता के खेल खेलते वक्त बाबुओं को इसे ध्यान में रखना चाहिए कि 'देश' के फाटक हमेशा अन्दर से खोले गये हैं।

वैधानिक शिकायत

दूसरे देशों की यात्रा करना सेना प्रमुख के काम का अनिवार्य हिस्सा है। शुरू में ही, मैंने आर्मी मुख्यालय से कह दिया था कि हमें अपने सबसे नजदीकी पड़ोसियों और क्षेत्र के कुछेक देशों पर ध्यान लगाना चाहिए। मैं दक्षिणपूर्व एशिया में वियतनाम, लाओस, और कम्बोडिया जाने की इच्छा रखता था जबकि मध्य एशिया में हमने ताजिकिस्तान और मंगोलिया को चुना था। मुझे बताया गया कि इन देशों को विदेश मन्त्रालय (एमईए) ने 'ए श्रेणी' में नहीं रखा था; इसके अलावा अमेरिका और इंग्लैंड की आपसी यात्राएँ थीं। विदेश मन्त्रालय चाहे जो भी सोचता हो, हमने भूटान, बांग्लादेश, म्यांमार, नेपाल और श्रीलंका की यात्राएँ लगभग तय कर दी थीं। ईस्टर्न आर्मी कमांडर की हैसियत से मैं इनमें से कुछ देशों की यात्रा कर आया था और मैं इस दिशा में आगे बढ़ना चाहता था।

2011 के मध्य तक, भारत सरकार के पास उस याचिका को जाँचने का काफी समय था जो मैंने आरएम और राष्ट्रपति को भेजी थी। मैंने उसी साल पहले राष्ट्रपति प्रतिभा पाटिल को इस बारे में बता दिया था और यह भी दोहरा दिया था कि मैं सरकार को लिखकर देने को तैयार था कि अगर वे मुझे हटाना चाहते हैं तो मैं समय

से पहले रिटायरमेंट ले लूँगा। जानबूझकर तमाशा खड़ा करके खासकर सेना को बहुत गलत सन्देश दिया जा रहा था। देश के हरेक नागरिक को एक पैमाने से और सेना प्रमुख को दूसरे पैमाने से कैसे आँका जा सकता था? तब आला अफसरों ने मुझसे कहा था, "जनरल, आपके पास कोर्ट जाने के सिवाय कोई चारा नहीं होगा।"

कानूनी उपाय अभी बहुत दूर की कौड़ी थी। आरएम ने याचिका को बिल्कुल अनदेखा कर दिया तो, आखिरकार अगस्त 2011 में, मन्त्री को एक वैधानिक शिकायत दी गयी। मुझसे पहले किसी भी सेना प्रमुख ने यह कदम नहीं उठाया था। वैधानिक शिकायत के मामले में परम्परा यह थी कि भारत सरकार को मुझे तीन महीनों के भीतर जवाब देना था।

बहरहाल, स्थापित 'उत्तराधिकार-क्रम' के बारे में अटॉर्नी जनरल की टिप्पणी से घटनाओं का एक और सिलसिला चल पड़ा था। हरी झंडी मिल जाने पर, दीमापुर स्थित III कोर के अधीन एक खुफिया यूनिट के सीओ दिल्ली में आ पहुँचे और आर्मी मुख्यालय के कर्मी के होने का दिखावा करने लगे। टीवी और अखबार दोनों ही माध्यमों के कुछ पत्रकार बार-बार मेरे पास आ रहे थे और चाहते थे कि मैं बाहर आ रही 'जानकारी' की 'प्रामाणिकता' बताएँ। मुझसे यह भी कहा जा रहा था कि पीएमओ के एक बहुत सीनियर बाबू, जो पदेन थे, उनकी अध्यक्षता में, 'चंडीगढ़ थिंक टैंक' टेंटुआ दबाने की फिराक में रात-दिन काम कर रहा था।

मैंने जीओसी III कोर दलबीर सुहाग से फोन पर पूछा कि हो क्या रहा है। जहाँ तक मैं जानता था, ये खास सीओ उस समय शक के घेरे में थे जब मैंने ईस्टर्न कमान को छोड़ा था, क्योंकि उनके अपने 21सी ने उन पर लिखित इल्जाम लगाया था कि उन्होंने पूरे होश-हवास में तीन नागा लड़कों को मार डाला था। कहा जाता था कि तीनों नौजवानों को पहले तो सेना के इलाके में गाड़ा गया लेकिन दो दिन बाद वहाँ से निकालकर नदी में फेंक दिया गया था, जहाँ से बाद में उन्हें असम पुलिस ने बरामद किया था। सुहाग ने, जिन्हें अब पता था कि वे भी सेना प्रमुख के पद की दौड़ में थे, फोन पर कुछ अस्पष्ट आवाजें निकालीं।

'विवाद' खड़ा करने को मीडिया का इस्तेमाल ही नहीं हो रहा था (जिसके लिए राष्ट्रीय स्तर के अखबारों और पत्रिकाओं में लेख लिखे गये), बल्कि बातचीत के कार्यक्रमों में 'तीन स्वीकृतियों' की बात भी की जा रही थी, जिनमें मुझ पर आरोप था कि मैंने अपनी जन्मतिथि 1950 स्वीकार ली थी।

30 दिसम्बर 2011 को, भारत सरकार ने आखिरकार वैधानिक शिकायत का जवाब दिया। मुझे बताया गया कि मेरे जन्म का साल 1950 तय कर दिया गया था और उसे बदला नहीं जा सकता।

मैं कोर्ट नहीं जाना चाहता था। इस पूरे प्रकरण को समाप्त करने के मौके बार-बार आये, पर जिसके पास बागडोर थी वह इस मामले को किसी भी सूरत में

शान्त नहीं होने दे रहा था। हर पड़ाव पर मैंने आरएम से कहा था कि मैं लिखकर दे दूँगा कि मैं समय से पहले रिटायर हो जाऊँगा और घर चला जाऊँगा।

जनवरी मध्य तक मेरे पास इस नाजायज करतूत को रोकने के सारे कानूनी उपाय बीत चुके थे। इस गैर-मुद्दे पर अखबारों में कितना लिखा जा चुका था।

हाई कोर्ट जाने से लड़ाई लम्बी खिंच सकती थी। मैं मन बना चुका था कि अगर अदालत का फैसला मेरे पक्ष में आया तो भी मैं सेना में रुकूँगा नहीं। आरएम यह जानते थे, और वित्त मन्त्री भी और उनके जरिये, मैं सोचता था पीएम और कैबिनेट को भी इसका आभास था।

दूसरी ओर, सुप्रीम कोर्ट के दरवाजे खटखटाने के लिए बहुत सारा पैसा चाहिए था। वैसे, बयालीस साल की नौकरी में निवेश के जरिये बने खेत के रूप में मेरे पास कुछ पूँजी थी, पर यह मैंने अब तक नहीं सोचा था कि रिटायरमेंट के बाद हम कहाँ रहेंगे। मैं अपनी बचत को मुकदमों पर नहीं लुटा सकता था। भारत में इंसाफ बहुत महँगा पड़ता है। मुझे हैरानी होती है कि मामूली साधनों वाला कोई व्यक्ति इसके दरवाजे कैसे खटखटा लेता है।

इस दौरान मैंने जिन वकीलों से सलाह ली उनमें 90 प्रतिशत से ज्यादा ने यह केस कल्याणार्थ लड़ने की पेशकश की। परन्तु अगर मैं कोर्ट जाने का फैसला करता तो भी मैंने ठान लिया था कि किसी सियासी पार्टी से जुड़े वकील को हरगिज़ नहीं चुनूँगा।

जनवरी के शुरू में एक जनहित याचिका (पीआईएल) मेरी आयु के सम्बन्ध में सुप्रीम कोर्ट में दायर कर दी गयी जिसमें मुझे भी प्रतिवादी बनाया गया था। कानून के जानकार एक सांसद ने इस बारे में आकर मुझसे मुलाकात की और पीआईएल में अपना नाम जोड़ने की इच्छा जाहिर की। उन्होंने रिट भी देखनी चाही। मैंने उनसे दो टूक कह दिया कि मैंने खुद अब तक नहीं देखी।

"जनरल," उन्होंने कहा, उनकी आँखें फट रही थीं, "आप गम्भीर तो हैं, ऐसा कैसे हो सकता कि आपको इसके मजमून के बारे में नहीं पता?"

14 जनवरी की सुबह दाखिल रिट के लिए होड़ मच गयी। किसी के भी पास जैसे उसकी नकल ही नहीं थी। आखिरकार, बिड़ला पब्लिक स्कूल के मेरे सीनियर और 20 ग्रेनेडियर्स की कमान सँभाल चुके बृजराज दहिया ने इसे हासिल कर लिया। आईपीएल ग्रेनेडियर्स एसोसिएशन ने दाखिल की थी और जम्मू की पैंथर्स पार्टी के भीमसिंह को इस पर बहस करनी थी।

याचिका देखने के बाद कानून के ज।नकार वह सांसद और भी गुस्सा हो गये। "यह छल है," वे बोले। "रिट में तो आयु के मुद्दे पर आपके नजरिये का ही समर्थन दिखाई देता है। वैसे इसमें आपके उत्तराधिकारी के तार जो पीएम से जोड़े गये हैं उससे यह पक्का है कि सुप्रीम कोर्ट इस पिटीशन को बाहर फेंक देगा। बाकी काम किस्से बनाने वाले और मीडिया के लोग कर देंगे। आप बिना लड़े ही अपना केस

हार जायेंगे।" इस पर दूसरे वकीलों से बात की गयी तो उन सबने भी यही कहा कि यह चालाकी से तैयार किया गया फन्दा था।

15 जनवरी आर्मी डे था और, हमेशा की तरह, इस बार की परेड भी शानदार थी। विशेष बल, पहली बार लड़ाई की वर्दी में, कदमताल करते निकले, और उनके पीछे पैदल और मैकेनाइज्ड दस्ते मार्च करते आये। सेना के लिए यह गणतन्त्र दिवस का रिहर्सल भी था जिसमें यही टुकड़ियाँ भारत के लोगों को चकाचौंध करने वाली थीं। जवानों को सम्बोधित करने के बाद, वही समारोह हुआ जिसमें शहीद साथियों को सम्मानित किया गया और बेहद अच्छा प्रदर्शन करने वाली बटालियनों को यूनिट साइटेशन दिये गये।

एक साल पहले, डॉ. मनमोहन सिंह को नॉर्थईस्ट ट्रिलॉजी प्रोजेक्ट की औपचारिक जानकारी दी गयी थी जिसके बारे में हम सेना के लोगों का यकीन था कि इस क्षेत्र को देश के बाकी हिस्सों से जोड़ने की दिशा में यह एक छोटा कदम होगा। इसके बाद आर्मी मुख्यालय का वह विस्तृत प्रस्ताव रखा गया जिसमें सुझाया गया था कि किताबों का अनुवाद स्थानीय भाषाओं में करवाकर उन्हें हरेक राज्य के स्कूलों और कॉलेजों में बाँटा जाये। पर, अगस्त 2011 से, पीएमओ ने नॉर्थईस्ट ट्रिलॉजी को रिलीज करने के लिए बार-बार की गयी गुजारिश का जवाब तक देना मुनासिब नहीं समझा। जब कोई जवाब नहीं मिला तो, यह तय किया गया कि नौसेना और वायु सेना प्रमुखों, निर्मल वर्मा और एनएके ब्राउन, और मैं परेड के अन्त में इस किताब को रिलीज करेंगे। उस शाम बाद में, आर्मी हाउस में, राष्ट्रपति, प्रधानमन्त्री और तमाम बड़े लोगों को एक-एक सेट भेंट किया गया।

ग्रेनेडियर की पीआईएल अगले कुछ दिनों में एक पीठ के आगे सूचित होनी थी जिसमें भारत के चीफ जस्टिस सरोश होमी कपाड़िया थे। 'ब्लैक लेबल' वीवीआयीपी और अन्य मेहमानों के जाने के बाद मैं उदय ललित और उनकी छोटी-सी टीम के साथ बैठा। ललित का सुप्रीम कोर्ट में अच्छा रिकॉर्ड था और किसी सियासी विचारधारा से उनका कोई जुड़ाव नहीं था। हमने ग्रेनेडियर की पीआईएल को एक बार फिर पढ़ा जबकि बृजराज दहिया अपने रेजीमेंट के नेट पर पीआईएल वापस ले लिए जाने का इन्तजार कर रहे थे। आधी रात होते-होते मुझे बृज ने फोन किया कि किसी को भी यह पता नहीं चल पाया है कि पीआईएल के पीछे असल में कौन लोग थे। "विडम्बना यह है," बृज ने फोन पर कहा, "कि हर कोई यह मान रहा है कि पीआईएल आपने ही किसी एवजी की मदद से दायर की है।"

पिछले चौबीस घंटों के दौरान, ललित की टीम ने झटपट रिट पिटीशन तैयार की थी, जो तमाम नत्थी कागजात होने से रक्षा मन्त्रालय की एक आम फाइल जैसी दिख रही थी। मैंने एक बार फिर इसके पन्ने पलटे। जब से यह हौआ खड़ा किया गया था, मैंने कदम-कदम पर इस केस को सिस्टम के दायरे के भीतर रहते हुए

लड़ने की कोशिश की थी। ललित और बाकी सभी कानूनी विशेषज्ञों ने यह कहा था कि देश में ऐसा एक भी जज नहीं था जो मेरी आँखों में आँखें डालकर यह कह सके कि मेरे स्कूल लीविंग सर्टिफिकेट से मेरे जन्म का साल तय नहीं होता। "आगे बढ़ो," मैंने ललित से कहा, "केस दायर करो।"

रिट, जो वैधानिक शिकायत की नकल ही थी, 16 जनवरी की सुबह दायर कर दी गयी और मामला 3 फरवरी के लिए सूचित हो गया। जैसी कि उम्मीद थी, केस का दाखिला खुद सुर्खियों में आ गया।

इस बीच, ग्रेनेडियर की पीआईएल आयी भी और गयी भी। 23 जनवरी को जस्टिस कपाड़िया ने यह फैसला दिया कि क्योंकि मैं पहले ही सुप्रीम कोर्ट से इस मामले में सुधार की गुजारिश कर चुका हूँ, इसलिए इसमें पीआईएल की कोई भूमिका नहीं है।

भारत सरकार ने अपनी सबसे बड़ी तोपों अटॉर्नी जनरल और सॉलिसिटर जनरल को भेजा। जस्टिस आरएम लोढ़ा और एचएल गोखले वाली खंडपीठ (बेंच) ने रिट को देखने के बाद, उस 'दूषित' या विकृत तरीके पर तगड़ा एतराज जताया जिस तरीके से रक्षा मन्त्रालय ने मेरे जन्म का साल तय करने की कोशिश की थी। बेंच ने सरकार से 30 दिसम्बर के उस आदेश के बारे में पूछा जिसमें उसने वैधानिक शिकायत को रद्द कर दिया था। अटॉर्नी जनरल से उनके ही पहले के फैसले की मध्यस्थता के लिए कहा गया जिससे वैधानिक शिकायत रद्द की गयी, यह 'प्राकृतिक न्याय के सिद्धान्तों के विरुद्ध' था। उच्चतम न्यायालय ने यह जानना चाहा कि सरकार ने अटॉनी जनरल की राय क्यों ली जबकि उन्होंने, एक साल पहले ही, कह दिया था कि सेना प्रमुख का जन्म-वर्ष 1950 तय हो जाना चाहिए। कोर्ट ने जोर देकर पूछा कि सरकार ने नयी राय क्यों नहीं ली। आखिर में, बेंच ने अटॉर्नी जनरल से कहा कि वे सरकार से इस बारे में राय माँगें कि रक्षा मन्त्रालय 30 दिसम्बर के आदेश का क्या करना चाहती है—क्या इसे वापस ले लिया जाये जिससे दोबारा सरकार से सम्पर्क का मेरा रास्ता साफ हो जाये? कोर्ट ने यह साफ कर दिया कि अगर 30 दिसम्बर के आदेश को वापस नहीं लिया गया तो वह उसे रद्द करके नये सिरे से प्रक्रिया शुरू होने देगा। अगली सुनवाई 10 फरवरी के लिए तय कर दी गयी, जिससे भारत सरकार को ठीक सात दिन मिल गये।

अगले सात दिनों में क्या हुआ, इसका अन्दाजा कोई भी लगा सकता है। बहरहाल, अटॉर्नी जनरल ने शुरू में ही 30 दिसम्बर की उस विज्ञप्ति को वापस ले लिया जिसमें वैधानिक शिकायत को रद्द कर दिया गया था। मैं उस समय आर्मी मुख्यालय के अपने ऑफिस में था और ललित से ताजा जानकारी ले रहा था कि कोर्ट में लंच का अवकाश हो गया। ललित काफी हताशा भरी बात कर रहे थे। "सब कुछ ठीक नहीं चल रहा, लगता है आप यह केस हार जायेंगे और मेरी बहस

और दलीलों का कोई असर नहीं हो रहा।"

"हम हार कैसे सकते है?" मैंने कहा।

"देखिए, लग तो यही रहा है।" भारत सरकार संवैधानिक शिकायत की नामंजूरी को पहले ही वापस ले चुकी थी, जिसका मतलब यह होता था कि आरएम को अभी भी ऐसे तरीके से जवाब देना था जो कानून के मुताबिक हो। हम यह मानकर सुप्रीम कोर्ट में गये थे कि हमें भारत की सबसे ऊँची कानूनी संस्था से इंसाफ मिलेगा। उदय ललित काफी तजुर्बेकार थे और इसलिए वाकिफ थे कि सब कैसा चल रहा था और अगर उन्हें बहुत उम्मीद नहीं लग रही थी तो, हम दोनों ही इस बारे में इससे ज्यादा और कुछ नहीं कर सकते थे।

"अब क्या विकल्प हैं हमारे पास?" मैंने कहा।

"केस वापस ले लीजिए—या इन्तजार कीजिए और देखिए क्या होता है।"

हमने कुछ देर और इस पर चर्चा की। सरकार ठान चुकी थी कि जो गलत था उसे सही साबित करना था। मैं इस बारे में कुछ नहीं कर सकता था, और इसलिए इस मामले पर काफी सोच-विचार के बाद मैंने वह फैसला लिया जो उन हालात में मैं ले सकता था। "वापस ले लो," मैंने ललित से कह दिया।

फोन पर काफी देर तक खामोशी रही। फिर उदय ललित ने कहा, "सर, मैं सोचता हूँ आप ठीक कह रहे हैं—हम इसे वापस ले लेंगे।"

उस दोपहर मुझे साउथ वेस्टर्न कमान में जाना था। विमान से थोड़ी दूरी के उस सफर के दौरान मेरे मन में आया कि मैं इस्तीफा दे दूँ, पर मैंने उस विचार को तुरन्त झटक दिया। शुरू से ही मुझे पता था कि मैं एक ऐसे सिस्टम के खिलाफ खड़ा था जो मुझसे यह चाहता था कि या तो मैं उसकी युगों पुरानी परम्पराओं के मुताबिक चलूँ या फिर मुँह फेर लूँ। आयु के इस मुद्दे को किसी मकसद से ही छेड़ा गया था, पर जब मैं कमान की सीढ़ियाँ चढ़ता सबसे ऊपर पहुँच गया तो मेरे विरोधियों के हाथों में मेरे खिलाफ यही एकमात्र हथियार बन गया। मेरी वफादारी हमेशा सेना और तन्त्र के प्रति रही; मेरी किताब में, इस्तीफा देने का मतलब होता कि मैं खुद को और सभी चीजों से आगे रख रहा था। मारूफ रजा जैसे विश्लेषक और नजदीकी मित्र भी, जिन्हें यह जानकारी और समझ थी कि मैं किसके लिए लड़ रहा था, जनरल थिमैय्या की तर्ज पर इस्तीफे की वकालत कर रहे थे। मेरा मानना था कि वे गलत थे; ऐसे तो मैं उन लोगों के हाथों में खेल जाता जो इस सबके पीछे थे।

मैं कहता हूँ, आपने ऑर्डर पढ़ा क्या?

सुप्रीम कोर्ट में जो कुछ हुआ उसकी गूँज देश के लगभग सभी अखबारों में और चैनलों पर सुनाई दे रही थी; मोटी-मोटी सुर्खियाँ आ रही थीं। 'जनरल की हार।' टीवी चैनलों ने फटाफट उन लोगों को घेर लिया था जो इस मुद्दे पर लगातार जहर

उगल रहे थे, और जमीनी हकीकतों का बिल्कुल ध्यान न रखते हुए ताबड़तोड़ बोले चले जा रहे थे। अब वे 1961 के जनरल थिमैय्या के केस से इसकी तुलना कर रहे थे और ऐसा लग रहा था कि वे तभी चैन से बैठेंगे जब मैं भारत सरकार को अपना इस्तीफा सौंपकर शान से निकल जाऊँगा। सौभाग्य से मीडिया को यह जानकारी नहीं थी कि जयपुर से लौटने के बाद राष्ट्रपति महामहिम प्रतिभा पाटिल से मेरी मुलाकात हो चुकी थी। अगली सुबह मुझे आधिकारिक दौरे पर इंग्लैंड जाना था।

"और इस्तीफा देने की तो नहीं सोच रहे न," राष्ट्रपति ने कहा, और अगले दिन शुरू हो रहे मेरे दौरे की अहमियत बताई। "अगर आप ऐसा करते हैं तो, इतिहास कहेगा कि आपकी दिलचस्पी केवल अपनी आयु बढ़वाने में थी। आप जो काम कर रहे हैं उसे जारी रखें।"

दूसरी सुनवाई सचमुच बड़ा धक्का साबित हुई। सच्चाई यह थी कि मैं देश के सर्वोच्च न्यायालय सुप्रीम कोर्ट में देश के कानून के मुताबिक इंसाफ पाने की उम्मीद में गया था। कोर्ट में लगी मेरी याचिका में भी साफ-साफ उल्लेख था कि मैं बतौर चीफ अतिरिक्त समय नहीं माँग रहा था। मैंने आरएम के जरिये भारत सरकार और कुछेक वरिष्ठ कैबिनेट मंत्रियों को बता दिया था कि 31 मई के बाद बने रहने का मेरा कोई इरादा नहीं था और मैं बस यह चाहता था कि मेरे जन्म के साल को लेकर चल रहा यह शराद, यह स्वाँग बन्द होना चाहिए।

मीडिया का उन्माद थोड़ा उतरने लगा था, पर एनडीटीवी के लोग लन्दन में मेरे होटल के बाहर फिर भी मेरे पीछे पड़े थे। मैंने उनके पत्रकार से कितनी ही बार कह दिया था कि सुप्रीम कोर्ट जाना मेरा जाती मामला था। मैं कमरे में घुसा ही था कि एक सहायक ने मुझे फोन थमा दिया कि चेन्नई से कोई श्री देवसहायम मुझसे तुरन्त बात करना चाहते हैं। "मुझे पहचाना?" वह बोले।

फोन पर आ रही आवाज किसी ठेठ दक्षिण भारतीय की थी। मेजर एमजी देवसहायम मद्रास रेजीमेंट में रह चुके थे और 1965 के भारत-पाक युद्ध में लड़ चुके थे और नगालैंड में विद्रोहियों के खिलाफ अभियान में हिस्सा ले चुके थे, और उसके बाद वे आईएएस में आ गये थे। वह भिवानी में उस समय जिला कमिश्नर थे जब मुझे नया-नया कमीशन मिला था और, रिटायरमेंट के बाद से, खूब लिख रहे थे। जयप्रकाश नारायण, उनके आन्दोलन और इमर्जेंसी पर किताब लिखने के अलावा, एमजीडी मेरी आयु के मुद्दे को बड़े नजदीक से देखते आ रहे थे और बिना लाग-लपेट के खुलकर अपनी बात कहते थे। सरकार के काम करने के ढंग की अन्दरखाने जानकारी होने के कारण, उन्होंने जी-फाइल्स में छपे लेखों में साफ-साफ शब्दों में कह दिया था कि जो भी हो रहा था वह किसी 'चोरतन्त्र' से कम नहीं था।

"बिल्कुल, सर। जब मुझे आर्मी में कमीशन मिला था, उसके कुछ ही दिन बाद मेरे पिता मुझे आपसे मिलवाने भिवानी ले गये थे जहाँ आप डीसी थे।"

फोन पर उनकी आवाज से लगा मेरी बात से उन्हें खुशी हुई थी। फिर वह बिल्कुल काम की बात पर आ गये। "मैं इस उम्र वाली बकवास को देख रहा हूँ, मैं कह रहा हूँ। मैं इसके बारे में लिखता आ रहा हूँ।"

"मैं जानता हूँ, सर..."

"यह बताएँ," उन्होंने कहा, "आपने सुप्रीम कोर्ट का ऑर्डर पढ़ा क्या? यह अभी-अभी ऑनलाइन पोस्ट हुआ है।"

"मैंने अपने वकीलों से मेरा केस वापस लेने को कहा है..."

"नहीं, नहीं। आप मेरी बात नहीं सुन रहे। मैं कहता हूँ, अपने ऑर्डर पढ़ा क्या?"

मैंने कहा, मैंने नहीं पढ़ा। "तब तो आप इसे पढ़ लें क्योंकि इसमें गेंद वापस भारत सरकार के पाले में चली गयी है कि वह "सरकारी सेवा रिकॉर्ड में जनरल वीके सिंह की एक विशेष जन्मतिथि को मान्यता दे। जब तक यह नहीं होगा आपको रिटायरमेंट के आदेश नहीं दिये जा सकेंगे," खरी-खरी बोलने वाले एमजीडी ने कहा। "आपसे बात करके अच्छा लगा, जनरल।" फिर फोन बन्द हो गया।

कैसा ऑर्डर? मुझे कुछ पता नहीं था कि कानूनी सिस्टम कैसे काम करता है। मैंने दिल्ली में मृणालिनी को फोन मिलाया और उनसे कहा कि इस ऑर्डर के बारे में ललित से बात करें।

दो सदस्यीय बेंच ने ऑर्डर में कुछ भी नहीं कहा था। उन्होंने बस यह कहा था कि वैधानिक शिकायत को नामंजूर करने सम्बन्धी भारत सरकार के पत्र को वापस ले लिया गया है। मुझे यह तो पता था कि ऐसा हुआ है, पर इसकी असली अहमियत मुझे कुछ समय बाद समझ में आयी। वैधानिक शिकायत अभी वजूद में थी। भारत सरकार को इसका जवाब देना था। अभी भी उन्हें मेरी जन्म-तिथि तय कानूनी परम्पराओं के अनुसार निश्चित करनी थी। आउटलुक पत्रिका को दिये इंटरव्यू में मैंने यह बात कही, कि मैं मई के अन्त में पद छोड़ दूँगा पर एजी या एमएस ब्रांच में से कोई भी वास्तव में मुझे रिटायरमेंट का आदेश नहीं थमा सकता।

पत्रिका बाजार में बिकने के लिए पहुँची तो उसकी पत्रकार ने सन्देश दिया कि इस इंटरव्यू ने पीएमओ में भिड़ का छत्ता छेड़ दिया है। उसने कहा कि अगले दिन हम इस आशय की घोषणा सुन सकते हैं कि कैबिनेट की एपॉइंटमेंट कमेटी ने मेरे उत्तराधिकारी के नाम को हरी झंडी दे दी है और वह 30 मई 2012 को कार्यभार सँभाल लेंगे। यह थोड़ा अटपटा लगा, क्योंकि नये चीफ का ऐलान हमेशा दो महीने पहले किया जाता था। मेरे अभी भी तीन महीने बाकी थे और रक्षा मन्त्रालय को मेरी वैधानिक शिकायत का जवाब देना था। और देखो, अगली सुबह ही पीएमओ ने बयान जारी कर दिया, जिससे हमेशा-हमेशा के लिए यह साबित हो गया कि यह सरकार बिजली जैसी तेजी से काम कर सकती थी!

मैंने ईस्टर्न कमान को फोन करके लेफ्टिनेंट जनरल बिक्रम सिंह को भारतीय

सेना का पंच्चीसवाँ चीफ नामजद किये जाने पर बधाई दी।

अब तक, बिल्कुल साफ हो चुका था कि आयु सम्बन्धी यह पूरा खेल पीएमओ में बैठा एक सीनियर बाबू खेल रहा था। जब से मैंने टैट्रा की फाइलों को रोका था, इस व्यक्ति का नाम लगातार सामने आ रहा था। वह पीएसयू की इकाइयों से तो सीधे जुड़ा ही था जहाँ बीईएमएल परिसर में उसके परिवार को दी गयी जमीनों से उसके सीधे तौर पर शामिल होने का सबूत था, बल्कि सरकार की हरेक चाल जैसे वहीं से चली जा रही थी। यह धोखे की टट्टी ही लगती थी कि लगभग उसी समय टैट्रा फाइलों को घूस लेकर हरी झंडी देने के लिए मुझसे सम्पर्क किया गया था। यह बाबू यह संकेत भी दे रहा था कि आयु के मुद्दे को एक पूर्व प्रमुख ने एक बहुत खास सियासी शख्सियत के इशारे पर छेड़ा था।

नॉर्थईस्ट ट्रिलॉजी पर प्रधानमन्त्री और पीएमओ के जवाब न देने के बावजूद, आरआरएम डॉ. पल्लम राजू पहले ऐसे मन्त्री थे जिन्होंने इस प्रोजेक्ट की जबरदस्त सम्भावना को समझा। जिस किसी ने भी वे किताबें देखी थीं, उसकी सामग्री से प्रभावित हुआ था। आजाद भारत में पहली बार, पूर्वोत्तर की तमाम कौमों, उसके भूगोल और उसके इतिहास को एक जगह आकर्षक ढंग से रखकर हमारे अपने लोगों को हमारे देश के एक सबसे खास क्षेत्र की झलक पेश की गयी थी।

"हमें इसे लोगों तक ले जाने की जरूरत है। क्यों न हम इसकी शुरुआत हैदराबाद में एक खास रिलीज से करें जहाँ पूर्वोत्तर के लोग कई क्षेत्रों में काम कर रहे या कॉलेजों में पढ़ रहे हैं," उन्होंने सुझाव दिया था।

यह सुझाव पीएमओ को पहले दिये गये प्रस्ताव के मुताबिक था। सिकन्दराबाद के ईएमई सेंटर को निर्देश दिये गये कि वे जरूरी इन्तजाम करें और बड़ी तादाद में असैनिकों को बुलाएँ, जिनमें शहर के वे नागरिक भी हों जो पूर्वोत्तर से हैं। इसमें मीडिया को भी बुलाना था और दोनों लेखकों, दीप्ति भल्ला और कुणाल वर्मा को भी 5 मार्च को हैदराबाद में मौजूद रहने को कहा गया।

5 मार्च की सुबह जब मैं हैदराबाद जाने के लिए हवाई अड्डा जा रहा था यह खबर सुर्खियों में चल रही थी कि सेना प्रमुख ने सत्ता के लोगों की बातें सुनने के लिए खास जगहों पर अपने ऑफ-दि-एयर इंटरसेप्टर लगा रखे थे। मैं यह स्वीकार करता हूँ कि भले ही मैं ऊल-जुलूल रिपोर्टिंग का आदी होता जा रहा था, पर यह तो सचमुच कल्पना की अनूठी उड़ान थी। इन वाहनों में कुछ तो जाना-पहचाना था, पर उस समय मुझे याद नहीं आया। "पता करो इस खबर के पीछे कौन है," मैंने आर्मी मुख्यालय से कहा और हैदराबाद के लिए विमान में बैठ गया।

विमान में, इस बारे में सोचते हुए, मुझे याद आया मैंने ऑफ-दि-एयर इंटरसेप्टरों के बारे में एक नोट देखा था जो सेवा प्रमुखों के लिए लगाये गये थे। इन उपकरणों को बिना उचित मंजूरी के डीजी डीआईए ने ₹3 करोड़ में खरीदा था। एनटीआरओ,

जिससे यूएवी और अन्य जेम्स बांड टाइप खिलौनों समेत सभी 'स्नूप' प्लेटफॉर्मों की सूची बनाने के लिए कहा गया था, उसने यह भी इंगित किया था कि इन उच्च तकनीकी उपकरणों को बिना हरी झंडी मिले लगाने के लिए अधिकृत सरकारी एजेंसी नहीं थी। सीएनएस निर्मल वर्मा (बाद में कनाडा में भारत के राजदूत) ने सुझाव दिया था कि हम इन छोटे-मोटे मामलों में समय बर्बाद न करें और इसे बन्द कर दिया था, जिससे सीआईएससी वाइस एडमिरल सिन्हा (बाद में सी-इन-सी वेस्टर्न नौसेना कमान) को बहुत राहत मिली। विमान से उतरते ही, मैंने एडीजीपीआई से यह देखने को कहा कि क्या डीआईए या संगठन से जुड़े किसी व्यक्ति की इस नाटक में कोई भूमिका थी।

'सेना प्रमुख द्वारा सरकार की जासूसी' को लेकर मीडिया में बौखलाहट थी। मैंने मीडिया से साफ-साफ कह दिया कि यह खबर कोरी कल्पना है।

बाद में शाम को वापस दिल्ली पहुँचने पर मुझे पता चला कि मेरा कयास सही था और वह 'अनाम' सूत्र पूर्व डीजी डीआईए रिटायर्ड लेफ्टिनेंट जनरल तेजिंदर सिंह थे। आर्मी मुख्यालय उनका नाम लेकर एक बयान तैयार कर रहा था।

झीना पीएमओ

जब से मैं फरवरी में 'केस हारा था,' बाबुओं के गलियारों में खूब खुशी मन रही थी। आम मान्यता यह थी कि नौकरी में मेरी दिलचस्पी बिल्कुल खत्म हो जायेगी और हर चीज में मैं हार देखने लगूँगा। मेरे दिमाग में एक बात बिल्कुल साफ थी : मेरा काम करने का ढंग बदलने वाला नहीं था। हम यूएलएच मामले को उसके अंजाम तक पहुँचाने की कोशिश करते रहे और साथ ही हमने एविएशन के उस मुद्दे पर तफसील से एक प्रजेंटेशन दिया जो सेना के लिए सचमुच दिक्कत तलब बन गया था।

1984 में सियाचिन संघर्ष शुरू होने के बाद से ही, हेलीकॉप्टरों की भूमिका को बिल्कुल अलग आयाम मिल गया है। दो साल बाद, आर्मी एविएशन कोर की स्थापना हुई और तब से हमारे उड़ाकों के करतब मिसाल बन गये हैं। सुरक्षा की तय हदों में रहते हुए, विभिन्न रेजीमेंटों के ये चालक लगातार अपनी हदों को तोड़ते रहते हैं, खासकर जब घायल या गम्भीर रूप में बीमार सैनिकों की जान दाँव पर लगी होती है।

आर्मी एविएशन के ज्यादातर काम दुनिया की कुछ सबसे दुर्गम जगहों में उड़ान भरने से ताल्लुक रखते हैं। इन दुर्गम ऊँचाइयों में उड़ान भर रहे ज्यादातर हेलीकॉप्टर एक-इंजन वाले 'चीता' हैं, जिन्हें इस सेवा में आये कम से कम चार दशक हो चुके हैं।

जनरल जेजे सिंह के कार्यकाल में, चीता और चेतक हेलीकॉप्टरों की जगह दूसरे किसी हेलीकॉप्टर को लगाने के प्रस्ताव को आखिर हरी झंडी मिल गयी थी।

यूरोकॉप्टर को 194 हेलीकॉप्टरों का सौदा मिल गया था, पर तभी खबर आयी कि यूरोपियन कम्पनी को सौदा दिलाने के लिए परीक्षण में हेराफेरी की गयी थी। टैट्रा सौदे का एक बिचौलिया रवि ॠषि एक बार फिर यूरोकॉप्टर सौदे में लिप्त खास लोगों में शामिल था। आरोपों का दौर तेज होते ही आरएम ने बेहिचक उस ठेके को रद्द कर दिया था। फ्रांस में आलीशान बंगलों को लौटाने के लिए आला हाकिमों में जो भगदड़ मची उससे अफवाहों का बाजार गरम हो गया। बहरहाल, उस मजेदार नजारे से उन चालकों को कोई तसल्ली नहीं मिली जिन्हें पुराने हेलीकॉप्टरों से ही काम चलाना पड़ रहा था।

उन दिनों यूरोकॉप्टर कुछ बेहद तेज-तर्रार बिकवाली में लगा था। तकनीकी वजहों से अगस्ता, बेल और दूसरे हेलीकॉप्टरों का नाम कट गया था और मौका एक बार फिर यूरोकॉप्टर और रूसी कामोव के पक्ष में आ गया था। ठेका अगर सबसे कम कीमत के आधार पर दिया जाना था तो, एक बार फिर, यह यूरोकॉप्टर को मिलना था। बहरहाल, कामोव दो इंजनों वाला हेलीकॉप्टर था, और एक इंजन में आग लग जाने की सूरत में उसमें चालक के बचने का मौका था। हमें यह भी पता चला कि जिन सुधारों की बात की जा रही थी उनमें से कुछ बस लीपा-पोती थे। मसलन, हताहतों को सँभालने के लिए जो 'बल्ज डोर' लगाये जा रहे थे, उनमें दोनों तरफ मुश्किल से चार इंच का इजाफा किया गया था। और फिर, ये परीक्षण बेचने वाले के इलाके में किये गये थे। फ्रांस के हालात की तुलना किसी भी सूरत में सियाचिन में उड़ान की परिस्थितियों से नहीं की जा सकती। आखिरी फैसला विशेषज्ञों को करना था। सशस्त्र बलों की जरूरतें किसी भी पैमाने से बहुत ज्यादा होती हैं। अगर हम यही ऊर्जा और पैसा हमारे अपने उद्योग के साथ संयुक्त उद्यम में लगाते तो हमारे देश को बहुत फायदा होता।

ऑफ-दि-एयर इंटरसेप्टरों को टेक्निकल सर्विसेज डिवीजन (तकनीकी सेवा प्रभाग) में लगाने की सामूहिक कोशिशें उलटी पड़ी थीं। हालाँकि अखबारों ने 'अज्ञात सूत्रों' का हवाला दिया था, फिर भी उस शख्स का भंडाफोड़ होने में ज्यादा दिन नहीं लगे। अगले ही दिन आये आर्मी मुख्यालय के बयान में उसकी नामजद पहचान ही नहीं दे दी गयी बल्कि उसमें यह भी बता दिया गया कि यह अफसर घिनौनी हरकतों में शामिल रहा है और एक बार रिश्वत लेने की कोशिश के बाद उस पर आर्मी मुख्यालय में घुसने की पाबन्दी लगायी जा चुकी है।

सेना की प्रेस रिलीज में भले ही रिश्वत के प्रयास का उल्लेख था, पर मीडिया ने इस पर ज्यादा ध्यान नहीं दिया। 'द हिन्दू' की संवाददाता विद्या सुब्रमण्यम ने जासूसी के आरोपों के बारे में मुझसे पूछा और मैंने उससे कह दिया कि यह निरी बकवास है और हमने उस व्यक्ति की पहचान कर ली है; यह वही व्यक्ति था जिसने मुझे घूस देने की कोशिश की थी। इस इंटरव्यू का खास फोकस उन कदमों पर था

जो हम अपने जवानों और रिटायर्ड कर्मियों के हालात सुधारने के लिए उठाने की कोशिश कर रहे थे।

कुछ हफ्ते बाद, मध्य मार्च के आसपास 'द हिन्दू' ने वह खबर छापी। हालाँकि कई पत्रकारों को रिश्वत की कोशिश की जानकारी थी, शायद यह समय का तकाजा ही था कि इस पर ध्यान नहीं दिया गया। इसके अलावा सितम्बर 2010 में उस घटना के समय, वह सज्जन बदनामी के उस शिखर तक नहीं पहुँचे थे जहाँ वे पहुँचने वाले थे। आदर्श हाउसिंग घोटाले में उनका नाम प्रमुख लोगों में था। उन्होंने सुरक्षा कारणों से बहुत कड़ी आपत्तियाँ जताई थीं, पर प्लॉट मिल जाने के बाद वे चुप पड़ गये थे फिर टैट्रा वाली वह खबर आयी—जो तब तक डीएनए के अखबार तक सीमित थी—और वे सुर्खियों में छा गये। अब तक टैट्रा घोटाले को अनदेखा करने की कोशिश कर रहे मुख्य धारा के मीडिया को अब यह खबर देनी ही पड़ी।

'रिश्वत' का मुद्दा भी सुर्खियों में आ गया, क्योंकि संसद में उस पर चर्चा हो चली। आरएम ने तथ्यों की पुष्टि की और आखिरकार इस मामले की सीबीआई जाँच के आदेश दे दिये गये। अब टैट्रा अपनी छवि बचाने में लग गया। तथ्य राष्ट्र के सामने थे और जिन को वापस बोतल में बन्द करना मुश्किल था। बहरहाल, हो-हल्ला मचाने वाले लोग अब टीवी पर छोड़ दिये गये थे, और वे इस बात को मुद्दा बनाने की कोशिश में लगे थे कि इस पर कोई कार्रवाई क्यों नहीं की गयी। उन्होंने तो यहाँ तक कह दिया कि मुझे मिलिट्री पुलिस बुलानी चाहिए थी। रिटायर्ड सीनियर अफसरों की टिप्पणियाँ होने के नाते ये हास्यास्पद थीं और इनसे पता चलता था कि उन्हें पट्टी पढ़ाई गयी थी। देश के कानून के मुताबिक, मुझे अपने आला हाकिम को बताना चाहिए था, जो इस मामले में आरएम थे। आर्मी मुख्यालय में, हम टैट्रा पर पाबन्दी लगा ही चुके थे।

बीईएमएल ने टीवी चैनलों को मुकदमे में घसीटने की धमकी देते हुए तीन-चार राष्ट्रीय अखबारों में मुखपृष्ठ के विज्ञापन छपवा डाले। कुछ ही दिनों में यह खबर मुखपृष्ठों से गायब हो गयी। विपक्ष के एक वरिष्ठ नेता ने अनधिकारिक तौर पर मुझसे कहा, "जनरल साब, लपेटना था तो आपने टैट्रा क्यों पकड़ा? इसमें हम हल्ला मचाएँगे तो हम भी फँसते हैं।"

'ब्राइबगेट' और टैट्रा ने सूत्रधारों को बचाव की मुद्रा में ला दिया। कुछ ही दिनों में, उन्होंने अपना अगला दाँव खेला।

मैंने प्रधान मन्त्री को एक पत्र भेजा था, जिसका फोकस पूरे तौर पर सेना में जारी उन हथियारों, खासकर पैदल और मशीनी बलों को प्रभावित करने वाले गोला-बारूद, की कमी पर था। रक्षा मन्त्रालय ने तब तक 2011-2012 में एक भी प्रोजेक्ट को हरी झंडी नहीं दिखाई थी, इसलिए मैंने हमारे रक्षा तन्त्र के 'खोखलेपन' को इंगित किया था। कुछ हथियारों का तो बस उतना ही भंडार बचा था जो युद्ध

के लिए था। प्रधान मन्त्री को मेरा पत्र लिखना कोई असाधारण बात नहीं थी। कुछ दिन पहले इससे भी विस्तृत पत्र तैयार करके रक्षा मन्त्रालय को भेजा गया था। मिलिट्री ऑपरेशन डायरेक्ट्रेट (एमओ) ऐसी संवेदनशील जानकारी वाले पत्र तैयार करता है। डीजीएमओ के साथ व्यापक रूपरेखा पर चर्चा करने के बाद, ड्राफ्ट (प्रारूप) मुख्य सचिव के पास वापस आ जाता है, और इस प्रक्रिया में सीओएस के सचिवालय को भी अनदेखा कर दिया जाता है। मेरे हाथ से संशोधन होने के बाद, पत्र को अन्तिम रूप दे दिया गया और मैंने उस पर दस्तखत कर दिये। बाद में, उस पत्र को एमओ डायरेक्ट्रेट में सील करने के बाद पीएमओ भेज दिया गया। यह गोपनीय दस्तावेज पता नहीं कैसे मीडिया को लीक कर दिया गया।

बाद में मीडिया में अटकलें लगीं कि यह पत्र पीएमओ की एक जूनियर महिला कर्मी ने लीक किया था। व्यक्तिगत तौर पर मुझे इस पर शक है, क्योंकि पीएमओ में बहुत सीनियर बाबू ही इस तरह के पत्रों को देखते हैं। लीक के पीछे मकसद क्या था, इसका अन्दाजा ही लगाया जा सकता था, पर फिर यह हुआ कि टीवी चैनलों में यह छा गया, और संसद सत्र चालू होने के कारण दोनों सदनों में इस पर हो-हल्ला हुआ।

मैं जम्मू-कश्मीर में टुकड़ियों का दौरा कर रहा था और दिल्ली में चल रहे घटनाक्रम की छिटपुट खबरें मुझे मिल रही थीं। पूरे देश का मीडिया कह रहा था कि यह पत्र 'वीके सिंह ने लीक किया था,' और अपनी तीखी बातों के लिए मशहूर, सरकार के एक प्रमुख सदस्य और राजद के अध्यक्ष लालू प्रसाद यादव ने तो खड़े होकर ऐसा कुछ कह दिया कि 'मक्खी के जैसा हटा दो!'

तब तक, मैं बेहद गुस्सा हो चुका था। 'डर्टी ट्रिक्स' विभाग की बकवास की भी कोई हद तो होनी ही चाहिए थी। एक सेना प्रमुख ने देश के रक्षा ढाँचे में मौजूद गम्भीर कमियों के बारे में पीएम को जो पत्र लिखा था, उसका इस्तेमाल सियासी हथियार के तौर पर कैसे किया जा सकता था? लीक का समय भी बेहद सटीक था। एक तो संसद का सत्र चल रहा था, और फिर जम्मू-कश्मीर के दौरे पर मैं जगह-जगह घूम रहा था और अमूमन संवाद से कटा रहता था। लालू यादव के बयान के बाद, मैंने एक तल्ख पत्र तैयार किया और उसे मीडिया को जारी कर दिया :

'घोर, अपमान है यह! पीएम, आरएम, या और किसी से भी सीओएस के साथ सरकारी संवाद एक विशेषाधिकार सम्पन्न सूचना होती है। पत्र लीक करने को महा द्रोह मानना चाहिए। मेरी प्रतिष्ठा को कलंकित करने के इस छिद्रान्वेषी नजरिये को रोकना होगा। लीक करने वाले स्रोत का पता लगाकर उससे निर्ममता से निपटा जाये।'

मेरे इस बयान से उस आग को बुझाने में मदद मिली जिसे जानबूझकर हवा दी जा रही थी। आरएम ने संसद को भरोसा दिलाया कि इंटेलीजेंस ब्यूरो (आईबी) इसकी तह तक जायेगा कि पत्र किसने लीक किया है और सदस्यों को यह आश्वासन भी दिया कि पत्र के मजबून पर गौर किया जायेगा। लीक हुए पत्र को सबसे

पहले छापने वाले अखबार के सम्पादक ने एक लेख में यूँही लिखा कि 'पीएम का कोई बहुत नजदीकी' इस लीक के लिए ज़िम्मेदार था, जबकि कुछ महीनों के बाद पीटीआई में भी एक खबर आयी कि कैबिनेट सचिवालय के एक अपेक्षाकृत जूनियर आईईएस (इंडियन इकोनॉमिक सर्विस) अफसर इस लीक के पीछे थे। जो भी रहा हो 'डर्टी ट्रिक्स' डिपार्टमेंट का बीमार दिमाग बिल्कुल साफ नजर आता था और यह भी जाहिर था कि मुझे घेरने की कोशिश में सबसे संवेदनशील मामलों की पाकीजगी को भी अनदेखा किया जा रहा था।

आजादी के समय से ही, देश के आला सियासी नेताओं के दिमाग में भी यह भय बना रहा कि कहीं सेना सत्ता न हथिया ले। यह किसी से छिपा नहीं है कि नेहरू के आसपास के लोगों ने सैनिक तख्ता पलट के उनके भ्रम का फायदा उठाते हुए, नागरिकों और सेना के बीच बन रहे रिश्तों में सेना को उधेड़ना शुरू कर दिया। बलदेव सिंह को भारत का पहला रक्षा मन्त्री बनाया गया जो किसी सैनिक योग्यता के लिए नहीं बल्कि सियासी जोड़-तोड़ के लिए जाने जाते थे—और इससे यह तय हो गया कि भविष्य में क्या होगा। अगर नेहरू की चली होती तो, फील्ड मार्शल करिअप्पा कभी प्रमुख न बन पाते। बाद में, एक व्यक्ति के तौर पर थिमैय्या की लोकप्रियता ने सीमा पर जमे चीनियों से ज्यादा नेहरू की नींद हराम की। जब अक्टूबर 1962 में हमला हो गया तो, भारतीय सेना को 'ऑप अमर' में लगा दिया गया जहाँ वे मकान बना रहे थे, जबकि हमारे आयुध कारखाने कॉफी की मशीनें बना रहे थे।

थोराट, प्रेम भगत, एसके सिन्हा—इन सबको सड़क किनारे डाल दिया। इन्दिरा गाँधी को अपने पिता से विरासत में देश का नेतृत्व ही नहीं मिला, उन्होंने भी शक करना नहीं छोड़ा। उदाहरण बेशुमार हैं, सबक वही है। अगर आप सिस्टम को डराना चाहते हैं तो, सैनिक तख्तापलट का हौआ खड़ा कर दीजिए। यह तरकीब हमेशा कारगर होती है। मुझे टँगड़ी मारने की विचारकों की हर चाल इसलिए नाकाम रही कि जो मुद्दे उठाये गये थे उनमें कोई सच्चाई नहीं थी। फिर भी, हर चाल उस एक संस्था पर और भी प्रहार कर रही थी जो जाने कैंसे मजबूती से खड़ी रही और सक्षम बनी रही जबकि उसे औरों की तरह साधारण बनाने की कोशिशें होती रहीं। तो, क्या था एक और झूठ?

राष्ट्रीय स्तर के एक दैनिक अखबार ने एक तख्ता-पलट की खबर छापी, जिसमें एक घटिया दर्जे की फिल्म का सारा मसाला था। 6 अप्रैल को पाठकों को सबसे मुख्य समाचार यह पढ़ने को मिला कि मैंने 15 जनवरी की रात में हिसार से (ट्रांसपोर्टरों पर) एक मशीनी यूनिट और आगरा से एक पैराशूट बटालियन दिल्ली की ओर रवाना की थी। रक्षा सचिव शशि कान्त शर्मा को अपनी मलेशिया यात्रा बीच में छोड़कर वापस नयी दिल्ली भागना पड़ा था। मैं नहीं कह सकता मुझ पर

कीचड़ उछालने की दो कोशिशों में कौन-सी ज्यादा हास्यास्पद थी–5 मार्च की वह अनाम खबर जिसमें ऑफ-दि-एयर इंटरसेप्टरों की बात की गयी थी, या 6 अप्रैल की तख्ता-पलट वाली खबर।

सौभाग्य से, तख्ता-पलट वाली खबर इतनी बेतुकी थी कि वह खुद ही नहीं टिकी और उसके मुख्य लेखक की विश्वसनीयता भी पूरे तौर पर खत्म हो गयी। आने वाले महीनों में, उसने कुछ और वाहियात झूठ छापे, पर जहाँ सच छिपाने के लिए चौबीसों घंटे उथल-पुथल की जा रही हो, वहाँ ये मुद्‌दे बहुत छोटे थे। मैं सोचता हूँ इस पत्रकार ने खुद को ही नीचा नहीं दिखाया पर अपने पूरे अखबार की भी लाज गँवा दी जिसे देश के एक कद्‌दावर शख्स ने खड़ा किया था जो इमर्जेंसी के खिलाफ खड़े होने वाले चंद लोगों में थे।

तब तक, मेरा कार्यकाल खत्म होने पर आ गया था और मैं अपने विदाई दौरों में व्यस्त हो गया था। मैंने हरेक कमान के अफसरों और जवानों से उनके चीफ के तौर पर आखिरी बार बात की। मैं उन सबसे नजरें मिला सका। मुझमें विश्वास था कि मैं उनसे गलत कामों के खिलाफ मजबूती से खड़े होने को कह सका।

चीफ के तौर पर अपने पूरे कार्यकाल में, मैंने तय कर लिया था कि मैं सिस्टम के आगे झुकूँगा नहीं। मैं जानता था मैं कहाँ खड़ा हूँ और मैं यह भी जानता था कि बाबुओं से भिड़ने की मेरी कोशिश कुत्ते की दुम सीधी करने के प्रयास के बराबर है। इस सबकी जड़ में, मुख्य मुद्‌दा हमेशा वसूली और प्राप्ति का रहा, जिसकी वजह से सशस्त्र बल भारत में हमेशा तमाम सरकारों के लिए दुधारू गाय बने रहे। लेखक फिलिप मेसन ने नौकरशाहों (बाबुओं) को 'स्वर्ग-जन्मा' कहा है, पर आज आला ओहदों पर बहुत कम लोग मौजूदा व्यवस्था से छेड़छाड़ करने को तैयार होते हैं। वे मुझसे न कहलवाएँ कि सिस्टम सड़ा-गला है। वे खुद इस सच को जानते थे। मेरा काम था, और है, अपनी कहानी को भरसक ईमानदारी और सच्चाई से सामने रखना, ताकि सेना के अन्दर, और बाहर भी, लोगों को यह पता चले कि हमारे इस अद्‌भुत देश को हो क्या रहा है।

मेरे उत्तराधिकारी बिक्रम सिंह चीफ बनने की घोषणा के बाद मुझसे औपचारिक तौर पर मिलने आये। मुझे इस अत्यन्त आकर्षक व्यक्ति से व्यक्तिगत स्तर पर कोई परेशानी नहीं हुई। उन्होंने मुझसे मेरे कार्यकाल के बारे में कुछ अच्छी बातें कहने की जरूरत समझी और आखिर में कहा : "मैं हमेशा आपका वफादार रहूँगा।"

मैंने उन्हें शुभकामनाएँ देते हुए कहा, "बस सेना और देश के प्रति वफादार रहें।"

भारत सरकार ने अभी तक मेरी वैधानिक शिकायत का जवाब नहीं दिया था और मेरी असली जन्मतिथि को नहीं माना था। कोई आखिरी फैसला न होने की सूरत में, एमएस ब्रांच या एजी मुझे रिटायरमेंट का नोटिस नहीं दे सकते थे। सरकार बस यह ऐलान कर सकती थी कि मेरा कार्यकाल 31 मई को समाप्त हो रहा था।

जहाँ तक मेरी बात थी तो, मुझे आखिरी दिन तक काम करना था, और फिर अपना कार्यभार सौंपकर आगे बढ़ जाना था।

तीन हफ्ते रह गये तो, मुझे दो अलग-अलग लोगों से एक फोन और एक पत्र मिला, और उन दोनों को ही मैं नज़रअन्दाज़ नहीं कर सकता था। इससे एक आखिरी घटनाक्रम सामने आने वाला था जिसमें लीपा-पोती करने वालों को 'अपने ही एक साथी को बचाने के लिए' सामूहिक कौशल की जरूरत पड़ी। मामले को रफा-दफा तो कर दिया गया, पर हमें यह नहीं भूलना चाहिए कि सच हमेशा किसी न किसी तरह सामने आ ही जाता है।

x x x

आर्मी मुख्यालय रंगापहाड़ में हुई हत्याओं की जाँच के लिए ईस्टर्न कमान को लगातार टोक रहा था, फिर भी सम्बन्धित अधिकारी, III कोर की खुफिया यूनिट के सीओ कर्नल श्रीकुमार के खिलाफ कोई बड़ी कार्रवाई नहीं हुई थी। 2012 के शुरू में, वह अधिकारी एक बार फिर खबरों में आया, जब उसके आदमियों ने जोरहाट में एक बेढब छापे के दौरान कई इलेक्ट्रॉनिक उपकरण और एक लाइसेंसी पिस्तौल चुरा ली। जब एक सेल फोन को चालू किया गया तो उन आदमियों का पता चल गया और असम पुलिस ने उन्हें रंगे हाथों पकड़ लिया। बहरहाल, कानून के घोर उल्लंघन के बावजूद, III कोर ने एएफएसपीए के पीछे छिपने की कोशिश की, उन्हें उम्मीद थी कि आला अफसर उनका हाथ थाम लेंगे।

हालाँकि हमें इस मामले की जानकारी थी, और हम ईस्टर्न कमान से आग्रह कर रहे थे कि वे ऐसे मामले में एसओपी का इस्तेमाल करें, असम के मुख्य मन्त्री तरुण गोगोई ने फोन पर मुझसे कहा कि ईस्टर्न कमान और III कोर दोषियों को सजा देने के लिए कोई ठोस कदम नहीं उठा रहे थे। मैंने गोगोई से वादा किया कि मैं अपनी तरफ से जो भी कर सकता हूँ करूँगा, हालाँकि ऐसे मामलों में अमूमन कमान की चलती है।

फिर आर्मी कमांडर के पद पर आसीन एक सीनियर अफसर को दस्तखत वाला एक पत्र मिला, जिसमें उन्होंने लिखा था कि श्रीकुमार उनका रिश्तेदार था और उसने पहले कभी उनकी बेटी के साथ छेड़छाड़ की थी। लड़की को बचाने के लिए, परिवार ने कम से कम दस साल पहले उसे बिरादरी से बाहर कर दिया था। बहरहाल, अब लड़की की शादी होने वाली थी तो, श्रीकुमार फिर से सामने आ गया था और तमाम तरह के झूठ फैलाकर खेल बिगाड़ने की कोशिश कर रहा था।

मैंने जीओसी III कोर दलबीर सुहाग से बात की और उनसे साफ-साफ कह दिया कि उनकी चाहे जो मजबूरियाँ हों, लीपा-पोती नहीं चलेगी। मैंने सुहाग से एक

बार पहले भी उस समय बात की थी जब श्रीकुमार दिल्ली में खुफिया यूनिट का सदस्य होने का स्वाँग कर रहा था और तख्ता-पलट की बाबत छापने वाली पत्रिका की जानकारी का मुख्य स्रोत था। सुहाग ने एक बार फिर हूँ-हाँ की और आखिर बीजीएस III कोर ने श्रीकुमार के खिलाफ कुछ हलकी-फुलकी झिड़कियाँ दीं जिनका असल में कोई मतलब नहीं था।

बाद में मीडिया के कुछ हिस्सों में यह जताने की कोशिश की गयी कि मैं दलबीर सुहाग के साथ बदले की भावना से कार्य कर रहा हूँ, जो ईस्टर्न आर्मी कमांडर बनने वाले थे। मुझे नहीं मालूम किसी ईमानदार सेना प्रमुख से और क्या करने की उम्मीद रख रहे थे वे। एजी की शाखा ने एक कारण-बताओ नोटिस जारी किया कि 'उनकी खुफिया यूनिट के सीओ के खिलाफ कोई कार्रवाई क्यों नहीं की जा रही।' मैंने एडजुटेंट जनरल जेपी नेहरा से कहा कि वे सुहाग को बुलाएँ और परम्परा के मुताबिक उन्हें यह जानकारी दें कि कारण बताओ नोटिस जारी हो चुका है और मैं उनसे उम्मीद करता हूँ कि वे अपनी स्थिति स्पष्ट करें या बेहतर हो कि वे खुद आकर सफाई दें।

दलबीर सुहाग के स्टाफ अधिकारी ने नोटिस लिया क्योंकि कोर कमांडर एजी से बातचीत के बाद 'छुट्टी' पर दिल्ली रवाना हो चुके थे। फिर इस लिफाफे को एक तिजोरी में रख दिया गया और जनरल की वापसी का इन्तजार होने लगा। बड़े चमत्कारिक ढंग से, उस रात लिफाफे के मजमून की सील टूट गयी और इंडिया टुडे के सहायक चैनल 'हेडलाइन्स टुडे' ने नोटिस के मजमून को टीवी पर चला दिया। टीवी एंकर मेरी 'बदले की भावना' और सुहाग की बेगुनाही साबित करने पर आमादा दिखाई देता था।

गौर इस बात पर लगता था कि मेरे कितने दिन बचे थे, इस पर नहीं कि नोटिस में असल में था क्या। अड़ंगा डालने वाली रणनीति के तहत, सुहाग ने आर्मी मुख्यालय को पत्र लिखकर और समय माँगा। 'उन्हें जितना समय चाहिए, दे दो,' मैंने नेहरा से कहा। कारण बताओ नोटिस का मतलब यह भी था कि अब डीवी (अनुशासन और सतर्कता) सम्बन्धी पाबन्दी भी लगेगी। जब तक यह मामला सन्तोषजनक ढंग से नहीं सुलझता, सुहाग ईस्टर्न आर्मी कमांडर नहीं बन सकते थे। मुझे जो करना था मैंने कर दिया था, और 31 मई को आधी रात के बाद, इससे मेरा कोई लेना-देना नहीं रह गया था।

उस शाम, बिगुल बजने और झंडे उतारने के बाद, मैं भारतीय सेना का प्रमुख नहीं था। मैं भारत का आम नागरिक था। छियालीस साल वर्दी में रहने के बाद, उस दिन मैंने हमेशा के लिए सादे (असैनिक) कपड़े पहन लिए। बिगुल की आखिरी सुर-लहरियाँ हवा में तैरीं, और मैं पिंजड़े से छूटे पंछी की तरह निकल पड़ा।

उपसंहार

भारत बदलो

रिटायरमेंट के बाद एक महीने का अवकाश बिताकर, फिर मुझे लगा कि इस देश के नागरिक के तौर पर मेरा काम अभी आधा ही हुआ था। मैंने उन सहकर्मियों और अन्य लोगों से लम्बी चर्चाएँ कीं जो इस दौरान मेरे मित्र बन गये थे। कमोबेश सभी ने एक ही बात कही : जाकर देहात में देखो, क्या हो रहा है। एक पूर्व सैनिक/पूर्व प्रशासनिक अधिकारी जिनके भ्रष्टाचार के खिलाफ अदम्य संघर्ष ने एक नया शब्द दिया है 'चोर-तंत्र', उन्होंने मुझसे कहा, ''आप तो देख चुके हैं कि डिफेंस के मामलों में कैसी गंद आ जमी है। जड़ों में उतरिए, जनाब, जड़ों में, तभी आप उन पाजियों का पर्दाफाश कर पाएँगे जो आज हुकूमत में हैं और बेसाख्ता इस देश को खाये जा रहे हैं।''

पिछले दो-एक बरसों में हम देख चुके थे कि अन्ना हजारे के आन्दोलन ने कैसे गुस्सा और उम्मीद की लहर जगाई है, कैसे भीड़ की भीड़ तिरंगा लहराती और वन्दे मातरम् गाती सड़कों पर उतर आयी। बाबा रामदेव जैसे दूसरे लोग काले धन पर हल्ला बोल रहे थे और उन मुद्दों की बात कर रहे थे जिन्हें तुरन्त सुलझाने की जरूरत है। गम्भीर समस्याएँ किसानों को प्रभावित कर रही थीं, जिनमें से कई आत्म-हत्या कर रहे थे। दूसरे लोग चुनाव सुधारों की बात कर रहे थे, कुछ लोग न्यूक्लियर ऊर्जा की जगह वैकल्पिक ऊर्जा की जरूरत देख रहे थे, जबकि और भी कई लोग और भी कई क्षेत्रों में अहम सेवाएँ दे रहे थे, चाहे वह न्यायिक सेवा हो या पुलिस हो या सुरक्षा बल। बहरहाल, सबसे दिलचस्प बात यह थी कि एक बेहतर देश के निर्माण के लिए जी-जान से प्रतिबद्ध तमाम गुटों और व्यक्तियों को हुकूमत में बैठे लोग सरकार-विरोधी मान रहे थे। 'हम इस सिस्टम से बहुत खुश थे,' विदेश मन्त्री सलमान खुर्शीद ने एक समारोह में कामयाब आईएएस अफसरों से कहा था; 'और फिर अन्ना हजारे ने आकर यह सारी दिक्कत खड़ी कर दी।'

अपनी सारी जिन्दगी मैं सेना में रहा और मुझे बस सशस्त्र बलों की ही इतनी जानकारी थी। इसलिए मैंने पूर्व-सैनिकों के साथ मुद्दों पर चर्चा शुरू की। मैंने जिन अफसरों से बात की उनमें से अधिकांश ने यह कहा कि सभी पूर्व-सैनिक संगठनों को एक साझा छतरी संगठन के नीचे रखने या संगठित करने की घोर आवश्यकता है। आज 360 से ज्यादा ऐसे संगठन हैं और उन पर 'फूट डालो और राज करो' की

नीति अपनाकर बाबू लोग अपनी पौ-बारह कर रहे हैं। नतीजतन, एक-पद-एक-वेतन और विकलांगता पेंशन जैसे अहम मुद्दे भी इतने लटकाये गये कि तब तक केस लड़ने वाले या तो हार मानकर बैठ गये या फिर मर ही गये।

मैंने लोगों से मिलना और उनकी बात सुनना शुरू किया। अक्सर ही हमारे अपने पहले से तय विचार होते हैं और हम दूसरे की बात सुनने से पहले ही उनके विचारों के लिए अपने दिमाग बन्द कर लेते हैं। मुझे गन्ना आन्दोलन में किसानों के साथ शिरकत का न्योता मिला और मैं सुनने और समझने के इरादे से ही वहाँ चला गया। मैं बाबा रामदेव से मिला और उनके मुद्दों और मकसद को समझने की कोशिश की। हमने काला धन जैसे अहम मुद्दों पर विस्तार से चर्चा की और महत्त्वपूर्ण मुद्दों पर एक-दूसरे के नजरिये को समझने की कोशिश की। अन्ना हजारे ने मुझे महाराष्ट्र में अपने गाँव आने का निमन्त्रण दिया, और उनकी टीम के अन्य सदस्यों के साथ हमने महात्मा गाँधी के मॉडल पर विचार किया जिसमें लोकतन्त्र की जड़ें गाँवों में होती हैं और वे विकास की पहली इकाई होते हैं। हमने लोकपाल, भूख, शिक्षा, शहरी प्रवास, संविधान, काला धन, एफडीआई, नव-उदारवादी अर्थव्यवस्था, संस्थाओं को फिर से जीवित करने की घोर जरूरत और तमाम अन्य मुद्दों पर बात की। मैं अनशन तोड़ने में अन्ना की मदद करने गया और बाबा रामदेव का अनशन तुड़वाने के लिए भी मुझे बुलाया गया। मुझे अन्य सामाजिक कार्यकर्ताओं और हर तरह के सियासी नेताओं से भी सम्पर्क का मौका मिला, चाहे वे दक्षिणपन्थी हों, वामपन्थी हों, कांग्रेसी हों, या कोई और। यह एक तालीम थी, जिसके अन्त में मेरी समझ में यह आया कि जवाबों से कहीं ज्यादा सवाल हैं।

सिस्टम सभी उपलब्ध हैं। हमारा संविधान एक दमदार दस्तावेज है, पर पिछले साठ बरसों में इसे उड़ा लिया गया है। कुछ ही समय लगा सियासी-नौकरशाही गठजोड़ को हरकत में आने में। विडम्बना यह है कि 95 प्रतिशत से अधिक लोग, जिनमें नौकरशाह भी शामिल हैं, अपने काम और देश के लिए खूब प्रतिबद्ध हैं, पर इन लोगों को बाकायदा दरकिनार कर दिया जाता है। सेना में, लेफ्टिनेंट, कैप्टन, यहाँ तक कि ब्रिगेडियर तक सभी ने एक ही बात कही जिसमें अहमियत किसी और की नहीं सिर्फ राष्ट्र, सेना और जवानों की थी। हमें हमेशा इस बात पर हैरानी होती रही कि कुछ सीनियर अफसर कैसे इस तरह बर्ताव कर सकते हैं जो सेना के मूल चरित्र के खिलाफ हो, जबकि वे खुद कभी जूनियर और मँझले स्तर के अफसर थे।

दिसम्बर 2012 के बलात्कार कांड में जिस तरह हमारे बच्चे सड़कों पर उमड़े और राज्य ने उसका जवाब लाठियों और पानी की बौछारों से दिया, उससे पता चलता है कि आज हमारे समाज में कैसे बदतरीन हालात हैं। वैसे तो इस जनाक्रोश का कारण बलात्कार था, पर यह बेहतर शासन की सामूहिक माँग भी थी। मैं हैरान हूँ कि क्या हुआ होता अगर देश के राष्ट्रपति रायसीना हिल्स से उतरकर आते और

विरोध प्रदर्शन करते उन बच्चों को अपनी बाँहों में ले लेते। दिक्कत यह है कि हमारी सरकार अब जनता के लिए नहीं रह गयी।

जब संसद में परमाणु सम्बन्धी बहस चल रही थी तो, प्रधान मन्त्री ने खड़े होकर कहा था कि इतिहास तय करेगा कि 'मैं मजबूत प्रधान मन्त्री हूँ या कमजोर।' चेतावनी के तमाम संकेतों के बावजूद, कुछ बदलता दिखाई नहीं देता, सिवाय इसके कि विरोध करने वाला निशाने पर आ जाता है। इस तरह की उदासीनता कब तक सहन की जा सकती है और, उससे भी अहम बात यह कि, जब हमारे ऊपर कोई बड़ा संकट आ पड़ेगा तो, उस समय खमियाजा कौन भुगतेगा। मसलन 'खोखलेपन के मुद्दे' को ही लें। प्रधान मन्त्री को जब मैंने पत्र भेजा, उससे एक साल पहले हमने उन्हें आर्मी मुख्यालय में आमंत्रित किया था और उन्हें वहीं प्रजेंटेशन दिया था। कुछ भी नहीं हुआ। जब मैंने पीएम को लिखा तो, असली समस्या को हल करने या उसकी कोशिश करने के बजाय उस पत्र को हथियार बनाकर मुझे बदनाम करने की कोशिश की गयी।

इसके समाधान क्या हैं? हमारे पास संस्थाएँ हैं, हमें बस उन्हें दखलन्दाजी से मुक्त रहकर काम करने देना है। हरेक भारतीय के लिए रोडमैप तय करो, उसे राष्ट्रीय सुरक्षा के दायरे में लाओ और फिर इसे विषय के जानकारों पर छोड़ दो। हम चाहे मानने को तैयार हों या नहीं, आज हमारे सामने पहले के मुकाबले सुरक्षा की सबसे ज्यादा चुनौतियाँ हैं। अमेरिका अफगानिस्तान से हट रहा है और सम्भावना यह है कि उससे जो खाली जगह बनेगी उसे चीन भरेगा। इतिहास ने हमें बहुत काम के सबक सिखाये हैं, पर हमें कुछ दिखाई तभी देगा जब हम देखना चाहेंगे।

ट्रांसफॉर्मेशन स्टडी में खतरों की पहचान की गयी और विभिन्न परिदृश्यों का विश्लेषण किया गया। जहाँ मुमकिन हुआ, हमने पुरजोर कोशिश की और कामों को अंजाम दिया, खासकर उन क्षेत्रों में जहाँ मन्त्रालय का सीधा हस्तक्षेप जरूरी नहीं था। हमारे नये योगदान तभी आने शुरू हो गये थे जब मैं कोलकाता में ही था और बाद के योगदानों को समाने का विस्तृत खाका तैयार हो गया था। आर्मी मुख्यालय में हमने जरूरी योगदानों की तफसील तैयार कर ली थी। जरूरी बुनियादी ढाँचे और जगहों को भी बहुत तफसील से अन्तिम रूप दे दिया गया था। फिर भी, यह शर्म की बात है कि प्रस्तावित कोर अब भी नौकरशाही की भूलभुलैया में अटकी रही और निकलने में मेरे रिटायर होंने के दो साल बाद का समय लगा। पूर्व रक्षा सचिव ने रुखाई से कहा था कि यह वीके सिंह का प्रस्ताव है, इसलिए यह परवान नहीं चढ़ेगा। और कितने अदूरदर्शी हो सकते हैं हम? तरस आता है कि हमारे किसी भी बाबू को कभी किसी अभाव या असफलता के लिए जिम्मेदार नहीं ठहराया जाता। अगर देश खुद को बचाना चाहता है तो, तुरन्त जवाबदेही तय करनी होगी।

नक्सली या माओवादी या सियासी भाषा में कहें तो, 'वामपन्थी उग्रवाद' का खतरा एक समस्या बनता जा रहा है। दांतेवाड़ा नरसंहार ने तो बस उग्रवादियों की

तेजी और बेरहमी को उजागर किया था, जिसे कांग्रेसी कार्यकर्ताओं पर हुए निर्मम हमले ने और भी मुखर कर दिया। जब-तब सेना तैनात करने का मामला बनता रहता है। यह समझने की जरूरत है कि सेना के हाथ तो पहले ही भरे हैं और उसे यूनिटों के शान्ति और फील्ड में तैनाती के कार्यकाल को सँभालने में दिक्कत हो रही है। साथ ही, केन्द्रीय पुलिस बल और अर्धसैनिक बल बढ़ोतरी की माँग करते आ रहे हैं (और वह उन्हें मिल भी रही है) और बेहतर हथियारों की भी। जितनी जल्दी हम यह समझ लेंगे कि ऐसे हालात में अफसरों के प्रशिक्षण, समर्पण और संलिप्तता के बल पर ही वांछित परिणाम मिल सकते हैं, उतना ही बेहतर होगा। आज माओवाद-प्रभावित इलाकों में होने वाली लगभग अधिकांश तैनाती रक्षात्मक ढंग की होती है।

सेना में बैठे हम लोग इस मुद्दे को लेकर चिन्तित थे और मैंने गृह मन्त्री को एक मॉडल सुझाया भी था। मुझे यकीन है कि गृह मन्त्रालय के धुरन्धरों ने इस बहाने के साथ नामंजूर कर दिया कि 'जनरल इसलिए सेना में बढ़ोतरी चाहते हैं ताकि उनके लोगों को और ज्यादा पद मिल जाये।' इससे ज्यादा बेतुका और कुछ हो ही नहीं सकता। मैंने सेंट्रल कमान को इस काम पर लगा दिया था कि वे सविस्तार विश्लेषण करें और हालात पर नजर रखें। उन्होंने बेहतरीन काम किया और कुछ कारगर और व्यावहारिक सुझाव दिये। सभी आर्मी कमांडरों को सहमति में ले लिया गया और मैंने यह भी पक्का कर लिया कि रक्षामन्त्री सेंट्रल कमान में आयें और उन्हें इस मुद्दे की ताजा जानकारी दी जाये।

दिल्ली में मैंने आर्मी कमांडर की हैसियत से एक सम्मेलन में शिरकत की, जहाँ जनरल दीपक कपूर ने एएफएसपीए को हलका या खत्म करने का मुद्दा उठाया। मैंने इसकी खामियाँ गिनाईं और अधिकांश आर्मी कमांडरों ने मेरी बात का समर्थन किया क्योंकि वे मानते थे कि हमें सामर्थ्य देने वाले इस कानून से छेड़छाड़ नहीं करनी चाहिए, क्योंकि इससे यह पक्का होता था कि राष्ट्र-विरोधी तत्त्व हमारे सैनिकों को अदालत में नहीं घसीटेंगे। मेरी सोच इस बाबत बिल्कुल साफ थी कि सेना इस कानून के प्रावधानों का दुरुपयोग रोकने को पहले ही दिशा निर्देश और हिदायतें तय कर चुकी थी और सेना को निहित स्वार्थों की किसी शोशेबाजी के आगे घुटने नहीं टेकने चाहिए, क्योंकि इससे जमीन पर सक्रिय सैनिकों पर बहुत गलत असर पड़ेगा।

इस तरह, यह देखना मजेदार रहा कि जम्मू-कश्मीर के मुख्यमन्त्री भी एएफएसपीए के मुद्दे में कूद पड़े, क्योंकि उनके लिए यह सियासी मुद्दा था क्योंकि यह उनकी पार्टी के घोषणा-पत्र में था। तमाम तरह के बयान उमर अब्दुल्ला की तरफ से आये जिन्हें वास्तविक जमीनी हालात की समझ नहीं थी। मैं चकित था, कि उनके सलाहकारों ने उन्हें यह नहीं बताया था कि सेना किसी बड़े शहर में सक्रिय नहीं थी और आंशिक वापसी के गम्भीर नतीजे होंगे।

हमें उन मुद्दों से निपटना होगा जिन्हें छिपाने की कोशिश की जा रही है।

किसी देश की सही परख इस बात से होती है कि वह अपने लड़ाकू जवानों से कैसा बर्ताव करता है—चाहे वे सैनिक हों, वायु-सैनिक हों या नौ-सैनिक। आज पूर्व-सैनिक बहुत बँटे हुए हैं, हरेक की अगुवाई एक गुट करता है जो अपनी खुद की जमीन की जमकर रक्षा करता है। हमारे सियासी सिस्टम में, इस विभाजन की वजह से इसे वोट बैंक के तौर पर नहीं देखा जाता और इसलिए कोई परवाह नहीं करता। इस बड़े संगठन को लगाम लगाकर एक साझा छतरी के नीचे लाने की जरूरत है। एक मिसाल लें—आर्मी ने 1980 के दशक में एक पर्यावरण बटालियन का गठन किया, जिसका खास मकसद था जम्मू-पठानकोट के बीच दून घाटी में स्थित हिमालयी तराइयों को और गुड़गाँव और फरीदाबाद के बीच के क्षेत्र को भी-फिर से हरा-भरा करना। इसके नतीजे देखने लायक रहे। हम अनुशासित सैनिकों के इस विशाल संगठन को पर्यावरण और वन मन्त्रालय के साथ मिला या राष्ट्र के भले के लिए किसी सामाजिक कार्य में लगा क्यों नहीं देते? लाखों-करोड़ों रुपये हमारी नदियों की सफाई में बहाये जा चुके हैं। हुआ क्या? हम विशेषज्ञ यूनिटें क्यों नहीं बना सकते जो देश के हर जिले की देखरेख करें?

आज, हम यह पक्का करने की कोशिश में रहते हैं कि हमारे तमाम जवान, सेना छोड़ने तक, कम से कम ग्रेजुएट हों। देश भर में स्कूल तो हैं, पर कितने ही ऐसे खाली ढाँचे हैं जिनमें कोई शिक्षक नहीं है। अगर समाज चाहे तो, इन जवानों को आगे ट्रेनिंग देकर प्राइमरी स्तर पर पढ़ाने के लिए जगह-जगह भेजा जा सकता है। पर इस सबके लिए, हमें सजीव और सक्रिय सिस्टम की जरूरत है, ऐसे सिस्टम की नहीं जो अनन्त लालफीताशाही में बँधा है और पैसे इधर से उधर करने में इस्तेमाल होता है।

समाधान सरल हैं—प्राप्तियों के लिए मिले बजट को अनखर्चे धन के रूप में नहीं हड़पा जाना चाहिए। वित्तीय वर्ष बीत जाने का यह मतलब नहीं है कि हम गोला-बारूद या नये तरीके लेना ही बन्द कर दें। जैसे ही यह होता है, डिफेंस फाइनेंस की इसमें कोई भूमिका नहीं रह जाती। अगर हम यूएलएच की खरीद और निर्माण देख रहे हैं तो, वहाँ डीजी आर्टिलरी को सर्वोच्च अधिकारी होना चाहिए। सचिव, डिफेंस प्रोडक्शन, को उसके ऑफिस के बाहर बैठकर प्रजेंटेशन देने का इन्तजार करना चाहिए, ताकि हथियार बनाने वाले कारखाने भी ऑर्डर के लिए कतार में रहें, इससे उलट न हो। इसी तरह, हेलीकॉप्टरों का मामला डीजी एविएशन के पास होना चाहिए, वगैरह-वगैरह। अपने चेक और बैलेंस बराबर रखिए, पर भगवान के वास्ते हमें यह तमाशा बन्द करना होगा।

सियासी तबका जितनी जल्दी यह समझ ले कि भारत की सेना उनके लिए खतरा नहीं है बल्कि ऐसी सबसे बड़ी संस्था है जो राष्ट्र-निर्माण का साधन है, उतना ही हम सबके लिए अच्छा रहेगा। यह अकेली ऐसी संस्था है जो इस मकसद के साथ जीती है कि 'हमेशा और हर समय राष्ट्र पहले आता है।' बाबू लोग बहुत अरसे से

यह खेल खेलते आये हैं—'फूट डालो और राज करो' की नीति ने अंग्रेजों के लिए अद्भुत काम किया जो आखिरकार विदेशी ताकत थे। आज, हमें समझना होगा कि यह हमारा देश है और अगर हम मौजूदा हालात को स्वीकार करते रहे तो हम अपने पैरों पर आप कुल्हाड़ी मारेंगे। नहीं तो, हम इस सच का क्या कारण बता सकते हैं कि एक के बाद एक रक्षा सचिव रक्षा उत्पादन से उस ऊँचे ओहदे पर कैसे पहुँच गये? वे अपने दो-एक साल रक्षा सचिव के तौर पर सामने आने वाले तमाम घपलों और घोटालों की लीपापोती करने और खुद को पाक-साफ साबित करने में निकाल देते हैं। अब तो सिस्टम को और भी ऐसा बना दिया गया है कि रक्षा सचिव मुख्य सतर्कता कमिश्नर और कैग बन जाते हैं।

मौजूदा सिस्टम ने उन संस्थाओं का मजाक बनाकर रख दिया है जो हमारे देश को एकजुट रखती हैं। सियासी मतलबपरस्ती ने पहले ही हमारे रक्षा बजट का मखौल बनाकर रखा है। आज, वस्तुतः हर उस चीज पर जिसमें हमारा विश्वास था, पीढ़ियों से आर्मी अफसरों को प्रेरणा दे रही उस सम्मान संहिता ('ऑनर कोड') पर, हमला हो रहा है। 'सिस्टम' की देखा-देखी, बल्कि, सिस्टम के ही सक्रिय प्रोत्साहन से, वे सीनियर अफसर जिनसे उम्मीद है कि वे मिसाल कायम करेंगे, वही अफसर उन लोगों के हाथों में खेल रहे हैं जो 'किंगमेकर' की भूमिका में हैं। नहीं तो, हम इस तथ्य को कैसे उचित ठहरा सकते हैं कि कोर और आर्मी कमांडर के स्तर के अफसर एएफएसपीए का इस्तेमाल रक्षा कवच के तौर पर करने लगे ताकि अपने चहेतों को जो गलत काम कर रहे थे उसकी सजा से बचा सकें।

लक्ष्मण रेखा कहाँ खींची जाये? देश के एक सबसे आला महकमे के हाकिम ने ही मार्च के शुरू में मेरे उत्तराधिकारी का ऐलान करते समय कैबिनेट की नियुक्ति समिति की फाइल से छेड़छाड़ की थी। यह फाइल सुप्रीम कोर्ट में तलब की गयी थी, जहाँ जस्टिस गोखले और जस्टिस लोढा ने खुद उन दस्तावेजों को पढ़ा और उद्धृत किया था जिन पर अप्रैल 2012 की तारीख थी, जबकि फाइल तो कथित तौर पर उससे डेढ़ महीने पहले ही बन्द हो चुकी थी। आरटीआई (सूचना का अधिकार) कानून के बारे में बहुत कुछ कहा जाता है, पर आज तक सरकार ने मूल एसीसी फाइल उन जनहित याचिका दायर करने वालों को दिखाने की हिम्मत नहीं की है जो सशस्त्र बलों की संस्थागत निष्ठा को बनाये रखने के मकसद से कोर्ट गये थे। वे मेरे लिए या मेरी तरफ से नहीं लड़ रहे थे, वे तो बस उसके समर्थन में खड़े होने की कोशिश कर रहे थे जो अधिकांश लोगों की नजरों में सही था।

x x x

मुझे रिटायर हुए तीन साल से ज्यादा हो चुका है। आरम्भ के बारह महीने अन्वेषण और आत्म-मन्थन के महीने रहे हैं। जिस दिन मैं रिटायर हुआ, हमने आर्मी हाउस छोड़ दिया और 20 मन्दिर मार्ग चले आये। मैं खालिस अवकाश चाहता था, पर ऐसा हुआ नहीं,

क्योंकि सुबह सात बजे मुझे बीईएमएल के सीएमडी, वीआरएस नटराजन का कानूनी नोटिस मिला जिसमें मुझसे कहा गया था कि मैं टैट्रा ट्रक मुद्दे पर बीईएमएल पर 'झूठे और प्रेरित' आरोप लगाने के लिए माफी माँगूँ। बीईएमएल के सीएमडी ने प्रेस कान्फ्रेंस बुलाई और उसमें कहा कि "कानूनी नोटिस आज जारी कर दिया है। अगर जनरल वीके सिंह माफी नहीं माँगते तो, हम उनके खिलाफ मानहानि का दावा कर सकते हैं।"

मुझे कुछ पता नहीं था कि नटराजन मुझसे किस बात की माफी मँगवाना चाहते हैं। सीबीआई घूस कांड में प्राथमिक जाँच दर्ज कर चुकी थी और जब आर्मी मुख्यालय ने ट्रकों की कीमत ज्यादा होने का मुद्दा उठा दिया तो, हरेक अखबार और टीवी चैनल ने अपनी तरफ से खोज-खबर लेकर यह खबर दी थी कि बीईएमएल आर्मी से वास्तविक रकम का ढाई गुना वसूल रहा है। लगभग ₹75 लाख में सात हजार वाहन; कोई भी सही कैलकुलेटर आपको ₹5,250,00,00,000 (पाँच हजार दो सौ पचास करोड़ रुपये) की रकम बताएगा। जाहिर है, पीएमओ में बैठे एक आला हुक्काम को मेरे रिटायरमेंट से तसल्ली होने वाली नहीं थी।

प्रेस में तत्काल हो-हल्ला शुरू हो गया। बारह साल पद पर रहने के बाद, अचानक, नटराजन को जाना पड़ा। पर, कुछ अन्य का बचाव जारी रहा, भले ही इसके लिए उस एजेंसी की कुर्बानी देनी पड़ी जिसे हमारे राष्ट्रीय हित की रक्षा के लिए बनाया गया था। मार्च में इस मामले का भांडा फूटने के बाद, सीबीआई को घूस कांड की जाँच का काम सौंप दिया गया था। हालाँकि हम अभी नतीजों का इन्तजार कर ही रहे हैं, फिर भी मेरे खिलाफ और डीजीएमआई समेत चार अन्य अफसरों के खिलाफ मानहानि का मामला दायर कर दिया गया।

मैंने भारतीय सेना की कमान छोड़ी ही थी कि जल्दी-जल्दी दो घटनाएँ हो गयीं। जीओसी III कोर पर लगी डीवी की पाबन्दी बिना किसी प्रस्तावना के हटा ली गयी और आर्मी कमांडर का पद सँभालने के लिए उनका रास्ता साफ कर दिया गया। यह पद उनके लिए अवैध तरीके से खाली रखा गया था, पर वह अलग कहानी है। दूसरी घटना में रक्षा सचिव शशिकान्त शर्मा ने टीएसडी के हिसाब-किताब पर काउंटर साइन करने से मना कर दिया, जिससे सन्देश यह गया कि खुफिया तंत्र में सब कुछ ठीक नहीं था। भले ही टीएसडी का दायित्व बस 'मानव इंटेल' से पड़ता था और मशीनी निगरानी से उसका कुछ लेना-देना नहीं था, फिर भी ऐसे संकेत हर कहीं दिये जा रहे थे कि ऑफ-दि-एयर इंटरसेप्टर सचमुच टीएसडी ने ही लगाये और चलाये थे। नये-नवेले इस संगठन ने असाधारण प्रवीणता का परिचय अपने काम में दिया था (मालदीव के तख्ता-पलट की जानकारी हमें तब थी जब किसी और एजेंसी ने उस दिशा में देखना भी शुरू नहीं किया था), परन्तु मुझे लगा कि अब मुझ पर कीचड़ उछालने के आखिरी प्रयास में इसकी कुर्बानी दे दी जायेगी।

आजादी के साढ़े छह दशक बाद, मुझे लगता है हमारा लोकतन्त्र एक नाजुक

मोड़ पर खड़ा है। हम ऐसी हालत में क्यों हैं जहाँ लगता है कि सब कुछ गलत हो रहा है, जहाँ भ्रष्टाचार जीने का एक तरीका हो रहा है, जहाँ चुनावी व्यवस्था सिर्फ पैसे और बाहुबल को बढ़ा रही है जबकि हमारा संविधान काफी बढ़िया है। संविधान में भारत को कल्याण राज्य बताया गया है जहाँ सरकार से अपेक्षा है कि वह अपने लोगों का खयाल रखे। परन्तु आज स्थिति फर्क है। आप देखिए किस तरह 1990 के दशक में आये नव-उदारवाद ने अर्थव्यवस्था पर असर डाला है जिसमें अमीर-गरीब और सम्पन्न-विपन्न की खाई और चौड़ी ही हुई है। ये सभी तमाम तरह के सियासी और सामाजिक तबकों के लोगों के बीच लगातार चर्चा के विषय बने रहे हैं। हैरत होती है यह देखकर कि अधिकांश लोगों के दिलों में लगी है कि कैसे इस स्थिति को सुधारा जाये, फिर भी हर कोई इस शैतानी सिस्टम के आगे बेबस दिखाई देता है, जिसने इस दौरान खुद को बढ़ा लिया है और हमारी जिन्दगियों पर एक चिपचिपा मकड़जाल तान दिया है।

जब चीजें इस तरह आगे बढ़ीं तो, जनतन्त्र मोर्चा बनाने का विचार पैदा हुआ। खयाल यह था कि कोशिश करके एक सामाजिक-राजनीतिक सुधारवादी आन्दोलन खड़ा किया जाये, जो लोगों में जागरूकता पैदा करे और उन्हें प्रेरित करे कि वे अपने अधिकारों के लिए आगे आयें। जनतन्त्र ही क्यों? इसके पीछे विचार यह था कि आज जनतन्त्र संविधान की भावना के अनुरूप नहीं है, और उसकी प्रस्तावना में जो, 'हम, भारत के लोग' कहा गया है उसे पीछे धकेल दिया गया है इसलिए आन्दोलन का नाम ही ऐसा हो जो जनतन्त्र के उद्देश्य को लेकर चले। विचार था कि आन्दोलन खड़ा करके जनतन्त्र लाया जाये जिसकी कल्पना महात्मा गाँधी और जयप्रकाश नारायण जैसे राष्ट्रभक्तों ने की थी। गाँधी और जेपी की तरह, हमें ऐसे लोगों की जरूरत थी जो भ्रष्टाचार से दूर रहें, जिनकी एकमात्र इच्छा हो कि वे देश और लोगों के प्रति अपने दायित्व को पूरा करें, जो कदम-कदम पर बदले में कुछ पाने की चाहत न रखें। तभी इस आन्दोलन से शुरुआत की उम्मीद की जा सकती थी, जिसे जमीनी स्तर पर शुरू होना था। उस पैमाने पर कुछ हासिल करने के लिए, हमें गाँवों तक पहुँचना है, तभी आम आदमी की भूमिका बनेगी। आज उसकी कोई आवाज नहीं है, वह अपना वोट देता है और फिर अगले पाँच बरसों तक उसे लतियाया जाता है।

पटना में 30 जनवरी 2013 को हुई रैली में मेरे इस विश्वास की पुष्टि हो गयी कि जनता सकारात्मक बदलाव चाहती है। इस तरह, 'जनतन्त्र मोर्चा' का सार यह रहा कि सिस्टम को वापस पटरी पर कैसे लाया जाये और किस तरह के बदलावों की जरूरत है। इसे हम 'मूलभूत परिवर्तन' या 'सम्पूर्ण परिवर्तन' कहते हैं। इसमें पूरे सियासी और नौकरशाही सिस्टम पर ध्यान रहेगा। इसका मतलब यह हुआ कि आप चुनाव सुधार इसलिए करने जा रहे हैं ताकि आप सिस्टम की सफाई कर सकें। आप लोगों को चुनने के ढंग में सुधार करने जा रहे हैं ताकि समूची प्रक्रिया

पर सामान्य आदमी की भागीदारी की छाप हो और पैसे की भूमिका का अन्त हो जाये। हम शिक्षा प्रणाली को देख रहे हैं जो वांछित परिणाम देने के कहीं आसपास भी नहीं है। हम स्वास्थ्य सेवाओं को देख रहे हैं जो काम नहीं कर रही हैं। हम एक इकाई के तौर पर गाँवों के लिए और ज्यादा विकास और स्वायत्तता को देख रहे हैं, हम किसानों की बदहाली को देख रहे हैं और देख रहे हैं कि कैसे उनकी हालत सुधारें, हम बिजली क्षेत्र को देख रहे हैं और यह पक्का करना चाहते हैं कि इसे और ज्यादा सक्षम बनाया जाये, और हम देख रहे हैं राह कि भ्रष्टाचार से कैसे निपटा जाये जो विकास की राह में एक बड़ा रोड़ा है।

हम देश के जल संसाधनों के बेहतर सदुपयोग को, प्राकृतिक संसाधनों के संरक्षण को देख रहे हैं ताकि उनका इस्तेमाल राष्ट्र के भले के लिए हो सके; हम भूमि सुधारों और भूमि अधिग्रहण को देख रहे हैं जिससे आम आदमी को फायदा हो भूमाफिया को नहीं जैसा कि आज हो रहा है; हम देख रहे हैं समूचे आर्थिक परिदृश्य को ताकि राष्ट्रीय वृद्धि और नागरिकों के कल्याण के लिए इसे नया रूप दे सकें; हम देख रहे हैं काला धन की समस्या को, आदिवासी और अन्य स्वदेशी लोगों के शोषण को ताकि सभी मसलों पर सभी अल्पसंख्यक समूहों और अन्य शोषितों को समान समाधान दे सकें; हम न्यायिक व्यवस्था की खामियों को भी देख रहे हैं ताकि यह आम आदमी के लिए आसान, लोगों के लिए मित्रवत् और अधिक जवाबदेह हो; हम देख रहे हैं अंग्रेजों के जमाने के कानूनों और विनियमों में पूरी रद्दोबदल हो; और हम देख रहे हैं पुलिस सुधारों को और पक्का कर रहे हैं कि सशस्त्र बलों के पूर्वकर्मियों को उचित मान-सम्मान मिले। कुल मिलाकर यह विशाल परिदृश्य है, और अगर इच्छाशक्ति हो, इरादे नेक हों, कोई स्वार्थ न हो और लोगों का साथ हो तो, यह सब किया जा सकता है।

'भारत बदलो' (रिक्लेम इंडिया) एक बहुत बड़ा प्रोजेक्ट है। कुछ चीजें हैं जो एक निश्चित समय-सीमा में की जा सकती हैं और कुछ चीजों में थोड़ा ज्यादा समय लग जायेगा क्योंकि लोगों की मानसिकता को भी बदलना है। लेकिन मैं आश्वस्त हूँ कि सामान्य आदमी की जिन्दगी बदल सकने वाली बहुत सारी चीजें की जा सकती हैं, बशर्ते कि हम उनमें हाथ लगाना चाहें। और देश में कितने ही लोगों से बात करने के बाद, मैं देखता हूँ कि यहाँ काफी धुरन्धर हैं जिनके पास इन समस्याओं का हल है। चाहे न्यायिक व्यवस्था हो, शिक्षा प्रणाली हो, या बिजली क्षेत्र हो, लोगों के पास ऐसे विचार हैं जिन्हें उन्होंने कारगर हल के तौर पर पेश करके दिखाया है। आज भारत को जो बात रोके हुए है, वह है उस सियासी और नौकरशाह तबके की अपनी लालच जिसने मिलकर एक साझा सिस्टम का रूप ले लिया है और जो इस देश में तभी कुछ होने देता है जब उसमें उनका कोई फायदा हो। जब तक यह हालत नहीं बदलेगी, कुछ नहीं होगा और इसीलिए इस परिवर्तन/रूपान्तरण/बदलाव की हर कहीं जरूरत है।

सारी जिन्दगी भारतीय सेना के नौजवान अफसरों और जवानों के सम्पर्क में

रहने के बाद और अब विश्वविद्यालय स्तर के विद्यार्थियों, किसानों और विभिन्न कार्य-क्षेत्रों के लोगों से बात करते हुए, मुझे कोई शक नहीं है कि बतौर राष्ट्र हम अपने देश और अपने लोगों के लिए जो चाहें हासिल कर सकते हैं। वह हम तभी हासिल कर सकते हैं जब हम उस निःस्वार्थ, नैतिक पथ पर चलने को तैयार हों जिसमें देश सबसे पहले होता है। भारतीय सेना के हरेक सिपाही ने हमेशा यही किया है। अब हमें फिर से अंग्रेजों का अनुकरण करने की जरूरत है जिन्होंने हमारी तमाम संस्थाओं और संविधान को भी बहुत ज्यादा प्रभावित किया है। हमें ट्रफलगार में कहे लॉर्ड नेल्सन के विख्यात शब्दों को अपनी तरह से अपनाकर उन्हें हमेशा के लिए अपना मार्गदर्शक बनाना होगा : भारत प्रत्येक पुरुष और स्त्री से अपेक्षा करता है कि वे अपने कर्तव्य का पालन करें।

काफी विचार-विमर्श के बाद जब मैंने राजनीति में जाने का फैसला किया तो मेरे सामने भारतीय जनता पार्टी के अलावा कोई दूसरा व्यावहारिक विकल्प नहीं था। कांग्रेस वंशवाद की गिरफ्त में थी और दूसरी पार्टियों में लोकतंत्र की गुंजाइश नहीं बची थी—ये व्यक्तिवादी पार्टियाँ थीं। अब मुझे लगा कि चुनाव लड़ना चाहिए। मेरे मित्रों ने और मैंने भी चुनाव क्षेत्र के बारे में सोचना शुरू किया तो हमारे सामने कई जगहों के विकल्प थे। मसलन, हरियाणा से 3, राजस्थान से 5 और उत्तर प्रदेश से 7 क्षेत्रों से चुनाव लड़ने का आमंत्रण था। एक दिन नरेन्द्र मोदी जी का फोन आया—'आप गाजियाबाद से चुनाव लड़िए।' मैंने कहा—'मुझे सोचने के लिए दो दिन का समय दीजिए।'

तब तक मुझे पता चल चुका था कि राजनाथ सिंह लखनऊ से चुनाव लड़ने का मन बना चुके हैं। गाजियाबाद उन्हीं का चुनाव क्षेत्र था जहाँ से 2009 में वे चुनाव जीते थे। मेरे मित्रों ने बताया कि वहाँ मेरा विरोध होगा। यह सुनते ही मैंने तय कर लिया कि चुनाव तो गाजियाबाद से ही लड़ूँगा चाहे जितना भी विरोध हो देखा जाएगा।

नामांकन दाखिल करने के बाद मेरे पास चुनाव प्रचार के लिए केवल बीस दिन ही थे। हमने लोगों से मिलना शुरू किया हम पाँच बजे सुबह निकल जाते और एक-डेढ़ बजे रात को वापस लौटते। एक बात बहुत जल्द समझ में आ गयी कि एक आम आदमी के लिए बड़ी-बड़ी बातों का कोई मतलब नहीं है। आजादी के 67 साल बाद भी वह रोजमर्रा की आधारभूत जरूरतों के लिए ही जूझ रहा है। उसे पानी, सड़क, बिजली, स्कूल और रोजगार चाहिए। उसे महँगाई से राहत चाहिए। हमारे पढ़े-लिखे लोगों के लिए परिवर्तन की बातें दूसरी हैं, पर आम आदमी के लिए तो मौलिक जरूरतें पूरी होनी चाहिए।

चुनाव प्रचार के दौरान तरह-तरह के लोग मिले। आपके आस-पास भीड़ जुट जाती है पर उनमें से कितने लोग सचमुच आपके लिए काम कर रहे हैं, आपको पता नहीं चलता। मेरा सौभाग्य था कि मैं सेना से रिटायर होकर राजनीति में आया था, इसलिए पूर्व सैनिकों से मुझे काफी मदद मिली। एक घटना तो मैं भूल ही

नहीं सकता। एक गाँव है जावली जहां मदन भैया के डर से आज तक न तो कोई प्रत्याशी गया, न वहाँ के लोगों ने किसी को आने दिया। उस गाँव में मुझे कुछ पूर्व सैनिक ले गये। मैं शुरू से ही पूर्व सैनिकों के मुद्दे उठाता रहा हूँ। पूर्व सैनिकों के कई संगठन हैं। मेरी कोशिश रही कि सारे संगठन एक छतरी के नीचे आ जायें। उनकी एक सशक्त आवाज बने। इसी उद्देश्य से हमने 'स्वाभिमानी समाज सैनिक मंच' बनाया। उद्देश्य यह था कि सैनिक और समाज आपस में जुड़ जायें। उनके बीच इतना बिखराव है कि वे एक दबाव समूह नहीं बन पाये हैं।

गाजियाबाद के बारे में एक और गलतफहमी है कि यह राजपूत बहुल क्षेत्र है। यहाँ राजपूत केवल साढ़े तीन लाख हैं, चार लाख मुसलमान हैं। लाखों की तादाद में जाट-गुर्जर हैं। कुल मतदाता 24 लाख हैं। गाजियाबाद देश का दूसरा सबसे बड़ा संसदीय क्षेत्र है। मुझे सुखद आश्चर्य हुआ कि यहाँ के लोगों ने जाति-धर्म क्षेत्रीयता से ऊपर उठकर मुझे वोट दिया। मैं पेशेवर राजनेता नहीं हूँ, फिर भी लोगों ने मुझे 5 लाख 67 हजार मतों से विजयी बनाया जो 2014 के लोकसभा चुनाव में एक रिकॉर्ड है क्योंकि मुझसे ज्यादा मत केवल नरेन्द्र मोदी जी को मिले थे।

चुनाव प्रचार के दौरान मैंने लोगों से कोई ऐसा वादा नहीं किया जो पूरा न कर सकूँ। मैंने सिर्फ इतना कहा कि मैं बिना किसी भेदभाव के अपने लोगों के लिए काम करूँगा, न्याय की लड़ाई जारी रखूँगा। मुझे आश्चर्य हुआ कि देश की राजधानी दिल्ली से सटा होने के बावजूद पिछले 67 साल में कई गाँव अाज भी ऐसे हैं जहाँ विकास की रौशनी नहीं पहुँची है, ये गाँव पहले बागपत संसदीय क्षेत्र का हिस्सा थे—इस क्षेत्र में पुलिस पर कोई अंकुश नहीं है।

एक सिपाही यदि यादव जाति का है तो वह एस.पी. की सुनेगा ही नहीं जो गैर-यादव है क्योंकि हर स्तर पर जातिवाद हावी है। विकास से जुड़ी कई चीजें राज्य सरकार के अधिकार में होती हैं।

मैंने 30 मई 2012 को रिटायर होने के बाद सोचा कि एक आम भारतीय को जीवन में जो कुछ चाहिए उससे कुछ अधिक ही है मेरे पास। मैं आराम का जीवन जी सकता था। सुबह गोल्फ खेलता, शाम को काकटेल पार्टियों में जाता, मौज-मस्ती करता। लेकिन मेरे मन में बार-बार यह विचार आता कि देश ने मुझे इतना कुछ दिया है तो मुझे भी कुछ करना चाहिए। राजनीति की आलोचना करने से काम नहीं चलेगा। खुद उसमें शामिल होकर अच्छी राजनीति की शुरुआत करनी होगी। मैं पहले पूर्व सैनिकों के हक की लड़ाई से जुड़ा, फिर गन्ना किसानों की लड़ाई में शामिल हुआ। देश के कई इलाकों में गया। सन् 2012 के नवम्बर आते-आते अन्ना हजारे जी को सब छोड़ गये थे। मैं उनसे मिलने उनके गाँव रालेगाँव गया। उसी दौरान वरिष्ठ पत्रकार सन्तोष भारतीय मिले। हमने उनको साथ लिया। मुम्बई में प्रेस कान्फ्रेंस की। 'जनतन्त्र-मोर्चा' बनाया। संसद को लेकर हमने कुछ मुद्दे उठाये।

मेरे मन में जयप्रकाश नारायण के प्रति अपार आदर का भाव रहा है। हमने तय किया कि हम पटना के गाँधी मैदान में रैली करेंगे। 30 जनवरी 2013 को हमारी पटना रैली में ढाई-तीन लाख लोग आये। सन्तोष भारतीय हमारे साथ थे। मेरे राजनीति में जाने के निर्णय से अन्ना सहमत थे। हम देश के विभिन्न राज्यों में गये। तब तक मैंने यह तय नहीं किया था कि किस पार्टी में जाना है। पर यह तय कर लिया था कि अपने सिद्धान्तों से समझौता नहीं करूँगा। अन्ना को कुछ लोग लगातार गुमराह करने की कोशिश करते थे। उसी दौरान मैंने रेवाड़ी में पूर्व सैनिकों की एक रैली की जिसमें नरेन्द्र मोदी आये थे लेकिन उन्होंने वहाँ कोई राजनैतिक भाषण नहीं दिया। मैं देवीलाल जी के लिए ओमप्रकाश चौटाला की रैली में भी गया।

जब मैं भारतीय जनता पार्टी में शामिल हुआ तो मुझे सुखद आश्चर्य हुआ कि जिन मुद्दों की मैं अब तक लड़ाइयाँ लड़ता रहा था उन्हें पार्टी के घोषणा पत्र में जगह दी गयी। मैं चुनाव जीत गया। नरेन्द्र मोदी जी ने खुद फोन करके मुझे चुनाव जीतने की बधाई दी और बाद में 25 मई की सुबह चाय पीने के लिए गुजरात भवन बुलाया। वहाँ उनकी बातचीत से लगा कि मुझे भी 26 मई, 2014 को मन्त्री के रूप में शपथ लेनी है।

जब मैं अपनी आत्मकथा लिखने बैठा, मैं इस हकीकत को लेकर सचेत था कि शायद मेरी कहानी भारतीय सेना के अन्य अफसरों की कहानी जैसी ही होगी। मैं भाग्यशाली रहा, क्योंकि मैं ब्रिगेडियर पद से ही सेवामुक्त होकर घर जा सकता था। अगर एक पूर्व जीओसी ने मुझे कोंचा नहीं होता तो, मैं कभी भूल-सुधार के लिए कोशिश ही नहीं करता। आखिर में, मुझे राज्य से किसी और चीज की चाहत नहीं थी। मुझे देश और सेना से उससे भी बहुत ज्यादा मिला है जितने की उम्मीद कोई व्यक्ति अपनी जिन्दगी में कर सकता है। जब मैंने पदों की सीढ़ियाँ चढ़ीं, मैंने यह न भूलने की भरसक कोशिश की कि किसी भी फैसले का असर खंदकों में मौजूद जवानों पर क्या पड़ेगा। आप अपने देश के प्रति जिसे अपना फर्ज मानते हैं उसकी हिमायत में खड़े होना हमारा अन्तिम धर्म है। मुझे आशा है कि उसी लक्ष्य के उद्देश्य की पूर्ति मेरी कहानी और मेरे लिखे शब्द करते हैं।

लेकिन किसी उद्देश्य की पूर्ति के लिए महज शब्द काफी हैं क्या? यहाँ मैं रूसी विद्रोही लेखक अलेक्सांद्र सोल्झेनित्सिन की प्रसिद्ध हुंकार से आश्वासन लेना चाहता हूँ : 'जब मात्र शब्दों को पदार्थ का एक विशाल खंड हटाना हो तो, शुरुआत करनी बेहद मुश्किल होती है। लेकिन अगर कोई भी भौतिक शक्ति आपकी तरफ न हो तो, फिर और कोई रास्ता भी नहीं होता। और कहते हैं कि पहाड़ों में एक चीख हिमस्खलन करा देती है।'

मन की बात

अंग्रेजी की किताब में मैंने अपनी आत्मकथा का उल्लेख किया है। पाठकों की रुचि एवं उनकी जिज्ञासा को देखते हुए मैंने यह निर्णय लिया कि इस पुस्तक का हिन्दी संस्करण भी बहुत आवश्यक है। अंग्रेजी पुस्तक के संकलन के समय मुझे ऐसा प्रतीत हुआ कि बहुत सी ऐसी महत्त्वपूर्ण घटनाएँ हैं जिनका उल्लेख यदि मैं अपनी इस आत्मकथा में न करूँ तो मुझे बार-बार कहीं न कहीं कुछ न कुछ छुपाने की बात मन में रह जायेगी, इसीलिए मैंने यह निर्णय लिया कि विभिन्न घटनाक्रमों को एक साथ जोड़ते हुए अपने मन की बात का उल्लेख कर सकूँ। इसी क्रम में सबसे पहले उल्लेख करना चाहूँगा, मेरी तत्कालीन रक्षा मन्त्री, श्री एके एंटनी जी से मुलाकात। मेरी उम्र का विवाद सुर्खियों में था, किन्तु मेरे लिए बहुत ताज्जुब की बात थी कि मेरा जन्म 10 मई, 1951 को पूना में हुआ और सेना के कतिपय रिकार्डों में भी यही जन्म-तिथि दर्ज है। इसी सिलसिले में मैंने श्री एके एंटनी जी से मुलाकात की और उनसे सिर्फ इतना ही अनुरोध किया कि जो जन्म-तिथि मेरे हाई स्कूल सर्टिफिकेट और सेना के रिकार्ड में दर्ज है, उस पर कोई नया विवाद न खड़ा किया जाये और मैंने उन्हें यहाँ तक कहा कि मैं इसलिए यह अनुरोध नहीं कर रहा हूँ कि मुझे सेनाध्यक्ष के पद पर कुछ और महीने मिल जायेंगे, वरन् मेरा अनुरोध तो इसलिए था कि लोगों का सेना और सेना के रिकार्ड पर कोई प्रश्न चिह्न न लगे। आने वाली पीढ़ी कम से कम यह माने कि सेना में जो रिकार्ड होता है वह हाई स्कूल सर्टिफिकेट के साथ दर्ज किया जाता है और वही रिकार्ड मान्य होता है। आदतन जैसाकि एंटनी जी की आदत है, कम बोलना। उन्होंने मेरी बात सुनी और मुझे कहा कि मेरी इस विषय से सम्बन्धित फाइल कानून मन्त्रालय को भेज दी गयी है। मेरा प्रश्न था कि मेरी यह फाइल तो पहले भी कानून मन्त्रालय जा चुकी है, दोबारा भेजने की क्या जरूरत है। इस पर उनका जवाब था कि शायद कानून मन्त्रालय मेरी फाइल को अटार्नी जनरल को भेजना चाहता है। तत्कालीन अटार्नी जनरल आज इस दुनिया में नहीं हैं, इसलिए मैं व्यक्तिगत टिप्पणी तो नहीं करूँगा किन्तु इतना जरूर कहना चाहता हूँ कि तत्कालीन अटार्नी जनरल के कार्यालय में बहुत से मामलों में अपनी राय देते समय विधि और न्याय को दरकिनार किया है।

मुझे श्री एंटनी ने कहा कि मैं तत्कालीन विधि मन्त्री से भी मिलूँ और इसी क्रम में मैं दो बार तत्कालीन विधि मन्त्री, श्री वीरप्पा मोइली जी से मिला। किन्तु मुझे कोई सकारात्मक सन्देश प्राप्त नहीं हुआ। तत्कालीन विपक्ष और आज के सत्तापक्ष के प्रति मेरा आत्मविश्वास और आस्था सर्वोपरि रही है। राज्य सभा में तत्कालीन विपक्ष के नेता और आज के वित्तमन्त्री, श्री अरुण जेटली जी के घर जाकर मैंने उनसे भी मुलाकात की और अपने सभी दस्तावेज उनको दिखाये और मैं उनके प्रति आभार व्यक्त करता हूँ कि उन्होंने दस्तावेजों को देखकर आश्चर्यचकित मुद्रा में मुझसे यह पूछा कि सरकार ऐसा क्यों कर रही है। बहरहाल, उन्होंने मुझे आश्वासन दिया कि मैं नैतिक तौर पर आपके साथ हूँ और साथ ही तत्कालीन सरकार के मुखिया से भी बात करूँगा। इतना ही नहीं, उन्होंने अपने मित्र और आज के अटार्नी जनरल, श्री मुकुल रोहतगी जी से बात की तथा उनसे मिलने के लिए निर्देशित किया। तदनुसार मैं श्री मुकुल रोहतगी जी से मिला और उनको भी अपने सभी दस्तावेज दिखाये और उनका भी यही प्रश्न था कि सरकार क्यों ऐसा कर रही है। महामहिम राष्ट्रपति जी, श्रीमान प्रणव मुखर्जी जी से मेरा विशेष लगाव है, मेरे उम्र विवाद के समय वे रक्षा मन्त्री नहीं थे। मैंने उनसे बात की, उन्होंने मुझे अपने कार्यालय आने के लिए आमन्त्रित किया। मैं उनके कार्यालय गया लेकिन मेरे लिए बड़ा असहज वातावरण था कि मैं उनसे व्यक्तिगत तौर पर मिलने गया और बाहर मीडिया का हुजूम बुला लिया गया था। शायद यह एक राजनीतिक पार्टी की मुझे बदनाम करने की साजिश थी जिससे कि वे यह दिखा सकें कि मैं कोई डील करने गया हूँ। जैसे ही मुझे मीडिया की उपस्थिति की सूचना मिली, मैं दूसरे गेट से गाड़ी में बैठकर अपने घर वापस आ गया। मेरे जीवन में यह बहुत कठिन निर्णय था और बार-बार मुझे झकझोरता था कि क्या मैं सुप्रीम कोर्ट जाऊँ या न जाऊँ, क्योंकि मेरा सुप्रीम कोर्ट जाने का फैसला बहुत ही गम्भीर मामला था। कभी-कभी ऐसा प्रतीत होता था कि सरकार ने यह ठान ही लिया है कि मुझे समय से पूर्व ही सेवानिवृत्त कर देगी और अपने पसन्दीदा सेनाध्यक्ष लायेगी। किन्तु भारत की न्यायपालिका के प्रति मेरी आस्था अपरम्पार है और साथ ही साथ सैनिक होने के नाते जब मुझे कोई चुनौती देता है तो मेरा आत्मबल और बढ़ जाता है। 15 जनवरी सेना दिवस के रूप में मनाया जाता है। सेनाध्यक्ष के निवास पर सेना दिवस मनाया जा रहा था। माननीय प्रधानमन्त्री जी, उनके मन्त्रिमंडल के कई सदस्य और तत्कालीन राष्ट्रपति, श्रीमती प्रतिभा पाटिल महोदया भी उपस्थित थीं। सरकार को यह पता लग गया था कि मैं सुप्रीम कोर्ट जाने की तैयारी कर रहा हूँ और उनकी मंशा थी कि मुझे डरा-धमका कर सुप्रीम कोर्ट जाने से रोक सकें। इसी के तहत मेरे एक सहयोगी के [illegible]न्द्रीय मन्त्रिमंडल के तत्कालीन मन्त्री ने बड़े स्पष्ट शब्दों में धमकी भरे स्वर में [illegible] कि यदि जनरल वी.के. सिंह सुप्रीम कोर्ट जायेंगे तो सरकार ने यह निर्णय ले लिया है

कि उनको सेनाध्यक्ष पद से तत्काल प्रभाव से हटा दिया जायेगा। जब मुझे यह बात बताई गयी, उसी रोज मैंने यह निर्णय ले लिया कि मैं सुप्रीम कोर्ट अवश्य जाऊँगा।

मेरा मानना है कि जैसे-जैसे हम संगठन में ऊपर उठते हैं हमें ज्यादा जिम्मेवारी लेनी चाहिए। दुःख होता है यह देखकर कि बहुत बार ऊँचा पद पाने के उपरान्त भी हमारे कई अफसर अपनी कार्यशैली ऐसी बना लेते हैं जिसमें वे जिम्मेवारी अपने जूनियर पर डाल दें। ईस्टर्न कमांड में एक इलाके में उड़नतश्तरी जैसी चीजों की खबर आती थी। मेरे ईस्टर्न कमांड कार्यकाल में मेरा निर्देश था कि हमें शायद चीन की ओर से उनके मानवरहित विमान (यूएबी) का सामना करना पड़ रहा है अतः हमें इनके खिलाफ उचित सैन्य कार्यवाही करनी चाहिए। कुछ किया भी गया और वह दिखनी बन्द हो गयी। मेरे जाने के उपरान्त मुझे पता चला कि निर्देश यह दिये गये कि हमें कुछ नहीं करना चाहिए क्योंकि चीन नाराज हो सकता है और हमें इसे रोकने के लिए राजनयिक तरीके अपनाने चाहिए। मेरा मत है कि ऐसे निर्देश अपनी जिम्मेवारी से भागने वाले होते हैं। एक उच्च पद पर आसीन होने के बाद आपको चाहिए कि आप अपने अधीनस्थ लोगों का सही मार्गदर्शन करें। सेना का काम होता है सीमाओं की रक्षा करना और अगर राजनयिक तरीकों की बात सेना के कमांडर करते हैं तो वे देश के प्रति अपने दायित्व से दूर भाग रहे हैं।

आज विश्व के बहुत सी जगहों पर आतंकी साया मँडरा रहा है। आतंकवाद सिर्फ भारत ही नहीं, विश्व के कई देशों के लिए एक बहुत बड़ी समस्या बन गयी है। अमेरिका ने पाकिस्तान में ओसामा बिन लादेन को मार गिराया, मैं उस दिन लखनऊ में था। पत्रकारों ने मुझसे पूछा कि क्या भारत ऐसे ऑपरेशन करने में सक्षम है तो मेरा जवाब था कि भारत इससे भी अच्छा ऑपरेशन कर सकता है। मुझे क्या पता था कि तत्कालीन प्रधानमन्त्री, श्री मनमोहन सिंह जी घबरा जायेंगे। अभी मैं दिल्ली नहीं पहुँचा था, इसके पूर्व ही मेरे फोन पर मुझे सूचना मिली कि तत्कालीन प्रधानमन्त्री जी मुझसे मिलना चाहते हैं। मैं एयरपोर्ट से उतरकर सीधा प्रधानमन्त्री जी के पास गया और उनकी भावभंगिमा देखकर मैं बहुत आश्चर्यचकित हुआ और उन्होंने छूटते ही मुझसे कहा, जनरल साहब आपको ऐसा बयान नहीं देना चाहिए था। बहरहाल, मैंने बड़े स्पष्ट तरीके में कहा कि सेनाध्यक्ष होने के नाते मेरा ऐसा बयान पूर्णतः यथोचित है और भारत की सेना ऐसे सभी ऑपरेशनों के लिए पूर्ण रूप से सक्षम है। राष्ट्रीय स्वयंसेवक संघ के कुछ अधिकारियों ने मेरे इस बयान को पढ़ा था और उन सभी ने मुझे व्यक्तिगत रूप से ऐसा बयान देने के लिए धन्यवाद दिया था। राष्ट्रीय स्वयंसेवक संघ को मैं एक सच्चा राष्ट्रभक्त संगठन मानता हूँ और कभी-कभी ऐसा ख़याल आता था कि सेवानिवृत्ति के बाद इसी संगठन के माध्यम से सामाजिक सेवा करूँगा। इसी क्रम में सेनाध्यक्ष के कार्यकाल के दौरान मैंने सरसंघ चालक, श्रीमान मोहन भागवत जी से दूरभाष पर सम्पर्क किया और उन्हें

अपनी इच्छा अवगत करायी। श्री मोहन भागवत जी मेरे इस विचार से काफी प्रभावित हुए और उन्होंने मुझे व्यक्तिगत रूप से मिलकर साक्षात्कार करने का आमन्त्रण भी दिया। इसी दौरान बीच-बीच में मुझसे वार्ता होती रहती थी। भारतीय जनता पार्टी की विचारधारा के प्रति मेरी आस्था शुरू से ही रही। अटल जी के भाषण तो मुझे बहुत प्रभावित करते हैं, लेकिन पार्टी को एक नेतृत्व की तलाश थी। मैं माननीय श्री राजनाथ सिंह जी का आभार व्यक्त करता हूँ कि ऐसे समय में उन्होंने नरेन्द्र मोदी जी को प्रधानमन्त्री पद का उम्मीदवार घोषित किया। मैंने यह निर्णय लिया कि अब मुझे औपचारिक रूप से भारतीय जनता पार्टी में शामिल होना चाहिए और मैंने अपनी इच्छा जतायी थी कि मैं राजस्थान में जोधपुर से चुनाव लड़ना चाहता हूँ, किन्तु 15 फरवरी को संसदीय बोर्ड की बैठक के बीच में ही मोदी जी का फोन आया कि गाजियाबाद से चुनाव लड़ना है। मैंने उनसे अनुरोध किया कि मुझे इस विषय पर विचार करने के लिए थोड़ा समय दें किन्तु उनकी आवाज में इतना जोश था और वह आवाज मुझे प्रेरित कर रही थी कि मुझे गाजियाबाद से चुनाव लड़ना ही चाहिए। चुनाव लड़ा और द्वितीय सर्वाधिक मतों से विजयी घोषित किया गया। एक नये अनुभव, एक नये साहस और एक नये संकल्प के साथ भारत माता के प्रति अपनी कर्तव्यनिष्ठा को समर्पित करते हुए कार्य कर रहा हूँ। जीवन पुनः किस मोड़ पर पहुँचेगा यह तो ईश्वर ही जानता है, परन्तु इतना जरूर कह सकता हूँ कि लिए गये संकल्प से जो भी होगा, अच्छा होगा।

□□